AK

한권으로 끝내는
통합 경제학

02 거시/국제경제학

최신판

허역 편저

박영사

Contents

Contents

AK 통합 경제학

3

AK 통합 경제학

제 3 편

거시경제학

Macroeconomics

제11장　국민소득이론

64　거시경제학의 기초

① 거시경제학의 연구과제

1) 거시경제학의 의미

(1) **거시경제학의 의미**: 국민경제의 움직임을 나타내는 총량변수인 국민소득, 고용, 물가, 임금, 이자율, 국제수지, 환율 등이 어떻게 결정되고 이들을 어떻게 조절할 수 있는지의 문제를 해결하는 분야이다.

┌─ 거시경제학자들의 질문 ──────────────────────────────
1. 왜 경제는 호황기와 침체기를 번갈아가면서 경기변동을 경험하는가?
2. 왜 어떤 국가는 매우 빠른 속도로 성장하는 반면에 다른 국가들은 느리게 성장하는가?
3. 실업은 왜 발생하며 경기가 매우 좋을 때에도 실업이 존재하는 이유는 무엇인가?
4. 인플레이션의 원인과 효과는 무엇이며 이를 방지할 수 있는가?
5. 경상수지 적자의 원인은 무엇이며 경상수지를 개선시키기 위해 어떤 정책을 사용할 수 있는가?
6. 환율변동의 원인은 무엇인가?
└──

(2) **거시경제학의 과제**: 국민경제의 구조와 활동을 분석하고 이에 영향을 미칠 수 있는 경제정책에 대해 연구한다.

┌─ 미시경제적 과제와 거시경제적 과제 ──────────────────────
1. **미시경제적 과제**: 인간이 소유하고 있는 인적·물적 자원이 적재적소에 배분되고 있는가?
2. **거시경제적 과제**: 인간이 소유하고 있는 인적·물적 자원을 최대한 활용하고 있는가?
└──

2) 거시경제학의 연구 대상

(1) **경기변동**

① 경제의 활동수준이 때로는 활발해지고 때로는 둔화되는 현상을 말한다.

② 경기변동을 파악하고 이에 대응한 경제정책을 시행하기 위해서는 경제의 총체적 활동 수준의 변동을 객관적으로 측정할 필요가 있는데, 이때 일반적으로 이용되는 것이 국내총생산(GDP)이다.

③ 국내총생산의 추세변동을 대표할 수 있는 추세선을 구하고 이 추세선으로부터 상하로 이탈하여 추세선보다 위에 있다가 아래로 가는 패턴을 반복하고 있는 것을 경기변동이라 한다.

계절변동(seasonaly)

계절에 따라 나타나는 경제활동 수준의 변화를 계절변동이라 한다. 이와 같은 계절변동은 경제활동에서 중요한 의미를 가지고 있기는 하지만 계절변동에 따른 성장둔화나 고용감소는 계절이 바뀌면 자연적으로 해소될 수 있으므로 다른 변동요인에 비해 상대적으로 그 중요성이 떨어진다고 할 수 있다.

---

(2) 경제성장

① 국내총생산의 전체적인 움직임을 보면 단기적인 경기변동보다는 장기적인 성장추세가 매우 뚜렷하게 나타나는데 이와 같은 국민소득의 장기적인 증가추세를 경제성장이라 한다.

② 국가 간 생활수준의 차이는 주로 소득수준의 차이에서 오는데, 이는 과거의 경제성장 속도의 차이에서 비롯된다.

(3) 실업과 완전고용

① 실업이란 일을 할 의사를 가지고 있음에도 불구하고 일자리를 구하지 못하는 상태를 말한다.

② 실업이 존재한다는 것은 노동이라는 자원이 충분히 활용되지 못하고 있다는 것을 의미한다.

③ 완전고용이란 실업자가 전혀 없는 상태를 말하는 것이 아니라, 비자발적 실업이 없는 상태로 정의된다.

④ 완전고용이란 실업상태에 있는 실업자의 고통을 덜어줄 뿐만 아니라 국민경제 차원에서도 자원의 효율적 이용을 도모한다는 점에서 거시경제정책의 중요한 목표 중 하나이다.

⑤ 실업자의 수는 경기변동과 반대 방향으로 움직이는 성질, 즉 경기역행성(counter- cyclicality)을 갖는다.

(4) 물가와 인플레이션

① 인플레이션이란 모든 상품의 평균적인 가격수준을 의미하는 물가수준이 지속적으로 상승하는 현상을 말하며, 디플레이션이란 반대로 물가수준이 지속적으로 하락하는 현상을 말한다.

② 인플레이션은 화폐의 구매력을 작게 함으로써 경제생활에 어려움을 가져온다.

③ 인플레이션은 어떤 원인에 의해 발생하며, 이를 해결하기 위해서는 어떤 경제정책을 사용할 것인가 하는 질문에 대한 대답을 찾는 것도 거시경제학의 중요한 과제이다.

(5) 국제수지 균형과 환율

① **경상수지**: 한 나라가 재화와 용역을 외국에 수출하여 벌어들인 외환과 외국으로부터 재화와 용역을 수입하기 위해 지급한 외환의 차액을 말한다.

② **경상수지가 적자인 경우**: 그 나라의 대외부채가 증가하게 되고, 이것이 장기적으로 지속되면 국가의 대외신용도가 하락한다.

③ 경상수지 적자가 장기적으로 지속되는 현상은 바람직하지 않기 때문에 경상수지를 균형시키는 것도 거시경제학의 주요 과제이다.

❷ 거시경제학의 발전과정

1) 고전학파(classical school)와 케인즈 학파(Keynesian)

(1) 양자의 차이

① 고전학파는 가격이 신축적이라고 전제하나, 케인즈 학파는 단기에 있어서는 가격이 경직적이라고 주장한다.

② 만일 시장에서 공급이 증가할 때, 가격이 신축적이라면 단기간 내에 새로운 균형(E')에 도달할 것이므로 시장은 일반적으로 균형 상태에 있다고 볼 수 있으나, 가격이 경직적이라면 가격은 P_0에 머무르고 불균형 상태(EA의 초과공급)가 상당한 기간 동안 지속되어 시장은 일반적으로 불균형 상태에 있게 된다.

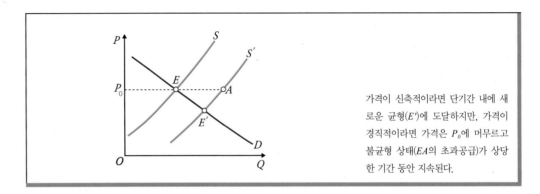

가격이 신축적이라면 단기간 내에 새로운 균형(E')에 도달하지만, 가격이 경직적이라면 가격은 P_0에 머무르고 불균형 상태(EA의 초과공급)가 상당한 기간 동안 지속된다.

(2) 노동시장에서의 완전고용 달성 여부: 노동시장에 초과공급(실업)이 존재할 때

① 임금이 신축적이라면 노동의 초과공급에 따라 임금이 하락하여 노동시장은 단기간 내에 균형을 이룰 것이고, 이에 따라 완전고용이 달성될 것이고, 정부는 아무런 정책을 쓸 필요가 없으며 다만 "보이지 않는 손"에 맡겨 두기만 하면 된다.

② 임금이 경직적이라면 상당기간 노동시장의 불균형 상태가 지속될 것이고 이에 따라 실업이 장기화됨에 따라 자원의 효율적 이용을 위해 정부의 "보이는 손"이 필요하게 된다.

(3) 케인즈 학파의 등장

① 실업이란 노동시장에서의 초과공급을 의미하는데 고전학파의 주장대로 임금이 신축적이라면 임금이 하락하여 실업이 감소하게 되므로, 높은 실업률이 장기간 지속되지 않는다.

② 1929년 10월부터 약 10여 년간에 걸쳐 지속된 "대공황(The Great Depression)" 기간의 높은 실업률은 가격이 신축적임을 전제로 하는 기존 고전학파의 거시경제이론에 문제가 있었음을 여실히 보여주었다.

③ 케인즈는 이에 따라 가격이 단기적으로는 경직적이므로 총수요가 국민소득을 결정한다고 보았으며, 총수요의 결정요인을 설명하기 위해 승수이론, 소비이론인 절대소득가설, 화폐수요이론인 유동성 선호설 등을 주장하여 거시경제학의 중요한 계기를 마련하였다.

2) 신고전적 종합(neoclassical synthesis)과 통화주의(monetarism)

(1) 신고전적 종합의 등장

① 1950년대 초반에 이르러 케인즈의 이론과 기존 경제이론 간의 합의가 이루어지는데 이를 신고 전적 종합이라 한다.

② 이후 약 20여 년간 황금기를 구가하며 *IS-LM*모형이 힉스와 한센에 의해 개발되었고, 모디글리 아니의 평생소득가설, 프리드만의 항상소득가설, 솔로우의 신고전적 경제성장모형이 개발되었다.

(2) 통화주의의 대두

① 신고전적 낙관론에 대해 회의를 품은 통화주의가 1960년대에 프리드만을 필두로 대두되었다.

② 통화주의자들은 경기침체를 벗어나기 위해서는 오직 통화정책만이 효과가 있음을 주장하였으 며, 재량에 의한 경제정책보다는 준칙에 의한 경제정책을 시행할 것을 주장하였다.

3) 합리적 기대혁명-새고전학파(new classical school)

(1) 1970년대의 거시경제학에 대한 도전

① 1970년대 중반에 경기와 물가가 동행하지 않고 경기침체와 인플레이션이 함께 나타나는 스태 그플레이션 현상을 예견하지 못했다.

② 루카스, 사전트, 배로우는 사람들은 이용 가능한 모든 정보를 활용하여 가능한 한 합리적인 기대를 형성한다고 전제하고, 기존의 케인즈학파 경제이론은 사람들의 합리적 기대를 무시하 였기 때문에 오류를 범하고 있다고 주장했다.

(2) 합리적 기대가설

① 기존의 거시경제이론에서는 경제를 일정한 경제정책에 대해 항상 일정한 반응을 보이는 기계 로 보았다.

② 합리적 기대가설에 의하면 경제를 구성하는 기계와 기업들은 정책결정자가 무엇을 할 것인지 를 예측하려고 노력하고 이에 대응하여 반응하기 때문에, 경제를 하나의 기계가 아니라 정책결 정자의 정책을 예상하고 반응하는 능동적이 시스템으로 보았다.

③ 합리적 기대가설에 따르면 사람들에 의해 미리 예견된 통화정책은 효과가 없으며 오직 예견되 지 못한 통화정책만이 효과가 있게 되는데, 이를 "루카스 비평(Lucas critique)"이라 한다.

4) 최근의 거시경제학파

(1) 실물적 경기변동론(real business cycle : *RBC*)과 공급 경제학(supply-side economics)

① 실물적 경기변동론은 총생산이 항상 완전고용의 수준에 있기 때문에 경기변동은 완전고용 생 산수준이 변동한 결과라고 주장한다.

② 공급 경제학은 통화정책이나 재정정책과 같은 총수요 관리정책보다는 근로소득세나 법인세 등 을 통해 노동 공급과 기업활동에 영향을 미치는 총공급정책이 효과가 있음을 주장한다.

⑵ 새 케인즈 학파(new Keynesian)

① 합리적 기대가설에서 제기되는 비판이 기본적으로는 옳음을 인정하면서도 임금이나 가격이 경직적이라고 믿으며 시장의 불완전성이 거시경제에 중요한 영향을 미친다고 보는 학자들을 말한다.

② 이들은 노동시장에서의 비자발적 실업의 존재를 설명하기 위해 효율적 임금이론(effiency wage theory)을 제시하고, 자금시장에서의 만성적인 초과수요를 설명하기 위해 신용할당(credit rationing)이론을, 그리고 임금과 가격의 경직성을 설명하기 위하여 메뉴비용이론(menu cost theory)을 제시하였다.

Theme
65 국민소득의 기초 개념

❶ 국민소득의 순환

1) 부(富)와 국민소득

(1) 개인에 있어서의 부와 소득

① 부:일정 시점에 축적되어 있는 재산의 크기 ⇒ 저량 개념

② 소득:일정 기간 동안에 벌어들이는 화폐액의 크기 ⇒ 유량 개념

(2) 국가에 있어서의 부와 득

① 국부:한 나라 전체의 부의 크기 ⇒ 자연이 준 토지와 사람이 만든 자본재로 구성되는 저량 개념

② 총소득:국부와 노동이 결합하여 이루어진 생산액의 크기 ⇒ 유량 개념

― 국부와 국민소득 ―

국부	국민소득
일정 시점에 한 경제가 보유하고 있는 자원 (물리적인 자산+순해외자산)의 총량	일정 기간에 자국 내에서 생산된 최종생산물의 시장가치
저량(stock) 개념	유량(flow) 개념
국민소득 창출의 근원	소비와 저축, 투자와 기반

⇒ 국부가 아무리 크더라도 그 자체로서 국민소득이 높은 것은 아니다. 국민소득이 늘어나려면 국부에 노동
이 투입됨으로써 생산이 이루어져야 한다. 따라서 국부(저량)는 생산의 필요조건, 노동(유량)은 생산의
충분조건이다.

2) 국민소득 순환의 의미

(1) 한 나라의 국민경제가 생산(공급) → 소득 → 수요 → 생산(공급)의 순서로 계속적인 순환이 이루
어지는 것을 말한다.

(2) 이러한 순환적인 흐름의 크기가 매회 커질 때 "경제는 성장한다"고 말하고, 일정할 때는 "경제가
균형상태"에 있다고 한다.

(3) 만약 경제주체들이 생산활동에만 직접·간접으로 참여해서만 소득을 얻는다고 가정하면 '총생산
물 가치 = 총소득'의 관계가 성립한다.

❷ 거시경제모형의 4부문

1) 가계(household)

(1) 가계는 노동, 자본, 토지 등의 생산요소를 소유하고, 이 생산요소들을 기업에 공급하고 그 대가로 임금, 이자, 배당, 지대 등의 요소소득을 얻는다.

(2) 가계는 조세를 납부한 후의 가처분 소득 중 얼마만큼 소비를 위해 지출할 것인지를 결정한다. 이 때 가처분 소득 중에서 소비하고 남은 부분이 저축이다.

(3) 저축은 가계가 보유하고 있는 재산(wealth)을 증가시키는데, 가계는 자신의 재산을 어떤 형태로 보유할 것인지를 결정한다. 이를 자산선택이라 한다.

2) 기업(firm)

(1) 기업은 생산기술을 가지고 가계로부터 공급받은 생산요소를 서로 결합시켜서 생산물을 공급한다.

(2) 기업이 고용한 생산요소의 서비스에 의해 추가적으로 더해진 가치를 부가가치(value added)라고 하는데 거시경제모형에서 기업의 생산물이라 함은 이러한 부가가치를 말한다.

(3) 기업은 생산활동을 통해 벌어들인 부가가치 수입으로부터 조세를 납부하고 기업이 고용한 생산요소에 대한 대가로서 임금, 지대, 이자, 배당 등을 지불한다. 그런데 기업은 수입을 모두 생산요소에 나눠주지 않고 일부를 기업에 남겨 두기도 하는데, 이를 사내유보이윤(법인유보, 기업저축)이라 한다.

(4) 기업은 미래의 생산활동을 위해서 공장을 신축하고 기계 설비를 증설하는 등의 투자활동을 한다.

> **투자의 종류**
>
> 거시경제학에서 투자란 실물투자로서 설비투자, 건설투자, 재고투자의 세 가지를 의미한다. 여기서 설비투자란 기계나 장비를 구입하는 것을 의미하며 건설투자는 공장이나 건물을 신축하는 것을 말하는데 주택의 신축도 건설투자에 포함된다. 그리고 재고투자란 재고의 증가를 의미한다. 주의할 것은 단순히 재고를 가지고 있는 것만으로 재고투자가 되지 않고 재고를 증가시키는 것만이 재고투자가 된다.

3) 정부(government)

(1) 정부는 조세를 거두어서 이를 정부로서의 역할을 수행하기 위한 지출에 충당 ⇒ 정부지출은 정부구매(government purchase)와 이전지출(transfer payments)로 구성된다.

(2) 정부구매란 정부가 재화나 용역을 구입하는 것을 말하며, 이전지출이란 영세민 보조금이나 기업 보조금과 같이 정부가 대가를 받지 않고 일방적으로 지불하는 것을 말한다. 여기서 이전지출은 재화나 서비스를 직접 구매하는 것은 아니지만 가처분 소득을 증가시켜 재화나 서비스 수요에 간접적으로 영향을 미친다.

4) 해외(foreign sector)

(1) 해외부문은 해외의 가계, 기업, 정부로 구성되어 있으므로 위에서 열거된 가계, 기업, 정부의 역할을 모두 수행한다.

(2) 다만 거시경제모형에서는 해외부문의 역할을 국내시장에서 재화와 용역을 사는 것(수출)과 국내시장에 재화와 용역을 판매하는 것(수입)으로 단순화시킨다.

❸ 국민소득 순환과정

1) 단순한 국민소득 순환과정 : 2부문 모형(two sector model)

(1) 가정

① 가계와 기업부문만 존재하고, 정부와 해외부문은 존재하지 않는다.

② 가계는 소득 전부를 지출 ⇒ 즉 저축=0이다.

③ 기업의 자본량은 일정 ⇒ 즉 감가상각=0이다.

(2) 내용

① 기업의 생산물 판매수입의 전액이 요소소득으로 가계에 지불되고 가계는 소비지출을 위하여 다시 전액을 기업의 생산물의 구입에 사용함으로써 기업의 생산과 가계의 소비지출이 동일한 크기로 계속 반복되는 국민소득의 순환이 이루어진다.

② 단순한 국민소득 순환모형에서는 생산되고 소비되는 생산물의 양이 매 기간에서 계속 일정하게 되는데 그 이유는 주입과 누출도 없고 감가상각도 없기 때문이다.

(3) 도해적 설명

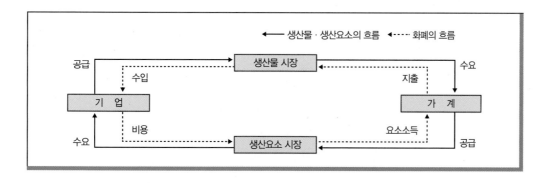

2) 확대된 국민소득의 순환과정 : 국민소득 순환모형으로부터의 주입과 누출

(1) 의미 : 단순한 국민소득 순환과정에 주입과 누출을 함께 고려한 것을 말한다.

⑵ **주입(injection)**

    ① 소득 순환과정의 밖에서 안으로 구매력이 유입되어 국민소득을 증가시키는 것을 말한다. 즉, 생산물에 대한 수요를 증가시키고 이에 따라 생산 증가를 가져와 국민소득의 순환을 활발하게 만드는 요인이 국민소득 순환으로의 주입인 것이다.

    ② 기업의 투자(I), 정부지출(G) 및 해외로의 상품 수출 (X) 등이 이에 해당한다.

⑶ **누출(leakage)**

    ① 소득 순환과정의 안에서 밖으로 구매력이 새어나가 국민소득을 감소시키는 것을 말한다. 즉, 국민소득의 순환으로부터 빠져나가는 흐름을 국민소득 순환으로부터의 누출이라 하는데, 이러한 누출에 따라 국민경제의 활동수준은 위축된다.

    ② 가계의 저축(S), 기업저축(사내유보), 정부의 조세(T), 해외로부터의 상품 수입(M) 등이 이에 해당한다.

⑷ **주입 및 누출과 국민소득**

    ① 주입 > 누출 ⇒ 국민경제 전체의 수요 증가 ⇒ 총생산 증가 ⇒ 국민소득 증가

    ② 주입 < 누출 ⇒ 국민경제 전체의 수요 감소 ⇒ 총생산 감소 ⇒ 국민소득 감소

    ③ 주입 = 누출 ⇒ 국민경제 전체의 수요 불변 ⇒ 총생산 불변 ⇒ 국민소득 균형(일정)

⑸ **2부문 모형에서의 국민소득 균형**：2부문 모형에서의 누출은 가계저축과 기업저축(사내유보)에 의해 이루어지고 주입은 투자에 의해 이루어지므로 2부문 모형의 균형은 경제전체의 저축과 투자가 일치될 때 성립하게 된다.

> 가계저축 + 기업저축(사내유보) = 투자

3) 폐쇄경제모형

⑴ 가계와 기업만으로 구성된 모형에 정부부문을 도입한 3부문 모형을 말한다. ⇒ 국민경제모형

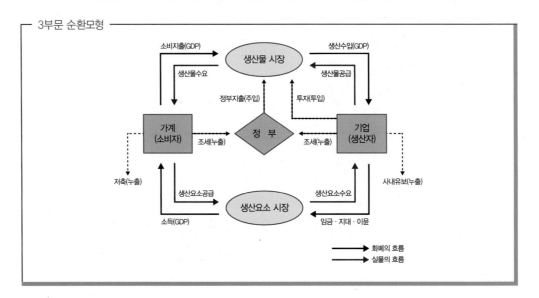

3부문 순환모형

(2) 정부의 조세징수는 국민소득 순환으로부터의 누출의 원인이 되고, 재정지출은 정부구매나 이전지출 모두 순환으로의 주입이 된다.

(3) 조세는 정부의 수입이고 정부구매와 이전지출을 합한 재정지출은 정부의 지출이므로 그 차액은 정부수입 중 지출되지 않고 남은 부분이기 때문에 정부저축이라 부를 수 있다.

(4) 폐쇄경제모형의 균형 역시 누출과 주입이 일치할 때 성립한다.

> 가계저축 + 기업저축(사내유보) + 조세 = 투자 + 정부구매 + 이전지출
> 가계저축 + 기업저축(사내유보) + 정부저축(조세−정부구매−이전지출) = 투자

4) 개방경제모형

(1) 폐쇄경제모형에 해외부문을 더하여 4부문으로 구성된 모형

(2) 개방경제모형에서 해외부문의 역할은 수출과 수입으로 대표되는데 전자는 국민소득 순환과정으로의 주입이 되고, 후자는 국민소득 순환과정으로부터의 누출이 된다. 이에 따라 균형조건은 다음과 같이 된다.

> 가계저축 + 기업저축(사내유보) + 조세 + 수입 = 투자 + 정부구매 + 이전지출 + 수출

(3) 우리나라의 수입은 해외부문의 입장에서 보면 우리나라에 상품을 팔아서 벌어들인 소득이고, 우리나라의 수출은 해외부문이 국내생산물에 지출한 것이므로 우리나라의 수입에서 수출을 뺀 값은 해외부문의 저축이라고 할 수 있다. 이에 따라 균형조건은 다음과 같다.

> 가계저축+기업저축(사내유보)+정부저축(조세−정부구매−이전지출)+해외저축(수입−수출)=투자

5) 국민소득 3면 등가의 법칙

(1) 국민 소득의 세 측면

┌─ **경제활동 수준의 측정**

경제활동이란 바로 생산물과 생산요소의 순환이므로 주어진 기간 동안 생산물과 생산요소의 흐름이 얼마나 많이 발생했는지를 측정함으로써 경제의 활동수준을 가늠해 볼 수 있다. 이는 마치 물을 얼마나 많이 사용했는지를 알아보기 위해 수도관에 계량기를 달아놓고 일정 기간 동안 흘러간 물의 양을 측정하는 것과 같다. 이러한 생산물의 흐름을 측정하기 위한 계량기는 여러 곳(생산, 분배, 지출)에 설치될 수 있다.

① **생산국민소득(얼마만큼 생산되는가?)** : 재화와 용역을 생산물시장에서 판매한 최종생산물의 시장가치의 합 ⇒ 일반적으로 국내총생산은 이러한 생산국민소득을 말하는 것이다.

> 생산국민소득=총생산물=총산출액−중간재 투입액=총부가가치

② **분배국민소득(누가 얼마만큼 가져가는가?)**: 생산과정에 제공된 생산요소(노동, 토지, 자본)에 대한 대가로 얻은 가계의 요소 소득의 합계

> 분배국민소득=총요소소득=임금+이자+지대+임대료+이윤

여기서 임금 이외의 다른 소득도 결국 가계로 흘러들어가는 소득이라는 것에 주의해야 한다. 기업을 운영하는 주체도 결국은 다른 측면에서는 가계 경제주체이기 때문이다. 따라서 소득은 어떠한 형태로든 가계 경제주체들에게 모두 돌아가게 된다.

③ **지출국민소득(얼마나 구입하는가?)**: 생산물을 구매·소비한 대가로 지출된 소득의 합계
⇒ 생산물을 공급한 기업의 수입으로 연결된다.

> 지출국민소득=소비지출+투자지출+정부지출+순수출(수출-수입)

⑶ **국민소득 3면 등가의 법칙의 내용**

① 생산된 생산물은 생산, 분배 및 지출의 국민소득 순환과정을 따라 순환하므로 국민소득의 크기는 생산, 분배 및 지출의 세 국면 어디에서 측정하여도 동일하다는 것을 말한다.

> 국내총생산(생산국민소득)=국내총소득(분배국민소득)=국내총지출(지출국민소득)

② 위의 세 가지의 국민소득은 모두 실제로 발생한 국민소득을 측정한 사후적(ex post)인 개념으로서의 국민소득이다. 특히 지출국민소득 중 투자지출에는 기업의 의도되지 않은 재고의 증감이 포함됨을 기억해야 한다. 따라서 국민소득 3면 등가의 법칙은 항상 성립하는 항등식이다.

확인 TEST

A는 자신의 여비서 B와 결혼하였다. B는 결혼 후에도 무보수로 A의 비서업무를 계속 수행하였다. 만약 결혼 전 B의 연봉이 3,000만 원이었고 다른 조건이 불변이라면, 이 결혼에 의해 *GDP*는 어떻게 변하는가?

[2001. 행시]

① *GDP*는 변하지 않는다.
② *GDP*는 3,000만 원 증가한다.
③ *GDP*는 3,000만 원 감소한다.
④ *GDP*는 증가하나, 증가액은 3,000만 원보다 크다.
⑤ *GDP*는 감소하나, 감소액은 3,000만 원보다 작다.

해설 ▶ B가 결혼 후에도 비서업무를 계속했으므로 생산국민소득(*GDP*)에는 변화가 없다. 한편 B가 무보수로 비서업무를 계속했으므로 B의 임금은 감소했으나, 이로 인해 A의 기업 입장에서는 임금을 지불할 필요가 없어 이윤이 같은 크기만큼 증가하게 된다. 결국 분배국민소득의 크기도 변화가 없게 된다. 이에 따라 국민소득 3면 등가의 법칙은 계속 성립하게 된다.

정답 ▶ ①

❹ 국민소득계정과 항등식

1) 생산국민소득과 지출국민소득

> 국내총생산에 대한 지출$= (C - C_m) + (I - I_m) + (G - G_m) + X$
>
> $= C + I + G + X - (C_m + I_m + G_m)$
>
> so, $Y \equiv C + I + G + X - M$

(1) 국민경제에는 가계, 기업, 정부 그리고 해외의 네 부문만이 존재하므로 국내총생산에 대한 지출은 이들 경제주체들의 지출을 더한 것 ⇒ 국민소득 3면 등가의 원칙에 따르면 이러한 국내총생산에 대한 지출은 국내총생산과 같아져야 한다.

(2) 만일 생산량이 수요량을 초과하면 그 초과분은 팔리지 않고 기업의 창고에 쌓이게 되는데, 이를 계획되지 않은 재고의 증가라 한다.

(3) 국민소득계정에서의 투자는 미리 계획된 재고투자뿐만 아니라 생산과 계획된 지출과의 차이로 인해 발생하는 계획되지 않은 재고의 증가(unplanned inventory investment)까지 포함하여 정의되므로 생산과 지출은 사후적으로 반드시 일치하게 된다. 국민소득 계정상의 투자는 사후적 투자이다.

2) 가처분소득(disposable income)

(1) 가계가 마음대로 처분할 수 있는 소득

(2) 국민총생산으로부터 조세(T)를 빼고 이전지출(TR)을 더함으로써 계산될 수 있다.

> $YD \equiv Y - T + TR$

(3) 가처분소득은 소비(C)와 저축(S)의 두 가지 형태로만 처분된다.

> $YD \equiv C + S$

3) 국민소득 계정상의 항등관계

$X - M$		$T - TR$	$T - TR$
G	Y		
I			S
		YD	
C			C

4) 저축과 투자

(1) 앞의 세 항등식을 결합하면 다음과 같은 항등식을 구할 수 있다.

$$S+(T-G-TR)+(M-X)\equiv I$$

(2) $T-G-TR$은 정부의 조세수입에서 재정지출을 뺀 것인데 이를 정부저축이라 부를 수 있다. 왜냐하면 정부의 입장에서 보면 조세수입은 소득이고 정부구매와 이전지출을 합한 재정지출은 소비라고 볼 수 있기 때문이다.

(3) $M-X$는 해외저축이라 부를 수 있다. 왜냐하면 한 나라의 수입은 해외부문의 입장에서 보면 이 나라에 물건을 팔아서 벌어들인 소득이고, 수출은 해외부문이 이 나라의 제품을 사기 위해서 지불한 지출이라고 볼 수 있기 때문이다.

(4) 위의 항등식은 국내투자의 재원은 가계, 기업, 정부 등에 국민저축이나 해외부문에 의한 해외저축으로부터 충당되어야 함을 의미한다.

(5) 위 항등식에서 저축(S)과 투자(I)가 같다면 $T-G-TR<0$일 때 $M-X>0$이 성립할 수 있다. 이러한 경우 생산물시장이 균형을 이룸에도 불구하고 재정적자와 경상수지 적자가 동시에 발생할 수 있다. 이를 쌍둥이 적자(twin deficit)라고 한다.

확인 TEST

B 국가는 전 세계 어느 국가와도 무역을 하지 않으며, 현재 GDP는 300억 달러라고 가정하자. 매년 B 국가의 정부는 50억 달러 규모로 재화와 서비스를 구매하며, 세금수입은 70억 달러인 반면 가계로의 이전지출은 30억 달러이다. 민간저축이 50억 달러일 경우 민간소비와 투자는 각각 얼마인가?

[2013. 서울시 7급]

① 180억 달러, 50억 달러
② 210억 달러, 40억 달러
③ 130억 달러, 70억 달러
④ 150억 달러, 60억 달러
⑤ 추가 정보가 필요하다.

해설 ▶ 폐쇄경제하의 국민소득 계정에서의 항등식은 다음과 같다.
민간저축($Y-T+TR-C$)+정부저축($T-G-TR$)=투자(I)
그런데 민간저축이 50억 달러이므로 $(300-70+30-C)=50$이 성립한다. 따라서 민간소비(C)는 210억 달러가 된다. 또한 정부저축($T-G-TR$)이 $(70-50-30)=-10$이므로 투자는 40억 달러가 된다.

정답 ▶ ②

확인 TEST

다음은 개방 국민경제의 사후적 균형에 관한 설명이다. 이에 대한 분석과 추론으로 옳은 것을 〈보기〉에서 모두 고르면?

[2013, 교원임용]

경제는 사후적으로 보면 언제나 균형을 이룬다. 개방 국민경제에서의 주입은 투자지출, 정부지출 및 수출이며 누출은 민간저축, 조세 및 수입이다. 민간저축과 투자지출의 차이는 민간 잉여, 조세와 정부지출의 차이는 정부 잉여, 수출과 수입의 차이는 순수출로 정의된다. 2국으로 구성되는 국제경제를 상정하자. 그리고 한 나라의 수입의 크기는 그 나라 국민소득의 크기와 비례적인 관계가 있다고 한다.

──────〈 보 기 〉──────

㉠ 국내의 투자지출이 클수록 순수출의 크기는 작다.
㉡ 민간 잉여의 크기가 일정하다면, 정부 잉여가 작을수록 순수출의 크기는 크다.
㉢ 민간 잉여와 정부 잉여의 합이 양(+)이라면 순수출의 크기는 반드시 양(+)이다.
㉣ 상대국 정부가 정부지출을 확대하면 자국의 순수출은 줄어든다.

① ㉠, ㉡
② ㉠, ㉢
③ ㉡, ㉢
④ ㉡, ㉣
⑤ ㉢, ㉣

해설 ▶ • 국민경제 균형식은 다음과 같다.
• 민간잉여(민간저축－투자지출)＋정부잉여(조세－정부지출＝정부저축)＝순수출(수출－수입)
   또는
• 민간저축＋정부잉여(정부저축)＝투자지출＋순수출
㉠ 국내의 투자지출이 이루지면 국민소득이 증가한다. 한 나라의 수입의 크기가 그 나라 국민소득의 크기와 정(+)의 관계에 있으므로 수입 증가로 순수출의 크기는 작아지게 된다.
㉡ 민간 잉여의 크기가 일정하다면, 정부 잉여가 작을수록 순수출의 크기도 작아야만 균형식이 계속 유지될 수 있다.
㉢ 민간 잉여와 정부 잉여의 합이 양(+)이라면 순수출의 크기는 반드시 양(+)이어야만 균형식이 계속 유지될 수 있다.
㉣ 상대국 정부가 정부지출을 확대하면 상대국의 국민소득이 증가하게 된다. 한 나라의 수입의 크기가 그 나라 국민소득의 크기와 정(+)의 관계에 있으므로 상대국의 수입이 증가하게 되고, 이것은 곧 자국의 순수출이 증가한다는 것을 의미한다.

정답 ▶ ②

국내총생산

❶ 국내총생산(Gross Domestic Product : GDP)의 의의

1) **국내총생산의 의미** : 일정 기간 동안에 자국 내에서 생산된 모든 최종생산물의 시장가치

 (1) 일정 기간을 통해 측정되는 유량개념으로 통상 1, 3, 6, 12개월 단위로 측정한다.

 (2) 한 나라의 국경 안에서 생산되면, 그 나라 국민과 국내거주 외국인의 생산요소에 의하여 생산된 생산물의 가치는 모두 GDP에 포함된다. 따라서 내국인이 외국에서 생산한 것은 국민총생산(GNP)에는 포함되지만 GDP에는 포함되지 않는다.

국민총생산((Gross National Product : GNP)

일정 기간 동안에 자국민에 의해서 생산된 모든 최종생산물의 시장가치를 말한다.
국민총생산＝국내총생산＋해외로부터 취득한 요소소득－해외에 지불한 소득＝국내총생산＋대외순수취 요소소득

확인 TEST

K국의 올해 민간 소비지출이 400조 원, 정부지출이 100조 원, 투자가 200조 원, 수출이 250조 원, 수입이 200조 원, 대외순수취 요소소득이 10조 원이라고 할 때, K국의 국내총생산(GDP)은?　　　　[2012, 국가직 9급]

① 600조 원

② 750조 원

③ 760조 원

④ 950조 원

해설 ▼ • 국내총생산은 자국 내에서 생산된 총생산액을 의미하며 다음과 같이 측정된다.

> • $GDP = $소비지출$(C) + $투자지출$(I) + $정부지출$(G) + $순수출$(X - M)$
> $= 400 + 200 + 100 + (250 - 200) = 750($조 원$)$

• GNP와 GDP의 관계는 다음과 같다,

> • $GNP = GDP - $대외지급 요소소득$ + $대외수취 요소소득$ = GDP + $대외순수취 요소소득
> $= 750 + 10 = 760($조 원$)$

정답 ▼ ②

(3) 최종생산물의 가치만을 의미하므로 다른 생산물을 생산하는 데에 사용된 원재료 같은 중간생산물의 시장가치는 제외된다. 중간 생산물은 생산과정에서 사용되는 것으로 이미 최종 생산물의 가치 속에 포함되어 있기 때문에 중간 생산물을 포함시키면 중복 계산되는 문제가 발생한다. 여기서 최종생산물이란 그 자체로 소비와 투자 등 최종 용도에 사용되는 생산물을 의미한다. 한편 최종 생산물로 한 번 거래되었던 '중고품' 역시 GDP에 포함되지 않는다. 이에 따라 신축되어 분양된 아파트는 GDP에 포함되지만, 이후 소유권이 이전되면서 거래되는 주택 매매대금은 GDP에 포함되지 않는다. ⇒ GDP는 중복계산을 제거한 순계개념이다.

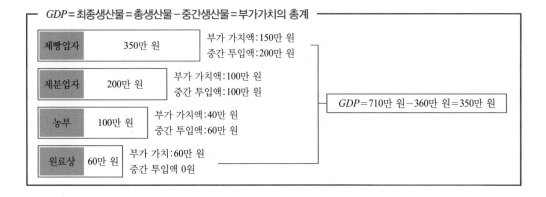

GDP＝최종생산물＝총생산물－중간생산물＝부가가치의 총계

제빵업자	350만 원	부가 가치액 : 150만 원 중간 투입액 : 200만 원
제분업자	200만 원	부가 가치액 : 100만 원 중간 투입액 : 100만 원
농부	100만 원	부가 가치액 : 40만 원 중간 투입액 : 60만 원
원료상	60만 원	부가 가치 : 60만 원 중간 투입액 0원

GDP＝710만 원－360만 원＝350만 원

팔리지 않고 남은 재고는 어떠한가?

재고는 팔리지 않았지만 최종생산물로 간주된다. 기업이 재고를 증가시킬 경우에 이는 기업가에 대한 지출로 취급되고, 마치 최종 판매된 것처럼 GDP에 포함시킨다. 그리고 기존의 재고를 다시 판매하는 경우에 이는 GDP에 포함되지 않는다. 이미 재고로서 GDP에 포함되었기 때문이다.

확인 TEST

2013년에 A국에서 생산되어 재고로 있던 제품을 2014년 초에 B국에서 수입해 자국에서 판매했다고 할 때 이것의 효과에 대한 설명으로 옳은 것은?

[2014. 서울시 7급]

① A국의 2014년 GDP와 GNP가 모두 증가한다.
② A국의 2014년 수출은 증가하고 GDP는 불변이다.
③ B국의 2014년 GNP는 증가하고 GDP는 불변이다.
④ B국의 2013년 GDP와 2014년 투자가 증가한다.
⑤ B국의 2013년 수입은 증가하고 2014년 수입은 불변이다.

해설 • 생산연도와 지출연도를 주의하면서 접근한다.
  • A국 : 2013년에 생산이 이루어졌으므로 재고투자의 증가로 2013년 GDP가 증가하고, 2014년에는 생산 활동이 없으므로 GDP는 불변이다. 다만 2014년 B국으로의 수출은 증가한다.
  • B국 : 2014년 수입이 증가한다. 그런데 수입품의 생산지가 2013년의 A국이므로 2014년의 GDP와 GNP는 변화가 없다.

정답 ② ②

(4) 시장에서 거래되는(평가되는) 생산물의 가치만을 포함

주부의 가사노동의 가치

　가령 어떤 주부가 점심으로 500원짜리 라면을 끓여 먹었다면 GDP에는 500원만 추가되지만, 만약 이 주부가 동네 상가의 분식집에서 2,000원에 한 그릇을 사먹었다면 2,000원이 GDP에 포함된다. 이 주부가 집에서 라면을 먹을 경우에 직접 라면을 끓이고 설거지하는 노력은 GDP에 포함되지 않는 반면, 분식집 주인의 같은 서비스는 GDP에 포함되는 것이다. 따라서 가정주부의 가사노동의 가치는 포함되지 않는다.

주의

1. 모든 주택이 제공하는 주거서비스를 국내 총생산에 포함시키기 위해서는 자가 소유주택이 제공하는 서비스의 가치를 귀속임대료로 추산해서 포함시켜야 한다. 그러나 기존주택거래는 이전거래로 제외된다.
2. 공무원이나 군인은 행정과 국방 등 다양한 서비스를 제공하지만 이 서비스는 시장에서 거래가 되지 않지만, 그 서비스를 제공하기 위해 투입된 공무원의 급여와 책상과 컴퓨터를 비롯한 자본재의 임대료와 같은 요소비용으로 추산해서 포함시켜야 한다.
3. 농가에서 자신이 소비하기 위해 직업적으로 생산하는 자기소비용 농산물은 시장에서 거래되지는 않지만 국내총생산에 포함되어야 한다.
4. 상속, 증여, 퇴직금, 연금, 국채이자 등은 이전거래로 보아 제외된다.
5. 주가나 부동산 가격상승에 의한 자본이득도 제외된다.

자가소유주택의 귀속임대료

1. 타인소유주택의 임대료는 GDP에 가산한다.
2. 자가소유주택에서 자신이 직접 거주하는 경우에는 자신에게 임대료를 지불하지는 않는다. 그러나 자가소유주택을 자신이 직접 사용하려면 이를 타인에게 임대할 때 받을 수 있는 임대료를 포기해야 하므로 경제적으로는 임대료를 부담하는 것과 같다.
3. 귀속임대료를 GDP에 가산하지 않으면 자가주택 거주율이 높아질수록 국민복지는 높아지지만 주택 임대료가 감소하여 GDP가 감소하는 모순된 상황이 발생하게 된다. 따라서 귀속임대료를 GDP에 가산하는 것이 타당하다.

---

(5) 생산된 생산물의 가치를 시장가격으로 환산한 크기로 계산 ⇒ 시장가격으로 표시하였기 때문에 일반적인 물가나 각 상품 간의 상대가격들이 변화하면 생산량의 변화 없이도 GDP가 변할 수 있다.

시장가격으로 환산하는 이유

　시장가치란 시장에서 거래되고 평가되는 생산물의 화폐액을 말한다. GDP를 시장가치, 즉 화폐액으로 나타내는 것은 경제주체가 생산한 생산물의 종류와 단위가 다르기 때문이다. 경제활동의 결과를 모두 화폐가치로 표현할 수는 없겠으나, 화폐단위를 대체할 마땅한 수단이 없기 때문이다. 한편 우리는 가끔 지하경제라는 말을 쓰기도 하는데, 예를 들어 마약과 같은 상품은 생산 통계에 잡히지도 않고 공개적인 시장에서 거래되지도 않기 때문에 GDP에는 누락될 수밖에 없다.

┌─ GDP에의 포함 여부 ──────────────────────────

구분		포함되는 항목	포함되지 않는 항목
'부가가치'		귀속계산(자기소유건물 ⇒ 가계주택, 기업건물의 임대료)	-
'생산물'		신규주택매입	공채이자, 기존생산물의 매매차익(중고품 거래), 소유권이전, 상속, 복권, 자산의 매매차익(주식거래), 자산재평가 이득, 지하경제의 불법소득(도박, 밀수, 음성적 수입)
'시장가치'	자가소비	농가의 자가소비 농산물, 국방·치안 서비스	주부의 가사노동, 가계의 여가로서의 농산물 재배(주말농장)
	현물	피고용자가 받는 현물소득 (식사제공, 사택제공 등)	물물교환

└──

확인 TEST

다음 〈보기〉 중 GDP가 증가하는 경우는 모두 몇 개인가?   [2014. 국회 8급]

───────────〈 보 기 〉───────────

㉠ 국세청이 세무조사를 강화함에 따라 탈세규모가 줄어들었다.
㉡ 도시에 거주하는 사람에 대한 농지매입규제가 폐지됨에 따라 농지가격이 상승하였다.
㉢ 자가 보유주택의 귀속임대료가 상승하였다.
㉣ 금융구조조정이 성공적으로 마무리되어 은행들의 주가가 급등하였다.
㉤ 자동차 제조기업에서 판매되지 않은 재고증가분이 발생하였다.

① 1개
② 2개
③ 3개
④ 4개
⑤ 5개

해설 ▸ 〈보기〉의 예를 하나씩 검토해 본다.
　　㉠ 국세청이 세무조사를 강화함에 따라 탈세규모가 줄어들었다면, GDP 측정에서 제외되었던 지하경제에서의 거래가 시장에서 정상적으로 이루어진다는 것을 의미한다. ⇒ 증가 요인
　　㉡ GDP는 생산활동을 전제한다. 그런데 단순한 농지가격의 상승은 생산활동이 아니다. ⇒ 무관
　　㉢ 자가 보유주택의 귀속임대료는 GDP의 측정 대상이다. ⇒ 증가 요인
　　㉣ GDP는 생산활동을 전제한다. 그런데 단순한 주가의 급등은 자산 재평가와 관계가 있을 뿐 생산활동이 아니다. ⇒ 무관
　　㉤ 재고증가분의 존재는 재고투자로 간주되면서 GDP에 포함된다. ⇒ 증가 요인

정답 ▸ ③

다음 글을 읽고 밑줄 친 ㉠ ~㉤ 중에서 우리나라의 *GDP*에 포함되는 항목을 모두 골라 기호로 쓰시오.

[2003, 교원임용]

중소기업을 운영하는 홍 길동 씨는 외국인 노동자를 고용하고 있다. 올해 초에 ㉠ 집값이 크게 오르고, ㉡ 보유 주식가격도 올랐다. 외국인 노동자의 생산성이 올라서 ㉢ 임금도 올려주었다. 그러나 최근에는 불경기 때문에 생산한 물건이 잘 팔리지 않아 ㉣ 재고가 증가하고 있다. 해외에서 취업하고 있는 홍길동 씨의 아들은 매우 ㉤ 높은 연봉을 받고 있다.

분석하기

㉠:집값 상승은 생산 활동과 무관한 자본이득에 해당하기 때문에 *GDP* 집계 대상에서 제외된다.
㉡:주가 상승은 생산 활동과 무관한 자본이득에 해당하기 때문에 *GDP* 집계 대상에서 제외된다.
㉢:외국인이지만 국내에서 생산 활동을 하기 때문에 우리나라의 *GDP* 집계 대상에 포함된다. 이 경우 외국인 노동자의 임금 상승은 분배 *GDP*를 증가시킨다.
㉣:재고의 증가는 재고투자로 간주되면서 지출 *GDP*를 증가시킨다.
㉤:홍 길동 씨 아들의 연봉은 해외에서 이루어진 생산활동에 대한 대가이므로 우리나라 *GDP* 집계 대상에서 제외된다. 단, 우리나라 국민에 의한 생산활동에 대한 대가이므로 우리나라의 *GNP* 집계 대상에는 포함된다.

정답 ㉢, ㉣

국민총생산(*GNP*)와 국민순생산(*NNP*)과의 관계

1. 국민총생산(Gross National Product)

① 일정 기간 동안에 자국민에 의해서 생산된 최종생산물의 시장가치이다. 따라서 *GNP*에는 생산활동이 이루어진 장소가 국내인가 해외인가와 관계없이 자국민이나 자국민 소유의 생산요소에 의해 생산된 것이면 모두 포함된다.

$$GNP = GDP + 해외에서 수취한 요소소득 - 해외에서 지불된 요소소득$$
$$= GDP + 해외 순수취 요소소득$$

② 폐쇄경제에서는 *GNP*와 *GDP*가 동일하다. 그러나 개방경제에서는 자국민의 해외 투자가 상대적으로 더 많은 국가의 경우에는 *GNP*가 *GDP*보다 크지만, 반대로 외국인의 국내 투자가 상대적으로 더 많은 국가의 경우에는 *GNP*가 *GDP*보다 더 작게 된다.

2. 국민순생산(Net National Product)

① *GNP*에서 자본의 감가상각(depreciation), 즉 일정 기간 동안 공장·생산설비·건축물 등에서 발생하는 감가상각액을 차감하여 구해진다.

$$NNP = GNP - 감가상각$$

② 국민소득 계정에서 감가상각은 고정자본소모라고 하는데, 이러한 소모는 최종생산물을 생산할 때 사용된 비용과 같은 것이므로, 고정자본소모를 제외하면 순생산물의 가치가 얻어진다.

2) GDP의 유형

(1) 명목 *GDP* (nominal *GDP*)와 실질 *GDP* (real *GDP*)

① **명목 *GDP*(경상가격 *GDP*)**: 당해 연도의 시장가격(P_t)을 이용하여 측정한 국내총생산 ⇒ 산업 구조 등을 분석할 때 중요

$$명목\ GDP = \sum P_t \times Q_t$$

그런데 위와 같이 국내총생산을 구할 경우에는 각 생산물의 생산량에는 전혀 변화가 없더라도 시장가격의 상승에 따라 국내총생산이 증가할 수 있다는 문제가 발생한다.

② **실질 *GDP*(불변가격 *GDP*)**: 특정한 기준년도의 시장가격(P_0)을 이용하여 측정한 국내총생산 ⇒ 경제성장 등을 분석할 때 중요

$$실질\ GDP = \sum P_0 \times Q_t$$

물가변화가 국내총생산에 미치는 영향을 배제하기 위해서는 위와 같이 시장가격을 미리 정한 기준년도의 가격으로 고정시키고 국내총생산을 계산하는 것이 바람직한 것이다.

주의

국내총생산을 계산하는 데 있어 당해 연도의 시장가격을 가지고 하면 각 생산물의 생산량에는 전혀 변화가 없더라도 시장가격의 상승에 따라 국내총생산이 증가할 수 있다는 문제가 발생한다. 따라서 물가변화가 국내총생산에 미치는 영향을 배제하기 위해서는 시장가격을 미리 정한 기준년도의 가격으로 고정시키고 국내총생산을 계산하는 것이 바람직하다.

---

③ ***GDP* deflator** : *GDP* 통계로부터 파쉐방식으로 사후적으로 산출되는 일종의 물가지수이다.

$$GDP\ \text{deflator(환가지수)} = \frac{명목\ GDP}{실질\ GDP} \times 100$$

기준년도는 명목 *GDP*와 실질 *GDP*가 같기 때문에 이때의 *GDP* deflator 값은 100이다.

확인 TEST

A국은 사과와 딸기 두 재화만을 생산하며, 각 재화의 생산량과 가격은 다음 표와 같다. A국이 2013년 가격을 기준으로 실질 *GDP*를 계산한다고 할 때, 다음 중 옳지 않은 것은?

[2015, CPA]

연도	사과		딸기	
	생산량	가격	생산량	가격
2013	10	1	5	2
2014	8	2	6	1

① 2013년의 명목 *GDP*는 20이다.
② 2013년의 실질 *GDP*는 20이다.
③ 2014년의 명목 *GDP*는 22이다.
④ 2014년의 실질 *GDP* 성장률은 전년 대비 0%이다.
⑤ 2014년의 *GDP* 디플레이터 상승률은 전년 대비 5%이다.

해설 ▶ 연도별 명목 *GDP*와 실질 *GDP*를 구하면 다음과 같다.

- 2013년 명목 $GDP = \sum P_{2013} \times Q_{2013} = 1 \times 10 + 2 \times 5 = 20$
- 2013년 실질 $GDP = \sum P_{2013} \times Q_{2013} = 1 \times 10 + 2 \times 5 = 20$
- 2014년 명목 $GDP = \sum P_{2014} \times Q_{2014} = 2 \times 8 + 1 \times 6 = 22$
- 2014년 실질 $GDP = \sum P_{2013} \times Q_{2014} = 1 \times 8 + 2 \times 6 = 20$

- 2014년의 실질 *GDP*는 2013년의 실질 *GDP*의 크기와 동일하다. 따라서 실질 *GDP* 성장률은 0%이다.
- 2014년의 *GDP* 디플레이터는 다음과 같이 도출된다.

- 2014년 $GDP \text{ 디플레이터} = \dfrac{2014년\ 명목\ GDP}{2014년\ 실질\ GDP} \times 100 = \dfrac{22}{20} \times 100 = 1.1 \times 100 = 110$

- 기준연도의 *GDP* 디플레이터는 항상 100이다. 따라서 2014년의 *GDP* 디플레이터가 110이라는 것은 기준연도에 비해 10%만큼 상승했다는 것을 의미한다.

정답 ▶ ⑤

(2) 실제 *GDP* (actual *GDP*)와 잠재 *GDP* (potential *GDP*)

실제 *GDP*	잠재 *GDP*
한 나라의 경제가 실제로 생산한 모든 최종 생산물의 시장가치	한 나라에 존재하는 모든 생산자원을 정상적으로 고용하였을 경우에 생산할 수 있는 모든 최종 생산물의 시장 가치 ⇒ 정책당국이 추구하는 정책목표가 되는 완전고용 *GDP*

- 잠재 *GDP* − 실제 *GDP* = *GDP gap* ⇒ 이것이 양(+)의 값을 가질 때 불완전 고용의 상태
1. *GDP gap* > 0: 경기 침체(한 경제가 최대한 생산할 수 있는 수준 미만에서 조업하고 있으므로, 실업을 낮추고 생산을 증가시킬 여지가 존재) ⇒ 총수요 확대 필요
2. *GDP gap* < 0: 경기 과열(경제가 정상적으로 생산 가능한 수준을 넘어 생산하려고 하면 원자재 가격 및 임금, 임대료 등이 상승하여 인플레이션이 가속화) ⇒ 총수요 축소 필요
※ '실제 *GDP* − 잠재 *GDP* = *GDP gap*'으로 측정하는 경우도 있다. 이 경우에는 *GDP gap*이 양(+)의 값을 가지게 되면 완전고용이 달성된 경기호황을 의미한다.

> **주의**
>
> 잠재 *GDP*가 한 경제가 생산할 수 있는 한계점이라고 오해해서는 안 된다. 완전고용이라고 하여 실업률이 0%
> 인 것을 의미하지는 않는다. 아무리 취업기회가 높은 사회라 하더라도 직장을 나와 새로운 일자리를 찾는 사람
> 이 언제나 존재하게 되고 이들의 존재 때문에 실업률은 항상 0% 이상이 될 수밖에 없다. 국가에 따라 다르기는
> 하지만 일반적으로 2% 내지 4% 정도의 실업률은 완전고용 상태로 보아도 무방하며, 이 상태에서 경제가 최대한
> 산출해낼 수 있는 *GDP*를 잠재 *GDP*라고 부르는 것이다.

잠재 *GDP*(potential *GDP*)의 다양한 정의

> 잠재 *GDP*란 실제 *GDP*(actual *GDP*)에 대응되는 개념으로 노동과 자본 등의 생산요소를 완전고용하여 달
> 성할 수 있는 *GDP*, 또는 자연실업률에서의 *GDP*, 또는 추가적인 인플레이션 압력을 유발하지 않고 달성할 수
> 있는 *GDP*라고 정의된다.

> **_GDP_ 통계의 의의 및 평가**
>
> 미국 상무부 장관인 Wiliam M. Daley는 1999.12.7 미국 연방준비위원회(FRB)의 의장인 Alan Greenspan 및
> 대통령 경제자문위원회 의장인 Martin Baily와 함께 *GDP* 통계편제를 상무부의 20세기 최대의 업적으로 평가
> 하였다.
>
> *GDP* 통계는 1930년대 초 Dr. Simon Kuznets(*GDP* 통계 개발에 대한 공로로 노벨 경제학상 수상)에 의해 도
> 입된 이래 정보와 기업들의 경제정책 수립의 기준이 되어 왔다. *GDP* 통계가 제공하는 경제상황에 대한 큰 그림
> 이 없었다면 정책입안자들이 경제현상을 이해하는 데 필요한 정보가 없었을 것이며 적절한 정책을 취할 수도 없
> 었을 것이다.
>
> 대공황(Great Depression)당시 Franklin Roosevelt와 그의 참모들은 철도 운송량이 줄어들고 철강 생산량이
> 크게 감소하여 수백만의 사람들이 직업을 잃었다는 사실은 알았으나 경제상황에 대한 큰 그림(*GDP* 통계)이 없
> 어 전체 경제에 대한 정보부족으로 무엇을 해야 할지 몰라 당황하였다. 의사가 모든 진단결과를 분석한 후에 실
> 시하는 것처럼 경제정책입안자들도 *GDP* 계정에서 중요한 정책결정을 위한 도구(tools)를 얻게 된다.
>
> 미국 경제의 흐름을 보면 *GDP* 통계가 완전하게 개발되어 널리 이용된 이후 경제의 호황과 불황의 폭이 훨씬
> 작아졌음을 알 수 있다. 미국 *GDP*의 가장 큰 추락은 1932년의 13% 감소인데 지난 50년 중 가장 큰 폭의 하락
> 은 '81~82년의 1.9% 감소였다. 즉, *GDP* 통계가 개발되어 경제정책에 이용된 이래 과거와 같은 큰 폭의 경기순환
> (business cycle)은 사라졌으며 예금대량인출(bank run), 금융공황, 깊고 장기적인 경기침체, 장기실업 등도 발생
> 하지 않았다. 이와 같이 상무부는 *GDP* 통계라는 매우 유용한 경제지표를 장기간 제공함으로써 미국경제의 건
> 실화에 매우 긍정적인 효과를 나타냈다.

❷ GDP 개념의 유용성과 한계

1) 유용성

(1) 한 나라 경제활동의 수준 및 경제적 성과를 나타내는 지표로 사용된다.

(2) 국가들 사이의 경제력과 생활수준을 비교하는 지표로 이용된다.

(3) 개방화 시대에 *GNP*보다 적합한 지표이다.

┌─ 경제성장률 중심지표의 변경(GNP → *GDP*) ─────────────────────────

　당초에는 거시경제분석의 초점이 소득 측면에 있었기 때문에 *GNP*를 경제성장의 중심지표로 삼았으나, 1970년대 이후 세계적으로 경제의 국제화가 급격히 진전되면서 노동이나 자본의 국가 간 이동이 확대됨에 따라 소득지표에 가까운 *GNP* 기준 성장률이 국내경기 및 고용사정 등을 제대로 반영하지 못하게 되면서 각국은 경제성장의 중심지표를 *GDP*로 바꾸는 것을 검토하게 되었다.

　주요 OECD국가들은 이미 '90년대 초반에 *GDP*를 경제성장의 중심지표로 삼았으며 우리나라도 이와 같은 국제 추세에 맞추어 '95년부터 경제성장의 중심지표를 *GNP*에서 *GDP*로 변경하여 발표하게 되었다.

　한편, UN, IMF 등 국제기구가 제정하여 각국이 따르도록 한 국민소득통계의 국제적 편제기준인 국민계정체계(1993, SNA)에서는 물론 국내의 생산활동지표로 실질 *GDP*를 이용하도록 하고 있으며, 나아가 소득지표로도 실질 *GNP*대신에 실질 *GNI*(Real Gross Natinal Income)를 편제하도록 권고하고 있다. 이에 따라 한국은행도 지난 1999년부터 소득지표로 *GNP*대신에 *GNI*를 편제·발표하고 있다.

└──

2) 한계

(1) 대부분 표본통계로부터 항목별로 추측하여 계산하는 추계방법을 채택하므로 그 정확도가 실제와 괴리를 보일 수 있다.

(2) 가정주부의 가사노동은 추계에서 제외하지만 파출부의 동일한 서비스는 추계에 포함하는 등 추계방법의 일관성이 결여되어 있다.

(3) '여가'와 '상품의 질'의 변화를 제대로 반영치 못한다. 예를 들면 과거에 비해 컴퓨터의 품질은 엄청 향상되었지만, 오히려 가격은 큰 폭으로 하락하고 있다.

(4) 공해, 자연파괴, 교통체증, 범죄 증가 등과 같은 '외부 비경제 효과'를 고려하지 않는다.

(5) 정상적인 거래가 이루어지는 시장만을 고려하므로 사채, 부동산 투기, 밀수, 탈세 등과 같은 지하경제 규모를 반영하지 못한다.

(6) 생산활동과 관계없는 이전거래(상속, 증여 등)와 자본이득(주식이나 부동산 가격의 변동)은 제외된다.

┌─ 국민소득통계 - 불법이거나 숨겨진 생산활동 포함 ─────────────────────

　밀수, 도박, 매춘 등과 같은 불법적인 경제활동이나 세금탈루를 위해 축소 보고되는 개인서비스 판매, 사금융시장에서의 자금조달 행위, 뇌물수수 등은 국민소득통계에서 어떻게 처리되고 있는 것일까?

　새로운 부가가치를 창출하는 생산활동과 관련되지 않고 이미 발생한 소득 이전되는 현상인 횡령, 절도, 뇌물수수 등은 생산활동으로 간주되지 않아 국민소득통계에 포함하지 않는다.

　한편, 우리나라는 대부분의 국가와 마찬가지로 불법이거나 숨겨진 생산 활동은 기초자료의 부족 등으로 실제 포착이 어려워 현행 국민소득통계에 대부분 포함하지 못하고 있다. 그러나 앞으로는 경제행위의 투명성이 높아지면서 세금탈루를 위해 숨겨진 생산활동도 많이 줄어들 것이므로 그만큼 국민소득통계의 현실 반영도도 높아질 것으로 전망된다.

└──

❸ 새로운 지표

1) 경제후생지표(Measure of Economic Welfare : MEW)

⑴ 의미 : Tobin과 Nordhaus는 위와 같은 GDP의 문제점을 보완하기 위하여 새로운 경제지표로서 MEW를 제시했고 이를 Samuelson은 순경제후생(Net Economic Welfare : NEW)이라고 한다.

> MEW=GDP+가정주부의 서비스 가치+여가의 가치−공해비용

⑵ 장·단점

① 장점 : GDP보다 경제복지를 나타내는 데는 더 나은 지표이다.

② 단점 : 객관적으로 수량화하기가 어렵다.

Green GDP 추계

Green GDP는 1992년 소위 '지구정상회담(Earth Summit)'이라고도 불리우는 '환경 및 개발에 관한 UN회의'에서 처음 제기되었으며, UN이 추계방법을 작성했다. 이는 국내순생산(NDP=GDP−자본스톡의 감가상각)에서 환경파괴에 따른 경제적 손실액을 차감해 산출한 것인데, 환경파괴에 따른 경제적 손실액은 실제로 지출된 것이 아니라 환경파괴를 예방하기 위해 필요한 비용으로 추정하여 추계한다.

---

2) 국민총소득(Gross National Income : GNI)

⑴ 등장 배경

① 기준년도의 가격으로 평가한 실질 GDP는 물량변화를 반영하는 생산지표와 소득지표가 혼합되어 있고, 또 교역조건의 변화로 발생하는 실질소득의 변화를 반영하지 못하는 측면이 있었다.

② 개방화가 진전된 경제에서는 실질 GDP와 생산활동으로 획득한 소득의 실질적인 구매력 사이에 적지 않은 차이가 발생한다. 예를 들어 같은 양의 반도체와 자동차를 생산해서 수출하더라도 국제유가가 상승하면 더 적은 양의 원유를 수입할 수밖에 없다. 또한 더 많은 반도체와 자동차를 생산해 수출하더라도 예전과 같은 양의 원유밖에는 수입할 수 없다.

③ 실질 GDP는 기준년도의 가격으로 측정되고 교역조건 역시 변하지 않는다는 전제 하에서 계산되므로 교역조건 변화에 따른 실질무역손익을 반영하지 못한다.

④ 국민계정체계의 개정 : UN, IMF 등이 주축이 되어 국민계정체계를 개정하면서 새로운 소득지표인 실질 GNI(Real Gross National Income)를 개발하게 되었으며, 우리나라도 1998년부터 소득지표로 실질 GNP 대신 실질 GNI를 사용하고 있다. 물론 생산지표로는 실질 GDP가 사용된다.

⑵ GNI의 의미

① 개념 : GNI는 실물 경제 체감 경기를 알려주는 지표로 한 나라 국민이 일정 기간 생산활동에 참여하여 벌어들인 소득의 합계로 정의되며 소득의 실질 구매력을 나타낸다.

② 측정

> - 실질 GNI
> = 실질 GDP + 교역조건변화에 따른 실질무역손익 + 실질 국외순수취요소소득
> = 실질 국내 총소득(GDI) + 실질 국외 순수취 요소 소득
> = 실질 GNP + 교역조건 변화에 따른 실질무역손익
> = 실질 GNP + 교역조건 변화를 반영한 실질무역손익 − 교역조건 불변인 경우 실질무역손익
> = 실질 GNP + $\dfrac{\text{명목무역손익}}{\text{환가지수}}$ − 교역조건 불변인 경우 실질무역손익
> $\left(\text{※ 환가지수} = \dfrac{\text{수출가격지수} + \text{수입가격지수}}{2} \right)$
> - 명목 GNI = 명목 GNP

　　실질 GNI는 교역조건변화에 따른 실질무역손익을 반영할 뿐만 아니라, 기본적으로 국경이 아닌 국민을 기준으로 작성되는 것이므로, 해외로부터 벌어들인 국외수취 요소소득에서 해외로 지급한 국외지급 요소소득을 차감한 실질 국외 순수취 요소소득도 반영한다. 이에 따라 국민소득의 실질 구매력은 개별 상품가격 변화와 수출·수입 상품 간 상대 가격 변화인 교역조건에 영향을 받는다. 즉, 교역조건이 나빠지면 실질소득은 감소할 것이다.

┌─ 교역조건 변화에 따른 실질 무역 손익 ─────────────────────────
│ 2019년(기준년도)에는 자동차 10대(대당 1만 달러)를 수출한 대금 10만 달러로 기계 1대(대당 10만 달러)를 수입할 수 있었으나 2020년(비교년도)들어 자동차 수출 가격 하락(대당 1만 달러→5천 달러)으로 20대를 수출하여 기계 1대를 수입할 수 있었다고 가정할 경우 2020년 실질 GDP는 20만 달러 (20대×1만 달러)로 2019년(10만 달러)에 비해 100% 증가하지만 2020년의 자동차 20대의 구매력은 기계 1대로 2019년과 동일하게 된다. 따라서 2020년에는 교역조건 악화에 따른 실질 무역 손실(10만 달러)이 발생하여 실질 GNI는 실질 GDP(20만 달러)에서 교역조건 악화로 발생한 실질 무역 손실을 차감한 10만 달러로서 2019년과 동일하게 된다.
└──

(3) 실질 GDP와 실질 GNI의 괴리

① 생산지표인 실질 GDP와 국민의 실질적인 구매력을 나타내도록 설계된 소득지표인 실질 GNI 사이에는 적지 않은 차이가 발생한다.

② 왜냐하면 실질 GDP는 교역조건이 변하지 않는다는 전제 하에서 계산되는 것이므로, 교역조건 변화에 따른 실질무역손익을 반영하지 못하기 때문이다.

③ 실제로 반도체나 자동차 등을 수출하고 원유를 수입하는 우리나라는 국제유가 상승과 반도체 가격 하락으로 인하여, 실질 GNI로 측정한 경제성장률이 실질 GDP 성장률에 비해 낮게 나오는 현상을 자주 경험한다.

┌─ 압솝션(absorption : A) ───────────────────────────────
│ 압솝션이란 일정 기간 동안에 국민이 사용한 재화와 서비스의 총량을 의미하며 총자원 사용량이라고도 한다. 압솝션은 다음과 같이 나타낸다.
│ $$A = GNI + \text{수입} - \text{수출}$$
└──

계절변동과 계절조정

실질 *GDP*와 다른 소득 추정치들은 경제상황을 반영하고 있기 때문에 경제학자들은 이들의 분기별 변동을 관심 있게 분석하고 있다. 이러한 분석을 하다 보면 모든 소득 측정치들의 계절주기가 규칙으로 이루어지는 흥미로운 사실을 발견할 수 있다. 한 경제의 생산량이 해당 연도에 증가한다고 하더라도 4/4분기에 최고점에 달하고 이듬해 1/4분기에는 감소하는 현상 등이다. 이러한 현상의 원인 중의 하나가 생산능력의 변화이다. 예컨대 주택 건설은 다른 계절보다 추운 동절기 동안에 시행하기가 상대적으로 어렵다. 또한 일반인들은 나름대로의 계절적인 기호를 갖고 있는데, 이 기간 동안 휴가 및 크리스마스를 위한 쇼핑으로 인한 소비의 증가가 있을 수 있다.

경제학자들은 실질 *GDP* 및 다른 경제 변수들의 변화를 분석할 경우 예측 가능한 계절적 변화에만 기인하는 변동요인을 제거하려고 한다. 이를 계절조정이라 한다. 이처럼 실질 *GDP*나 다른 통계자료의 변화를 관찰할 경우 계절 변동을 제거하고 변화를 분석하는 것이 바람직하다.

 확인 TEST

미국 국적의 *A*는 2016년 1년 동안 한국에 거주하며 일했다. *A*는 한국 소재 기업에서 총 5,000만 원의 연봉을 받았으며, 한국 소재 어학원에 연 500만 원을 지불하고 한국어를 배웠다. 이 두 금액이 한국의 2016년 *GDP*와 *GNI*에 미친 영향의 차이는?

[2017, 지방직 7급]

① 5,500만 원
② 5,000만 원
③ 4,500만 원
④ 500만 원

 해설

- *GDP*는 일정기간 동안 '자국 내에서' 생산된 최종생산물의 시장가치를 의미하는 속지주의를 전제로 하는 개념이고, *GNI*는 일정기간 동안 '자국민이' 얻게 된 소득의 크기를 의미하는 속인주의를 전제로 하는 개념이다.
- 문제에서 *A*는 미국 국적이므로 *A*의 생산 활동(=연봉 5,000만 원)은 한국의 *GDP* 측정의 대상이 되지만, *A*가 얻은 소득은 한국의 *GNI* 측정의 대상을 될 수 없다.
- *A*의 한국 소재 어학원(⇒강사도 당연히 한국인이라는 것을 전제한다. 설마 외국인이 한국어를 가르치지는 않을테니……)에서 한국어 학습으로 지불한 소비 활동(=500만 원)은 한국의 *GDP*(=한국인 강사의 강의서비스)는 물론이고 *GNI*(=한국인 강사의 소득) 측정의 대상의 된다.
- 앞의 내용들을 표로 정리하면 다음과 같다.

구분	한국의 *GDP*에 포함 여부	한국의 *GNI*에 포함 여부
*A*의 한국기업 근무 활동	포함(=5,000만 원)	불포함
*A*의 한국어 학습 활동	포함(=500만 원)	포함(=500만 원)

- 두 금액이 한국의 2016년 *GDP*와 *GNI*에 미친 영향의 차이는 5,000만 원이 된다.

정답 ▶ ②

심화 TEST

(가)를 참고하여, (나)에 제시된 A국의 2006년 실질 *GNI* 계산에 필요한 세 항목인 '교역조건의 변화를 반영한 명목무역손익', '환가지수', '교역조건이 불변일 때의 실질무역손익'의 값을 계산과정과 함께 쓰시오.

[2006. 교원임용]

(가) 명목국민총소득(명목*GNI*)은 명목국민총생산(명목*GNP*)과 동일하다. 하지만 실질 *GNI*와 실질 *GNP* 는 동일하지 않으며, 양자 간에는 다음과 같은 관계가 성립한다.

실질*GNI* = 실질*GNP* +교역조건의 변화에 따른 실질무역손익

= 실질*GNP* +교역조건의 변화를 반영한 실질무역손익

－ 교역조건이 불변일 때의 실질무역손익

= 실질*GNP*+ $\dfrac{\text{교역조건의 변화를 반영한 명목무역손익}}{\text{환가지수}}$

－ 교역조건이 불변일 때의 실질무역손익

※ 환가지수는 수출가격지수와 수입가격지수의 평균을 사용한다.

(나) A국의 2005년 경상수지는 수출액과 수입액이 각각 100억 달러로 균형을 이루고 있다. 그런데 2006 년에는 기준연도인 2005년에 비해 수출입 상품의 가격만 변했을 뿐, 수출입 상품의 품목, 물량, 여타 수출입 여건 등에 아무런 변화가 없었다. 2006년에 수출품의 가격은 일률적으로 10% 하락한 반면, 수입품의 가격은 일률적으로 10% 상승했다.

• 교역조건의 변화를 반영한 명목무역손익:
• 환가지수:
• 교역조건이 불변일 때의 실질무역손익:

분석하기

• 교역조건의 변화를 반영한 명목무역손익

A국의 2005년 경상수지가 균형이었으므로 다음 식이 성립한다. 단 이해를 쉽게 하기 위하여 단일 상품 *X*재(수출재)와 *Y*재(수입재)만이 교역된다고 가정한다.

$$P_X^{2005} \times Q_X^{2005} = P_Y^{2005} \times Q_Y^{2005} = 100\text{억 달러}$$

• 그런데 2006년에는 다른 모든 조건에는 변화가 없고, 수출품의 가격은 일률적으로 10% 하락한 반면, 수입품의 가격은 일률적으로 10% 상승했으므로 A국의 2006년 명목무역손익은 다음과 같다. 여기서 명목무역손익은 2006년도 가격으로 계산된 수출액과 수입액과의 차이이다.

• 2006년 명목무역손익＝명목수출액－명목수입액

$$= P_X^{2006} \times Q_X^{2006} - P_Y^{2006} \times Q_Y^{2006}$$

$$= (0.9 \times P_X^{2005}) \times Q_X^{2005} - (1.1 \times P_Y^{2005}) \times Q_Y^{2005}$$

$$= 90\text{억 달러} - 110\text{억 달러} = -20\text{억 달러}$$

• 환가지수:수출가격지수와 수입가격지수의 평균치이다. 이때 수출가격지수와 수입가격지수과 환가지수는 다음과 같이 측정된다.

- 수출가격지수: $\dfrac{\text{비교시 수출가격}}{\text{기준시 수출가격}} = \dfrac{0.9 \times P_X}{P_X} = 0.9$

- 수입가격지수: $\dfrac{\text{비교시 수출가격}}{\text{기준시 수출가격}} = \dfrac{1.1 \times P_Y}{P_Y} = 1.1$

- 환가지수: $\dfrac{\text{수출가격지수} + \text{수입가격지수}}{2} = \dfrac{0.9 \times 1.1}{2} = 1$

- 교역조건이 불변일 때의 실질무역손익

교역조건이 불변이라는 것은 2005년 가격으로 계산된다는 것을 의미한다. 따라서 실질무역손익은 가격이 불변인 것을 전제로 다음과 같이 계산된다. 여기서 실질무역손익은 2005년도 가격으로 계산된 수출액과 수입액의 차이이다.

- 2006년 실질무역손익 = 실질수출액 − 실질수입액
$$= P_X^{2005} \times Q_X^{2005} - P_Y^{2005} \times Q_Y^{2005}$$
$$= 100억\ 달러 - 100억\ 달러 = 0\ (\because\ Q_X^{2005} = Q_X^{2006},\ Q_Y^{2005} = Q_Y^{2006})$$

- 참고로 주어진 자료에 따른 2006년의 실질 GNI는 다음과 같다.

- 2006년 실질GNI = 실질GNP + $\dfrac{\text{교역조건의 변화를 반영한 명목무역손익}}{\text{환가지수}}$
$$-\ \text{교역조건이 불변일 때의 실질무역손익}$$
$$=\ 100억\ 달러 - 20억\ 달러 - 0\ =\ 80억\ 달러$$

- 이에 따라 2006년의 실질 GNI(=80억 달러)는 2005년의 실질 GNI(100억 달러)에 비해 20억 달러가 감소하게 된다. 이것은 교역조건 악화로 인해 2006년 A국의 구매력이 2005년에 비해 약화되었다는 것을 의미하는 것이다.

국민총소득(GNI)

"TV 뉴스를 시청하다 보면 앵커가 전해주는 내용을 들으며 고개를 갸웃거릴 수밖에 없는 경우가 가끔 있다. 그 중에 하나가 *GDP*에 관한 내용이다. 분명 통계당국의 발표에 따르면 전년 대비 '실질' *GDP*가 증가했음에도 불구하고 생활 속에서 느끼는 것은 그렇지 않은 경우가 있다. 오히려 체감하는 경기가 나빠지는 경우도 있다. 왜 그럴까?"

1980년대 이전에는 대부분의 나라에서 거시 경제지표로서 *GNP*(국민총생산)를 주로 사용하였다. 그런데 시간이 지나면서 세계화·개방화가 진전됨에 따라 국가 간 자본과 노동 이동 및 기술 이전 등이 활발해지면서 생산요소 소득의 규모가 커지게 되었다. 이에 따라 *GNP*와 *GDP*(국내총생산) 크기 사이에 괴리가 커지게 되었다. 이 문제를 해결하기 위해서 생산의 중심지표가 *GNP*에서 실질 *GDP*로 바뀌게 되었고, 소득지표로는 실질 *GNP*가 계속 사용되었다.

그런데 실질 *GNP*는 기준년도의 가격으로 측정하는 지표이다. 이에 따라 국가 간 교역조건의 변화로 발생하는 실질소득의 변화를 제대로 반영하지 못하는 측면이 있다. 이러한 단점을 보완하기 위해 UN과 IMF 등이 중심이 되어 새로운 소득지표를 개발하였는데 이것이 바로 실질 *GNI*(real Gross National Income)이다. 우리나라도 1998년부터 소득지표로 실질 *GNP* 대신에 실질 *GNI*를 사용하고 있다. 물론 생산지표로는 여전히 실질 *GDP*를 사용하고 있다.

수출입상품 간의 교환비율을 의미하는 교역조건(수출가격지수/ 수입가격지수)이 변화하면 생산 및 소비에 영향을 미치게 되고 이는 결국 국민소득수준, 즉 후생수준의 변화를 가져온다. 일반적으로 기준년도와 비교하여 교역조건이 불리해지면 일정량의 상품을 수출하여 수입할 수 있는 상품의 양이 감소하게 되므로 국민이 소비하거나 투자할 수 있는 재원이 줄어들어 경제적 후생, 즉 실질소득이 감소하게 된다.

따라서 '교역조건 변화에 따른 실질 무역 손익'은 국가 간의 거래에서 교역조건이 변화함에 따라 발생하는 실질소득의 국외유출 또는 국내유입을 의미하며 지표경기(실질 *GDP*성장률)와 체감경기(실질 *GNI* 성장률)간의 주된 괴리 요인으로 작용한다. 현행 실질 *GDP*는 교역조건이 변하지 않는 경우로서 교역조건이 바뀌면 실질무역이익(교역조건 개선) 또는 무역 손실(교역조건 악화)이 발생하여 실질 *GDP*와 국민들이 피부로 느끼는 실질 소득수준과는 차이가 발생하게 된다.

한편 '교역조건의 변화에 따른 실질 무역 손익'은 교역조건의 변화를 반영한 총 실질 무역 손익[$(X-M)/P$]에서 일정 시점(기준년도)으로부터 교역조건이 변하지 않았다고 가정하였을 경우의 실질 무역 손익($x-m$)을 차감하여 산출하게 된다.

$$T = \frac{X-M}{P} - (x-m)$$

T : 교역조건 변화에 따른 실질 무역 손익
$X-M$: 명목 무역수지 (비교년도 가격 재화 및 서비스의 수출입 차)
P : 환가지수 [수출입 가격지수의 평균 $=(P_x+P_m)/2$]
$x-m$: 교역조건 불변 실질 무역 손익 [기준년도 가격 재화 및 서비스의 수출입 차 $=(X/P_x)-(M/P_m)$]

이제부터는 실질 *GNI*가 필요한 이유를 살펴보자. 현재 K국은 다음 표의 조건 아래에서 자동차만을 수출하고 원유만을 수입하여 소비하고 있다고 가정하자.

구분	2015년 가격			2016년 가격		
	가격(1대당, 배럴당)	생산	소비	가격(1대당, 배럴당)	생산	소비
자동차	10,000달러	1	-	10,000달러	2	-
원유	25달러	-	400	50달러	-	400

표에 따르면 2016년의 실질 *GDP*는 2015년에 비해 10,000달러가 증가하게 된다. 그런데 위 표를 보면 400이었던 2015년의 교역조건(수입량/수출량)이 2016년에는 200으로 50% 악화되었다. 만약 원유가격이 오르지 않아 교역조건이 변하지 않았다면 똑같은 원유 400배럴을 계속해서 10,000달러에 수입할 수 있었는데, 결과적으로 10,000달러를 더 지불한 경우이므로 결국 교역조건의 변화(악화)로 10,000달러의 실질 무역 손실이 발생한 것이다. 결국 실질 *GDP*의 증가분과 실질 무역 손실이 서로 상쇄되면서 실질 *GNI*에는 변화가 없게 되는 것이다. 즉 생산활동은 확대되었지만 그로부터 획득한 소득의 실질적인 구매력에는 변함이 없게 되는 것이다.

이와 같이 교역조건이 불리해지면 동일한 양을 수입하기 위해서 더 많은 양의 상품을 수출하여야 하므로 그만큼 국내에서 소비 또는 투자할 수 있는 자원이 감소하는 효과가 발생하는 것이다. 그런데 실질 *GDP*는 교역조건이 변하기 전의 기준년도 가격으로 측정되기 때문에 교역조건의 변화에 따른 실질 무역 손익을 반영하지 못한다. 이러한 점을 보완하기 위해 등장한 개념이 실질 *GNI*인 것이다.

Theme 67 소비이론

① 케인스(J. M. Keynes)의 절대 소득 가설

1) 의의

(1) 의미 : 소비는 현재소득의 절대적인 크기에 의해 결정된다.

(2) 가정

① 소비의 가역성 : 소비는 단기에 과거의 소득과 관계없이 현재 실질소득의 절대적인 크기에 의해서 결정된다. 이에 따라 소득이 변하면 소비는 즉각적으로 소득수준에 맞게 조정된다.

② 소비의 독립성 : 타인의 소득에 의해서는 영향을 받지 않는다.

③ 이자율, 미래에 대한 전망, 경제정책, 기호 등의 요인들도 소비에 영향을 주기는 하지만 이들 요인들은 단기에서는 안정적이다.

2) 내용

(1) 추가적인 소득 1단위의 증가에 따라 증가하는 소비의 크기$\left(MPC = \dfrac{\Delta C}{\Delta Y}\right)$인 한계소비성향($MPC$)은 1보다 작게 되는데, 이는 소득이 증가함에 따라 증가된 소득 중 일부만이 소비되기 때문이다.
⇒ 이러한 한계소비성향은 비교적 일정한 값을 가진다.

$$\Delta Y = \Delta C + \Delta S \text{에서 양변을 } \Delta Y \text{로 나누면 } 1 = \frac{\Delta C}{\Delta Y} + \frac{\Delta S}{\Delta Y} \text{이므로}$$
$$MPC + MPS = 1 \text{이 성립한다.}$$

┌─ 케인즈의 한계소비성향 ──────
"우리가 믿고 따르는 기본적인 심리적 원칙은 … 사람들은 일반적으로 그리고 평균적으로 소득이 증가함에 따라 소비를 증가시키지만 소득이 증가한 만큼 증가시키지는 않는다."

(2) 소득이 증가함에 따라 소득 중에서 소비가 차지하는 비율$\left(APC = \dfrac{C}{Y}\right)$인 평균소비성향($APC$)은 감소하게 되고 한계소비성향이 평균소비성향보다 작게 됨 ⇒ 이는 자본주의의 장기침체론자의 주요 논거가 된다.

$$Y=C+S\text{에서 양변을 }Y\text{로 나누면 }1=\frac{C}{Y}+\frac{S}{Y}\text{이므로}$$
$$APC+APS=1\text{이 성립한다.}$$

소비함수와 소비성향

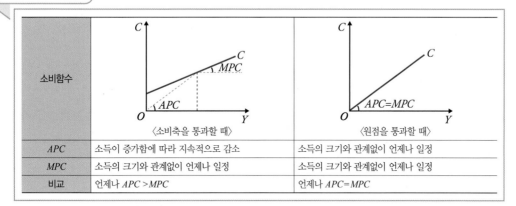

소비함수	〈소비축을 통과할 때〉	〈원점을 통과할 때〉
APC	소득이 증가함에 따라 지속적으로 감소	소득의 크기와 관계없이 언제나 일정
MPC	소득의 크기와 관계없이 언제나 일정	소득의 크기와 관계없이 언제나 일정
비교	언제나 $APC>MPC$	언제나 $APC=MPC$

확인 TEST

다음은 A국의 소비함수에 대한 추정 결과이다. C_t와 Y_t는 각각 t기의 소비(조 원)와 소득(조 원)을 나타내며 안정적인 시계열이다. 괄호 안의 t통계량에 따르면 절편과 계수의 추정치는 통계적으로 유의하다. 이 결과에 대한 설명으로 옳은 것만을 모두 고른 것은? (단, 모형은 회귀분석의 기본가정을 모두 만족하며, ε_t는 잔차이다.)

[2016. 국가직 7급]

- $C_t=2.48+0.56Y_t+\varepsilon_t$
     (3.51) (4.04)
- $R^2=0.85$

─〈 보 기 〉─

ㄱ. 에 따르면 소비의 총변동 중 85%가 소득 변수를 사용한 회귀모형으로 설명된다.
ㄴ. 소득의 계수 0.56은 한계소비성향이 0.56임을 의미한다.
ㄷ. 소득의 계수 0.56은 소득이 1% 상승할 때 소비가 0.56% 상승함을 의미한다.

① ㄱ   ② ㄴ   ③ ㄱ, ㄴ   ④ ㄴ, ㄷ

해설
- 교란항 또는 잔차(ε_t)가 포함된 방정식(stochastic equation)이 '$C_t=a+bY_t+\varepsilon_t$' 형태로 주어지면 이것은 '소비의 변화=규칙적 변화($a+bY_t$)+임의 변화(ε_t)' 또는 '소비의 변화=설명 가능한 변화($a+bY_t$)+설명 불가능한 변화(ε_t)'를 의미한다.
- 주어진 회귀분석을 통해 도출된 소비함수에서 0.56은 소득이 1만큼 증가한다면 소비는 0.56만큼 증가한다는 것을 보여주는 한계소비성향이다. 이것을 소득이 1%만큼 증가할 때 소비가 0.56%만큼 증가하는 것으로 생각하여 소비의 소득탄력성으로 오해해서는 안 된다.
- $R^2=0.85$에서 R^2는 C_t의 변동에 설명 가능한 변화인 ($a+bY_t$)가 어느 정도의 영향을 주는 가를 보여주는 것으로 '결정계수'라고도 불린다. 이에 따라 $R^2=0.85$라는 것은 소비의 변동 중 85%는 설명 가능한 변화인 소득변수에 의해 설명될 수 있다는 것을 의미한다.

정답 ③

3) 평가

(1) 소비가 현재의 가처분 소득에 의존하므로 조세정책과 같은 재량적인 재정정책은 경기안정화에 효과적라는 것을 시사한다.

세율↓(↑) ⇒ 가처분 소득↑(↓) ⇒ 소비↑(↓) ⇒ 총수요↑(↓) ⇒ 총생산량↑(↓)

(2) 소비와 소득과의 관계에 있어서 단기적인 관계는 설명할 수 있지만 장기적인 관계를 설명하기에는 적합하지 않다.

고전파의 소비에 대한 견해

고전학파에 따르면 국민소득은 완전고용 산출량 수준에서 일정한 크기를 가지며, 소비는 이자율의 감소함수이다. 따라서 저축은 이자율의 증가함수가 된다.

Hansen의 장기침체론

자본주의 경제가 발전하면 생산에 비해 소비의 증가 속도가 늦다. 또한 선진국의 경우 투자수익성의 하락으로 투자가 부족해진다. 그리하여 자본주의 경제가 발전할수록 유효수요의 부족으로 장기경기침체 상태에 빠지게 된다. 이에 따라 총수요를 증가시키는 재정정책을 사용하지 않으면 무한대로 지속되는 장기간의 불경기, 이른바 '지속적 불경기'를 경험하게 된다는 주장이다. 그런데 제2차 대전 이후 소득이 전쟁 전보다 높아졌음에도 불구하고 실제로는 저축률의 증가로 이어지지 않았다. 이는 소득이 증가함에 따라 평균소비성향이 감소한다는 케인스의 추론과 상반되는 결과이다.

---

3) Kuznets의 실증 분석(미국 : 1869~1929)

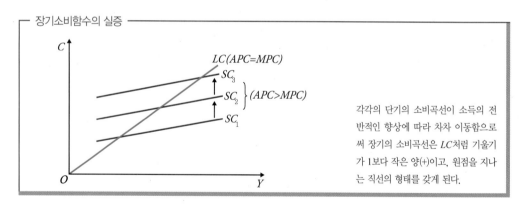

장기소비함수의 실증

각각의 단기의 소비곡선이 소득의 전반적인 향상에 따라 차차 이동함으로써 장기의 소비곡선은 *LC*처럼 기울기가 1보다 작은 양(+)이고, 원점을 지나는 직선의 형태를 갖게 된다.

(1) 시계열(time series) 분석

① 한 국가 전체의 소비와 소득에 대해 여러 기간에 걸쳐 수집한 자료를 이용한다.

단기 시계열 분석	장기 시계열 분석
한계소비성향(MPC)은 일정하고, 평균소비성향(APC)은 소득의 증가에 따라 감소한다. ⇒ 케인즈의 소비이론과 동일한 결과이다.	장기 소비곡선이 원점을 지나는 직선이므로 한계소비성향(MPC)과 평균소비성향(APC)은 서로 같고 일정하다. ⇒ 케인즈 소비이론으로서는 설명할 수 없는 결과이다.

② **결론** : 단기의 소비곡선은 SC_1, SC_2, SC_3처럼 각각 기울기가 1보다 작은 양(+)이고, 절편이 0보다 큰 반면에 각각의 단기의 소비곡선이 소득의 전반적인 향상에 따라 차차 이동함으로써 장기의 소비곡선은 LC처럼 기울기가 1보다 작은 양(+)이고, 원점을 지나는 직선의 형태를 갖게 된다.

⑵ 횡단면(cross section) 분석

① 동일 기간 동안 많은 가계들의 소비와 소득을 수집한 자료를 이용한다.

② 소득이 높은 가계일수록 소비와 저축이 모두 높아짐을 발견하였는데, 이는 한계소비성향(MPC)이 0보다는 크지만 1보다는 작다는 것을 의미한다.

③ 소득수준이 높은 가계일수록 평균소비성향이 낮다는 사실도 발견하였다.

⑶ 평가

① 위와 같은 장기 시계열 분석의 결과는 소득이 증가함에 따라 소득에 대한 소비의 비율은 눈에 띄게 안정적이라는 사실을 보여줌으로써 Keynes의 소득이 증가함에 따라 평균소비성향이 감소할 것이라는 추론과 어긋나는 것이다.

② 이러한 현상은 장기적으로 Keynes가 전제했던 현재소득 이외의 요인들이 소비에 영향을 미쳐 단기 소비함수를 상방이동시켰다는 것을 의미한다.

③ 이후의 소비이론들은 현재소득 이외에 영향을 주는 요인들을 규명함으로써 이러한 결과들을 해명하기 위한 것이다.

소비 함수 논쟁

제2차 세계대전 중에는 전쟁으로 인한 대량수요가 있었다. 그러나 세계대전의 종말이 다가오면서 전후에도 미국경제가 호황을 누릴 것인가 아니면 제 1차 세계대전이 끝난 후처럼 불황에 빠질 것인가하는 문제에 대해서 경기예측논쟁이 일어났다.

소비의 변화추세에 따라서 총수요변화가 결정되고 이것이 경기적 상황을 좌우하므로 소비예측에 대한 관심이 높아졌다. 케인즈 학파에 속하는 한센(A. Hansen)은 전쟁이 끝나면 경기가 악화되고 대량실업이 발생할 것으로 예측했지만 실제로는 불황이 닥쳐오지 않았다. 한센의 예측이 실패한 원인은 케인스적 단기 소비함수를 기준으로 예측을 해서 소비를 과소평가했기 때문이다. 그 후로 케인즈의 절대소득가설에 기초한 단기소비함수에 대한 비판이 제기되었다.

1940년대 이후 쿠즈네츠를 비롯한 여러 학자들의 실증분석에서 드러난 바에 의하면 단기소비성향과 달리 장기소비성향은 소득과 더불어 일정한 비율로 늘어나는 추세를 보였다. 따라서 이후에 등장한 소비함수 논쟁에서는 소비의 단기 및 장기분석이 핵심을 이룬다.

절대소득가설의 장기소비곡선과 단기소비곡선에 대한 설명으로 옳은 것은?　　　　　[2009, 국가직 7급]

① 단기소비곡선에서 평균소비성향은 일정하다.
② 단기소비곡선에서 한계소비성향은 평균소비성향보다 크다.
③ 장기소비곡선에서 한계소비성향은 감소한다.
④ 장기소비곡선에서 평균소비성향과 한계소비성향은 같다.

해설 ▶
- 장기소비곡선은 원점을 지나는 우상향의 직선이고, 단기소비곡선은 절편을 갖는 우상향의 직선이다.
- 장기소비곡선은 한계소비성향과 평균소비성향의 크기는 일정한 값으로 항상 같다.
- 단기소비곡선은 다음과 같은 특징을 갖는다.

> - 한계소비성향은 항상 일정하다.
> - 소득이 증가함에 따라 평균소비성향은 지속적으로 감소한다.
> - 평균소비성향은 항상 한계소비성향보다 크다.

정답 ▶ ④

❷ 듀젠베리(J. Duesenberry)의 상대 소득 가설

1) 기본 가정

(1) 소비의 상호의존성(외부성)

① 사람들은 자신이 속해 있는 사회의 다른 사람들과 자신을 비교하면서 생활한다.

② 개인의 소비수준은 주위 사람들의 소비수준으로부터 영향을 받는다. ⇒ 전시효과(demonstration effect)

(2) 소비의 비가역성

① 개인의 소비는 비가역적(irreversible)이어서 한 번 증가한 소득수준은 후에 소득이 감소하게 되더라도 단기에는 잘 감소되지 않는 것을 말한다.

② 현재의 소비는 현재의 소득에만 의존하는 것이 아니라, 과거의 소득 및 소비수준에 영향을 받고 특히 과거의 최고 소득 수준에서의 최고 소비수준에 영향을 받는다. ⇒ 톱니효과(ratchet effect)

Hansen의 장기침체론

과거의 연속적인 소득의 흐름에 따라 결정된 연속적 소비습관들이 현재의 소비에 영향을 미친다. 따라서 이 이론에 따르면 소비의 결정요인은 다음과 같이 나타난다.

$$C_t = C(Y_t, C_{t-1})$$

---

2) 도해적 설명

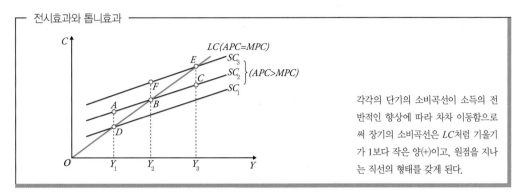

전시효과와 톱니효과

각각의 단기의 소비곡선이 소득의 전반적인 향상에 따라 차차 이동함으로써 장기의 소비곡선은 LC처럼 기울기가 1보다 작은 양(+)이고, 원점을 지나는 직선의 형태를 갖게 된다.

(1) 전시효과

① 자신이 속한 계층의 평균소득이 Y_1, Y_2 또는 Y_3이면 단기소비함수는 각각 SC_1 또는 SC_2 또는 SC_3가 된다.

② 자신의 소비수준을 현재소득의 일정비율로 유지하려 하지만(즉 LC 위의 점 Y_1 아래서 점 D, Y_2 아래서 점 B, Y_3 아래서 점 E), 자신이 속한 계층(이웃)의 평균소득이 예컨대 Y_2라면 소비의 상호의존성에 따라서 자신의 현재소득이 단기적으로 Y_1이거나 Y_3라고 하더라도 SC_2 위의 점 A 또는 점 C에서 각각 소비하게 된다.

(2) 톱니 효과

① 처음에 자신의 소득수준이 Y_3이고, 이에 따라 소비수준이 점 E었다고 하자. 만약 소득수준이 Y_2로 감소하면 소비행동의 비가역성에 따라서 소비수준이 단기적으로는 SC_3를 따라서 점 E에서 점 F로 이동하고, 장기적으로 비로소 점 B로 조정된다.

② 똑같은 비가역성의 논리로 처음에 자신의 소득수준이 Y_2이고, 이에 따라 소비수준이 점 B이었다고 하자. 만약 소득수준이 Y_1으로 감소하면 과거의 소비습관에 젖어 단기적으로는 SC_2를 따라 점 A로 이동하고, 장기적으로 비로소 점 D로 조정되어 그 경로가 $(E \Rightarrow F \Rightarrow B \Rightarrow A \Rightarrow D)$ 톱니 형태를 보이게 된다.

3) 상대소득가설의 한계

(1) 상대소득가설은 체면이나 습관을 중시하는 소비자를 가정한다. 이것은 합리적 소비자를 가정하는 전통적 소비이론에서 벗어나는 것이다.

(2) 전시효과에서 소비자는 자신이 속한 집단의 평균소비수준에 의해 소비수준을 결정한다고 주장한다. 그러나 이러한 평균소비수준을 실증적으로 분석하는 것은 쉽지 않다.

(3) 과거 지향적인 소비를 하는 소비자를 가정한다. 그러나 합리적 소비자라면 과거는 물론이고 현재나 미래까지도 고려하는 최적의 소비결정을 해야 한다.

❸ 피셔(I. Fisher)의 2기간 간 소비와 저축의 선택

1) 의의

(1) **미시경제학에서의 소비이론**: 미시경제학에서는 서로 다른 재화 간의 선택의 문제를 취급하고 있다. 예를 들면 소비자가 주어진 소비 지출액을 가지고 최대의 만족을 얻기 위해서 X재와 Y재를 각각 얼마만큼 소비하면 될 것인가를 분석한다.

(2) **거시경제학에서의 소비이론**: 거시 경제학에서의 소비이론은 재화 간의 선택의 문제가 아니라 주어진 소득 중에서 얼마만큼을 소비할 것인가에 대한 분석이다. 결국 거시경제학에서의 소비이론은 곧 소비와 저축 간의 선택이론이다. 여기서 저축은 미래의 소비를 위한 것이므로 소비이론은 결국 현재소비와 미래소비 간의 선택의 문제를 취급한다.

2) 두 기간에 걸친 예산제약

(1) **기간 간 예산제약(inter-temporal budget constraint)**

① 사람들이 무한정 소비를 할 수 없는 이유는 각자의 소비가 소득에 의해 제한받는, 이른바 예산제약에 직면하기 때문이다.

② 소비자들은 현재 얼마만큼 소비하고 미래를 위해 얼마만큼 저축할지를 결정하려 할 때 기간 간 예산제약에 직면하게 되며 이는 현재와 미래의 소비를 위해 이용할 수 있는 총자원을 의미한다.

(2) **두 기간 간 예산제약조건의 검토** (단, 여기서 C_1: 현재소비, C_2: 미래소비, Y_1: 현재소득, Y_2: 미래소득, r: 이자율을 의미한다.)

① 제1기를 현재, 제2기를 미래라고 할 때, 소비자는 현재에는 소득 Y_1을 벌고 C_1을 소비하며 미래에는 소득 Y_2를 벌고 C_2를 소비한다. 이때 소비자는 대차거래(borrowing and lending)를 통하여 차용하거나 저축할 수 있으므로 한 기간에 있어서의 소비는 그 기간 동안의 소득보다 크거나 작을 수 있다. 여기서 대차거래는 소비자가 현재소비와 미래소비와의 교환을 통해 소비로부터 효용을 극대화시키는 것을 가능하게 해 준다.

② 제1기의 저축(S_1)은 소득에서 소비를 뺀 것으로 다음과 같이 나타낼 수 있다.

$$S_1 = Y_1 - C_1$$

또한 제2기의 소비는 저축에 대한 이자가 포함된 기존의 저축에 제2기의 소득을 합한 것과 같으며 다음과 같이 나타낼 수 있다.

$$C_2 = (1+r)S_1 + Y_2$$

③ 위의 첫 번째 식을 두 번째 식의 S에 대입시키면 다음과 같은 결과를 얻을 수 있다.

$$C_2 = (1+r)(Y_1 - C_1) + Y_2$$

위의 식을 소비와 소득관련항으로 묶어 양변을 $(1+r)$로 나누면 다음 식을 얻을 수 있다.

$$C_1 + \frac{C_2}{1+r} = Y_1 + \frac{Y_2}{1+r}$$

위의 예산제약은 소비의 현재가치가 소득의 현재가치와 동일해져야 함을 의미한다.

Q&A

피셔(Irving Fisher)의 두 기간 소비모형에서 1기의 소득 Y_1이 20,000이고 2기의 소득 Y_2가 15,000이고, 이자율(r)이 0.25이면 최대로 가능한 2기의 소비는 얼마인가?

Solution

2기간 모형에서 예산제약식은 $Y_1 + \dfrac{Y_2}{1+r} = C_1 + \dfrac{C_2}{1+r}$이다.

현재소득이 20,000이고 미래예상소득이 15,000이며 이자율이 0.25일 때

미래가처분소득은 $Y_2^D = Y_1(1+r) + Y_2 = 20,000 \times 1.25 + 15,000 = 40,000$이다.

④ 이러한 예산 제약식을 그림으로 나타내면 다음과 같은 예산선을 그릴 수 있다.

아래 그림에서 Y점은 소비자의 소득점으로 1기와 2기에서 벌어들이는 소득의 양을 나타낸다. 각 기간의 소득을 각 기간에 모두 소비하는 것은 항상 가능하므로 Y점은 반드시 예산선상의 한 점이 된다. 따라서 예산선은 소득점인 Y를 통과하면서 기울기가 $-(1+r)$인 직선이 된다. 그런데 대차거래는 소비자가 Y점뿐만 아니라 예산선상의 모든 점을 소비하는 것을 가능하게 한다.

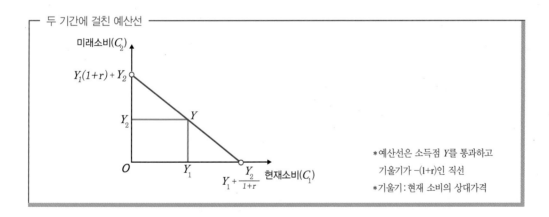

— 두 기간에 걸친 예산선 —

*예산선은 소득점 Y를 통과하고 기울기가 $-(1+r)$인 직선
*기울기 : 현재 소비의 상대가격

⑤ **예산선 기울기의 의미** : 예산선 기울기의 절대치인 이자율 $(1+r)$은 현재소비와 미래소비 간의 교환비율, 즉 현재소비의 상대가격으로서, 현재소비를 1단위 감소시키면 미래소비가 $(1+r)$단위 늘어난다. 또한 현재소비를 1단위 증가시키면 미래소비가 $(1+r)$단위 줄어든다. 즉, 현재소비 1단위는 미래소비 $(1+r)$단위와 교환된다. 이자율이 상승하면 더 많은 양의 미래소비를 희생해야 하므로 이자율의 상승은 현재소비가 미래소비에 비해 상대적으로 비싸짐을 의미한다.

3) 소비-저축의 선택에서의 소득효과

(1) 최적 소비선택

① 소비자는 무차별곡선과 예산제약식이 접하는 점에서 최적의 소비조합을 선택한다. 소비자는 주어진 소득과 선호에 따라 대부자 또는 차입자가 될 수 있다.

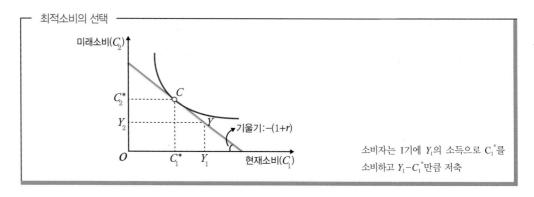

최적소비의 선택

소비자는 1기에 Y_1의 소득으로 C_1^*를 소비하고 $Y_1 - C_1^*$만큼 저축

② **소비결정요인의 변화**: 현재소득, 미래소득, 이자율의 변화는 최적소비 조합을 변화시키며, 일반적인 재화의 소비에서와 마찬가지로 소득효과와 대체효과가 발생한다.

■ **사례 연구** **2기간 간 최적 소비**

◈ 2기간 소비선택모형에서 소비자의 효용함수는 $U = (C_1, C_2) = C_1 \times C_2$이고, 예산제약식은 $C_1 + \dfrac{C_2}{1+r} = Y_1 + \dfrac{Y_2}{1+r}$ 이다. 이 소비자의 최적소비 수준에서 1기와 2기의 소비 크기를 비교하면? (단, C_1은 1기의 소비, C_2는 2기의 소비, Y_1은 1기의 소득으로 100, Y_2는 2기의 소득으로 121, r은 이자율로 10%이다)

분석하기

주어진 조건에 따른 예산제약식은 다음과 같다.

$$C_1 + \frac{C_2}{1+r} = Y_1 + \frac{Y_2}{1+r} \Rightarrow C_2 = [(1+r) \times Y_1 + Y_2] - (1+r) \times C_1$$
$$\Rightarrow C_2 = [(1+0.1) \times 100 + 121] - 1.1 \times C_1$$
$$\Rightarrow C_2 = 231 - 1.1 \times C_1$$

소비자 이론에서 최적소비는 효용함수의 접선의 기울기에 해당하는 한계대체율($=MRS_{C_1 C_2}$)과 예산선(예산제약식)의 기울기($=1+r$)에 해당하는 상대가격이 일치하는 수준에서 이루어지며, 이때 효용함수와 예산선은 접하게 된다.

• 한편 주어진 효용함수의 한계대체율을 구하면 다음과 같다.

$$MRS_{C_1 C_2} = \frac{MU_{C_1 C_2}}{MU_{C_1 C_2}} = \frac{dU/dC_1}{dU/dC_2} = \frac{C_2}{C_1}$$

• 또한 예산선의 기울기인 상대가격은 '$1+r = 1+0.1 = 1.1$'이 된다. 이에 따라 소비자 균형수준인 '한계대체율($MRS_{C_1 C_2}$)=상대가격($1+r$)에서 다음 식이 성립한다.

$$\frac{C_2}{C_1} = 1.1 \;\Rightarrow\; C_2 = 1.1 C_1$$

이에 따라 2기의 소비는 1기의 1.1배만큼 이루어진다.

- 또한 주어진 1기와 2기의 소득과 이자율을 주어진 예산제약식에 대입하여 정리하면 '$C_2 = 231 - 1.1 \times C_1$'이라는 식을 얻는다. 이 식과 '$C_2 = 1.1 C_1$' 식을 연립하여 풀면 '$C_1 = 105$, $C_2 = 115.5$'를 얻을 수 있다. 이를 통해 1기에는 소득(=100)에 비해 소비(=105)가 더 많다는 것을 알 수 있고, 이것은 곧 1기에 소비자는 '부족한 5'만큼의 차입을 통해 소비에 충당한다는 것을 의미한다. 이에 따라 소비자는 2기에는 소득 121 중에서 1기에 차입한 원금인 '5'와 이에 대한 연 이자인 '0.5'만큼을 상환하고 남은 115.5를 소비하게 되는 것이다.
- 이와 같은 내용을 그림으로 정리하면 다음과 같다.

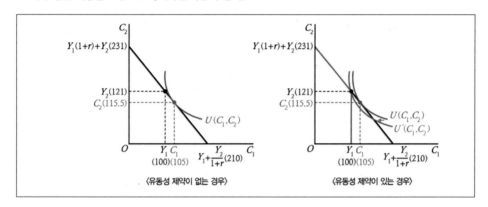

(2) 소득효과

① **현재소득의 변화**($Y \Rightarrow Y'$) : 예산선이 우측으로 평행이동한다. 현재소비와 미래소비는 모두 정상재(normal goods)이므로 현재소비와 미래소비가 모두 증가한다.

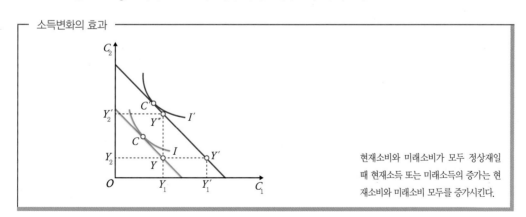

소득변화의 효과

현재소비와 미래소비가 모두 정상재일 때 현재소득 또는 미래소득의 증가는 현재소비와 미래소비 모두를 증가시킨다.

② **미래소득의 변화**($Y \Rightarrow Y''$) : 예산선이 상방으로 평행이동한다. 이 경우에도 현재소비와 미래소비가 모두 증가한다. 유의할 점은 현재소득에는 변화가 없음에도 불구하고 미래소득이 변하면, 현재의 소비도 변한다는 것이다. 이는 현재의 소비가 현재의 소득에 의해 결정된다는 케인즈의 절대소득이론과 상치되는 결과이다.

4) 이자율 효과

(1) 이자율 상승의 효과(대부자의 경우)

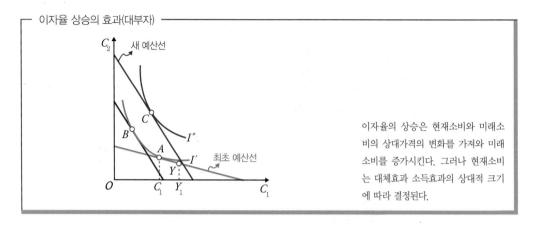

이자율의 상승은 현재소비와 미래소비의 상대가격의 변화를 가져와 미래소비를 증가시킨다. 그러나 현재소비는 대체효과와 소득효과의 상대적 크기에 따라 결정된다.

① 다른 조건이 일정한 상태에서 이자율만 상승한다면 예산선은 동일한 소득점을 중심으로 기울기가 가파르게 회전이동을 하게 된다. 이에 따라 소비자의 선택점은 새 예산선과 무차별곡선(I'')이 접하게 되는 C점이 된다.

② B점은 새 예산선과 동일한 기울기를 가지면서 최초 무차별곡선(I')과 접하는 점이다.

③ 최초의 소비점 A점에서 B점으로의 이동은 예산선 기울기의 변화에 따라 발생한 것으로 볼 수 있으므로 대체효과와 같고, B점에서 C점으로의 이동은 예산선이 기울기의 변화없이 평행이동한 결과이므로 소득효과와 같다. 그리고 A점에서 C점으로의 이동은 이자율 변화에 따라 발생한 결과이므로 이자율 효과와 같다. 따라서 이자율 효과는 대체효과와 소득효과로 구성되어 있고 그 구체적 내용은 다음 표와 같다.

구분	현재소비(C_1)	미래소비(C_2)
대체효과($A \Rightarrow B$)	↓	↑
소득효과($B \Rightarrow C$)	↑	↑
이자율 효과($A \Rightarrow C$)	?	↑

④ 이자율의 상승은 현재소비의 상대가격 상승을 의미하므로 현재소비의 감소와 미래소비의 증가가 나타나게 된다. 또한 이자율의 상승으로 대부자는 미래에 더 많은 이자수입이 생기므로 실질소득의 증가를 가져와 현재소비와 미래소비가 모두 증가하게 된다.

(2) 이자율 상승의 효과(차입자의 경우)

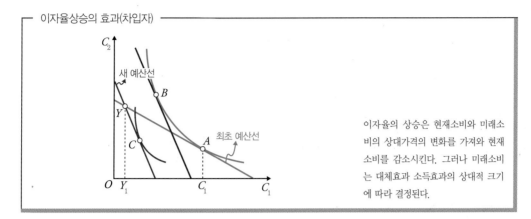

이자율상승의 효과(차입자)

새 예산선

최초 예산선

이자율의 상승은 현재소비와 미래소비의 상대가격의 변화를 가져와 현재소비를 감소시킨다. 그러나 미래소비는 대체효과와 소득효과의 상대적 크기에 따라 결정된다.

① 최초의 소비점 A점에서 B점으로의 이동은 예산선 기울기의 변화에 따라 발생한 것으로 볼 수 있으므로 대체효과와 같고, B점에서 C점으로의 이동은 예산선이 기울기의 변화없이 평행이동한 결과이므로 소득효과와 같다. 그리고 A점에서 C점으로의 이동은 이자율 변화에 따라 발생한 결과이므로 이자율 효과와 같다. 그 구체적 내용은 다음 표와 같다.

구분	현재소비(C_1)	미래소비(C_2)
대체효과($A \Rightarrow B$)	↓	↑
소득효과($B \Rightarrow C$)	↓	↓
이자율 효과($A \Rightarrow C$)	↓	?

② 이자율의 상승은 차입자에게도 현재소비의 상대가격의 상승을 의미하므로 현재소비의 감소와 미래소비의 증가가 나타나게 된다. 그러나 이자율의 상승은 미래의 더 많은 이자지급의 필요를 의미하므로 오히려 실질소득의 감소를 가져온다. 따라서 대부자의 경우와 정반대의 소득효과를 가져온다.

5) 이자율의 상승이 현재의 저축에 미치는 효과

(1) 이자율 상승이 개인의 저축에 미치는 효과: 현재소비에 미치는 효과와 반대방향이다.

(2) 이자율 상승이 경제 전체의 저축에 미치는 효과: 경제 전체적으로 대부자의 수와 차입자의 수가 동일하다면 상반되는 소득효과는 서로 상쇄되며, 대체효과만 남게 된다.

구분	대부자	차입자	경제 전체
대체효과	+	+	+
소득효과	+	−	0
이자율 효과	+	?	+

┌─ 고전파의 소비에 대한 견해 ────────────────────────

고전학파에 따르면 국민소득은 완전고용 산출량 수준에서 일정한 크기를 가지며, 소비는 이자율의 감소함
수이다. 따라서 저축은 이자율의 증가함수가 된다.

└──

확인 TEST

다음 중 이자율이 소비에 미치는 영향에 대한 설명으로 옳지 않은 것은?　　　　　　　　[2017, 국회 8급]
① 이자율이 상승하면 현재소비의 기회비용은 증가한다.
② 이자율이 상승하면 정상재의 경우 소득효과에 의해 현재소비가 증가한다.
③ 이자율이 상승하면 대체효과에 의해 현재소비가 감소한다.
④ 이자율이 상승하면 대체효과에 의해 미래소비가 증가한다.
⑤ 이자율이 상승하면 현재소비는 증가하지만 미래소비는 증가하거나 감소할 수 있다.

- 이자율의 상승은 현재소비의 상대가격(기회비용)을 크게 하여 현재소비를 감소시키고 미래소비
를 증가시키는 대체효과가 대부자와 차입자 모두에게 동일하게 나타난다(①, ③, ④).
- 이자율의 상승은 대부자에게는 실질소득을 증가시켜 현재소비와 미래소비를 모두 증가시키고
(②), 차입자에게는 실질소득을 감소시켜 현재소비와 미래소비를 모두 감소시키는 소득효과가 나
타난다.
- 앞의 내용을 표로 정리하면 다음과 같다. 단 여기서 현재소비와 미래소비는 정상재라고 가정한다.

구분	현재소비(C_1)	미래소비(C_2)
대체효과	↓(대부자, 차입자)	↑(대부자, 차입자)
소득효과	↑(대부자), ↓(차입자)	↑(대부자), ↓(차입자)
이자율 효과 (대체효과+소득효과)	?(대부자), ↓(차입자)	↑(대부자), ?(차입자)

- 문제에서는 대부자를 전제로 해서 출제가 이루어진 듯하다. 그러나 출제자의 주관에 따른 마음대
로의 출제가 아니라 대부자인지 차입자인지를 확실하게 밝히는 배려가 요구된다.

정답 ⑤

확인 TEST

다음 글을 읽고 〈작성방법〉에 따라 서술하시오. [2019, 교원임용]

다음 그림은 어느 소비자의 현재소비와 미래소비를 무차별곡선과 예산선을 이용하여 나타낸 것이다. 이 자율이 상승할 경우 최적점이 A점에서 C점으로 이동한다. 이 소비자의 현재소득은 C_0이고, 이 소득을 소 비와 저축으로 나눈다. 미래에는 현재 저축한 돈과 이자로 산다. (단, 현재소비와 미래소비는 모두 정상 재이며, 선분 $C_0''C_1''$은 선분 $C_0'C_1'$과 평행이다.

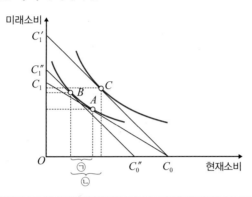

〈 작 성 방 법 〉

• 이자율 상승에 따라 A점에서 B점으로의 이동인 ㉠과 B점에서 C점으로의 이동인 ㉡에 해당하는 경 제학 개념을 순서대로 제시할 것.
• 이자율이 상승할 경우 현재 저축이 감소할 수 있는 이유를 ㉠과 ㉡을 활용하여 서술할 것.

분석하기

• ㉠: 대체효과
   이자율이 상승하면 예산선의 기울기가 이전에 비해 가팔라진다(선분 $C_0C_1'=C_0''C_1''$). 이에 따라 현 재소비의 상대가격이 상승하게 되어 현재소비는 감소(저축의 증가)하고 미래소비는 증가하는 대 체효과가 발생하게 된다. 이러한 대체효과는 기존의 무차별곡선 상에서 A에서 B로의 이동으로 나 타난다.
• ㉡: 소득효과
   이 소비자에게는 현재소득만이 있고, 미래에는 현재 저축한 돈과 이자로 생활을 하는 대부자에 해 당한다. 이에 따라 이자율의 상승은 실질소득의 증가를 가져와(선분 $C_0''C_1'' \rightarrow C_0C_1'$) 정상재인 현 재소비도 증가(저축의 감소)하고 미래소비도 증가하게 되어 소비자 균형점은 B에서 C로 우상향하 게 된다.
• 이자율의 상승은 대체효과에 따라 현재소비를 감소(저축의 증가)시키고, 소득효과에 따라 현재소 비를 증가(저축의 감소)시킨다. 만약 이자율 상승에 따른 대체효과보다 소득효과가 크다면 현재 소비는 증가하고, 저축은 감소할 수 있게 된다.

개념 플러스⁺ 유동성 제약(liquidity constraint)이 존재하는 경우의 소비

1. **의의** : 2기간 간 소비선택 모형은 미래의 소득을 담보로 하여 현재 시점에서 차입을 하는 것이 가능함을 전제로 하고 있다. 그러나 실제로는 차입에 있어서의 제약으로 말미암아 현재소비가 제약을 받는 경우가 발생한다.

2. **유동성 제약 하에서의 소비선택**

1) 유동성 제약을 받는 소비자의 소비가능영역은 그림의 음영으로 표시된 부분과 같다. 만일 소비자가 그림과 같은 무차별곡선을 갖고 있다면, 이 소비자는 현재 C_1^*를 소비하기를 원하나, 실제로는 유동성 제약으로 인해 현재소득과 같은 Y_1만을 소비하게 된다.

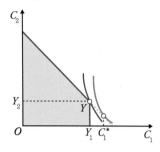

2) 만일 소비자의 현재소득만이 Y_1'으로 늘어난다면 소비가능영역은 그림과 같이 확대되고 이 소비자는 C점 대신 C'점에서 소비를 하게 된다. 즉 현재의 소득 증가분을 모두 현재소비 증가에 사용하는 것이다. 따라서 유동성 제약에 처한 소비자의 소비는 현재소득에 민감하게 반응(excess sensitivity)하게 된다. ⇒ 현재소비의 현재소득에 대한 과잉민감성

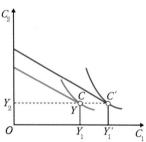

3) 만일 소비자의 현재소득은 변하지 않고 미래소득만 Y_2'로 증가하는 경우에는 소비자가 선택하는 소비점은 C''점이 되므로 현재소비는 여전히 Y_1과 같다. 즉 현재소비는 미래소득의 변화에 전혀 영향을 받지 않는다. 그러므로 향후 예상된 소득의 변화에도 불구하고 유동성 제약이 존재할 때 소비는 전혀 반응을 보이지 않게 되며 그 결과 소비는 소득변화에 매우 둔감한(too smooth) 반응을 보일 수 있는 것이다. ⇒ 현재소비의 미래소득에 대한 과잉 둔감성

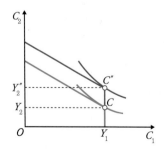

확인 TEST

다음은 두 기간에 걸친 어느 소비자의 균형조건을 보여준다. 이 소비자의 소득 부존점은 E이고 효용극대화 균형점은 A이며, 이 경제의 실질이자율은 r이다. 이에 대한 설명으로 옳지 않은 것은? (단, 원점에 볼록한 곡선은 무차별곡선이다.)

[2018, 지방직 7급]

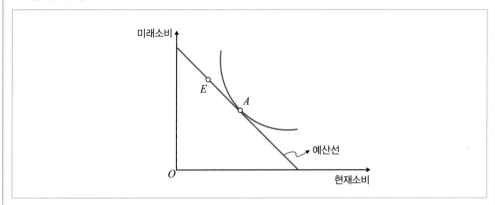

① 실질이자율(r)이 하락하면, 이 소비자의 효용은 감소한다.
② 효용극대화를 추구하는 이 소비자는 차입자가 될 것이다.
③ 현재소비와 미래소비가 모두 정상재인 경우, 현재소득이 증가하면 소비평준화(*Consumption smoothing*) 현상이 나타난다.
④ 유동성 제약이 있다면, 이 소비자의 경우 한계대체율은 '$1+r$'보다 클 것이다.

- 현재소비와 미래소비가 모두 정상재인 경우, 현재소득이 증가하면 현재소비와 미래소비 모두 증가하게 된다(③).
- 주어진 그림에서 현재 소비자는 예산선 상의 소득점을 중심으로 우하방에서 효용을 극대화하고 있다. 이것은 이 소비자가 현재소득보다 더 많은 현재소비를 하고 있다는 의미이고, 이는 곧 이 소비자가 차입자라는 의미이기도 하다(②).
- 만약 실질이자율(r)이 하락하면 예산선의 기울기($1+r$)는 이전보다 작아져서, 예산선은 소득점을 중심으로 이전에 비해 완만하게 회전이동을 하게 되고, 이에 따라 새로운 차입균형점에서 소비자 효용 수준은 이전보다 더 높아지게 된다($U_0 \rightarrow U_1$)(①).
- 앞의 내용들을 그림으로 나타내면 다음과 같다.

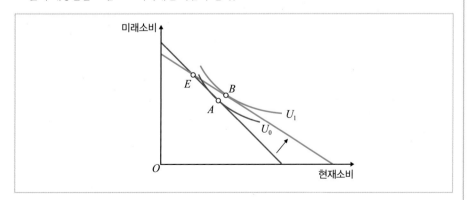

• 한편 소비자가 차입이 불가능한 유동성 제약에 직면하게 되면 소비자의 소비는 소득점(E)에서 이루어진다. 이에 따라 유동성 제약이 없는 경우의 소비점(A)에 비해 한계대체율($= 1+r$, ∵ 소비자 균형점에서 한계대체율=예산선의 기울기)은 커지게 된다(④).

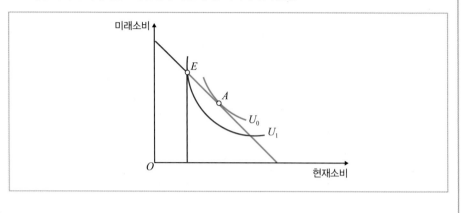

정답 ①

❹ 프리드만(M. Friedman)의 항상 소득 가설

1) 의의

(1) 항상소득과 임시소득

① 항상소득(permanent income): 정상적인 소득의 흐름으로서 확실하게 예측 가능한 장기적 평균 (기대)소득을 말한다. 이에는 임금, 지대, 고정이자수입 등이 속한다.

> **Hansen의 장기침체론**
>
> 일반적으로 시계열 자료에 나타난 과거의 실제소득을 가중 평균하여 측정하게 된다. ⇒ '적응적 기대'
>
> 즉 $Y_P = aY_t + bY_{t-1} + cY_{t-2}$ $a+b+c=1$, $a>b>c>0$

② 임시소득(temporary income): 비정상적인 정(+) 또는 부(-)의 소득으로서 전혀 예측할 수 없는, 주로 저축을 하게 되는 일시적 소득으로 장기적으로 그 평균은 0의 값을 갖는다. 이에는 복권 당첨수입, 자본손실, 자본이득 등이 속한다.

(2) 소비함수

① 현재의 실제소득(actual income)은 항상소득(permanent income)과 임시소득(temporary income)의 합으로 이루어진다.

> 실제소득(Y_a)=항상소득 (Y_p)+임시소득(Y_T)

② 소비는 현재 소득의 절대크기가 아닌 장기적인 평균소득인 항상소득에 의존한다.

> $C = mY_P$ $(0<m<1)$

2) 소비함수의 특징

$$C=mY_P \text{ 이고, } Y_P=Y-Y_T \text{이므로 } C=m(Y-Y_T)\text{가 성립한다.}$$

양변을 Y로 나누면

$$\frac{C}{Y} = APC = m\left(1 - \frac{Y_T}{Y}\right)\text{의 식을 도출할 수 있다.}$$

(1) 단기 소비함수

① **호황** : 임시소득$(Y_T)>0$이고, $\frac{Y_T}{Y}$이 커짐에 따라 APC가 하락한다.

② **불황** : 임시소득$(Y_T)<0$ 이고, $\frac{Y_T}{Y}$가 작아짐에 따라 APC가 상승한다.

(2) 장기 소비함수

① 장기에는 임시소득(Y_T)의 평균치가 0이 되므로 $APC=m$(일정)이 성립한다.

② 이에 따라 $C=mY_P$, $0<m<1$이므로 원점을 지나는, 1보다 작은 기울기의 직선의 형태가 된다 $(APC=MPC)$.

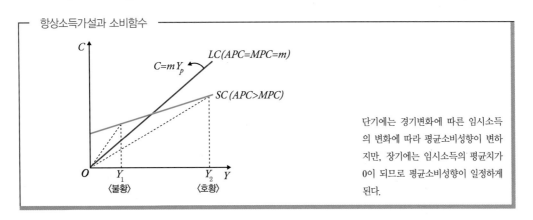

항상소득가설과 소비함수

단기에는 경기변화에 따른 임시소득의 변화에 따라 평균소비성향이 변하지만, 장기에는 임시소득의 평균치가 0이 되므로 평균소비성향이 일정하게 된다.

3) 평가

(1) Keynes의 단기 재정정책은 임시소득만 변동시키고, 항상소득을 별로 변동시키지 못하므로 실제로는 총수요에 영향을 주지 못함 ⇒ 재량적 재정정책을 반대한다.

(2) 항상소득과 임시소득의 구분이 명확하지 않다.

항상소득가설과 조세감면의 효과

구분	소득에 영향	소비 증가	저축 증가	총수요 증가	정책 효과
일시적인 조세감면	임시소득 증가	小	大	小	무력
영구적인 조세감면	항상소득 증가	大	小	大	유력

확인 TEST

국회가 2014년 1월 1일에 연간 개인 소득에 대한 과세표준 구간 중 8,800만~1억 5천만 원에 대해 종전에는 24%를 적용했던 세율을 항구적으로 35%로 상향 조정하고, 이를 2015년 1월 1일부터 시행한다고 발표했다고 하자. 밀턴 프리드먼(Milton Friedman)의 항상소득가설에 의하면 이 소득 구간에 속하는 개인들의 소비행태는 어떤 변화를 보일까? (단, 이 외의 다른 모든 사항에는 변화가 없다고 가정하라.)

[2014, 서울시 7급]

① 소비는 즉각적으로 증가할 것이다.
② 소비는 즉각적으로 감소할 것이다.
③ 2014년에는 소비에 변화가 없고, 2015년 1월 1일부터는 감소할 것이다.
④ 2014년에는 소비가 감소하고 2015년 1월 1일부터는 변화가 없을 것이다.
⑤ 2014년이나 2015년 등의 시간에 상관없이 소비에는 변화가 없을 것이다.

해설 ▶ 세율을 항구적으로 상향 조정한다는 것은 장기적인 평균소득인 항상소득이 감소한다는 의미이다. 프리드먼의 항상소득 가설에 따르면 소비는 이러한 항상소득의 크기에 의존하는데, 이에 따라 항상소비가 즉각 감소하게 된다. 여기서 항상소비는 2015년의 소비뿐만 아니라 2014년의 소비까지도 포함된다. 즉 항상소비가 감소한다는 것은 미래는 물론 바로 현재의 소비까지도 포함하는 것이다.

정답 ▶ ②

확인 TEST

프리드먼(M. Friedman)의 항상소득이론에 대한 설명으로 가장 옳지 않은 것은?   [2018, 서울시 정기공채 7급]
① 소비는 미래소득의 영향을 받는다.
② 소비자들은 소비를 일정한 수준에서 유지하고자 한다.
③ 일시적 소득세 감면이 지속적인 감면보다 소비지출 증대효과가 작다.
④ 불황기의 평균소비성향은 호황기에 비해 감소한다.

해설 ▶ • 항상소득가설에 따르면 소비는 미래의 평균적인 소득의 흐름인 항상소득에 의해서만 영향을 받고 경기에 따라 민감하게 변하게 되는 임시소득에 의해서는 거의 영향을 받지 않는다. 임시소득의 대부분은 저축된다.
• 불황기에는 항상소득(Y_P)은 안정적이지만 임시소득(Y_T)은 감소하게 된다. 이에 따라 평균소비성향(APC)은 이전에 비해 증가하게 된다.

$$APC = \frac{C}{Y_P + Y_T} \Rightarrow APC_{불황} \Rightarrow \frac{C}{Y_P + Y_T \downarrow} \Rightarrow APC \uparrow$$

정답 ▶ ④

❺ 생애주기가설(평생소득가설 : life-cycle hypo-thesis)

1) 의의

(1) 기본 가정

① 소비자는 평생을 염두에 두고 자기 소득의 사이클을 고려하여 현재소비를 결정 ⇒ 어떤 소비자의 어떤 기간에서의 소비(C_t)는 그 사람의 전 생애에 걸친 예상소득에 의해 좌우

② 소득은 노동소득과 자산소득으로 구성된다.

③ 어떤 개인의 소득은 유년기 때는 낮고 중년기 때에 높아졌다가 노년기 때에 다시 낮아지는 사이클을 갖는 데 비해 소비는 비교적 일생을 걸쳐 일정한 비율로 완만하게 증가 ⇒ 전형적인 개인의 소득은 전 생애에 걸쳐 고르지 않고 불안정하다.

④ 소득의 흐름은 이처럼 고르지 않은 데 비해 사람들은 전 생애에 걸쳐 안정적인 소비를 하고자한다. 소득의 흐름이 고르지 않음에도 불구하고 저축과 차입을 통하여 전 생애에 걸쳐 소비의 흐름을 고르게 할 수 있다.

(2) 대표적 학자 : 모딜리아니(F. Modigliani), 브룸버그(R. E.Brumberg), 안도(A. K. Ando) ⇒ MBA 가설

2) 횡단면 분석

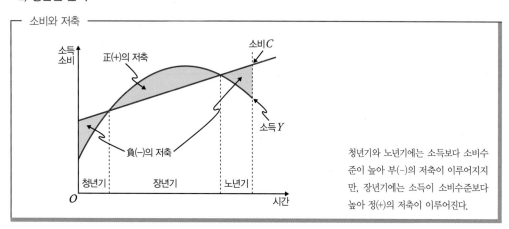

청년기와 노년기에는 소득보다 소비수준이 높아 부(-)의 저축이 이루어지지만, 장년기에는 소득이 소비수준보다 높아 정(+)의 저축이 이루어진다.

⑴ 여러 사람들의 소득-소비-저축에 관한 횡단면 분석을 하면 고소득층의 APC가 낮고 저소득층의 APC가 높게 나타난다.

⑵ 고소득층은 주로 장년층이고 저소득층은 주로 청년층과 노년층이기 때문이다.

┌─ AK Tip ───┐

1. 개인 K의 청년기와 장년기, 그리고 노년기가 각각 20년씩이라고 가정하고, 청년기에 매년 2,000만 원, 장년기에 매년 6,000만 원을 벌고 노년기 때 은퇴하여 매년 1,000만 원의 국민연금을 수령한다는 것을 상정해 보자.
2. 논의를 단순화하기 위해 이자율이 0%라고 하면 전 생애에 걸친 소득은 다음과 같다.

┌──┐
│   (20×2,000만 원) + (20×6,000만 원) + (20×1,000만 원) = 18억 원   │
└──┘

만약 평생에 걸쳐 똑같은 소비 수준을 유지하고자 한다면 K는 매년 3,000만 원(18억 원/60년)을 소비하게 될 것이다. 따라서 청년기에는 매년 1,000만 원의 채무를 지지만, 장년기에는 매년 채무상환을 포함하여 3,000만 원을 저축할 수 있게 되고, 노년기에는 그동안 저축으로 축적한 자산에서 매년 2,000만 원씩 인출해 소비하게 된다.

└──┘

3) 주요 내용

(1) 가정

① 소비함수

┌──┐
│   │
│ $C_t = aY_t^L + bY_t^A$ (a : 근로소득의 MPC, b : 자산소득의 MPC)   │
│   │
│ Y_t^L : 전 생애의 예상근로소득의 t기의 현재가치의 평균(평균예상근로소득)   │
│ Y_t^A : 전 생애의 예상자산소득의 t기의 현재가치   │
│   │
└──┘

② 단기소비함수에서 근로소득에 대한 한계소비성향 MPC는 일정($0<MPC<1$)하다.

③ 장기에는 Y^L과 Y^A의 비중이 동일이다.

④ Y_t^A는 t기의 자산규모와 거의 동일(이자율이 불변일 경우 Y_t^A는 t기의 자산규모와 동일)하다.

┌─ AK Tip ───┐

1. 생애주기가설에 따르면 생애 가운데 개인 K가 어느 시점에 얼마만큼 소비할 수 있는가는 앞으로 일할 기간과 소득이 얼마이고, 앞으로 얼마나 생존하는가, 또 현재의 자산이 얼마인가에 달려 있다. 만약 앞으로 일할 기간을 N, 매 기의 근로소득을 Y, 남은 생존기간을 T, 그리고 현재의 자산을 W라고 하면 전 생애에 걸친 소득(Y_l)은 $Y_L=N×Y+W$가 된다. 또한 평생 똑같은 양(+)의 소비를 하고 이자율이 0이라고 하면, K의 소비함수는 다음과 같다.

┌──┐
│ $C = \dfrac{N×Y+W}{T} = \dfrac{N}{T}×Y + \dfrac{1}{T}×W$ │
└──┘

2. 만약 K가 앞으로 50년 더 생존하고($T=50$), 그 가운데 30년 동안 일할 것으로 예상된다면($N=30$), K의 소비함수는 $C=0.02×W+0.6×Y$가 된다.
이에 따라 K의 소비는 단순히 소득뿐만 아니라 일정한 자산(부:wealth)에 의해서도 영향을 받는다는 것을 확인할 수 있다. 만약 모든 개인이 이와 같은 방식으로 소비를 한다면 경제 전체의 소비함수도 같은 형태를 보이게 된다.

└──┘

(2) 도해적 설명

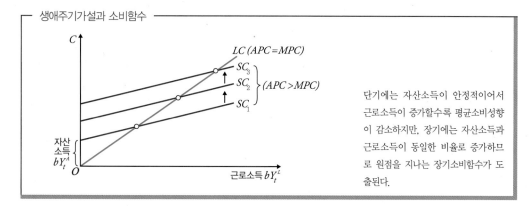

생애주기가설과 소비함수

$LC\ (APC=MPC)$

SC_3
SC_2 $\big\}$ $(APC>MPC)$
SC_1

자산
소득
bY_t^A

근로소득 bY_t^L

단기에는 자산소득이 안정적이어서 근로소득이 증가할수록 평균소비성향이 감소하지만, 장기에는 자산소득과 근로소득이 동일한 비율로 증가하므로 원점을 지나는 장기소비함수가 도출된다.

① 단기: $\dfrac{C_t}{Y_t}(=APC) = a\dfrac{Y_t^L}{Y_t} + b\dfrac{Y_t^A}{Y_t}$로부터 단기적으로 Y_t^A가 안정적이라 할 수 있으므로 APC는 Y_t가 증가할수록 감소하게 된다($MPC<APC$). ⇒ 소비축을 통과하는 직선 형태의 소비함수 도출

② 장기: Y_t^L과 Y_t^A가 Y_t와 동일한 비율로 증가하므로 Y_t^A의 증가로 단기 소비함수가 상방으로 이동하게 되므로 이것의 추세선인 장기 소비함수는 원점에 출발해 기울기가 1보다 작은 직선으로 나타나게 된다($MPC=APC$). ⇒ 원점을 통과하는 직선 형태의 소비함수 도출

4) 생애주기 가설(MBA 가설)의 특징

(1) 절대소득가설과 비교

① 절대소득가설에 소득의 개념을 현재 시점의 소득으로 한정하는데 비해, MBA 가설에서는 생애(평균)소득이라는 개념을 도입하여 소득의 범위를 보다 확장시켰다.

② 절대소득가설은 횡단면 분석, 단기 시계열분석에서만 타당하지만, MBA 가설은 장기 시계열 분석에서도 타당성을 보인다.

(2) 항상소득가설과 비교

① 유사점

ⓐ 두 가설 모두가 다 기간 소비자선택모형으로부터 출발한다.

ⓑ 프리드먼(M. Friedman)의 임시소득이 양(+)인 경우는 MBA 가설의 중장년층의 소득에 해당하는 것으로 설명 가능하다.

ⓒ 프리드먼의 항상소득은 MBA 가설의 생애평균노동소득으로 이해할 수 있다.

② 차이점

ⓐ 항상소득 가설에서는 실제로 측정하기 어려운 항상소득이나 임시소득이라는 개념을 사용한 반면에, MBA 가설에서는 이 모두가 포함된 생애평균소득 개념을 사용하여 이론을 전개한다.

ⓑ 항상소득 가설에서는 금기의 소득변화가 금기의 소비변화에 크게 영향을 주지 못한다. 반면에 MBA 가설에는 금기의 소비가 금기의 소득변화에 크게 의존한다.

5) 평가

(1) 단기소득 대신 장기소득을 고려한다는 점에서 항상소득가설과 유사하며 평균예상근로소득은 항상소득에 대응하므로 양자 모두 다기간 소비자선택이론에 바탕을 둔다.

(2) 생애주기가설에 따르면 소비가 당기소득에 의존하는 것이 아니기 때문에 단기적인 재정정책, 특히 세율의 변화는 소비와 총수요에 별다른 영향을 미치지 못한다. 따라서 Keynes의 단기 재정정책은 평생소득에 별로 영향을 주지 못한다.

확인 TEST

소비이론 중 생애주기가설에 대한 설명으로 옳지 않은 것은?

[2011, 국가직 7급]

① 청소년기에는 소득보다 더 높은 소비수준을 유지한다.
② 저축과 달리 소비의 경우는 일생에 걸쳐 거의 일정한 수준이 유지된다.
③ 소비자는 일생 동안 발생할 소득을 염두에 두고 적절한 소비수준을 결정한다.
④ 동일한 수준의 가처분 소득을 갖고 있는 사람들은 같은 한계소비성향을 보인다.

해설 ▶ 생애주기가설에 따르면 동일한 가처분 소득을 갖고 있다고 하더라도 생애평균소득이 다르다면 한계소비성향은 달라질 수 있다.

정답 ▶ ④

랜덤워크 가설(random walk hypothesis)

1. **의의**: 홀(Hall)과 플래빈(Flavin)은 합리적 기대와 효용극대화에 의한 소비의 최적화 행동을 기초로 기존의 생애주기가설·항상소득가설을 재해석했다. 이에 따르면 소비자는 자신이 직면하는 예산제약(budget constraint) 하에서 매기의 소비(C), 자산(A), 현재소득(Y)과 미래소득의 예상 하에서, 소비를 통해 자신이 얻을 수 있는 평생 총기대효용을 극대화시키는 수준에서 소비의 크기를 결정한다. 이러한 결정과정에서 소비의 경로는 마치 지그재그처럼 임의보행(random walk)의 행태를 보이게 된다. 한편 소비자는 평생 총기대효용을 극대화하기 위해 현재소득의 크기에 제약받지 않으며, 부족한 소득은 미래소득을 담보로 언제든지 자유롭게 차입할 수 있다는 것을 전제한다.

2. **정책적 시사점**: 소비에 영향을 주는 것은 오직 항상소득의 변화이다. 예컨대 정책당국에 의한 미래의 감세정책에 대해 절대소득가설에서는 그러한 정책이 현재소득과는 무관하기 때문에 현재소비에도 영향을 주지 못한다고 한다. 그러나 랜덤워크 가설에서는 미래의 감세는 항상소득의 증가를 가져오고 이로 인해 현재소비가 증가하게 된다.

3. **실증적 분석**: 금기의 소비가 비단 전기(前期) 소비뿐만 아니라 전기 소득 등에도 영향을 받는 것으로 실증적 분석을 통해 밝혀졌다. 이를 소비의 예상소득에 대한 과대반응퍼즐(excess sensitivity of consumption to anticipated income puzzle)이라 한다.

유동성 제약(liquidity constraint) 모형

1. **의미**:현실적으로 소비자가 평생 총기대효용을 극대화하기 위해 필요한 소득을 차입할 때, 고소득 소비자와는 달리 저소득 소비자는 여러 가지 제약에 부딪힌다. 이러한 이유로 원하는 만큼의 자금을 차입할 수 없는 경우를 의미하며, 차입제약(borrowing constraint)이라고도 한다.
2. **비교**
   1) 절대소득가설:유동성 제약에 직면하면 현재소비는 현재소득에 의존할 수밖에 없기 때문에 이러한 경우의 소비함수는 케인스의 절대소득가설과 유사한 특성을 가지게 된다.
   2) 생애주기가설:청년기와 노년기에는 상대적으로 소득수준과 신용수준이 낮기 때문에 유동성 제약에 직면할 가능성이 높은 반면에, 중년기에는 소득수준과 신용수준이 높기 때문에 자유로운 자금 차입이 가능하여 랜덤워크 가설이 적용될 가능성이 커지게 된다.
3. **실증분석**:랜덤워크 가설의 성립을 어렵게 하는 유동성 제약은 주로 저소득 소비자를 중심으로 나타나는데, 전체 소비자 중에서 약 30% 정도가 실제로 유동성 제약에 직면하는 것으로 다양한 실증분석을 통해 나타나고 있다.

예비적 저축 모형

1. **의미**:미래소득에 대한 불확실성이 존재한다면 현재 예상하고 있는 소득수준에 비해 실제로도 미래소득이 낮게 실현될 수 있다. 이에 따라 소비자가 사전에 계획한 소비 경로가 실제로는 실현되지 않을 수 있기 때문에 소비자는 미래의 불확실한 소득에 대비하기 위하여 현재시점에서 예비적 저축을 하게 된다. 이를 예비적 저축효과(precautionary saving effect)라고 한다.
2. 예비적 저축효과가 존재하게 되면 사전에 계획된 소비경로에 비해 현재소비는 감소하게 되고 미래소비는 증가하게 되어 실제 소비경로의 기울기는 보다 가팔라진다.

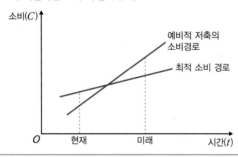

┌─ 자산효과(wealth effect) ──────────────────────

　소득만이 아니라 부(富) 내지 자산이 소비에 영향을 미칠 수 있음은 케인즈도 인정하였다. 그러나 케인즈는 이를 단기에서는 무시하였고 케인즈 이후에 이 효과는 소비이론에 추가되었다.

1. 피구(A. Pigou)와 파틴킨(D. Patinkin)의 실질잔고효과(real balance effect)

┌──┐
│ 　실질잔고=화폐보유액/물가=M/P에서 $C=f(Y, M/P)$ │
└──┘

　피구는 케인즈가 경기 불황시 정부 정책개입의 필요성을 주장한 데 대항하여 경기 불황시에는 물가가 하락하므로 경제주체들이 갖고 있는 화폐라는 자산의 실질가치가 증가하여 소비가 증가함으로써 불황이 시장가격 기구에 의하여 자동적으로 치유될 수 있다고 주장하여 자산의 소비에 대한 역할을 지적하였다.

┌──┐
│ 불황 시 물가 하락 ⇒ 실질잔고 증가 ⇒ 소비수요 증가 ⇒ 총수요(유효수요) 증가 ⇒ 불황해소 │
└──┘

2. 토빈(J. Tobin)의 유동자산가설(liquid assets hypothesis)

　토빈은 화폐만이 아니라 주식과 채권 등을 모두 포함시키는 유동자산이 소득과 함께 소비에 영향을 미친다고 보았다. 즉,

┌──┐
│ 　$C_t=a+bY_t+cM_t(a, b, c$는 상수)　 │
└──┘

위 식에서 M_t는 유동자산인데 단기적으로는 안정적이며 장기적으로 Y_t(소득)와 비례하여 증가한다.

└──

확인 TEST

소비이론에 대한 설명으로 옳지 않은 것은?

[2008, 국가직 7급]

① 케인즈의 소비함수에 따르면 평균소비성향은 한계소비성향보다 크다.
② 쿠즈네츠는 장기에서는 평균소비성향이 대략 일정하다는 것을 관찰하였다.
③ 항상소득가설에 따르면 항상소득의 한계소비성향은 임시소득의 한계소비성향보다 낮다.
④ 생애주기가설에 따르면 총인구에서 노인층의 비중이 상승하면 국민저축률은 낮아진다.

해설 ▶ 항상소득가설에 따르면 소비는 항상소득에 의해서만 영향을 받고 임시소득의 대부분은 저축된다. 따라서 항상소득의 한계소비성향은 높지만 임시소득의 한계소비성향은 거의 '0'에 가깝게 된다.
　① 케인즈의 소비함수에 따르면 소득이 증가할 때 평균소비성향은 지속적으로 하락하지만 한계소비성향보다는 항상 높다.
　② 쿠즈네츠는 실증적 분석을 통해 장기에서는 평균소비성향이 대략 일정하다는 것을 관찰하였다. 이에 따라 장기소비함수는 원점을 지나는 직선의 모습을 보인다.
　④ 생애주기가설에 따르면 노인층은 소득에 비해 소비가 더 크게 나타난다. 따라서 총인구에서 노인층의 비중이 상승하면 국민저축률은 낮아진다.

정답 ▶ ③

Theme 68 투자이론

❶ 투자의 의의

1) 투자의 의미

(1) 투자(investment)란 일정 기간 동안 자본재(capital)의 총량을 유지하거나 증가시키기 위해 자본재를 구입하는 기업가의 경제활동을 의미한다.

(2) 최종생산물이지만 자본재가 소비재와 다른 점은 구입 시점이 아닌 미래에 서비스를 제공한다는 것이다. 기업은 미래의 생산을 증가시키기 위해 공장을 신축하거나 생산설비를 구입하며, 가계는 미래의 주거서비스를 위해 거주용 주택을 신축한다.

(3) 일반적으로 투자가 총수요에서 차지하는 비중은 약 20~30% 정도에 불과하지만 그 변동성이 크기 때문에 단기적으로는 경기를 변동시키는 가장 중요한 요인으로 작용한다.

2) 투자의 효과(투자의 이중성 : dual character of investment)

(1) 투자의 증가 ⇒ 총수요의 증가 ⇒ 국민소득 증대효과

(2) 투자의 증가 ⇒ 자본량의 증가 ⇒ 생산능력 증대효과

3) 투자의 형태

(1) 유발투자(induced investment)와 독립투자(autonomous investment)

① 유발투자는 소비 또는 소득의 증대에 의해서 이루어지는 투자이고 독립투자는 소비 또는 소득과 관계없이 독립적으로 수행되는 투자이다. 유발투자를 가속도투자라고도 한다.

② 유발투자가 있는 경우의 독립지출(독립투자나 정부지출) 승수는 크게 되어 동일한 독립지출 변동에도 소득의 증감량이 크게 된다(승수효과와 가속도원리의 결합).

(2) 대체투자와 신투자 및 재고투자

① 대부분의 자본은 생산에 이용됨에 따라 마모가 되는데 이를 자본의 감가상각(capital depreciation)이라 하는데 총투자 중에서 이러한 감가상각분을 보충하는 부분을 대체투자라고 하고, 이를 넘어서서 새로운 자본형성에 기여하는 투자를 신투자 또는 순투자라고 한다.

> **대체투자**
>
> 대체투자는 감가상각(capital depreciation) 또는 고정자본소모라고 불리는 것으로서 생산과정에서 마모되는 자본재를 보전하는 데 충당하는 투자이다. 거시경제학에서 대체투자는 대개 기존 자본량에 비례한다고 가정한다. 총자본스톡이 K라면 대체투자$=\delta K$(단, $0 \leq \delta \leq 1$)로 처리하는 것이다. 이때 δ를 감가상각률(rate of depreciation)이라 한다.

② 재고의 변화분을 재고투자라고 한다.

(3) 설비투자, 건설투자, 재고투자

① **설비투자**(equipment investment) : 기계, 자동차, 컴퓨터 등과 같은 자본재를 확충하기 위한 기업의 지출을 말한다.⇒ 단, 가계가 구입한 자동차는 내구재에 대한 소비지출

② **건설투자** : 공장, 상업용 건물, 주택 등의 신축과 보수를 위한 기업의 지출을 말한다. 여기서 사람들이 거주하기 위해 구입하거나 집주인이 임대하기 위해 신축된 주택을 구입하는 것을 특히 주택투자라 한다.

③ **재고투자** : 재고의 증가를 의미하는데, 여기서의 재고는 기업이 보유하고 있는 원자재, 생산 중에 있는 상품(goods in the production process), 완성품 등의 저장량을 말한다.

확인 TEST

다음 중 *GDP*계정에서 총투자에 포함되지 않는 것은?

[2002, 감평사]

① 기업의 새로운 공장건물의 건설
② 기업의 새로운 기계의 구입
③ 가계의 새로운 주택의 구입
④ 재고의 증가
⑤ 가계의 주식의 매입

해설 거시경제학에서 투자란 자본총량을 유지하거나 증가시키기 위해 이루어지는 경제활동을 의미한다. 여기에는 신규공장건설, 신규자본재 구입, 신규주택건설 등이 포함된다. 한편 재고의 증가는 재고투자로 간주되어 *GDP* 집계에 포함된다. 그러나 이미 주식시장에서 유통되고 있는 주식을 구입하는 것은 단순한 재산권의 이전 행위에 불과하므로 경제 전체의 자본총량의 변화와는 관련이 없다.

정답 ⑤

개념 플러스⁺ 재고투자

1. 재고의 개념

1) **재고투자의 의의** : 재고투자는 원자재, 생산 중인 제품, 완성품 등의 재고가 증가하는 것을 의미한다. 이러한 재고투자는 지출 중 가장 작은 구성요소로 평균적으로 GDP의 약 0.5%에 불과하나 변동이 극히 심해서 경기변동 연구의 중심과제가 되고 있다.

2) **거시경제학에서의 재고투자** : 현재 재고의 양이 아니라 재고의 증감분을 의미하므로 (−)의 재고투자도 가능하다.

> 판매액=기초재고+한 기간의 생산액−기말재고
> 한 기간의 생산액=판매액+(기말재고−기초재고)=판매액+재고증감(재고투자)

2. 재고보유의 동기

1) **생산평탄화**(production smoothing) : 수요의 변화에도 불구하고 생산의 변화를 가능하면 완만하게 하려는 동기에서 재고를 보유하게 된다.

2) 재고소진기피(stockout avoidance) : 수요가 증가할 때 생산을 갑작스럽게 증가시킬 수 없다면 판매기회를 상실하기 때문에 재고를 보유하게 된다.

3. 경기변동과 재고투자

1) **계획된 재고투자와 계획되지 않은 재고투자** : 기업은 각자의 상황에 따라 최적의 재고비율을 유지하려고 하나 판매가 예상외로 부진할 경우에 재고가 쌓이게 되는데 이를 계획되지 않은 재고투자라고 한다.
2) **재고투자와 총수요와의 관계** : 계획된 재고투자는 총수요와 같은 방향으로 움직인다. 그러나 계획되지 않은 재고투자는 예상외로 판매가 부진한 경우에 발생하므로 총수요와 반대방향으로 움직인다.
3) **재고투자의 변동성** : 재고투자가 국내총생산에서 차지하는 비중은 통상적으로 0.5% 내외임에도 불구하고, 경기순환과정에서 다른 어떤 총수요의 구성요소보다 심하게 변동한다.

4. 재고투자와 실질이자율

1) 기업이 재고 상품을 보유하고 이것을 현재 판매하지 않고 장래에 판매하려 할 때 기업은 현재와 장래 사이에 발생할 수 있는 이자를 포기하게 된다. 따라서 실질이자율은 재고를 보유하는 기회비용이라 할 수 있다.
2) 실질이자율이 상승할 때 재고를 보유하는 것은 더 비싼 대가를 치루는 것이므로 합리적인 기업은 재고를 감소시키려고 할 것이다. 따라서 실질이자율이 증가하면 재고투자가 감소한다.

4) 투자와 자본과 저축

(1) **투자와 자본** : 투자는 축적되어 자본을 형성한다.

$$K_t = K_{t-1} + I_{t-1} - D_{t-1} = K_{t-1} + I^n_{t-1}$$
여기서 K_t=t기의 자본량, K_{t-1}=$(t-1)$기의 자본량, I_{t-1}=$(t-1)$기의 총투자,
D_{t-1}=$(t-1)$기의 고정자본소모(감가상각), I^n_{t-1}=$(t-1)$기의 순투자

따라서 투자는 유량(flow)이고 자본은 저량(stock)이다. 그러므로 투자의 크기는 일시점에서 측정될 수 없고 1년간 또는 반년간이란 일정 기간에 얼마라는 식으로 측정된다. 그러나 자본은 저량이기 때문에 일정 시점에서 측정할 수 있다.

┌─ **자본의 심화와 확장** ─────────────────────
1. **자본의 심화(deepening of capital)** : 재화 생산에서 자본－노동 투입비율이 높아지는 현상을 말한다.
2. **자본의 확장(widening of capital)** : 재화 생산에서 자본－노동 투입비율은 일정한 채 자본과 노동을 같은 비율로 증가시켜서 생산증가를 추구하는 경우를 말한다.

(2) **투자와 저축**

고전학파의 경우 저축은 투자하기 위해서 하는 것이고, 반대로 투자는 저축에 의해서 가능하므로 모든 국민소득수준에서 저축(S)=투자(I)라고 하였다. 그러나 Keynes는 저축과 투자는 서로 다른 주체의 서로 다른 동기에 의하여 행해지므로 양자가 같아야 할 이유가 없고 균형국민소득수준에서만 저축(S)=투자(I)라고 하였다.

조세정책과 투자

정부가 일시적인 투자세액에 대한 공제를 한다면 기업의 입장에서는 그 기간 내에 투자를 해야만 세액공제 혜택을 받게 되므로 투자를 즉각적으로 하지만, 영구적인 투자세액에 대한 공제를 한다면 언제 투자를 하든 관계없이 세액공제 혜택을 받을 수 있으므로 투자를 서두를 필요가 없게 된다. 그러므로 투자 증대를 통해 경기부양을 하기 위해서는 일시적인 투자세액에 대한 공제를 하는 것이 바람직하다.

---

❷ 현재 가치법 ⇒ I. Fisher

1) 의미

(1) 고전학파의 기대수익의 현재가치에 의한 투자결정이론이다.

(2) 투자에 따른 기대수익의 현재가치가 투자비용보다 클 때 투자가 이루어진다는 이론이다.

2) 투자의 현재가치(Present Value : PV)

(1) 의미 : 투자에 따른 기대수익을 시장이자율(r)로 할인한 값의 합계를 의미한다.

$$PV = \frac{R_1}{(1+r)} + \frac{R_2}{(1+r)^2} + \cdots + \frac{R_n}{(1+r)^n}$$

$R_i(i=1, 2, \cdots, n)$(기대수익의 시리즈, r : 이자율)

확인 TEST

A기업은 투자를 통해 1년 후에 110원, 2년 후에 121원의 수익을 얻을 수 있다. 이 투자로 인한 수익의 현재가치는? (단, A기업의 할인율은 연 10%로 일정하다)   [2012, 지방직 7급]

① 200원
② 209원
③ 220원
④ 231원

해설 ▶ 미래에 발생하는 기대수익(R)의 현재가치(PV)는 다음과 같이 측정된다.

$$PV = \frac{R_1}{(1+r)^1} + \frac{R_2}{(1+r)^2} + \cdots + \frac{R_n}{(1+r)^n}$$ (단, R은 기대수익, r은 이자율이다)

따라서 투자기간이 2년인 경우, 미래기대수익의 현재가치를 구해보면 다음과 같다.

$$PV = \frac{110}{(1+0.1)^1} + \frac{121}{(1+0.1)^2} = \frac{110}{1.1} + \frac{121}{1.21} = 100 + 100 = 200$$

정답 ▶ ①

---

(2) **투자의 순현재가치** : 현재가치에서 투자비용을 빼서 계산한다. ⇒ $NPV = PV - C$

Q&A

A기업이 새로운 기계를 구매할 경우 1년 후에 120원, 2년 후에 144원의 수입이 예상된다고 한다. 이 기계의 현재 구매가격이 180원이고, 이자율이 20%라고 가정할 때 이 기계를 구매하는 경우의 순현재가치(NPV)는 얼마인가?

Solution

$$PV = \frac{120}{(1 + 0.2)} + \frac{144}{(1 + 0.2)^2} = 200$$

$NPV = PV - C = 200 - 180 = (+)20$이 된다.
따라서 이 기계를 구매하는 것이 합리적 의사결정이 된다.

(3) **투자의 결정**: 투자의 순현재가치(NPV)의 크기에 따라 결정된다.

$NPV(=PV-C) > 0$	$NPV(=PV-C) < 0$
투자 결정	투자 포기

(4) **투자함수**

① $I = I(r)$로서 투자(I)는 이자율(r)의 감소함수이다.

② 투자결정 여부는 이자율이라는 객관적인 요소에 의해 결정된다.⇒ 케인즈와 차이

③ 일반적으로 투자는 상대적으로 이자율에 대해 탄력적이다. ⇒ IS곡선이 상대적으로 완만한 기울기를 갖게 된다.

심화 TEST

다음 글에서 괄호 안의 ㉠에 들어갈 숫자와 ㉡에 들어갈 단어를 순서대로 쓰시오.   [2019. 교원임용]

갑 기업은 현재 140억 원을 투자하면 2년 동안 1차 연도 말에 605억, 2차 연도 말에 −484억 원의 수익이 기대되는 투자안을 가지고 있다. 갑 기업은 이 투자안의 채택여부를 현재가치법에 의해 결정하고자 한다. 이자율이 연 10%이고, 2차 연도까지 이자율이 변동이 없을 경우 이 투자안의 예상수익에 대한 현재가치는 (㉠)이다. 따라서 갑 기업은 투자안을 (㉡)한다.

• ㉠:

• ㉡:

분석하기

• ㉠:150억 원
투자안의 예상수익에 대한 현재가치는 다음과 같이 도출된다.

> • 현재가치 $= \dfrac{R_1}{(1+r)} + \dfrac{R_2}{(1+r)^2} = \dfrac{605}{(1+0.1)} + \dfrac{-484}{(1+0.1)^2} = \dfrac{605}{1.1} + \dfrac{-484}{1.21} = 550 - 400 = 150$(억 원)
> (여기서 R_1은 1차 연도 예상수익, R_2는 2차 연도 예상수익, r은 이자율이다.)

• ㉡:채택
투자안의 예상수익에 대한 현재가치가 150억 원이고 현재의 투자비용이 140억 원이므로 순현재가치는 10억 원인 양(+)의 값을 갖는다. 현재가치법에 따르면 순현재가치가 양(+)의 값일 때 기업은 투자하게 된다.

원숭이는 과연 어리석었을까?

『열자(列子) 황제편(黃帝篇)에 보면 송(宋)나라의 저공(狙公)이라는 사람이 있었다. 저(狙)란 원숭이를 뜻한다.

그 이름이 말해 주듯이 저공은 많은 원숭이를 기르고 있었는데 그는 가족의 양식까지 원숭이에게 먹일 정도로 원숭이를 좋아했다. 그래서 원숭이들은 저공을 따랐고 마음까지 알았다고 한다. 그런데 워낙 많은 원숭이를 기르다 보니 먹이를 대는 일이 날로 어려워졌다. 그래서 원숭이에게 나누어 줄 먹이를 줄이기로 했다. 그러나 먹이를 줄이면 원숭이들이 자기를 싫어할 것 같아 그는 우선 원숭이들에게 이렇게 말했다. "너희들에게 나눠주는 도토리를 앞으로는 '아침에는 3개, 저녁에는 4개씩 줄 생각인데 어떠냐?" 그러자 원숭이들은 하나같이 화를 냈다. '아침에는 도토리 3개로는 배가 고프다'는 불만임을 안 저공은 '됐다' 싶어 이번에는 이렇게 말했다. "그럼, 아침에 4개, 저녁에 3개씩 주마." 그러자 원숭이들은 모두 기뻐했다고 한다.

이러한 조삼모사(朝三暮四)의 이야기는 똑같은 것을 잘못 이해하여 화내기도 하고 즐거워 하기도 하는 원숭이의 무지를 비웃는 이야기로 전해지고 있다. 그런데 과연 그것이 정말 옳은 것일까?』

미래에 발생하는 기대수익이나 자산의 가치(미래가치)를 현재 시점의 가치로 환산하는 것을 '할인'한다고 하고, 이를 통해 얻어진 가치를 '현재가치'라고 한다. 이때 '할인율'로 사용되는 것이 이자율이며, 그 방법은 다음과 같다.

$$PV(\text{Present Value}) = \frac{R_1}{(1+r)} + \frac{R_2}{(1+r)^2} + \cdots + \frac{R_n}{(1+r)^n}$$

$R_i (i=1, 2, \cdots, n)$ (기대수익의 시리즈, r : 이자율)

자! 이제 원숭이들이 도토리를 예금할 수 있는 '일촌 몽키 은행'이 있다고 가정하자. 은행에서는 아침에 1개의 도토리를 예금하면 저녁 때에는 이자로 도토리를 1개 더 준다고 한다. 즉 아침에 도토리를 1개 예금하면 저녁에는 도토리가 2개가 되는 것이다.

$$PV(\text{Present Value}) = \frac{R_1}{(1+r)} = \frac{2}{1+1} = 1$$

이렇게 된다면 아침 3개와 저녁 4개를 받는 방식과 아침 4개와 저녁 3개를 받는 방식에는 커다란 차이가 생기게 된다. 만약 아침에 받은 도토리를 모두 예금을 하면, 저녁 때가 되었을 때의 도토리의 숫자는 차이가 나게 된다. 전자의 방식에는 10개의 도토리가 생기지만, 후자의 방식에 따르면 11개의 도토리가 생겨 도토리를 아침에 상대적으로 많이 받을수록 원숭이들은 이익을 얻는 것이다. 이처럼 재화의 가치를 계산할 때는 이자가 반영된 시간의 흐름을 고려해야 하고, 같은 값이면 미래가치보다 현재가치가 선호된 것을 '시간 선호의 가정'이라 한다.

이것을 본다면 원숭이들은 어리석은 것이 아니라 오히려 누구 못지않게 현재가치와 미래가치라는 경제학적 개념을 꿰뚫고 있는 것은 아닐까?

참고로 이자율과 현재가치의 간단한 관계를 보면 다음과 같다.

시간의 흐름	미래가치	현재가치(이자율:10%)	현재가치(이자율:20%)
1년 후	10,000원	$10,000/(1+0.1)^1 = 909$	$10,000/(1+0.2)^1 = 833$
2년 후	10,000원	$10,000/(1+0.1)^2 = 826$	$10,000/(1+0.2)^2 = 694$
3년 후	10,000원	$10,000/(1+0.1)^3 = 751$	$10,000/(1+0.2)^3 = 579$

❸ 내부 수익률법 ⇒ J. M. Keynes

1) 의미: 투자는 케인즈가 정의한 자본의 한계효율, 즉 내부수익률에 의해 이루어진다는 투자결정이론

2) 내부수익률(internal rate of return)

(1) **의미**: 투자로 인하여 발생할 것으로 기업가에 의해 예상되는 미래의 총기대수익의 현재가치를 현재의 투자액과 일치시키는 할인율을 말한다.

$$C = \frac{R_1}{(1+m)} + \frac{R_2}{(1+m)^2} + \cdots + \frac{R_n}{(1+m)^n}$$

*$R_i(i=1, 2, \cdots, n)$: 기대수익의 시리즈
*C: 투자재의 현재 구입비용, 즉 투자액
*m: 할인율→내부 수익률(투자의 한계효율)

동물적 본능(animal spirit)

케인즈는 시장정보가 불완전하더라도 기업가들이 동물적 본능에 의해서 어느 정도의 투자전망(기대수익전망)을 할 수 있다고 가정했다. 이는 마치 동물들이 야생에서 먹이를 찾아내는 능력이 있는 것과 같다.

Q&A

현재의 투자액이 200만 원이고 투자를 하였을 때 1년 후에 110만 원, 2년 후에 121만 원의 예상수입이 기대된다면 이때의 투자의 한계효율은 얼마인가?

Solution

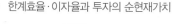

$200 = \dfrac{110}{(1+m)} + \dfrac{121}{(1+m)^2}$에서 $m=0.1$이 된다.

(2) **투자의 결정**: 투자의 한계효율, 즉 내부수익률(m)이 이자율(r)의 크기에 따라 결정

$m>r \Rightarrow NPV > 0$	$m<r \Rightarrow NPV < 0$
투자 결정	투자 포기

한계효율·이자율과 투자의 순현재가치

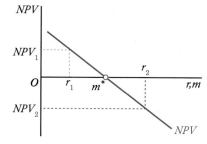

한계효율(m^*) > r이면 투자의 순현재가치(NPV)가 0보다 크게 되어 투자가 이루어지지만, 반대의 경우에는 0보다 작게 되어 투자가 이루어지지 않는다.

65

(3) 투자함수

① $I=I(m, r)$이 되어 투자(I)는 투자의 한계효율(m)에 증가함수이고, 이자율(r)의 감소함수이다. 이때 기업가의 주관적인 판단에 의해 결정되는 투자의 한계효율(m)이 중요한 역할을 한다.

⇒ 고전파와 차이

② 일반적으로 투자는 상대적으로 이자율에 대해 비탄력적이다. ⇒ IS곡선이 상대적으로 가파른 기울기를 갖게 된다.

현재가치법과 한계효율법의 비교

구분	현재가치법	한계효율법
투자결정기준	PV와 C의 비교	m과 r의 비교
투자결정요인	투자는 이자율과 역관계	투자는 이자율과 역관계한계효율과 정관계
공통점	기대수익과 투자비용을 비교하여 투자를 결정투자는 이자율과 역관계	
차이점	투자는 이자율에 대해 탄력적	투자는 이자율에 비탄력적(한계효율 때문)

사례 연구 현재가치법과 내부수익률법

다음은 정부의 각 공공사업에 대한 연도별 편익을 나타내고 있다.

공공사업명	각 연도의 투자비용과 편익(단위:억 원)	
	2020년 투자비용(TC)	2021년 편익(R)
A	70	100
B	50	70
C	30	55
D	10	20

1. 시장 이자율이 5%이고 사업기간이 1년이라고 할 때, 현재가치법과 내부수익률법에 의한 공공사업을 선택하면 그 결과는?

1) 현재가치법에 의한 공공사업 선택

현재가치법을 기준으로 공공사업을 선택하는 경우, 순편익의 현재가치의 합이 가장 큰 사업을 선택해야 한다. 이를 위해 각 공공사업별 순편익의 현재가치(*Net Present Value*)의 합을 구하면 다음과 같다.

- $NPV_A = PV_A - TC_A = \dfrac{100}{1+0.05} - 70 \fallingdotseq 95.2 - 70 \fallingdotseq 25.2$

- $NPV_B = PV_B - TC_B = \dfrac{70}{1+0.05} - 50 \fallingdotseq 66.7 - 50 \fallingdotseq 16.7$

- $NPV_C = PV_C - TC_C = \dfrac{55}{1+0.05} - 70 \fallingdotseq 52.4 - 30 \fallingdotseq 22.4$

- $NPV_D = PV_D - TC_D = \dfrac{20}{1+0.05} - 70 \fallingdotseq 19.1 - 10 \fallingdotseq 9.1$

단, NPV는 순현재가치, PV는 현재가치, TC는 투자비용이다.

따라서 순편익의 현재가치의 합이 가장 큰 공공사업 A를 선택해야 한다.

2) 내부수익률법에 의한 공공사업 선택

내부수익률법을 기준으로 공공사업을 선택하는 경우, 내부수익률이 가장 높은 사업을 선택해야 한다. 내부수익률이란 다음 식과 같이 편익의 현재가치와 현재의 투자비용을 동일하게 해주는 할인율을 의미한다.

• $TC = \dfrac{R_A}{1+m}$, 여기서 TC는 투자비용, R은 순편익, m은 내부수익률이다.

이제 각 공공사업의 내부수익률을 구해보면 다음과 같다.

• $TC_A = \dfrac{R_A}{1+m_A} \Rightarrow 70 = \dfrac{100}{1+m_A} \Rightarrow m_A \fallingdotseq 0.43$

• $TC_B = \dfrac{R_B}{1+m_B} \Rightarrow 50 = \dfrac{70}{1+m_B} \Rightarrow m_B = 0.4$

• $TC_C = \dfrac{R_C}{1+m_C} \Rightarrow 30 = \dfrac{55}{1+m_C} \Rightarrow m_C \fallingdotseq 0.83$

• $TC_D = \dfrac{R_D}{1+m_D} \Rightarrow 10 = \dfrac{20}{1+m_D} \Rightarrow m_D = 1$

따라서 내부수익률이 가장 높은 공공사업 D를 선택해야 한다.

2. 정부가 2020년에 80억 원의 예산만을 확보한 경우, 현재가치법에 의해 선택되는 사업은?

정부가 2020년에 80억 원의 예산을 확보했다면, 2020년 정부의 공공사업 선택에 있어서 80억 원이라는 예산제약이 존재하게 되며, 정부는 이 범위 내에서 순편익의 현재가치를 극대화하는 사업들을 선택해야 한다. 우선 80억 원으로 예산으로 시행 가능한 다음과 같은 공공사업 조합을 고려해야 한다.

• 조합 1: 사업 A+사업 D(필요예산 80억 원)
• 조합 2: 사업 B+사업 C(필요예산 80억 원)
• 조합 3: 사업 B+사업 D(필요예산 60억 원)
• 조합 4: 사업 C+사업 D(필요예산 40억 원)

이제 각 조합의 순편익을 구하면 다음과 같다.

• 조합 1의 순편익: 사업 A의 순편익+사업 D의 순편익=25.2+9.1=34.3(억 원)
• 조합 2의 순편익: 사업 B의 순편익+사업 C의 순편익=16.7+22.4=39.1(억 원)
• 조합 3의 순편익: 사업 B의 순편익+사업 D의 순편익=16.7+9.1=25.8(억 원)
• 조합 4의 순편익: 사업 C의 순편익+사업 D의 순편익=22.4+9.1=31.5(억 원)

앞의 결과에 따르면 조합 2의 순편익이 극대화됨을 확인할 수 있다. 따라서 80억 원의 예산제약하에서는 사업 B와 사업 C를 선택해야 한다.

❹ 가속도 원리

1) 가속도 원리의 의의

(1) **개념**: 소득의 변화가 소비의 변화를 통하여 순투자(일종의 유발투자)에 미치는 증폭적인 영향을 말한다.

(2) **가정**

① 유휴생산시설이 없다고 가정한다.

② 생산요소 간에 대체가 불가능한 경우를 가정한다. ⇒ 등량곡선이 L자형(Leontief 생산함수)

(3) **내용**

① 소득이 증가하여 소비가 증가하면 생산물에 대한 수요가 증가하고, 만일 수요가 증가할 때 유휴생산시설이 없다면 기업은 증가한 수요를 충족시키기 위하여 순투자를 하여야 한다.

② 이에 따라 종래의 대체투자만 이루어지다가 순투자가 발생함으로써 총투자는 급격히 증가된다.

③ 소비의 증가가 정지되면 순투자는 소멸되고 대체투자만 이루어지므로 총투자는 급격하게 감소된다.

가속도 원리의 예-매기당 1만큼의 대체투자가 필요하다고 가정

기간	생산량 (=소비량)	생산량 변화율(%)	적정 자본량	자본-산출 비율$\left(\dfrac{K}{Y}\right)$	대체투자	순투자	총투자	투자변화율(%)
1기	5		10	2	1	0	1	
2기	5	0%	10	2	1	0	1	0%
3기	6	20%	12	2	1	2	3	200%
4기	6	0%	12	2	1	0	1	−67%
5기	6	0%	12	2	1	0	1	0%
6기	8	16.7%	16	2	1	4	5	400%
7기	8	0%	16	2	1	0	1	−80%

2) 가속도원리와 승수효과의 비교

독립투자와 승수효과	승수효과 투자 ⟶ 소득
유발투자와 가속도원리	가속도원리 투자 ⟵ 소득 및 소비

가속도 원리와 승수효과는 위와 같이 정반대 방향의 상호인과관계에 있기 때문에 이 두 효과는 서로 꼬리를 물고 반복되어 불안정한 경기변동의 주원인이 된다는 것이 사무엘슨(P. Samuelson)의 경기변동이론이다.

3) 가속도 원리의 한계

(1) 가속도 원리는 유휴생산시설이 전연 없다고 가정하였으나 일반적으로 현실에서는 항상 다소의 유휴생산시설이 존재하여 불황 시에 증가된 소비수요를 새로운 순투자가 없이도 가동률만의 증가로 어느 정도 충당할 수 있다(⇒ 비대칭성의 문제).

(2) 투자가 실제로 발생하려면 투자의 위험과 자금조달 문제로 인해 상당한 시일이 걸리므로 실제로 가속도 원리에 따른 효과가 발생하려면 시차가 생긴다(⇒ 조정속도의 문제).

(3) 투자에 영향을 미치는 이자율, 예상수익률(자본재가격, 현재가치, 내부수익률) 등을 고려하지 않았다.

❺ Tobin의 q이론

1) Tobin의 이론의 q의의

(1) 의미

① 일반적인 투자이론은 국민소득과 이자율을 중심으로 투자가 어떻게 결정되는가 하는 문제를 설명한다.

② Tobin은 주식시장에서 기업에 대한 평가를 하고 이에 따라 투자가 결정된다고 설명한다. 즉 Tobin의 q이론은 주식시장과 투자를 연결해 주는 투자이론이다.

(2) Tobin의 q

$$q = \frac{\text{(주식)시장에서의 기업의 평가가치}}{\text{기업자산의 실제 대체비용}} = \frac{\text{설치된 자본의 시장가치}}{\text{설치된 자본의 대체비용}}$$

① 위 식에서의 분자는 주식시장에서 평가되는 자본의 가치로서 기업이 발행한 주식의 수에 주식시장에서 결정되는 주식의 가격을 곱한 값이다.

② 위 식에서의 분모는 기업이 보유하고 있는 기계, 차량, 건물 등을 각각 자본재시장에서 새롭게 구입할 경우에 드는 비용이다.

투자를 위한 자금의 조달

일반적으로 투자를 위한 자금은 채권의 발행이나 금융기관으로부터의 대출뿐만 아니라 주식의 발행에 의해서도 조달될 수 있다. 이 경우 기업의 소유자, 즉 주주들로서는 주가가 높을 때에 주식을 발행하여 자금을 조달하는 것이 유리하다. 주가가 높으면 낮을 때에 비해 적은 수의 주식만 발행하더라도 동일한 규모의 자금을 조달할 수 있기 때문이다. 이와 같은 사실은 주식시장의 상태가 투자에 영향을 미칠 가능성이 있음을 시사해 주는 것이다.

---

2) q이론과 투자

(1) 내용: 주식시장에서 평가된 기업의 시장가치와 기업자산의 실제 대체비용(자본을 현재 구입할 경우의 가격) 간에 차이가 생기면 이득 혹은 손실이 발생 ⇒ 이에 입각해 투자를 확대할 것인가, 축소할 것인가가 결정된다.

(2) q의 값과 투자

① q>1인 경우 : 자산대체비용이 상대적으로 저렴한 경우이므로 투자가 증가한다.

② q<1인 경우 : 자산대체비용이 상대적으로 비싼 경우이므로 투자가 위축된다.

③ q=1인 경우 : 투자에 영향이 없다.

(3) 이자율과 투자와의 관계

> 이자율 하락(상승) ⇒ 주식에 대한 수요 증가(감소) ⇒ 주가 상승(하락)
> ⇒ q상승(하락) ⇒ 투자 증가(감소)

3) q이론의 의의와 한계

(1) 의의 : 투자하려는 동기를 측정하는 방법으로서의 Tobin의 이론은 현재의 이윤만이 아니라 기대되는 장래의 이윤도 반영하여 투자결정은 현재의 경제정책은 물론 장래에 기대되는 정책에도 의존한다는 점을 강조한다.

> 법인세율 인하 입법예고 ⇒ 기업의 이윤 증가 예상 ⇒ 주식 선매수 증가
> ⇒ 주가 상승 ⇒ q상승 ⇒ 투자 증가

(2) 한계

① 주가의 심한 교란성과 투자 시행 시 시차가 존재한다.

② 비효율적 주식시장 아래서는 주가가 해당 기업의 가치를 잘 반영하지 못한다.

확인 TEST

토빈의 q(Tobin's q)에 대한 설명으로 적합하지 않은 것은?

[2008. 감평사]

① 기업보유자본의 시장가치를 기업보유자본의 대체비용으로 나눈 값이다.
② q값이 1보다 크면 순투자가 이루어진다.
③ 현재 및 장래 기대이윤이 증가하면 q값은 증가한다.
④ 실질이자율이 상승하면 q값은 감소한다.
⑤ 자본의 한계생산이 증가하면 q값은 감소한다.

해설 ▶ 토빈의 q는 다음과 같이 측정된다.

$$\text{토빈의 } q = \frac{\text{설치된 자본의 시장가치}}{\text{설치된 자본의 대체비용}}$$

이때 q의 값이 1보다 크면 주식시장에서 투자를 위한 자본조달이 용이해져 투자가 증가하게 된다. 이러한 q의 값을 상승시키는 요인에는 기대이윤의 상승, 법인세율 인하, 실질이자율의 하락, 자본의 한계생산의 증가 등이 있다.

정답 ▶ ⑤

┌─ 비가역적 투자(irreversible investment) ──────────────────────────────

전통적인 투자이론들은 투자의 가역성(reversibility)을 전제하고 있다. 즉, 일단 투자가 이루어진 후에 제품수요가 예상에 미치지 못할 경우에는 자본량을 줄이고 원래의 투자금액을 회수할 수 있음을 가정한다. 그러나 현실적으로 대부분의 자본재는 고유의 용도를 가지고 있기 때문에 투자는 어느 정도 비가역성을 가질 수밖에 없다.

이에 따라 비가역적 투자의 경우에는 투자의 시점이 중요한 선택변수가 된다. 왜냐하면 당장 수익성이 있어 보여서 투자를 했다가 나중에 자본량을 줄일 필요가 생길 경우에는 손해를 보기 때문이다. 따라서 기업은 지금 투자를 할 것인지 또는 투자를 미루고 대신 수익성에 영향을 미칠 새로운 정보를 기다릴 것인지를 결정할 필요가 있다.
└──

❻ 신고전학파의 투자결정이론

1) 의미

자본의 사용자 비용과 자본의 한계생산물 가치를 비교하며 이윤극대화를 추구하는 과정에서 적정자본량이 결정되고 이러한 조정과정 속에서 투자가 이루어진다.

2) 적정자본량의 결정

(1) **자본의 사용자비용(user cost of capital)** : 기업이 일정기간 동안 자본재를 사용할 때 투입되는 비용을 의미한다.

$$C = (i + d - \pi)P_K$$
여기서 i : 명목이자율, d : 감가상각률, π : 인플레이션율, P_K : 자본재 구입가격

(2) **자본의 한계생산물 가치(value of marginal product of capital : VMP_K)**

기업이 일정기간 동안 자본재 1단위를 사용할 때 추가로 얻을 수 있는 생산물의 시장가치를 의미하는데 여기에는 수확체감의 법칙이 작용한다.

$$VMP_K = MP_K \times P$$

(3) **적정자본량의 결정**

$$(i + d - \pi)P_K = MP_K \times P$$

이때 Fisher 효과를 도입하면 위 식은 $(r + d)P_K = MP_K \times P$이 된다. 여기서 r은 실질이자율이다.

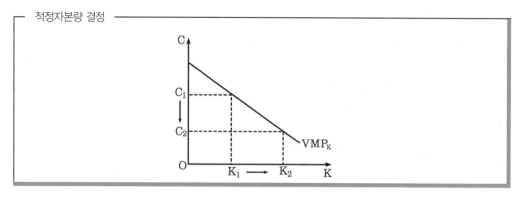

적정자본량 결정

① 명목이자율이나 감가상각률이 하락(상승)하면 자본의 사용자 비용이 감소(증가)하게 되고 이에 따라 적정자본량을 증가(감소)시키는 과정 속에서 투자가 증가(감소)하게 된다.

② 인플레이션율이 상승(하락)하면 자본재의 가치가 커지게(작게) 되어 자본의 사용자 비용이 감소(증가)하게 되고 이에 따라 적정자본량을 증가(감소)시키는 과정 속에서 투자가 증가(감소)하게 된다.

확인 TEST

어느 기업의 자본의 한계생산물(MP_K)이 $50 - 0.1K$라고 하자. 자본재 가격은 단위당 10,000원, 감가상각률은 5%로 일정하며, 생산물 가격은 단위당 200원으로 일정하다. 실질이자율이 초기 10%에서 5%로 하락하였을 때, 이 기업의 초기 자본량(K_0)과 바람직한 투자수준(I)은? (단, K는 자본량이다.) [2017. 서울시 7급]

① $K_0 = 375$, $I = 25$

② $K_0 = 375$, $I = 50$

③ $K_0 = 425$, $I = 25$

④ $K_0 = 425$, $I = 50$

해설 ▶ • 주어진 문제는 신고전학파의 투자결정이론과 관련된 문제이다. 이 이론에 따르면 적정자본량 수준은 다음과 같은 식을 만족할 때 이루어진다.

> • $(i + d - \pi) \times P_K = (r + d) \times P_K = MP_K \times P$
> (단, i는 명목이자율, d는 감가상각률, π는 인플레이션율, r은 실질이자율, P_K는 자본재 가격, MP_K는 자본의 한계생산성, P는 생산물 가격)

• 실질이자율이 10%였던 초기의 적정 자본량을 구하면 다음과 같다.

> $(0.1 + 0.05) \times 10,000 = (50 - 0.1K) \times 200 \Rightarrow 1,500 = 10,000 - 20K \Rightarrow 20K = 8,500 \Rightarrow K = 425$

• 실질이자율이 5%로 하락할 때의 적정 자본량을 구하면 다음과 같다.

> $(0.05 + 0.05) \times 10,000 = (50 - 0.1K) \times 200 \Rightarrow 1,000 = 10,000 - 20K \Rightarrow 20K = 9,000 \Rightarrow K = 450$

• 따라서 실질이자율이 5%로 하락하였을 때의 적정 자본량($K = 450$)에 비해 초기 자본량($K = 425$)이 25만큼 부족하게 되어, 바람직한 투자 수준은 '$I = 25$'가 된다.

정답 ▶ ③

┌─ 이자율과 투자 ─

1. 이자율과 투자와의 일반적 관계

일반적으로 기업은 투자를 위한 자금을 조달하기 위하여 일정한 이자를 지급하는 조건으로 금융기관으로부터 차입을 하게 된다. 설령 자기 자본으로 투자를 한다고 하더라도, 투자를 하지 않는 대신 투자 자금에 해당하는 금액을 타인에게 대부해주는 경우 받을 수 있는 이자만큼의 비용이 발생하게 된다. 결국 이자는 투자를 위한 기회비용인 것이다. 따라서 이자율이 높아지면 투자를 위한 기회비용 역시 증가하게 되어 투자기회가 축소되는 것이다. 반대로 이자율이 낮아지면 투자를 위한 기회비용 역시 감소하게 되어 투자기회는 확대되는 것이다. 결국 이자율과 투자와의 일반적인 관계는 역(−)의 관계인 것이다.

2. 이자율 하락이 투자를 증가시키지 못하는 이유

1) Keynes의 'animal spirit' : 케인스에 따르면 기업의 투자는 이자율의 증감 때문에 이루어지는 것이 아니고, 기업가의 직관에 의해 평가되는 내부수익률에 대한 기대, 이른바 'animal spirit'에 의해 결정된다. 따라서 아무리 이자율이 낮다고 하더라도 'animal spirit'가 작동하지 않는 한 투자는 증가하지 않게 된다.

2) Tobin의 q : Tobin은 주식시장에서 기업에 대한 평가를 하고 이에 따라 투자가 결정된다고 설명한다. 즉 Tobin의 q이론은 주식시장과 투자를 연결해 주는 투자이론이다. 이 경우 Tobin의 q는 다음과 같이 측정된다.

$$q = \frac{(주식)시장에서의\ 기업의\ 평가가치}{기업자산의\ 실제\ 대체비용} = \frac{실치된\ 자본의\ 시장가치}{설치된자본의\ 대체비용}$$

이에 따라 '$q > 1$'인 경우에는 자산대체비용이 상대적으로 저렴한 경우이므로 투자가 증가하게 된다. 그런데 만약 이자율이 하락하여 투자를 위한 차입비용이 감소한다고 하더라도, 경제주체들의 미래에 대한 비관적 기대로 주가가 하락하고 이로 인해 'Tobin의 q'가 작아지면 투자는 오히려 감소할 수도 있게 된다.

3) Dixit의 투자옵션 모형 : 투자의 비가역성으로 인해 경제의 불확실성 확대로 이자율이 하락해도 투자는 증가하지 않는다. 여기서 투자의 비가역성이란 일단 사용된 투자비용은 회수하기 어렵다는 속성을 의미한다. 이것은 투자에 사용되는 자본재가 그 고유한 특성과 기능을 가지고 있기 때문에 투자비용이 매몰비용의 성격을 갖는 것에 기인한다. 건물 건축에 사용된 시멘트를 이전의 모습으로 되돌릴 수 없는 것이 이에 해당한다. 이러한 투자의 비가역성으로 인해 기업가는 투자를 할 때 다음과 같은 옵션을 가지게 된다. 하나는 '투자를 하는 것'이고, 다른 하나는 '투자를 미루고 기회를 엿보는 것'이다. 즉 투자를 미룸으로써 얻을 수 있는 이익도 투자의 기회비용에 포함되는 것이다. 이에 따라 설령 이자율이 하락한다고 하더라도 경제의 불확실성의 확대로 투자를 미루는 것의 가치가 커지면, 투자의 기회비용이 증가하게 되어 투자는 감소하게 되는 것이다.

4) 신용제약의 존재

이자율이 낮다고 하더라도 대부시장에서 신용부족으로 인해 대부자에 의한 신용할당이 이루어지면 투자에 필요한 자금을 조달할 수 없을 수 있다.

Theme 69 고전학파의 국민소득 결정이론

❶ 고전학파의 의의

1) 고전학파의 의미: A. Smith이후 Keynes 이전의 주류 경제학자들을 광의로 통칭하는 개념이다. 이러한 고전학파는 통화주의학파와 새고전학파로 계승·발전하였다.

2) 특징

(1) 정부의 개입이 오히려 경제주체들의 창의성을 저해하여 경제의 효율성을 떨어뜨린다고 인식하여 정부의 경제에 대한 규제와 개입을 반대한다.

(2) 가격기구의 「보이지 않는 손(invisible hand)」의 기능을 중시하고, 이러한 자율적인 조정능력에 의해 개인의 이익이 증진되고 이는 국가의 이익과도 조화된다고 신뢰한다.

(3) 「최소한의 정부가 최선의 정부(The least government is the best government)」라고 주장한다.

❷ 고전학파 모형에서의 균형국민소득 결정

1) 고전학파 모형의 기본 가정

(1) 모든 경제주체들은 항상 합리적으로 행동한다.

(2) 경제주체들은 경제 환경을 완전하게 알고 있다. 즉, 고전파의 세계는 확실성(certainty)의 세계이다. 따라서 기대물가수준과 실제물가수준은 언제나 동일하며 완전예견(perfect foresight)이 이루어진다.

(3) 물가, 명목임금, 명목이자율 등과 같은 모든 생산물가격과 요소가격은 완전 신축적이다.

(4) 경제주체들은 화폐환상(money illusion)에 빠지지 않는다. 화폐환상에 빠지지 않는다는 것은 모든 경제행위가 실질변수, 즉 상대가격에 바탕을 두고 이루어진다는 것을 의미한다. 이에 따라 노동에 대한 수요와 공급은 모두 실질임금에 의해 결정된다

(5) 세이의 법칙(Say's law) : "공급은 스스로 수요를 창조한다(Supply creates its own demand)"는 것으로 생산물시장은 항상 균형이 달성되며 초과수요와 초과공급이 없다는 것이다.

총수요와 총공급

국민소득계정상의 세 가지 측면의 *GDP*는 항등관계에 있지만, 이론적으로 접근하기 위해서는 수요 측면의 *GDP*와 공급 측면의 *GDP*로 분리할 필요가 있다. 우선 개념적으로 *GDP*의 생산 측면은 총공급, *GDP*의 지출 측면은 총수요에 해당한다. 중요한 것은 이러한 총수요와 총공급을 균형시켜주는 힘이 존재하는가 그리고 그러한 힘이 존재한다면 그것은 과연 무엇인가 하는 문제이다. 고전학파는 경제에서 초과수요나 초과공급과 같은 불균형이 발생하면 신축적인 가격의 움직임에 의해 해소된다는 논리를 제시한다.

─ 발라(L. Walras: 왈라스)의 법칙 ─

1. 화폐경제에서는 모든 거래가 화폐를 매개로 해서 이루어진다. 고전학파 경제학자들은 개인들이 거래에 필요한 이상의 화폐를 보유하지 않는다고 보고 있다. 화폐를 보유하면 이자소득을 상실하므로 개인들은 필요 이상의 화폐를 사장(hoarding)시키지 않을 것이므로 화폐형태로 저축된 소득은 기업의 투자재원으로 공급된다.
2. 그러나 현실적으로 화폐는 거래목적 이외의 동기에 의해서도 보유되고 있으므로 저축이 반드시 투자와 일치된다는 보장이 없다. 이 경우 상품시장과 화폐시장은 각각 불균형이 되겠지만, 예컨대 상품시장의 초과공급은 화폐시장의 초과수요와 일치하게 된다. 즉 화폐경제에서는 상품시장이 불균형이 되어 세이의 법칙이 성립되지 않을 수 있으나 상품시장과 화폐시장을 합한 경제 전체는 항상 균형이 되는 것이다. 이것이 왈라스 법칙이다.
3. 그러나 왈라스 법칙에 의해서 경제가 전체적으로 균형이 된다는 것을 경제문제가 없다는 것과는 다르다. 경제 전체는 균형이 되어 있으나 화폐시장이 초과공급(수요) 상태에 있어 상품시장에 초과수요(공급)가 발생한다면 물가수준은 상승(하락)하고 인플레이션(실업)과 같은 문제가 발생하는 것이다.

─ 세(J. B. Say : 세이)의 법칙 ─

1. 물물교환 경제(barter economy)를 전제로 하여 공급은 그 자신의 수요를 스스로 창출한다는 개념으로, 시장 전체에서 재화에 대한 공급은 재화 수요와 항상 일치하며, 일반적인 과잉생산(general overproduction)은 존재할 수 없다. 즉 생산이 이루어지면 생산물의 가치만큼 소득이 창출되고, 이 소득이 수요로 나타나게 되어 일반적인 과잉생산은 나타나지 않는다는 것이다.
2. 경제주체들은 자신의 상품 판매대금으로 반드시 다른 상품을 구입하는 데 사용한다고 전제한다. 이에 따라 일부 상품에 대해 초과공급이 발생하게 되면, 반드시 다른 상품에 대해서는 초과 수요가 발생하게 된다는 것이다.
3. '발라(L. Walras: 왈라스)의 법칙'에서는 경제 전체적으로 재화의 초과공급이 존재하게 되면, 이것은 곧 화폐에 대한 초과수요를 수반하게 된다. 그러나 물물교환 경제를 전제로 하는 '세(J. O. Say: 세이)의 법칙'에서는 경제 전체적으로 재화의 초과공급 자체가 발생할 수 없게 된다.

(6) 노동에 대한 수요와 공급은 모두 실질임금$\left(\dfrac{W}{P}\right)$의 함수이다.

(7) 노동시장은 완전경쟁시장이며 항상 균형을 이루게 되어 완전고용이 달성된다.

─ 고전적 이분법(classical dichotomy) ─

1) 물가수준에 관한 이론이 상대가격에 관한 이론과 완전히 두 가지로 구분(dichotomized)될 수 있다는 견해이다.
2) 상대가격과 재화의 실질수량(real quantities)은 '세(J. B. Say:세이)의 법칙'에 의해 작동되는 재화시장에서 결정되고, 물가수준과 통화량은 '화폐수량설'에 의해 작동되는 화폐시장에서 결정된다.

고전학파의 견해에 해당하지 않는 것은?

[2007. 국가직 7급]

① 화폐수량설
② 세이의 법칙
③ 유동성 선호설
④ 실물부문과 화폐부문 간의 양분성

해설 ▶ 화폐수량설은 고전학파의 화폐이론으로 여기에는 피셔(I. Fisher)의 거래수량설과 마샬(A. Marshall)의 현금잔고수량설이 있다. 특히 피셔의 거래수량설은 화폐와 물가수준과의 비례적 관계를 보여줌으로써 화폐의 중립성을 주장한다. 이에 따라 실물부문과 화폐부문이 분리되는 고전적 이분법이 성립하게 된다. 한편 고전학파는 신축적인 이자율의 작용으로 인해 '공급이 스스로 수요를 창출한다'는 '세이(J. B. Say)의 법칙'을 주장한다. 유동성 선호설은 케인즈(J. M. Keynes)의 화폐이론으로 그에 따르면 이자율은 화폐시장에서 화폐수요와 화폐공급이 일치하는 수준에서 결정되는 순수한 화폐적 현상이다.

정답 ▶ ③

2) 균형국민소득의 도출

(1) 노동시장

① 노동시장에서 노동에 대한 수요와 공급이 일치하는 수준에서 균형고용량이 결정된다.
② 균형고용량은 명목임금(W)의 신축적 조정으로 인해 완전고용 수준에서 결정된다.

노동시장의 균형

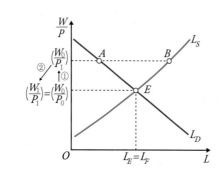

물가수준이 P_0, 명목임금은 W_0일 때 노동시장에서 처음에 E점에서 균형을 이루었다고 하자. 그런데 물가가 P_0에서 P_1으로 하락하면 실질임금이 $\frac{W_0}{P_1}$으로 상승(①)하여 노동시장에서는 AB만큼의 노동의 초과공급, 즉 비자발적 실업이 발생하게 된다. 이때 이를 해소하기 위해서 명목임금이 W_0에서 W_1으로 신축적으로 조정되어 최초의 실질임금 수준($\frac{W_0}{P_1}$)으로 회복($\frac{W_1}{P_1}$)되어(②) 노동시장은 다시 균형 상태를 회복하게 된다. 따라서 이 수준은 노동시장에서의 완전고용 수준을 의미한다.

노동시장의 균형 고용량

균형임금 수준에서 일할 의사가 있는 사람들이 모두 고용되었다는 뜻에서 완전고용량이다. 이와 같이 노동을 포함한 모든 생산요소가 완전 고용되어 산출되는 GDP를 완전고용 GDP 또는 잠재 GDP라고 한다. 물론 완전고용 상태에서도 해당 균형임금으로 일할 의사가 없는 사람은 여전히 실업 상태를 유지하므로 실업률이 0%인 것은 아니다.

(2) 총공급

① 노동시장에서 결정된 균형고용량이 총생산함수에 투입되어 단기총생산(Y) 수준에서 총공급이 결정 ⇒ 완전고용-국민소득(Y_F)

② 여기서 결정된 생산(공급)량은 Say의 법칙에 의해 모두 수요된다.

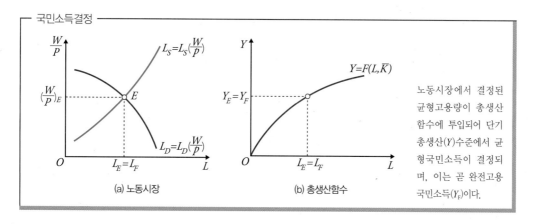

┌─ 국민소득결정 ─────────────────────────

(a) 노동시장   (b) 총생산함수

노동시장에서 결정된 균형고용량이 총생산함수에 투입되어 단기총생산(Y)수준에서 균형국민소득이 결정되며, 이는 곧 완전고용 국민소득(Y_F)이다.

┌─ 장기의 균형국민소득의 변화 ─────────────────────────
1. 자본량↑, 기술진보 ⇒ 생산함수 상방이동 ⇒ 균형국민소득↑
2. 인구↑ ⇒ 노동공급↑ ⇒ 균형 노동고용량↑ ⇒ 균형국민소득↑
└───────────────────────────────────────

(3) 총수요(폐쇄경제 전제)

① 소비수요가 가처분 소득과 이자율의 영향을 받고 투자수요가 이자율의 영향을 받는다는 점을 고려하면 총수요는 다음과 같이 나타낼 수 있다.

$$Y^d = C(Y-T,\ r) + I(r) + G$$

② 소비수요는 가처분 소득($Y-T$)에 의해 영향을 받는데, 고전학파 견해에 의하면 여기서의 소득 Y가 공급 측면에서 결정되는 완전고용 국민소득(Y_F)이다.

③ 정부지출과 조세는 정책적으로 결정되는 외생변수이다.

④ 결국 가처분 소득이 완전고용 국민소득으로, 정부지출과 조세는 외생변수로 일정하게 주어진다면 경제 전체의 총수는 이자율의 감소함수가 된다.

③ 거시경제의 균형과 변화

1) 거시경제의 균형

(1) 거시경제의 균형은 총공급과 총수요가 일치하는 것이므로 다음 식이 성립한다.

$$Y^S = Y^d$$

그런데 고전학파 모형에서 좌변의 총공급(Y^S)은 노동시장과 생산함수에 의해 완전고용 국민소득 수준(Y_F)으로 주어지므로 결국 다음 식이 성립한다.

$$Y_F = Y^d$$

(2) 국민소득 균형식에서 완전고용 국민소득 수준에서 저축(S)은 다음과 같다.

$$S = Y_F - C - G$$

또한 투자 (I)는 다음과 같이 정의된다.

$$I = Y^d - C - G$$

위 두 식을 통해 완전고용 국민소득 수준에서 저축과 투자가 일치하면 $Y_F = Y^d$가 성립한다는 것을 알 수 있다.

그런데 저축과 투자가 모두 이자율의 함수이므로, 대부자금 시장에서 결정되는 이자율이 양자를 일치시켜주는 역할을 하게 된다. 대부자금 시장에서는 대부자금의 공급이 곧 저축이고, 대부자금의 수요가 곧 투자이다.

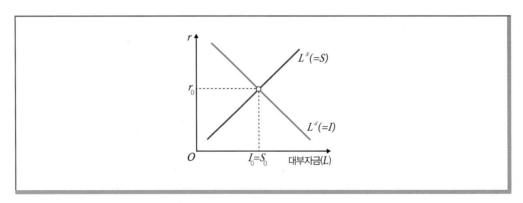

대부자금 시장에서 이자율이 상승(하락)하면 대부자금에 대한 수요가 감소(증가)하고, 공급은 증가(감소)한다. 만약 대부자금 수요가 대부자금 공급을 초과하면 이자율은 상승하고, 대부자금 공급이 대부자금 수요를 초과하면 이자율은 하락한다. 이러한 과정을 통해 대부자금의 수요와 공급이 이자율에 의해 균형을 이루게 된다.

(3) 대부자금 시장과 실물시장을 결부시켜 보면, 대부자금 시장에서 대부자금의 공급이 곧 실물시장에서 저축이고, 대부자금의 수요가 곧 실물시장에서 투자이다. 왜냐하면 가계는 은행에 예금하거나 채권을 구입함으로써 대부자금을 공급(=저축)하고, 기업은 은행에서 대출을 받거나 채권을 발행함으로써 대부자금을 조달·수요(=투자)한다.

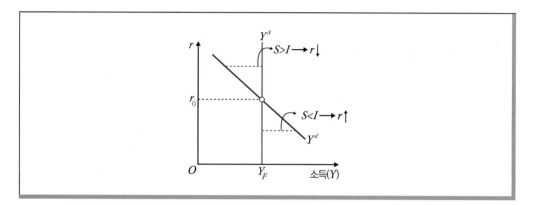

고전학파에서 총공급은 노동시장의 균형에 의해 이자율과 무관하게 완전고용 국민소득 수준에서 고정되며, 반면 소비와 투자가 이자율의 감소함수이므로 총수요도 이자율의 감소함수이다. 만약 $Y_F > Y^d$이면 $S > I$가 되어 이자율이 하락하게 되고 이에 따라 총수요 Y^d가 증가하여 다시 균형에 도달하게 되는 것이다. 즉 이자율이 신축적으로 조정되는 한 경제는 항상 균형상태를 유지할 수 있는 것이다.

2) 재정정책과 균형의 변화

(1) 국민소득 균형식으로부터 도출되는 저축의 균형식 $S = Y - C - G$로부터 정부지출이 조세의 증가 없이 이루어지는 경우에는 결국 국민저축이 감소하게 된다. 이에 따라 조세의 변화없이 정부지출이 증가하면 아래의 그림처럼 저축곡선은 그 증가의 크기만큼 왼쪽으로 이동하게 된다.

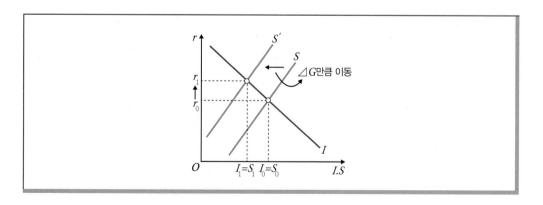

이에 따라 정부지출의 증가는 이자율을 상승시키고 투자를 감소시키는데, 이러한 효과를 구축효과(crowding out effect)라고 한다. 이때 투자의 감소 크기는 정부지출의 증가 크기보다 작은데,

이는 이자율의 상승으로 소비가 함께 감소하기 때문이다. 여기서 투자의 감소 크기와 소비의 감소 크기의 합은 정부지출 증가의 크기와 일치하게 된다.

(2) 정부가 정부지출을 위한 재원을 조세의 변화없이 차입으로 조달한다는 것은 결국 정부저축의 감소를 의미하며 이것은 곧 저축의 감소를 가져온다. 저축의 감소는 정부지출의 증가 크기만큼 대부자금의 공급곡선을 왼쪽으로 이동시켜 기존의 이자율 수준에서 자금의 초과수요가 발생한다. 이에 따라 자금의 초과수요가 해소될 때까지 이자율이 상승하게 되는 것이다.

3) 투자·소비 변화와 균형의 변화

(1) 외생적인 요인으로 투자가 증가하면 이자율이 상승하여 저축이 증가하고 소비가 감소하게 된다. 이에 따라 경제 전체의 자본의 양이 증가(자본의 축적)하게 되어, 비록 단기에는 완전고용 수준에서 총생산을 증가시키지는 못하지만 장기에는 미래의 생산능력을 증가시키게 된다.

(2) 외생적인 요인으로 소비가 감소하면 이자율이 하락하여 투자가 증가하게 된다. 이에 따라 미래의 생산능력이 증가하며 이는 경제성장의 원동력이 된다. 결론적으로 고전학파 모형에서는 '절약이 미덕(virtue)'인 것이다.

장기의 균형국민소득의 변화

1. 자본량↑, 기술진보 ⇒ 생산함수 상방이동 ⇒ 균형국민소득↑
2. 인구↑ ⇒ 노동공급↑ ⇒ 균형 노동고용량 ⇒ 균형국민소득↑
---

④ 고전학파 모형의 평가

(1) 국민소득은 공급 측 요인에 의해서만 영향을 받으므로 국민소득을 증대시키기 위해서는 공급 능력(노동량, 자본량, 생산기술 수준 등)의 확충이 이루어져 한다.

(2) 공급 능력 확충을 위해서는 자본 설비 증대와 같은 투자가 이루어져야 하므로 이를 위한 재원을 저축을 통해 조달할 필요 ⇒ "저축은 미덕"

(3) Say의 법칙을 가정하고 있으므로 수요 부족이 발생하지 않는다. 이에 따라 총수요에 비해 총공급이 부족한 경기 호황기를 설명하기 적절한 이론이다.

(4) 고전학파는 항상 완전 고용이 이루어지는 것으로 가정하고 있으나 이는 비현실적이다.

사례 연구

◈ 고전학파 거시경제 모형이 다음과 같이 주어져 있다. 물음에 답하시오.

$Y_F = 5,000$
$Y_D = C + I + G$
$C = 240 + 0.75(Y-T) - 10r$
$I^D = 1,000 - 20r$
$G = T = 1,000$

1. 균형이자율을 구하면?
2. 균형이자율 하에서 민간소비와 민간투자의 크기를 각각 구하면?
3. 정부지출이 60만큼 증가할 때, 균형이자율과 민간소비와 민간투자의 변화분을 각각 구하면?

분석하기

1. 거시경제 균형식이 $Y(Y_F) = C + I^D + G$이므로

$5,000 = [240 + 0.75(5,000-1,000) - 10r] + [1,000 - 20r] + 1,000$

$5,000 = 5,240 - 30r$

$30r = 240$

∴ 균형이자율은 $r = 8$이다.

2. 균형이자율을 소비함수에 대입하면 $C = 240 + 0.75(5,000-1,000) - 10 \times 8 = 3,240 - 80 = 3,160$이다.
   그리고 균형이자율을 투자함수에 대입하면 $I^D = 1,000 - 20 \times 8 = 840$이다.

3. 정부지출이 60만큼 증가하여 1,060이 되면
   거시경제 균형식 $Y(Y_F) = C + I^D + G$에서

   $5,000 = [240 + 0.75(5,000-1,000) - 10r] + [1,000 - 20r] + 1,060$

   $5,000 = 5,300 - 30r$

   $30r = 300$

   ∴ 균형이자율은 $r = 10$이다.

   균형이자율을 소비함수에 대입하면 $C = 240 + 0.75(5,000-1,000) - 10 \times 10 = 3,240 - 100 = 3,140$이다.

   따라서 소비는 20(아래 그림에서 $B-A$)만큼 감소한다.

   그리고 균형이자율을 투자함수에 대입하면 $I^D = 1,000 - 20 \times 10 = 800$이다.

   따라서 민간투자는 40(아래 그림에서 $E-B$)만큼 감소한다.

   결과적으로 60만큼의 정부지출의 증가는 균형이자율을 2만큼 상승시키고 이로 인해 민간소비의 감소(=20)와 민간투자의 감소(=40)를 가져오게 되어, 결국 경기부양을 위한 Keynes식 확대재정정책은 같은 크기만큼의 총수요를 감소시켜 국민소득 증가효과는 나타나지 않게 된다. 즉 확대재정정책은 무력해지는 것이다.

   이를 그림으로 나타내면 다음과 같다.

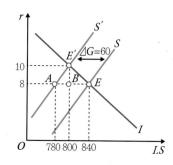

Theme 70　케인스의 국민소득 결정이론

❶ 케인스(J. M. Keynes)의 단순모형

1) 케인스 이론의 등장 배경

⑴ 고전학파 이론에 대한 회의

① 단기에서 국민소득과 고용은 생산물에 대한 총수요의 크기에 의해 결정된다고 주장함으로써 고전학파의 대전제인 Say의 법칙을 부정한다. ⇒ "수요가 공급을 창출한다."

Say의 법칙에 대한 비판

1. 저축과 투자는 가계와 기업처럼 경제적 이해를 서로 달리하는 집단의 상이한 요인들에 의하여 결정되므로 이자율만의 신축적 변화에 의하여 두 변수가 일치되기는 어렵다.
2. 화폐의 기능을 교환수단에 국한하지 않고 가치저장기능도 인정하면 저축과 투자만의 분석만으로는 상품시장의 균형을 설명할 수 없고, 기타 자산에 대한 선택도 동시에 분석되어야 하므로 저축과 투자는 꼭 일치할 수는 없다.
3. 가격과 이자율이 신축적이라고 하더라도 균형상태로의 회복이 느릴 경우 상당한 기간 동안 상품시장은 불균형상태에 있게 되므로 현실경제를 반영하는 데 한계가 있다.

---

② 고전학파 이론의 대전제인 가격과 임금의 신축성이 아닌 '가격과 임금의 경직성'에 기초한다. 이에 따라 생산물의 초과공급과 노동의 초과공급이 쉽게 해소되지 못하여 경기침체와 고실업이 장기간 지속된다. 즉 자연적으로 치유되기에는 너무 오랜 시간이 걸리므로 정부는 정부지출의 증가나 조세감면 등의 수단을 통해 총수요를 확대시켜 주어야 한다.

③ 가격이 경직적이라 함은 그 가격수준에서 유효수요만 있으면 공급자가 얼마든지 공급하려는 의사가 있음을 의미한다. 이는 충분한 잉여생산능력(excess capacity)이 있다는 것을 전제한다. ⇒ 공급곡선이 경직적 가격수준에서 무한히 탄력적이라는 것이다.

⑵ 대공황에 대안 제시

① 생산능력에 비해서 총수요가 부족한 상태가 대공황의 경험을 통해 인식한 경제의 일반적인 상태이므로 경제의 잉여생산 능력으로 총수요가 증가할 경우 언제든지 생산량이 늘어날 수 있다는 것이다. 이와 같은 잉여생산 능력의 존재는 가격의 경직성과 서로 밀접하게 연관되어 있다. 잉여생산 능력이 있으면 수요가 변화하더라도 가격이 별로 변하지 않기 때문이다.

유효수요(effective demand)

고전학파의 총수요(AD)는 거래량(T)을 기준으로 하는데 여기에는 중간거래량과 최종거래량이 모두 포함된다. 반면에 케인스의 총수요(AD)는 소득(Y)을 기준으로 최종거래량만 포함된다. 케인스는 이것을 고전학파의 총수요(AD)와 구별하기 위해 '유효수요'라 하였다. 경제가 잠재 GDP 수준에 미치지 못하는 상태라면 수요가 증가하면 곧 생산의 증가로 직결되므로 말 그대로 '유효한' 수요인 것이다. 유효수요는 구매력이 뒷받침된 수요로서 생산과 고용을 창출하는 효력이 있는 수요, 즉 최종거래단계에서의 수요를 뜻한다.

---

② 가격기구의 '보이지 않는 손'의 역할에 한계가 있음을 인식하고 정부의 경제에 대한 개입의 필요성을 역설하며 '큰 정부론'을 주장한다. 이러한 케인스의 사상은 케인스학파와 새케인스학파로 계승·발전하였다.

2) 단순 모형에서의 가정

(1) 국민경제는 가계와 기업부문만 존재하고, 정부와 해외부문은 존재하지 않는 민간봉쇄경제이다.

(2) 가계는 소득 전부를 지출 ⇒ 저축=0이다.

(3) 기업의 자본량은 일정 ⇒ 감가상각=0이다.

(4) 물가수준은 불변 ⇒ 수요가 증가하면 생산이 즉각적으로 증가하므로 물가는 변하지 않는 것이다.

물가불변의 가정

대공황 당시에는 생산능력은 충분하므로 공급은 물가의 변동 없이 수요의 변동에 즉각적으로 반응한다. 이는 생산물에 대한 수요와 공급이 불일치하는 불균형은 가격조정이 아니라 수량조정에 의해 해소됨을 의미한다. 즉 케인스 모형에서는 가격변수인 물가는 고정되어 있고 수량변수인 국민소득이 신축적으로 변하게 되는 것이다. 또한 모든 변수들은 불변가격으로 표시된 실질변수들이다.

---

(5) 소비는 소득만의 증가함수 ⇒ 절대소득가설

(6) 투자수요는 독립투자수요만 존재 ⇒ 이는 광범위한 유휴생산설비가 존재하여 유발투자가 의미가 없었던 대공황 당시의 특수한 상황과 관련된다.

(7) 단순화를 위하여 화폐금융부문은 존재하지 않는다고 가정하고 생산물시장과 노동시장만을 전제 ⇒ 이에 따라 이자율을 고려하지 않는다.

❷ 총지출(aggregate expenditure)

지출의 의의

케인스는 거시경제를 분석함에 있어 고전학파처럼 생산함수와 노동시장의 분석에서 출발하지 않는다. 대신 지출의 중요성을 강조하는데, 특징적인 것은 경제의 지출 측면을 계획된 지출(planned expenditure)과 실제 지출(actual expenditure)로 구분하는 것이다. 여기서 실제 지출은 경제주체들이 일정 기간 동안 실제로 지출한 총액이기 때문에 국내총생산($GDP=Y$)과 같은 개념이다. 이 두 가지는 서로 다른 값을 가질 수 있다. 예를 들어 한 해가 시작되기 전에 경제주체들은 그 해의 지출 계획을 세우지만 그 해가 지나가면 실제의 지출 수준은 계획과 서로 다를 수 있다. 케인스에 따르면 계획된 지출이 소득에 미치지 못하면($Y>PE$) 소득이 점차 감소하게 되고, 계획된 지출이 소득을 상회하면($Y<PE$) 소득이 점차 증가하게 된다. 만일 계획된 지출과 소득이 일치하면 ($Y=PE$) 소득이 변동하지 않고 균형이 달성된다.

1) 소비(consumption)

(1) 의미

① 생산된 생산물을 현재 기간의 필요를 위하여 처분하는 것 말한다.

② 실제의 소비지출이 아닌 사전적인 개념 ⇒ 유량(flow) 개념

③ 소비에 가장 큰 영향을 미치는 것은 가처분소득인데 단순모형에서는 정부가 존재하지 않는다고 가정하므로 국민소득이 곧 가처분 소득이 된다.

(2) 소비함수

① 국민소득과 소비와의 관계를 수학적으로 표시한 것을 소비함수라 한다.

$$C=a+bY$$
C:소비, a:독립소비(기초소비, 절대소비), $a>0$, b:한계소비성향, Y:소득

② 여기서 소득과 무관한 독립소비(autonomous consumption)의 존재는 소득이 증가함에 따라 한계소비성향은 일정하지만 평균소비성향은 감소하는 효과를 가져온다.

(3) 평균 소비 성향과 한계 소비 성향

① 평균 소비 성향(APC):소비를 국민소득으로 나눈 값 ⇒ 원점에서 소비함수까지 연결한 직선의 기울기

평균 소비 성향(average propensity to consume : APC)=C/Y, $0<APC$

② 한계 소비 성향 (MPC):소비의 증가분을 국민소득의 증가분으로 나눈 값 ⇒ 소비함수의 기울기

한계 소비 성향(marginal propensity to consume : MPC)=$\Delta C/\Delta Y$, $0<MPC<1$

여기서 한계소비성향(MPC)이 1보다 작다는 것은 소비 변화폭이 소득 변화폭보다 작다는 것을 의미하며, 이는 소득의 변화에 대응하여 소비를 안정화하려는 소비자들의 행태를 반영하는 것으로 볼 수 있다.

$$\text{소비의 소득탄력도} = \frac{\dfrac{\Delta C}{C}}{\dfrac{\Delta Y}{Y}} = \frac{\Delta C}{\Delta Y} \times \frac{1}{\dfrac{C}{Y}} = \frac{MPC}{APC}$$

⑷ 도해적 설명

① 소비함수가 45°선과 만나는 E점(분기점, break-even point)에 대응하는 Y_1에서 소득과 소비는 일치한다. 이보다 낮은 소득수준에서는 소득 < 소비의 관계가 성립하고, 높은 수준에서는 소득 > 소비의 관계가 성립한다.

┌ 소비함수 ─────

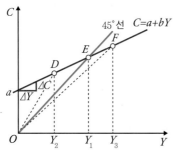

소비함수는 한계소비성향이 0보다는 1보다 작기 때문에 항상 45°선보다 완만한 우상향하는 형태를 갖는다.

┌ 45°선의 의미 ─────

1. 45°선은 가로축과 세로축의 크기가 같은 수준을 의미한다. 즉 점에서는 '소득(Y_1)=소비(EY_1)'가 성립한다. 따라서 위 그래프의 45°선 위에서는 소득과 소비가 항상 같다.
2. 만일 소득이 Y_3가 되면 소득이 소비보다 크므로 소득의 일부는 저축이 된다. 그러므로 소득의 처분 측면에서 보게 되면 45°선의 높이는 소비(C)+저축(S)으로 나타낼 수 있다.

② 소비곡선은 그 기울기가 곧 한계소비성향$\left(\dfrac{\Delta C}{\Delta Y}\right)$이므로 $(0<b<1)$ 45°선(기울기=1)보다 작은 기울기를 갖게 된다.

③ 평균소비성향 APC는 Y_2일 때의 $APC = OD$의 기울기, Y_1일 때의 $APC = OE$의 기울기, Y_3일 때의 $APC = OF$의 기울기이므로 OD의 기울기>OE의 기울기>OF의 기울기가 성립 ⇒ 소득이 증가함에 따라 APC는 감소($Y\uparrow \Rightarrow APC\downarrow$).

④ 소득이 증가함에 따라 APC는 감소하게 되지만 항상 MPC보다는 큰 값을 갖는다($MPC<APC$).

전통적인 케인스 소비함수의 특징이 아닌 것은?

[2013. 지방직 7급]

① 한계소비성향이 0과 1 사이에 존재한다.
② 평균소비성향은 소득이 증가함에 따라 감소한다.
③ 현재의 소비는 현재의 소득에 의존한다.
④ 이자율은 소비를 결정할 때 중요한 역할을 한다.

해설 케인스의 소비이론인 절대소득 가설에 따르면 현재의 소비는 현재 소득의 절대적인 크기에 의존하며 이
자율과는 무관하다. 참고로 고전학파는 소비를 이자율의 감소함수로 본다.

정답 ④

저축

1. **의미**: 소득 중에서 소비되지 않은 것으로서 사전적 개념으로 유량(flow)이다.

2. **저축함수**: 국민소득(Y)과 저축과의 관계를 수학적으로 표시한 것을 저축함수라 한다.

$$S = -a + (1-b)Y, \ a : 기초소비, \ b : 한계소비성향, \ Y : 소득$$

1) 저축은 소득의 증가함수이다.
2) 소득이 0이면 저축은 부(負)의 값을 갖는다.
3) 저축이 증가하면 APS는 점점 커진다.

3. **평균 저축 성향과 한계 저축 성향**
   1) 평균 저축 성향(APS): 저축을 국민소득으로 나눈 값을 말한다. 이는 원점에서 저축함수까지 연결한 직선의
   기울기와 그 값이 같다.

$$평균 저축 성향(APS) = S/Y$$

   2) 한계 저축 성향(MPS): 저축의 증가분을 국민소득의 증가분으로 나눈 값을 말한다. 이는 저축함수의 기울
   기와 그 값이 같다.

$$한계 저축 성향(MPS) = \Delta S/\Delta Y, \ 0 < MPS < 1$$

$Quiz^{1}$

소비 함수가 $C = 600 + 0.9Y$로 주어졌다고 가정하자. 이 경우 수지 분기점(break even point)에 해당하는 소득 수
준은? (단, C: 소비지출, Y: 소득)

⇒ 수지 분기점은 소득과 소비지출이 같은 점을 말한다.
   즉, $Y = C$에서 $C = 600 + 0.9Y$이므로
   $Y = 600 + 0.9Y \rightarrow 0.1Y = 600$
   ∴ $Y = 6,000$

가계의 저축함수가 $S=-100+0.2Y$로 주어졌다고 가정하자. 이 경우 수지 분기점(break even point)에 해당하는 소득 수준은? (단, S: 저축, Y: 소득)

① 100

② 300

③ 500

④ 700

⇒ $Y=C+S$에서 $S=-100+0.2Y$이고, 수지 분기점에서 소득과 소비가 일치하므로 ($Y=C$)

$Y=Y+(-100+0.2Y)$

$0.2Y=100$

∴ $Y=500$

정답 ③

2) 투자 수요

(1) 개념

① **투자수요**(I^D) : 계획된 재고투자만을 포함하는 사전적 투자(ex ante investment)

② **투자지출**(I) : 사후적으로 실현된 투자

사례

1. 기초에 A기업의 재고 보유량이 200개이다.

2. 이 기업의 목표는 1,000개를 생산하며, 목표판매량은 900개이다.

3. 기말재고는 300개로 100개의 재고증가를 의도(사전적 투자는 100개)하고 있다.

기말재고량이 400개일 때	기말재고량이 250개일 때
• 기초재고 : 200개	• 기초재고 : 200개
• 기말재고 : 400개	• 기말재고 : 250개
• 의도된 재고(사전적 투자) : 100개	• 의도된 재고(사전적 투자) : 100개
• 의도되지 않은 재고증가 : +100개	• 의도되지 않은 재고증가 : −50개
• 사후적 투자 : 200개	• 사후적 투자 : 50개

(2) 투자 수요 : 사전적 투자, 계획된 투자

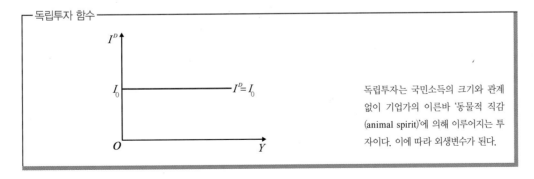

독립투자 함수

독립투자는 국민소득의 크기와 관계 없이 기업가의 이른바 '동물적 직감(animal spirit)'에 의해 이루어지는 투자이다. 이에 따라 외생변수가 된다.

① 유발투자 수요(induced-investment demand) : 소득 또는 소비의 증가에 따라 증가하는 투자수 요이다.

② 독립투자 수요(autonomous investment demand) : 소득과 관계없이 형성되는 투자수요 ⇒ 생산 능력을 향상시키기 위해 장기적으로 계획된 투자수요, 새로운 상품개발을 위한 투자수요, 새로운 생산기술 도입을 위한 투자수요, 사회간접자본의 증가를 위한 공공투자수요 등을 말한다.

③ Keynes는 단순 모형에서는 대규모의 유휴생산설비가 존재한다는 가정 하에 기업의 투자결정 이 기업가의 직감(animal spirit)에 의존한다고 보고, 투자에 대한 수요는 외생적으로 결정되는 독립 투자 수요만 있다고 전제 ⇒ $I^D(I^D=I_0,\ I_0$는 상수) 곡선은 수평의 모습을 가진다.

┌─ 투자에 대한 케인스의 견해 ─────────────────────────────────

케인스는 투자에 관해서 이자율의 역할을 강조한 고전학파 경제학자들과 견해를 달리한다. 투자의 기회비용 으로서 이자율이 중요하기는 하지만, 투자로 인한 수익은 미래에 발생하는 것이므로 기업가는 투자를 결정할 때 무엇보다 미래에 대한 전망에 의존한다. 미래에 대한 전망을 바탕으로 투자할 충동을 느끼게 되는가가 중요하다. 그에 비해 이자율의 미세한 변동은 투자에 별다른 영향을 주지 못한다. 이와 같이 투자는 기업가의 투자심리에 의존하므로 기본적으로 매우 불안정한 경제변수이다. 모형의 관점에서 보면 투자 수준은 모형 내에서 결정되는 것이 아니라, 모형 밖에서 주어지는 외생변수이다.

───

❸ 균형 국민 소득 결정

1) 소득-지출 분석(income-expenditure analysis)

┌─ 소득-지출 분석 ──

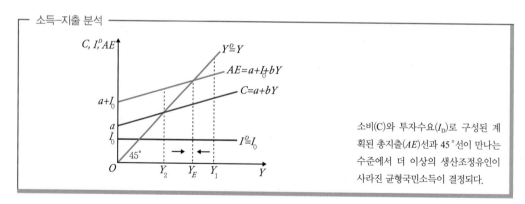

소비(C)와 투자수요(I_D)로 구성된 계 획된 총지출(AE)선과 45°선이 만나는 수준에서 더 이상의 생산조정유인이 사라진 균형국민소득이 결정된다.

───

┌─ 45°선의 의미 ──

45°선은 계획된 총지출과 소득이 일치하는 조건(AE=Y)을 만족하는 직선이다. 어느 소득 수준에 해당되는 계획된 지출은 그 소득 수준보다 클 수도 있고, 작을 수도 있다. 따라서 계획된 총지출 직선이 45°선과 교차 (Keynesian Cross)하는 수준에서 균형국민소득이 결정된다.

───

(1) 계획된 총지출선($AE=Y^D$)은 소비(C)와 투자수요(I^D)로 구성되므로 소비함수(C)를 위로 I_0만큼 평행이동한 직선이 된다.

(2) 국민소득 Y_2 수준에서는 $AE>Y$가 성립하여 기업들은 자신이 생산한 것보다 더 많은 양을 팔아야 하는데 이에 따라 재고(inventory)가 감소하게 되고 적정재고를 유지하기 위하여 기업들은 생산을 증가시키게 되어 국민 소득은 Y_E방향으로 증가하게 된다.

(3) 국민소득 Y_1 수준에서는 $AE<Y$가 성립하여 기업들은 자신이 생산한 것을 다 팔지 못하게 되어 재고(inventory)가 증가하게 되고 적정재고를 유지하기 위하여 기업들은 생산을 감소시키고 이에 따라 국민소득은 Y_E방향으로 감소하게 된다.

(4) 국민소득 Y_E 수준에서는 $AE=Y$가 성립하여 재고의 증감이 없어 생산조정 유인이 사라지고 이에 따라 국민소득은 균형을 이루게 된다.

$$AE=C+I^D$$

(5) 결국 Keynes 단순모형에서는 $C+I^D$(총지출=유효수요)의 크기가 균형국민소득을 결정하게 된다 (유효수요의 원리).

확인 TEST

케인스의 단순폐쇄경제모형에서 가처분소득의 함수인 민간소비는 가처분소득이 0일 때 160, 한계소비성향이 0.6, 독립투자가 400, 정부지출이 200, 조세는 정액세만 존재하고 정부재정은 균형상태라고 가정할 때 균형국민소득은?

[2010. 국회직 8급]

① 1,600
② 1,700
③ 1,800
④ 1,900
⑤ 2,000

해설 ▶ 민간소비가 가처분소득이 0일 때 160, 한계소비성향이 0.6이므로 다음과 같은 소비함수를 도출할 수 있다.
$C=160+0.6Y^D$
또한 정부재정이 균형상태이므로 $G=T$가 만족되므로 $T=200$이 된다.
이에 따라 소비함수는 $C=160+0.6Y^D=160+0.6(Y-200)$이 된다.
국민소득 균형식 $Y=C+I+G$에 주어진 조건을 대입하면
$Y=160+0.6(Y-200)+400+200$
$0.4Y=640$
$Y=1,600$이 된다.

정답 ▶ ①

심화 TEST

한 나라의 거시경제와 관련된 다음의 내용을 읽고 물음에 답하시오.   [2009. 교원임용]

(가)

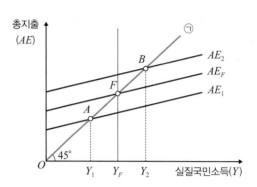

(기본 가정) 폐쇄경제를 가정하고, 물가는 일정한 수준에서 고정된다. 소비지출은 처분가능소득(*disposable income*)의 함수이며, 투자지출, 정부지출 및 조세수입은 외생적으로 결정된다.

(나) 우리의 이론은 대략 다음과 같이 말할 수 있다. 고용이 증가하면 총실질소득이 증가한다. 공동체의 심리는, ⓛ 총실질소득이 증가하면 총소비도 증가하지만 소득만큼 증가하지는 않는 방식으로 작용한다. (중략) 이 분석으로 〈풍요 속의 빈곤〉이라는 역설을 설명할 수 있다. 왜냐하면 유효 수요가 부족하다는 사실만으로도 완전 고용의 수준에 도달하기 전에 고용의 증가가 멈출 수 있고, 또 실제로 그런 경우가 흔하기 때문이다. 노동의 한계생산의 가치가 여전히 고용의 한계 비효율을 초과함에도 불구하고, ⓒ 유효 수요의 부족이 생산 과정을 저해하는 것이다.

                                                              — 존 메이너드 케인스, 『고용, 이자 및 화폐의 일반 이론』—

그래프에서 ㉠의 45°선의 의미를 설명하고, ㉡의 의미를 (가)의 총지출(*AE*) 곡선의 기울기와 관련지어 설명하시오. 그리고 ㉢ 상황은 (가)의 *A*, *F*, *B* 가운데 어느 점에 해당할 가능성이 큰지를 쓰고, 그 이유를 설명하시오.

분석하기

- ㉠의 45°선의 의미:(계획된)총지출과 실질국민소득이 일치하는 조건(*AE*=*Y*)을 만족하는 직선이다.

- ㉡의 의미:소비의 증가분(ΔC)이 소득의 증가분(ΔY)보다 작기 때문에 한계소비성향$\left(\dfrac{\Delta C}{\Delta Y}\right)$이 1보다 작게 된다. 이로 인해 총지출(*AE*)곡선이 기울기가 1인 45°선에 비해 완만한 기울기를 갖게 된다.

- ㉢의 상황:*A*점에 해당한다. 완전고용국민소득(Y_F)을 달성하기 위해 필요한 유효수요(총지출)의 크기는 AE_F이다. 그런데 현재의 유효수요(총지출)은 AE_1에 불과하여 완전고용국민소득을 달성하기 위해 유효수요(총지출) 수준에 미달한다. 이러한 유효수요(총지출) 부족으로 생산활동이 위축된다.

┌── 케인스 모형의 특징 ─────────────────────────────────

케인스 모형의 주요한 특징 중의 하나가 수량조정이다. 고전학파나 신고전학파의 거시이론에서는 불균형이 발생하면 물가만 변하고 실질국민소득은 완전고용수준에서 조금도 변하지 않지만, 케인스 단순모형과 *IS-LM*모형에서는 실질국민소득이 변하여 균형이 달성되는데 실질국민소득이란 가격변수가 아니라 수량변수이기 때문에 이를 수량조정이라 한다. 이는 가격이 경직적이라는 가정이 전제되어 있기 때문이다.

2) 저축=투자 수요 모형

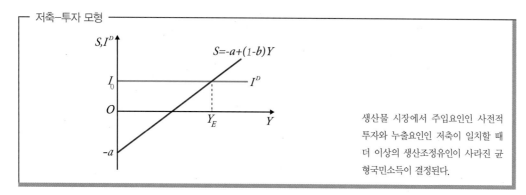

┌─ 저축-투자 모형 ─────────────────────────────┐

S,I^D

$S=-a+(1-b)Y$

I_0 ────────────────── I^D

O

Y_E

Y

$-a$

생산물 시장에서 주입요인인 사전적 투자와 누출요인인 저축이 일치할 때 더 이상의 생산조정유인이 사라진 균형국민소득이 결정된다.

└───┘

(1) $Y^D=C+I^D$(소득처분측면), $Y=C+S$(소득처분측면)에서 균형조건 $Y^D=Y$에 따라 생산물시장의 균형은 주입(사전적 투자)과 누출(저축)이 같아질 때 성립한다.

$$I^D=S$$

(2) $S=I^D$에서 균형국민소득(Y_E)이 결정

$S<I$	$S=I$	$S>I$
소득의 증가	균형소득	소득의 감소
재고의 감소	재고불변	재고의 증가
공급 부족	공급=수요	공급과잉

┌─ 불균형 상태의 특징과 균형으로의 조정 ─────────────────────────┐

$Y<Y_F$	$Y>Y_F$
실제국민소득이 균형국민소득보다 낮은 경우	실제국민소득이 균형국민소득보다 높은 경우
$C+S<C+I^D \Rightarrow S<I^D$	$C+S>C+I^D \Rightarrow S>I^D$
의도하지 않은 재고투자 < 0 ⇒ 의도하지 않은 재고 감소	의도하지 않은 재고투자 > 0 ⇒ 의도하지 않은 재고 증가
생산 증대·소득 증대 ⇒ Y_F로 수렴	생산 감소·소득 감소 ⇒ Y_F로 수렴

└───┘

┌─ 저축과 투자의 균형 ──────────────────────────────────────┐

고전학파의 경우 저축은 투자하기 위해서 하는 것이고, 반대로 투자는 저축에 의해서 가능하므로 모든 국민소득 수준에서 저축(S)=투자(I)라고 하였다.

그러나 Keynes는 저축과 투자는 서로 다른 주체의, 서로 다른 동기에 의하여 행해지므로 양자가 같아야 할 이유가 없고, 균형 국민소득 수준에서만 저축(S)=투자(I)라고 하였다.

└───┘

┌─ 절약의 역설 ──

1. 개념 : 소비수요를 줄이고 저축을 늘리면 오히려 총수요가 감소함으로써 국민소득이 감소하게 되는 현상을 말
   한다. 단, 투자기회가 부족하여 저축이 바로 투자로 연결되지 않는 경우에만 성립한다.
2. 도해적 설명

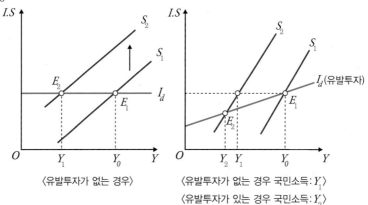

〈유발투자가 없는 경우〉

〈유발투자가 없는 경우 국민소득: Y_1〉
〈유발투자가 있는 경우 국민소득: Y_2〉

따라서 유발투자가 존재하면 절약의 역설이 더 강하게 작용한다.

└──

┌─ 저축과 소비에 관한 고전학파와 케인스의 비교 ──────────────────

구분	고전학파	케인스
저축과 소비	저축은 미덕	소비는 미덕
의의	호황기 이론으로 총공급이 균형국민소득 결정	공황기 이론으로 총수요가 균형국민소득 결정
근거	저축이 증가하여야 투자가 증가하고 이에 따른 생산을 위한 자본축적이 가능	소비가 증가하여야 유효수요가 증가하고 이에 따른 생산 증가가 가능

└──

확인 TEST

절약의 역설(paradox of thrift)에 대한 설명 중 옳은 것을 〈보기〉에서 모두 고르면?   [2018, 국회 8급]

〈 보 기 〉

ㄱ. 경기침체가 심한 상황에서는 절약의 역설이 발생하지 않는다.
ㄴ. 투자가 이자율 변동의 영향을 적게 받을수록 절약의 역설이 발생할 가능성이 크다.
ㄷ. 고전학파 경제학에서 주장하는 내용이다.
ㄹ. 임금이 경직적이면 절약의 역설이 발생하지 않는다.

① ㄱ   ② ㄴ   ③ ㄱ, ㄷ   ④ ㄴ, ㄹ   ⑤ ㄴ, ㄷ, ㄹ

해설 • 총수요 부족으로 나타나는 경기침체 시에 절약의 역설은 매우 설득력을 갖게 된다(ㄱ).
      • 절약의 역설은 총수요의 부족으로 경기에 침체에 빠진다고 주장하는 케인스 학파의 주요 논거가
        된다(ㄷ).
      • 케인스 학파는 임금을 포함한 가격변수가 단기에서만큼은 경직적이라고 주장한다(ㄷ).

정답 ②

❹ 인플레이션 갭과 디플레이션 갭

1) 의의

(1) 단순모형에서의 균형국민소득 수준에서 생산물시장은 균형을 이루지만 노동시장의 균형, 즉 완전 고용을 가져온다는 보장은 없다. 왜냐하면 생산물의 가격이 경직적일 뿐만 아니라 노동의 가격인 명목임금 역시 경직적이기 때문이다.

(2) 노동시장의 균형, 즉 완전고용을 달성할 수 있는 국민소득 수준을 완전고용국민소득이라고 한다.

(3) 현실의 총수요 수준이 완전고용을 달성하기 위해 필요한 총수요 수준에 비해 작을 때 그 차이를 디플레이션 갭(deflation gap)이라 하고, 클 때의 차이를 인플레이션 갭(inflation gap)이라 한다.

(4) 물가나 명목임금이 경직적이라면 디플레이션 갭이나 인플레이션 갭은 상당 기간 지속될 수밖에 없고, 특히 디플레이션 갭이 상당기간 지속될 경우 비자발적 실업이 장기적으로 발생하게 되므로 정부가 적극적으로 디플레이션 갭을 줄여야 한다.

2) 도해적 설명

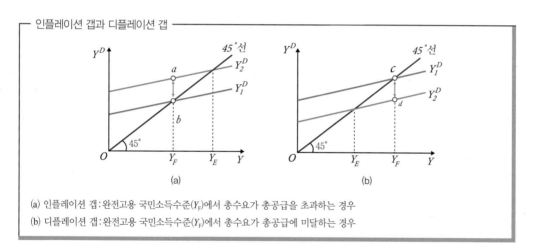

— 인플레이션 갭과 디플레이션 갭 —

(a) 인플레이션 갭 : 완전고용 국민소득수준(Y_F)에서 총수요가 총공급을 초과하는 경우
(b) 디플레이션 갭 : 완전고용 국민소득수준(Y_F)에서 총수요가 총공급에 미달하는 경우

(1) **인플레이션 갭** : 완전고용 국민소득수준(Y_F)에서 총수요가 총공급을 초과하는 경우, 그 총수요의 초과분[그림 (a)의 ab] ⇒ 이러한 경우에 발생하는 인플레이션을 케인즈는 진정인플레이션(true inflation)이라고 불렀다.

(2) **디플레이션 갭** : 완전고용 국민소득수준(Y_F)에서 총수요가 총공급에 미치지 못하는 경우, 그 총수요의 부족분 ⇒ 이러한 경우에는가 $Y_E < Y_F$되어 균형국민 소득이 완전고용국민소득보다 낮은 수준에서 결정된다[그림 (b)의 cd].

(3) **Keynes의 견해**

① 선진 자본주의 경제에서는 일반적으로 완전고용을 유지할 수 있을 정도의 유효수요가 부족하여 디플레이션 갭(deflation gap)이 존재[그림 (b)]한다고 분석한다(풍요 속의 빈곤).

② 균형 국민소득(Y_E) < 완전고용 국민소득(Y_F)이 성립하여 불완전 국민소득(과소고용 국민소득) 상태가 존재한다.

③ ($Y_F - Y_E$)만큼의 *GDP* gap이 존재하여 대규모의 유휴설비, 대량의 비자발적 실업상태가 존재한다.

3) 대책

인플레이션 갭:ab	디플레이션 갭:cd
유효수요 감소정책 필요	유효수요 증가정책 필요

확인 TEST

다음은 케인스의 국민소득결정모형이다. 완전고용 국민소득 수준이 Y_3이라면 다음 설명 중 옳지 않은 것은?

[2014, 국회 8급]

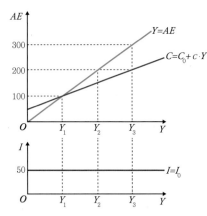

(Y:소득, AE:총지출, C:소비, C_0:기초소비, c:한계소비성향, I:투자, I_0:독립투자)

① OY_3수준에서 총수요는 250이다.
② 완전고용에 필요한 총수요는 300이다.
③ 위 그래프는 유발투자를 고려하고 있지 않다.
④ 디플레이션 갭이 100이다.
⑤ OY_3 수준에서 소비와 투자의 차이는 150이다.

해설 • 총수요(=총지출: AE)=소비(C)+투자(I)=$C_0 + c \cdot Y + I_0$이고, 완전고용 국민소득 수준(Y_3)에 도달하기 위해 필요한 총수요 수준은 300이다(②). 그런데 이때의 총수요(=소비+투자)는 250(200+50)에 불과하므로 50만큼의 디플레이션 갭이 존재한다(①, ④).
• 한편 그림에서 투자는 소득과 무관하게 일정한 크기만큼 이루어지고 있어, 독립투자만이 존재하고 유발투자를 고려하고 있지 않다(③).
• 또한 OY_3수준에서 소비는 200, 투자는 50이므로 양자의 차이는 150이다(⑤).

정답 ④

Theme 71 승수효과

❶ 승수효과의 의의

1) 개념

(1) 투자 및 정부지출 등 소득수준의 영향을 받지 않는 독립적인 총수요 지출이 변동하면 균형국민소득은 이보다 더 큰 비율로 변화하는 현상을 승수효과라 한다.

(2) 균형국민소득의 변화(ΔY)를 총수요 지출의 변화(ΔE)로 나누어 준 값의 크기를 승수(multiplier)라 한다.

$$m = \frac{\Delta Y}{\Delta E} \ (m:\text{승수}, \ Y:\text{국민소득}, \ E:\text{독립적 지출})$$

2) 승수분석의 전제

(1) **함수의 안정성**: 소비함수 등이 안정적이어서 한계소비성향 등이 일정하게 유지되어야 한다.
⇒ 소비함수가 직선의 형태

(2) **동태적 과정 전제**: 소득순환의 동태적 과정이 순조롭게 진행되어야 한다.

(3) **공급 측면**: 잉여생산 능력이 존재하여 공급 측면에 애로가 없어야 한다. 즉, 자원의 불완전고용 상태를 전제한다.

(4) **재고투자수요의 가변성**: 의도한 재고투자수요가 실제 경제상황에 따라서 불안정적으로 변동할 수 있으나, 승수분석에는 의도한 재고투자수요와 실현된 재고투자가 차이가 있을 때 원래의 의도한 재고투자수요를 위해서 기업가가 즉각 반응한다고 가정한다.

(5) **부분균형분석**: 일반적으로 실물부분만 고려하고 화폐부문 등을 고려하지 않음으로써 이자율, 물가 등을 일정하다고 가정한다.

3) 승수효과의 기본 원리: 유효수요의 원리에 기초

┌─ 무한급수 구하기 ─────────────────────────────

1. 의미: 무한 수열{an}의 각 항을 합하며 연결한 식
   ⇨ $a_1 + a_2 + a_3 + \cdots + a_n + \cdots = \sum_{n=1}^{\infty} na$
2. 무한 등비 급수: 첫째항이 $a(a \neq 0)$, 공비가 r인 경우 무한 등비수열{ar^{n-1}}의 합
   ⇨ $\sum_{n=0}^{\infty} ar^{n-1} = a + ar + ar^2 + \cdots + ar^{n-1} + \cdots$
3. 무한 등비 급수의 계산: $a \neq 0$이고, $|r| < 1$일 때 $\frac{a}{1-r}$으로 계산

└──

(1) 승수효과는 소비가 국민소득의 함수이기 때문에 독립적인 총수요 지출의 증가로 국민소득이 증가하고, 이에 따라 소비증가와 소득증가가 상호 누적적으로 반복되어 발생한다.

(2) 한계소비성향을 b라 하고 최초의 독립적인 총수요의 지출을 ΔE라고 하면 이때의 국민소득의 증가(ΔY)는 다음과 같다.

$$\Delta Y = \Delta E + b\Delta E + b^2\Delta E + b^3\Delta E + \cdots$$
$$= (1 + b + b^2 + b^3 + \cdots)\Delta E$$
$$= \frac{1}{1-b}\Delta E (\because 0 < b < 1)$$

(3) 결국 승수효과는 주로 한계소비성향(b)의 크기에 의해 좌우된다.

승수 구하기

여러 가지 형태의 승수를 구할 때에는 다음의 균형식, 즉 방정식을 풀어 해를 구하는 방식이 편리하다.

$Y = C + I + G = a + b(Y - T) + I + G = a + I + G + b(Y - T)$에서

위 식을 소득 Y에 대해 풀면 균형국민소득은 다음과 같이 구해진다.

$$Y = \frac{a}{1-b} + \frac{1}{1-b}I + \frac{1}{1-b}G - \frac{b}{1-b}T$$

즉, 내생변수인 소득 Y는 외생변수들의 값이 어떻게 주어지는가에 따라 달라진다.

또한 승수에 관해서는 $\dfrac{\Delta Y}{\Delta I} = \dfrac{\Delta Y}{\Delta G} = \dfrac{1}{1-b}$, $\dfrac{\Delta Y}{\Delta T} = \dfrac{-b}{1-b}$임을 쉽게 확인할 수 있다.

---

4) 승수효과의 한계

(1) 한계 소비 성향이 일정하지 않으면 승수의 크기는 위와 같이 간단하게 정의되지 못한다.

(2) 대규모의 유휴설비가 존재하는 등의 공급의 애로가 없는 한에서만 승수효과가 발생한다.

(3) 승수가 아무리 크다고 하더라도 국민소득이 완전국민소득보다 커질 수는 없다.

1회적 투자증가의 효과

1회적 투자란 투자가 증가한 후 이전 수준으로 다시 떨어지는 것을 뜻한다. 이때는 투자증가에 따른 (+)의 승수효과가 다시 떨어지는 투자에 따른 (−)의 승수효과에 의해서 상쇄되므로 국민소득증가분은 '0'이된다. 즉 투자가 1회적으로 늘어나면 국민소득은 증가하지 않는다. 따라서 투자의 승수효과가 발생하려면 투자가 증가한 상태에서 유지되어야 한다.

정부지출을 눈덩이처럼 굴리면?

『대공황 당시의 극심한 경기 불황을 타개하기 위하여 대공황이 낳은 위대한 경제학자 케인즈(J. M. Keynes)는 정부에 의한 유효수요 증대 정책의 필요성을 역설했다. 그에 따르면 "지금 재무성이 낡은 항아리에 지폐를 가득 채워넣은 후 그것을 어느 폐광(廢鑛)에다 적당히 묻어 두고는 사기업가(私企業家)로 하여금 마음대로 그 돈을 파가도록 내버려 두면 모든 문제는 해결된다."고 한다. 과연 케인즈는 무슨 생각을 하고 있는 것인가?』

1929년부터 1933년 사이에 전통적인 '보이지 않는 손(invisible hand)'은 세계 경제를 뒤흔들어 놓았고, 자유시장의 중심축이었던 미국에서는 실업률이 25%에 육박하는 전대미문의 경기불황이 닥쳐왔다. 많은 투자가들이 자살이라는 방법을 통해 비극적으로 삶을 마감했으며, 더 많은 가장들은 길거리로 내몰렸다. 이러한 절망적인 상황 속에서 케인즈는 과거의 방관자적인 타성에서 벗어난 적극적인 정부의 역할을 주문한 것이다.

케인즈가 기대한 것은 이른바 '승수효과'이다. 승수효과란 투자 및 정부지출 등 소득수준의 영향을 받지 않는 독립적인 총수요 지출이 변동하면 균형국민소득이 독립지출보다 더 큰 비율로 변화하는 현상을 말한다. 즉, 국민소득을 변화시킬 수 있는 외생적인 요인이 발생하였을 때, 그 최초의 변화 분을 상회하는 수준으로 국민소득이 변화하는 효과를 의미한다.

아주 오래전에 보았던 '만화영화'의 한 장면이 떠오른다. 노란색의 '머리가 아주 컸던' 착한 캐릭터인 새 한 마리(이름이 트위티였던 것 같은데 가물가물하다…)가 악역 캐릭터인 고양이의 심술 때문에 눈바람이 거셌던 추운 겨울날 산꼭대기까지 쫓겨 갔다. 그 '새'가 자신의 처지가 너무 슬픈 나머지 눈물을 한 방울 흘렸는데 그것이 얼어 굴러 내려가면서 엄청난 눈덩이가 되었다. 결국 눈덩이가 심술쟁이 고양이의 집을 덮쳐 고양이가 혼나는 장면이다. 처음에는 그리도 작았던 눈물 한 방울이 커다란 집을 덮칠 정도로 커지는 장면이 왜 이리도 승수효과와 오버랩이 되는지….

승수효과는 소비가 국민소득의 함수이기 때문에 독립적인 총수요 지출의 증가로 국민소득이 증가하고, 이에 따라 소비증가와 소득증가가 상호 누적적으로 무한 반복되어 발생한다.

승수효과가 나타나는 과정을 살펴보자.

사례 1) 소득:Y, 소비:C라고 할 때, 정부지출:100억 원, 한계소비성향(MPC):0.8인 경우

$$\Delta G\ 100\uparrow\ \Rightarrow \Delta Y\ 100\uparrow\ \Rightarrow \Delta C\ 80\uparrow\ \Rightarrow \Delta Y\ 80\uparrow\ \Rightarrow \Delta C\ 64\uparrow\ \Rightarrow \Delta Y\ 64\uparrow\ \Rightarrow\ ....$$

무한등비수열의 합을 구하는 공식을 이용하여 소득의 합계는 다음과 같이 구해진다.

$$소득의\ 합계 : 100+80+64+....... = \frac{초항}{1-공비} = \frac{100}{1-0.8} = \frac{100}{0.2} = 500$$

이에 따라 100억 원의 정부지출의 증가는 눈덩이처럼 불어나 500억 원의 국민소득 증가를 가져올 수 있게 된다.

사례 2) 소득:Y, 소비:C라고 할 때, 정부지출:100억 원, 한계소비성향(MPC):0.9인 경우

$$\Delta G\ 100\uparrow\ \Rightarrow \Delta Y\ 100\uparrow\ \Rightarrow \Delta C\ 90\uparrow\ \Rightarrow \Delta Y\ 90\uparrow\ \Rightarrow \Delta C\ 81\uparrow\ \Rightarrow \Delta Y\ 81\uparrow\ \Rightarrow........$$

무한등비수열의 합을 구하는 공식을 이용하여 소득의 합계는 다음과 같이 구해진다.

$$소득의 합계 : 100 + 90 + 81 + \ldots\ldots = \frac{초항}{1-공비} = \frac{100}{1-0.9} = \frac{100}{0.1} = 1,000$$

이에 따라 100억 원의 정부지출 증가는 '더욱더' 눈덩이처럼 불어나 1,000억 원의 국민소득 증가를 가져오게 된다.

이러한 효과는 기업의 독립투자가 이루어지는 경우에도 동일하게 나타난다.
결국 케인즈의 승수이론에서는 한계소비성향의 크기가 클수록 국민소득 증가의 크기도 커지게 되므로 '저축은 악덕, 소비는 미덕'이 되는 것이다.

❷ 승수의 종류

1) 단순승수

구분	폐쇄경제		개방경제	
	정액세	비례세	정액세	비례세
투자승수	$\dfrac{1}{1-b}$	$\dfrac{1}{1-b(1-t)}$	$\dfrac{1}{1-b+m}$	$\dfrac{1}{1-b(1-t)+m}$
정부지출승수	$\dfrac{1}{1-b}$	$\dfrac{1}{1-b(1-t)}$	$\dfrac{1}{1-b+m}$	$\dfrac{1}{1-b(1-t)+m}$
수출승수	–	–	$\dfrac{1}{1-b+m}$	$\dfrac{1}{1-b(1-t)+m}$
조세승수	$\dfrac{-b}{1-b}$	$\dfrac{-b}{1-b(1-t)}$	$\dfrac{-b}{1-b+m}$	$\dfrac{-b}{1-b(1-t)+m}$
감세승수	$\dfrac{b}{1-b}$	$\dfrac{b}{1-b(1-t)}$	$\dfrac{b}{1-b+m}$	$\dfrac{b}{1-b(1-t)+m}$
이전지출승수	$\dfrac{b}{1-b}$	$\dfrac{b}{1-b(1-t)}$	$\dfrac{b}{1-b+m}$	$\dfrac{b}{1-b(1-t)+m}$
균형예산승수	1	1 이하	1 이하	1 이하

단, b : 한계소비성향, t : 비례세율, i : 유발투자계수, m : 한계수입성향

균형예산승수가 '1'인 이유는?

균형예산을 유지함에도 불구하고 소득이 증가하는 것은 정부지출의 증가는 그 증가의 크기만큼 그대로 국민소득을 증가시키는 반면, 조세의 증가는 가처분 소득의 감소와 그로 인한 소비의 감소를 통해서만 소득을 감소시키기 때문이다. 한계소비성향이 1보다 작으므로 일차적 소득의 감소분은 애초의 조세 증가분보다 작다. 이와 같은 차이가 승수효과의 과정에서 누적되므로 소득 증가효과가 소득 감소효과를 능가하게 되는 것이다.

┌─ 비례세의 효과 ─

비례세 형태의 소득세의 도입은 승수를 감소시킴으로써 국민소득의 변동성을 줄이는 데 기여하므로 경기변동 시 총수요를 관리하기 위해 적극적으로 정책을 수행할 필요 없이 단순한 비례세의 조세제도의 도입만으로도 자동적으로 소득의 안정화를 꾀하는 것이 가능하다.

Q&A

현재의 소득수준이 400조 원이다. 완전고용상태에 해당하는 소득은 500조 원이다. 조세는 소득과 상관없이 일정하게 부과된다고 할 때, 완전고용수준에 도달하기 위해서는 조세를 얼마나 감면시켜줘야 하나? (단, 한계저축성향은 0.2라 하자)

Solution

(ⅰ) 인플레이션 갭=현실적인 총수요−완전고용 국민소득수준만큼의 총수요
(ⅱ) 디플레이션 갭=완전고용 국민소득수준만큼의 총수요−현실적인 총수요

설문에서 GDP 갭은 100조 원이다.

따라서 감세승수가 $\dfrac{\text{한계소비성향}}{1-\text{한계소비성향}} = \dfrac{0.8}{0.2} = 4$ 이므로 25조 원을 감면시켜주면 된다.

심화 TEST

다음은 어느 나라의 거시경제모형이다. 정부는 국민소득을 증가시키기 위하여 조세를 줄이거나 정부지출을 늘리는 방안을 고민하고 있다. 이 모형에서 조세를 100만큼 줄일 경우 국민소득이 2배가 된다면 정부지출을 얼마를 늘려야 국민소득이 2배가 되는지 쓰시오.　　　　　　　　　　　　　　　　　　　　　[2018, 교원임용]

- $Y = C + I + G$
- $C = 5 + 0.8(Y - T)$

(여기서 Y는 국민소득, C는 소비, I는 투자, G는 정부지출, T는 조세를 나타내며, I, G, T는 외생변수이다.)

분석하기

- 주어진 조건에 따른 조세감면승수(=감세승수)는 다음과 같다.

- 조세감면승수 $= \dfrac{b}{1-b} = \dfrac{0.8}{1-0.8} = \dfrac{0.8}{0.2} = 4$ (여기서 b는 한계소비성향이다.)

이에 따라 조세를 100만큼 줄일 경우 국민소득은 400만큼 증가한다. 그런데 이로 인해 국민소득이 2배가 된다는 것은 현재의 균형국민소득이 400이라는 것을 의미한다.

- 주어진 조건에 따른 정부지출승수는 다음과 같다.

- 정부지출승수 $= \dfrac{1}{1-b} = \dfrac{1}{1-0.8} = \dfrac{1}{0.2} = 5$ (여기서 b는 한계소비성향이다.)

이에 따라 국민소득이 2배가 되기 위해 필요한 400만큼의 국민소득이 증가하기 위해서 필요한 정부지출의 증가분은 80이 된다.

2) 복합승수

구분	폐쇄경제		개방경제	
	정액세	비례세	정액세	비례세
투자승수	$\dfrac{1}{1-b-i}$	$\dfrac{1}{1-b(1-t)-i}$	$\dfrac{1}{1-b+m-i}$	$\dfrac{1}{1-b(1-t)+m-i}$
정부지출승수	$\dfrac{1}{1-b-i}$	$\dfrac{1}{1-b(1-t)-i}$	$\dfrac{1}{1-b+m-i}$	$\dfrac{1}{1-b(1-t)+m-i}$
조세승수	$\dfrac{-b}{1-b-i}$	$\dfrac{-b}{1-b(1-t)-i}$	$\dfrac{-b}{1-b+m-i}$	$\dfrac{-b}{1-b(1-t)+m-i}$

단, b : 한계소비성향, t : 비례세율, i : 유발투자계수, m : 한계수입성향

── 각 변수와 승수효과와의 관계 ──

구분	주입과 누출 여부	변화방향	승수효과
한계소비성향(b)	주입	클수록	크다
한계저축성향(s)	누출	작을수록	크다
유발투자계수(i)	주입	클수록	크다
한계 세율(t)	누출	작을수록	크다
한계수입성향(m)	누출	작을수록	크다

확인 TEST

한 나라의 경제에서 가처분소득에 대한 한계소비성향이 0.8이고, 소득세는 세율이 25%인 비례세로 징수되고 있다. 또한 소득이 증가할 때, 소득 증가분의 10%는 수입재에 지출되며 투자의 경우 소득 증가분의 10%가 증가한다고 한다. 정부지출과 수출은 외생적으로 주어진다. 이 경제에서 수출 1단위가 외생적으로 증가할 때 국민소득은 얼마나 증가하는가?

[2013, CPA]

① 1/3단위
② 1단위
③ 2.5단위
④ 5단위
⑤ 8단위

해설 ▶ 수출승수를 이용하여 구하면 다음과 같다. 단, b는 한계소비성향, t는 비례세율, i는 유발투자계수, m은 한계수입성향이다.

$$\Delta Y = \frac{1}{1-b(1-t)-i+m} \times 1 = \frac{1}{1-0.8(1-0.25)-0.1+0.1} \times 1 = \frac{1}{0.4} \times 1 = 2.5$$

정답 ▶ ③

확인 TEST

다음에 제시된 거시경제모형에 대한 분석으로 옳은 것을 〈보기〉에서 고른 것은?　　　　　[2011, 교원임용]

- $Y^D = C + I + G$
- $C = 100 + 0.75Y_d$　　　$I = 40$
- $G = 100$　　　　　　　$T = 0.2Y$
- $Y^d = Y$　　　　　　　$Y_F = 700$

(여기서 Y^D는 총수요, C는 소비지출, Y_d는 가처분소득, I는 투자지출, G는 정부지출, Y는 국민소득, Y_F는 완전고용국민소득을 나타낸다.)
- 디플레이션 갭정부지출 승수 = GDP 갭

〈 보 기 〉

㉠ 정부지출승수는 2.5이다.
㉡ 정부지출승수는 4이다.
㉢ 디플레이션 갭은 25이다.
㉣ 디플레이션 갭은 40이다.
㉤ 디플레이션 갭은 100이다.

① ㉠, ㉢　　　　　　② ㉠, ㉣　　　　　　③ ㉠, ㉤
④ ㉡, ㉣　　　　　　⑤ ㉡, ㉤

해설 ▶ • 주어진 조건에 따른 정부지출 승수는 다음과 같이 도출된다.

> • 정부지출 승수 $= \dfrac{1}{1-b(1-t)} = \dfrac{1}{1-0.75(1-0.2)} = \dfrac{1}{1-0.75 \times 0.8} = \dfrac{1}{1-0.6} = \dfrac{1}{0.4} = 2.5$
> (여기서 b는 한계소비성향, t는 (비례)소득세율이다.)

• 주어진 조건들을 이용하여 균형국민소득(Y)을 구하면 다음과 같다.

> • $Y^D = Y \Rightarrow C + I^D + G = Y \Rightarrow 100 + 0.75(Y-0.25Y) + 40 + 100 = Y \Rightarrow 0.4Y = 240 \Rightarrow Y = 600$

• 균형국민소득(Y)이 완전고용국민소득(Y_F)에 비해 100만큼 부족하다. 즉 GDP갭이 100인 디플레이션 갭이 존재하는 상태이다. 이를 해소하기 위해 필요한 총수요(정부지출)의 크기(=디플레이션의 크기)는 다음과 같이 도출된다.

> • 디플레이션 갭×정부지출 승수=GDP 갭
> ⇒ 디플레이션 갭×2.5=100 ⇒ 디플레이션 갭 $= \dfrac{100}{2.5} = 40$

정답 ▶ ②

제14장 화폐금융이론

Theme 72 화폐와 화폐제도

❶ 화폐의 본질

화폐가 도입되지 않았던 거시경제모형에서 이자율, 임금과 같은 가격변수들은 별도로 지칭하지 않았어도 실질이자율과 실질임금을 의미하였다. 그러나 화폐가 도입되면 명목과 실질을 구분하는 것이 중요하고, 물가 수준(price level)에 대한 논의도 가능해진다.

1) 화폐의 정의

(1) 화폐란 상품을 매매하고 채권, 채무관계를 청산하는 일상거래에서 일반적으로 통용되는 지불 수단이다.

(2) '일반적인 교환의 매개수단'으로서 기능을 중시한 정의이다.

화폐의 존재이유

화폐가 존재하지 않는다면 모든 거래는 거래 양 당사자들이 직접 만나 원하는 물건을 직접 교환하는 물물교환제도(barter economy)를 통하여 이루어질 것이다. 이러한 물물교환을 통하여 거래가 성립하기 위해서는 거래 양 당사자 간에 욕망의 이중적 일치(double coincidence of wants)가 이루어져야 한다. 그러나 이러한 욕망의 이중적 일치가 이루어지기는 매우 어려우며 이를 위해서는 매우 많은 거래비용(transaction cost)을 부담해야 한다.

많은 거래비용이 발생하는 중요한 이유는 거래 양 당사자가 서로 상대방에 관한 자세한 정보를 정확하게 모르고 있기 때문이다. 즉 정보의 불확실성으로 인하여 많은 거래비용이 발생하므로 물물교환을 통한 거래에는 제약이 따르기 때문이다. 이러한 제약을 줄이려는 노력 과정에서 화폐라는 교환의 매개수단이 등장하게 된다. 즉 화폐를 사용하게 되면 정보의 불확실성도 줄어들고 이에 따라 거래비용도 절감될 수가 있다. 왜냐하면 원하는 상품을 보면 바로 화폐를 지불하고 구입하면 되기 때문이다. 또한 n개 상품이 거래되는 물물교환 경제에서 필요한 (상대)가격의 수인 $_nC_2 = \dfrac{n(n-1)}{2}$개를 n개로 줄여주어 거래비용을 줄여주어 교환을 보다 원활하게 해 준다. 이러한 이유로 경제주체들은 화폐를 매개로 하는 화폐교환경제(monetary exchange economy)를 통하여 거래를 하게 되는 것이다.

돈(money)의 의미

1. **소득(income)**: 동완이가 돈을 벌었다고 했을 때의 돈에는 소득의 의미가 담겨 있다. 이러한 소득은 일정기간 동안(during the period)을 전제로 해서 정의되는 유량(flow) 변수이다.
2. **재산(wealth)**: 동완이는 돈이 많다고 할 때의 돈에는 재산의 의미가 담겨 있다. 이러한 재산은 일정시점(at a point in time)을 전제로 해서 정의되는 저량(stock) 변수이다.
3. **현금(cash)**: 동완이가 돈을 빌려달라고 할 때의 돈에는 현금 또는 화폐(currency)의 의미가 담겨 있다. 현금 또는 화폐도 일정시점을 전제로 정의되는 저량(stock) 변수이다. 이것이 재화와 서비스가 거래될 때 이에 대한 대가로 지불되는 것이 일반적으로 허용되는 돈의 개념이다.
4. **구분의 의의**: 예컨대 화폐를 재산으로 간주하여 "재산으로서의 돈을 얼마나 많이 갖고 싶은가" 하는 의미로 화폐수요를 이해하면, 돈은 무조건 많이 보유할수록 좋은 것이 된다. 그러나 돈(현금)을 보유하는 것에 대해서는 이자가 발생하지 않기 때문에 돈을 많이 보유한다고 반드시 좋은 것은 아님을 알 수 있다. 따라서 화폐수요에서의 돈의 의미는 현금으로 이해하여야 하며, 화폐수요 역시 "현금인 돈을 얼마나 많이 갖고 싶은가" 하는 의미로 이해해야 하는 것이다.

2) 화폐의 기능

(1) 일반적인 교환의 매개수단: 가장 본원적인 화폐의 기능

교환의 매개(medium of exchange)

화폐는 교환과정에서 발생하는 불편과 거래비용을 절감하기 위해서 고안되었으므로 재화나 서비스의 교환을 원활하게 해준다. 일상적인 거래에서 현금이 주로 사용되지만, 오늘날에는 계좌이체, 당좌수표, 신용카드 등이 지불의 방법으로 흔히 사용된다. 따라서 입출금이 자유로운 예금통장에 들어 있는 잔고 역시 화폐로 간주된다. 우리는 흔히 어떤 자산에 대해 유동성이 높거나 낮다고 말하는데, 이때 유동성이란 현금(또는 화폐)으로 전환될 수 있는 용이성을 의미한다. 따라서 화폐는 그 자체로 유동성이 가장 높은 자산이다.

(2) 회계의 단위 혹은 가치의 척도: 재화나 부의 경제적 가치를 객관적으로 측정하는 단위로서의 기능

계산단위(unit of account)

우리는 모든 경제적 계산을 화폐단위로 한다. 재화와 서비스 거래 및 금융거래의 가치에서부터, 기업의 회계 정리, *GDP*의 계산 역시 화폐단위를 사용한다. 화폐와 같은 측정수단이 없다면 이와 같은 일은 사실상 불가능하다. 또한 시장에서 재화와 서비스가 함께 거래될 때 각 상품의 거래단위가 다르기 때문에 이러한 거래를 합산하기 위해서는 통일된 단위가 필요해진다. 예를 들어 맥주 1병과 오징어 1마리의 가치를 합산할 때 서로 거래단위가 다르기 때문에 이를 2병 또는 2마리처럼 합산할 수가 없다. 그러나 맥주 1병을 3,000원으로, 오징어 1마리를 5,000원으로 화폐단위로 표시하면 8,000원의 합계 금액으로 나타낼 수 있는 것이다.

(3) 지불 수단: 모든 거래를 종결짓는 기능

지불수단(means of payment)

모든 거래는 화폐의 지불을 통해 최종적으로 종결된다. 물론 신용카드 등을 통한 거래도 가능하지만, 이러한 신용카드는 교환의 매개수단 역할은 하지만 최종적 지불수단 역할을 할 수는 없다. 결제일에 약속된 화폐를 지불해야 거래가 종결되기 때문이다. 반면에 화폐나 직불카드 등은 교환의 매개수단의 역할은 물론이 지불수단의 역할도 동시에 수행할 수 있다. 이것은 교환의 매개수단 기능이 지불수단 기능을 포함한다는 의미이기도 하다.

⑷ **가치 저장 수단(store of value)**: Keynes가 중시한 기능 ⇒ 소비와 저축에 영향을 줌으로써 실물경제에도 영향을 끼치게 된다.

물물교환 경제에서는 재화와 서비스의 판매와 구매행위가 동시에 이루어지지만, 화폐경제에서는 판매시점과 구매시점이 종종 분리된다. 일반적으로 화폐경제에서의 판매행위는 화폐의 획득에 불과하다. 따라서 화폐는 구매시점까지 최소한 단기적으로라도 구매력을 의미하는 교환가치를 지니고 있어야 한다. 이와 같이 화폐를 화폐 보유시점에서부터 화폐 지출시점까지 구매력을 저장하는 기능, 이른바 '구매력의 일시적 은신처(temporary abode of purchasing power)'로 정의하는 것이 화폐의 가치저장 수단인 것이다.

현행 통화지표의 포괄범위(2006년 6월 공표 기준)

협의 통화(M_1)	현금통화+요구불 예금+수시입출금식 저축성예금
광의 통화(M_2)	협의 통화(M_1) + 기간물 예·적금 및 부금 + 시장형 금융상품 + 실적배당형 상품 + 금융채 + 거주자 외화예금 + 기타 단, 만기 2년 이상 장기 금융상품 제외
금융기관 유동성(Lf)	광의 통화(M_2) + 예금취급기관의 2년 이상 유동성 상품 + 증권금융예수금 등 + 생명보험회사 보험계약 준비금 등 = 총유동성
광의 유동성(L)	금융기관 유동성(Lf) + 정부 및 기업 등이 발행한 유동성 상품 등

확인 TEST

철수는 장롱 안에서 현금 100만 원을 발견하고 이를 A은행의 보통예금 계좌에 입금하였다. 이로 인한 본원통화와 협의통화(M_1)의 즉각적인 변화는?

[2017, 서울시 7급]

① 본원통화는 100만 원 증가하고, 협의통화는 100만 원 증가한다.
② 본원통화는 100만 원 감소하고, 협의통화는 100만 원 감소한다.
③ 본원통화는 변화가 없고, 협의통화는 100만 원 증가한다.
④ 본원통화와 협의통화 모두 변화가 없다.

해설 ▸ • 현금과 보통예금 모두는 협의통화에 해당한다. 따라서 현금 100만 원이 보통예금 계좌에 입금이 되었다고 하더라도 협의통화의 크기는 변화가 없다.
• 현금이 보통예금 계좌에 입금이 된 것은 중앙은행으로부터의 새로운 통화 공급이 이루어진 것에 해당되지 않으므로 본원통화 역시 변화가 없다.

정답 ▸ ④

화폐로 사용되기 위해서는?

"가을 어느 날 덕수궁 돌담길을 걷다보면 발 밑에 밟히는 낙엽 소리를 들으며 마치 시인이 된 양 마음이 저려오곤 했다. 그러나 난데없이 '길 위에 나뒹구는 저 많은 낙엽이 모두 돈이었으면!' 하는 망상을 아주 짧은 순간 하기도 했다. 그런데 왜 저 낙엽들은 돈이 될 수 없는 것일까?"

우리의 생활 속에 사람들이 값지게 생각하는 재화들은 무수히 많다. '사랑이여 영원하라!'는 광고 카피로 유명한 다이아몬드, 최근 천정부지로 값이 오르고 있는 금, 가을이 왔으면 알려주는 단풍 낙엽, 심지어 자기만의 비밀을 간직하고 있는 일기장 등 이루 헤아릴 수 없을 만큼 많은 값진 재화들이 있다. 그런데 이러한 것들은 지금 '돈'으로 사용되지 않는다. 왜 그럴까? 지금부터 돈으로 사용되기 위해서 필요한 조건들을 살펴보기로 하자.

첫째, 언제든지 어떤 재화와도 교환될 수 있는 '시장 수용성'을 갖추어야 한다. 여기서 시장 수용성이란 한마디로 사람들이 그것을 모두 귀중하게 생각하면서 그것이라면 기꺼이 내가 갖고 있는 것을 내줄 수 있다는 것을 의미한다. 인류 역사에서 화폐가 처음 등장하였을 때는 화폐 자체가 갖고 있는 고유한 가치에 의해 시장 수용성이 인정되었다. 소금 같은 것이 대표적이다. 그러나 지금은 화폐의 고유 가치와 관계없이 법적 구속력에 의해 시장 수용성이 뒷받침된다.

현행 한국은행법 제48조(한국은행권의 통용)에 따르면 "한국은행이 발행한 한국은행권은 법화로서 모든 거래에 무제한 통용된다."고 하여 법규에 의해 한국은행권이라는 화폐의 시장 수용성을 인정하고 있다.

둘째, 화폐는 그 가치가 안정적이어야 한다. 이러한 화폐 가치의 안정성에 가장 영향을 주는 것이 물가이다. 이는 곧 화폐 발행 기관의 최우선의 과제가 물가 안정이 되어야 한다는 것을 시사해 준다. 한국은행법은 제1조(목적)에서 "이 법은 한국은행을 설립하고 효율적인 통화신용정책의 수립과 집행을 통하여 물가안정을 도모함으로써 국민경제의 건전한 발전에 이바지함을 목적으로 한다."고 규정함으로써 한국은행의 과제가 물가안정을 통한 한국은행권의 안정적인 가치 유지를 위해 노력한다는 것을 천명하고 있다.

이러한 두 가지 조건은 현행 한국은행권이 화폐로 사용되기 위해 갖추어야 할 조건에 대한 설명이다. 그렇다면 과거의 상품화폐(Commodity Money)는 어떤 조건을 충족했기에 화폐로서 사용되었으며, 또한 어떠한 이유로 지금은 더 이상 화폐로 사용되지 않을까?

첫째, 그것의 가치가 그것을 만든 재료의 부피나 무게와 비교했을 때 적당한 관계가 성립해야 한다. 부피가 너무 크거나 무게가 너무 무거우면 휴대가 불편하여 거래를 하기가 어렵기 때문이다. 또한 같은 재료로 만든 것이라고 하더라도 사용된 재료마다 가치가 다르면 단지 무게만 가지고 그 가치를 결정할 수는 없게 되어 화폐로 사용하기가 적절하지 못하게 된다. 등급에 따라 가치가 천차만별인 다이아몬드가 화폐로 사용되지 않는 것도 이러한 문제 때문이고 할 수 있다.

둘째, 화폐를 만드는 데 사용된 재료가 다른 재료와 구별될 수 있는 '인식성'이 높아야 한다. 만약 그것이 구별되기 어렵다면 거래를 할 때마다 그것이 진짜인지 가짜인지를 조사해야 하고, 그러한 구별 능력을 갖추지 못한 사람은 거래를 할 수 없게 되기 때문이다. 아름답고 가치가 높고 모든 사람들이 갖기를 원함에도 불구하고 각종 보석들이 화폐로 사용될 수 없는 이유가 바로 낮은 인식성 때문인 것이다.

셋째, 오래 사용해도 쉽게 변질되지 않는 '내구성'을 지녀야 한다. 즉 부패가 되어서도, 부식이 되어서도 안 되는 것이다. 과거에 화폐의 역할을 했었던 상품화폐가 더 이상 화폐로서 기능하지 못하게 된 결정적인 이유는 바로 이와 같은 내구성이 결여되었기 때문이다. 또한 일단 화폐로 사용하기로 했다면 그것이 같은 재료인 한 모두가 질적으로 균질해야 한다. 즉 동일한 무게는 동일한 가치를 지녀야 한다는 것이다.

마지막으로 화폐는 '가분성'을 갖추어야 한다. 즉 분리된 것이 다시 하나도 합쳐졌다면 분리되기 전과 동일한 가치를 지녀야 하는 것이다. 그런데 옷감 같은 것은 여러 조각으로 나눌 수는 있지만 이것을 다시 하나로 꿰맨다 하더라도 이제는 더 이상 이전과 같은 가치를 지닐 수 없으므로 화폐로서 적당하지 않다.

화폐의 가치

화폐가 일반적인 수용성을 갖고서 통용되는 이유는 무엇인가? 이 물음은 화폐의 가치와 관련된 것으로서 대략 다음과 같은 세 가지 이유를 생각해 볼 수 있다.

첫째, 화폐가 갖는 본원적 가치(intrinsic value) 때문이다. 이러한 이유로 인하여 통용되는 화폐를 우리는 상품화폐라 하며, 그 예로서 금화 혹은 은화를 들 수 있다. 또한 포로수용소에서 군인들이 사용했다는 담배화폐(cigarette money)도 이 예에 속한다.

둘째, 실물과의 태환(convertibility)이 보장되기 때문에 가치를 가진다. 태환지폐가 이에 속한다.

셋째, 신용(credit) 혹은 명령(fiat)에 의해서 통용이 이루어지기 때문에 가치를 갖는다. 현재의 불환지폐나 예금화폐를 들 수 있다. 정부가 법령에 의해서 통용을 인정하기 때문에 불환지폐가 사용되며 이러한 화폐를 명령화폐 혹은 법화(legal tender)라고 부르고 있다. 그런데 이러한 법화는 화폐의 실질가치(상품으로서의 가치)보다 액면가치(상품과의 교환비율)가 훨씬 크기 때문에 불환지폐의 발행을 통하여 정부는 그 차이만큼의 이득을 볼 수 있다. 액면가치와 실질가치의 차이를 주조차익(seigniorage)이라 하며 초 인플레이션은 이러한 주조차익을 목적으로 정부가 통화공급을 지나치게 확대하기 때문에 발생하게 된다.

---

3) 화폐의 종류

(1) **법화(legal tender)** : 법에 의하여 강제 유통력을 가진 화폐 ⇒ 관리통화제도나 본위화폐제도에서 정부가 발행한 화폐는 모두 법화이다.

(2) **명목화폐와 실질화폐**

① **명목화폐** : 지폐나 동전과 같이 액면가치가 실제가치보다 훨씬 큰 화폐를 말한다.

② **실질화폐** : 금화와 같이 액면가치와 실제가치가 같은 화폐를 말한다.

(3) **태환지폐와 불환지폐**

① **태환지폐** : 금본위제도 하에서 중앙은행으로부터 지폐의 액면가치와 동일한 금으로 교환할 수 있는 화폐 ⇒ 일종의 금보관증서를 의미한다.

② **불환지폐** : 관리통화제도 하에서 중앙은행으로부터 지폐의 액면가치와 동일한 금으로 교환할 수 없는 화폐

화폐의 진화

"인간은 본능적으로 불편한 것을 편리한 것으로 바꾸려 하는 속성이 있다. 경제생활에 있어서도 마찬가지다. 인류의 경제생활은 자급자족에서부터 시작하여 물물교환 경제로 발전하였다. 그러나 물물교환 경제의 불편함을 경험한 인간은 화폐를 발명하기에 이르렀다. 그렇다면 화폐는 어떠한 진화과정을 거쳐 오늘날에 이르렀을까?"

한 번의 물물교환이 이루어지기 위해서는 물물교환 당사자 사이에 서로 상대방이 갖고 있는 상품을 얻고자 하는 이른바 '욕망의 이중적 일치(double coincidence of wants)'가 요구된다. 그런데 이러한 욕망의 이중적 일치를 만족시키기 위해서 치루어야 할 거래비용이 매우 크다. 여기서 거래비용이란 시장에서 '내가 갖고 싶은 것을 가지고 있는 사람은 어디에? 내가 갖고 있는 것을 가지고 싶어하는 사람은 어디에? 지금 나와 당장 거래하고 싶은 사람은 어디에?'와 같은 문제를 해결하고 거래가 이루어질 때까지 소요되는 시간과 노력을 총체적으로 표현한 것이다. 이러한 거래비용이 크다는 것은 곧 물물교환이 그만큼 불편하다는 것을 의미한다.

화폐는 바로 이러한 거래비용을 줄여 불편함을 해소하기 위해 등장한 인간의 위대한 발명품인 것이다. 이러한 중요한 역할을 하기 위해 최초로 등장한 화폐는 옷감, 소금, 곡물과 같은 상품화폐(commodity money)이다. 상품화폐는 그 자체로서 가치를 가지고 있기 때문에 그것의 가치에 대한 보증이 없이도 통용되는 데 어려움이 없고, 누구든지 상품화폐를 공급할 수 있다는 장점을 갖고 있다. 그러나 옷감은 소액으로 분할하는 것이 불가능했고, 소금이나 곡물은 물기에 약하기 때문에 장기간 보관하기 어려운 단점이 있다. 또한 화폐로 사용되는 동안 소비에 이용할 수 없어 그만큼 소비자의 효용을 감소시키는 문제점을 갖고 있다.

상품화폐가 갖고 있는 문제점을 보완하며 등장한 것이 귀금속과 같은 '금속화폐'이다. 이것은 적은 양으로 그 고유 가치를 유지하면서도 보관과 휴대가 간편하다는 장점을 갖는다. 그런데 금속화폐의 가치가 그 무게에 따라 결정되기 때문에 거래를 할 때마다 화폐의 무게를 측정해야 하는 불편함이 있다. 이러한 불편함을 해결하기 위해서는 사전에 무게를 규격화할 필요성이 대두되었다. 이리하여 등장한 것이 금화(金貨)·은화(銀貨)와 같은 주화(鑄貨)이다. 그런데 왜 동화(銅貨)가 아닌 금화·은화였을까? 금속화폐가 등장한 시대에는 화폐 주조기술이 발달하지 못하여 위조의 위험성이 상존해 있었다. 따라서 위조를 방지하기 위해서는 처음부터 금과 은 같은 값비싼 금속으로 주조할 필요가 있었던 것이다. 그런데 이러한 주화는 사용이 반복됨에 따라 마모되어 그 가치가 점점 떨어지는 문제점을 안고 있다. 또한 의도적으로 정해진 기준보다 순도를 떨어뜨려 이익을 얻고자 하는 이른바 주조차익(seigniorage)의 문제도 발생하였다. 여기서 '그레샴의 법칙(Gresham's Law)'이 등장한다. 은행가들이나 금세공업자들이 금과 은의 함유량이 높은 양화(良貨)는 자신들이 보유하여 유통시키지 않고, 이를 녹여 함유량이 낮은 악화(惡貨)를 주조하여 유통시키기 시작했던 것이다. 시간이 지남에 따라 시장에서는 악화만이 유통되고 양화가 사라지는 '악화가 양화를 구축하는' 현상이 나타나게 된 것이다. 이를 그레샴의 법칙이라 한다. 이것이 지폐를 등장시킨 원인으로 작용하게 되었다.

❷ 화폐공급제도

1) 금본위제도와 관리통화제도

(1) 금본위제도

① 의의 : 국가가 화폐를 독점적으로 발행하되 화폐발행액의 전부나 일부에 대하여 지불준비금으로 금을 보유하는 화폐제도 ⇒ 특히 지불준비금으로 외환을 보유하는 제도를 금환본위제도라 한다.

② 장점 : 통화 남발의 위험이 없기 때문에 인플레이션이 발생할 위험이 적어 화폐의 대외가치 안정화를 기할 수 있다.

③ 단점 : 경기 변동에 대하여 통화량 변동을 통한 신축적 대응이 어렵다.

(2) 관리통화제도

① 의의 : 통화량을 금보유량의 제약으로부터 벗어나서 통화당국이 자국의 경제사정에 적합하게 인위적으로 관리하는 제도를 말한다.

② 장점 : 경기 변동에 대하여 통화량 변동을 통한 신축적 대응이 용이하다.

③ 단점 : 통화 남발로 인해 인플레이션이 발생할 위험이 있다.

2) 은행권 발행제도에 관한 논쟁

(1) **고전적 통화주의** : 은행권의 발행을 발권은행의 재량에 맡겨두면, 은행권의 남발로 인해 물가가 상승하여 경제에 타격을 주게 되므로 은행권의 발행금액은 금, 지금 등 정화 준비액과 일치해야 한다고 주장한다.

(2) **은행주의** : 발권은행은 시장의 수요에 따라 은행권을 발행하여 과잉발행이 없으므로 은행권 발행을 정화 준비액의 범위로 규제할 필요가 없다.

Theme 73 화폐수요이론

┌─ 화폐수요의 의미 ─

어느 한 시점에서 비은행민간이 보유하고자 하는 화폐의 양을 의미한다.

❶ 화폐수량설(quantity theory of money)

1) 피셔(I. Fisher)의 거래수량설

(1) 교환방정식(equation of exchange)

① 피셔(I. Fisher)는 한 기간에 거래된 총거래금액은 PT가 되고, 이것은 총화폐지출액 MV와 같게 되기 때문에 다음과 같은 교환방정식이 성립한다고 한다. 이때의 화폐의 기능은 교환의 매개수단이 강조된다. 그런데 재화와 서비스의 가격이 비싸지거나 더 많은 거래를 하려면 더 많은 화폐가 필요하거나, 같은 양의 화폐라도 더 빈번하게 사용해야 한다. 화폐와 거래 간의 관계를 수식으로 나타내면 다음과 같은 교환방정식이 성립된다.

$$MV \equiv PT$$
(단, M은 통화량, V는 화폐의 유통속도, P는 일반 물가수준, T는 거래량)

② 위 식은 그 정의상 언제나 성립하는 항등식이다. 교환방정식에서 사용되는 네 변수 중 어느 하나가 변하게 되면 항등식을 유지하기 위해 나머지 다른 변수들도 변화하게 된다. 예를 들어 좌변의 통화량이 증가하고, 유통속도가 불변이라면 우변의 물가수준이나 거래량이 증가하여야 하는 것이다.

┌─ 유통속도(velocity of money) ─

유통속도란 화폐가 일정 기간 동안 평균적으로 거래에 참여한 횟수, 즉 회전수를 의미한다. 예컨대 재화 1개당 3,000원씩 받고 100개가 판매된 경우를 보면, 총거래액은 모두 합하여 PT=3,000원 × 100개=300,000원이다. 만약 존재하는 화폐량이 1만 원 4장, 5천원 권 10장, 1천 원권 10장으로 총 100,000원이면 유통속도는 다음과 같이 측정된다.

유통속도(V)=총거래액/통화량(PT/M)=300,000/100,000=3

즉, 통화량이 10만 원일 때, 일정 기간 동안 30만 원 상당의 거래가 발생하면 화폐는 같은 기간 동안 3번 소유주가 바뀐 것이고 따라서 3번 유통된 셈이다. 만약 통화량은 여전히 10만 원인데 개당 3,000원에 200개가 판매되거나, 개당 6,000원에 100개가 판매된다면 유통속도는 두 배인 6으로 올라간다.

이러한 유통속도는 소득지불방법, 금융기관의 발달정도, 사회일반의 화폐사용 관습 등에 주로 의존하게 된다. 고전학파 경제학자들은 이러한 유통속도가 단기에서는 일정한 값을 갖는다고 생각하였다.

┌─ 유통속도와 화폐수요와의 관계 ─────────────────────────────────

　　유통속도가 안정적이면 화폐수요함수도 안정적이다. 결국 화폐수요함수의 안정성 여부는 유통속도의 안정성
여부에 달려있다.

└──

　　③ T는 중간생산량까지 고려한 거래량인데, 경제학적으로는 최종생산량의 크기가 더 중요한 의미
　　　를 가지므로, 실제로 거시 경제의 분석을 위해 교환방정식을 사용할 경우에는 T대신 실질 총
　　　생산량 Y를 고려하면 다음과 같은 식으로 나타낼 수 있다.

┌──┐
│　　　　　　　　　　　　　　　　$MV = PY$　　　　　　　　　　　　　　　　│
└──┘

　　　여기서 유통속도 V는 거래가 아닌 소득에 대해서 정의되었으므로 거래유통속도가 아닌 소득
　　　유통속도(income velocity of money)의 개념으로 바뀐다. 이는 거래에 몇 번 사용되었는가가
　　　아니라 소득에 대비하여 몇 번 사용되었는가를 의미한다.

⑵ **통화량과 물가**

　　① 피셔는 화폐의 유통속도(V)는 사회적 관습에 따라, 실질국민소득(Y)은 완전고용 수준에서 일
　　　정하게 주어진다고 가정한다.

　　② 통화량(M)이 증가하면 똑같은 비율로 물가수준(P)이 상승 ⇒ 거래수량설은 단기에서 통화량
　　　과 물가수준 사이에 비례적인 관계가 있음을 주장하는 물가결정이론이다.

확인 TEST

다음은 전통적 화폐수량설에 관한 문제이다. A국은 우유와 빵만을 생산하며 그 생산량과 가격은 아래 표와 같다.
2010년도의 통화량이 20억 원이면 2011년도의 통화량은? (단, 화폐의 유통속도는 2010년도와 2011년도에 동일하다)

[2012, 국가직 7급]

연도	우유		빵	
	가격(원/병)	생산량(백만 병)	가격(원/개)	생산량(백만 병)
2010년	250	40	200	10
2011년	300	40	400	15

① 20억 원
② 25억 원
③ 30억 원
④ 35억 원

해설 2010년도 명목 GDP는 120억 원(250원×4,000만 병+200원×1,000만 병)이다. 전통적 화폐수량설의
교환방정식에 따르면 $MV \equiv PY$가 성립한다. 따라서 2010년도의 화폐유통속도는 $V = \dfrac{PY}{M} = \dfrac{120억\ 원}{20억\ 원} = 6$
이 된다. 한편 2011년도 명목 GDP는 180억 원(300원×4,000만 병+400원×1,500만 병)이다. 그런데
2011년도의 화폐유통속도는 2010년도와 동일한 6이므로 교환방정식을 만족하는 2011년도의 통화량은
30억 원이 된다.

정답 ③

┌─ **화폐와 인플레이션** ─

    고전학파의 화폐수량설은 물가결정이론으로서의 의미를 갖고 있다. $MV=Py$에서 소득과 소득 유통속도가 일정하면 물가(P)는 통화량에 의해 결정된다. 앞서 살펴본 바와 같이 고전학파의 국민소득결정이론에 의하면 실질 국민소득은 생산요소의 양과 생산함수에 의해 결정된다. 실질소득 Y가 고정되고 소득 유통속도가 변하지 않는다면 물가는 통화량에 의해 결정된다. $MV=PY$라는 식은 매 기간마다 성립하므로 시간을 명시적으로 고려하고 시간을 t로 표기하면 $M_t V_t = P_t Y_t$가 된다. 양변에 자연로그를 취하고 시간 t에 대해 미분하면 다음과 같다.

$$\Delta M/M + \Delta V/V = \Delta P/P + \Delta Y/Y$$

    즉, 통화량 증가율에 소득 유통속도의 변화율($\Delta V/V$)을 더한 것은 물가상승률(인플레이션율)과 실질국민소득 증가율(경제성장률: $\Delta Y/Y$)과 같아진다. 소득 유통속도와 실질국민소득이 통화량과는 무관하게 일정하다면, $\Delta V/V = \Delta Y/Y = 0$ 이 되어 $\Delta M/M$(통화증가율)이 곧 $\Delta P/P$(인플레이션율)이 된다. 그런데 통화증가율은 중앙은행이 결정하므로 결국 인플레이션의 궁극적 책임은 중앙은행에 있다는 결과가 나온다. 대부분의 국가에서 인플레이션을 억제하기 위해 중앙은행이 통화를 제한적으로 공급하는 이유는 바로 여기에 있다.

Q&A

화폐 유통속도가 일정하다고 가정하자. 통화량 증가율, 실질경제성장률, 실질이자율이 각각 10%, 5%, 0%이다. 화폐수량설과 피셔효과를 이용하여 도출할 때 인플레이션율과 명목이자율은?

Solution

    (i) 화폐수량설을 이용하면 다음의 관계식이 도출된다.
        통화량 증가율+유통속도변화율=인플레이션율+실질경제성장률
    (ii) 피셔방정식: 인플레이션율=명목이자율−실질이자율
        지문에서 주어진 통화량증가율(10%), 실질경제성장률(5%), 실질이자율(0%)을 각각의 식에 대입하면
        인플레이션율은 5%이고, 명목이자율은 피셔가설에 의하여 5%가 된다.

확인 TEST

A국의 경제에서 화폐유통속도가 일정하고 실질 GDP가 매년 3% 증가한다. 수량방정식(quantity equation)이 성립한다고 가정할 때 옳지 않은 것은?

[2011, 지방직 7급]

① 통화량을 3% 증가시키면 물가는 현재 수준으로 유지된다.
② 통화량을 현재 수준으로 고정시킨다면 물가는 3% 하락하게 된다.
③ 통화량을 현재 수준으로 고정시킨다면 명목 GDP 증가율은 3%가 될 것이다.
④ 통화량을 6% 증가시키면 명목 GDP 증가율은 실질 GDP 증가율의 2배가 된다.

해설 ▸ 교환방정식 $M \times V = P \times Y$를 변형한 다음의 EC 방정식을 전제하고 접근한다.

$$\frac{\Delta M}{M} + \frac{\Delta V}{V} = \frac{\Delta P}{P} + \frac{\Delta Y}{Y}$$

화폐 유통속도가 일정하다고 했으므로 $\frac{\Delta V}{V}=0\%$라는 것을 의미하며, 실질 GDP가 매년 3% 증가한다는 것은 $\frac{\Delta Y}{Y}=3\%$라는 것을 의미한다. 그런데 통화량을 현재 수준으로 고정시킨다면 $\frac{\Delta M}{M}=0\%$임을 의미한다. 또한 교환방정식에서 명목 GDP는 $P \times Y$임을 의미하므로 명목 GDP 증가율은 $\frac{\Delta P}{P} + \frac{\Delta Y}{Y}$가 된다. 따라서 EC방정식에서 좌변이 0%이므로 결국 우변인 명목 GDP 증가율도 0%가 되어야 한다.

① $3\% + 0\% = \dfrac{\Delta P}{P} + 3\%$이므로 $\dfrac{\Delta P}{P} = 0\%$가 된다.

② $0\% + 0\% = \dfrac{\Delta P}{P} + 3\%$이므로 $\dfrac{\Delta P}{P} = -3\%$가 된다.

④ $6\% + 0\% = \dfrac{\Delta P}{P} + \dfrac{\Delta Y}{P}$ 이므로 명목 GDP 증가율은 6%가 된다. 이 수치는 3%인 실질 GDP 증가율의 2배이다.

 ③

(3) 화폐수요의 결정

① $MV = Py$로부터 $M_d = \dfrac{1}{V}Py = \dfrac{1}{V}Y$를 얻을 수 있으며, 화폐수요는 명목소득의 일정비율 $\left(\dfrac{1}{V}\right)$로 결정 ⇒ 이에 따라 통화 공급량을 일정하게 유지하면 금융시장의 안정을 유지할 수 있음을 시사해 준다.

② 거래수량설에서의 화폐의 기능은 오직 거래의 편의를 위한 교환의 매개수단으로서의 기능이다.

고전적 이분법

고전학파의 화폐수량설에 흐르고 있는 철학은 실질국민소득(산출량)이나 고용량과 같은 실물변수는 근본적으로 경제에 주어진 자원(생산요소 : 노동, 자본)의 양과 생산기술에 의해 결정되고 화폐는 단지 물가만을 결정할 뿐이라는 것이다. 경제는 시장기능 혹은 가격기능에 의해 완전고용을 달성하므로 화폐가 실질국민소득에 변화를 줄 여지가 없다.

우리는 미시경제이론에서 2개 혹은 N개의 재화를 가정할 때, 상대가격(relative price)만이 중요함을 알았다. 화폐는 거래를 위한 수단일 뿐, 재화 간의 교환비율, 즉 상대가격을 변화시키지는 못한다. 여기서 물가가 오른다는 것은 재화 간의 상대가격은 변하지 않은 채 모든 재화에 있어 명목가격만이 같은 비율로 오른다는 것을 의미한다. 이처럼 실물변수(real variables)와 명목변수(nominal variables)가 서로 독립적으로 결정되는 것을 고전적 이분법(classical dichotomy)이라 한다.

고전학파는 화폐는 단지 실물부문을 가리고 있는 베일(veil)에 불과하다고 믿었다. 통화량의 변화가 실물변수에 영향을 주지 못한다는 것을 화폐의 중립성(monetary neutrality)이라 한다. 그리고 통화량의 변화가 실질변수에는 영향을 주지 못하고 인플레이션율만 동일하게 높이는 현상을 화폐의 초중립성(superneutrality)이라 한다.

화폐수량설에 따르면, 화폐수량방정식은 '$M \times V = P \times Y$'와 같다. 이에 대한 설명으로 옳은 것은? (단, M은 통화량, V는 화폐유통속도, P는 산출물의 가격, Y는 산출량이다.)

[2016. 지방직 7급]

① 화폐유통속도(V)는 오랜 기간에 걸쳐 일반적으로 불안정적이라고 전제하고 있다.
② 중앙은행이 통화량(M)을 증대시키면, 산출량의 명목가치($P \times Y$)는 통화량과는 독립적으로 변화한다.
③ 산출량(Y)은 통화량(M)이 아니라, 생산요소의 공급량과 생산기술에 의해 결정된다.
④ 중앙은행이 통화량(M)을 급격히 감소시키면, 인플레이션이 발생한다.

해설 ▸
- 화폐수량방정식을 제시한 I. Fisher는 화폐유통속도가 일정하다고 전제한다(①).
- 중앙은행의 통화량 증대는 화폐의 중립성에 따라 실질산출량(Y)에는 영향을 주지 못하지만, 물가 상승을 통하여 산출량의 명목가치($P \times Y$)에는 영향을 주게 된다(②, ④).
- 결국 화폐수량설에서는 산출량은 생산요소의 공급량과 생산기술과 같은 공급 요인에 의해서만 영향을 받게 된다.

정답 ▸ ③

다음을 읽고 물음에 답하시오.

[2000. 교원임용]

(가) 1929년부터 1930년대 초까지 세계를 휩쓸었던 세계 대공황 자본주의 경제체제에 대한 반성을 가져다주는 계기가 되었다. 이에, 자본주의 국가들은 공황을 극복하기 위해 여러 가지 정책수단을 강구하였다. 그러나 독점 자본에 의해 생산물이 과잉 공급되고 소비자들은 낮은 소득으로 구매력이 뒷받침되지 않는 '풍요 속의 빈곤' 이라는 모순을 해결하기 위해 새로운 경제적 발상이 필요하게 되었다.

(나) 장기분석은 현재 벌어지고 있는 상황을 이해하는데 도움이 되지 않는다. 장기적으로는 우리 모두가 죽는다. 경제학자들의 역할이 고작 태풍이 닥치는 계절에 (① "태풍이 지나가고 한참 있으면 바다가 잠잠해질 것이다.")라고 말하는 정도에 그친다면 그 역할은 너무 쉽고 쓸모없는 것이다.

①과 같이 주장하는 사람들의 이론적 근거 중 하나는 '화폐수량설'이다. 그 내용을 '통화량', '인플레이션' 등 거시 경제 개념들을 사용하여 100자 이내 또는 답안지 3줄 이내로 설명하시오.

분석하기
화폐수량설에서는 화폐유통속도가 일정하고 실질산출량이 완전고용수준에서 일정하다고 가정한다. 이에 따라 교환방정식을 이용하여 통화량의 증가는 실질산출량을 증가시키지 못하고 통화량의 증가 비율과 동일한 크기만큼의 인플레이션을 발생시킬 뿐이라고 주장한다.

┌─ 위대한 경제학자 : Irving Fisher ─────────────────────────────

① 배경

Irving Fisher는 미국의 경제학자로 계량 경제학회 초대 회장을 지냈고, 근대 경제 이론의 개척자이다. 1898년 예일 대학의 교수가 되었다. 화폐수량설과 물가지수론을 주장한 사람으로 유명하다. 세계에서 가장 운 나쁜 경제학자는 누구일까? 대부분의 경제학자들은 Irving Fisher를 꼽는데 주저하지 않는다. 그는 1929년 미국의 대공황 직전, 미국 주가가 '영구적인 최고점에 안착했다'고 선언했던 경제학자다. 그 말을 하기 전까지만 해도 그는 행운아였다. 예일대 경제학과 교수이면서도 주식시장에서도 큰 돈을 번 부자였다. 그러나 이 단 한 번의 실언으로 그는 평생을 조롱과 멸시에 시달려야 했다. 대공황과 더불어 재산을 전부 날린 것은 물론이었다. 그 불운 이후 그의 행적을 아는 사람들은 경제학계의 소수뿐이다. 대공황 이후 Fisher는 자신의 오판을 분석하느라 대부분의 시간을 보냈다. 그렇게 해서 나온 그의 역작이 '대공황에 대한 부채−가격 폭락 이론(1933)'이다. 시중 유동성이 풍부해지고 금리가 낮아지면 돈을 빌리기가 쉬워진다. 당연히 각 경제 주체의 빚은 급격히 증가한다. 이 때 주식이나 부동산 같은 자산 가격이 갑자기 떨어지게 되면 사태는 걷잡을 수 없이 악화된다. 역(逆)의 자산 효과(wealth effect)로 투자나 소비가 크게 줄어들기 때문이다. 그렇게 되면 빚 부담은 전례 없이 커지게 된다. 이것이 1930년대의 대공황을 몰고 온 원인이라는 것이 Fisher의 설명이다. 그는 이를 배의 전복에 비유한다. 배는 웬만한 파도에도 균형을 잡게 설계되어 있다. 그러나 일단 배가 바다에 드러눕게 되면 얘기는 달라진다. '타이타닉'이라는 영화에서 보듯, 배는 급속히 가라앉고 만다. 평상시 균형을 잡기 위한 장치가 오히려 침몰을 가속화시키는 것이다. 피셔는 경제라는 배의 전복을 부추기는 가장 강력한 요인으로 과다한 빚을 꼽았다.

② 화폐수량설

화폐수량설은 통화주의자들이 등장하기 훨씬 전부터 고전파 경제학의 중요한 화폐이론으로 자리를 굳히고 있었다. Fisher는 전통적 화폐수량설의 핵심이 바로 다음과 같은 간단한 교환방정식에 있음을 밝혀냈다.

$$M \times V \equiv P \times T$$

여기서 M은 통화량, V는 고정된 화폐 유통속도, P는 물가수준, 그리고 T는 실물단위로 표시한 상품의 총거래량을 의미한다. 따라서 우변의 $P \cdot T$는 화폐단위로 표시한 총거래액이라는 의미를 갖는다. 화폐의 유통속도가 어떻게 정의되는지를 이해하면 이 교환방정식이 항상 성립하는 항등식의 성격을 갖는다는 점도 이해할 수 있다. 다음과 같은 구체적 예를 통해 이 말이 무엇을 의미하는지 알아보기로 하자. 예를 들어 한 해 동안 국민경제 전체에서 행해진 거래의 총액이 10조 원인데 통화량은 2조 원이라고 하자. 그렇다면 10조 원의 거래를 매개하기 위하여 화폐 한 단위가 한 해 동안 평균 5번의 거래에 사용되어야 한다는 말이 된다. 이와 같이 화폐 한 단위가 일정기간 동안 몇 번의 거래에 사용되었는지, 즉 화폐가 얼마나 자주 회전되었는지를 나타내는 수치를 화폐의 유통속도라고 정의한다. 이 정의에 따르면 아래의 식에서 보는 바와 같이 화폐의 유통속도는 총거래액을 통화량으로 나눈 값과 언제나 같다.

$$V = \frac{PT}{M}$$

└───

2) A. Marshall의 현금잔고수량설

(1) 화폐수요의 결정

① 화폐의 수취시기와 지불시기의 불일치로 인한 시차발생으로 사람들은 편리한 거래를 위해 자신의 명목소득의 일정비율(k)을 화폐로 보유 ⇒ 현금잔고방정식(cash balance equation)이 성립한다.

$$M_d = kPy \ (k : \text{현금 보유 비율} \Rightarrow \text{marshallian } k)$$

Marshall의 전제

마샬은 재화와 서비스에 대한 수요가 존재하는 것처럼 화폐에 대해서도 수요의 개념을 적용시킬 수 있다고 생각했다. 그에 따르면 화폐수요는 예상거래액에 의하여 영향을 받지만, 예상거래액은 결국 소득 수준에 비례하기 때문에 결국 화폐수요는 소득 수준에 의해 결정된다는 것이다.

만일 통화공급이 증가하면 실질잔고량을 일정하게 유지하기 위하여 화폐를 처분하기 시작하여 재화와 서비스에 대한 수요 증가에 따라 물가가 상승하게 된다.

'화폐를 처분한다'는 의미

'화폐를 처분한다'는 것은 돈이 필요없다는 것이 아니다. 자신의 소득수준에서 화폐형태로 보유하고자 원하는 것보다 더 많은 양의 돈이 존재하기 때문에 이 지나친 화폐잔고(excess money balance)를 실물과 같은 다른 형태로 보유하기 위하여 화폐를 사용하는 것을 의미한다. 이러한 의미에서 화폐수량설은 총수요결정이론이기도 하다.

---

② 위 식의 k는 사회의 거래관습에 의해 결정 ⇒ 전쟁·천재지변 등이 없는 한 크게 변하지 않으므로 일정하다.

③ 현금잔고수량설에서의 화폐의 기능은 교환의 매개수단보다도 가치저장수단이 더욱 강조된다. 즉 자산으로서의 화폐에 대한 수요를 인정한 것이다.

(3) 교환방정식과의 관계

① Marshall의 식과 Fisher의 식을 비교해보면 $k = \dfrac{1}{V}$임을 알 수 있으며, k, V가 각각 일정하다고 가정한다는 면에서 두 식은 동일하다.

② V가 일정하다는 것은 V가 이자율에 대해 독립적이라는 의미 ⇒ 이것이 화폐의 유통속도가 이자율에 영향을 받는다는 Keynes의 화폐수요이론과의 차이이다.

③ 화폐수요의 이자율탄력도가 0이다. ⇒ LM곡선의 기울기가 수직이다.

고전적 화폐수량설 비판

현실적으로 불완전고용이 있을 때는 통화량의 증가가 물가만이 아니라 실질 소득도 증가시킨다. 또한 화폐 유통속도는 일정한 것이 아니라, 지불 횟수가 증가할수록, 물가에 대한 예상이 상승할수록, 이자율이 높을수록, 화폐 중에서 유동성이 큰 것일수록 증가한다.

두 이론의 비교

	거래수량설	현금잔고수량설
학자	Fisher	케임브리지학파(Marshall, Pigou)
기본식	$MV = PT$(교환방정식) 단, M:통화량, V:유통속도, P:물가수준, T:거래량	$M_d = kP \cdot Y$ 단, M_d:화폐수요, k:화폐보유비율(Marshall의 k)
내용	T는 소득수준에 비례하는데, 소득은 완전고용 수준에서 일정하므로 T 역시 일정하며, V는 거래제도 등 단기적으로 변동하지 않는 요인에 의해 결정되므로 일정하다. 따라서 물가는 통화량에 비례한다.	경제주체는 화폐를 보유함으로써 얻는 거래에 있어서의 편의성을 고려하여 그의 총자산 중에서 얼마를 화폐로 보유할 것인가를 결정한다. 그런데 총자산은 명목소득수준에 비례하므로 화폐수요는 명목소득수준에 비례한다.
특징	① 교환수단으로서의 화폐의 기능을 중시한다. ② 한 경제의 통화량과 거래규모 간의 거시적 관계를 분석한다. ③ 화폐의 지출되는 유량측면(flow)을 강조한다. ④ 화폐수요를 묵시적으로 표현한다. ⑤ 유통속도가 일정하기 때문에 화폐수요는 안정적이다.	① 가치저장 수단으로서의 기능을 중시한다. ② 한 경제주체의 미시적 선택에서 출발한다. ③ 화폐의 보유되는 저량측면(stock)을 강조한다. ④ 화폐수요를 명시적으로 표현한다. ⑤ 현금보유비율이 일정하기 때문에 화폐수요는 안정적이다.

3) 프리드먼(M. Friedman)의 신화폐 수량설

(1) 의의

① 프리드먼은 화폐수요 역시 일반적인 수요이론의 관점에서 분석할 수 있다고 한다. 즉 화폐수요도 소비자의 (항상)소득, 화폐라는 상품의 가격, 화폐와 대체관계에 있는 채권이나 주식의 가격, 실물자산의 가격 등을 통해 분석이 가능하다는 것이다.

② 화폐수요함수

$$\frac{M^D}{P} = L(Y_P, P_M, P_B, P_E, P)$$

단, Y_P는 항상소득, P_M은 화폐의 가격, P_B는 채권의 가격, P_E는 주식의 가격, P는 실물자산의 가격(물가)이다.

그런데 앞의 변수들을 금융자산과 실물자산의 수익률로 바꾸면 화폐수요함수는 다음과 같이 나타낼 수 있다.

$$\frac{M^D}{P} = L(Y_P, r_m, r_b, r_e, \pi)$$

단, Y_P는 항상소득, r_m은 화폐보유수익률(곧 이자율), r_b는 채권수익률, r_e는 주식수익률, π는 실물자산보유수익률 곧 물가상승률이다.

이에 따라 화폐수요의 규모변수는 항상소득이 되고, 화폐수요의 기회비용인 $(r_b - r_m)$, $(r_e - r_m)$, $(\pi - r_m)$ 등을 고려하면 화폐수요함수는 최종적으로 다음과 같이 나타낼 수 있다.

116

$$\frac{M^D}{P} = L\big(Y_P(+),\, r_b - r_m(-),\, r_e - r_m(-),\, \pi - r_m(-)\big)$$

단, 괄호 안의 부호인 (+)와 (−)는 각 변수가 화폐수요에 미치는 영향의 방향을 의미하는 성질의 부호이다.

프리드먼은 $(r_b - r_m)$, $(r_e - r_m)$, $(\pi - r_m)$이 거의 일정한 값을 가지기 때문에 이러한 수익률은 화폐수요에 영향을 주지 못하고, 오직 항상소득(Y_P)에 의해서만 영향을 받는다고 주장한다.

만약 화폐수요함수가 항상소득에 대한 1차 동차 함수라고 가정한다면, 다음 식이 성립한다.

$$t \times \frac{M^D}{P} = L\big(t \times Y_P,\, r_m,\, r_b,\, r_e,\, \pi\big)$$

이때 $t = \dfrac{1}{Y_P}$라고 하고, 이를 앞의 식에 대입하여 정리하면 다음 식을 얻을 수 있다.

$$\frac{1}{Y_P} \times \frac{M^D}{P} = L\Big(\frac{1}{Y_P} \times Y_P,\, r_m,\, r_b,\, r_e,\, \pi\Big) = L\big(1,\, r_m,\, r_b,\, r_e,\, \pi\big)$$

앞의 식을 정리하면 다음과 같은 교환방정식의 형태식을 얻을 수 있다.

$$M^D \times \frac{1}{L\big(r_b - r_m,\, r_e - r_m,\, \pi - r_m\big)} = P \times Y_P$$

따라서 화폐 유통속도는 다음과 같이 나타낼 수 있다.

$$V = \frac{1}{L\big(r_b - r_m,\, r_e - r_m,\, \pi - r_m\big)}$$

결국 화폐 유통속도(V)와 각 자산의 수익률인 $(r_b - r_m)$, $(r_e - r_m)$, $(\pi - r_m)$ 사이에는 역(−)의 관계가 성립한다. 이는 화폐 유통속도와 이자율(r_m) 사이에는 정(+)의 관계가 성립한다는 것이다. 즉 화폐유통속도는 이자율의 증가함수인 것이다. 그러나 앞에서 밝힌 것처럼 프리드먼은 $(r_b - r_m)$, $(r_e - r_m)$, $(\pi - r_m)$이 거의 일정한 값을 가지기 때문에 화폐 유통속도(V) 역시 안정적인 값을 갖는다고 한다.

(2) 신화폐수량설의 함의

① 화폐 유통속도가 안정적이기 때문에 통화정책당국(monetary authority)이 통화량을 적절하게 변동시키면 원하는 수준의 명목 $GDP(P \cdot Y_P)$를 달성할 수 있다. 이에 따라 통화량과 명목 GDP 사이에는 1:1 관계가 성립하는 것이다.

② 이자율의 변동은 화폐 유통속도에 거의 영향을 주지 못한다. 따라서 이자율의 변동을 통해 원하는 수준의 명목 $GDP(P \cdot Y_P)$ 달성은 어렵게 된다.

③ 결국 고전학파 전통을 계승한 프리드먼과 같은 통화주의자(monetarist)들은 통화정책 당국이 통화정책을 수행할 때, 이자율보다는 통화량을 중시해야 한다는 주장을 하게 되는 것이다. 즉 "화폐는 매우 중요하다(Money do matter)"라는 통화주의의 주장을 정당화하는 근거가 바로 '화폐 유통속도의 안정성'인 것이다.

❷ 채권의 의의

1) 채권의 의미와 종류

⑴ **채권(bond)의 의미**: 일정한 약속을 기록한 문서인 포괄적인 개념이다. 문서 속에는 ⓐ 의무 이행 당사자, ⓑ 의무 내용(액면가: face value or par value), ⓒ 의무 이행일(만기일: maturity date) 등이 반드시 기재되어야 한다. 다만, 의무 이행의 상대 당사자는 특정되지 않는다. 그 이유는 채권은 적법한 절차를 통해 소유자가 변할 수 있어 의무 이행의 상대 당사자를 특정할 수 없기 때문이다.

⑵ **할인채(discount bond)**

① 채권 발행시점부터 이행일까지는 아무런 의무 이행이 없다가 이행일이 도래하면 의무 내용이 '단' 한 번 이행되고, 이것으로 모든 권리 의무 관계가 종료되는 채권이다.

② "2017년 3월 27일(의무 이행일: 만기일)에 강수지(의무 이행 당사자)는 이 문서의 소지인에게 현금 1억 원(의무 내용: 액면가)을 지급한다."는 내용이 기재된다.

⑶ **이표채(coupon bond)**

① 채권 발행시점부터 이행일까지 의무 이행이 여러 차례에 걸쳐 이루어지고 만기일에 마지막 의무 이행으로 모든 권리 의무 관계가 종료되는 채권이다.

② "2017년 3월 27일(의무 이행일: 만기일)까지 강수지(의무 이행 당사자)는 이 문서의 소지인에게 매달 1일 현금 100만 원(고정이자 지급액, 쿠폰금액: coupon payment)을 지급하며, 2017년 3월 27일에는 추가적으로 현금 1억 원(의무 내용: 액면가)을 지급한다."는 내용이 기재된다.

③ 앞의 예에서 쿠폰금액(100만 원)과 액면가(1억 원)의 비율을 쿠폰비율$\left(\text{coupon rate}: \dfrac{100만\ 원}{1억\ 원}=0.01\right)$이라고 한다.

⑷ **영구채(콘솔: consol or consolidated bond or perpetuity)**: 별도의 만기일이 존재하지 않고 영원히 쿠폰금액만을 지급하는 채권이다. 영구채는 만기일이 없으므로 만기일에 지급되는 액면가도 존재하지 않는다.

2) 채권에 대한 현금지급의 흐름

⑴ 할인채 현금지급의 흐름

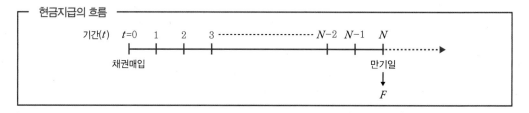

할인채에는 쿠폰지급이 없으므로 액면가(F)와 만기(N)만으로 현금지급의 흐름이 결정된다. 이에 따라 만기일이 도래하면 액면가(F)를 수령하게 되고 이것으로 모든 권리 의무 관계가 종료된다.

(2) 이표채 현금지급의 흐름

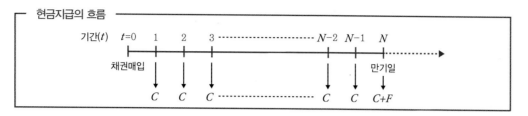

이표채는 만기일이 도래하기 전에도 매 기간마다 쿠폰금액(C)이 지급된다. 그리고 만기일이 도래하면 쿠폰금액(C) 지급과 함께 액면가(F)만큼의 추가적인 지급이 이루어진다.

(3) 영구채 현금지급의 흐름

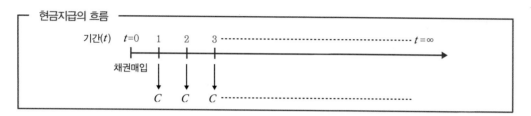

영구채는 만기일이 정해지지 않기 때문에 영구히 쿠폰금액(C)이 지급된다.

❸ 채권의 현재가치와 만기수익률

1) 할인과 현재가치

(1) 할인(discounting) : 미래에 얻을 것으로 예정된 가치를 주어진 이자율을 활용하여 현재가치로 환산하는 작업을 말한다.

(2) 현재가치(present discounted value : PDV) : 미래가치를 할인을 하여 계산한 가치의 크기를 말한다. 이것이 곧 정상적인 시장에서의 채권 가격이 된다.

$$PDV(i) = \frac{R_1}{(1+i)} + \frac{R_2}{(1+i)^2} + \cdots + \frac{R_n}{(1+i)^n}$$

미래에 얻을 것으로 예정된 가치를 R, 상환기간을 n기, 이자율을 i라고 할 때의 현재가치

(3) 현재가치의 구체적 예

① 만기 1년, 액면가 10,000원, 이자율 연 10%인 경우

$$PDV(i) = \frac{R_1}{(1+i)} = \frac{10,000원}{(1+0.1)} = \frac{10,000원}{1.1} ≒ 9,901원$$

② 만기 1년, 액면가 10,000원, 이자율 연 20%인 경우

$$PDV(i) = \frac{R_1}{(1+i)} = \frac{10{,}000원}{(1+0.2)} = \frac{10{,}000원}{1.2} ≒ 8{,}333원$$

2) 만기수익률(yield to maturity)의 의의

(1) 만기수익률의 의미

① 채권을 구입한 후 만기일에 실현될 수 있는 투자수익률을 의미한다. 즉 발행된 채권을 구입한 시점부터 만기일까지 계속 보유할 때의 수익률이다. 채권은 매매가 가능하므로 만기수익률은 채권 발행시점부터가 아닌 '채권 구입시점'에서부터 계산된다는 것을 유의해야 한다.

② 만기일이 도래할 때 얻을 수 있는 미래가치를 현재의 채권가격의 크기와 동일하게 해 주는 할 인율이기도 하다.

(2) 만기수익률의 구체적 예

① 10,000원을 상환받는 1년 만기 할인채를 9,091원에 구입한 경우

$$9{,}091원(1+i) = 10{,}000원 \Rightarrow 1+i = \frac{10{,}000원}{9{,}091원} \Rightarrow \frac{10{,}000원}{9{,}091원} - 1 \Rightarrow i ≒ 0.1(만기수익률)$$

② 10,000원을 상환받는 1년 만기 할인채를 8,333원에 구입한 경우

$$8{,}333원(1+i) = 10{,}000원 \Rightarrow 1+i = \frac{10{,}000원}{8{,}333원} \Rightarrow i = \frac{10{,}000원}{8{,}333원} - 1 \Rightarrow i ≒ 0.2(만기수익률)$$

③ 결국 채권을 싸게 구입할수록 만기수익률은 더욱 상승하게 된다.

(3) 만기수익률(i)의 계산(액면가를 F, 쿠폰금액을 C, 채권가격을 P_B, 상환기간을 1기로 가정하는 경우)

① 할인채인 경우

$$i = \frac{F}{P_B} - 1$$

② 이표채인 경우

$$i = \frac{F+C}{P_B} - 1$$

③ 영구채인 경우

$$i = \frac{C}{P_B}$$

시장이자율이 상승할 때 동일한 액면가(face value)를 갖는 채권의 가격변화에 대한 설명으로 옳지 않은 것은?

[2017. 지방직 7급]

① 무이표채(discount bond)는 만기가 일정할 때 채권가격이 하락한다.
② 이표채(coupon bond)는 만기가 일정할 때 채권가격이 하락한다.
③ 실효만기가 길수록 채권가격은 민감하게 변화한다.
④ 무이표채의 가격위험은 장기채보다 단기채가 더 크다.

해설

- 문제에서 '무이표채'는 이표가 없는 채권으로 '할인채'와 '영구채'가 여기에 해당한다.
- 모든 채권에서 시장이자율과 채권가격 사이에는 다음과 같은 역(−)의 관계가 존재한다.

> - 할인채 가격 $= \dfrac{\text{액면가}(F)}{1+\text{만기수익률}(=\text{시장 이자율})}$
>
> - 영구채 가격 $= \dfrac{\text{이자}}{\text{시장 이자율}}$
>
> - 이표채 가격 $= \dfrac{\text{액면가}(F)+\text{이표}(F)}{1+\text{만기수익률}(=\text{시장 이자율})}$

- 화폐시장과 채권시장이 동시에 균형이 이루어지면, '만기수익률=시장 이자율' 관계가 성립하므로 앞의 식처럼 나타낼 수 있다. 따라서 시장이자율이 상승하게 되면 무이표채나 이표채 모두의 가격은 하락하게 된다(①, ②).
- 한편 만기가 길어질수록 위험의 정도가 상승하게 되어, 그 위험도를 이자율에 반영하게 된다. 이것이 위험 프리미엄이다. 이에 따라 만기가 긴 장기채의 가격은 단기채의 가격보다 낮게 결정된다(③, ④).

정답 ④

영구채(perpetual bond)의 현재시장가격

상환기간이 없고 매기에 일정한 이자를 영구히 지급하는 채권을 영구채라고 한다. 채권을 사고 나서 1년 후부터 시작하여 매년 10,000원의 이자를 영구히 채권소유자에게 지급하는 영구채의 현재시장가격은 얼마인가? 현재시장가격은 그 영구채가 낳는 총미래이자수익의 현재가치와 같다. 매년 이자율이 r로 변함이 없을 것이라고 예상한다면 1년 후에 받는 이자 10,000원의 현재가치는 $\dfrac{10,000}{1+r}$원이고, n년 후에 받는 이자 10,000원의 현재가치는 $\dfrac{10,000}{(1+r)^n}$원이다. 따라서 이 영구채의 시장가격은 초항이 $\dfrac{10,000}{1+r}$, 공비가 $\dfrac{1}{1+r}$인 무한등비수열의 합계이다. 무한등비수열의 합계는 $\dfrac{\text{초항}}{1-\text{공비}}$ 이므로 이 영구채의 현재가치(PV)는 다음과 같다.

$$PV = \frac{1}{1+r} + \frac{1}{(1+r)^2} + \cdots\cdots = \frac{\dfrac{1}{1+r}}{1-\dfrac{1}{1+r}} = \frac{1}{r}(\text{만 원})$$

즉 영구채의 시장가격은 이자수익을 시장이자율로 나눈 것이다. 따라서 시장이자율이 변동하면 영구채의 시장가격은 반대방향으로 움직인다. 그러나 이자율에 관계없이 영구채 소유자가 받는 이자수입은 같다. 따라서 영구채는 일종의 변동가격–확정이자부채권(variable price-fixed coupon bond)이다. 변동가격–확정이자부채권에서 매기에 받는 확정이자를 채권의 쿠폰수익(coupon yield)이라 부른다.

시중금리가 연 5%에서 연 6%로 상승하는 경우, 매년 300만 원씩 영원히 지급받을 수 있는 영구채의 현재가치의 변화는?

[2016. 지방직 7급]

① 30만 원 감소
② 60만 원 감소
③ 300만 원 감소
④ 1,000만 원 감소

해설 • 연 이자율이 $r\%$이고 매년 A원의 이자로 받는 영구채의 현재가치인 시장가격()은 다음과 같이 측정된다.

• 영구채 가격: $P_B = \dfrac{A}{r}$

• 연 이자율이 5%일 때 영구채 시장가격: $P_B = \dfrac{300}{0.05} = 6,000$(만 원)

• 연 이자율이 6%일 때 영구채 시장가격: $P_B = \dfrac{300}{0.06} = 5,000$(만 원)

• 연 이자율이 5%에서 6%로 오른다면 채권의 가격은 1,000만 원만큼 하락하게 된다.

정답 ④

❹ 채권의 1기 보유수익률

1) 개념

(1) **보유수익률의 의미**: 채권 소유자는 만기일이 도래하기 전이라고 하더라도 도중에 채권 매각을 통해 수익을 실현할 수 있다. 이때 채권소유자가 얻게 되는 수익금액의 비율을 의미한다.

(2) **이표채의 1기 보유수익률 도출**

① t기에 채권을 매입하고 다음 기인 $t+1$기 때 채권을 매각한다고 가정하자.

② t기에 채권을 매입하면 매입시기에는 P_t만큼 매입비용을 지불하게 되고, $t+1$기에 채권을 매각하면 매각시기에는 쿠폰금액(C)과 P_{t+1}만큼의 수입을 얻게 된다. 이에 따라 P_t(원금)만큼의 비용으로 $C+P_{t+1}$(원리금)만큼의 수입을 얻게 된다.

③ 채권 구입 후 1기 동안만 보유한 결과로 얻게 되는 수익률을 R_t라고 하면, 보유수익률 R_t는 다음과 같이 도출될 수 있다.

$$P_t(1+R_t) = C+P_{t+1} \Rightarrow (1+R_t) = \frac{C+P_{t+1}}{P_t} \Rightarrow R_t = \frac{C+P_{t+1}}{P_t} - 1$$

④ 할인채는 쿠폰금액(C)이 0이므로 할인채 1기 보유수익률은 다음과 같이 정의될 수 있다.

$$R_t = \frac{P_{t+1}}{P_t} - 1$$

2) 채권의 1기 보유수익률의 특성

(1) 이표채의 1기 보유수익률의 구성

① 이표채의 1기 보유수익률이 $R_t = \frac{C+P_{t+1}}{P_t} - 1$로 정의되므로, 그 보유수익률은 $\frac{C}{P_t}$와 $\frac{P_{t+1}}{P_t} - 1\left(= \frac{P_{t+1} - P_t}{P_t}\right)$로 나눌 수 있다. 여기서 전자를 경상수익률(current yield)이라고 하고, 후자를 자본이득률(capital gain) 또는 시세차익률이라고 한다.

② C와 P_t는 채권을 구입하는 시점에서 이미 확정되어 있으므로 경상수익률은 채권매입시기에 그 크기를 알 수 있다. 그러나 P_{t+1}는 채권매각시기에 가서야 확정되므로 자본이득률의 크기는 채권매입시기에는 알 수 없고, 채권매각시기에 가서야 비로소 알 수 있게 된다.

(2) 보유수익률과 만기수익률의 비교

① 보유수익률(R_t)을 구성하고 있는 P_{t+1}는 채권매입시기인 t기에는 확정되지 않으므로 보유수익률 역시 채권매입시기인 t기에는 확정되지 않는다. 다만 채권을 매입한 사람들이 P_{t+1}수준을 예상할 수 있다면 보유수익률(R_t)의 크기도 사전적으로 추정할 수 있을 것이다. 이것을 1기 보유에 따른 기대수익률(expected rate of income)이라고 한다.

② 만기수익률$\left(i = \frac{F+C}{P_B} - 1\right)$은 채권매입시기인 t기에 구성요소인 액면가(F), 쿠폰금액(C), 채권매입가격(P_B) 등이 이미 모두 확정되어 있으므로 채권매입시기인 t기에 만기수익률(i)은 완벽하게 확정된다.

③ 미래의 만기수익률의 변화는 현재의 1기 보유수익률에 영향을 미친다. 그 이유는 t+1기에 만기수익률이 상승(하락)하게 되면 이것으로 인해 P_{t+1}을 감소(증가)하게 하고, 이것은 다시 t기의 보유수익률(R_t)이 하락(감소)하는 힘으로 작용하기 때문이다.

매년 이자를 지급하는 일반 이표채권(straight coupon bond)의 가격 및 이자율과 관련된 설명으로 옳지 않은 것은?

[2014. 국가직 7급]

① 이 이표채권의 가격은 액면가 아래로 낮아질 수 있다.
② 이 이표채권의 가격이 액면가보다 높다면 이 채권의 시장수익률은 이표이자율보다 낮다.
③ 이미 발행된 이 이표채권의 이표이자액은 매년 시장수익률에 따라 다르게 지급된다.
④ 이표채권 가격의 상승은 그 채권을 매입하여 얻을 수 있는 수익률의 하락을 의미한다.

해설
- 이표채는 발행시점에서 이표이자액(쿠폰금액)이 정해진다(③).
- 이표채권의 가격과 액면가 사이에는 다음과 같은 관계가 성립한다.

$$\text{채권가격}(P_B) = \frac{\text{액면가}(F) + \text{쿠폰이자}(C)}{1 + \text{시장(만기)수익률}(m)}$$

$$\Rightarrow \ 1 + \text{시장(만기)수익률}(m) = \frac{\text{액면가}(F)}{\text{채권가격}(P_B)} + \frac{\text{쿠폰이자}(C)}{\text{채권가격}(P_B)}$$

이에 따라 경상수익률$\left(= \dfrac{\text{쿠폰이자}(C)}{\text{채권가격}(P_B)}\right)$이 만기수익률$(=m)$보다 낮다면, 이는 곧 $\dfrac{\text{액면가}(F)}{\text{채권가격}(P_B)}$

가 1보다 크다는 것을 의미하며, 이로 인해 '채권가격(P_B) < 액면가(F)'이 성립하게 된다.(①)

- 채권가격(P_B)이 액면가(F)보다 높다면 $\dfrac{\text{액면가}(F)}{\text{채권가격}(P_B)}$가 1보다 작다는 것을 의미한다. 이에 따라

'시장(만기)수익률$(=m)$ < 경상수익률$\left(= \dfrac{\text{쿠폰이자}(C)}{\text{채권가격}(P_B)}\right)$'이 성립한다.

- '채권가격(P_B) > 액면가(F)'라면 다음 관계도 성립한다.(②)

$$\text{경상수익률}\left(= \frac{\text{쿠폰이자}(C)}{\text{채권가격}(P_B)}\right) < \text{이표(표면)이자율}\left(= \frac{\text{쿠폰이자}(C)}{\text{액면가}(F)}\right)$$

$$\Rightarrow \text{시장(만기)수익률}(m) < \text{경상수익률}\left(= \frac{\text{쿠폰이자}(C)}{\text{채권가격}(P_B)}\right) < \text{이표(표면)이자율}\left(= \frac{\text{쿠폰이자}(C)}{\text{액면가}(F)}\right)$$

정답 ③

❺ 케인스(J. M. Keynes)의 유동성 선호설(liquidity preference theory)

┌─ 유동성 ───

1. 유동성이라고 할 때 흔히 강조되는 한 가지 기준은 어떤 자산이 미리 결정된 어떤 명목금액으로 그 자산의 보유자가 원할 때 가치의 손실없이 현금과 교환될 수 있는 가능성을 말한다.
2. 유동성을 논할 때 자주 강조되는 또 하나의 기준은 어떤 자산의 시장이 어느 정도 완전한가 하는 것이다. 어떤 자산의 원매가격(願買價格, bid prices)과 원매가격(願賣價格, ask prices) 간의 차이가 시장의 완전성에 대한 한 지표가 될 수 있다.
3. 유동성이 어느 정도 있는 자산(화폐는 완전한 유동성을 가진 자산이므로 제외한다)을 준화폐(quasi-money), 혹은 근사화폐(near-money)라 한다.

└──

1) 유동성 선호의 동기

(1) **거래적 동기**(transactions motive)에 의한 화폐 수요 : 화폐의 수취와 지불 간의 시차를 메우기 위한 화폐보유로서 소득의 일정 비율로 결정된다($M^t \Rightarrow kY$).

(2) **예비적 동기**(precautionary motive)에 의한 화폐 수요 : 예상하지 못한 지출에 대비한 화폐보유로서 소득에 따라 결정되는데 M^t에 포함 ⇒ 거래적 동기에 의한 화폐수요와 함께 활성잔고(active balance)라고 한다.

(3) **투기적 동기**(speculative motive)에 의한 화폐 수요 : 케인즈의 유동성 선호설의 특징

① 앞으로 이자율이 상승하리라고 예상되는 경우 채권 대신 화폐를 보유하는 것을 말한다.

② 채권을 구입하기 이전에 일시적으로 보유하는 가치저장수단으로서의 화폐, 즉 채권과 대체관계에 있는 화폐보유이며 이는 이자율과 역의 관계를 갖게 된다(⇒ $M^s=l(r)$). 이와 같은 화폐수요를 유휴잔고(idle balance)라고 한다.

③ 여기서 화폐수요가 이자율의 감소함수인 것은 유통속도가 이자율의 증가함수라고 하는 것과 같다. 예를 들어 이자율이 상승하면 화폐수요가 감소하는데, 이는 이전보다 더 적은 화폐로도 같은 규모의 재화와 서비스 거래가 가능하다는 것이므로 유통속도가 증가함을 의미한다.

┌─ 채권과 투기적 동기에 의한 화폐수요 ─────────────────────

1. 채권과 화폐

1) 가치저장수단으로서 금융자산은 크게 채권과 화폐의 두 종류가 있다. 고전학파는 화폐는 이자를 낳지 않으므로 가치저장수단이 아니라고 보았다.
2) 채권이 이자를 낳는 반면에, 화폐는 장차 더 싼 가격으로 채권을 사기 위해서 현재 보유하는 금융자산이라는 점에서 화폐도 가치저장수단이며, 채권과 화폐는 서로 대체관계를 갖는다.
3) 거시경제 분석의 목적상 금융자산이 화폐와 채권만으로 이루어질 때, 화폐시장이 균형이면 채권시장도 균형을 이루게 된다. 화폐(M)와 채권(B)으로 구성된 금융자산의 수요가 M_d+B_d이고, 공급이 M_s+B_s라면 균형조건은 $M_d+B_d=M_s+B_s$이고, 이에 따라 $M_d-M_s=B_s-B_d$가 성립하므로 화폐의 초과수요(M_d-M_s)는 다른 한편으로 채권의 초과공급(B_s-B_d)이 된다. 따라서 화폐시장의 균형($M_d=M_s$)은 채권시장도 균형($B_s=B_d$)을 이루고 있음을 의미한다.

└──

2. 투기적 동기에 의한 화폐수요

1) 현재에 채권가격이 비싸져서 장차 그 가격이 떨어지리라고 예상하면 예상이 실현되어 실제 채권가격이 떨어질 때 채권을 사려 하므로, 현재에 채권에 대한 수요가 감소하고 화폐에 대한 수요가 증가하는 것을 말한다.
2) 거래적 동기에 의한 화폐수요와 달리 각 경제주체의 주관적 예상(기대)을 강조한다.

--- 거래적 화폐수요와 예비적 화폐수요 : 레이더(Laider) ---

거래적 화폐수요는 소득의 수취 및 지불 시기가 확실하게 알려져 있을 때 발생하는 화폐수요이고, 예비적 화폐수요는 소득의 수취 및 지불 시기가 불확실하기 때문에 발생하는 화폐수요이다.

2) 화폐수요의 결정

(1) 화폐수요는 거래적 화폐수요(M^t)와 투기적 화폐수요(M^s)의 합으로 구성된다.

$$M_d = M^t(Y) + M^s(r)$$

(2) **유동성 함정**(liquidity trap) : 채권가격이 더 이상 오르지 않고 앞으로 하락하리라고 예상하는 경우, 즉 이자율이 최저수준이라고 예상되는 경우 사람들이 채권을 모두 팔고 화폐로 보유하게 되어 투기적 동기에 의한 화폐수요$l(r)$이 r에 대해 무한탄력적으로 되는 부분을 의미한다.

┌─ 투기적 화폐수요와 유동성 함정 ─

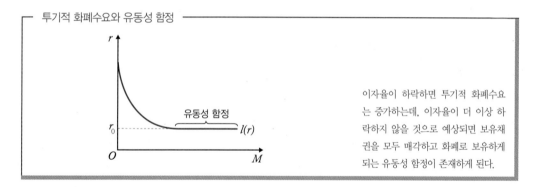

이자율이 하락하면 투기적 화폐수요는 증가하는데, 이자율이 더 이상 하락하지 않을 것으로 예상되면 보유채권을 모두 매각하고 화폐로 보유하게 되는 유동성 함정이 존재하게 된다.

유동성 함정

1. 이자율이 0%에 근접한 임계이자율 수준에서 존재한다.
2. 화폐수요의 기회비용이 0%에 접근한다.
3. 화폐수요가 무한히 증가할 수 있다.
4. 화폐수요의 이자율 탄력성이 무한대이다.
5. LM곡선이 수평이다.
6. 극심한 경기침체 상황에서 발생한다.
7. 경기안정화 정책으로서의 화폐정책은 무력하다.
8. 경기안정화 정책으로서의 재정정책은 유효하다.

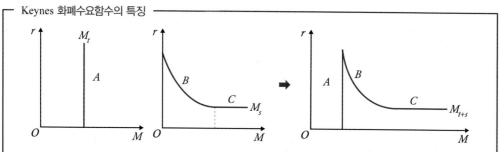

Keynes 화폐수요함수의 특징

구분	화폐수요의 이자율 탄력도	화폐수요의 이자율에 대한 안정성	화폐수요 동기	화폐의 기능	화폐와 채권의 보유상태
A	완전비탄력적	안정적	거래적, 예비적 동기	교환수단	현금만 보유
B	탄력적	불안정적	투기적 동기	가치저장 수단	화폐와 채권 동시보유
C	완전탄력적	매우 불안정	투기적 동기	가치저장 수단	채권을 매각하여 화폐만 보유

화폐수요의 탄력도

1. 소득탄력도 $= \left(\dfrac{\Delta l}{l}\right) / \left(\dfrac{\Delta Y}{Y}\right)$　　2. 이자율탄력도 $= -\left(\dfrac{\Delta l}{l}\right) / \left(\dfrac{\Delta r}{r}\right)$

확인 TEST

케인스의 화폐수요 이론에 대한 설명으로 옳지 않은 것은? [2016. 국가직 7급]

① 개인은 수익성 자산에 투자하는 과정에서 일시적으로 화폐를 보유하기도 한다.

② 화폐수요의 이자율탄력성이 0이 되는 것을 유동성 함정이라고 한다.

③ 소득수준이 높아질수록 예비적 동기의 화폐수요는 증가한다.

④ 거래적 동기의 화폐수요는 소득수준과 관련이 있다.

해설 • 경제주체들은 이자율이 더 이상 하락하지 않을 것으로 예상하면, 채권은 전혀 보유하지 않고 오직 화폐만을 보유하고자 한다.
• 화폐수요의 이자율탄력성이 무한대(∞)인 상태를 '유동성 함정'이라고 한다.

정답 ②

3) 화폐수요곡선의 변화

(1) **소득의 증가(감소)** : 소득이 증가(감소)하면 거래적 화폐수요가 증가(감소)하게 되므로 화폐수요곡선 은 오른쪽(왼쪽)으로 이동하게 된다.

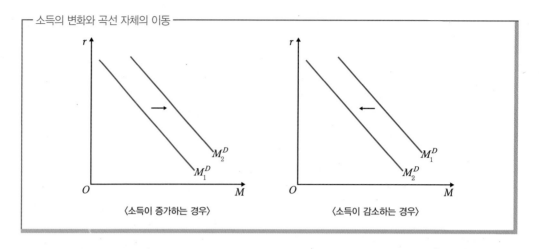

─ 소득의 변화와 곡선 자체의 이동 ─

〈소득이 증가하는 경우〉　　　〈소득이 감소하는 경우〉

(2) **이자율의 변동** : 이자율이 변동하면 화폐수요곡선 자체의 이동이 발생하지 않고 곡선을 따라 곡선 상의 이동만 일어난다.

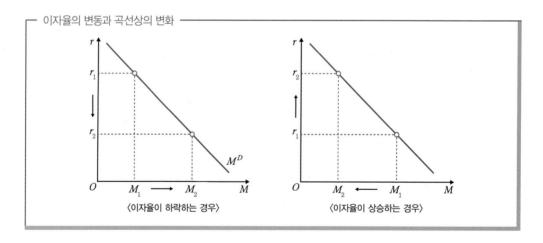

─ 이자율의 변동과 곡선상의 변화 ─

〈이자율이 하락하는 경우〉　　　〈이자율이 상승하는 경우〉

4) 유동성 선호설의 특징

(1) 일반적으로 거래적 동기의 화폐수요는 소득에 영향을 받기 때문에 안정적이나, 이자율에 의해 좌 우되는 경제주체의 심리에 영향을 받는 투기적 동기의 화폐수요는 불안정적이다.

(2) 전체의 화폐수요는 불안정한 투기적인 화폐수요에 주로 영향을 받기 때문에 이자율의 변화에 따 라 화폐수요는 크게 변하게 된다. 즉 화폐수요의 이자율 탄력도가 매우 크다. ⇒ LM곡선의 기울 기가 완만하게 된다.

(3) 화폐수요가 이자율에 영향을 크게 받는다는 것은 화폐의 유통속도가 고전학파가 예상한 것처럼 일정하지 않고 불안정적이라는 것을 의미한다.

학파별 비교

구분	고전학파	케인스학파	통화주의학파
이론	화폐수량설	유동성선호설	신화폐수량설
화폐수요함수	$M_d = \dfrac{1}{V}Py = kPy$ 화폐수요는 명목국민소득의 증가함수	$M_d/P = L_T + L_S = kPy - 1(r)$ 화폐수요는 명목국민소득의 증가함수, 이자율의 감소함수	$M_d/P = k(h, r_e, r_b, \pi_e)Y_P$ $= \{1/(h, r_e, r_b, \pi_e)\}Y_P$ 화폐수요는 항상소득의 증가 함수, 이자율의 감소함수
M_d 결정요인	명목국민소득의 크기	이자율과 명목국민소득 크기	항상소득의 크기
유통속도	전통, 관습에 의해 일정	매우 불안정	매우 안정적
화폐수요함수의 안정성여부	안정적인 화폐수요함수	불안정적인 화폐수요함수	안정적인 화폐수요함수
화폐수요의 이자율탄력도	0	매우 크다	매우 작다
통화량 증가 효과	물가상승	이자율 하락	물가상승
*LM*곡선 기울기	수직선	매우 완만	매우 가파름

심화 TEST

(가)-(다)에서 도출되거나 제시된 통화정책의 효과에 대한 주장을, 관련되는 개념과 이론을 활용하여 각각 설명하시오. 그리고 화폐 수요의 동기와 결정요인, 화폐 유통속도의 안정성을 기준으로 이들을 비교하시오.

[2011. 교원임용]

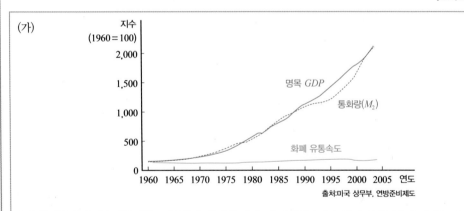

(나) 중앙은행이 가속기를 밟는 경우부터 생각해 보자. 공개시장조작을 통해 통화량을 늘리려는 중앙은행은 민간으로부터 채권을 매입할 것이고, 채권을 매각한 가계나 기업은 중앙은행으로부터 돈을 받을 것이다. 그러나 사람들은 언제나 그날그날의 생활에 필요한 일정 액수의 돈만을 주머니에 지니려 한다. 따라서 채권을 매각한 사람들은 새로 생긴 돈을 주머니에 보관하는 대신, 각종 소비재나 투자재 등의 구입에 지출할 것이다. 그 결과 국민소득은 증가한다. 반대로 중앙은행이 감속기를 밟는 경우를 생각해 보자. 중앙은행은 통화량을 줄이기 위해 개인들에게 채권을 매각한다. 채권을 매입한 사람들은 중앙은행에게 돈을 지불할 것이다. 이에 채권매입자들의 수중에는 돈이 줄었으나 그들은 예전과 같은 액수의 돈을 주머니에 지니려 한다. 채권을 매입한 사람들은 소비를 줄일 것이다. 그 결과 국민소득은 감소한다.

(다) 중앙은행이 통화량을 증가시킨다고 효과가 있을까? 사람들은 새로 생긴 돈을 소비하기 보다는 이불 밑에 숨겨 버릴지도 모른다. 만약 그렇게 된다면 돈의 유통속도는 뚝 떨어질 것이다. 돈의 유통속도가 떨어지면 통화량이 아무리 증가해도 민간의 소비와 투자는 변하지 않을 수도 있을 것이다. 특히 불황이 닥칠 경우 이런 현상이 발생할 가능성이 높다. 어떤 사람들은 통화량을 증가시킴으로써 생산량과 소득을 증가시킬 수 있다고 추론하는 것 같지만 이것은 마치 헐거운 벨트를 차면 살이 찌게 되리라 믿는 것과 같다. 이런 점은 극심한 불경기에서 더욱 그러하다.

분석하기

(가)

그래프에서 명목GDP와 통화량이 비례관계에 있고, 화폐유통속도는 거의 일정한 모습을 보이고 있는 고전학파의 전통적 화폐수량설에 해당한다. 이들의 주장에 따르면 화폐중립성이 성립하여 통화정책은 실질산출량에 영향을 주지 못하고 물가만을 비례적으로 변화시킬 뿐이다. 고전학파에서 화폐는 오직 교환의 매개수단으로만 기능하므로 화폐수요의 크기는 명목국민소득 수준에 의해 결정된다. 또한 거래관습이나 지불관습에 의해 결정되는 화폐유통속도는 항상 일정한 모습을 보인다.

(나)

사람들의 화폐수요가 효용극대화를 달성하기 위해 필요한 일정액수 수준에 머문다는 통화주의의 신화폐수량설에 해당한다. 이에 따라 통화정책은 명목국민소득에 영향을 주어 소비를 변화시키고 이를 통해 총수요를 변화시킬 수 있어 경기안정화 정책으로서 매우 효과적이라고 본다. 신화폐수량설에서 화폐는 교환의 매개수단뿐만 아니라 효용극대화를 달성하기 위해 필요한 또 하나의 자산으로 기능하며, 그 크기는 다른 자산과 함께 효용극대화를 달성하는 수준에서 결정된다. 또한 화폐유통속도는 일정하지는 않지만 안정적인 모습을 보인다.

(다)

극심한 불경기에서 화폐가 퇴장하는 모습을 보이게 되어 통화정책의 무력성을 주장하는 케인스 (J. M. Keynes)의 유동성 선호설에 해당한다. 이에 따라 극심한 불경기에서 화폐시장은 유동성 함정 상태에 빠지게 되어 확장적 통화정책으로 인해 증가한 화폐는 모두 투기적 동기의 화폐수요로 흡수되어 민간의 소비와 투자 증가에 영향을 미칠 수 없게 되어 경기안정화 정책으로서의 통화정책은 완전히 무력해진다. 유동설 선호설에서 화폐는 교환의 매개수단뿐만 아니라 자산의 하나로 가치저장수단의 성격도 갖게 되며, 그 크기는 소득과 이자율 수준에 의해 결정된다. 또한 화폐유통속도는 이자율에 매우 탄력적인 투기적 동기의 화폐수요로 인해 매우 불안정한 모습을 보인다.

❻ 보몰(W. Baumol)의 재고이론

1) 의의

(1) Keynes의 거래적 동기에 의한 화폐수요를 재고로 간주하여 비용극소화 측면에서 미시적으로 분석했다.

(2) 화폐잔고를 재고로 간주하여, 너무 적게 보유하면 필요한 거래를 할 수 없고, 너무 많이 보유하면 화폐보유에 따른 기회비용인 이자수입을 희생해야 하므로 화폐보유에 따르는 비용을 극소화하는 조건 하에서 적정 화폐수요를 결정한다.

(3) 이에 따른 거래적 동기에 따른 화폐수요는 Keynes와 달리 소득의 증가함수이고, 이자율의 감소함수가 된다.

2) 논의를 위한 전제

(1) 월초에 월급 T를 받아 월말까지 모두 지출한다고 할 때, 월초에 소득 T원을 모두 인출하여 일정한 속도로 사용하고 나면 월말의 잔고는 0원이 된다. 이러한 경우 월중 평균적인 화폐보유액은 $\dfrac{T}{2}$원이다. 그러나 이렇게 월초에 소득을 모두 화폐로 찾아 쓰는 경우는 흔치 않고 보통은 몇 차례 은행(또는 현금 인출기)을 방문할 것이다.

(2) 만약 은행방문횟수를 N이라고 하면 방문할 때마다 $\dfrac{T}{N}$원을 인출하게 되고, 평균적인 화폐보유액은 $\dfrac{T}{2N}$가 된다. 이 평균적인 화폐보유액이 바로 화폐수요량이다.

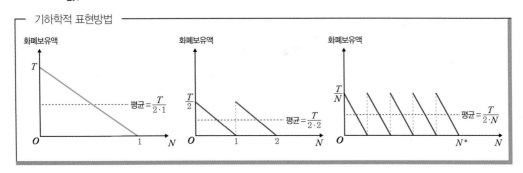

기하학적 표현방법

3) 화폐보유에 따른 비용

(1) 소득이 T, 소득을 화폐로 전환하기 위해 필요한 거래비용을 b, 화폐보유에 따른 기회비용인 이자율을 r, 그리고 은행 방문 횟수를 N이라고 가정하자.

(2) 화폐를 보유하기 위한 총비용은(C) 소득을 화폐로 전환하기 위한 총거래비용($b \times N$)과 화폐보유에 따르는 기회비용인 이자수입$\left(r \times \dfrac{T}{2N}\right)$의 합으로 구성된다.

$$C = b \times N + r \times \frac{T}{2N}$$

(3) 위 식에 따르면 은행 방문 횟수 N이 증가할수록 첫째 항은 증가하고 둘째 항의 값은 감소한다.

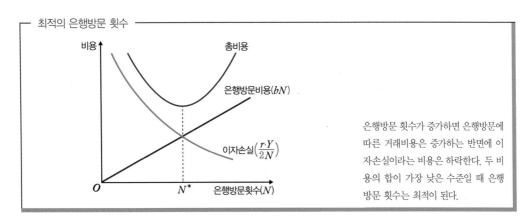

최적의 은행방문 횟수

은행방문 횟수가 증가하면 은행방문에 따른 거래비용은 증가하는 반면에 이자손실이라는 비용은 하락한다. 두 비용의 합이 가장 낮은 수준일 때 은행 방문 횟수는 최적이 된다.

4) 화폐보유비용의 극소화와 화폐수요

(1) 위의 비용함수식을 N에 대해 미분하여 0으로 놓으면 화폐보유에 따른 비용을 극소화할 수 있는 최적의 N^*를 구할 수 있다.

$$\frac{dC}{dN} = b - \frac{rT}{2N^2} = 0 \text{ (1계 조건)}$$

위 식을 N에 대하여 풀면

$$N^* = \sqrt{\frac{rT}{2b}}$$

그런데 평균화폐보유액은 $\frac{T}{2N}$이므로, 최적의 평균화폐보유액, 즉 화폐수요량은

$$\frac{T}{2N^*} = \sqrt{\frac{bT}{2r}}$$

(2) 위 식에 따르면 거래적 동기에 의한 화폐수요는 거래비용(b)과 소득(T)의 증가함수, 이자율(r)의 감소함수가 되어 화폐수요 함수가 소득뿐 아니라 이자율의 함수임을 보여준다.

(3) 이에 따라 거래적 동기에 따른 화폐수요는 거래량의 제곱근에 비례한다.

제곱근의 법칙(square root rule)

경영학의 재고이론에는 제곱근의 법칙이라는 것이 있는데, 판매량의 제곱근에 비례하여 재고를 보유할 것을 권장한다.

확인 TEST

보몰－토빈(Baumol-Tobin)의 거래적 화폐수요이론에 대한 설명으로 가장 옳지 않은 것은? [2019, 서울시 7급]
① 거래적 화폐수요는 이자율의 감소함수이다.
② 거래적 화폐수요는 소득의 증가함수이다.
③ 화폐를 인출할 때 발생하는 거래비용이 증가하면 거래적 화폐수요는 증가한다.
④ 거래적 화폐수요의 소득탄력성은 1이다.

해설 ▸ • 보몰－토빈(Baumol-Tobin)의 거래적 화폐수요함수는 다음과 같이 도출된다.

> • $M_D = \sqrt{\dfrac{b \times Y}{2r}} = \sqrt{\dfrac{1}{2}} \times b^{\frac{1}{2}} \times Y^{\frac{1}{2}} \times r^{-\frac{1}{2}}$
>
> • 여기서 M_D는 화폐수요량, b는 거래비용, Y는 소득, r은 이자율이다.

• 거래적 화폐수요는 거래비용과 소득의 증가함수이고, 이자율의 감소함수이다.
• 수요함수가 지수함수 형태로 주어지면 지수 값이 곧 탄력성이다. 따라서 거래적 화폐수요의 소득탄력성은 $\frac{1}{2}$이 된다.

정답 ▸ ④

❼ 불확실성에 근거한 토빈(J. Tobin)의 화폐수요에 관한 자산선택이론

1) 케인스(J. M. Keynes)

(1) 경제주체들이 자신이 인식하는 미래이자율에 대해서는 확실히 알고 있으나, 이러한 미래이자율의 크기는 각 경제주체들마다 서로 다른 것으로 불확실성을 정의한다.

(2) 개인의 입장에서는 미래이자율을 확실히 알고 있으므로 불확실성이 없다. 이에 따라 개인 화폐 또는 채권 모두에 투자하는 의사결정을 할 수 있다.

2) 토빈

(1) "미래의 값은 현재 아무도 모른다"라는 일반적인 불확실성 개념에 기초하여 "미래이자율의 값 역시 아무도 모른다"라는 가정에 근거하여 불확실성을 정의한다.

(2) 미래이자율의 크기는 아무도 모르는 불확실성으로 인하여 위험기피자적인 개인은 자신의 효용을 극대화하기 위하여 일부는 화폐로, 일부는 채권으로 보유하는 자산의 포트폴리오(portfolio)를 구성하게 된다.

3) 내용

(1) **이자율이 상승(하락)할 때 대체효과** : 이자율이 상승(하락)하면 채권가격의 하락(상승)으로 채권으로부터의 기대수익이 증가(감소)한다. 이에 따라 채권보유크기를 증가(감소)시키고 그 과정 속에서 화폐보유 크기를 감소(증가)시키게 된다.

(2) **이자율이 상승(하락)할 때 소득효과** : 이자율이 상승(하락)하면 대부자는 이자소득의 증가(감소)로 인한 실질소득의 증가(감소)로 화폐보유 크기를 증가(감소)시키고 그 과정 속에서 채권보유 크기를 감소(증가)시킨다.

(3) 결국 이자율이 변동할 때 화폐수요의 크기 변화는 대체효과와 소득효과의 상대적 크기에 따라 달라진다. 일반적으로는 이자율 변동에 따른 대체효과가 소득효과보다 크다고 알려져 있어 화폐수요는 이자율의 감소함수이다.

확인 TEST

〈보기〉에서 화폐수요에 대한 설명으로 옳은 것을 모두 고르면?

[2011, 국회 8급]

─〈 보 기 〉─

㉠ 케인스(Keynes)에 따르면 화폐수요는 이자율에 반비례한다.

㉡ 화폐수요가 이자율에 극단적으로 민감할 경우 통화정책은 명목 GDP에 아무런 영향을 주지 못한다.

㉢ 프리드만(Friedman)은 이자율이 화폐수요에 큰 영향을 미치지 못하며, 화폐수요는 기타자산, 화폐의 상대적 기대수익률, 항상소득의 함수라고 주장한다.

㉣ 보물-토빈(Baumol-Tobin)은 이자율이 올라가면 거래목적의 현금보유도 줄어들기 때문에 화폐유통속도는 증가한다고 주장한다.

㉤ 토빈의 포트폴리오 이론(Tobin's portfolio theory)에 의하면 이자율 상승 시 소득효과는 화폐수요를 감소시킨다.

㉥ 보물-토빈(Baumol-Tobin)에 따르면 거래적 화폐수요에는 범위의 경제가 존재한다.

① ㉠, ㉡, ㉢

② ㉡, ㉢, ㉣, ㉤

③ ㉠, ㉡, ㉢, ㉣, ㉤

④ ㉠, ㉡, ㉢, ㉣

⑤ ㉠, ㉡, ㉢, ㉣, ㉤, ㉥

해설 ▶ ㉡ 거래수량설의 교환방정식의 $MV=PY$에서 화폐수요가 이자율에 극단적으로 민감하다면 통화량이 증가할 때 이자율이 하락하면서 화폐보유가 극단적으로 증가하여 화폐 유통속도가 크게 감소하여 MV에 변화가 없게 되는 경우가 발생할 수 있다. 따라서 명목국민소득(PY)에도 아무런 변화가 발생하지 않을 수 있는 것이다. ㉤ 토빈의 포트폴리오 이론(Tobin's portfolio theory)에 의하면 이자율 상승 시 안전한 자산(화폐)보다는 위험한 자산(주식 등의 증권)을 선호하는 대체효과가 발생하고, 반면에 위험한 자산보다 안전한 자산을 선호하는 소득효과 나타난다고 한다. 따라서 이자율 상승 시 실질소득이 증가하게 되어 주식과 같은 위험자산을 줄이고 안전자산을 늘리기 위해 화폐수요를 증가시키는 소득효과가 나타난다. ㉥ 보물-토빈(Baumol-Tobin)에 따르면 화폐수요가 증가하면 그보다 더 큰 소득의 증가가 발생하는 규모의 경제가 존재하게 된다.

정답 ▶ ④

Theme 74 화폐공급이론

> **화폐의 공급**
>
> 통화량을 측정하기 위해 설정된 통화지표들을 보면 크게 현금통화와 예금통화로 구성되는데, 이 중 현금통화는 독점적인 발권력을 가진 중앙은행에 의해 공급되지만 예금통화는 예금은행에 의해 공급된다.

❶ 본원통화와 지급준비금

1) 본원통화

(1) **본원통화(monetary base)의 의의**

① 본원통화는 은행의 실제보유준비금과 민간의 화폐보유고를 합한 것으로 중앙은행이 발권은행으로서 독점적으로 현금을 발행하여 공급한다.

② 중앙은행이 현금을 발행한다 함은 단순히 지폐를 인쇄하거나 주화를 주조하는 것을 말하는 것이 아니다. 중앙은행이 유가증권의 구입이나 대출을 통해 현금을 시중에 공급할 때 비로소 현금이 발행되는 것이다.

③ 본원통화의 증가는 통화량을 통화승수 배만큼 증가시킨다. ⇒ 고성능 화폐(high-powered money)라 한다.

(2) **본원통화의 성격**

① 본원통화는 중앙은행의 통화성 부채

② 민간이 보유하고 있는 현금(=현금통화), 예금은행이 보유하고 있는 현금(=시재금), 예금은행이 중앙은행에 예치한 지준예치금의 셋을 합한 금액이다.

본원통화		
현금통화(currency in circulation)	예금은행 지급준비금(reserve)	
현금통화	예금은행 시재금(vault cash)	중앙은행 지준예치금
화폐발행액 = 중앙은행 밖에 남아 있는 현금 총액		중앙은행 지준예치금

(3) 본원통화의 원천

┌─ **중앙은행의 대차대조표** ─────────────────────────────

자산	부채와 자본
국내 자산 – 예금취급기관 대출(재할인 대출) – 정부 대출 – 기타 자산(공개시장매입 등) 해외 자산	본원통화(화폐발행액 + 지준예치금) – 정부예금 – 기타부채 – 해외부채

① 중앙은행은 은행의 은행이므로 은행에 대한 대출자산, 정부의 은행이므로 정부에 대한 대출자산, 주로 국공채나 중앙은행 소유의 건물과 시설과 같은 기타자산, 그리고 해외자산을 보유한다.

┌──┐
│ 순국내자산+순해외자산=본원통화(화폐발행액+지준예치금) │
└──┘

② 이에 따라 순국내자산과 순해외자산의 변화가 있을 경우에 본원통화가 변동한다. 이에 따라 순정부 대출(정부부문자산–부채), 예금취급기관대출, 순기타 자산, 순해외 자산(해외부문자산–부채) 등이 증가할수록 본원통화는 증가하게 된다.

┌─ **실질 주조차익(Real Seignorage)** ──────────────────────

1. 의미: 중앙은행의 신규 화폐발행으로 인해 민간보유 화폐의 실질가치가 하락할 때 발생하는 이익을 의미한다.
2. 도출: 화폐발행에 따라 부담해야 하는 비용을 무시한다면, 신규 화폐발행에 따른 실질 주조차익은 실질 화폐발행액이다.

┌──┐
│ $RS = \dfrac{\Delta M}{P} = \dfrac{\Delta M}{M} \times \dfrac{M}{P}$, 여기서 $\dfrac{\Delta M}{M}$은 통화량 증가율, $\dfrac{M}{P}$은 실질통화량이다. │
└──┘

만약 화폐유통속도가 일정하고, 화폐의 중립성이 성립하면, 통화량 증가율인 $\dfrac{\Delta M}{M}$은 인플레이션율(π)과 일치하게 된다. 따라서 실질 주조차익은 '$RS = \pi \times \dfrac{M}{P}$'이 되어 인플레이션 조세(inflation tax)의 크기와 동일해진다.

└──

2) 지급준비금

(1) 법정지급준비금(legal reserves : 필요지급준비금)

① 중앙은행이 예금은행으로 하여금 총예금액의 일정비율을 예금 인출요구에 대비하여 준비금으로 보유하도록 하는 것을 말한다.

┌─ **완전지불준비제도** ─────────────────────────────────

완전지불준비제도의 역사는 영국의 Goldsmith 은행으로 거슬러 올라간다. 본래 영국의 금 세공업자는 주민들이 소유한 금이나 기타 값진 귀중품을 안전하게 보관해 주는 화물보관소나 창고의 기능을 담당하였다. 그들은 금이나 기타 귀중품을 수납할 때 보관영수증을 발행해 주고 나중에 귀중품의 소유자가 영수증을 제시하면 소액의 일정한 수수료를 받고 귀중품을 돌려주곤 했다. 이때부터 비로소 단순한 귀중품 보관 내지 창고 기능에서 은행기능이 분리, 발전하게 되었다. 그리고 은행기능이 분화되면서 처음으로 나타난 형태는 이른바 100%(또는) 지불준비제도였다.

└──

② 예금은행의 법정지급준비금은 예금은행의 금고에 현금(시재금) 형태로 보유되기도 하지만 대부분 중앙은행에 예치된다.

$$\text{법정 지급준비율(legal reserve ratio)} = \frac{\text{법정지급준비금}}{\text{총예금액}}$$

⑵ **초과지급준비금(excess reserves)** : 예금은행이 법정지급준비금만으로는 충당할 수 없는 예기치 않은 거액의 예금인출요구 및 운영자금을 위해서 법정지급준비금을 초과하여 다소 여유있게 보유하고 있는 시재금을 말한다.

$$\text{초과지급준비율(excess reserves ratio)} = \frac{\text{초과지급준비금}}{\text{총예금액}}$$

⑶ **총지급준비금(total reserves)** : 법정지급준비금과 초과지급준비금(=은행이 대출할 수 있는 여유자금)을 합한 것이다.

$$\text{(총)지급준비율(total reserves ratio)} = \frac{\text{(총)지급준비금}}{\text{총예금액}} \Rightarrow \text{법정지준율+초과지준율}$$

Q&A

시중은행의 현재 대차대조표에 예금이 1,000억 원, 기타부채 500억 원, 지급준비금 200억 원, 대출금 1,000억 원, 기타자산이 300억 원이다. 법정지급준비율을 5%로 한다면 초과지급준비금은 얼마인가?

Solution

예금액 : 1,000억 원
법정지급준비금 : 50억 원(1,000×0.05)
실제지급준비금 : 200억 원
초과지급준비금 : 150억 원

┌─ **BIS 자기 자본 비율** ─────────────

국제결제은행(BIS)의 은행감독위원회가 은행의 건전성을 유지하기 위한 국제적인 기준으로 마련한 것으로서 자기자본의 비율이 8% 이상이 되도록 정하였다. 이는 금융구조조정에 있어서의 기준이 되고 있다.

$$\text{BIS 자기자본비율} = \frac{\text{자기자본}}{\text{위험가중치자산}} \times 100$$

한편, 우리나라에서도 1997년 IMF 외환체제 당시 이 기준으로 금융구조조정을 단행하였으며 은행들은 자기자본의 비율이 8% 이상을 유지하는 과정에서 기존의 대출이 회수되어 많은 기업들이 도산되고 이자율이 대폭 상승하였다.

❷ 통화승수와 신용창조

1) 통화승수(monetary multiplier)

(1) 개념: 통화 M_1를 본원통화 H로 나눈 값을 말하며 본원통화를 기반으로 하여 통화가 공급되는 것을 보여준다.

통화승수의 도출 과정

1. 현금통화비율 $\left(\dfrac{C}{M} = c\right)$이 주어진 경우

   본원통화(H)＝현금통화(C)＋지불준비금(R) ……①

   통화(M_1)＝현금통화(C)＋예금통화(D) ……②

   현금통화비율$(c)＝\dfrac{C}{M_1}$ ……③

   실제지급준비율$(r)＝\dfrac{R}{D}$ ……④

   ③, ④ → ① : $H=C+R=cM_1+rD$

   그런데 D는 ③ → ②로부터 $D=M_1-C=M_1-cM_1$이므로

   $H=cM_1+rD=cM_1+r(M_1-cM_1)=(c+r-cr)M_1$

   $\therefore M_1 = \dfrac{1}{c+r-cr}H = mH$

2. 현금예금비율 $\left(\dfrac{C}{D} = k\right)$이 주어진 경우

   $m = \dfrac{M}{H} = \dfrac{C+D}{C+R}$ 이므로 분모와 분자를 각각 D로 나누면 $m = \dfrac{\dfrac{C}{D}+1}{\dfrac{C}{D}+\dfrac{R}{D}} = \dfrac{k+1}{k+r}$ 이 도출된다.

Q&A

통화량을 민간보유현금통화와 요구불예금의 합으로, 본원통화를 민간보유현금통화와 지불준비금의 합으로 정의하자. 이때 현금예금비율(현금÷예금)이 0.6이고 지불준비금예금비율(지불준비금÷예금)이 0.2라면, 통화승수는?

Solution

현금예금비율을 $k\left(\dfrac{C}{D}\right)$, 지급준비율 $z\left(\dfrac{R}{D}\right)$을 z라고 할 때 통화승수는 다음과 같다.

$m = \dfrac{k+1}{k+z}$

따라서 $k=0.6$, $z=0.2$라고 하면

$m = \dfrac{k+1}{k+z} = \dfrac{0.6+1}{0.6+0.2} = 2$ 가 된다.

(2) 통화승수의 특징

통화승수$(m)＝\dfrac{1}{c+r-cr}=\dfrac{1}{r+c(1-r)}=\dfrac{1}{c+r(1-c)}, \; 0<c, \; r<1$

---

① 통화승수는 1보다 크다. 즉 통화량은 본원통화보다 크다. 이는 예금은행의 신용창조 때문이다.

② 단, $c=0$인 특수한 경우를 고려하면 통화승수는 $\dfrac{1}{r}$이 되며 신용승수와 같다.

(3) 통화(M_1) 공급 함수

$$M_1 = \frac{1}{c+r-cr}H, \ 0<c, \ r<1$$

① 통화공급은 본원통화(H)의 증가함수이다.

② 통화공급은 민간의 현금통화비율(c)의 감소함수이다.

┌─ 현금통화비율에 영향을 주는 요인 ─────────────────

1. 요구불 예금에 대한 이자율의 크기이다. 요구불 예금이 지급하는 이자율이 높을수록 사람들은 현금의 보유 비중을 줄일 것이다.
2. 은행부도의 위험성을 들 수 있다. 부도의 위험성이 클수록 현금보유비중은 높아지게 될 것이다.
3. 불법경제행위의 존재이다. 불법거래가 많을수록 현금에 대한 수요가 높을 것이다. 이처럼 불법거래가 이루어 지는 지하경제(underground economy)의 규모가 커질수록 현금에 대한 수요가 커지고 따라서 통화승수는 작 아지게 된다.

③ 통화공급은 예금은행의 지불준비율(r)의 감소함수이다.

2) 신용창조(예금통화의 창조)

(1) **의미** : 예금은행과 민간에 의해 대출과 예금의 누적적 반복을 통해 예금은행조직 밖에서 예금은행 조직으로 최초에 흘러들어온 예금인 본원적 예금(primary deposit)보다 더 많은 대출과 예금, 즉 파생통화를 창출하는 과정을 말한다.

(2) 가정

① 요구불예금만 있고 저축성예금은 없다.

② 현금유출이 없다(즉 $c=0$).

③ 은행의 자산운용은 대출의 형태만 있고, 채권 등의 투자는 없다.

④ 법정지불준비금만 보유하고, 초과지불준비금은 없다.

(3) **신용창조의 과정** : 본원통화(H)가 100, 법정지불준비율(r)이 0.1이라 가정

은행	예금	대출	법정지불준비금
A	100(본원적 예금)	90	10
B	90(파생적 예금 1)	81	9
C	81(파생적 예금 2)	72.9	8.1
D	72.9(파생적 예금 3)	65.61	7.29
⋮	⋮	⋮	⋮
총 계	1,000	900(=파생적 예금)	100(= 본원적 예금)

① 총예금(D) 창조

$$\underset{\text{본원적예금}}{H} + \underset{\substack{\text{대출에 의한}\\\text{파생적예금 1)}}}{(1-r)H} + \underset{\substack{\text{대출에 의한}\\\text{파생적예금 2)}}}{(1-r)^2 H} + \cdots = \frac{1}{r}H$$

이때 $\dfrac{1}{r}$이 총신용승수(credit multiplier)가 된다.

② 순예금창조

$$\text{파생적 예금}=\text{총예금 창조}-\text{본원적 예금}=\dfrac{1}{r}H-H=\dfrac{1-r}{r}H$$

이때 $\dfrac{r-1}{r}$이 순신용승수가 된다.

확인 TEST

최근 A는 비상금으로 숨겨두었던 현금 5천만 원을 은행에 요구불예금으로 예치하였다고 한다. 현재 이 경제의 법정지급준비율은 20%라고 할 때, 예금 창조에 대한 〈보기〉의 설명 중 옳은 것을 모두 고르면?

[2019, 서울시 공개경쟁 7급]

〈 보 기 〉

ㄱ. A의 예금으로 인해 이 경제의 통화량은 최대 2억 5천만 원까지 증가할 수 있다.
ㄴ. 시중은행의 초과지급준비율이 낮을수록, A의 예금으로 인해 경제의 통화량이 더 많이 늘어날 수 있다.
ㄷ. 전체 통화량 가운데 민간이 현금으로 보유하는 비율이 낮을수록, A의 예금으로 인해 경제의 통화량 이 더 많이 늘어날 수 있다.
ㄹ. 다른 조건이 일정한 상황에서 법정지급준비율이 25%로 인상되면, 인상 전보다 A의 예금으로 인해 경제의 통화량이 더 많이 늘어날 수 있다.

① ㄱ, ㄴ ② ㄴ, ㄷ
③ ㄱ, ㄴ, ㄷ ④ ㄱ, ㄴ, ㄷ, ㄹ

해설 ▸ • 비상금을 요구불 예금으로 예치하는 경우, 이를 전제로 법정지급준비율에 따라 새롭게 증가하는 통화량을 구해보면 다음 표와 같이 정리할 수 있다. 단, 예치되는 5천만 원은 이미 기존의 통화량 을 구성하고 있으므로, 이 경우 사용되는 승수는 '순신용승수'임을 주의한다.

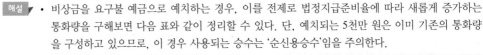

법정 지급준비율	통화량 증가분 $\left(=\text{예금}\times\text{순신용승수}=\text{예금}\times\dfrac{1-\text{법정지급준비율}}{\text{법정지급준비율}}\right)$
20%	5천만 원$\times\dfrac{1-0.2}{0.2}=$5천만 원$\times4=$2억 원
25%	5천만 원$\times\dfrac{1-0.25}{0.25}=$5천만 원$\times3=$1억 5천만 원

• 예금 전의 통화량은 비상금 5천만 원이다. 그런데 이를 요구불 예금으로 예치하게 되면 추가적으 로 최대 2억 원만큼 새롭게 통화량이 증가하게 된다. 이에 따라 이 경제의 통화량은 5천만 원에 서 최대 2억 5천만 원으로 증가할 수 있다(ㄱ).

• 법정지급준비율이 25%로 인상되면 20%에 비해 순신용승수가 작아져서 통화량 증가분은 작아진 다(ㄹ).

• 시중은행의 초과지급준비율이 낮을수록, 즉 대출액이 증가할수록 이로 인해 통화량은 더 증가하 게 된다(ㄴ).

• 한편 문제에서 비상금을 현금으로 보유하지 않고 요구불 예금으로 예치할수록, 즉 민간이 현금을 보유하는 비율을 줄일수록 통화량은 증가하게 된다(ㄷ).

정답 ▸ ③

시중은행은 어떻게 새로운 통화를 만들어내는가?

"일반적으로 시중에 통화를 공급하는 기능을 수행하는 기관은 중앙은행이다. 이것은 발권은행으로서 중앙은행의 당연한 기능이라고 할 수 있다. 이때 중앙은행의 창구를 통해 최초로 시중에 흘러나온 통화를 본원통화라고 한다. 그런데 중앙은행뿐만 아니라 일반 시중은행도 통화를 창출하여 시중에 공급을 한다. 이것은 어떤 과정을 통해서 이루어질까?"

다음과 같은 예를 가정해보자. 민주는 시중은행인 H은행에 5%의 연이자율로 100만 원을 예금하였다. 이에 따라 H은행은 민주의 예금을 안전하게 보관하는 것은 물론이고 5%의 이자 지급 약속도 이행해야 한다. 만약 H은행이 이러한 기능만 수행한다면 H은행은 곧 도산하고 말 것이다. 따라서 H은행도 자선단체가 아닌 이윤을 추구하는 영리 금융기관으로서 민주가 예금한 100만 원을 기초로 재테크에 나서야 한다. 이를 위해 5%보다 높은 7%의 이자율로 동국에게 100만 원을 곧바로 대출해 주었다. 그런데 공교롭게도 민주가 급하게 돈이 필요해 조금 전 예금한 돈을 인출하기 위해 H은행에 다시 찾아왔다. 하지만 그 돈은 이미 동국에게 대출된 후였다. 즉 은행에 돈이 없게 된 것이다. 정말 이런 경우가 발생하면 얼마나 황당하고 심각한 상황이 발생할까? 이런 사실이 다른 은행의 예금주에게까지 알려지면 그들은 자신의 돈

을 찾지 못할까봐 은행으로 달려가 자신의 예금을 인출하려 시도할 것이다. 우리는 이러한 상황을 'bank-run'사태라고 한다. 이 순간 금융시장은 마비가 될 것이고 이로 인한 경제 전체의 혼란은 생각하기도 힘든 엄청난 공황 상태에 빠질 것이다.

앞의 가상의 예에서 본 것처럼 은행은 언제 예금주가 자신의 예금을 인출할지 모르기 때문에 평소에도 이에 대비한 돈을 충분히 보유해야 한다. 그렇다고 예금된 돈을 모두 보유할 필요는 없다. 왜냐하면 예금주들이 동일한 날 예금 전부를 인출할 가능성은 실제로는 매우 낮기 때문이다. 따라서 은행은 예금액의 일정부분만 보유하고 있으면 된다. 이를 지급준비금(reserves)이라고 하고 예금액에서 지급준비금이 차지하는 비율을 지급준비율이라고 한다. 그런데 만약 이러한 지급준비율을 은행 스스로 정할 수 있게 한다면 간혹 수익을 얻기 위한 대출을 많이 하기 위하여 지급준비율을 과도하게 낮은 수준으로 유지하려고 할 수도 있다. 이에 따라 자칫 예금인출에 응하지 못해 전술한 'bank-run'사태를 초래할 수 있게 된다. 이러한 문제를 방지하기 위해 지급준비율은 은행감독기관인 중앙은행에 정하고, 중앙은행에 의해 결정된 것을 법정지급준비율 또는 필요지급준비율(required reserves)이라고 한다. 은행은 이러한 법정지급준비율을 반드시 준수해야 한다. 물론 법정지급준비금을 제외하고는 나머지는 모두 대출을 통한 수익 창출을 위해 사용할 수 있다.

신용팽창(credit expansion)과 신용수축(credit contraction)

중앙은행이 본원통화를 증가시키면 예금이 창조되는 과정에서 대출이 창출되는데 이를 신용팽창이라 한다. 이러한 신용팽창은 곧 금융시장에서의 자금공급의 증가를 의미한다.

반면에 중앙은행이 본원통화를 감소시키면 은행들은 법정지급준비율을 만족시키기 위해 대출을 감소시키고 이에 따라 예금통화가 줄어들게 되는 신용수축이 발생한다. 중앙은행이 통화긴축을 하면 자금사정이 악화된다고 하는데 이는 통화긴축을 위한 통화환수가 은행들의 대출감소를 가져오기 때문이다.

본원통화와 통화의 구성

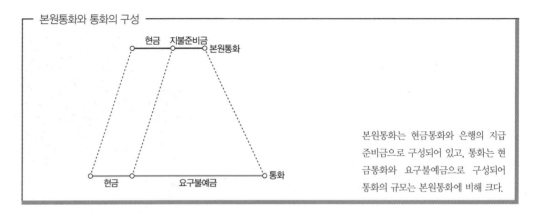

본원통화는 현금통화와 은행의 지급준비금으로 구성되어 있고, 통화는 현금통화와 요구불예금으로 구성되어 통화의 규모는 본원통화에 비해 크다.

주의

"예금은행조직 전체의 대출총액은 최대 얼마인가?"라는 문제를 '총예금창조액'을 묻는 것으로 착각해서는 안 된다. 여기서 주목할 용어는 오직 '예금은행조직'이며 이는 중앙은행이 제외되는 것을 뜻하는 것이다. 따라서 이 문제는 '순예금창조액'이 얼마인가를 묻고 있는 것이다.

---

❸ 본원통화의 외생성과 내생성

1) 본원통화의 외생성

(1) 의미 : 중앙은행은 독점적이고도 배타적인 발권력을 기초로 본원통화량을 결정한다. 이처럼 거시경제모형의 외적 요인에 의해서 본원통화가 결정된다는 성질을 본원통화의 외생성이라고 한다.

(2) 근거 : 중앙은행은 지급준비율의 조절, 공개시장조작, 재할인율의 조절 등을 통하여 본원통화량의 크기를 외생적으로 통제할 수 있다. 즉 중앙은행이 본원통화량의 크기를 의도적으로 조절할 수 있다는 것이 본원통화의 외생성의 기초가 된다.

2) 본원통화의 내생성

(1) 의미 : 중앙은행이 주요 거시경제 변수인 국민소득, 이자율, 국제수지 등과 관련을 맺는 과정 속에서 본원통화량의 크기가 결정된다는 것을 말한다. 이러한 본원통화의 내생성은 중앙은행의 독자적 통화정책에 한계로 작용한다는 것을 시사해준다.

(2) 본원통화의 공급 메카니즘과 내생성

① 정부가 정부지출에 필요한 재원을 중앙은행으로부터 차입을 통해 조달하는 경우 본원통화는 증가한다.

② 시중은행이 중앙은행으로부터 자금을 차입하는 경우에 본원통화는 증가한다.

③ 중앙은행이 공개시장을 통해 통화안정증권이나 외국환평형채권 등을 매입하면, 그 매입대금만큼 본원통화가 증가한다.

④ 중앙은행이 외환시장의 안정을 위해 외환시장에 개입하여 외환을 매입하게 되면, 그 매입대금만큼 본원통화가 증가한다. 특히 고정환율제도 하에서 환율의 상승압력 또는 하락압력 등을 해소하기 위해 중앙은행이 외환시장에 개입하는 경우, 본원통화의 내성적변화는 극명하게 나타나게 된다. 이것은 중앙은행이 본원통화를 완벽하게 통제할 수만은 없다는 근거로서 제시될 수 있다.

(3) 이자율과 본원통화의 내생성

① 이자율의 상승은 다음과 같은 과정을 통해 본원통화에 영향을 미친다.

> • 이자율 상승 ⇒ 자본유입 ⇒ 환율상승(압력)
> ⇒ 안정적 환율 유지를 위해 중앙은행의 외환 매입 ⇒ 본원통화량 증가

결국 본원통화량은 이자율의 증가함수임을 알 수 있다.

② 통화공급이 이자율의 증가함수이면, LM곡선의 기울기는 보다 완만해지고, 이로 인해 통화정책의 유용성은 보다 떨어지게 된다.

이자율 결정이론

① 이자율의 의의

1) 매매거래와 대차거래

(1) **매매거래**: 대가를 지불하고 재화 및 서비스의 이용이라는 혜택을 직접 얻는 거래이다. 이때 대가의 지급이 완전하게 이루어지면 거래는 그 자리에서 완결된다. ⇒ "더위에 지친 웅재는 편의점에서 생수 1병을 1,000원을 주고 구입하여 갈증을 해소하였다."

(2) **대차거래**: 혜택과 대가의 연결이 간접적이다. 대차거래는 나중에 약속이 충실히 이행되어야만 비로소 완결된다. 필연적으로 대차거래에는 '시간의 흐름'이 개입된다. ⇒ "급전이 필요했던 웅재는 현중에게 1,000만 원을 빌리고 한 달 후에 1,010만 원을 주기로 약속하였다."

2) 시간 선호의 가정과 이자율

(1) **시간 선호(time preference)**: 경제주체들이 현재소비를 미래소비보다 더 선호하는 것을 의미한다. 그 이유는 소비자가 확실한 현재의 소비를 불확실한 미래의 소비보다 더 선호한다고 보는 경제학의 가정(assumption) 때문이다. 이에 따라 거래가 공정하다는 평가를 받기 위해서는 현재 얻게 되는 혜택의 가치와 미래에 지불하기로 한 대가의 가치가 같아야 한다.

(2) **시간 선호율(the rate of time preference)**: 현재가치를 미래가치보다 더 좋아한다는 시간 선호의 가정을 받아들인다면 이제는 '얼마만큼 더 좋아하느냐'라는 문제가 대두된다. 여기서 좋아하는 정도를 측정하는 기준이 '시간 선호율' 개념이다. 이것은 미래의 가치가 현재의 가치와 동등한 가치를 가지기 위해 현재의 가치보다는 큰 값을 가져야하는 비율을 의미한다.

(3) **이자율(the rate of interest)**: 현재와 미래 가치에 대한 개개인의 효용함수를 현실적으로 정확히 알 수 없기 때문에, 이를 현실적으로 해결하기 위해서 현재와 미래의 효용을 직접 비교하는 방법 대신에 현재의 재화 및 서비스와 미래의 재화 및 서비스의 가격을 직접 비교하는 과정에서 이자율 개념이 생겨나게 되었다.

① **원금(principal)**: 거래를 할 때 처음 받게 되는 혜택의 크기를 의미한다.

② **이자(interest)**: 거래 시작과 그 완결시기 사이에 시간이 개입되는 대차거래에서 미래가치와 현재가치가 동등한 가치를 가지도록 미래에 지불하게 되는 추가적인 부분을 의미한다.

③ **원리금**: 원금과 이자의 합을 의미한다.

④ **이자율**: 원금에서 이자가 차지하는 비율을 의미한다. ⇒ 이자율 $= \dfrac{\text{이자}}{\text{원금}}$

> 원금(X), 이자율(r), 원리금(Y)과의 상호 관계
>
> - $Y=X+X\times r=X(1+r)$
> - $X=\dfrac{Y}{1+r}$
> - $r=\dfrac{Y}{X}-1$

이자율이 결정되는 원리는?

"우리는 흔히 돈을 빌리든 물건을 빌리든 그것에 대해 일정한 대가를 지불한다. 우리는 그것을 이자라고 한다. 그런데 이러한 이자는 어떤 이유에서 발생하는가? 단순한 고마움을 표시하기 위해서일까? 그리고 이자의 크기는 어떤 원리에 의해서 결정되는가?"

화폐가 되었든 실물이 되었던 경제 주체 상호 간에 대차거래(貸借去來)를 할 때는 거래가 발생한 때부터 거래가 마무리될 때까지의 서로 다른 시점 사이에 거래된 화폐 혹은 실물의 가치를 어떻게 평가해야 하는가의 문제가 발생한다. 이러한 문제 해결의 열쇠가 바로 '시간 선호(time preference)'의 가정이다. 여기서 시간 선호란 일반적으로 경제 주체들은 미래가치보다는 현재가치에 더 큰 가중치를 준다는 개념이다. 그리고 그 이유는 미래의 불확실성 때문이라고 설명한다. 즉 아직 결정되지 않은 불확실한 미래보다는 확실한 현재를 더욱 좋아한다는 것이다. 이런 경우를 가정해보자. 어느 날 나에게 100만 원이 있었는데 절친한 두 명의 친구인 진수와 성찬이가 100만 원을 빌려달라고 한다. 그런데 진수는 일주일 후에 돌려준다고 하고 성찬이는 1년 후에 돌려준다고 한다. 자 이제 나는 누구에게 빌려주게 될까? 두 친구 모두 절친이기 때문에 결국 고려하게 될 요소는 무사히 돌려받을 수 있는 조건에 관심을 가질 수밖에 없을 것이다. 그런데 일주일이라면 그 사이 지금과 큰 사회적 변동이 없을 것 같은데, 1년 이라면 그 사이 지금으로서는 전혀 예측할 수 없는 사태가 발생하여 절친인 성찬이의 의사와 관계없이 어쩔 수 없이 상환할 수 없는 상황이 생길 수도 있을 것이다. 결국 불확실성이 상대적으로 덜한 일주일의 기간 동안 진수에게 빌려줄 것이다.

만약 이러한 시간 선호의 가정을 일반적으로 받아들인다면 이제는 과연 미래보다 현재를 '얼마나 더 좋아하는가'라는 문제가 등장한다. 현재를 좋아하는 정도가 큰 사람일수록 미래의 가치를 상대적으로 더 낮게 평가할 것이다. 문제는 그 좋아하는 정도를 어떻게 객관화할 것인가이다. 이를 해결하기 위해 흔히 사용하는 방법이 현재의 가격과 미래의 가격을 비교하여 간접적으로 그 선호 정도를 측정하는 것이다. 이자(interest) 또는 이자율(interest rate)은 바로 이러한 과정 속에서 탄생하게 된 것이다.

그런데 모든 시대에서 이러한 이자를 인정한 것은 아니다. 고대 그리스 철학자였던 아리스토텔레스(Aristoteles)는 '화폐는 새끼 낳지 않는다'고 하여 이자의 가능성을 부인하였다. 이러한 아리스토텔레스 철학에 영향을 받은 중세 기독교 철학에서도 '이자는 사탄의 자식'이라고 간주하였다. 여기에 영향을 받아 기독교 신앙을 믿었던 중세 시대의 대부분 유럽 사람들은 이른바 은행업(고리대금업)에 종사하지 않았다. 왜냐하면 은행업에 종사하면 사탄의 자식인 이자를 낳게 되기 때문에……

이에 따라 기독교로부터 자유로웠던, 정처 없이 유럽을 떠돌던 유태인들이 그 빈자리를 채우게 된 것이다. 이때 가장 유명한 고리대금업자가 바로 셰익스피어의 소설 '베니스의 상인'에 나오는 '샤일록'이라는 고리대금업자인 것이다.

다시 이자의 의의에 대해서 얘기해 보자.

시간이 고려되는 대차거래에서 미래가치와 현재가치를 동등하게 만들기 위해 상환 시점에서 추가적으로 대가로 지불되는 것을 이자라고 하고, 처음에 받은 부분을 원금

(principal)이라고 한다. 그리고 원금에 대해 이자의 크기 비율을 이자율이라고 정의할 수 있다. 우리가 흔히 원리금이라고 하는 것은 바로 이와 같은 원금과 이자가 합쳐진 개념이다. 이를 식으로 정리하면 다음과 같다.

$$\text{이자율} = \frac{\text{이자}}{\text{원금}}$$

예를 들어 성찬이가 100만 원을 빌린 대가로 15만 원을 지불하겠다고 했다면, 이때의 원금은 100만 원, 이자율은 $\frac{15}{100}=0.15$가 되어 15%가 된다. 또한 원리금은 115만 원(100만 원+15만 원)이 된다. 이를 이용하여 원리금(Y), 원금(P), 이자율(i)의 공식을 다음과 같이 정리할 수 있다.

- $Y=P+P\times i=P(1+i)$
- $X=\dfrac{Y}{1+i}$
- $i=\dfrac{Y}{P}-1$

3) 실질이자율과 명목이자율

(1) **실질이자율**(real interest rate): 원금과 이자를 재화의 크기와 같은 실질변수로 환산한 뒤 계산된 이자율이다.

(2) **명목이자율**(nominal interest rate): 원금과 이자를 화폐단위로 환산한 뒤 계산된 이자율이다.

실질이자율(r)과 명목이자율(i)의 관계

- 1,000원인 생수 10병을 빌리고 1년 후에 생수 11병으로 상환하기로 한 경우(단, 생수가격은 불변)

  ⇒ 실질이자율 $=\dfrac{1\text{병}}{10\text{병}}=0.1(10\%)$

  ⇒ 명목이자율 $=\dfrac{1,000\text{원}}{10,000\text{원}}=0.1(10\%)$

  ⇒ 물가가 거래기간동안 불변인 경우에는 실질이자율과 명목이자율의 크기는 같다.

- 1,000원인 생수 10병을 빌리고 1년 후에 생수 11병으로 상환하기로 한 경우(단, 생수가격은 1,100원으로 상승)

  ⇒ 실질이자율 $=\dfrac{1\text{병}}{10\text{병}}=0.1(10\%)$

  ⇒ 명목이자율 $=\dfrac{2,100\text{원}}{10,000\text{원}}=0.21(21\%)$

  ⇒ 물가가 거래기간 동안 상승하면 실질이자율은 변화가 없으나, 동일한 실질이자를 지급하기 위해서는 더 많은 화폐가 필요하게 되므로 명목이자율은 상승하게 된다.

- 수식으로 정리

  실질이자율은 r, 명목이자율을 i, 물가상승률을 π, 원금의 실질크기를 X, 초기 물가수준을 P라고 하면

  ⇒ 실질변수로 환산한 원금은 X, 원리금은 $X(1+r)$이 된다.

  ⇒ 명목변수로 환산하면 원금은 $P\cdot X$, 그리고 물가상승률은 π이므로 상환 시 물가는 $P(1+\pi)$로 상승하게 되므로 명목변수로 환산한 상환 시 원리금은 $P(1+\pi)\cdot X(1+r)$이 된다.

⇒ 이에 따라 명목이자율(i)을 다음과 같이 나타낼 수 있다.

$$이자율 = \frac{원리금}{원금} - 1$$
☞ $i = \dfrac{P(1+\pi) \cdot X(1+r)}{P \cdot X} - 1$

☞ $i = (1+\pi)(1+r) - 1 = 1 + r + \pi + \pi \cdot r - 1$

☞ $i ≒ r + \pi (\because \pi \cdot r$은 무시해도 좋을 만큼 작은 수치)

4) 이자율의 기능

⑴ 경기 조절 기능

① 이자율의 변동이 자금수급을 조절하여 소비와 투자에 영향을 미침으로써 경기를 조절하는 것을 말한다. 이와 같이 이자율로 인해 경기가 자동으로 조절되기 때문에 고전학파이론에서는 이러한 기능을 '이자율의 자동안정화 기능'이라고 한다.

② 케인스(J. M. Keynes)는 이자율을 포함한 가격 변수의 경직성으로 인해 이러한 경기조절기능이 제대로 작동하지 못하므로 보정적인 금융정책의 필요성을 주장한다.

⑵ 자금 배분 기능

① 이자율은 자금 수급의 척도로서 자금의 합리적 배분을 가능하게 해 준다.

② 이자율은 예금자와 같은 자금공급자의 소득인 동시에 기업과 같은 자금수요자의 비용이라는 특성을 동시에 갖게 된다. 이에 따라 고금리 혹은 저금리 중 어떤 것을 중시할 것인가 하는 것은 경제여건과 정책판단에 따라 적정 수준에서 결정되어야 한다.

⑶ 소득 분배 기능

① 이자율은 소득의 한 형태로 자산소득을 형성한다.

② 이에 따라 이자율의 변동은 소득계층과 저축－투자 행태와 관련하여 소득분배에 영향을 미치게 된다.

금리 스왑

A회사와 B회사는 다음의 금리조건으로 자금을 조달할 수 있다.

구분	고정금리	변동금리
A회사	10%	LIBOR+0.5%p
B회사	11.5%	LIBOR+1.0%p

한편 A회사는 현재 변동금리 자금이 필요하고 B회사는 고정금리 자금이 필요하다. 두 회사가 각자 자금을 조달한 뒤 서로 금리스왑 거래를 한다고 할 때, 이를 통해 두 회사가 얻게 되는 총 차입비용의 최대 절감효과는?

 분석하기

- 표에서 A회사는 B회사에 비해 고정금리는 1.5%p, 변동금리는 0.5%p가 낮으므로 상대적으로 더 낮은 고정금리가 유리하고, B회사는 A회사에 비해 고정금리는 1.5%p, 변동금리는 0.5%p가 높으므로 상대적으로 더 낮은 변동금리가 유리하다. 즉 비교우위가 성립한다. 이에 따라 A회사는 10% 고정금리로 자금을 조달하고, B회사는 LIBOR+1.0%p 변동금리로 자금을 조달한다. 이때 두 회사가 부담하는 총금리의 크기는 'LIBOR+11%'이다. 반면에 두 회사가 각각 필요한 금리로 독자적으로 차입할 때 부담하는 총금리의 크기는 'LIBOR+12%'가 된다. 따라서 두 회사가 상대적으로 유리한 금리조건으로 차입한 후, 필요한 금리로 서로 교환하는 금리스왑 거래를 하게 되면 '1%'만큼 차입비용을 절감할 수 있는 것이다.

- 본 문제를 구체적으로 풀어보자.
  두 회사는 대출 상환 시까지 금리변동을 예상하여 조금이라도 차입비용을 줄이고자 하는 방안을 모색하고 있다. 예컨대 A회사는 비교우위가 있는 고정금리 10%로 대출했는데 앞으로 금리가 내려갈 것으로 예상되어 변동금리인 LIBOR로 이자를 내고 싶어 하고, B회사는 변동금리로 대출했지만 앞으로 금리가 올라갈 것이 예상되므로 고정금리 10%로 내고 싶어 하는 것이다.
  만약 A회사가 B회사에게 LIBOR를 지급하고, B회사가 A회사에게 10.25%의 금리를 지급하기로 하는 금리스왑 계약을 체결한다고 가정하면 상환 시점에는 다음과 같은 최종 결과가 나타난다.

- A회사 : 10% 고정금리로 대출받았으므로 동일한 10%를 부담하면 된다.
- B회사 : 은행에 지급해야 할 LIBOR+1.0%p 중에서 A회사에서 LIBOR를 받았으므로 추가적으로 +1.0%p만 부담하면 되므로, 결국 A회사에게 지급한 10.25%와 추가로 내야할 1%를 더한 11.25%를 부담하면 된다.

이 결과를 A회사가 변동금리, B회사가 고정금리로 대출받았을 경우와 비교하면, 두 회사의 차입비용절감효과를 도출할 수 있다. 그 효과는 다음과 같다.(단, 받은 것은 '+', 지급한 것은 '−'로 나타낸다)

- A회사의 경우 : 10.25%−LIBOR−10%=0.25%−LIBOR ⇒ A회사가 만약 변동금리로 차입을 했다면(LIBOR+ 0.5%p)를 주고 차입해야 했었는데 LIBOR만을 지급하고 0.25%만큼 수익을 얻을 수 있으므로 0.75%p 이익
- B회사의 경우 : LIBOR−10.25%−(LIBOR+1%)=−11.25% ⇒ B회사가 만약 고정금리로 차입을 했다면 11.5%를 주고 차입해야 했었는데 11.25%만 지급하면 되므로 0.25%p 이익

결국 두 회사가 얻게 되는 총 차입비용의 최대 절감효과는 A회사의 이익인 0.75%p와 B회사의 이익인 0.25%p의 합인 1%p가 되는 것이다.

❷ 고전학파 이자율 결정 이론

1) 투자와 저축

(1) **투자**: 기업의 이윤극대화를 위한 투자 규모는 실물자본 투자를 통해 얻을 수 있는 미래 기대수익의 현재가치와 밀접한 관련을 맺는다. 그런데 이자율의 하락은 미래 기대수익의 현재가치를 크게 하므로 이에 따라 투자는 증가하게 된다. 즉 투자는 이자율의 감소함수이다.

(2) **저축**: 가계는 예금을 하거나 채권을 구입함으로써 대부자금시장에서 자금을 공급(=저축)한다. 이러한 저축의 크기를 결정하는 요인은 가계의 효용극대화 문제 속에 놓여 있으며, 특히 미래에 대한 태도가 어떠한가에 달려 있다. 예를 들어 '미래까지 기다림에 대한 보상', 즉 이자율이 높을수록 저축은 증가하게 된다. 즉 저축은 이자율의 증가함수이다.

2) 이자율의 결정

(1) 한 경제의 이자율은 투자와 저축의 힘에 의해 결정된다. 이는 곧 대부자금시장에서 대부자금에 대한 수요와 공급에 의해 결정되는 실질이자율인 것이다. 이에 따라 화폐시장에서 통화량의 변화와 이자율 결정은 관련이 없게 된다.

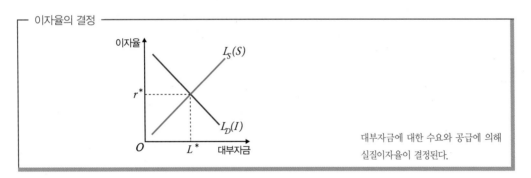

이자율의 결정

대부자금에 대한 수요와 공급에 의해
실질이자율이 결정된다.

(2) 고전학파의 이자율 결정이론은 한 경제의 실질이자율이 장기적으로 어떤 추세를 가지고 움직일 것인가에 대한 기초적 분석의 틀을 제공한다.

❸ 케인스의 이자율 결정 이론

1) 이자율의 개념

(1) 케인스에 따르면 이자율은 '유동성을 포기한 것에 대한 대가'이다. 화폐를 보유하면 유동성을 얻을 수 있지만 이자 수입을 포기해야 하고, 화폐 대신 채권과 같은 수익자산을 보유하면 유동성을 잃지만 이자수입을 얻을 수 있다.

(2) 화폐를 보유하지 않고 채권을 구입하거나 화폐의 범주에 속하지 않는 예금 등에 예치하면 이자수입을 얻을 수 있으므로 화폐보유의 기회비용은 이자율인 것이다.

(3) 여기서 화폐 보유에 따른 기회비용은 실질이자율이 아니라 명목이자율이다. 왜냐하면 이자지급 자산을 보유하면 화폐를 보유하는 것에 비해 인플레이션 발생으로 생길 수 있는 구매력의 하락을 막을 수 있는 이익(π^e)과 이자지급 자산 보유를 통해 얻을 수 있는 실질이자율(r)의 합만큼의 수익을 올릴 수 있기 때문이다. 즉 화폐보유의 기회비용은 명목이자율(i)인 것이다.

2) 화폐의 수요·공급과 이자율 결정

(1) 화폐 수요

① 화폐 역시 하나의 상품이므로 화폐에 대한 수요는 일반적인 상품처럼 화폐를 보유하기 위해 지불해야 하는 가격, 즉 화폐 보유에 따른 기회비용과 소득에 의해 결정된다.

② 고전학파의 화폐수량설에서는 화폐를 실물거래를 위한 매개수단으로만 이해했기 때문에 화폐 보유에 따른 기회비용이 발생한다는 측면이 경시되었다. 그러나 완전한 형태의 화폐수요함수에는 그것을 결정하는 요인으로 소득 이외에 이자율이 포함되어야 하는 것이다.

③ 이자율이 상승하면 화폐보유에 따른 기회비용이 커지므로 화폐 수요는 감소하게 된다. 즉, 화폐 수요는 이자율의 감소함수인 것이다.

(2) 화폐 공급

① 화폐시장에서 화폐 공급은 중앙은행에 의해서 외생적으로 이루어진다.

② 이에 따라 화폐 공급은 이자율과 무관하게 결정되므로 화폐공급곡선은 수직선의 모습을 보이게 된다.

(3) 이자율의 결정

① 이자율은 화폐시장에서 화폐수요곡선과 화폐공급곡선이 만나는 곳에서 결정된다.

② 이에 따라 케인즈는 이자율의 결정을 고전학파와 달리 순수한 화폐적 현상으로 이해한다.

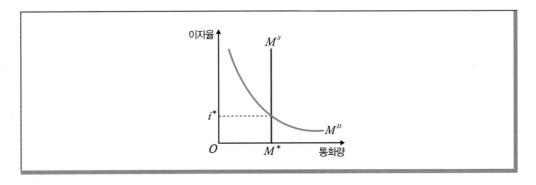

3) 화폐 수요·공급의 변화와 이자율

(1) 화폐 수요가 증가하는 경우

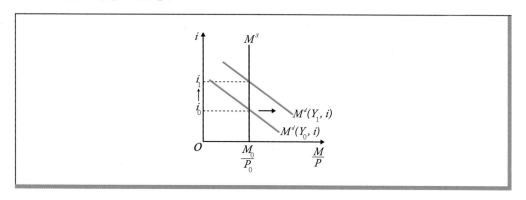

① 화폐 공급 수준이 일정할 때 화폐 수요의 증가는 화폐시장에서 화폐의 초과수요를 가져온다. 화폐의 초과수요는 경제주체들이 원하는 수준의 화폐를 보유하지 못한다는 것을 의미한다.

② 이에 따라 적정량의 화폐를 보유하기 위하여 보유 채권을 매각하려 하고, 이 과정에서 채권에 대한 공급 증가로 채권가격은 하락하고 이자율은 상승하게 된다.

(2) 화폐 공급이 증가하는 경우

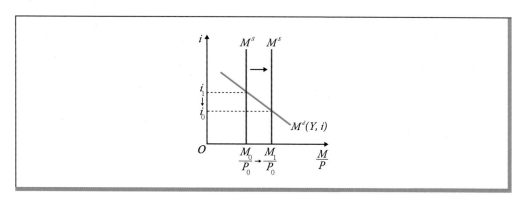

① 화폐 수요 수준이 일정할 때 화폐 공급의 증가는 화폐시장에서 화폐의 초과공급을 가져온다. 화폐의 초과공급은 경제주체들이 원하는 수준 이상의 화폐를 보유하고 있다는 것을 의미한다.

② 이에 따라 적정량의 화폐를 보유하기 위하여 적정보유량 이상의 화폐를 채권 구입을 통해 처분하려 하고, 이 과정에서 채권에 대한 수요 증가로 채권가격은 상승하고 이자율은 하락하게 된다.

현재 경제상황은 다음과 같다.

- $\dfrac{M^d}{P} = 1{,}000 - 1{,}000i$ · $M^s = 1{,}700$
- $P = 2$ · $\pi^e = 0.05$

(M^d : 명목화폐수요, i : 명목이자율, M^s : 명목화폐공급, P : 물가, π^e : 기대물가상승률)

이때 다음 두 가지 질문의 답으로 옳은 것은?

(Ⅰ) 현재 균형실질이자율은 얼마인가?

(Ⅱ) 다른 조건들이 모두 동일할 때 화폐공급이 50만큼 늘어나고 기대물가 상승률이 10%로 상승하는 경우 새로운 균형실질이자율은 얼마인가?

[2013. 국회 8급]

	(Ⅰ)	(Ⅱ)
①	10%	2.5%
②	10%	5%
③	15%	2.5%
④	15%	5%
⑤	15%	7.5%

해설 · 화폐시장에서는 화폐수요와 화폐공급이 일치하는 수준에서 '명목'이자율(i)이 결정된다.

$$\frac{M_d}{P} = \frac{M_S}{P} \Rightarrow 1{,}000 - 1{,}000i = \frac{1{,}700}{2} \Rightarrow 1{,}000i = 150 \Rightarrow i = \frac{150}{1{,}000} = 0.15 = 15\%$$

· 피셔(I. Fisher) 방정식을 통하여 실질이자율(r)을 다음과 같이 도출할 수 있다.

$$i = r + \pi^e \Rightarrow 15\% = r + 5\% \Rightarrow r = 10\%$$

· 만약에 다른 모든 조건이 일정할 때 화폐공급이 50만큼 증가하고 기대물가상승률이 10% 상승하는 경우 명목이자율과 실질이자율은 다음과 같이 도출된다.

- $\dfrac{M_d}{P} = \dfrac{M_S}{P} \Rightarrow 1{,}000 - 1{,}000i = \dfrac{1{,}750}{2} \Rightarrow 1{,}000i = 125 \Rightarrow i = \dfrac{125}{1{,}000} = 0.125 = 12.5\%$
- $i = r + \pi^e \Rightarrow 12.5\% = r + 10\% \Rightarrow r = 2.5\%$

정답 ①

❹ 대부자금설(loanable funds theory)

1) 의미 : 고전학파와 케인즈의 이론을 종합하여 이자율은 대부시장에서 대부자금의 수요와 공급에 의해서 결정된다는 이론이다.(B. Ohlin, D. Robertson)

2) 대부자금의 수요와 공급

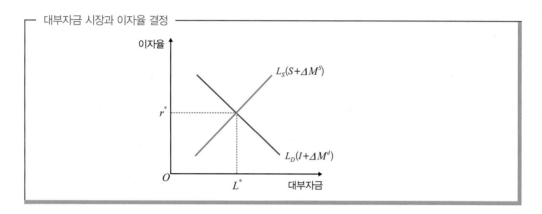

대부자금 시장과 이자율 결정

(1) 대부자금의 수요

① 대부자금의 수요는 투자(I)와 화폐수요의 증가분(ΔL^D)을 합한 것이다($I+\Delta L^D$).

② 투자는 유량이지만 화폐수요는 저량이므로 투자에 일방적으로 합해질 수 없다. 그러나 일정 기간 동안 화폐수요 증가분(ΔL^D)은 유량이므로 이를 투자에 가산함으로써 대부자금 수요의 크기를 산출할 수 있다.

③ 기업의 이윤극대화를 위한 투자 규모는 실물자본 투자를 통해 얻을 수 있는 미래기대수익의 현재가치와 밀접한 관련을 맺는다. 그런데 이자율의 하락은 미래 기대수익의 현재가치를 크게 하므로 이에 따라 투자는 증가하게 된다. 또한 이자율의 하락은 화폐수요를 증가시킨다. 이에 따라 이자율이 하락하면 투자와 화폐수요가 증가하므로 대부자금에 대한 수요가 증가하게 된다.

(2) 대부자금의 공급

① 대부자금의 공급은 저축(S)과 통화량의 증가분(ΔM^S)을 합한 것이다.

② 저축은 유량이지만 통화량은 저량이므로 저축에 일방적으로 합해질 수 없다. 그러나 일정기간 동안의 통화량 증가분(ΔM^S)은 유량이므로 이를 저축에 가산함으로써 대부자금 공급의 크기를 산출할 수 있다.

③ 가계는 예금을 하거나 채권을 구입함으로써 대부자금시장에서 자금을 공급(＝저축)한다. 이러한 저축의 크기를 결정하는 요인은 가계의 효용극대화 문제 속에 놓여 있으며, 특히 미래에 대한 태도가 어떠한가에 달려 있다. 예를 들어 '미래까지 기다림에 대한 보상' 즉 이자율이 높을수록 저축은 증가하게 된다. 또한 이자율이 상승하면 예금은행의 신용창조도 늘어나서 대부자금의 공급이 증가하게 된다.

I. 경제학 일반론

II. 미시경제학

III. 거시경제학

IV. 국제경제학

3) 이자율의 결정

⑴ 한 경제의 이자율은 대부자금시장에서 대부자금에 대한 수요와 공급에 의해 결정된다.

⑵ 대부자금의 수요가(공급이) 늘어나면 이자율은 상승한다(하락한다).

확인 TEST

다음을 읽고 ⊙, ⓒ 에 알맞은 경제학적 개념을 쓰시오.　　　　　　　　　　　　　[2007. 교원임용]

> 전통적 경제학은 실업, 즉 노동시장에서 초과공급이 발생하는 이유가 최저임금제 또는 노동조합의 활동 때문이라고 설명해왔다. 노동시장의 수요와 공급을 청산시키는 균형임금 수준보다 더 높은 임금이 제도적으로 강요되어 실업이 발생한다는 것이다. 그러나 최근의 이론에 따르면 최저임금제와 노동조합이 없다 하더라도 이윤극대화를 추구하는 기업은 자발적으로 임금을 시장 청산 수주보다 더 높게 지불하는 경향이 있다. 이러한 임금수준을 '효율임금'이라고 부른다.
>
> 그런데 유사한 예가 또 있다. 그것은 대부시장으로, 대출의 공급자인 은행이 대출수요와 대출공급이 균형을 이루는 수준에서 이자율을 매기지 않고 그보다 더 낮은 수준에서 이자율을 매겨 항상 대출의 초과수요를 야기하는 것이다. 개인이나 기업은 대출을 받기 위해 은행에서 제시한 이자율보다 더 높은 수준의 이자율을 낼 용기가 있어도 은행은 이를 받아들이지 않는다. 왜냐하면 은행은 이자율이 상승할 때 악성 채무자들만 남게 되는 역선택을 우려하기 때문이다. 이러한 현상을 정보 경제학에서는 (⊙)(이)라고 부른다.
>
> 위의 현상은 결과적으로 분권적 시장이 효율적 자원배분을 보장해 주지 못하는 (ⓒ)의 또 다른 조건을 이룬다.

• ⊙:

• ⓒ:

분석하기

> • ⊙:신용할당 ⇒ 대부시장에서 존재하는 초과수요를 이자율 수단을 이용하여 해결하지 않고 차입자의 신용도와 같은 비이자율 수단을 이용하여 해결한다.
> • ⓒ:시장 실패 ⇒ 노동시장에서 존재하는 '효율임금'과 대부시장에서 존재하는 '신용할당'은 모두 시장의 불균형(노동시장에서 초과공급, 대부시장에서 초과수요)을 그대로 유지하게 하므로 자원을 비효율적으로 배분하게 된다.

---

❹ 화폐공급에 따른 예상인플레이션 효과와 유동성 효과

1) 예상인플레이션 효과(anticipated inflation effect)

⑴ 고전학파에서는 화폐수량설에 따라 화폐가 물가와 인플레이션에만 영향을 미치므로 단지 명목이자율 수준만을 변하게 할 뿐이다.

⑵ 만약 화폐 공급이 증가하면 인플레이션에 대한 예상을 가져오는데, 이때 채권은 명목적으로 고정된 소득을 지급하는 증권이므로 이러한 채권에 대한 수요는 감소하게 된다. 이에 따라 채권가격은 하락하고 명목이자율은 상승하게 된다. 이를 예상인플레이션 효과라고 한다.

(3) 예상인플레이션 효과는 피셔 관계식에 그대로 나타난다. 즉, '$i=r+\pi^e$'이므로 화폐 공급의 증가로 π^e가 상승하면 실질이자율(r)의 변화 없이 명목이자율(i)만 상승하게 되는 것이다.

Gibson's Paradox

Keynes의 유동성선호이론에 따르면 통화량의 공급과 균형이자율은 서로 반대방향으로 변동한다. 즉, 통화량의 증가는 이자율(명목이자율)을 하락시키고 통화량의 감소는 이자율을 증가시키는 결과를 가져온다. 그러나 고전학파나 통화주의학파에서는 통화량의 증가는 물가수준(실제 및 예상물가수준)의 상승을 초래하고, 이것은 다시 명목이자율을 상승시킨다고 보았는데, 이러한 현상을 발견한 William Gibson의 이름을 따라, Gibson's Paradox라고 부른다.

---

2) 유동성 효과(liquidity effect)

(1) 케인즈의 경우에는 화폐 공급의 증가가 화폐의 초과공급을 가져와 화폐의 대체자산인 채권의 수요를 증가시켜 채권가격 상승과 명목이자율의 하락을 가져온다. 이와 같은 화폐 공급의 증가로 명목이자율이 하락하는 현상을 유동성 효과라고 한다.

(2) 케인즈의 경우에는 단기적으로 물가가 고정되어있다고 전제하므로 화폐 공급이 증가하여도 예상인플레이션이 상승하지 않는다. 이에 따라 화폐 공급의 증가는 실질이자율(r)과 명목이자율(i)을 동시에 하락시키게 된다.

확인 TEST

폐쇄경제에서 실질이자율에 대한 설명으로 옳은 것을 모두 고르면?

[2007, CPA]

ⓐ 고전학파 이론에 의하면 실질이자율은 대부자금시장에서 저축과 투자가 일치되도록 결정된다.
ⓑ 가격경직성을 가정하는 케인즈학파에 의하면 단기 실질이자율은 화폐시장에서 수요와 공급이 일치되도록 결정된다.
ⓒ 고전학파와 케인즈학파 모두 실질이자율의 하락은 투자지출의 증가를 가져오는 것으로 설명한다.
ⓓ 고전학파와 케인즈학파 모두 통화량 증가는 실질이자율의 하락을 가져오는 것으로 설명한다.

① ㉠, ㉡, ㉢, ㉣
② ㉠, ㉡, ㉣
③ ㉡, ㉢, ㉣
④ ㉠, ㉢, ㉣
⑤ ㉠, ㉡, ㉢

해설 ▶ 고전학파는 화폐수량설에 기초하여 화폐의 중립성을 주장한다. 이에 따라 통화량이 증가해도 실질변수에는 영향을 주지 못하고 물가만 비례해서 상승시킨다. 한편 고전학파에서 실질이자율은 화폐시장이 아닌 대부시장에서 투자와 저축이 일치하는 수준에서 결정된다.

정답 ▶ ⑤

인플레이션이 존재하는 경우의 이자율 결정

1. 피셔 방정식

1) 인플레이션이 존재하는 경제에서 명목이자율(i)은 실질이자율(r)과 예상인플레이션(π^e)의 합인 피셔 방정식에 의해 결정된다.

$$i = r + \pi^e$$

2) 고전학파인 피셔(I. Fisher)는 명목이자율과 실질이자율 사이에 존재하는 상관관계에 대해 실증분석한 결과 단기적으로는 실질이자율이 일정하기 때문에, 예상인플레이션과 명목이자율 사이에는 1:1의 관계가 성립한다고 주장하였다.

3) 예컨대 예상인플레이션이 1%p 상승하면 명목이자율도 1%p만큼 상승한다는 것이다. 이를 완전한 피셔 효과(full Fisher effect)라고 한다.

2. 케인스학파

1) 케인스학파는 예상인플레이션이 1%p 상승할 때 명목이자율은 0.6~0.8%p 정도만 상승하는 데 그치는 불완전한 피셔 효과를 실증적으로 분석한 결과를 제시하였다.

2) 오쿤(Okun) : 명목이자율이 예상인플레이션에 적용하는 데 상당한 시간이 소요되며, 또한 장기적으로도 명목이자율이 예상인플레이션에 완전히는 적용하지 못한다고 한다.

3) 섬머스(Summers) : 위험도와 유동성이 유사한 대체 투자 상품을 쉽게 찾기 힘든 시장의 현실적인 불완전성 때문에 완전한 피셔 효과는 성립하지 못한다고 한다.

4) 먼델-토빈(Mundell-Tobin) : 예상인플레이션이 상승하면 실질이자율이 하락하는 효과가 발생한다. 이에 따라 투자가 증가하여 명목이자율은 상승하게 된다. 그러나 명목이자율의 상승 정도는 실질이자율이 하락한 크기만큼 예상인플레이션보다 상대적으로 작게 상승하는 데 그친다. 이를 먼델-토빈 효과라고 한다.

3. 다비 효과(Darby effect)

1) 다비(Darby)는 예상인플레이션이 1%p 상승하면 명목이자율은 1%p 이상 상승한다고 한다. 채권자는 인플레이션 발생을 전후하여 세후 실질이자율을 확실하게 보장받고자 하기 때문에 예상인플레이션 상승폭보다 명목이자율의 상승폭이 상대적으로 커야 된다는 것이다. 따라서 만약 예상인플레이션이 10%p 상승할 것으로 예상되면 명목이자율은 10%p 이상 상승해야 세후 실질이자율도 이전과 동일한 수준을 확보할 수 있다는 것이다.

2) 예컨대 이자소득세율(t)이 20%이고, 명목이자율이 10%, 예상인플레이션이 5%라고 가정하자. 이러한 경우 세후 실질이자율(r)은 다음과 같다.

$$r = i(1-t) - \pi^e = 10(1-0.2) - 5 = 8 - 5 = 3(\%)$$

이때 예상인플레이션이 10%p만큼 상승하여 15%가 되고 명목이자율도 10%p만큼 상승하여 20%가 되었다면 세후 실질이자율은(r)은 다음과 같다.

$$r = i(1-t) - \pi^e = 20(1-0.2) - 15 = 16 - 15 = 1(\%)$$

이 결과는 이전의 세후 실질이자율(=3%)보다 현재의 세후 실질이자율(=1%)이 더 낮아졌음을 보여준다.

따라서 세후 실질이자율이 이전과 같은 3%가 되기 위해서는 명목이자율은 12.5%p만큼 상승한 22.5%가 되어야 한다는 것을 알 수 있다. 즉 예상인플레이션 상승폭(10%p)보다 명목이자율 상승폭(12.5%)이 더 커야 한다는 것을 알 수 있다.

┌─ 유동성 프리미엄 ─────────────────────────────────────

수익성보다 안전성을 중시하는 자금 대부자는 단기 대부를 선호하고, 이자율 부담보다 자금의 안정적 확보를 중시하는 자금 차입자는 장기 대부를 선호하므로 장기 이자율에는 기간이 길수록 커지는 프리미엄이 가산된다. 이를 유동성 프리미엄이라고 한다.

┌─ Gibson's Paradox ───────────────────────────────────

Keynes의 유동성 선호이론에 따르면 통화량의 공급과 균형이자율은 서로 반대방향으로 변동한다. 즉, 통화량의 증가는 이자율(명목이자율)을 하락시키고 통화량의 감소는 이자율을 증가시키는 결과를 가져온다.

그러나, 고전학파나 통화주의학파에서는 통화량의 증가는 물가수준(실제 및 예상물가수준)의 상승을 초래하고, 이것은 다시 명목이자율을 상승시킨다고 보았는데, 이러한 현상을 발견한 William Gibson의 이름을 따라, Gibson's Paradox라고 부른다.

❺ 중앙은행과 이자율 결정

1) 중앙은행의 이자율 결정방식

⑴ 지급준비금 결정방식

① 중앙은행이 지급준비금의 공급량을 먼저 결정하고 지급준비금의 수요에 따라 이자율이 자유롭게 결정되도록 한다.

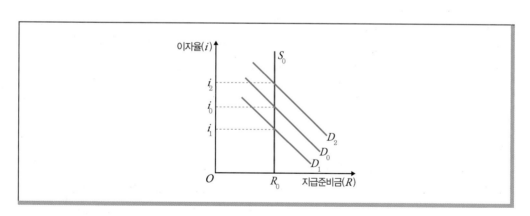

② 예금은행의 지급준비금 부족은 은행 부도와 같은 심각한 문제를 야기하므로 예금은행들은 이자율의 수준과 관계없이 가급적 일정 수준의 지급준비금을 유지하려고 한다. 그 결과 지급준비금의 수요곡선은 매우 가파른(비탄력적인) 모습을 보인다.

③ 지급준비금의 공급은 중앙은행에 의해 외생적으로 결정되기 때문에 이에 따라 지급준비금의 공급곡선은 중앙은행이 결정한 수준에서 수직의 모습을 보인다.

④ 지급준비금의 수요곡선과 공급곡선이 일치하는 수준에서 이자율이 결정된다. 이러한 과정을 통해 결정된 이자율은 초단기 금리의 성격을 갖는다. 그런데 이러한 이자율 결정방식의 문제점은 지급준비금 수요충격으로 인해 이자율이 급격하게 변동하게 된다는 점이다.

(2) 이자율 결정방식

① 중앙은행이 일정한 수준의 이자율을 먼저 정하고, 이를 유지할 수 있는 수준에 맞게 지급준비
금을 공급하는 것이다.

② 지급준비금 수요충격으로 지급준비금의 수요가 변동하는 경우에도, 중앙은행은 지급준비금의
신축적인 변화로 정해진 이자율을 안정적으로 유지할 수 있다는 특징을 갖는다.

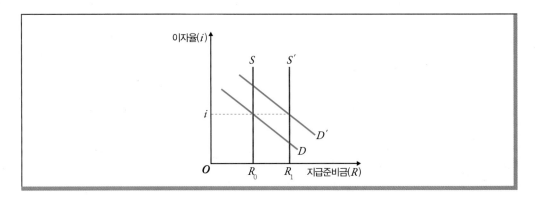

예컨대 예상치 못한 현금수요의 증가로 예금은행의 지급준비금 수요가 D에서 D'으로 이동하
는 경우, 중앙은행은 정해진 이자율 수준을 유지하기 위하여 지급준비금을 S에서 S'으로 증가
시키면 된다.

③ 일정한 이자율을 유지하는 것이 목표이기 때문에 화폐공급은 외생적이 아닌 내생적으로 결정
되며, 이러한 상황을 "중앙은행이 화폐수요를 수용(accommodation)한다."고 표현한다.

④ 중앙은행이 결정하는 이자율(초단기 금리)이 상승하면 이와 대체관계에 있는 다른 단기 자금
에 대한 수요가 증가해서 단기금리도 오르기 때문에 이러한 과정을 통해 경제 전반에 영향을
주는 극히 현실적인 파급효과가 발생한다.

❻ 이자율의 기간별 구조

1) 의의

(1) 다양한 이자율의 존재

① 현실에서는 채권이자율 이외에도 콜금리와 같은 초단기 금리와 같은 다양한 금리가 존재한다.

② 채권이자율도 단기 채권이자율과 장기 채권이자율이 존재한다.

(2) 이자율의 기간별 구조(terms structure of interest rate)

① 다양한 이자율의 존재는 투자자로 하여금 단기 이자율과 장기 이자율의 상대적인 크기를 고려
하여 최선의 투자행위를 해야 하는 문제에 직면하게 한다.

② 채권의 특징 중 유동성, 위험, 정보비용, 세금조건 등의 다른 모든 성질은 일정하다고 가정하
고, 오직 채권의 만기만 다른 경우를 전제하여 채권이자율과 만기 사이에 나타나는 관계를 이
자율의 기간별 구조라고 한다.

(3) **수익률 곡선**:이자율의 기간별 구조를 그림으로 표시한 것을 수익률 곡선(yield curve)이라고 한 다. 이러한 수익률 곡선의 각 점으로 해당 자산의 만기와 이자율 간의 관계를 나타낸다.

2) 이자율의 기간별 구조에 대한 이론

(1) **기대이론(expectations theory)**

① 단기채권과 장기채권 사이에 완전한 대체관계 존재한다. → 투자자가 단기채권과 장기채권 사이에 동일한 선호를 갖는다.

② 장기이자율은 단기예상이자율들의 평균으로 결정된다. → 단기채권 이자율이 앞으로 상승할 것으로 예상되면 현재의 장기이자율은 현재의 단기이자율보다 높게 결정되고, 단기채권의 이자율이 앞으로 하락할 것으로 예상되면 현재의 장기이자율은 현재의 단기이자율보다 낮게 결정된다.

③ 단기미래이자율들에 대한 예상에 따라 수익률곡선은 우상향 또는 우하향한다.

확인 TEST

2010년 9월 현재 미국의 3개월 만기 단기국채금리는 5.11%이며 10년 만기 장기 국채금리는 4.76%라고 할 때, 향후 미국 경기에 대한 시사점으로 가장 적절한 것은?　　　　　　　　　　　　　　　　　　[2010, 지방직 7급]

① 미국 경기는 침체될 가능성이 높다.
② 미국 경기는 호전될 가능성이 높다.
③ 미국 경기는 호전되다가 다시 침체할 가능성이 높다.
④ 미국 경기는 침체되다가 다시 호전될 가능성이 높다.

해설 • 기대이론에서 장기금리는 단기금리들의 평균으로 결정된다. 따라서 문제에서처럼 장기금리가 단 기금리보다 낮다는 것은 미래의 단기금리가 하락할 것이라고 예상한다는 것이다.

• 금리는 경기가 침체될수록 하락한다. 경기가 침체되면 수익률(=금리)이 높은 투자 상품을 찾기 가 어려워진다는 것을 생각해보면 된다. 따라서 미국 경제는 침체될 가능성이 높다고 예상할 수 있는 것이다.

정답 ①

---

(2) **시장 분리 이론(market segmentation theory : 시장 분할 이론)**

① **의미** : 만기가 서로 다른 채권은 서로 대체성이 없다고 본다. 이에 따라 만기가 서로 다른 단 기 채권시장과 장기 채권시장은 완전한 별개의 시장이기 때문에 단기금리는 단기 채권시장 에서, 장기금리는 장기 채권시장에서 각각 결정된다는 이론이다.

② 일반적으로 위험기피적인 가계는 단기채권을 선호한다. 그런데 단기채권 시장에서는 가계에 의한 채권수요가 기업에 의한 채권공급보다 크기 때문에 초과수요이 발생한다. 이에 따라 단 기채권 가격은 상승하고 단기이자율이 하락하게 된 다.

③ 반면에 안정적인 자금조달을 원하는 기업은 장기채권을 선호한다. 그런데 장기채권 시장에 서는 기업에 의한 채권공급이 가계에 의한 채권수요보다 크기 때문에 초과공급이 발생한다. 이에 따라 장기채권의 가격은 하락하고 장기이자율은 상승하게 된다.

④ 따라서 단기이자율에 대한 기대는 장기이자율에 대해 아무런 영향을 주지 못한다.

(3) 유동성 프리미엄 이론

① 기대이론과 달리 단기채권과 장기채권 사이의 대체관계를 인정하지 않는다. 이에 따라 다른 모든 조건이 일정하다면 투자자들은 일반적으로 유동성이 낮은 장기채권보다 유동성이 높은 단기채권을 선호한다. 따라서 이러한 투자자들에게 장기채권을 판매하기 위해서는 단기채권에 비해 '다만 얼마라도' 더 높은 수익을 보장해 주어야 한다. 이를 '유동성 프리미엄(liquidity premium)'이라고 한다. 이러한 유동성 프리미엄은 만기가 길수록 높아진다.

② 유동성 프리미엄의 존재 여부에 따른 수익률 곡선

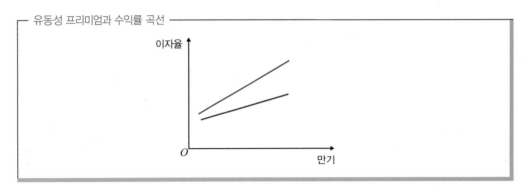

유동성 프리미엄과 수익률 곡선

유동성 프리미엄이 있을 때의 수익률(빨간선)이 유동성 프리미엄이 없을 때의 수익률(검정선)보다 더 높음을 알 수 있다.

③ 장기채권보다 단기채권을 선호하는 이유로서 미래의 불확실성으로 인해 직면할 수 있는 '위험'을 회피하기 위한 목적을 들 수 있다. 그런데 만기가 길어질수록 불확실성에 따른 위험도도 높아진다. 위험 프리미엄은 이러한 위험 감수에 대한보상의 역할을 하기도 한다.

(4) 특정시장 선호이론(preferred habitat theory : 선호 서식지 이론)

① 의미 : 특정시장 선호이론이란 채권 이자율은 투자자들이 선호하는 투자기간과 깊게 연관되어 있다는 이론이다. 즉 투자자들은 자신이 선호하는 투자기간과 가장 차이가 없는 만기를 가진 채권을 가장 안전한 자산으로 간주한다는 것이다. 이에 따라 위험이나 유동성 등과 같은 채권의 특성은 물론이고 투자자의 위험기피적 성향 등도 고려하지 않는다.

② 예컨대 가장 선호하는 투자기간을 3년이라고 생각하는 투자자는 3년 만기 채권을 가장 안전한 채권이라고 생각하므로 3년 만기보다 긴 5년 만기 채권, 10년 만기 채권에 대해서는 물론이고 3년 만기보다 짧은 1년 만기 채권에 대해서도 양(+)의 값인 기간 프리미엄을 요구한다. 반대로 만약 상속이나 증여의 목적으로 다른 채권보다 10년 만기 장기채권을 더 선호한다면 투자자는 장기이자율이 단기이자율보다 낮더라도 기꺼이 장기채권을 매입할 것이며, 이때의 기간 프리미엄은 음(-)의 값을 갖게 될 것이다.

③ 투자자는 자신이 '선호되는 특정시장(선호하는 만기)'에 대해서는 상대적으로 낮은 이자율을 용인하지만, '선호되지 않는 특정시장'에 대해서는 상대적으로 높은 이자율을 요구하게 된다.

확인 TEST

이자율 기간구조에 대한 설명으로 옳은 것을 모두 고른 것은? [2011. 국가직 7급]

ㄱ 기대이론에 의하면, 미래의 단기이자율 상승이 예상된다는 것은 수익률곡선이 우상향함을 의미한다.

ㄴ 기대이론에 의하면, 미래의 단기이자율 하락이 예상된다는 것은 수익률곡선이 우하향함을 의미한다.

ㄷ 유동성 프리미엄 이론에 의하면, 미래의 단기이자율 상승이 예상된다는 것은 수익률곡선이 우상향함을 의미한다.

ㄹ 유동성 프리미엄 이론에 의하면, 미래의 단기이자율 하락이 예상된다는 것은 수익률곡선이 우상향함을 의미한다.

① ㄱ, ㄴ, ㄷ   ② ㄱ, ㄴ, ㄹ

③ ㄱ, ㄷ, ㄹ   ④ ㄴ, ㄷ, ㄹ

해설 ▶
- 만기가 다르면 이자율도 달라지는 것을 이자율의 기간구조라 하고, 이러한 이자율의 차이를 단·장기 스프레드라고 한다. 그리고 만기에 따라 수익률의 크기를 나타내는 곡선을 수익률곡선이라고 하는데 수익률이 커지면 수익률곡선은 우상향하게 된다.
- 기대이론에 따르면 장기이자율은 예상되는 미래 단기이자율의 평균과 같아진다. 이에 따라 미래의 단기이자율 상승이 예상되면 장기이자율이 상승하여 수익률곡선이 우상향하며, 미래의 단기이자율 하락이 예상되면 장기이자율이 하락하여 수익률곡선이 우하향하게 된다.
- 유동성 프리미엄 이론이란 장기이자율은 단기이자율에 유동성 프리미엄을 더하여 결정된다는 이론이다. 따라서 미래의 단기이자율 상승이 예상되면 장기이자율이 상승하여 수익률곡선은 반드시 우상향한다. 반면에 미래의 단기이자율 하락이 예상되는 경우에는 여기에 더해지는 유동성 프리미엄의 크기에 따라 장기이자율은 상승 또는 하락할 수 있어 수익률곡선은 우상향 또는 우하향하게 된다.

정답 ▶ ①

Theme
76

금융과 금융정책

❶ 금융과 금융시장

┌─ 금융에 관하여 관심을 갖고 있는 문제 ─────────────────────
│
│ 1. 통화란 무엇이며 그 가치는 어떻게 결정되는가?
│ 2. 금융기관의 역할은 무엇인가?
│ 3. 금융시장에서 거래되는 금융증권은 어떠한 것들이 있는가?
│ 4. 이자율이란 무엇이며 어떻게 결정되고 변화하는가?
│ 5. 통화정책이란 무엇이며 경제에 어떠한 영향을 미치는가?
│ 6. 금융부문과 실물부문은 서로 어떻게 연결되어 있는가?
└───

1) 금융의 의의

(1) **금융**: 자금의 융통, 즉 재화나 서비스의 매매를 수반하지 않고 화폐 그 자체의 수요·공급에 의해 발생하는 화폐만의 독립적 유통을 말한다. 즉, 자금의 잉여주체와 자금 부족주체 간의 중개행위로 정의된다.

(2) **금융시장**: 금융중개를 담당하는 기관을 금융중개기관이라 하고 금융행위가 이루어지는 시장을 금융시장이라고 한다.

2) 기업의 자금 조달 방법

(1) **내부금융**: 기업 스스로의 사내유보를 통한 자금 조달 방법이다.

(2) **외부금융**

① **직접금융**: 자금의 최종수요자와 공급자가 직접 자금거래를 하는 방식으로 자금 잉여주체인 가계의 입장에서 보면 채권이나 주식을 구입하는 것이고, 자금 부족주체인 기업의 입장에서 보면 증권시장에서 채권이나 주식 등을 발행하여 자금을 조달하는 것이다.

② **간접금융**: 자금의 중개기관(금융기관, 대개은행)을 사이에 두고 자금의 수요와 공급이 이루어지는 방식으로 자금 잉여주체인 가계의 입장에서 보면 예금을 하는 것이고, 자금부족주체인 기업의 입장에서 보면 대출을 받아 자금을 조달하는 것이다. 간접금융에서는 자금의 공급자와 금융기관 간에 한 번, 금융기관과 자금의 실제 사용자 간에 한 번, 모두 두 번의 대출과 차입 관계가 성립한다.

3) 증권과 금융의 증권화

(1) **증권의 분류**

① **본원적(직접적) 증권**: 주식, 회사채, 어음, 차용증서 등과 같이 자금의 실제 사용자가 발행하는

금융자산, 직접금융시장에서 거래되는 증권이다.

② 파생적(간접적) 증권 : 예금증서와 같이 금융 중개기관이 발행하는 증권이다.

(2) **금융의 증권화** : 간접금융시장의 상품들은 유동성이 낮은데, 이들 상품을 증권으로 전환함으로써 유동성을 높이는 것을 말한다.

4) 금융시장

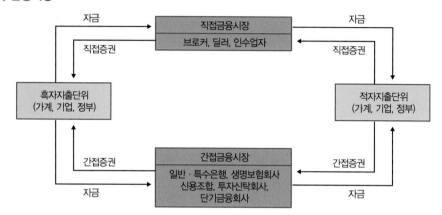

① **직접금융시장** : 직접금융이 이루어지는 시장 ⇒ 채권과 주식이 거래되는 증권시장과 콜시장 등이 이에 속한다.

② **간접금융시장** : 금융기관을 통하여 금융이 이루어지는 금융시장을 말하며 금융중개시장이라고도 한다.

금융기관의 기능

1. 중앙은행 : 발권은행, 은행의 은행, 정부의 은행, 외환관리은행
2. 예금은행 : 이윤 추구를 위해 금융대출을 함으로써 예금통화를 창조
3. 비통화금융기관 : 요구불 예금을 취급할 수 없으므로 신용창조는 못하고 대부기능만 담당

---

❷ 단기금융시장과 자본시장

1) 단기금융시장(money market)

(1) **의미** : 만기 1년 이내의 금융자산이 거래되는 시장을 말한다.

(2) **기능** : 금융기관, 기업, 개인 등이 일시적인 자금수급의 불균형을 조정하는 데 활용된다.

(3) **예**

① **콜시장** : 금융기관 상호 간에 일시적인 자금의 과부족을 조절하기 위하여 초단기(대부분 1일물 거래)로 자금을 차입하거나 대여하는 시장을 의미한다.

┌─ 콜 시장 ─
│ 은행 및 한정된 금융기관이 즉각적으로 이용 가능한 자금(흔히 중앙은행 예치금에 대한 당좌수표)을 하루 또
│ 는 수일 동안 단기적으로 거래하는 시장이다. 주로, 초과지급준비금을 보유하고 있는 금융기관은 지급준비금이
│ 부족한 다른 금융기관들에게 자금을 대여함으로써 그 자금에 대한 이자를 얻는 등 금융기관들의 유동성 수준
│ 을 조절하는 주요한 수단이다. 콜 자금의 차입자 입장에서는 이를 call money라고 부르며, 콜 자금의 대부자 입
│ 장에서는 이를 call loan이라고 부른다.
└─

② 기업어음(CP; commercial paper) 시장 : 신용상태가 양호한 기업이 상거래와 관계없이 기업운
　　영자금 등 단기자금을 조달하기 위하여 자기신용을 바탕으로 발행하는 만기 1년 이내의 융통
　　어음이 거래되는 시장으로 기업어음은 상거래에 수반되어 발행되는 상업어음(commercial bill)
　　과 구별된다.

③ 양도성예금증서(CD; negotiable certificate of deposit) 시장 : 은행 정기예금 증서에 양도성이
　　부여된 양도성예금증서가 거래되는 시장을 의미한다.

④ 환매조건부채권매매(RP 또는 Repo; repurchase agreement) 시장 : 일정기간 경과 후 정해진 가
　　격으로 환매매하기로 하는 조건으로 채권이 매매되는 시장을 의미한다. RP거래는 채권매매 형
　　태로 이루어지나 실제로는 단기자금의 조달과 운용수단으로 이용되고 있어 채권을 담보로 하
　　는 단기자금 대차거래의 성격을 지니고 있다.

┌─ 한국은행 환매조건부매매 ─
│ 한국은행은 주된 공개시장조작 수단의 하나로 RP매매를 이용하고 있다. 한국은행의 *RP*매매는 비교적 단
│ 기이기 때문에 일시적인 유동성 과부족을 조절하기 위한 수단으로 활용된다. 한편 경상수지 흑자 등에 따
│ 른 국외부문을 통한 유동성 공급으로 기조적인 유동성 잉여 상태를 지속하고 있어 *RP*매매도 유동성 흡수
│ 를 위한 *RP*매각을 위주로 이루어지고 있다. 다만 글로벌 금융위기 시 한국은행은 신용경색 해소 등을 위
│ 하여 *RP*매입을 통해 적극적으로 유동성을 공급한 바 있다.
└─

⑤ 표지어음(cover bill) 시장 : 금융기관이 보유하고 있는 상업어음, 무역어음 등을 분할 또는 통합
　　하여 이를 기초자산으로 발행한 약속어음인 표지어음이 거래되는 시장을 의미한다. 표지어음
　　시장은 원어음을 발행하여 할인을 의뢰하는 기업, 원어음을 할인한 후 이를 기초로 표지어음
　　을 발행하는 금융기관과 이를 매입하는 투자자로 구성된다.

⑥ 통화안정증권(MSB ; monetary stabilization bond) 시장 : 통화안정증권이 발행 및 유통되는
　　시장을 의미한다. 통화안정증권은 한국은행의 주요 공개시장조작 수단으로 활용된다.

(4) 특징 : 단기금융상품은 만기가 짧아 금리변동에 따른 자본손실위험이 작다.

	콜	환매조건부매매	한국은행 환매조건부매매	양도성예금증서	기업어음
도입시기	1960년 7월	1977년 2월	1969년 2월	1974년 5월	1972년 8월
특징	금융기관 간 자금조절	금융기관 간 자금조절, 금융기관의 단기 자금조달	시중 유동성 조절	은행의 단기자금 조달, 은행 간 자금조절	기업의 단기자금 조달
법적 성격	금전소비대차	채권매매	채권매매	소비임치	약속어음, 채무증권
참가기관 자금조달(발행)기관	은행, 은행신탁, 증권, 자산운용, 보험 등	콜시장 참가기관, 은행, 증권, 체신관서	한국은행의 거래 대상으로 지정된 은행, 증권사, 증권금융	예금은행	기업
참가기관 자금운용(매입)기관		자금중개, 증권, 증권금융		금융기관, 법인, 개인	금융기관, 법인, 개인
참가기관 중개기관	자금중개	자금중개, 증권		증권, 종합금융 자금중개	증권, 종합금융 자금중개
만기	최장 90일 이내	자유화	최장 91일 이내	30일 이상	자유화
최저발행(거래)금액	1억 원 (중개거래 시)	체신관서:5만 원 기타:제한 없음	최저 입찰금액 100억 원	제한 없음	증권:1억 원 기타:제한 없음
이자지급방식	만기일 지급	만기일 지급	만기일 지급	할인방식 선지급	할인방식 선지급
중도환매	–	제한 없음	금지	금지	제한 없음

2) 자본시장(capital market)

(1) **의미** : 만기 1년 이상의 채권이나 만기가 없는 주식이 거래되는 시장을 말한다.

(2) **예** : 주식시장과 국채, 회사채 및 금융채 등이 거래되는 채권시장 등

① **주식시장** : 주식시장은 주식회사의 지분권을 표시하는 유가증권인 주식이 거래되는 시장이다. 주식은 상환의무가 없고 경영실적에 따라 배당만 하면 되기 때문에 발행기업 입장에서는 매우 안정적인 자금조달 수단이 되며 자기자본으로서 기업의 재무구조를 개선시키는 효과가 있다. 또한 투자자 입장에서는 유용한 자금운용 수단이 된다.

코스피(유가증권)시장 상장요건

유가증권시장에 주식을 신규로 상장하고자 하는 기업은 규모요건(자지자본 100억 원 이상 또는 기준시가 총액 200억 원 이상 등), 분산요건(의결권주 소유 소액주주 수 1,000명 이상 등) 등을 충족시켜야 하며 매출액, 영업이익 등과 관련된 경영성과도 일정 수준 이상이어야 한다.

코스닥시장 등록요건

코스닥시장은 기업경력이 짧은 벤처기업, 유망 중소기업 등이 진입하는 시장이므로 유가증권시장에 비해 완화된 등록요건을 적용하고 있다. 해당기업은 자기자본이 30억 원 이상(벤처기업은 15억 원 이상)이거나 시가총액이 90억 원 이상이라는 '규모조건'과 의결권 있는 주식을 소유하고 있는 소액주주 수가 500명 이상이라는 '분산조건'을 충족해야 한다.

---

② **채권시장** : 채권이란 일반적으로 정부, 공공기관, 민간기업 등이 비교적 장기로 불특정 다수로부터 거액의 자금을 조달하기 위하여 정해진 이자와 원금의 지급을 약속하면서 발행하는 증권을 말하며 매 기간 투자자에게 일정한 이자가 지급된다는 점에서 '고정소득증권'으로 불린다. 채권 투자자는 채권을 발행시장에서 인수하거나 유통시장에서 매입할 수 있으며, 이자소득 외에 가격변동에 따른 자본이득(capital gain)을 기대할 수 있기 때문에 채권은 자산 포트폴리오를 구성하는 중요한 투자 수단이 된다.

③ **통화안정증권시장(MSB; monetary stabilization bond)** : 한국은행이 발행하는 채무증서인 통화안정증권이 발행-유통되는 시장이다. 통화안정증권은 유동성 조절을 목적으로 발행되어 한국은행의 주요 공개시장조작수단으로 활용된다. 한국은행은 경상수지 흑자(적자) 또는 외국인투자자금 유입(유출) 등으로 시중의 유동성이 증가(감소)하여 이를 구조적으로 환수(공급)할 필요가 있을 경우에 통화안정증권을 순발행(순상환)하여 유동성을 흡수(공급)하게 된다.

⑶ **기능**

① 가계 등의 여유자금을 기업 등에 장기투자재원으로 공급함으로써 국민경제의 자금 잉여부문과 자금부족부문의 자금수급 불균형을 조절한다.

② 자금의 배분이 효율적으로 이루어지도록 한다. 미래 수익성이 높고 성장성이 기대되는 기업으로 자본이 집중되도록 하여 이들 기업이 다른 기업보다 낮은 비용으로 필요한 자금을 조달하고 생산능력을 확충할 수 있게 한다.

③ 다양한 투자수단을 제공한다. 자본시장에서 거래되는 금융자산은 금리변동에 따른 자본손실 위험 및 신용위험이 비교적 커서 이들 자산의 수익률이 단기금융상품에 비해 높이 것이 일반적이다. 최근 경제주체들의 금리 민감도가 높아진 가운데 위험선호도가 높은 투자자를 중심으로 주식과 채권에 대한 수요가 확대되고 있으며 전체 금융자산 중 이들 장기금융자산의 비중도 높아지는 추세에 있다.

④ 자본시장은 중앙은행의 통화정책이 실물경제에 영향을 미치는 매개기능을 수행한다. 중앙은행이 정책금리를 변경하면 여러 경로를 통해 자본시장의 장기수익률에 영향을 미치고 기업의 자본조달비용을 변동시킴으로써 궁극적으로 기업의 투자결정에 영향을 미친다. 동시에 채권 및 주식의 자산가치 변동으로 인한 부(富)의 효과(wealth effect)를 통해 가계소비에도 영향을 미치게 된다.

⑷ **특징** : 만기가 긴 채권의 경우는 금리변동에 따른 가격 변동의 위험이 크며, 주식은 기업자산에 대한 청구권이 대출, 채무증서 등 일반채권에 비해 후순위일 뿐만 아니라 가격 변동 폭이 커서 투자 위험이 더욱 크다.

확인 TEST

다음 그래프는 경기가 회복되고 있는 A국에 존재하는 금융상품의 기대수익률 추이를 나타낸다. 각 기대수익률을 해당 금융상품에 바르게 짝지은 것은? (단, 채권의 만기기간은 5년이고 위험기피 투자자를 가정한다.)

[2014, 국가직 7급]

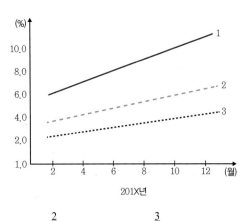

	1	2	3
①	주식	회사채(AA등급)	국고채
②	회사채(AA등급)	주식	국고채
③	국고채	주식	회사채(AA등급)
④	국고채	회사채(AA등급)	주식

해설 ▶ 투자자가 위험기피적이면 위험이 높을수록 더 높은 수익률을 요구한다. 여기서 위험이 높다는 것은 금융상품의 수익 변동 폭이 크다는 것을 의미한다. 그런데 국고채는 파산의 위험이 가장 낮은 정부가 발행한 채권이므로 위험의 정도 역시 가장 낮은 금융상품이다. 한편 주식과 회사채는 모두 기업이 발행한 금융상품이다. 이 중 채권인 회사채는 기업이 얻는 이윤의 크기와 무관하게 발행시점에서 약속된 이자수익을 얻을 수 있다. 그러나 주식은 기업이 얻는 이윤이 클수록 배당수익도 커지게 됨으로써 회사채에 비해 수익변동 폭이 상대적으로 큰, 즉 회사채에 비해 상대적으로 위험의 정도가 높은 금융상품이다.

정답 ▶ ①

Modigliani-Miller 정리

1. 완전경쟁적 주식시장을 가정한다.
2. 배당금과 이자 사이에 세제상의 차이가 없다고 가정한다.
3. 주식가격은 해당 기업의 예상수익률에 의존하며, 해당 기업의 자본-부채 비율과는 무관하다.
4. 예상수익률이 일정한 한, 자금조달이 주식발행에 의하든, 채권발행에 의하든 주식가격이 똑같다.

❸ 금융시장의 속성과 효율적 시장가설

1) 효율적 시장가설의 기본 개념

(1) '효율적(efficient)'의 의미

① 주식시장이 효율적이라는 것은 주식가격이 그 기업이 갖는 내재가치(intrinsic value)를 정확하게 반영하고 있다는 것을 뜻한다.

② 이에 따라 어떤 기업의 내재가치에 대한 새로운 정보가 창출되면 주식시장에서는 이러한 정보가 그 기업의 주가에 즉각 반영된다.

(2) 재정거래(arbitrage)

① 의미: 주식시장에서 형성된 어떤 기업의 주가와 기업의 내재가치 사이에 괴리가 존재한다고 판단될 때, 그 차액으로 수익을 실현하기 위해 이루어지는 거래를 의미한다. 이러한 거래를 통해 궁극적으로 주가와 내재가치가 일치하게 된다.

② 공간 간 재정거래: 서로 다른 두 지점에서 동일한 기업의 주가에 차이가 존재할 때, 양자의 차액으로 수익을 실현하기 위해 이루어지는 거래이다.

③ 시점 간 재정거래: 현재와 미래의 주가 사이에 차이가 존재할 때, 양자의 차액으로 수익을 실현하기 위해 이루어지는 거래이다. 그런데 이러한 재정거래는 미래의 주가와 관련된 새로운 정보가 재정거래를 통해 현재의 주가에 즉각 반영된다.

2) 효율적 시장가설의 세 가지 양상

(1) 약형 효율적 시장가설(weak form market efficiency hypothesis)

① 과거의 정보를 이용해서 주가를 분석하는 것은 아무런 의미가 없다. 과거 정보와 미래 주가 사이에는 아무런 상관관계가 없기 때문이다.

② 주식 투자자들이 널리 이용하는 기술적 분석(technical analysis)은 과거 주가의 특정 패턴을 식별하여 이를 기초로 미래의 주가를 예측하는 방식인데 이 가설에 따르면 기술적 분석으로는 미래 주가를 예측할 수 없음을 보여준다.

(2) 준강형 효율적 시장가설(semi-strong form market efficiency hypothesis)

① 과거뿐만 아니라 현재 이용 가능하게 공개된 모든 정보도 미래의 주가를 예측하는 데 도움이 안 된다. 시장에 공개된 정보는 공개 시점에 바로 주가에 반영되어, 미래의 주가는 현재 공개된 정보와는 무관하기 때문이다.

② 주식시장에 존재하는 재정거래자들은 공개된 정보를 통한 이익을 얻기 위한 재정거래에 나서게 되고, 이에 따라 공개된 정보는 즉시 주가에 반영된다.

(3) 강형 효율적 시장가설(strong form market efficieny hypothesis)

① 현재의 주가는 누구든지 이용 가능한 공개된 정보뿐만 아니라 내부자(insider)들에게만 공개된 이른바 '내부정보'까지도 모두 반영한다. 이에 따라 미래의 주가는 현재 존재하고 있는 내부정보와도 아무런 관련이 없다.

② 그러나 현재 증권 감독기관이 내부자 거래에 대한 엄격한 기준으로 규제하고 있다는 것은 현실적으로는 내부정보에 의한 거래를 통해 수익을 얻을 수 있음을 반증하는 것이다. 이러한 점을 고려하여 내부정보만큼은 미래의 주가에 영향을 준다는 것이 대부분 학자들의 견해이다.

3) 주식들 간의 주가 수익률 차이의 존재 이유

(1) 주식 위험성의 반영

① A기업과 B기업 주식의 연간 평균 수익률이 각각 10%와 12%라고 가정하자. 여기서 수익률의 차이인 2%는 B기업 주식이 A기업의 주식보다 위험함에도 불구하고 보유한 것, 즉 위험에 대한 보상인 위험 프리미엄이라는 것이다.

② 이러한 위험 프리미엄을 빼고 나면 결국 양자의 수익률은 10%로 동일한 것이다.

(2) 유동성의 반영

① 여기서 유동성이란 거래가 빈번하게 이루어지는 정도를 의미한다. 보유주식을 현금화할 때, 거래가 활발하여 유동성이 큰 주식은 용이하게 팔 수 있지만, 거래가 활발하지 않아 유동성이 작은 주식은 어느 정도의 손실을 감수해야 비로소 팔 수 있다.

② 다른 모든 조건이 일정할 때 유동성이 큰 주식의 수익률이 유동성이 작은 주식의 수익률보다 평균적으로 낮다. 이때 양자의 차이를 유동성 프리미엄(liquidity premium)이라고 한다.

확인 TEST

금융시장과 금융상품에 관한 서술 중 옳은 것을 〈보기〉에서 모두 고른 것은? [2018. 서울시 정기공채 7급]

< 보 기 >

ㄱ. 효율시장가설(efficient markets hypothesis)에 따르면 자산가격에는 이미 공개되어 있는 모든 정보가 반영되어 있다.

ㄴ. 주가와 같이 예측 불가능한 자산가격 변수가 시간이 흐름에 따라 나타나는 움직임을 임의보행(random walk)이라 한다.

ㄷ. 어떤 자산이 큰 손실 없이 재빨리 현금으로 전환될 수 있을 때 그 자산은 유동적이며, 그 반대의 경우는 비유동적이다.

ㄹ. 일정한 시점 혹은 기간 동안에 미리 정해진 가격으로 어떤 상품을 살 수 있는 권리를 풋옵션(put option)이라고 한다.

① ㄱ, ㄴ　　　② ㄱ, ㄴ, ㄷ　　　③ ㄱ, ㄷ, ㄹ　　　④ ㄱ, ㄴ, ㄷ, ㄹ

해설
- 콜 옵션(Call option)은 일정한 시점 혹은 기간 동안에 미리 정해진 가격으로 어떤 상품을 '살 수 있는' 권리를 의미한다.
- 풋 옵션(Put option)은 일정한 시점 혹은 기간 동안에 미리 정해진 가격으로 어떤 상품을 '팔 수 있는' 권리를 의미한다.

정답 ②

❹ 금융 정책과 중간목표

1) 금융정책의 의의

(1) **개념**: 금융정책당국이 통화량이나 이자율을 조절하여 국민경제의 안정적 성장을 실현하고자 하는 여러 가지 경제정책을 말한다.

한국은행 통화정책 결정기구 구성

명칭	구성 및 인원	임기	위원의 임명	민간단체 추천	국회 청문
한국은행 금융통화 위원회 (총 7인)	총재	4년	국무회의 심의와 국회 인사 청문을 거쳐 대통령이 임면	×	○
	부총재	3년	총재 추천으로 대통령이 임명	×	×
	임명위원 5인	4년	기획재정부장관, 한은총재, 금융위위원장, 대한상의회장, 은행연합회 회장의 추천을 받아 대통령이 임명	○	×

한국은행 통화정책 결정기구 의사결정 방식

구성	의결정족수		결정방식	casting vote
	출석위원수	찬성위원수		
7인(총재, 부총재, 금통위원 5인)	5인 이상	출석과반수	투표	×

(2) **금융정책의 파급 경로**

금융정책 수단	금융정책의 중간목표	금융정책의 최종목표
(1) 일반정책수단 　① 공개시장조작 　② 지급준비율정책 　③ 재할인율정책 (2) 선별적정책수단 　① 대출한도제 　② 이자율규제정책 　③ 정책금융	이자율(질적 지표) 통화량(양적 지표)	물가안정 완전고용 국제수지균형 경제성장 ↓ 국민경제 안정적 성장

① **정책수단**(policy instrument): 금융정책 당국이 정책목표를 달성하기 위하여 직접 통제할 수 있는 정책도구를 말한다.

② **최종목표**(goal): 금융정책이 실현하고자 하는 국민경제상의 목표를 말한다.

③ **중간목표**(intermediate target): 정책수단과 최종목표 사이에 중간변수를 정해 두고 이를 관찰하여 정책수단을 조절함으로써 궁극적으로 최종목표를 달성하는 전략을 택하는데 이를 중간목표라고 한다. 이것의 필요성은 금융당국이 금융정책 수단을 조절하여 그 효과가 최종목표에 영향을 미치기까지 매우 긴 시간이 소요되기 때문이다.

2) 중간목표(중심통화지표)의 필요성

(1) 금융정책의 실시의 필요성과 이미 채택된 금융정책의 효과를 정확하게 알려면 금융정책의 최종목
표인 *GDP*, 물가, 실업률과 같은 통계를 알아야 할 것이지만 이러한 통계자료가 작성되어 발표될
때까지에는 상당한 시일이 걸린다.

(2) 이에 따라 최종목표와 안정적인 함수관계에 있는 신속하게 입수할 수 있는 중간목표를 근거지표
를 삼을 필요성이 대두된다.

┌─ 중간목표가 되기 위한 조건 ─────────────────────────────

1. 측정가능성(measurability):중간목표를 이용하는 이유는 통화정책이 그때그때마다 옳은 방향으로 가고 있는지
를 신속하게 판단하기 위한 것이므로 중간목표로 사용되는 변수는 신속하고도 정확하게 측정될 수 있어야 한다.
2. 통제가능성(controllability):중앙목표가 원하는 범위를 벗어나 통화정책이 올바른 방향으로 가고 있지 않다는
사실을 발견했을 때 중앙은행에 의해서 효과적으로 통제될 수 있어야 한다.
3. 정책목표와의 안정적 관계:중간목표가 얼마만큼 증가하면 얼마 후에 다른 경제변수가 얼마나 변화할 것인지
가 안정적으로 예측될 수 있어야 한다.

└──

3) 중간 목표의 선택에 대한 논쟁

┌─ 중간 목표로써 이자율이냐? 통화량이냐? ─────────────

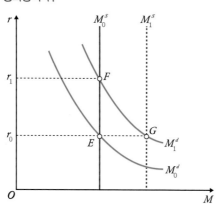

(1) 최초에 화폐시장의 균형점이 E점이고, 균형 이자율이 r_0로 주어져 있었으나 어떤 이유로 화폐 수요곡선이 우
측으로 이동하였다고 가정하자.
(2) 외생적인 요인으로 화폐수요가 증가할 때 중앙은행이 통화량을 일정하게 유지하면 이자율은 r_1으로 상승할
수밖에 없다.
(3) 만약 중앙은행이 이자율을 일정하게 유지하고자 한다면 통화 공급량을 M_1^s으로 증가시켜야 한다.
(4) 이처럼 통화량을 일정하게 유지하고자 한다면 이자율의 변동을 허용할 수 밖에 없고, 이자율을 일정하게 유
지하고자 한다면 통화량을 변화시켜야만 한다.
(5) 즉, 중앙은행이 통화량과 이자율을 모두 일정하게 유지하는 것이 불가능하므로 통화량과 이자율 중에서 한
가지를 중간 목표로 선택할 수밖에 없다.

(1) 이자율 지표(질적 지표)

① Keynes학파가 상대적으로 더 중요시한다.

② 통화량의 증감은 그 자체에 의미가 있는 것이 아니라 그것이 이자율의 변화를 통한 투자 수요

의 변화를 가져오는 데에 의미가 있으므로 불안정한 이자율을 중간목표로 삼아야 한다고 주장한다.

③ 금융규제완화와 금융혁신이 진전됨에 따라 통화지표에는 포함되지 않았지만 화폐와 대체성이 높은 금융자산이 새로이 등장하였고, 이에 따라 전통적인 통화지표와 통화정책의 목표변수들 간에 존재하였던 안정적인 관계가 사라지게 되었다.

다음 〈보기〉 중 준화폐와 관련 있는 것을 모두 고르면?

[2010, 국회 8급]

〈 보 기 〉

㉠ 준화폐란 주식·채권 등과 같이 어느 정도의 유동성을 가지고 있는 비화폐 자산이다.
㉡ 준화폐의 존재는 통화수요를 불안정하게 만들지만 유통속도는 안정시킨다.
㉢ 준화폐의 존재는 중앙은행의 통화량 통제 능력을 제한한다.
㉣ 통화당국의 정책 목표가 이자율로 전환된 것과 관련 있다.

① ㉠, ㉡
② ㉠, ㉢
③ ㉠, ㉣
④ ㉢, ㉣
⑤ ㉠, ㉢, ㉣

해설 ▶ 준화폐란 주식·채권 등과 같이 그 가치가 화폐로 고정되어 있어 어느 정도의 유동성을 가지고 있는 화폐가 아닌 비화폐 자산을 일컫는다. 준화폐는 유동성이 있어 '통화 공급'에 영향을 준다. 이로 인해 통화량의 정확한 통제가 어려워져 통화정책의 목표가 통화량에서 이자율로 전환되는 계기를 제공한다.

정답 ▶ ⑤

(2) 통화량 지표(양적 지표)

① 통화주의학파가 상대적으로 더욱 중요시한다.

② 이자율을 목표로 사용할 경우에는 통화정책이 경기변동을 오히려 더욱 심화시킬 우려가 있다. 예컨대 호황기에는 일반적으로 이자율이 상승하는데 중앙은행이 이자율을 안정시키기 위해 통화 공급을 늘린다면 총수요가 증가하여 경기가 더욱 과열될 수도 있는 것이다.

③ 또한 이자율지표는 경우에 따라 매우 불완전한 정보를 제공한다. 예컨대 통화량이 증가하면 물가가 상승하고 이에 따라 인플레이션을 예상하게 되어 명목이자율이 상승하고 금융당국은 이를 금융시장의 자금사정이 어렵다고 오판하여 통화량을 더욱 증가시키고 이는 다시 물가 상승을 자극하여 명목이자율이 더욱 상승하는 악순환만을 가져온다.

금융정책의 중간목표

1. 중간목표 선정 : 불확실한 현실에서 중간목표의 선정은 그 불확실성을 야기하는 요인이 어디에서 발생하는 가에 따라 그 선택은 달라진다.

2. 실물부문(재화시장)에서 불안정성이 초래된 경우

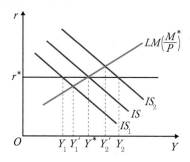

1) 만약 이자율이 r^*로 유지될 때 IS곡선이 IS_1에서 IS_2로 변화하는 경우 국민소득은 Y_1에서 Y_2로 증가하게 된다. 그런데 이자율을 r^*수준으로 유지하기 위해서는 중앙은행에 의한 통화량 조절이 필요하다.

2) 이 경우에 통화량을 M^*수준으로 유지하면 LM곡선은 실질통화량이 $\dfrac{M^*}{P}$수준에서 머물게 되어 국민소 득은 Y_1'에서 Y_2'가 되어 그 변동 폭이 작아진다. 따라서 실물부문에서의 불안정성을 낮추기 위해서는 통화량을 M^*수준으로 유지하는 것이 바람직해지는 것이다.

3) 결국 미래의 불확실한 경기전망에 대한 우려감으로 인한 IS곡선이 이동하는 경우와 같은, 실물부문에서 불확실성이 발생하거나 실물시장의 불확실성이 큰 경우에는 통화량을 중간목표로 삼는 것이 경제안정화에 보다 효과적인 것이다.

3. 금융부문(화폐시장)에서 불안정성이 초래된 경우

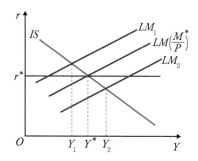

1) 금융부문에서 LM곡선이 LM_1에서 LM_2로 이동하면 국민소득은 Y_1에서 Y_2로 증가하게 된다. 이러한 변동은 통화량을 M^*수준으로 유지할 때 화폐수요의 불안정성으로 인한 LM곡선의 불안정한 이동으로 나타난다.

2) 만약에 화폐수요의 변화에 맞춘 통화량의 조절을 통해 이자율을 일정하게 유지하면 국민소득은 불변인 상태로 유지할 수 있다.

3) 결국 금융실명제 도입과 같은 예상치 못한 화폐수요의 변동으로 LM곡선이 이동하는 경우와 같은, 금융 부문에서 불확실성이 발생하거나 금융부문의 불확실성이 큰 경우에는 이자율을 중간목표로 삼는 것이 경제안정화에 보다 효과적인 것이다.

확인 TEST

이자율 타겟팅 정책과 통화량 타겟팅 정책에 대한 다음 설명 중 옳은 것을 모두 고르면? (단, *IS*곡선은 우하향하고 *LM*곡선은 우상향한다.)

[2013, CPA]

㉠ 이자율과 통화량을 동시에 타겟팅하는 것은 생산물시장의 균형을 변화시키는 충격이 존재하는 한 불가능하다.
㉡ 경기변동의 주요 요인이 생산물시장의 균형을 변화시키는 충격이라면, 이자율 타겟팅 정책이 통화량 타겟팅 정책보다 국민소득 안정화에 더 효과적이다.
㉢ 경기변동의 주요 요인이 주로 화폐시장의 균형을 변화시키는 충격이라면, 통화량 타겟팅 정책이 이자율 타겟팅 정책보다 국민소득 안정화에 더 효과적이다.

① ㉠
② ㉡
③ ㉢
④ ㉡, ㉢

해설 ▸ • 생산물시장에서 총수요가 증가하는 충격이 발생한 경우를 가정하자.

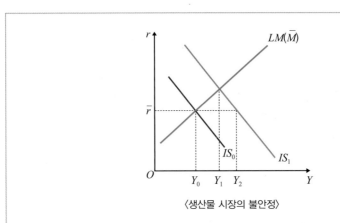

〈생산물 시장의 불안정〉

• 민간투자가 급증하여 *IS*곡선이 우측으로 이동하게 되면 국민소득은 증가하고, 이자율은 상승한다.
• 기존 이자율 수준을 유지하기 위해서는 *LM*곡선이 우측으로 이동해야 하는데, 이는 통화량을 증가시켜야 달성할 수 있는 것이다. 반대로 통화량을 일정하게 유지하기 위해서는 이자율 상승을 수용할 수밖에 없다. 이와 같이 생산물시장의 균형을 변화시키는 충격이 존재하는 한 이자율과 통화량을 동시에 타겟팅하는 것은 불가능하다.
• *IS*곡선의 정확한 위치를 알 수 없는 것처럼 생산물시장이 불안정한 경우 이자율 타겟팅 정책을 실시하면 소득은 $(Y_0 \sim Y_2)$만큼 변화하지만, 통화량 타겟팅 정책을 실시하면 소득은 $(Y_0 \sim Y_1)$만큼만 변화하는 데 그쳐 생산 및 소득의 변동성을 줄이는 데 더욱 효과적이다.
• 생산물시장이 불안정한 경우에는 통화량을 중간목표로 정해야 한다는 것이 풀(W. Poole)의 주장이다. 물론 반대로 화폐시장이 불안정한 경우의 중간목표는 이자율이다.

정답 ▸ ①

사례 연구　중간목표

◈ 신용카드 보급의 증가와 중간목표와 관계는?

분석하기

1. 신용카드 보급 증가의 영향:신용카드 보급이 증가하면 화폐수요는 감소한다($M_S^0 \rightarrow M_S^1$). 이에 따라 LM곡
선은 다음과 같이 오른쪽으로 이동하게 된다($LM_0 \rightarrow LM_1$).

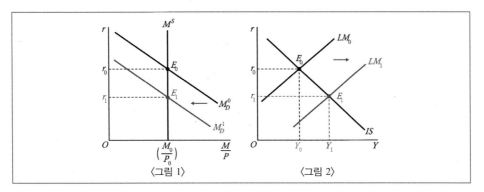

2. 중간목표로서 통화량과 이자율
　1) 중간목표가 통화량인 경우

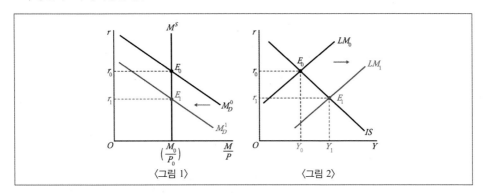

　　중앙은행이 통화량을 중간목표로 하면 〈그림 1〉에서 보는 바와 같이 화폐수요(M_D)는 감소($M_D^0 \rightarrow M_D^1$)하
　지만 화폐공급(M_S)은 현재 수준을 그대로 유지하게 된다. 이에 따라 통화량은 불변이지만, 이자율은 하락
　하게 된다. 그 결과 〈그림 2〉에서 보는 바와 같이 LM곡선은 오른쪽으로 이동하게되어 국민소득을 증가(Y_0
　$\rightarrow Y_1$)시키게 되어 경제를 현 수준(E_0)으로 유지할 수 없게 된다.
　2) 중간목표가 이자율인 경우

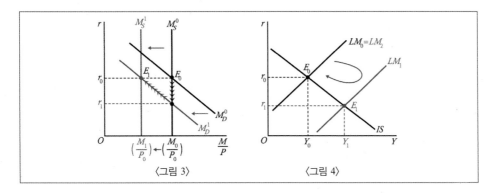

신용카드 보급이 증가하게 되면 화폐시장에서는 화폐수요가 감소($M_D^0 \rightarrow M_D^1$)하고, LM곡선은 오른쪽으로 이동($LM_0 \rightarrow LM_1$)하게 된다. 중앙은행이 이자율을 중간목표로 하면, 〈그림 3〉에서 보는 바와 같이 신용카드 보급 증가에 따른 화폐수요 감소에 대응하기 위하여 통화량을 감소($M_S^0 \rightarrow M_S^1$)시켜야 한다. 이에 따라 〈그림 4〉에서 보는 바와 같이 LM곡선은 다시 왼쪽으로 이동($LM_1 \rightarrow LM_2$)하게 되어 경제를 현 수준(E_0)으로 유지할 수 있게 된다.

3) 평가 : 신용카드 보급의 증가와 같은 충격이 화폐시장에서 비롯되는 경우, 경기안정화를 위한 중간목표로는 통화량보다 이자율이 우월하다는 것을 알 수 있고, 이것은 Poole의 견해와 일치한다는 것을 확인할 수 있다.

확인 TEST

□~□에 들어갈 말을 바르게 연결한 것은?

[2011, 국가직 7급]

풀(W. Poole)은 통화금융정책을 실시하는 경우 실물부문과 금융부문의 불안정성 정도에 따라 중간목표로 통화량과 이자율 중 하나를 선택해야 한다고 주장한다. 실물부문이 불확실하다면 (□)을 중간목표로 삼고, 금융부문이 불확실하다면 (□)을 중간목표로 삼는 것이 생산 및 소득의 변동성을 줄일 수 있다는 점에서 우월하다.

	□	□
①	통화량	통화량
②	통화량	이자율
③	이자율	통화량
④	이자율	이자율

해설 ▶ 중간목표가 되기 위해서는 정책당국이 안정적으로 관리할 수 있는 변수여야 한다. 따라서 변수가 불안정적으로 변동성이 크면 경기 역시 변동성이 커져서 경기 안정화가 어려워진다.

정답 ▶ ②

통화량 목표제와 이자율 목표제 비교

통화량 목표제	장점	화폐수요함수가 안정적이면 통화량과 명목국민소득은 서로 안정적 관계를 유지할 수 있으므로, 외생적인 통화량 조절을 통해 경기안정화 목표를 수월하게 달성할 수 있다.
	단점	화폐수요함수가 불안정적이고 화폐공급이 내생적으로 이루어지게 되면 경기안정화 목표를 달성하기 어렵다. 또한 타겟팅 해야 할 통화량의 범위를 정하는 것이 쉽지 않다. 굿하트의 법칙(Goodhart's Law)에 따르면 통화량의 속성은 그것을 조절하는 순간 이전과 전혀 다른 패턴으로 변동한다.
이자율 목표제	장점	중앙은행이 내생적일 수 있는 통화량에 비해 상대적으로 쉽게 이자율을 통제할 수 있다. 중앙은행의 기준금리에 대한 결정은 그 자체가 시장에 대한 하나의 신호로 작용하여 실물부문에 주는 영향이 크다.
	단점	실물부문의 투자에 영향을 주는 이자율은 장기실질이자율인데, 이러한 장기실질이자율에 대한 중앙은행의 통제는 쉽지 않다. 중앙은행이 통제할 수 있는 것은 단기이자율이기 때문이다.

Theme 77 금융정책 수단

❶ 일반적 정책 수단

1) 의의

(1) 정책효과가 국민경제 전반에 미칠 수 있도록 고안된 정책 수단이다.

(2) 이자율, 통화량에 대한 간접적 규제를 하게 된다.

2) 공개 시장 조작(open market operation) 정책

(1) 의미

① 중앙은행이 단기금융시장이나 채권시장과 같은 공개시장에서 금융기관을 상대로 국공채 등 유가증권의 매매 등을 통해 이들 기관의 유동성 규모를 변화시킴으로써 본원통화량이나 초 단기금리를 조절하는 정책수단이다.

② 여기서 중앙은행은 공개시장조작을 통하여 본원통화량(구체적으로는 지준공급량) 목표와 초 단기금리 목표를 동시에 달성할 수 없고, 두 가지 목표 중 어느 하나의 목표만을 달성할 수 있을 뿐이다. 예컨대 중앙은행이 본원통화량(지준공급량) 목표를 설정하고 이를 유지하고자 할 때, 예상치 못한 예금의 변동 등으로 금융기관의 지준수요가 변동하게 되면 금리의 변동이 불가피하다. 반대로 중앙은행이 초단기금리를 일정하게 유지하기 위해서는 금융기관의 지준수요가 변할 경우 지준공급량을 조절해야 한다.

> 중앙은행 국·공채 매입(매각) ⇒ 국·공채에 대한 수요(공급) 증가
> ⇒ 국·공채 가격상승(하락) ⇒ 이자율 하락(상승)

(2) 공개시장조작의 방식

① 환매조건부(*RP*) 매매는 중앙은행이 일정기간 후 다시 매입할 것을 조건으로 보유채권을 매각하거나 반대로 일정기간 후 다시 매입할 것을 조건으로 보유채권을 매각하거나 반대로 일정기간 후 다시 매각할 것을 조건으로 채권을 매입하는 거래이다. *RP*매매 방식은 거래가 종료되는 시점에 반대의 효과가 나타나므로 시중 유동성을 단기적으로 조절하고자 할 때 활용된다.

② 단순매매는 중앙은행이 채권을 매입하거나 매각함으로써 소유권이 완전히 이전되는 거래방식으로 유동성을 기조적으로 조절하고자 할 때 활용된다.

(3) 공개시장조작의 장점

① 중앙은행은 공개시장조작을 통해 자신의 주도하에 능동적으로 시중 유동성을 조절할 수 있

다. 이에 비해 중앙은행 대출제도는 중앙은행이 금리나 대출규모를 변경하여 금융기관들로 하여금 중앙은행 대출창구를 이용하도록 권장하거나 아니면 이용하지 못하도록 유도할 수 있을 뿐이다.

② 공개시장조작을 통해 섬세한 유동성 조절이 가능하다. 필요한 조절 규모가 아무리 작더라도 그만큼만 채권매매를 하면 되기 때문이다. 또한 공개시장조작의 실시시기, 빈도, 조건 등을 필요에 따라 수시로 조절할 수 있어 대단히 신축적이다. 반면에 지급준비제도는 지급준비율을 소폭 변경하더라도 금융기관 유동성 사정에 강력한 영향을 미칠 뿐 아니라 지준율을 수시로 조정하기도 어렵다. 중앙은행 대출도 그 금리나 규모를 수시로 변경하기 어려운 것은 마찬가지다.

③ 공개시장조작은 신속하게 시행할 수 있다. 중앙은행 대출제도나 지급준비제도는 제도 변경 시 상당한 행정적 절차가 뒤따라야 하지만 공개시장조작은 중앙은행과 시장 참가자 간의 즉각적인 매매거래만으로 절차가 시작되고 종결된다.

중앙은행이 국공채시장에서 국공채를 매입하는 공개시장 조작 정책을 수행하기로 결정하였다. 이 정책이 통화량, 국공채 가격 및 국공채 수익률에 미치는 영향으로 가장 옳은 것은? [2018, 서울시 정기공채 7급]

① 통화량 증가, 국공채 가격 상승, 국공채 수익률 상승
② 통화량 증가, 국공채 가격 상승, 국공채 수익률 하락
③ 통화량 증가, 국공채 가격 하락, 국공채 수익률 상승
④ 통화량 감소, 국공채 가격 상승, 국공채 수익률 상승

해설
- 중앙은행이 국공채를 매입하면 매입대금만큼의 통화량이 증가한다.
- 채권시장에서는 중앙은행에 의한 국공채 매입으로 국공채에 대한 수요가 증가하여 국공채 가격은 상승하게 되고, 이에 따라 국공채 수익률은 하락하게 된다.
- 국공채 수익률이 하락하는 것은 가격이 상승하게 된 국공채를 구입하면, 비싸진 국공채 매입을 통해 얻게 되는 수익이 작아지기 때문이다.
- 재테크는 싸게 사서 비싸게 파는 것이 가장 중요하다.

정답 ②

---

3) 지급준비율 정책(reserve requirements ratio policy)

⑴ 예금 은행의 지급 준비금 비율의 조정을 통해 통화량, 이자율을 조절한다. 단, 본원통화의 양은 변하지 않는다.

> 중앙은행 법정 지준율 인상(인하) ⇒ 예금은행의 초과 지준금 감소(증가)
> ⇒ 예금은행 대출 감소(증가) ⇒ 통화량 감소(증가) ⇒ 이자율 상승(하락)

(2) 지급준비제도 역할 약화와 그 이유

① 금융기관에 가해졌던 각종 규제가 완화되거나 철폐되는 상황에서 강제적－무차별적으로 이루어지는 지급준비제도는 금융기관의 자율적 자금운용을 제약하는 규제의 하나로 인식되었다.

② 중앙은행이 지급준비율을 조금만 조정하더라도 전체 유동성 수준이나 금융기관 수지에 강력하고 지속적인 영향을 미치기 때문에 이를 빈번히 사용할 수 없어 지급준비제도를 일상적인 유동성조절 수단으로 활용하는데 어려움이 있었다.

③ 형평성의 문제가 제기된다. 지급준비제도는 주로 은행 등 예금수취기관에 적용되는데 이들 기관은 무수익 자산인 지급준비금을 의무적으로 보유해야 하므로 간접적인 세금, 즉 지준세(reserve tax)를 부담하는 셈이 된다. 이것은 다른 금융기관과의 공정경쟁을 저해하는 요인이 된다.

우리나라의 최근 동향

우리나라는 최근 20여 년간 단 네 차례만 지급준비율을 변경시켰을 뿐이다. 1988년에는 국제수지 흑자로 인한 통화증발을 억제하기 위해, 2006년에는 과잉유동성으로 인한 부동산 경기의 과열을 진정시키기 위해 지급준비율을 인상하였다. 한편, 1996년과 1997년에는 은행의 채산성 개선과 금리인하를 목적으로 지급준비율을 인하한 바 있다.

확인 TEST

본원통화량이 불변인 경우, 통화량을 증가시키는 요인만을 모두 고르면? (단, 시중은행의 지급준비금은 요구불예금보다 적다.)

[2018, 지방직 7급]

ㄱ. 시중은행의 요구불예금 대비 초과지급준비금이 낮아졌다.
ㄴ. 사람들이 지불수단으로 요구불예금보다 현금을 더 선호하게 되었다.
ㄷ. 시중은행이 준수해야 할 요구불예금 대비 법정지급준비금이 낮아졌다.

① ㄱ, ㄴ
② ㄱ, ㄷ
③ ㄴ, ㄷ
④ ㄱ, ㄴ, ㄷ

해설 ▶ • 본원통화량이 불변인 경우, 초과지급준비율이 낮을수록(ㄱ), 현금을 보다 덜 선호하여 민간의 현금 보유비율이 낮을수록(ㄴ), 법정지급준비율이 낮을수록(ㄷ) 통화량은 이전에 비해 증가하게 된다.

정답 ▶ ②

4) 중앙은행 여수신 제도 – 재할인율 정책(rediscount rate policy)

(1) 의미

① 중앙은행이 금융기관을 대상으로 대출 및 예금을 통해 자금의 수급을 조절하는 정책을 말한다. 중앙은행 여수신제도가 형성되기 시작했을 때 중앙은행은 상업은행이 기업에 할인해 준 어음을 다시 할인 및 매입하는 형식으로 자금을 지원했기 때문에 중앙은행 대출제도를 통상 재할인제도라고 부르기도 한다.

② 중앙은행은 예금은행이 중앙은행에서 자금을 차입할 때 적용하는 이자율인 재할인율의 조정을 통해 통화량, 이자율을 조절한다. 이때 예금은행의 중앙은행에 대한 자금 의존도가 높을수록 효과적인 정책수단이 될 수 있다. 여기에 적용되는 이자율인 재할인율은 일반적으로 시중 이자율 수준보다도 훨씬 낮게 책정되어 있기 때문에 그동안 재할인 대출은 통화증발의 주된 요인이 되어 왔다.

> 중앙은행 재할인율 인상(인하) ⇒ 예금은행의 중앙은행에 대한 차입금 감소(증가)
> ⇒ 통화량 감소(증가) ⇒ 이자율 상승(하락)

재할인과 통화량

기업은 상품구입대금으로 어음을 발행한다(진성어음). 어음에는 지급기간이 명시되어 있어서 그 시점까지는 현금으로 바꿀 수 없지만, 은행은 만기가 도래하지 않은 어음이라도 일정한 수수료를 공제하고 기업으로부터 어음을 매수해 줄 수 있다. 이것이 어음할인이다.

그런데 예금은행이 영업도중에 지급준비금이 부족하면 민간기업에게서 할인하여 받아둔 어음을 중앙은행에 재할인받아 자금을 조달할 수 있다. 이러한 과정에서 본원통화가 공급된다. 중앙은행은 시중의 자금사정에 따라 재할인율을 조절할 수 있다. 즉 중앙은행이 재할인율을 인하(인상)하면 본원통화가 증가(감소)한다.

---

(2) 중앙은행 여수신제도의 기능

① 금융기관에 대해 유동성을 공급하는 기능을 수행한다.

② 최종 대부자 기능 수행에 있어 중요한 역할을 한다. 만약 개별 금융기관이 일시적 자금부족에 직면하는 경우 중앙은행은 대출제도를 통해 이들 금융기관에 소요 자금을 신속하게 지원함으로써 금융 불안의 확산을 차단한다.

③ 일중당좌대출제도를 등을 통해 일시적인 결제부족자금을 일중 영업시간 중에 실시간으로 지원함으로써 지급결제의 원활화에도 기여한다.

공시효과(announcement effect)

중앙은행이 재할인율을 조절하면 이것이 언론을 통해 시장에 알려지기 때문에 공시효과를 얻을 수 있다. 예컨대 재할인율을 인상하면 시장에서는 이것을 중앙은행이 금융긴축을 실시하겠다는 정책적 의지로 받아들인다. 이에 따라 가계는 소비를 줄이고, 기업은 투자를 줄이므로 긴축효과가 더욱 크게 나타날 수 있게 된다.

Rosa 효과

중앙은행의 재할인율의 변동이 시중은행의 대출여력(availability)에 미치는 효과로 '봉쇄효과(lock-in effect)'라고도 한다.

각 금융정책의 특성

정책수단	전달경로	신축성	효과
공개시장조작 정책	공채 ⇒ 이자율 ⇒ 통화량, 투자	탄력적	신축적 조정효과 (증권시장 발달이 전제)
지급준비율 정책	지준율 ⇒ 지준금, 통화승수 ⇒ 통화량	비탄력적(강제성)	강력(최후 수단)
재할인율 정책	재할인율 ⇒ 어음재할인, 대중앙은행 차입금 ⇒ 통화량	비탄력적	고시효과와 신용의 대출여력(availability)효과

확인 TEST

한국은행이 기준금리를 인하할 경우 경제 전반에 미치는 영향에 대한 설명으로 옳지 않은 것은? [2016. 지방직 7급]
① 기준금리 인하로 채권수익률이 낮아지면 주식과 부동산에 대한 수요가 늘어나 자산가격이 상승하고 소비가 늘어난다.
② 기준금리 인하로 환율(원/$) 상승을 가져와 경상수지가 개선되고 국내물가는 상승한다.
③ 기준금리 인하로 시중자금 가용량이 늘어나 금융기관의 대출여력이 증가하면서 투자와 소비가 늘어난다.
④ 기준금리 인하로 환율(원/$)이 상승하여 국내기업의 달러표시 해외부채의 원화평가액은 감소한다.

해설 ▶
• 한국은행의 기준금리 인하는 채권수익률을 떨어뜨리고, 이에 따라 시중의 유동자금은 주식시장이 부동산 시장으로 유입되어 주식가격과 부동산 가격을 상승시키게 된다(①).
• 기준금리 인하는 시중은행의 중앙은행으로부터의 대출비용 부담 경감을 가져와 이전에 비해 대출능력이 커지게 된다(③).
• 기준금리 인하는 외국으로의 자본유출을 가져와 환율이 상승하고, 이에 따라 순수출 증가로 국내물가가 상승하고(②), 국내기업의 달러표시 해외부채의 원화평가액을 증가시킨다(④).

정답 ▶ ④

② 선별적 정책 수단

1) 의의

⑴ 정책효과가 국민경제의 특정부문에만 선별적으로 미치는 정책 수단으로 금융통화당국이 자금 배분에 선택적·차별적으로 개입하는 직접 규제 수단을 말한다.

⑵ 경제의 안정화, 또는 국민 경제의 어떤 특정부문에 대한 자금의 공급을 촉진(혹은 억제)하기 위하여 주로 이루어진다.

2) 내용

⑴ 대출(여신) 한도제(ceiling system)

① 통화금융 기관의 국내여신에 최고한도를 정해놓고 여신이 그 이상을 초과하지 못하도록 규제한다.

② 금융기관의 자산총액한도를 제한함으로써 대출한도를 간접적으로 제한하는 '자산규제'를 말한다.

③ **문제점**: 획일화되고 경직된 수단으로 금융시장의 효율성의 저하를 초래한다.

⑵ 이자율 규제 정책

① 은행의 예금 이자율과 대출 이자율에 상한 설정하여 규제한다.

② 통화 당국이 이자율 수준을 직접 결정하는 방식을 택할 수도 있다.

⑶ 창구지도와 도덕적 설득

① 통화당국이 일반은행 등 금융기관의 대출정책과 예금유인정책을 정책의도에 맞도록 일일이 지도한다.

② 통화당국이 공식적인 견해 표명, 경고, 항의 등 다양한 형태로써 금융기관의 적절한 행동을 도덕적으로 설득·유도한다.

선별적 신용통제에 관한 찬반론

A. 찬성론: ① 자본주의경제에 있어 가격기구가 가져오는 불평등을 교정하기 위하여 요구된다. ② 특정부분에서 일어나는 소비구조의 변화로 인한 인플레이션은 통화신용정책의 일반적 수단으로는 극복할 수 없다. ③ 다양한 정책목적을 달성하기 위해서 다양한 정책수단이 필요하다. ④ 일반적 수단에 무감각한 분야(소비자금융, 증권금융)에 대해선 긴요하다. ⑤ 개발도상국의 경우 금융시장의 가격기구가 불완전하고 산업구조의 개편을 적극적으로 추진해야 하므로 절대 필요하다.

B. 반대론: ① 개인의 경제적 선택의 자유에 대한 침해이다. ② 자유시장 경제의 자동적 조절기능을 저해한다. ③ 어차피 집행과정에서의 기피와 우회를 막을 수 없다. ④ 특정부분을 우대함으로써 오히려 사회적 불평등을 조정한다.

심화 TEST

다음과 같은 세 가지 가정 하에 한국 경제가 안정적 성장을 도모하기 위해서는 재할인율의 인상과 인하 중 어느 것이 더 바람직한가? 현재의 경기(景氣)상태에 대한 진단, 통화량, 총수요와 연관지어 그 근거를 120자 이내로 쓰시오.

[2004. 교원임용]

> 가정 A : 한국은행에 대한 예금은행의 자금 의존도가 높다.
> 가정 B : 한국경제가 다음과 같은 경제 상황에 직면해 있다.
>   ① 실업률이 10%대를 웃돌고 있다.
>   ② 부도로 도산하는 기업들이 속출하고 있다.
>   ③ 기업들의 체불임금 규모가 점점 늘어나고 있다.
>   ④ 재고 쌓이고, 기업들의 매출액 규모는 감소하고 있다.
>   ⑤ 주식 가격은 하락하고, 기업들의 재무구조도 악화되고 있다.
> 가정 C : 정부 당국이 사용할 수 있는 정책 수단은 '재할인율 정책'뿐이다.

분석하기

- 경기안정화 정책 : 재할인율 인하 정책
- 근거 : 주어진 가정 *B*에서 높은 실업률, 기업들의 도산 속출 등은 현재 경기가 극심한 불황이라는 것을 보여준다. 따라서 경기안정화를 위한 확장적 금융정책이 필요하다. 이를 위해 재할인율을 인하하여 예금은행들의 대출이자율 인하를 유도하여 통화량을 증가시키고, 이를 통해 총수요를 증가시켜야 한다.

❸ 비전통적 정책수단

1) 의의 : 비전통적(unconventional) 통화정책수단은 정책금리가 '제로' 또는 '실효하한(effective lower bound)'에 도달하였거나 파급경로가 현저히 훼손된 상황에서 금융안정 회복과 경기침체 방지를 위해 중앙은행이 단기시장금리를 실효하한 수준으로 유지하는데 필요한 규모 이상으로 통화량을 공급하거나 위험도가 평상시보다 크게 높아진 자산을 매입하는 조치로 정의할 수 있다. 여기서 '실효하한' 금리수준이란 중앙은행의 통화정책 수행 목적에 부합함과 동시에 금융시장에서의 부작용을 통제할 수 있는 범위 내에서 최대한 낮출 수 있는 정책금리 수준을 의미한다.

2) 비전통적 정책수단의 종류

(1) **금융기관에 대한 유동성 공급** : 은행 등의 대출능력을 확충하고 대출태도를 완화시키기 위해 기존 유동성 공급제도 상의 만기 연장, 담보기준 완화, 대상기관 확대와 함께 신규 유동성 공급제도를 도입-활용하는 방안이다. 다만 이것은 다른 수단에 비해 정책 수행이 용이하고 중앙은행이 부담하는 신용위험이 상대적으로 작다는 장점은 있지만, 금융기관에 공급된 유동성이 가계와 기업에 대한 대출로 이어지지 않을 단점을 갖고 있다.

(2) **신용시장(credit market) 지원** : 신용위험증권의 거래여건을 개선하기 위해 중앙은행이 CP, 회사채, ABS 등을 매입하는 방안이다. 이 방식을 활용하면 중앙은행이 은행 대출의 형식을 취하지 않고 특수목적회사(SPV ; Special Purpose Vehicle)를 통해 최종 차입자를 직접 지원할 수 있기 때문에 신속한 효과를 기대할 수 있다. 다만 중앙은행이 부담해야 하는 신용위험이 상대적으로 크고 지원대상 신용위험증권의 가격이 왜곡될 수 있으며 형평성 문제가 제기될 수 있는 단점이 있다.

(3) **중앙은행의 국채매입(outright purchase)** : 정책금리가 실효하한에 도달한 이후에도 장기금리가 하락하지 않을 경우 이를 유도하기 위한 수단이다. 중앙은행의 국채매입은 국채금리 하락은 물론 상당기간 동안 완화적 통화정책 기조를 유지할 것으로 민간 경제주체에 신호를 주는 효과도 있기 때문에 금융기관 대출금리와 신용위험증권의 금리하락도 기대할 수 있다. 다만, 국채가격이 하락하는 경우에는 중앙은행이 평가손실이나 매각손실을 입을 수도 있고, 중앙은행이 보유국채를 처분할 때에는 매각 규모와 시장 상황에 따라 국채는 물론 신용위험증권의 금리구조까지 왜곡될 위험도 있다.

3) 비전통적 통화정책수단의 파급경로

(1) **신용경로** : 은행보유 자산(국채 또는 신용위험증권)을 매입하면 본원통화 공급이 늘어나 은행의 초과지준금이 증가하면서 대출이 확대되고 대출금리도 떨어질 수 있다. 다만 은행의 재무 건정성이 취약하거나 신용위험이 매우 높은 상황에서는 신용경로의 파급효과가 크지 않을 수 있다.

(2) **자산가격경로** : 중앙은행의 자산매입은 이를 매각한 금융기관의 현금보유액을 늘려 주식이나 채권을 매입할 수 있는 여력을 확충해준다. 만약 금융기관이 늘어난 보유현금을 이용하여 이들 자산에 대한 투자를 늘리게 되면 해당 자산의 가격이 상승(채권금리는 하락)하면서 이를 보유하고 있는 경제주체의 부(富)가 늘어나고 차입비용(채권발행 비용)은 떨어지게 된다.

(3) **기대경로** : 비전통적 통화정책 수단의 운용은 유동성 공급에 대한 중앙은행의 적극적 의지를 시장에 알리고 완화적 통화정책기조 지속에 대한 투자자들의 믿음 또는 기대를 강화시켜줌으로써 중장기 시장금리의 하락을 유도하는 효과를 발생시킨다.

4) 사례 : 양적 완화(Quantitative Easing) 정책

(1) **등장 배경**

금융위기를 경험한 각국의 중앙은행들이 이를 타개하기 위하여 대규모 재정정책과 확장적 금융정책을 통하여 금리를 낮추어 왔다. 그러나 그 결과 정부의 과도한 재정적자를 가져 왔고, 금리 수준이 제로(0)금리 수준에 도달하여 더 이상의 금리 인하를 통한 대응이 어려워지게 되었다.

(2) **전통적 통화정책과 비교**

① **전통적 통화정책** : 기준금리와 같은 금리에 영향을 주어 경제에 전반적인 효과를 기대한다. 그런데 이러한 전통적 통화정책은 유동성 함정과 같은 상황에서는 그 무력함을 드러낸다. 다음 그림이 이를 보여주고 있다.

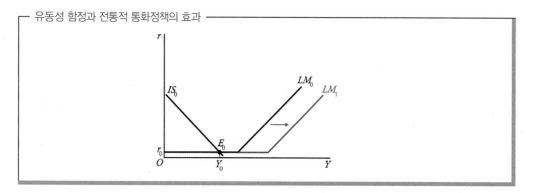

앞의 그림에서 보는 바와 같이 화폐시장이 유동성 함정에 빠져 있는 경우, *LM*곡선만의 이동 (*LM*$_0$ → *LM*$_1$)을 통해 금리를 낮추고 이를 통해 경기침체에서 벗어나고자 하는 시도는 그 효과를 기대할 수 없게 된다.

② **양적 완화** : 중앙은행이 정부채권, 주택담보부채권(*MBS*) 등과 같은 민간의 특정 자산을 매입하여 특정부분에 유동성을 직접 공급하는 선별적인 정책이다. 이러한 유동성 공급은 *LM*곡선 자체의 이동만이 아니라, 경제주체들의 기대인플레이션의 자극을 통해 *IS*곡선 역시 이동시킬 수 있게 된다. 다음 그림이 이를 보여주고 있다.

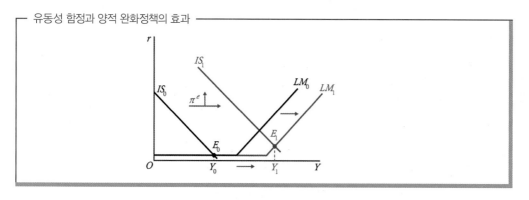

앞의 그림에서 보는 바와 같이 중앙은행의 양적 완화로 *LM*곡선이 오른쪽으로 이동(*LM*$_0$ → *LM*$_1$)하는 것은 물론이고, 기대인플레이션의 상승으로 소비 심리를 자극하여 *IS*곡선까지도 오른쪽으로 이동(*IS*$_0$ → *IS*$_1$)하여 경제는 유동성 함정에서 벗어날 수 있게 된다.

확인 TEST

기준금리가 제로금리 수준임에도 불구하고 경기가 회복되지 않는다면 중앙은행이 취할 수 있는 정책으로 옳은 것은?

[2016, 지방직 7급]

① 기준금리를 마이너스로 조정한다.
② 장기금리를 높인다.
③ 보유한 국공채를 매각한다.
④ 시중에 유동성을 공급한다.

해설 ▸ • 기준금리가 제로금리 수준임에도 불구하고 경기가 회복되지 않는다는 것은 이자율이 경기안정화 수단으로서의 기능을 상실했다는 것을 의미한다.
• 이러한 경우 중앙은행이 국공채 매입을 통해 지속적인 유동성을 공급하여 경기 부양을 시도하는 것이 바로 '양적 완화' 정책이다.

정답 ▸ ④

❹ 통화정책의 전달경로(transmission mechanism)

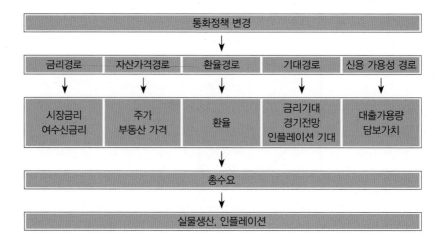

통화정책 변경				
금리경로	자산가격경로	환율경로	기대경로	신용 가용성 경로
시장금리 여수신금리	주가 부동산 가격	환율	금리기대 경기전망 인플레이션 기대	대출가용량 담보가치

총수요

실물생산, 인플레이션

1) 금리경로

(1) **의미** : 케인지언들이 강조하는 견해로 통화정책으로 인해 장기이자율이 변화하여, 이로 인해 투자가 영향을 받아 실물경제에 파급된다는 것이다.

(2) **전제** : 화폐와 채권 간의 대체관계가 강해야 한다. 또한 투자가 이자율 변화에 대해 탄력적으로 반응해야 한다.

(3) **내용**

① 통화당국의 공개시장 매입조작으로 민간 보유의 화폐량이 증가하고, 매매대상인 채권의 가격이 상승하여 이로 인한 단기이자율의 하락이 장기이자율 하락에 영향을 미쳐 투자 증가를 통해 실물 경제에 파급된다.

② 이자율의 하락은 가계의 내구성 소비재에 대한 지출을 증가시켜 총수요 증가를 통해 실물 경제에 파급된다.

⑷ 한계

① 통화정책의 대상은 단기이자율이지만 투자에 관련된 이자율은 장기이자율이다. 따라서 단기 채권과 장기채권 간의 대체관계가 약하다면, 통화정책의 효과는 알 수 없게 된다.

② 투자가 장기이자율 변화에 비탄력적으로 반응한다면 통화정책의 효과는 미약하게 된다.

2) 자산가격경로

⑴ 의미

① 통화량의 변동이 채권시장뿐만 아니라 주식시장에도 영향을 미쳐, 이를 통해 실물경제에 파급된다는 것이다. 보다 광범위한 자산 간의 대체를 전제하며, Hawtrey 효과라고도 한다. Tobin의 q이론도 이와 유사하다.

② 자산가격경로가 중시되기 시작한 것은 가계의 주식이나 부동산 보유가 늘어나고 기업의 주식발행을 통한 자금조달에 더 많은 관심을 기울임에 따라 소비 및 투자가 주가와 부동산 가격에 영향을 받게 되었기 때문이다.

⑵ 전제 : 채권과 주식 사이에 광범위한 대체 관계가 존재하고, 주식시장에서 기업의 가치변동이 투자변동에 강력한 영향을 미친다.

⑶ 내용

① Tobin의 q이론 : 통화당국의 공개시장 매입조작으로 채권가격이 상승하면 이것과 대체관계에 있는 주식의 가격이 상승하면 증자를 통한 자본 조달이 용이해져서 투자가 늘어나게 된다.

> • 통화주의자(monetarist) : 중앙은행이 통화공급을 늘리면 경제주체들이 적정 수준 이상의 유동성을 보유하게 되고, 이를 줄이는 과정에서 주식에 대한 수요가 증가하여 주가가 상승한다고 한다.
> • 케인지안(Keynesian) : 완화적 통화정책에 의해 금리가 하락하고 채권 수익률이 떨어지면(채권가격이 상승하면) 상대적으로 주식에 대한 수요가 늘어나 주가가 상승한다고 한다.

② 부(富)의 효과 : 금리 하락과 통화량 증가는 주식과 비슷하게 주택 등에 대한 수요를 늘려 부동산 가격의 상승을 가져올 수 있다. 가계 자산에서 큰 비중을 차지하는 부동산 가격이 상승하면 부동산을 보유한 개인은 이전보다 부유해진 것으로 생각하여 소비지출을 증가시킬 수 있고, 부동산 담보가치도 높아져 은행으로부터 대출을 받기 쉬워지고 이를 소비재원으로 활용할 수도 있다.

⑷ 한계 : 주식가격이 변화한다고 해서 과연 투자활동이 이에 영향을 받느냐에 대한 의문이 제기된다. 기업가치의 단기적인 변화가 장기적인 예측을 필요로 하는 투자에 큰 영향을 줄 것인가에 대한 기대는 쉽지 않기 때문이다.

3) 환율경로

(1) 자유변동환율제도하에서 중앙은행의 정책금리 조정은 환율의 변화를 통해 국내 실물경제에 영향을 줄 수 있다.

(2) 중앙은행의 정책금리(i_p) 조정은 국내 시장금리의 변화를 초래하여 자국통화표시 금융자산과 외국통화표시 금융자산 간 기대수익률의 격차를 확대시키거나 축소시키게 된다. 이것은 다시 국내외 금융자산에 대한 상대적 수요의 변화를 유발하고, 외화의 수급 사정에 영향을 주어 결국 환율(E)도 변화하게 된다.

(3) 중앙은행의 통화정책으로 환율이 변화하게 되면, 이것은 다시 수출입 상품의 상대가격, 국내물가 그리고 국내 경제주체들의 재무구조 등에 영향을 미쳐 그 효과가 실물경제에까지 파급된다.

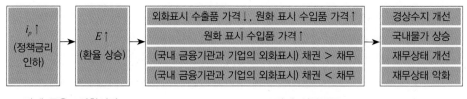

1단계: 금융 – 외환시장　　　　　　　　　　2단계: 실물부문

4) 기대경로

(1) 중앙은행은 현재시점에서의 금리조정뿐만 아니라 경제주체들의 미래 통화정책에 대한 기대, 경기전망 및 인플레이션 기대를 변화시킴으로써 소비 및 투자 결정과 물가에 영향을 주는데 이를 기대경로라고 한다.

$$\text{저금리유지 신호} \Rightarrow i \downarrow \Rightarrow I \uparrow, \; C \uparrow \Rightarrow Y \uparrow, P \uparrow$$

(2) 장기시장금리는 향후 단기시장금리의 향방에 대한 시장의 기대에 의해 영향을 받으므로 중앙은행은 정책의도를 시장에 정확하게 전달함으로써 통화정책의 유효성을 제고할 수 있다.

사전 공시효과(announcement effect) 경로

1. 의미: 재할인율 정책이나 지급준비율 정책은 눈에 보이는($visible$) 정책이므로 이러한 정책들은 그 발표만으로도 사람들은 통화당국의 정책의지와 방향을 예측할 수 있다는 것이다.
2. 내용: 합리적 기대와 관련되는 것으로 정책의 발표만으로도 직접 실물경제에 영향을 미치게 된다. 따라서 금융부문을 거치지 않고도 바로 실물경제에 파급되는 특징을 갖는다.

---

5) 신용 가용성(credit availability) 경로

(1) 의미

① 국공채의 이자율 변동이 금융기관의 대출이자율과 대출능력에 영향을 미쳐 대출공급이 변하게 된다는 것이다.

② 금리경로, 자산가격경로 및 환율경로 등은 통화정책이 금융시장의 가격변수에 영향을 줌으로써 실물경제에 파급되는 과정인데 반해, 신용경로는 통화정책이 양적변수, 다시 말해 은행 대출에 영향을 미쳐 실물경제에 파급되는 과정을 말한다.

(2) 전제

① 은행 대출이 결정적으로 중요한 자금조달이어야 한다.

② 중앙은행이 정책을 통해 은행 대출에 직접적인 영향을 미칠 수 있어야 한다.

(3) 내용

① **동결효과(freezed in effect)** : 지급준비금 부족에 직면한 예금은행은 새롭게 지급준비금을 충당하기 보다는 기존 대출금을 회수하거나 신규 대출을 억제하는 방향으로 대처한다. 이로 인해 기업은 자금 회전에 어려움을 겪게 되고, 이에 따라 투자에 소극적이 된다.

② **신용할당(credit rationing)** : 자금에 대한 초과 수요가 존재할 때, 이자율의 상승이 아닌 담보 제공과 같은 비이자율 조건을 전제로 하여 대출을 결정하게 된다.

③ **유동성 압박 효과(liquidity pressure effect)** : 통화긴축으로 인한 이자율 상승이 이루어지는 경우 기업은 운영자산의 일부를 준비자산으로 전환시키게 되고, 이로 인해 불가피하게 투자 등의 감소를 가져와 총수요에 영향을 미치게 된다.

확인 TEST

통화정책에서 신용중시 견해(credit view)에 대한 설명으로 옳지 않은 것은?　　[2013, 국가직 7급]

① 은행의 대출과 채권은 완전대체재이다.

② 은행과 차입자 사이에 정보의 비대칭성이 존재한다.

③ 은행은 높은 이자율을 지불할 의향이 있는 자보다 신용이 높은 자에게 대출을 한다.

④ 신용중시 견해는 금융중개가 물가와 생산활동에 중요한 영향을 미친다는 점을 강조하는 견해이다.

해설 ▶ • 신용중시 견해란 통화량의 변화가 이자율의 변화 등을 통해 발생하는 파급효과를 분석하는 전통적인 견해와는 달리, 통화정책의 변화가 통화정책의 양적인 측면인 은행대출의 이용가능성 및 조건에 영향을 줌으로써 총수요와 생산 활동에 영향을 준다고 보는 견해이다. 통화당국이 통화정책을 실시함에 있어 단순히 통화량 증대에만 의존하기보다는 예금은행이 민간에게 대출을 늘리는 경로를 거쳐 이루어지는 통화정책의 효과를 강조한다(④).

• 신용중시 견해에 따르면 예금은행이 대출을 통하여 소비와 투자가 상승시킨다는 것으로 민간의 소비와 투자는 신용의 증가함수이다. 그런데 대출이 이루어질 때 대부자인 은행과 자금조달에 어려움을 겪고 있는 중소기업과 같은 차입자 사이에는 정보의 비대칭성이 존재하여 이로 인한 역선택의 문제를 해결하기 위하여 은행은 이자율이 아닌, 기존 신용거래내역 이나 담보물의 가치 등과 같은 비이자율을 기준으로 하는 신용할당을 중심으로 대출 여부를 결정하게 된다. 이에 따라 기업의 투자규모는 통화량이 아닌 은행의 기업에 대한 신용할당 규모에 따라 결정된다(②, ③).

• 신용중시 견해에서 대출은 기타 금융시장에서의 자금조달수단, 예컨대 채권 등과는 구별되는 독특한 금융수단이 된다. 이에 따라 대출과 채권과 같은 유가증권 간 대체관계가 높지 않을 때 신용중시 견해는 그 유용성이 높아진다(①).

• 신용중시 견해에서는 통화량이 이자율이 아닌 신용을 중심으로 영향을 받게 되므로 이자율의 변동 없이 경기부양이 가능하다는 것을 신뢰한다.

정답 ▶ ①

❺ 신용할당(credit rationing)

1) 의의

(1) **의미** : 시장이자율이 균형이자율 수준보다 낮은 상태에서 존재하는 자금의 초과수요 상황하에서 이자율이 상승하지 않고, 현재의 이자율 수준에서 일부 차입자만이 필요한 만큼의 대출을 받게 되는 현상을 말한다.

(2) **내용** : 대부자금시장에서 차입자와 대출자 간의 정보의 비대칭성으로 인하여 자금의 수요과 공급에 변화가 생길 경우, 이자율의 변동보다 수량조정을 통해 이를 해결하게 된다. 그 이유는 불완전한 정보를 소유한 경제주체와 다양한 정보비용의 존재가 이자율을 경직적으로 만들기 때문이다.

2) 발생원인 : 정보의 비대칭성

(1) **근거**

① 대출금의 상환은 차입자의 미래소득의 크기에 전적으로 의존하게 되며, 이러한 미래소득은 차입자의 투자성과에 따라 결정된다.

② 그런데 이러한 내용에 관하여 대부자보다는 차입자가 보다 많은 내부정보를 갖게 되는 정보의 비대칭성이 존재하게 된다.

③ 이에 따라 위험을 회피하고자 하는 대부자에 의한 신용할당이 이루어진다.

(2) **역선택(adverse selection)**

① 은행이 대출이자율을 인상하는 경우, 상환불이행의 위험이 낮은 우량 차입자는 오히려 은행으로부터의 차입을 기피할 수 있다. 반면에 상환불이행의 위험이 높은 불량 차입자는 높은 대출이자율에도 불구하고 대출을 원하게 된다.

② 결국 대출이자율 인상은 대출에 수반되는 위험을 상대적으로 높임으로써 은행으로 하여금 역선택 상태에 놓이게 한다.

(3) **도덕적 해이(moral hazard)** : 은행이 대출이자율을 인상한 상태에서 이루어진 대출 상황에서 차입자는 높은 이자비용으로 인한 기대수익의 감소를 상쇄하기 위해서 위험도가 높은 선택을 하게 되는 도덕적 해이를 행할 수 있게 된다.

3) 신용할당의 종류

(1) **타율적 신용할당** : 금리의 최고수준이나 금리체계 등이 법이나 제도적으로 규제되어 발생하는 경우를 말한다.

(2) **자율적 신용할당** : 금리규제가 없다고 하더라도 은행의 대출금리 인상은 차입자의 상환 불능위험이나 더 위험한 사업에 투자할 유인을 높이기 때문에 은행 스스로가 이자율을 인상하지 않고 대출하는 경우를 말한다.

확인 TEST

다음 글의 밑줄 친 ㉠ ~ ㉢ 현상에 대한 설명으로 옳은 것을 〈보기〉에서 모두 고르면?

[2012, 교원임용]

케인지언(Keynesian)의 통화정책의 전달 경로에 의하면, 정부가 ㉠ 확대 통화정책을 실시해도 이자율이 더 이상 낮아지지 않게 되면 더 이상의 통화 팽창은 효력을 잃게 된다. 아울러 경제에 대한 전망이 나빠지면 ㉡ 투자지출은 이자율의 하락에도 거의 반응하지 않게 된다. ㉢ 경기 침체는 그 자체로 재정 수지의 악화를 가져온다. 그렇다고 건전 재정을 추구하게 되면 재정정책은 경기 순응적이 되어 경기 안정화 기능을 상실하게 된다.

〈 보 기 〉

ㄱ. ㉠은 자산으로서의 화폐에 대한 수요가 사라지기 때문이다.
ㄴ. ㉠은 화폐 수요의 이자율 탄력성이 매우 크기 때문이다.
ㄷ. ㉡은 투자지출이 이자율에 대해 탄력적이기 때문이다.
ㄹ. ㉢은 재정의 자동안정장치가 작동하기 때문이다.

① ㄱ, ㄴ
② ㄱ, ㄷ
③ ㄴ, ㄷ
④ ㄴ, ㄹ
⑤ ㄷ, ㄹ

해설 ㉠:화폐수요의 이자율 탄력성이 무한대인 상태인 유동성 함정 상태를 의미한다. 이 경우 장래의 이자율 상승을 기대하면서 경제 주체들은 보유채권을 모두 매각하고 화폐만을 자산으로 보유하고자 한다.
㉡:투자의 이자율 탄력성이 매우 비탄력적이다. 따라서 통화정책은 더욱 무력해진다.
㉢:경기가 침체하게 되면 소득이 감소하게 되고, 재정의 자동안정화 기능에 따라 정부의 세수가 감소하게 되어 재정수지가 악화된다.

정답 ④

제15장 | 조세와 재정

Theme 78 조세

❶ 조세의 의의

1) 의미

(1) **조세의 개념**: 중앙정부나 지방정부가 제공하는 공공서비스에 대하여 그것을 이용하는 국민이나 주민들이 지불하는 대가를 말한다.

(2) **조세의 특징**

① 수혜 정도와 무관한 강제 징수

② 특정 서비스와의 대응관계가 불명확한 조세부과

③ 조세의 지출 용도가 불특정

(3) **조세 부과의 기준**

① 조세로부터의 수혜 정도를 객관적으로 측정하기가 불가능

② 납세자의 담세 능력에 따라 부과 ⇒ 공평과세

2) 조세 법률 주의

(1) **의미**: 조세의 종목과 세율을 국회에서 법률로 정한다는 원칙이다.

(2) **근거**: 조세는 헌법에서 보장하고 있는 기본권인 재산권에 대한 제한의 의미를 갖고 있으므로 기본권 제한을 위한 원칙을 준수해야 한다.

3) 조세 부과 원칙

(1) A. Smith의 조세원칙

① **평등의 원칙(equality or equity)**: 조세는 개개인의 능력, 즉 그들이 국가의 보호 아래 실현하는 수입에 비례하여 부과되어야 한다는 원칙이다.

② **확실의 원칙(certainty)**: 조세는 납세의무자 개개인에게 명확하면서도 평이하게 법률로 정해져야 하며, 조세 징수자의 자의에 맡겨져서는 안 된다.

③ **지불 편의 원칙(convenience)**: 조세는 납세자가 납부하기에 편리한 시기와 방법을 통해 징수하여야 한다.

④ 경제성(economy)의 원칙(=최소징세비의 원칙): 모든 조세는 그 징세비가 최소이어야 하며, 조세로 인한 경제활동이 방해받아서는 안 된다.

(2) Wagner의 조세원칙

① 재정정책 상의 제(諸) 원칙

ㄱ. 수입충분성의 원칙: 재정의 기본목적인 재정활동에 필요한 경비를 충당하기에 충분한 재원을 조달하는 것에 충실해야 한다.

ㄴ. 과세 신축성의 원칙: 재정지출의 증가나 재정수입의 감소로 인한 재원의 부족을 증세 등을 통해 그 부족분을 쉽게 보전할 수 있도록 조세(제도)가 신축적이어야 한다.

② 국민경제상의 원칙: 조세는 국민경제의 발전에 지장을 주어서는 안 된다. 이를 위해서는 최적의 세원을 선택해야 하고, 조세작용을 고려하여 조세 종목을 선택해야 한다.

③ 공정의 제(諸) 원칙

ㄱ. 과세부담의 보편성: 조세는 모든 사람 또는 모든 과세대상 물건에 대하여 동일한 부담(균등희생)이 되도록 부과되어야 한다.

ㄴ. 과세의 평등성: 조세 부과에 따른 부담은 개인의 경제적 능력에 따라 평등하게 배분되어야 한다. 그 과정 속에서 누진과세나 면세 등이 고려되어야 한다.

④ 세무행정상의 제(諸) 원칙: 과세의 명확성, 납세의 편의성, 최소징세비를 위한 노력 등이 필요하다.

❷ 공평과세의 기준

1) 이익설

(1) 의의: 조세는 정부부문으로부터 정부지출을 통하여 얻는 편익(또는 이익)에 상응하여 과세되어야 한다는 의미이다.

(2) 내용

① 일반응익과세(一般應益課稅): 공공서비스에 대한 각 개인의 평가를 조세가격으로 표시하여 그에 상응하는 조세를 부담시키는 형태로 과세되어야 한다는 것이다.

② 개별응익과세(個別應益課稅): 특정의 서비스가 응익기준에 따라 공급되는 경우에 적용할 수 있는 수수료, 사용자부담, 통행료, 목적세, 부담금에 대신하는 조세 등을 의미한다.

(3) 한계

① 공공서비스로부터 얻는 편익을 정확하게 측정하는 데 어려움이 따른다. 이것은 개인이 공공서비스에 대한 선호를 표명하지 않거나, 과소표명을 하는 것에서 비롯된다.

② 복지 내지 소득재분배와 경제안정화를 위한 정부의 기능을 설명할 수 없다.

2) 능력설

(1) 의의: 개인의 경제력에 상응하는 가세가 공평한 과세라는 것을 의미한다.

⑵ 수평적 공평성과 수직적 공평성

① **수평적 공평성**: '동일한 입장의 사람들을 동일하게 취급하는 것'을 의미한다. 예컨대 소득수준이 동일한 사람들은 동일한 소득세를 부담하는 것이다.

② **수직적 공평성**: 상이한 입장의 사람들을 차별적으로 취급하는 것'을 의미한다. 예컨대 소득수준이 높은 사람이 상대적으로 높은 소득세를 부담하는 것이다.

최소사회가치설

공평한 조세부담이 되기 위해서는 객관적인 관점에서 조세로 희생되는 사회가치를 최소화할 수 있도록 사회가치가 작은 용도에 사용될 소득에서부터 출발하여 순차적으로 조세를 흡수하여 필요한 조세수입을 확보해야 한다는 것이다. 예컨대 불로소득과 근로소득 중에서는 불로소득에서부터 과세가 이루어져야 한다는 것이다.

확인 TEST

조세에 대한 설명으로 옳은 것을 모두 고른 것은?

[2012, 국가직 7급]

㉠ 과세부담의 수평적 공평성의 원칙은 세금부담능력이 다르면 세금도 다르게 부과하는 것이다.
㉡ 조세부과에 따른 자중적 손실(deadweight loss)의 최소화를 기하는 것은 효율성 측면과 관련이 있다.
㉢ 고가의 모피코트에 부과하는 세금은 세금부담능력이 더 큰 사람이 더 많은 세금을 내야 한다는 원칙을 잘 만족시킨다.
㉣ 과세표준소득이 1천만 원인 경우 10만 원의 세금을 부과하고 과세표준소득이 2천만 원인 경우 20만 원의 세금을 부과한다면 이 과세표준구간 내에서 누진세를 적용하고 있는 것이다.

① ㉠, ㉣
② ㉡
③ ㉡, ㉢
④ ㉢, ㉣

해설 ▶ 조세부과에 따라 자중적 손실이 커진다는 것은 그만큼 효율성이 떨어진다는 것을 의미한다.
㉠ 과세부담의 수평적 공평성의 원칙이란 동일한 세금부담능력(동일한 소득 수준)이라면 설령 소득의 종류가 서로 달라도 세금은 동일하게 부과하는 것을 의미한다. 이에 반해 과세부담의 수직적 공평성의 원칙이란 서로 다른 세금부담능력(상이한 소득 수준)이라면 설령 소득의 종류가 동일하더라도 세금은 상이하게 부과하는 것을 의미한다. 전자에는 소득공제제도가 해당하고 후자에는 누진세율 제도가 해당한다.
㉢ 고가의 모피코트에 부과되는 대표적인 세금이 개별소비세이다. 그런데 이것은 비례세율이 적용되는 간접세이다. 세금부담능력이 더 큰 사람이 더 많은 세금을 내야 한다는 원칙에 보다 더 합치되는 세제는 누진세 제도이다.
㉣ 과세표준소득과 관계없이 일정한 세율(1%)이 부과되는 것은 비례세율을 적용하고 있는 예이다.

정답 ▶ ②

❸ 조세의 분류

1) 직접세와 간접세(조세 전가 여부에 따라)

	직접세	간접세
특징	조세의 전가가 되지 않아 납세자와 담세자가 동일한 인세이다.	조세의 전가가 이루어져 납세자와 담세자가 다른 물세이다.
종류	소득세, 법인세, 주거세, 상속세, 재산세	부가가치세, 주세, 영업세, 물품세, 개별소비세, 관세
소득분배	소득재분배에 기여하도록 누진적이다.	역진적인 성격에 의해 소득분배의 악화를 초래한다(특별소비세는 예외).
조세저항	조세저항이 많다.	조세저항이 적다.
국고 수입	국고수입조달 면에서 상대적으로 빈약하다.	국고수입조달 면에서 유리하다.
자원 배분	자원배분면에서 상품의 가격을 변화시키지 않으므로 생산을 왜곡시키지 않는다.	상품 간의 상대가격을 변화시켜서 자원배분 면에서 왜곡을 가져온다.
조세 행정	세무행정상 불편하다.	세무행정상 간편하다.
조세 중립성	저축-소비, 노동-여가의 선택에 영향을 미친다.	저축-소비, 노동-여가의 선택에 영향을 미치지 않는다.

— 조세전가의 형태 – 조세부담의 이동방향을 기준으로 —

1) 전전(前轉: forward shifting)
   (1) 상품거래의 유통과정과 같은 방향으로 전가되는 현상을 말한다. 예컨대 생산자로부터 소비자에게 전가되는 것을 말한다.
   (2) 생산자 간에 카르텔이 형성되어 담합이 이루어져 있는 경우, 공급의 탄력성이 클 경우, 필수재와 같이 수요의 가격탄력성이 작은 경우에 주로 발생한다.

2) 후전(後轉: backward shifting)
   (1) 상품거래의 유통과정과 반대 방향으로 전가되는 현상을 말한다. 이에 따라 조세의 최종부담이 생산요소 공급자에게 전가된다.
   (2) 소비자의 부(富)의 정도가 낮아 절약이 일반적이고, 수요의 가격탄력성이 매우 높아 사소한 가격상승에도 예민하게 소비를 감소시키는 경우에 주로 발생한다.

3) 갱전(更轉: further shifting): 전전(前轉) 또는 후전(後轉)된 조세가 다시 전전(前轉), 후전(後轉)되어 전가 현상이 2회 이상 연속적으로 일어나는 현상을 말한다.

4) 소전(消轉): 생산자에게 조세가 부과된 경우, 생산자가 이에 자극 받아 생산 방법을 개선하고 경영을 합리화하여 조세액만큼 생산비를 인하하는데 성공하여 결과적으로 조세부담을 면하는 경우와 동일해지는 경우를 말한다.

5) 환원(還元: capitalization of taxation)
   (1) 부동산 수입이나 유가증권 수입에 대하여 조세가 부과되었을 때, 그 부담을 타인에게 전가시킬 수 없기 때문에 과세품목의 가격이 그에 부과된 조세의 자본환원액만큼 하락함으로써 조세의 충격이 회피되는 현상을 말한다.
   (2) 과세품목에 대한 최초의 가격이 조세의 자본환원액만큼 하락하기 때문에 그 이후의 구매자는 납세자가 되기는 하여도 부담자가 되지는 않아 조세 부담은 조세 부과 당시의 소유자가 지게 되는 것이다.

2) 수조권에 의한 분류

(1) **국세** : 수조권이 중앙정부에 있는 조세

(2) **지방세** : 수조권이 지방정부에 있는 조세

3) 과세대상에 의한 분류

(1) **종가세** : 상품가격의 일정비율(%)로 부과되는 조세

(2) **종량세** : 상품가격과 관계없이 상품 한 단위당 일정금액이 부과되는 조세

4) 개별소비세

(1) **개별소비세의 의의**

① 간접세의 중심을 이루는 부가가치세는 세무행정상의 효율성과 납세자의 편의라는 관점에서는 장점을 갖고 있지만 i) 사치품에 대한 고율과세 결여 ii) 차등세율에 의한 역진성완화장치 결여 iii) 세율조정을 통한 탄력성 있는 정책수단을 결여

② 부가가치세가 지니고 있는 단일세율의 장점을 훼손시키지 않으면서 소비규제, 산업지원 등을 위한 제도적 장치가 개별소비세

(2) **과세대상 및 세율**

① 개별소비세는 i) 사치성 물품 ii) 고가의 내구성 소비재 iii) 소비억제품목 iv) 특정 장소에의 입장 및 유흥음식행위에 대하여 고율(5～100%)로 과세

② 정책목표를 위하여 탄력세율 및 잠정세율이 운용된다.

(3) **장·단점**

① **장점** : 역진성의 완화, 사치성 소비재에 대한 소비억제, 조세수입 보충, 전략적 산업의 진흥과 국내산업 보호 등의 효과

② **단점** : 과세의 중립성 저해, 사치품 개념의 변화에 따른 적용 곤란, 내수기반 약화 우려 등

조세와 인플레이션

인플레이션은 화폐가치를 하락시키므로 채무자는 득을 보며 채권자는 손해를 보게 된다. 한편, 화폐는 정부가 발행한 채권으로 볼 수 있으므로 국가경제 전체를 채무자인 정부와 채권자인 국민으로 양분할 수 있다. 따라서, 인플레이션은 사회의 부를 민간부문에서 정부부문으로 이동시켜 정부는 부유해지지만, 민간은 가난해진다. 이를 강제저축이라 한다. 국가발전전략 면에서, 자본이 부족한 개발도상국은 인플레이션을 통한 강제저축효과를 통해 재원을 조달함으로써 이를 정부가 발전효과가 큰 전략부문에 집중투자하여 급속한 경제성장을 도모하기도 한다(예 : 1960~1970년대 우리나라의 경제정책). 또한 인플레이션은 정부의 국채상환부담을 가볍게 해준다.

---

5) 단일세(flat tax)

(1) **의의**

① **의미** : 단일세율 체계란 과세대상에 대해 '하나의' '낮은' 한계세율을 모든 소득에 대해 적용하는 조세체계를 말한다.

② 조세함수

> - $T = t(Y - A)$
> - 여기서 T는 조세, t는 한계세율, Y는 소득, A는 기초 공제를 의미한다.

③ 특징 : 한계세율은 일정하지만(비례적이지만) 평균세율은 누진적이 된다.

(2) 논거

① 경제적 효율성

ⓐ 낮은 세율은 경제적 효율성을 높이며, 경제 전체의 파이(pie) 크기를 확대시킨다.

ⓑ 일괄과세가 가능하여 기업의 투자에 대한 저해 요인인 이중과세의 문제점을 해소할 수 있다.

② 경제적 징세

ⓐ 세율구조가 간단하기 때문에 징세비용과 납세비용이 감소한다.

ⓑ 대인(對人)과세가 아닌 대소득(對所得)과세이므로 법인세 단계에서 일괄세율로 징수할 수 있으므로 행정비용을 낮출 수 있다.

③ 조세 회피 방지 : 세액 공제, 소득 공제가 불필요하기 때문에 조세 회피를 위한 편법을 방지할 수 있다.

확인 TEST

단일세율 소득세에 대한 찬성의 근거로 옳지 않은 것은?   [2013. 국가직 7급]

① 조세행정비용이 절감된다.
② 조세부담의 수직적 공평성을 증진시킨다.
③ 민간부문의 의사결정에 대한 교란을 줄일 수 있다.
④ 각종 공제제도를 이용한 합법적 조세회피 행위를 막을 수 있다.

해설 ▶ • '단일세율 소득세'란 모든 소득에 단 한 번만 같은 세율로 세금이 부과되는 조세제도를 지칭한다. 이에 따르면 공제, 감면 등을 모두 없앨 뿐만 아니라 여러 단계의 누진세율도 폐지하고 단 하나의 세율만 적용하자는 것이다.
• 모든 과세 대상에 대해 하나의 세율을 적용하므로 과세 상의 복잡성을 해결하여 조세행정비용이 절감된다(①).
• 다양한 세율의 존재를 차단함으로써 각종 공제제도를 이용한 합법적 조세회피 행위를 막을 수 있게 된다(④).
• 모든 과세 대상에 대해 하나의 세율을 적용함으로써 서로 다른 세금부담능력, 즉 상이한 소득 수준이라면 설령 소득의 종류가 동일하더라도 세금은 상이하게 부과되어야 한다는 조세부담의 '수직적 공평성'의 취지는 보다 약화된다.

정답 ▶ ②

6) 세율구조

(1) **의미** : 과표(=세액산정의 기초가 되는 과세객체의 가격 또는 수량)와 세율 간의 관계

(2) **구분**

비례세율 (proportional tax rate)	과표의 크기에 상관없이 세율은 언제나 일정함	물품세, 부가가치세, 관세, 소비세
누진세율 (progressive tax rate)	과표가 커짐에 따라 세율이 증가함 ※ 초과누진세율 : 과표가 커짐에 따라, 증가한 과표에 대해서만 높은 세율이 적용됨	개인소득세, 법인세, 재산세, 상속세
누퇴세율 (degressive rate)	높은 과표단계에서는 누진율이 적용되지만, 일단 어느 단계에 도달하면 비례세율이 적용됨	
역진세율 (regressive rate)	과표의 크기가 증가함에 따라 세율이 감소함	

확인 TEST

광수는 소득에 대해 다음의 누진세율을 적용받고 있다고 가정하자. 처음 1,000만 원에 대해서는 면세이고, 다음 1,000만 원에 대해서는 10%, 그 다음 1,000만 원에 대해서는 15%, 그 다음 1,000만 원에 대해서는 25%, 그 이상 초과 소득에 대해서는 50%의 소득세율이 누진적으로 부과된다. 광수의 소득이 7,500만 원일 경우 광수의 평균세율은 얼마인가?

[2013. 서울시 7급]

① 20%

② 25%

③ 28%

④ 30%

⑤ 36.67%

해설 ▶ 주어진 누진세율에 의한 광수의 소득구조는 다음과 같다.

1,000만 원(면세)+1,000만 원(세율 10%)+1,000만 원(세율 15%)+1,000만 원(세율 25%)+3,500만 원(세율 50%)=7,500만 원

이에 따라 광수가 부담해야 할 조세액은 100만 원+150만 원+250만 원+1,750만 원=2,250만 원이 된다.

이때 평균세율$\left(=\dfrac{총조세액}{총소득}\right)$은 $\dfrac{2,250만\ 원}{7,500만\ 원}=0.3=30\%$가 된다.

정답 ▶ ④

❹ 부(負)의 소득세제(negative income tax)

1) 근거 : 소득 수준이 높아질수록 적용되는 세율도 높아지고, 반대로 소득 수준이 낮아질수록 적용되는 세율도 낮아지는 것이 누진세 제도이므로, 소득 수준이 일정 수준 이하인 경우에는 세율이 음(−)의 되어야 한다는 것에 출발한다.

2) 내용 : 극빈자에게는 정부가 세금을 거두는 것이 아니라 보조금을 지급해야 한다.

3) 학자 : 스티글러(J. Stigler)에 의해 제시되어 토빈(Tobin) 등에 의해 지지를 받았다.

4) 평가

(1) 장점

① 부의 소득세제는 수혜자격 심사 없이 일정수준 이하의 소득을 얻고 있는 자에게는 자동적으로 보조금을 지급하기 때문에 행정상의 편리함을 기대할 수 있다.

② 빈곤자라면 누구나 필요에 따라 일종의 권리에 의해 정부로부터 보조금을 받는 형식의 제도이므로 수혜자의 인격적 자존심을 지켜준다.

③ 현금을 직접 제공하여 수혜자의 자유로운 처분을 가능하게 해 줌으로써 현물보조와 같은 기존의 재분배 제도에 비해 수혜자에게 유리하다.

(2) 단점

① 재정 부담이 과도하게 발생한다.

② 수혜대상자 또는 기준보다 약간 더 높은 소득 수준의 사람에게까지 근로의욕 저해를 가져온다. 이에 따라 노동 공급에 부정적 효과를 초래한다.

③ 제도가 시행되는 기간 동안의 한시적 효과를 갖는다.

부(負)의 소득세제

그림을 보면 정부가 가난한 사람들에게 보장하는 최소한의 소득이 월 50만 원이라면 소득이 하나도 없는 사람에게는 월 50만 원의 보조금이 지급된다. 그리고 소득이 늘어남에 따라 보조금을 일정한 비율로 점차 줄여가게 된다. 즉 소득이 1만 원이 증가할 때마다 보조금을 4천 원씩 줄인다면 소득이 40만 원인 사람은 정부로부터 34만 원을 받게 된다. 따라서 처분가능소득은 월 74만 원이 된다.

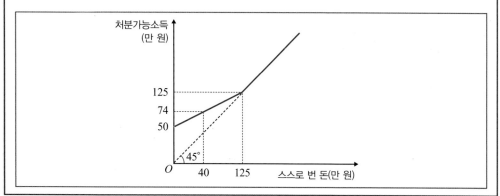

확인 TEST

A국의 소득세는 $T=max[0, 0.15(Y-1,000)]$의 식에 따라 결정된다. 즉, 연소득 1,000만 원까지는 전혀 세금을 부과하지 않고, 1,000만 원을 넘는 부분에 대해서만 15%의 세율로 세금을 부과한다. 이 소득세 제도의 1,000만 원 이상 소득구간에서 한계세율(ㄱ)과 평균세율(ㄴ)에 대한 설명으로 옳은 것은? (단, T는 세액, Y는 소득이다)

[2015 지방직 7급]

	ㄱ	ㄴ
①	누진적	누진적
②	누진적	비례적
③	비례적	비례적
④	비례적	누진적

해설 ▶ 주어진 조건에 따라 다음 표를 만들 수 있다.

소득	조세	한계세율 $\left(\dfrac{\Delta T}{\Delta Y}\right)$	평균세율 $\left(\dfrac{T}{Y}\right)$
1,000	0	-	0
1,100	15	0.15	0.014
1,200	30	0.15	0.025

따라서 한계세율은 0.15로 일정한 비례적인 특성을 보이고, 평균세율은 지속적으로 상승하는 누진적인 특성을 보이게 된다.

정답 ▶ ④

사례 연구   **조세구조와 소득**

◆ 다음은 A국의 소득세제에 대한 특징이다.

> • 소득이 5,000만 원 미만이면 소득세를 납부하지 않음
> • 소득이 5,000만 원 이상이면 5,000만 원을 초과하는 소득의 20%를 소득세로 납부함

소득과 소득대비 소득세 납부액 비중, 그리고 소득과 소득 대비 최종소득의 비중과의 추이를 그림으로 나타내면? 단, 최종소득은 소득에서 소득세를 뺀 값이다.

분석하기

• 주어진 조건을 충족하는 조세(T)와 소득(Y) 사이에는 다음과 같은 관계가 성립한다.

> • $T=0$(소득이 5,000만 원 미만인 경우)
> • $T=0.2 \times (Y-5,000)$(소득이 5,000만 원 이상인 경우)

이와 같은 소득(Y)과 소득세(T)의 관계를 그림으로 나타내면 다음과 같다.

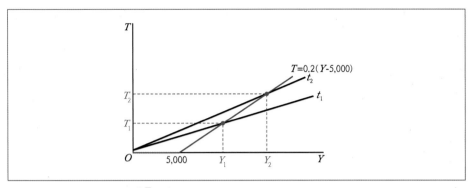

소득 대비 소득세 납부액 비중$\left(\dfrac{T}{Y}=t\right)$는 그림에서 원점에서 조세곡선 상의 한 점까지 그은 직선의 기울기이다. 그림에서 보는 바와 같이 소득이 증가할 때$(Y_1 \Rightarrow Y_2)$ '소득 대비 소득세 납부액 비중$\left(\dfrac{T}{Y}\right)$'을 의미하는 '$t$'의 기울기는 점점 가팔라진다$(t_1 \Rightarrow t_2)$. 이것은 소득이 5,000만 원 이상인 납세자의 소득 대비 소득세 납부액 비중은 소득이 증가할수록 커진다는 것을 의미한다.

- 주어진 조건을 충족하는 최종소득(Y^*)과 소득(Y) 사이에는 다음과 같은 관계가 성립한다.

- $Y^* = Y$(소득이 5,000만 원 미만인 경우)
- $Y^* = 5,000 + 0.8 \times (Y - 5,000)$(소득이 5,000만 원 이상인 경우)

이와 같은 최종소득(Y^*)과 소득(Y)과의 관계를 그림으로 나타내면 다음과 같다.

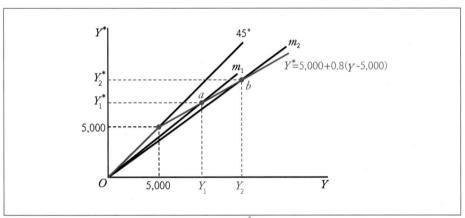

앞의 그림에 따르면 소득(Y)대비 최종소득(Y^*)의 비중$\left(\dfrac{Y^*}{Y}=m\right)$은 소득이 증가함에 따라 점차 감소$(m_1 \Rightarrow m_2)$하고 있음을 알 수 있다.

Theme
79 공채

❶ 공채의 의의

1) 개념:국가나 지방정부가 경비 중에서 특히 임시비를 조달하기 위해서 발행하는 채권을 말한다.

2) 특징

(1) 국가의 지불능력을 기초로 발행한다.

(2) 채무부담 조건을 채무자(국가나 지방정부)가 일방적으로 결정한다.

(3) 채권시장에서의 발행에 강제성이 있다(⇒강제공채). 즉 채권시장에서 매매가 가능하다.

3) 공채부담에 관한 논쟁

(1) 현재세대 부담설

① 공채발행은 지불된 공채만큼 소비와 투자가 희생되어 현세대가 부담한다.

② 공채발행으로 인한 이자지급을 위해 징수되는 조세의 부담자는 조세액만큼 소득이 감소되지만, 그 조세에 의해 공채이자를 받는 사람은 오히려 소득이 증가되어 결국 구매력의 이전현상만 나타날 뿐 미래세대에는 아무런 부담이 없게 된다.

③ 대표적 학자:케인즈(J. M. Keynes), 러너(A. P. Lerner), 사무엘슨(P. A. Samuelson)

(2) 미래세대 부담설

① 조세는 개인의 소비수준을 위축시키는 반면에 공채는 민간투자를 위축시키는 경향이 크므로 자본형성을 감소시켜 경제성장의 둔화를 초래한다.

② 미래세대는 보다 적은 자산을 양도받게 되고 그만큼 낮은 수준의 소득을 얻게 되므로 결국 공채로 인한 부담은 미래세대가 부담한다.

③ 부케넌(J. Buchanan), 보웬(W. Bowen), 모딜리아니(F. Modigliani)

개념 플러스⁺ **정부예산 – 현재의 조세와 미래의 조세**

1. 공채발행의 의의

정부의 재정적자는 공채발행에 의해 보전될 수 있다. 그렇다면 정부는 무한정 공채를 발행하여 재정적자를 보전할 수 있는 것일까? 개인이나 기업이 부채를 갚아야 하듯이 정부도 언젠가는 부채를 갚아야 하며 따라서 정부도 소비자와 마찬가지로 예산제약의 범위 내에서만 지출을 해야 한다.

2. 정부의 예산제약

1) 정부의 예산제약을 알아보기 위해 1기와 2기의 두 기간 동안만 존재하는 정부를 생각해 보자. 이 정부가 1기 초에 아무런 부채를 가지고 있지 않았다고 할 때 1기와 2기 말의 부채규모는 각각 다음과 같이 결정될 것이다.

$$D_1 = G_1 - T_1 \text{ (단, 본원적 재정적자} : D, \text{ 정부지출} : G, \text{ 조세} : T)$$

$$D_2 = (1 + r) \times D_1 + G_2 - T_2$$

위 식에서 G_1과 G_2는 각각 1기와 2기의 정부지출을 나타낸다.

2) 이 정부가 두 기간만 존재하고 사라진다고 한다면 2기 말의 정부부채(D_2)는 0이 되어야 한다. 정부가 사라질 것을 안다면 아무도 이 정부에 돈을 빌려주지 않을 것이기 때문이다. 이에 따라 앞의 두 식에 $D_2=0$의 조건을 적용하면 다음과 같은 동태적 예산제약식을 구할 수 있다.

$$G_1 + \frac{G_2}{1 + r} = T_1 + \frac{T_2}{1 + r}$$

위 식은 정부지출의 흐름의 현재가치가 정부 조세수입 흐름의 현재가치와 같아야 한다는 정부의 예산제약 조건을 나타낸다.

3) 앞의 제약 조건에 따르면 1기와 2기의 정부지출 규모를 그대로 둔 채 현재의 조세(T_1)를 감면하는 것은 결국 미래의 조세증가를 의미한다. 즉, 정부지출의 변화 없이 현재의 조세를 감소시키려면 정부채권의 발행을 통해 부족한 재원을 충당해야 한다. 그 결과 정부부채가 증가하게 되는데, 정부는 미래의 언젠가는 이 부채를 상환해야 하고 그 재원을 마련하기 위해서는 조세를 증가시켜야 하기 때문이다.

❷ 공채(공채)발행의 경제적 효과(J. Tobin)

1) 재정적 효과(fiscal effect)

(1) 의미 : 공채발행으로 조달된 재원이 정부지출이나 감세 등을 통하여 지출될 때, 총수요와 민간경제의 자원배분에 미치는 단기적 효과를 의미한다.

(2) 내용

① 중앙은행 인수방식에 의한 공채발행 : 민간자금을 감소시키지 않으면서 유효수요를 증대시킬 수 있지만, 일반적으로 인플레이션을 유발한다.

② 예금은행 인수방식에 의한 공채발행

ㄱ. 예금은행의 자금사정이 좋은 경우에는 공채인수가 이자율 상승을 수반하지 않으면서도 이루어질 수 있다. 이에 따라 정부는 시중의 유휴자금을 공채발행을 통해 흡수할 수 있게 된다.

ㄴ. 예금은행의 자금사정이 나쁜 경우에는 공채발행은 이자율의 상승을 수반한다. 왜냐하면 공채를 인수하기 위해서 자금사정이 나쁜 예금은행은 대출을 줄이거나 또는 증권이나 채권 등을 매각해야 하는데, 이러한 과정 속에서 이자율 상승이 초래되기 때문이다.

③ 민간 인수방식에 의한 공채발행 : 공모에 의한 공채발행자금이 실제 정부지출이나 감세 등에 충당되기만 하면 궁극적으로는 통화량에는 영향을 주지 않는다.

2) 금융적 효과

(1) 의미 : 공채보유가 화폐공급량, 민간보유자산의 총액과 그 구성, 이자율에 미치는 장기적 효과를 의미한다.

(2) 내용

① 자산효과(wealth effect)

ㄱ. 공채가 자산으로 인식되는 경우, 공채발행으로 민간의 자산보유가 증가하게 되고, 이것이 소비함수에 영향을 주어 총수요를 증가시키는 효과를 나타난다.

ㄴ. 그러나 R. J. Barro 등 합리적 기대론자들에게는 공채는 민간부문의 자산이 될 수 없다. 즉 공채는 상환에 필요한 원리금이 결국 민간의 조세에 의해 부담되어야 하기 때문에 사회 전체를 대상으로 하면 미래의 공채원리금 상환의 현재가치가 공채의 가치를 상쇄한다고 보는 것이다. 즉 공채의 자산효과를 인정하지 않는다.

② 이자율 효과(interest rate effect) : 신규로 발행된 공채가 이미 발행된 채권들과 밀접한 대체관계에 있는 경우, 공채의 발행으로 채권의 공급이 증가하고 그 결과 이자율은 상승하게 된다. 이에 따라 민간의 투자를 위축시키는 결과를 초래할 수 있게 된다.

③ 유동성 효과(liquidity effect)

ㄱ. 공채는 공채보유자에게 유동성을 제공한다. 유동성의 정도는 단기공채가 장기공채에 비해 높다. 이에 따라 보유공채의 구성에 있어서 단기공채의 비중이 높을수록 유동성이 높게 된다.

ㄴ. 보유공채의 유동성 크기는 공채보유자의 소비지출에도 영향을 미치며, 사회 전체적으로도 공채잔액의 구성과 총수요 간에는 일정한 관계가 있다. 예컨대 공채의 잔액이 일정불변이라고 하더라도 그 구성 면에서 단기공채의 비중이 높을수록 총수요의 크기도 커지게 되는 것이다.

확인 TEST

정부는 필요한 재원을 조달하기 위하여 조세를 징수하거나 국채를 발행할 수 있다. 조세와 비교한 국채의 장·단점을 서술한 것으로 타당하지 않은 것은?

[2007, 감평사]

① 국채는 조세보다 민간부문의 저항을 덜 유발한다.
② 국채는 조세보다 민간소비를 더 많이 위축시킨다.
③ 국채는 유사시 대규모 긴급 자금동원 능력이 크다.
④ 국채는 원리금 상환의무가 있으므로 재정부담을 가중시킨다.
⑤ 국채는 재원조달 부담을 미래세대로 전가시킬 가능성이 있다.

해설 ▶ 조세는 민간의 가처분소득을 감소시켜 소비를 위축시키지만, 국채는 현금자산의 금융자산으로의 변화만 생길 뿐 가처분소득을 감소시키지 않음으로써 소비의 위축을 가져오지 않는다. 한편 국채는 채권 상환에 필요한 자금을 미래세대로부터의 조세에 의존할 수 있어 재원조달 부담을 현세대에서 미래세대로 전가시킬 수 있다.

정답 ▶ ②

❸ 공채관리정책

1) 적극적인 공채관리정책

(1) 의미 : 경제안정을 중시하는 공채관리정책

(2) 내용 : 불황기에는 단기공채를 상대적으로 더 많이 발행하고, 호황기에는 장기공채를 상대적으로 더 많이 발행한다.

(3) 장·단점

① 장점 : 장기공채가 단기공채보다 유동성이 낮으므로 호황기(불황기)에는 민간부문의 총수요를 더(덜) 감소시킬 수 있기 때문에 경제안정이 도모될 수 있다.

② 단점 : 이자율이 높은 호황기에 장기공채를 상대적으로 더 많이 발행하므로 정부의 이자비용이 많아진다.

2) 소극적인 공채관리정책

(1) 의미 : 정부의 이자비용을 최소화하려는 공채관리정책

(2) 내용 : 불황기에는 장기공채를 상대적으로 더 많이 발행하고, 호황기에는 단기공채를 상대적으로 더 많이 발행한다.

(3) 장·단점

① 장점 : 이자율이 낮은 불황기에 장기공채를 상대적으로 더 많이 발행한 결과 정부의 이자비용이 작아진다.

② 단점 : 경제 불안정이 심화될 수 있다.

2) 중립적 공채관리정책 - M. Friedman

(1) 등장 배경 : 과거 선진국의 재정당국은 공채금리의 부담을 완화하기 위하여 통화당국에 대하여 저금리 정책을 주문하고, 시중의 국공채 시세 유지를 위하여 중앙은행에 의한 매입을 요구하는 등 금융정책의 독립성을 저해하는 일이 빈번하였다. 그 결과는 inflation의 발생이었다.

(2) 내용

① 단기 채권은 90일 만기, 장기 채권은 8~10년 만기로 정하고 이 두 가지 공채만 발행한다.

② 공채관리를 경기안정화와 관련시켜 운용하는 것에 반대한다.

③ 채권 조작은 규칙적으로 일정한 기간에 하고, 그것은 안정된 공채발행액과 예측 가능한 방식으로 이루어져야 한다.

재정정책

❶ 재정 정책의 의의

1) 개념:정부 정책의 목표를 달성하기 위하여 재정수지를 이용하여 유효수요를 조정하는 여러 가지 재정적 수단의 체계를 말한다.

┌─ 사경제와 공경제와의 비교 ─

사경제	공경제
가계의 효용극대화와 기업의 이윤극대화가 목표	사회적 후생극대화가 목표
합의원칙에 입각한 등가교환의 경제	강제원칙에 입각한 부등가교환의 경제
量入制出의 원칙에 따라 수입경제가 지출경제를 지배	量出制入의 원칙에 따라 지출경제가 수입경제를 지배
잉여의 원칙에 따라 운영	수지균형의 원칙에 따라 운영

2) 재정정책을 위한 재원마련 방법

(1) **조세징수**:민간부문의 가처분소득을 감소시켜 의도하는 수준의 총수요에 미치지 못할 수 있다.

(2) **중앙은행으로부터의 차입**:통화량의 증가를 유발 ⇒ 금융정책과 재정정책의 혼합정책 성격을 갖게 되므로 엄밀한 의미에서 재정정책이라 할 수 없다.

(3) **국공채 발행**:일반적으로 재정정책이라 할 때 해당되는 경우 ⇒ 재정적자가 발생할 경우 보전재원으로 사용하기 위해서 통화 공급을 증가시키는 대신 중앙정부나 지방정부가 국공채를 발행해서 보전한다.

❷ 리카디안 등가정리(RET : Ricardian equivalence theorem)

1) 의의

(1) **정부 지출 재원의 조달 방식에 대한 2가지 견해**

① 케인즈 학파의 견해:국·공채 발행을 통한 정부지출 재원 조달 방식은 소비감소 효과가 나타나지 않지만, 조세 증가를 통한 정부지출 재원 조달 방식은 소비감소 효과가 나타나므로 국·공채 발행을 통한 재원 조달 방식이 재정 정책에 더 효과적이라고 주장한다.

② 새 고전학파(R. Barro)의 견해:국·공채는 정부의 부채이므로 이를 상환하기 위해서는 조세를 부과할 수밖에 없다. 이를 민간의 입장에서 보면 국·공채는 단지 조세를 연기한 것에 불과하므로 미래의 조세를 위하여 소비를 줄이고 저축을 증가시키면 국·공채 발행도 조세와 마찬가

지로 소비 감소 효과를 유발시킨다. 즉, "재원 조달 방식의 변경은 아무런 효과도 발휘하지 못한다."

┌─ 합리적이고 미래지향적인 소비자의 사고 ─────────────────────────
│ "정부 재정지출을 위한 재원마련을 위해 채권을 발행할 경우 정부부채의 증가를 가져올 것이고, 증가된 정부
│ 부채의 상환을 위해서는 결국 미래의 조세가 증가할 것이다. 그렇다면 미래의 가처분소득을 감소시키는 미래의
│ 조세 부과에 대비하기 위해서는 저축을 늘려야 한다. 곧 현재소비를 감소시켜야 한다."
└───

(2) 가정

① 경제행위자는 후손들의 삶에 대한 관심을 통한 지속적인 세대 간 이전을 통하여 효용증대를 도모하고자 한다. 이것은 신체적으로 유한한 삶을 갖는 인간이지만 경제적으로는 무한한 삶(infinite horizon)을 계획한다는 것을 전제한다.

② 자본시장에 아무런 불완전성이 존재하지 않아야 한다. 이것은 자본의 차입, 대부에 아무런 장애요인이 없고 거래비용도 전혀 없다는 것을 의미한다.

③ 조세를 부과하여 재원을 동원할 경우에 그 조세는 아무런 왜곡도 초래하지 않는 정액세(lump sum tax)에 의해 충당된다.

④ 경제주체들의 합리적 기대에 따른 예견능력이 공채 이자에 대한 미래의 부담 분을 정확하게 예측하여 그에 따른 조세 부담을 완전하게 예측할 수 있어야 한다.

⑤ 인구증가율이 0%가 되어야 한다.

⑥ 균형재정이 이루어지고 있다.

(3) 경제적 함의

① 재정정책의 무력성

ⓐ 일단 어떤 지출수준이 주어져 있을 경우 그것이 조세로 조달되든 국채를 통해 조달되든 관계가 없다.

ⓑ 경제적으로 의미 있는 것은 오직 정부의 지출수준과 그 내용일 뿐이며, 그것을 조달하는 방법은 아무런 의미가 없다. 따라서 적자재정정책을 쓰더라도 총수요가 증대되는 효과는 기대할 수 없다.

② 국채부담의 미래세대 전가 여부

ⓐ 배로(R. Barro)는 사람들이 후손들의 경제적 복지에 관심을 갖고 있기 때문에 유산을 물려주고 있으며 이 유산상속과 관련된 선택의 과정에서 리카도 등가 정리가 성립한다고 주장한다.

ⓑ 합리적인 사람들은 국채의 발행이 미래세대의 조세부담을 높여 소비수준을 낮추는 결과를 가져올 것을 예측하고 이를 상쇄하기 위해 더 많은 유산을 남겨주는 선택을 하게된다.

ⓒ 리카도 등가 정리가 성립하는 상황에서는 국채의 발행이 자원배분 측면에서 아무런 변화도 가져오지 않으므로 장기적인 성장의 측면에서 발생하는 미래세대의 부담도 생기지 않는다고 할 수 있다.

③ 항상소득 가설과의 관계

    ⓐ 리카도 등가 정리에 따르면 사람들이 국채를 부(富)로 인식하지 않으며, 조세감면으로 인한 일시적인 소득의 증가를 소비로 연결시키지 않는다.

    ⓑ 이것은 결국 항상소득에 의해서만 소비를 한다는 것과 동일한 귀결이다.

미래 세대의 조세부담과 애타심 그리고 상속

  소비자들이 계획시야가 짧은 것은 소비자들이 합리적이지 않기 때문일 수도 있지만 소비자의 수명이 정부의 수명보다 짧은 데에도 원인이 있다. 정부가 조세를 감면하면서 30년 만기 국채를 발행하여 재정적자를 보전할 경우 60세 이상의 소비자들이라면 현재의 소비결정에 있어서 30년 후의 조세부담 증가에 대한 기대가 큰 영향을 미치지 않을 수도 있다. 왜냐하면 30년 후의 조세증가는 대부분 미래 세대의 부담이 될 것이기 때문이다.

  그러나 리카디안 등가정리를 주장하는 학자들은 소비자들이 자신의 소비뿐만 아니라 자식의 소비로부터 만족을 느낀다면 미래 세대의 조세부담 증가는 자신의 조세부담 증가나 마찬가지라고 생각할 것이라 주장한다. 소비자가 자신의 소비뿐만 아니라 자식의 소비로부터도 만족을 느끼는 것을 애타심(altruism)이라 하는데, 이 경우 소비자는 미래의 조세증가에 따른 자식의 소비감소에 대비하여 현재의 조세감면에 따른 가처분 소득의 증가분을 소비하지 않고 저축하였다가 자식에게 유산으로 물려준다는 것이다.

---

2) 내용

(1) 정부의 예산제약

① 1기간 예산제약 : $G_1 \leq T1$, 정부지출(G)은 조세수입(T)범위 내에서 이루어져야 한다.

② 재정적자와 국채 : 정부가 조세수입 범위를 넘어 지출하기 위해서는 국채를 발행해야 하고 소비자나 기업이 채무에 대한 원리금을 상환해야 하듯이 정부도 언젠가는 부채를 상환해야 하며, 결국 정부도 예산제약의 범위 내에서만 지출해야 한다.

③ 정부의 2기간 예산제약 : 논의의 단순화를 위해 두 기간만 존재하는 정부의 예산제약에 대해서 알아보면 정부의 예산제약은 다음과 같다.

$$G_1 + \frac{G_2}{1+r} = T_1 + \frac{T_2}{1+r}, \text{(단, } r \text{은 이자율)}$$

(2) 다기간 예산제약에 직면한 정부의 확대 재정정책

① 재정지출 확대 : 현재의 조세규모(T_1)를 그대로 둔 채 현재의 재정지출(G_1)을 증가시키기 위해서는 결국 미래의 조세(T_2)를 증가시켜야 한다.

② 조세 감면 : 현재와 미래의 재정지출 규모를 그대로 둔 채 현재의 조세($T1$)를 감면하기 위해서는 결국 미래의 조세(T_2)를 증가시켜야 한다.

(3) 미래지향적 소비자와 리카디안 등가정리

① 소비자의 예산제약 : 조세를 부담하며 두 기간만 존재하는 소비자의 예산제약은 다음과 같다.

$$C_1 + \frac{C_2}{1+r} = Y_1 - T_1 + \frac{Y_2 - T_2}{1+r} = Y_1 + \frac{Y_2}{1+r} - \left(T_1 + \frac{T_2}{1+r}\right)$$

② **소비자 예산제약의 의미**: 현재와 미래소비의 현재가치 = 현재와 미래의 가처분소득의 현재가치
(= 한 가계의 평생소득)

③ **정부 예산제약 하의 소비자 예산제약**

$$C_1 + \frac{C_2}{1+r} = Y_1 + \frac{Y_2}{1+r} - \left(G_1 + \frac{G_2}{1+r} \right)$$

④ **미래지향적(forward looking) 소비자의 최적 선택**: 정부예산제약이 변하지 않는 한 소비자는 최적소비선택을 바꿀 이유가 없다. 왜냐하면 만약 정부가 현재의 조세(T_1)를 감소시킨다면 현재의 가처분 소득($Y_1 - T_1$)은 증가하겠지만 정부지출계획 G_1, G_2에 변함이 없는 한 미래의 조세(T_2)가 증가할 것이므로, 소비자에게 주어지는 평생소득에는 변함이 없기 때문이다. 따라서 최적소비계획을 바꿀 이유가 없다. 결국 조세감면정책은 총수요를 확대시키지 못한다.

⑤ **리카디안 등가정리 성립의 의미**: 가계는 정부가 발행하는 채권을 순자산(net wealth)으로 간주하지 않음을 의미하기도 한다. 왜냐하면 가계는 정부채권의 발행이 미래의 조세증가를 가져올 것을 알기 때문에 정부채권을 순자산으로 간주하지 않기 때문이다. 즉 정부채권이 가지고 있는 자산으로서의 가치가 미래 조세부담이라는 부채의 가치에 의해 상쇄되어 순자산으로서의 가치가 없다고 간주한다는 것이다.

감세정책의 효과

1. **절대소득가설**: 감세의 성격과 관계없이 가처분소득 증가로부터 소비가 증가하여 총수요와 국민소득이 증가한다.
2. **항상소득가설**: 일시적인 감세는 효과가 없고, 감세가 영구적인 경우에만 항상소득의 증가로부터 소비가 증가하여 총수요와 국민소득이 증가한다.
3. **리카도 등가정리**: 감세는 어떠한 경우에도 소비를 증가시키지 못하므로 총수요와 국민소득에 아무런 영향을 주지 못한다.

3) 리카디안 등가정리에 대한 반론

(1) **지나친 합리성을 전제**

① 개인주의적 삶이 강조되는 현실에서 대부분의 사람들은 미래의 경제적 파급효과는 고려하지 않고 근시안적인 행동을 하는 것이 보다 일반적이다.

② 합리적 기대를 가정한다면 후손의 부담을 정확하게 예견한다고 볼 수도 있지만, 인간이 과연 현실적으로 그렇게 합리적인 정보로 정확한 예견을 할 수 있을까하는 문제가 있다.

(2) **자본시장의 불완전성으로 인한 유동성 제약 존재**

① 누구나 차별 없이 차입하고, 대부나 차입에 제약이나 이자율 차이를 적용 받지 않는 상황은 비현실적이다.

② 자본시장이 불완전하면 국공채의 이자율과 개인이 자원을 차입 및 대부할 때 적용하는 이자율이 서로 달라진다.

③ 불완전한 자본시장에서는 유동성 제약을 받게 되어, 현재의 조세 감면은 바로 소비로 이어질 수 있어 총수요에 영향을 미칠 수 있게 된다.

(3) 조세로 인한 자원 배분 왜곡 : RET가 정액세를 전제로 하지만, 현실의 대부분의 조세는 오히려 자원배분의 왜곡을 초래하고 있다.

(4) 인구증가율의 비현실적 가정

① 인구증가율이 0%가 된다는 것은 매우 비현실적이다.

② 일반적으로 인구증가율은 양(+)의 값이다. 따라서 사회 구성원이 증가하게 되면 미래에 부담하게 되는 개인의 조세액은 감소할 수 있게 되고, 이에 따라 총수요의 변화가 나타나게 된다.

(5) 비현실적인 균형재정 가정 : 대부분의 국가의 정부는 적자재정의 주체인 것이 보편적이다. 따라서 균형재정이 이루어지고 있다는 것은 현실성이 매우 떨어지는 가정이다.

확인 TEST

리카디안 등가(Ricardian Equivalence)는 정부가 부채를 통해 재원을 조달할 경우 조세삭감은 소비에 영향을 미치지 않는다는 것이다. 이에 대한 반론으로 옳은 것만을 모두 고르면?
[2018, 지방직 7급]

ㄱ. 소비자들은 합리적이지 못한 근시안적 단견을 갖고 있다.
ㄴ. 소비자들은 자금을 조달할 때 차용제약이 있다.
ㄷ. 소비자들은 미래에 부과되는 조세를 장래세대가 아닌 자기세대가 부담할 것으로 기대한다.

① ㄱ, ㄴ
② ㄱ, ㄷ
③ ㄴ, ㄷ
④ ㄱ, ㄴ, ㄷ

해설 ▸ • 리카디안 등가는 경제주체들이 장래를 향해 합리적 기대를 한다는 것을 전제한다. 이에 대해 경제주체들이 장래를 향해 합리적 기대를 하지 않고 근시안적 판단을 하게 된다면 리카디안 등가는 성립할 수 없다는 반론이 제기된다(ㄱ).
• 경제주체들에게는 차입이 자유롭게 이루질 수 있어 유동성 제약이 없다는 것을 전제하는데, 현실에서는 차입을 할 수 없는 유동성 제약이 존재할 수 있다. 이러한 유동성 제약 역시 리카디안 등가 성립을 어렵게 하는 요인으로 작용한다(ㄴ).
• 만약 미래의 조세 부담을 자신이 한다는 것을 인식하게 되면, 이에 따른 소비계획을 하게 되어 리카디안 등가 성립을 보다 용이하게 한다(ㄷ).

정답 ▸ ①

정부 재정은 '엿장수 마음대로'?

"1970년대까지만 해도 재래시장에 가보면 엿을 파는 '엿장수'를 흔히 볼 수 있었다. 그런데 곡식을 파는 사람들은 꼭 무게를 재서 파는데 엿장수만큼은 넙적한 가위를 가지고서 툭툭 치며 대충 엿을 팔았다. 그러다보니 그 당시엔 제법 큰 금액이었던 똑같은 10원어치를 사도 그때마다 엿의 크기는 달라진다. 그래서 나온 말이 '엿장수 마음대로'..., 그렇다면 정부도 재정지출 계획을 세울 때 '엿장수'처럼 마음대로 할 수 있을까?"

'행복 공화국'에서 내년도 정부지출에 1,000조 원이 필요하다고 가정해 보자. 그렇다면 현 정부는 이에 필요한 재원을 마련하기 위해 어떻게 해야 할 것인가? 우선 먼저 조세를 통해 조달할 수 있다. 그런데 그 크기는 800조 원으로 예상되었다. 남은 200조 원은 어떻게 처리할 것인가? 물론 중앙은행을 통해 200조 원을 차입할 수 있다. 그런데 이 방법은 본원통화 증가로 통화량의 증가를 초래해 물가상승을 야기할 수 있다. 정부가 물가안정을 우선적 과제로 삼고 있다면 쉽게 취할 수 없는 방법이다. 이러한 물가안정 목표를 위해 정부는 국채를 발행하여 국민들에게 자금을 융통할 수밖에 없다. 다만 이 방법에 의해서도 필요한 재원을 모두 확보

하지 못한다면 나머지는 해외로 눈을 돌려 차관도입을 시도해야 하게 된다.

결국 정부의 재정지출은 다음과 같은 식에 의해 제약을 받을 수밖에 없는 것이다.

> 정부지출 = 조세 + 국채 발행 + 해외 차관

이처럼 정부의 재정활동은 물가안정이라는 중요한 거시경제 목표에 의해 제약을 받기 때문에 '엿장수 마음대로'의 재정집행은 불가능한 것이다.

❸ 기능

1) 경제 안정화 기능

(1) 경제 안정화 정책

① 적극 재정 정책(불경기 시): 정부의 지출을 증가시키고 세율을 인하한다.

② 긴축 재정 정책(호경기 시): 정부의 지출을 감소시키고 세율을 인상한다.

(2) 경제 안정화 예산 형태

① 적자예산(세입<세출): 불경기 시 실업률을 낮추기 위해 편성된다.

② 흑자예산(세입>세출): 호경기 시 인플레이션을 억제하기 위해 편성된다.

2) 경제 발전 기능

(1) 세입 면

① 조세 감면 조치 : 자본 축적을 위해 기업에 대해 조세 감면 조치를 하여 투자 의욕을 고취한다.

② 각종 조세 혜택 : 저축의 증대를 유도한다.

(2) 세출 면 : 기간산업, 사회간접자본에 대한 투·융자와 기술 개발을 위한 지원 사업을 실시한다.

3) 소득 재분배 기능

(1) 세입 면 : 개인 소득에 대한 누진세율을 적용하거나, 사치품에 대한 특별 소비세를 부과한다.

(2) 세출 면 : 사회보장비 지출, 실업수당을 지급한다.

4) 자원 배분 기능

(1) 세입 면 : 사치품에 대한 세율을 인상하고 생필품에 대한 세율을 인하함으로써 사치품 생산에 이용되던 자원이 생필품 생산에 전용되도록 유도한다.

(2) 세출 면 : 특정 부분에의 세출을 증대시켜 그 부분으로의 자원 전용을 유도한다.

❹ 재정정책의 종류

1) 재정의 자동 안정화 장치(automatic stabilizer)

(1) 개념 : 정부가 재량적으로 정책수단을 변경시키지 않아도 경기가 상승하면 그 과열을 자동적으로 막고, 경기가 하강하면 그것이 지나치게 하강하지 않도록 시차의 문제없이 자동적으로 작용하는 자동안정장치(automatic stabilizers, built-in stabilizers)가 있는데 주로 이것에 의하여 경제를 안정화시키고자 하는 정책을 말한다.

(2) 수단

① 누진세 : 호황기에는 국민소득의 증가분 이상으로 조세수입이 증가하여 유효수요의 증가를 억제하며 불황기에는 국민소득의 감소분 이상으로 조세수입이 감소하여 유효수요의 감소를 축소시킴으로써 경기 변동을 완화시킨다.

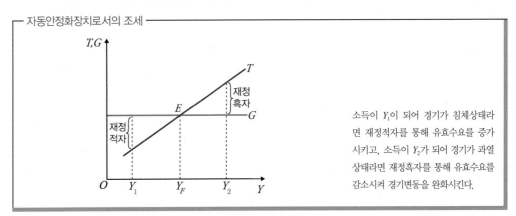

자동안정화장치로서의 조세

소득이 Y_1이 되어 경기가 침체상태라면 재정적자를 통해 유효수요를 증가시키고, 소득이 Y_2가 되어 경기가 과열상태라면 재정흑자를 통해 유효수요를 감소시켜 경기변동을 완화시킨다.

② **실업보험**: 호황기에는 실업이 감소하여 자연히 정부지출이 감소하며, 불황기에는 실업이 증가하여 정부지출이 증가하게 되어 경기 변동을 완화시킨다.

(3) **평가**

① 자동안정화장치는 기본적으로 안정화정책으로 경제가 적정상태(완전고용상태)에서 이탈하는 것을 방지하는 데는 효과적이다.

② 일단 이탈한 후 다시 적정상태로 회복하는 것에 오히려 저해요인으로 작용할 수 있고, 경제의 급격한 변화를 막는 데 충분히 효과적인가에는 논란의 여지를 남긴다.

─ 자동안정화 장치에 관한 견해 ─

1. 고전학파
  1) 자동안정화장치는 경제의 자율적인 조정기구의 일부이다.
  2) 자동안정화장치로 조절되지 않는 총수요는 이자율의 신축적인 조정으로 충분히 조정이 가능하다.
  3) 경제는 자율적인 조정능력을 가지고 있으므로 재량적 재정정책은 불필요하다.

2. 케인즈
  1) 자동안정화장치만으로는 단기적인 경기조절은 미약하다.
  2) 적극적이고 재량적인 재정정책을 사용해야 한다.

확인 TEST

재정의 자동안정화장치가 효과를 잘 발휘할 수 있는 조건으로 가장 거리가 먼 것은?

[2012, 지방직 7급]

① 정부예산의 조세의존도가 높고 국민경제에서 차지하는 비중이 크다.
② 중앙정부의 지방정부에 대한 교부세 제도가 잘 확립되어 있다.
③ 누진세 등이 발달되어 세수수입의 소득탄력성이 높다.
④ 실업수당 등 사회보장제도가 잘 되어있다.

해설 ▶ 중앙정부의 지방정부에 대한 교부세 제도는 지방정부의 재정안정화 기능은 수행하지만, 경기변동을 완화시키는 기능과는 거리가 멀다.

정답 ▶ ②

---

2) 재량적 재정정책(discretionary fiscal policy : 보정적 재정정책)

(1) **개념**

① 정부가 상황에 따라 정책의 필요성을 느껴서 의도적으로 취하는 안정화 정책 ⇒ 보정적 안정화 정책이라고도 한다.

② 경기가 불황이면 정부지출의 증가나 조세감면 등의 팽창정책에 의하여 경기를 확장시키고, 경기가 호황이면 정부지출의 감축이나 세율인상에 의한 긴축정책을 펴나가는 것처럼, 경제상황의 변화에 따라 적극적으로 경제정책을 변경·실시한다.

정책 함정(policy trap)

경기가 불황일 때 정부가 예산을 균형시키기 위하여 노력하면 할수록 오히려 경기가 더욱더 불황에 빠지는 현상을 말한다.

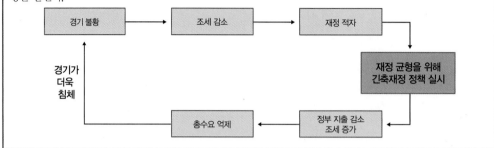

기능적 재정론

정부가 재정균형에 집착하면 이에 얽매여서 재정의 흑자나 적자를 발생시키는 안정화 정책을 채택할 수 없다. 이러한 이유 때문에 재정의 균형을 주장하는 전통적인 견해를 비판하고 안정화를 위해서는 재정의 흑자나 적자의 발생에 구애받지 말고 과감하게 재정안정화 정책을 채택해야 된다는 케인즈학파의 견해를 기능적 재정론이라고 한다.

---

(2) 한계 : 정책의 필요성을 인지할 때까지의 인식시차, 정책을 수립하고 집행하기까지의 정책(실행)시차, 집행된 정책이 여러 변수를 거쳐 효과를 나타나게 되기까지의 작용(외부)시차 등이 존재하여 정책이 시기를 놓칠 가능성이 발생한다.

재정적 견인(fiscal drag)

1. 의의 : 완전고용을 달성하거나 유지하기 위해 필요한 총수요의 증가가 조세징수의 증가로 저지되는 것을 말한다.
2. 도해적 설명

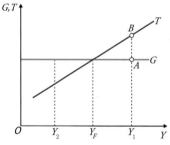

   (1) 현재의 국민소득(Y_2)이 Y_F보다 현저하게 낮은 수준이라고 가정하면, 이때 총수요를 증가시키면 국민소득이 증가하지만 한편으로는 조세 또한 증가하여 이것이 총수요 증가를 억제시키게 됨으로써 국민소득이 Y_F 수준에 미치지 못하게 된다.
   (2) 장기적으로 경제가 성장하면 Y_F은 증가하게 된다. 만약 현재의 완전고용국민소득 수준이 Y_F이고 몇 년 후에는 Y_1이라고 하면, 국민소득이 증가하여 조세가 증가하고 이에 따라 총수요를 감소(재정흑자 : AB)시켜 국민소득이 Y_1에 미치지 못하게 된다. 이를 제거하기 위해서는 조세를 감소시켜 B점이 A점을 통과하게 하도록 적절한 조치가 필요한 것이다.
3. 고전학파의 입장 : 공급 측면에서 총수요와 관계없이 Y_F이 결정되고 이자율(r)의 신축적 작용으로 총수요가 Y_F과 같게 조정됨으로써 재정적 견인 현상은 나타나지 않는다. 즉 조세의 증가가 소득을 감소시켜 소비를 감소시키지만, 한편으로는 소비의 감소가 이자율의 감소를 가져와 소비와 투자수요를 증가시켜 이것이 소비감소를 상쇄시키게 되는 것이다.

사례 연구 | 국민연금의 소득 대체율

◈ 국민연금제도 하에서 연간 기본연금액은 $\alpha(A+B)(1+0.05y)$로 결정된다. α는 가입한 시점에 따라 달라지며, A 는 연금 수급 전 3년간 전체 가입자의 평균소득월액의 평균액이고, B는 가입자 개인의 가입기간 중 기준소득월액의 평균액이다. 그리고 y는 가입연수에서 20년을 뺀 값이다. 연금에 40년간 가입한 김 씨의 B값이 100만 원이라고 할 때, 김 씨가 수령하게 될 연금의 소득대체율은? (단, α는 1.8로 고정되어 있으며, A는 100만 원이라고 가정한다)

분석하기

• 소득대체율이란 나중에 받게 되는 연금액이 평균소득과 비교할 때, 얼마나 되는지를 알려주는 비율을 의미한다. 주어진 조건에 따른 '연' 기본연금액을 계산하면 다음과 같다.

• 연간 기본연금액 $= \alpha(A+B)(1+0.05y) = 1.8(100+100)(1+0.05 \times 20) = 360 \times 2 = 720$(만 원)

따라서 '월' 기본연금액은 60만 원이 된다. 한편 월 평균소득이 100만 원이므로, 소득대체율은 60%가 된다.

• 참고로 2018년 현재 '국민연금 가입 기간별 소득대체율(40년 가입기준) 및 적용비례상수'를 표로 정리하면 다음과 같다.

가입기간	1988년~1988년	1999년~2007년	2008년~2027년	2028년
소득대체율	70%	60%	50% (매년 0.5%씩 감소) 2018년 45%	40%
비례상수	2.4	1.8	1.5 (매년 0.015씩 감소)	1.2

제16장 거시경제의 균형

Theme 81 생산물시장과 화폐시장의 동시균형

① 의의

1) 개념

(1) 생산물시장의 균형과 화폐시장의 균형을 동시에 분석

(2) IS-LM 분석 또는 Hicks-Hansen 모형 또는 Keynes의 완결모형이라고도 한다.

2) 내용

(1) 투자수요를 독립투자로 가정한 단순모형과는 달리 투자수요를 이자율의 감소함수($I = I_0 - dr,\ d > 0$)로 가정한다. 이때 이자율의 결정을 설명하기 위해서는 화폐시장을 추가적으로 고려해야 한다. 이에 따라 총수요는 소득뿐만 아니라 이자율수준에도 의존하게 된다.

(2) 화폐시장은 이자율에 의한 투자수요의 변동을 통해 생산물시장에 영향을 주고, 생산물시장은 소득에 의한 화폐수요의 변동을 통해 화폐시장에 영향을 주어 상호 밀접한 관련성을 갖고 있음을 보여준다.

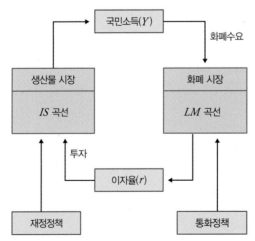

(3) 이것을 통해 고전학파의 2분법을 극복한다.

❷ *IS*곡선

1) *IS*곡선의 의의

(1) **의미**: 총수요와 총공급 혹은 투자(I)와 저축(S)이 일치하여 생산물시장이 균형을 이룰 때의 국민소득(Y)과 이자율(r)의 조합의 궤적을 말한다.

(2) **균형식**

$$C = a + b(Y - T), \ I = I_0 + I(r), \ G = G_0 + TR_0, \ T = T_0 + tY, \ X = X_0,$$
$$M = M_0 + mY \text{일 때 } Y_d = Y \text{ 혹은 } I(r) + G_0 = S(Y) + T_0$$

─ 수식에 의한 *IS*곡선의 유도 ─

1. 소비함수와 투자함수는 직선의 형태를 가정하며, 다음 세 개의 식으로부터 *IS* 곡선의 식을 도출할 수 있다.

- 국민소득계정 식 : $Y = C + I + G$
- 소비함수 : $C = a + b(Y - T)$
- 투자함수 : $I = c - dr$

위의 식에서 b는 한계소비성향이며, d는 투자가 이자율에 얼마나 민감하게 반응하는가를 나타내주는 계수이다.

2. 소비함수와 투자함수를 국민소득계정 식에 대입하여 소득 Y에 대해 정리하면 다음과 같은 결과를 얻는다.

$$Y = \frac{a + c}{1 - b} - \frac{d}{1 - b}r + \frac{1}{1 - b}G - \frac{b}{1 - b}T$$

이자율에 대한 기울기가 음수이므로 소득과 이자율이 역의 관계를 가진다는 것을 확인할 수 있다. 이자율 계수 $\dfrac{-d}{1 - b}$는 *IS*곡선 기울기의 역수인데, d가 커지면 투자가 이자율에 민감한 경우이므로 *IS*곡선은 평평해진다. 반대로 d가 작아지면 투자가 이자율에 둔감한 경우이고 *IS*곡선은 가파르게 된다. 극단적으로 d가 0인 경우에 *IS*곡선은 수직이다. 이 경우는 케인즈 단순모형에 해당된다.

3. 한편 *IS*곡선의 기울기는 한계소비성향 b에도 의존하는데, b가 클수록 *IS*곡선은 평평해진다. 한계소비성향이 클수록 승수가 커서, 이자율 변화에 따른 소득의 변화가 커지기 때문이다. 또한 G와 T 앞의 계수 $\dfrac{1}{1 - b}$와 $\dfrac{-b}{1 - b}$는 각각 재정지출승수와 조세승수이다.

4. 위의 식은 소득에 대해 정리한 것이나, 이자율에 대해 정리하면 다음과 같은 식을 얻을 수 있으며, *IS* 곡선의 기울기뿐만 아니라 재정지출과 조세가 이자율에 어떤 영향을 주는지도 쉽게 분석할 수 있다.

$$r = \frac{a + c}{d} - \frac{1 - b}{d}Y + \frac{1}{d}G - \frac{b}{d}T$$

원인	크기	기울기	탄력도
b(한계소비성향), d(투자의 이자율 탄력도)	클수록	완만	탄력적
s(한계저축성향) $= 1 - b$, t(세율), m(한계수입성향)	클수록	가파름	비탄력적

Q&A

가계, 기업, 정부만으로 구성된 폐쇄경제에 있어서 소비함수 $C = 40 + 0.8(Y-T)$, 투자함수 $I = 70 - 400r$, 정부지출 $G = 20$, 조세 $T = 20$으로 주어져 있을 때 IS곡선의 방정식은?

Solution

생산물 시장의 균형식 $Y = Y_d$에서

$Y = C + I + G = 40 + 0.8(Y - 20) + 70 - 400r + 20$

$0.2Y = 114 - 400r$

$\therefore Y = 570 - 2,000r$

(3) 균형식의 한계

① 위 균형조건식은 국민소득(Y)과 이자율(r)이라는 두 내생변수를 미지수로 가지고 있으므로 생산물시장의 균형조건만으로는 균형국민소득이 유일하게 결정되지 못한다.

② 단지 생산물시장을 균형시키는 국민소득과 이자율의 조합만을 구할 수 있을 뿐이다.

균형소득의 해(solution)

케인즈 단순 모형의 $Y = C(Y-T) + I + G$에서는 내생변수가 Y 하나뿐이므로 이 식 하나로 균형소득의 해가 구해진다. 왜냐하면 화폐시장을 분석하지 않았기 때문이다. 그러나 IS 방정식에는 내생변수가 Y와 r 둘이므로 두 변수 간의 관계만을 알 수 있을 뿐이다. 한편, 고전학파 모형의 $Y = C(Y-T) + I + G$에서는 총공급에 의해 Y가 고정되므로 이에 상응하는 균형이자율이 도출될 수 있다.

---

2) 도해적 설명

(1) 그래프 도출

① 저축은 국민소득과 정(正)의 관계에 있고 투자는 이자율과 역(逆)의 관계에 있으므로 국민소득이 증가하여 저축이 증가할 때 생산물시장이 균형을 이루려면 투자도 증가하여야 하는데 이를 위해서는 이자율이 하락하여야 한다.

② 즉 생산물시장의 균형조건을 충족시키기 위해서는 국민소득과 이자율이 반대로 움직여야 하므로 IS곡선은 우하향의 형태를 띠어야 한다.

IS곡선의 도출

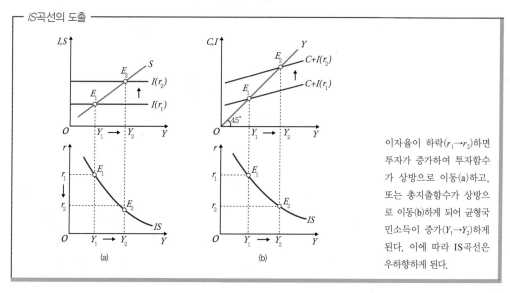

이자율이 하락($r_1 \rightarrow r_2$)하면 투자가 증가하여 투자함수가 상방으로 이동(a)하고, 또는 총지출함수가 상방으로 이동(b)하게 되어 균형국민소득이 증가($Y_1 \rightarrow Y_2$)하게 된다. 이에 따라 IS곡선은 우하향하게 된다.

(2) 생산물시장의 불균형과 조정과정

① *IS*곡선 위쪽은 어떤 동일한 이자율 수준에서의 국민소득이 균형국민소득보다 크기 때문에 혹은 동일한 국민소득 수준에서의 이자율이 균형이자율보다 높기 때문에 저축이 투자보다 크게 되므로 생산물시장에서 초과공급이 있게 된다. 이와 반대로 아래쪽에서는 초과수요가 존재하게 된다.

② 생산물시장에서 초과공급이 발생하면, 즉 저축이 투자보다 크면 생산물에 대한 수요가 부족하므로 국민소득이 감소되고, 그 반대의 경우에는 국민소득이 증가하게 된다.

(3) *IS*곡선의 기울기

① *IS*곡선의 기울기는 국민소득이 변화할 때 생산물시장의 균형을 회복하기 위해서 어느 정도 이자율의 조정이 필요한지를 나타내는 것으로 중요한 경제학적 의미를 가지고 있다.

② *IS*곡선의 기울기는 승수의 크기 또는 소비나 투자의 이자율 탄력도에 따라 그 크기가 결정된다. 승수가 클수록 또는 이자율 탄력성이 클수록 초과공급을 제거하기 위하여 필요한 이자율의 조정 폭이 작아지기 때문에 *IS*곡선의 기울기는 완만하게 된다.

┌─ 정액세와 비례세 ──

투자가 증가하면 소득이 늘어난다. 이때 정액세를 부과하면 납세액이 정해져 있으므로 소득이 늘어나도 조세부담은 늘어나지 않는다. 반면에 비례세를 부과하면 소득이 늘어날수록 납세액도 늘어난다. 이에 따라 비례세를 부과하면 정액세를 부과하는 경우보다 투자의 승수효과가 감소한다. 투자의 승수효과가 감소한다는 것은 균형국민소득이 소폭으로 늘어난다는 것을 의미한다. 따라서 비례세를 부과하면 정액세를 부과하는 것보다 *IS*곡선은 더 가팔라진다.

┌─ 폐쇄경제와 개방경제 ──

투자가 증가하면 소득이 늘어난다. 이때 개방경제하에서는 수입이 늘어난다. 수입은 생산물시장의 누출을 의미한다. 즉 국내소득이 외국상품을 소비하는데 지출됨으로써 국내소비가 감소한다. 그 결과 투자의 승수효과가 감소한다. 투자의 승수효과가 감소한다는 것은 균형국민소득이 소폭으로 증가한다는 것을 의미한다. 따라서 개방경제하의 *IS*곡선은 폐쇄경제하의 *IS*곡선보다 더 가팔라진다.

---

③ 통화주의학파는 투자의 이자율탄력성이 크며, 따라서 *IS*곡선은 매우 완만한 기울기를 갖는다고 주장한다.

④ Keynes 학파는 투자의 이자율 탄력성이 작으며, 따라서 *IS*곡선은 매우 가파른 기울기를 갖는다고 주장한다. 만약 극단적으로 케인스의 단순모형에서처럼 소비와 투자가 이자율에 전혀 영향을 받지 않는다면 이때의 *IS*곡선은 수직이 된다.

┌─ 각 학파별 *IS*곡선 ──────────────────────────────────

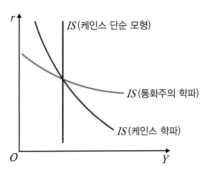

　　소비가 가처분소득뿐만 아니라 이자율의 영향을 받거나, 투자가 이자율뿐만 아니라 소득의 영향을 받는다고 가정하게 되면 *IS*곡선은 보다 완만한 기울기를 갖게 된다. 반면에 소비나 투자가 이자율에 비탄력적으로 반응한다면 *IS*곡선은 보다 가파른 기울기를 갖게 된다.

　　1930년대(케인스 시대)에는 총수요(유효수요)가 부족하여 생산설비의 가동률이 크게 떨어졌다. 따라서 이자율이 하락해도 투자는 늘지 않았다. 이 경우 *IS*곡선은 매우 낮은 소득수준에서 수직선으로 나타난다. 1940/50년대(케인즈 학파 시대)에는 마샬플랜 등 대규모의 확대재정 정책이 실시되면서 경기가 회복되기 시작했다. 기업은 늘어난 수요를 충족시키기 위해서 기존설비의 가동률을 높일 뿐만 아니라 신규투자를 통한 설비확장을 하였다. 즉 이자율이 내릴수록 투자가 조금씩 늘어났다. 이 경우 *IS*곡선은 가파른 우하향 곡선으로 나타난다.

　　1960년대(통화주의 학파 시대)에는 투자가 매우 활발해졌다. 이때는 투자의 이자율탄력도가 높으므로 *IS*곡선은 완만한 우하향곡선으로 나타난다.

한편, 고전학파에 의하면 국민경제는 항상 완전고용국민소득 수준에서 균형을 이룬다. 따라서 *IS*곡선은 Y_F 상의 한 점으로 나타난다.

└──

확인 TEST

'투자는 이자율의 감소함수'라는 가정에 가속도원리를 도입하여, '투자는 이자율의 감소함수일 뿐 아니라 소득의 증가함수'라는 가정으로 바꾸면 *IS*곡선 또는 *LM*곡선에 어떠한 변화가 초래되는가?　　　　　[2001. 7급]

① 곡선의 기울기가 더욱 완만해진다.
② 곡선의 기울기가 더욱 급해진다.
③ 곡선의 기울기가 더욱 완만해진다.
④ 곡선의 기울기가 더욱 급해진다.

해설 ▸ • '투자는 이자율의 감소함수일 뿐 아니라 소득의 증가함수'라는 가정 하에서 폐쇄경제를 전제하고 $C=a+b(Y-T_0)$, $I=c+dr+iY$, $G=G_0$라고 할 때, *IS*곡선은 다음과 같이 정리할 수 있다.

┌───
│ • $r=\dfrac{a-b\times T_0+c+G_0}{d}-\dfrac{1-b-i}{d}\times Y$ (여기서 a, b, c, d, i는 양의 상수)
│
│ • *IS*곡선 기울기: $\dfrac{1-b-i}{d}$
└───

• '$\dfrac{1-b}{d}>\dfrac{1-b-i}{d}$'이 성립하므로 가속도 원리가 도입되면 *IS*곡선의 기울기는 이전에 비해 더욱 완만해진다.

정답 ▸ ①

(4) *IS*곡선의 이동

원인	변화	*IS* 곡선 이동
독립투자, 정부지출, 수출	증가	오른쪽으로 이동
저축, 조세, 수입	증가	왼쪽으로 이동

❸ *LM*곡선

1) *LM*곡선의 의의

(1) 의미 : 화폐시장이 균형을 이룰 때의 국민소득(Y)과 이자율(r)의 조합의 궤적을 말한다.

┌─ 화폐시장의 의의 ─

 수익을 목적으로 보유되는 자산들을 대표하는 채권과 수익성은 없지만 지불수단으로서의 기능 때문에 보유되는 자산인 화폐의 두 종류로만 구분하기로 한다.

 화폐와 채권 두 가지 형태의 자산을 보유하고 있는 각 경제주체가 기존의 보유자산을 자신의 선호에 따라 재구성하려 한다고 할 때, 왈라스 법칙에 따라 화폐시장과 채권시장의 초과수요의 합은 0이 되어야 하므로 화폐시장의 균형이 달성된다면 채권시장의 균형은 자동적으로 성립하게 된다.

$$M_d + B_d = M_s + B_s$$

 만일 화폐시장이 균형상태에 있다면 $M_d = M_s$이 성립할 것이고, 따라서 위 조건에 의해 채권시장의 균형조건인 $B_d = B_s$이 자동적으로 충족되게 된다.

(2) 균형식

┌─ 화폐시장의 균형식 ─

$$\frac{M^S}{P} = M_t + M_s$$

M^S: 화폐공급량, P: 물가, M_t: 거래적·예비적 동기에 의한 화폐수요, M_s: 투기적 동기에 의한 화폐수요

Q&A

화폐수요함수가 $M_d = 100 + 0.1Y - 200r$이고, 화폐공급량이 $M_s = 280$으로 주어져 있을 때 *LM*곡선의 방정식은?

Solution

 화폐시장의 균형식 $M_d = M_s$에서
 $100 + 0.1Y - 200r = 280$
 $0.1Y = 180 + 200r$
 $\therefore Y = 1,800 + 2,000r$

┌─ 수식에 의한 LM곡선의 유도 ──────────────

1. 직선의 화폐수요함수를 가정하면 LM곡선을 다음과 같이 표현할 수 있다.

$$\frac{M}{P} = kY - hr$$

여기서 k는 소득이 증가할 때 화폐수요가 얼마나 증가하는가(화폐수요의 소득 탄력도)를, h는 이자율이 상승할 때 화폐수요가 얼마나 감소하는가(화폐수요의 이자율 탄력도)를 나타내준다.

2. 위의 식을 r에 대해 정리하면 다음과 같다.

$$r = \frac{k}{h}Y - \frac{1}{h}\frac{M}{P}$$

소득에 대한 계수 $\frac{k}{h}$가 양수이므로 LM곡선의 기울기가 양수임을 알 수 있으며, 기울기에 대한 정보도 이 계수에 담겨있다. k가 크거나 h가 작으면 기울기 가파르고, k가 작거나 h가 크면 기울기는 평평해진다. 즉 화폐수요가 소득에 민감하고 이자율에 둔감할수록 기울기는 가파르고 소득에 둔감하며 이자율에 민감할수록 기울기는 평평해진다.

원인	크기	기울기	탄력도
h(화폐수요의 이자율 탄력도), V(유통속도)	클수록	완만	탄력적
k(화폐수요의 소득탄력도)=$1/V$	클수록	가파름	비탄력적

└──────────────────────────────

2) 도해적 설명

(1) 그래프 도출

① 다른 조건이 일정할 때 소득의 증가는 거래적 동기에 의한 화폐수요의 증가를 가져온다. 이때 화폐공급에 아무런 변화가 없다면 화폐시장에는 초과수요가 발생하게 되고, 이 초과수요를 제거함으로써 화폐시장의 균형을 회복하기 위해서는 화폐보유에 대한 기회비용인 이자율이 상승해야 하므로 이자율과 소득은 같은 방향으로 움직여야 한다.

② 즉 화폐시장의 균형이 유지되려면 국민소득과 이자율이 같은 방향으로 움직여야 하므로 LM곡선은 우상향의 형태를 띠어야 한다.

┌─ LM곡선의 도출 ──────────────

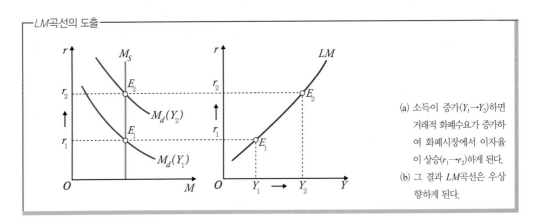

(a) 소득이 증가($Y_1 \rightarrow Y_2$)하면 거래적 화폐수요가 증가하여 화폐시장에서 이자율이 상승($r_1 \rightarrow r_2$)하게 된다.

(b) 그 결과 LM곡선은 우상향하게 된다.

└──────────────────────────────

(2) 화폐시장의 불균형과 조정과정

    ① LM곡선의 아래쪽에서는 동일한 국민소득수준에서의 이자율이 화폐시장균형에 필요한 균형이자율보다 낮으므로 화폐에 대한 초과수요가 발생하고, 이와 반대로 LM곡선의 위쪽에서는 화폐에 대한 초과공급이 발생하게 된다.

    ② 화폐에 대한 초과수요가 발생하면 화폐시장에서 이자율이 상승하게 되고 화폐에 대한 초과공급이 발생하면 이자율이 하락하게 된다.

(3) LM곡선의 기울기

    ① LM곡선의 기울기(k/h)는 화폐수요의 이자율 탄력도(h)와 소득탄력도(k)에 따라 그 크기가 결정된다.

    ② 통화주의학파는 화폐수요의 이자율 탄력도는 매우 작고 소득탄력도는 크기 때문에 LM곡선은 매우 가파른 기울기를 갖게 되는데, 화폐수요가 이자율과 무관하다는 극단적인 고전학파의 경우에는 LM곡선은 수직의 형태를 띠게 된다.

    ③ Keynes학파는 화폐수요의 이자율 탄력도가 매우 커서 LM곡선은 매우 완만한 기울기를 갖고, 유동성 함정이라는 극단적인 경우에는 LM곡선은 수평이 된다고 주장한다.

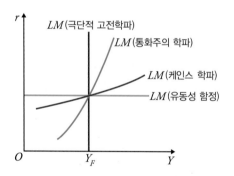

각 학파별 LM곡선

    1930년대(케인즈 시대)에는 경제 대공황으로 소득이 매우 낮아서 거래적동기의 화폐수요가 매우 감소하였다. 따라서 투기적 동기의 화폐수요의 비중이 상대적으로 크기 때문에 이자율이 변할 때마다 화폐수요가 큰 폭으로 변화하였다. 즉 화폐수요의 이자율탄력도가 매우 높았다. 이러한 경우 LM곡선은 완만하게 우상향하며, 극단적인 경우에는 수평선으로 나타나게 된다. 고전학파시대에는 경제활동이 완전고용국민소득에 이르렀으므로 투기적 동기의 화폐수요가 모두 없어지고 거래적 동기의 화폐수요만 존재하였다. 이러한 경우 화폐수요의 이자율탄력도는 0이고 LM곡선은 가파르게 우상향한다.

    유동성함정이 존재하면 동일한 이자율 수준에서 화폐시장을 균형시키는 국민소득이 둘 이상 존재하므로 LM곡선은 수평의 모습을 하게 된다. 또한 고전학파에서는 이자율이 아무리 변동해도 화폐수량설에서 화폐시장을 균형시키는 소득수준은 Y_F수준으로 일정하므로 LM곡선은 수직이 된다.

통화 공급이 이자율의 증가함수라고 한다면 이자율에 영향을 받지 않는 경우에 비해 어떠한 현상이 발생하는가?

[2000, 7급]

① 곡선의 기울기가 급해진다.
② 곡선의 기울기가 완만해진다.
③ 곡선의 기울기가 급해진다.
④ 곡선의 기울기가 완만해진다.

해설 ▸ • 통화 공급이 이자율에 영향을 받지 않는 경우의 LM곡선은 다음과 같다.

> • $r = \dfrac{k}{h} \times Y - \dfrac{1}{h} \times \dfrac{M_0}{P_0}$ $\Rightarrow$ LM곡선 기울기: $\dfrac{k}{h}$
>
> (r은 이자율, k는 화폐수요의 소득탄력성, h는 화폐수요의 이자율탄력성, Y는 소득, M_0는 명목통화량, P_0는 물가수준이다.)

• 통화공급이 이자율의 증가함수인 경우의 LM곡선은 다음과 같다.

> • $r = \dfrac{k}{h+w} \times Y - \dfrac{1}{h+w} \times \dfrac{M_0}{P_0}$ $\Rightarrow$ LM곡선 기울기: $\dfrac{k}{h+w}$
>
> (r은 이자율, k는 화폐수요의 소득탄력성, h는 화폐수요의 이자율탄력성, w는 화폐공급의 이자율 계수, Y는 소득, M_0는 명목통화량, P_0는 물가수준이다.)

• $\dfrac{k}{h} > \dfrac{k}{h+w}$ 가 성립하므로 통화 공급이 이자율의 증가함수인 경우가 이자율에 영향을 받지 않는 경우에 비해 LM곡선의 기울기는 보다 완만해진다.

정답 ▸ ④

(4) LM곡선의 이동

① $r = \dfrac{k}{h} Y - \dfrac{1}{h} \dfrac{M}{P}$ 에서 M_S가 증가하거나 P가 하락하는 경우에는 LM곡선이 오른쪽으로 이동한다.

② 외생적으로 화폐수요가 감소하면 LM곡선은 오른쪽으로 이동한다.

원인	LM곡선 이동
통화량공급의 증가, 물가의 하락, 화폐수요 감소	오른쪽으로 이동
통화량공급의 감소, 물가의 상승, 화폐수요 증가	왼쪽으로 이동

Theme

82 | *IS−LM* 분석

❶ 생산물시장과 화폐시장의 동시균형

1) 동시균형의 성립

(1) 두 시장의 동시균형은 *IS*곡선과 *LM*곡선의 교차점에서 성립한다.

(2) 균형이 성립하면 균형점에서 균형이자율과 균형국민소득이 결정된다.

┌─ 생산물시장과 화폐시장의 동시균형 ─────────────────

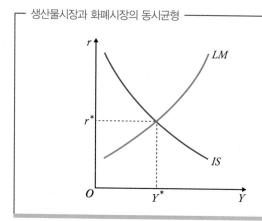

생산물시장의 균형을 의미하는 *IS*곡선과 화폐시장의 균형을 의미하는 *LM*곡선이 교차하는 수준에서 두 시장을 동시에 균형시켜주는 균형이자율과 균형국민소득이 결정된다.

└───────────────────────────────────

┌─ 생산물시장과 화폐시장의 불균형 ─────────────────

① 생산물시장 초과공급, 화폐시장 초과공급

② 생산물시장 초과공급, 화폐시장 초과수요

③ 생산물시장 초과수요, 화폐시장 초과수요

④ 생산물시장 초과수요, 화폐시장 초과공급

└───────────────────────────────────

확인 TEST

폐쇄경제 하의 국민소득결정에 관한 *IS−LM* 모형이 〈보기〉와 같다. 생산물시장과 화폐시장이 동시에 균형을 이룰 때, 균형이자율과 균형국민소득은?
[2019, 서울시 7급]

─〈 보 기 〉─

- 소비함수: $C=200+0.8(Y-T)$
- 투자함수: $I=260-20R$
- 정부지출: $G=140$
- 조 세: $T=0.375Y$
- 물가수준: $P=100$
- 화폐공급: $M^S=20,000$
- 화폐수요: $\dfrac{M^D}{P}=100+0.2Y-20R$
- 단, Y는 국민소득, R은 이자율을 나타낸다.

	균형이자율	균형국민소득
①	4	900
②	5	900
③	4	1,000
④	5	1,000

해설 ▶ • 폐쇄경제 하의 생산물시장이 균형일 때 소득(Y)과 이자율(R)의 관계를 나타내는 *IS* 방정식은 다음과 같이 도출된다.

- 생산물시장 균형식: $Y=C+I+G$
- $Y=200+0.8(Y-T)+260-20R+140 \Rightarrow Y=200+0.8(Y-0.375Y)+260-20R+140$
  $\Rightarrow Y=600+0.5Y-20R \Rightarrow 0.5Y=600-20R \cdots$ ⓐ

• 폐쇄경제 하의 화폐시장이 균형일 때 소득(Y)과 이자율(R)의 관계를 나타내는 *LM* 방정식은 다음과 같이 도출된다.

- 화폐시장 균형식: $\dfrac{M^S}{P}=\dfrac{M^D}{P}$
- $\dfrac{20,000}{100}=100+0.2Y-20R \Rightarrow 0.2Y=100+20R \cdots$ ⓑ

• *IS* 방정식인 ⓐ식과 *LM* 방정식인 ⓑ식의 양 변을 서로 더하여 연립하여 풀면 다음과 같이 균형국민소득(Y)과 균형이자율(R)을 구할 수 있다.

- ⓐ+ⓑ $\Rightarrow 0.7Y=700 \Rightarrow Y=1,000$
- 앞의 결과를 ⓐ식에 대입하여 정리하면 '$500=600-20R \Rightarrow 20R=100 \Rightarrow R=5$'이 도출된다.

정답 ▶ ④

2) *IS*곡선의 이동과 균형점의 변환

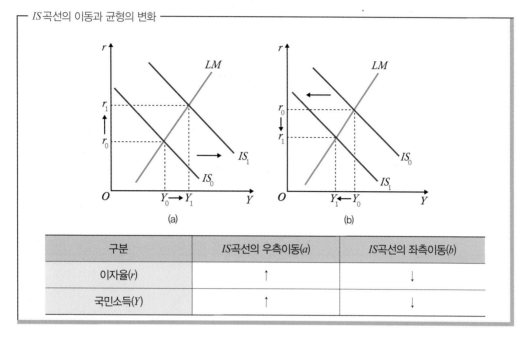

┌─ *IS*곡선의 이동과 균형의 변화 ─

구분	*IS*곡선의 우측이동(*a*)	*IS*곡선의 좌측이동(*b*)
이자율(*r*)	↑	↓
국민소득(*Y*)	↑	↓

(1) *IS*곡선을 우측으로 이동시키는 요인의 변화가 생기면 국민소득(*y*)은 증가하고 이자율(*r*)은 상승한다.

(2) *IS*곡선을 좌측으로 이동시키는 변화가 발생하면 국민소득은 감소하고 이자율은 하락한다.

3) *LM*곡선의 이동과 균형점의 변화

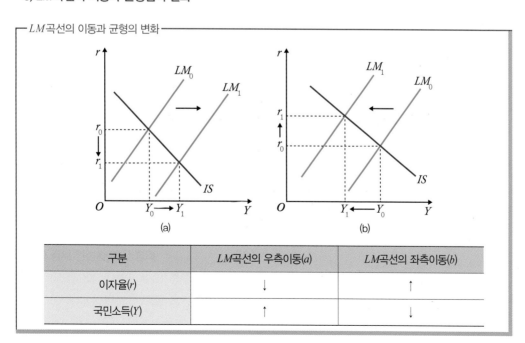

┌─ *LM*곡선의 이동과 균형의 변화 ─

구분	*LM*곡선의 우측이동(*a*)	*LM*곡선의 좌측이동(*b*)
이자율(*r*)	↓	↑
국민소득(*Y*)	↑	↓

(1) *LM*곡선을 우측으로 이동시키는 변화가 생기면 국민소득은 증가하고 이자율은 하락한다. 곡선을 우측으로 이동시키는 변화가 생기면 국민소득은 증가하고 이자율은 하락한다.

(2) *LM*곡선을 좌측으로 이동시키는 변화가 생기면 국민소득은 감소하고 이자율은 상승한다.

안정화 정책	국민소득의 변화	이자율의 변화
확대 재정정책	증가	상승
확대 금융·정책	증가	하락

4) 새로운 균형으로의 적응과정

(1) 화폐시장의 초과수요(초과공급)가 이자율을 즉각 상승(하락)시켜 화폐시장의 균형이 먼저 달성된다.

(2) 그 이후 화폐시장의 균형을 유지하면서 생산물 시장의 불균형이 서서히 해소된다.

┌─ 새로운 균형의 모색과정 ─

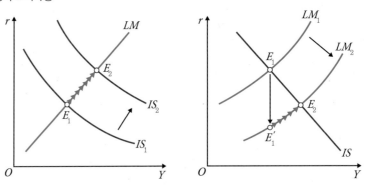

실제로 균형을 회복하는 과정에 얼마나 많은 시간이 소요될 것인지 사전적으로 알기는 어렵다. 다만, 생산물 시장과 화폐시장의 속성을 생각해 볼 때 화폐시장과 그 이면에 있는 채권시장의 조정속도가 훨씬 빠를 것이라고 짐작할 수 있다. 경제가 *IS* – *LM* 균형에서 이탈한 경우 이자율이 빠르게 조정되고 소득은 상대적으로 서서히 조정되는 것으로 보는 것이 타당하다.

┌─ 재화시장과 화폐시장에서의 상호작용과 반작용이란? ─

재화시장의 초과공급, 화폐시장의 초과수요 ⇒ *Y* 감소, *r* 상승 ⇒ 화폐수요 감소, 투자지출 감소 ⇒ 화폐시장 초과수요 해소, *Y* 감소 ⇒ 화폐수요 감소 ⇒ 화폐시장 초과공급 ⇒ *r* 하락 ⇒ 투자지출 증가 ⇒ *Y* 증가 ⇒ 재화시장 초과공급 해소 ⇒ … ⇒ 균형점 도달

IS곡선과 LM곡선의 이동과 그 결과

원인	IS곡선	LM곡선	균형국민소득	균형이자율
절대소비·독립투자 정부지출·순수출의 증가, 감세	오른쪽으로 이동	불변	증가	상승
절대소비·독립투자 정부지출·순수출의 감소, 증세	왼쪽으로 이동	불변	감소	하락
명목통화량증가, 물가하락, 화폐수요감소	불변	오른쪽으로 이동	증가	하락
명목통화량감소, 물가상승, 화폐수요증가	불변	왼쪽으로 이동	감소	상승

확인 TEST

정부는 재정적자를 줄이기 위해 조세를 인상하고, 중앙은행은 기존의 통화량을 변함없이 유지한다면, 통상적인 기울기를 보이는 $IS-LM$ 모형에서 발생하는 효과는?

[2019, 지방직 7급]

① 소득은 증가하고 이자율은 감소한다.
② 소득은 감소하고 이자율은 증가한다.
③ 소득과 이자율 모두 감소한다.
④ 소득과 이자율 모두 증가한다.

해설 ▶ • 문제에서 통상적인 기울기라는 것은 IS곡선은 우하향하고, LM곡선은 우상향하고 있다고 이해한다.
• 정부가 재정적자를 줄이기 위해 조세를 인상하는 것은 IS곡선을 왼쪽으로 이동시킨다.
• 중앙은행이 기존의 통화량을 변함없이 유지하는 경우, LM곡선은 불변이다.
• 이러한 내용을 반영하여 그림으로 나타내면 다음과 같다.

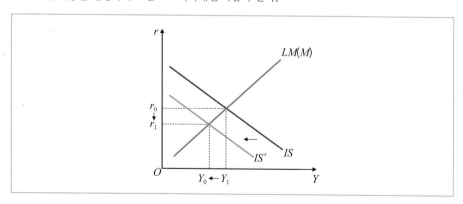

• 결국 이전에 비해 소득은 감소하고, 이자율은 하락하고 있음을 확인할 수 있다.

정답 ▶ ③

❷ 재정정책과 금융정책의 유효성 비교

1) 확대재정정책의 상대적 유효성

(1) 확대재정정책의 효과

① 확대재정정책은 총수요를 증대시키지만, 이자율을 상승시키기 때문에 부분적으로 총수요 증대가 억제된다.

② 따라서 그 효과의 크기는 IS곡선과 LM곡선의 기울기에 영향을 받는다.

(2) IS곡선의 기울기와 확대재정정책의 효과

① 확대재정정책의 효과가 상대적으로 큰 경우는 투자수요가 이자율에 민감하지 않아 확대재정정책으로 인한 이자율 상승이 투자수요를 억제하는 정도가 작은 경우인데, 이는 IS곡선이 가파른 경우에 해당한다.

② 확대재정정책의 효과가 상대적으로 작은 경우는 투자수요가 이자율에 민감하여 확대재정정책으로 인한 이자율 상승이 투자수요를 억제하는 정도가 큰 경우인데, 이는 IS곡선이 완만한 경우에 해당한다.

③ 결국 확대재정정책은 IS곡선의 기울기가 가파를수록 효과가 크게 나타난다.

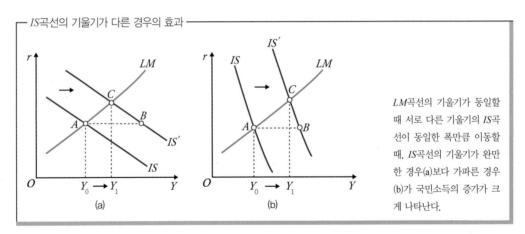

─ IS곡선의 기울기가 다른 경우의 효과 ─

(a) (b)

LM곡선의 기울기가 동일할 때 서로 다른 기울기의 IS곡선이 동일한 폭만큼 이동할 때, IS곡선의 기울기가 완만한 경우-(a)보다 가파른 경우 (b)가 국민소득의 증가가 크게 나타난다.

┌─ 구축효과와 구입효과 ─

1. **구축효과(crowding-out effect)** : 정부가 공채를 발행하여 통화량의 증가 없이 정부지출을 증대시킬 때, 공채발행이 화폐시장에서의 이자율의 상승을 가져오고 이것이 민간투자를 감소시켜 국민소득을 감소시키는 효과를 말한다. 이는 재정정책의 효과를 작게 함으로써 통화주의학파가 재정정책의 무력성을 주장하는 데 주요 논거로 제시된다.

2. **구입효과(crowding-in effect)** : 정부지출이 증가하여 국민소득이 증가하면 가속도의 원리에 따라 민간투자가 증가하는 효과를 말한다. 이러한 구입효과는 국민소득의 증가함수인 유발투자가 존재할 때 나타나게 된다. 이는 재정정책의 효과를 크게 함으로써 통화주의학파의 비판에 맞서 케인즈학파가 재정정책의 유효성을 주장하는 데 주요 논거로 제시된다.

(3) *LM*곡선의 기울기와 확대재정정책의 효과

① 확대재정정책의 효과가 상대적으로 큰 경우는 화폐수요의 이자율에 대한 민감도가 커서 확대 재정정책으로 인한 이자율 상승이 투자수요를 억제하는 정도가 작은 경우인데, 이는 *LM*곡선 이 완만한 경우에 해당한다.

② 확대재정정책의 효과가 상대적으로 작은 경우는 화폐수요의 이자율에 대한 민감도가 낮아서 확대재정정책으로 인한 이자율 상승이 투자수요를 억제하는 정도가 큰 경우인데, 이는 *LM*곡 선이 가파른 경우에 해당한다.

③ 결국 확대재정정책은 *LM*곡선의 기울기가 완만할수록 효과가 크게 나타난다.

┌─ *LM*곡선의 기울기가 다른 경우의 효과 ─────────────────────

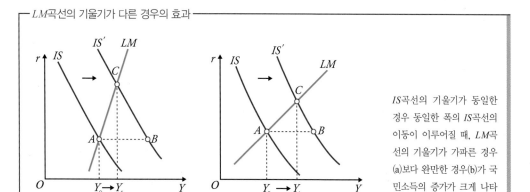

(a)　　　　　　　　　　(b)

*IS*곡선의 기울기가 동일한 경우 동일한 폭의 *IS*곡선의 이동이 이루어질 때, *LM*곡 선의 기울기가 가파른 경우 (a)보다 완만한 경우(b)가 국 민소득의 증가가 크게 나타 난다.

2) 확대금융정책의 상대적 유효성

(1) 확대금융정책의 효과

① 확대금융정책은 이자율을 하락시켜 총수요를 증대시킨다.

② 따라서 그 효과의 크기는 *IS*곡선과 *LM*곡선의 기울기에 영향을 받는다.

┌─ 확대금융정책의 전달경로 ──────────────────────────────
1. 케인즈 학파 : $M^s\uparrow \Rightarrow r\downarrow \Rightarrow I\uparrow \Rightarrow Y_d=\uparrow \Rightarrow Y\uparrow,\ P\uparrow$
2. 통화주의 학파 : $M^s\uparrow \Rightarrow PY\uparrow \Rightarrow Y\uparrow,\ P\uparrow$ (전달경로가 짧다.)
└──

(2) *IS*곡선의 기울기와 확대금융정책의 효과

① 확대금융정책의 효과가 상대적으로 큰 경우는 투자수요가 이자율에 민감하여 확대금융정책으 로 인한 이자율 하락이 투자수요를 크게 하는 경우인데, 이는 *IS*곡선이 완만한 경우에 해당한다.

② 확대금융정책의 효과가 상대적으로 작은 경우는 투자수요가 이자율에 민감하지 않아 확대금 융정책으로 인한 이자율 하락에도 불구하고 투자가 크게 늘어나지 않는 경우인데, 이는 *IS*곡 선이 가파른 경우에 해당한다.

③ 결국 확대금융정책은 IS곡선의 기울기가 완만할수록 효과가 크게 나타난다.

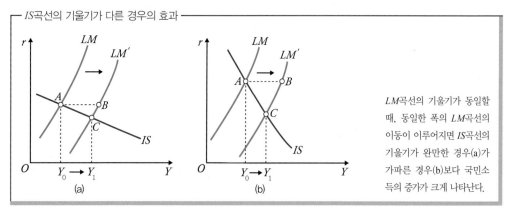

─ IS곡선의 기울기가 다른 경우의 효과 ─

(a)

(b)

LM곡선의 기울기가 동일할 때, 동일한 폭의 LM곡선의 이동이 이루어지면 IS곡선의 기울기가 완만한 경우 (a)가 가파른 경우 (b)보다 국민소득의 증가가 크게 나타난다.

(3) LM곡선의 기울기와 확대금융정책의 효과

① 확대금융정책의 효과가 상대적으로 큰 경우는 화폐수요의 이자율에 대한 민감도가 작아서 확대금융정책으로 인한 이자율 하락이 투자수요를 증대시키는 정도가 큰 경우인데, 이는 LM곡선이 가파른 경우에 해당한다.

② 확대금융정책의 효과가 상대적으로 작은 경우는 화폐수요의 이자율에 대한 민감도가 커서 확대금융정책으로 인한 이자율 하락이 투자수요를 증대시키는 정도가 작은 경우인데, 이는 LM곡선이 완만한 경우에 해당한다.

③ 결국 확대금융정책은 LM곡선의 기울기가 가파를수록 효과가 크게 나타난다.

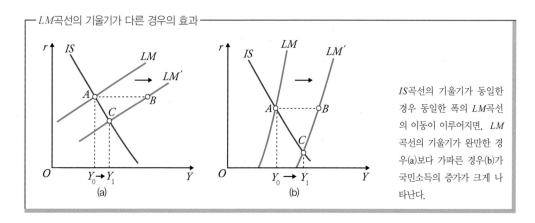

─ LM곡선의 기울기가 다른 경우의 효과 ─

(a)

(b)

IS곡선의 기울기가 동일한 경우 동일한 폭의 LM곡선의 이동이 이루어지면, LM곡선의 기울기가 완만한 경우 (a)보다 가파른 경우 (b)가 국민소득의 증가가 크게 나타난다.

─ 통화정책의 전달경로(transmission mechanism) ─

⟨통화공급의 증가 ⇒ 화폐시장 초과공급 ⇒ 이자율의 하락 ⇒ 투자의 증가 ⇒ 총수요의 증가 ⇒ 소득 증가⟩

통화정책은 재정정책과는 달리 생산물시장에 직접적으로 개입하는 정책이 아니다. 따라서 통화정책이 총생산과 국민소득에 영향을 주기 위해서는 화폐공급 증가라는 화폐시장의 충격을 생산물시장에 전달하는 수단이 필요한데, 이를 통화정책의 전달경로라고 한다. 이러한 전달경로가 효과적으로 작동하기 위해서는 우선 통화공급 변화에 대응하여 이자율이 크게 변해야 하고, 이러한 이자율의 변화에 대응하여 투자수요가 크게 변해야 한다. 결국 화폐수요의 이자율 탄력도가 작아야 하므로 LM곡선의 기울기가 클수록, 투자수요의 이자율 탄력도가 커야 하므로 IS곡선의 기울기가 작을수록 통화정책의 효과는 커지는 것이다.

┌─ 학파별 금융정책과 재정정책의 효과 ─

구분	생산물시장(IS곡선)	화폐시장(LM곡선)	금융정책 효과	재정정책 효과
통화주의학파	투자의 이자율 탄력도가 크다 ⇒ IS곡선의 기울기가 완만하다.	화폐수요의 이자율탄력도가 작고, 소득탄력도가 크다 ⇒ LM곡선의 기울기가 가파르다.	크다	작다
케인즈학파	투자의 이자율 탄력도가 작다 ⇒ IS곡선의 기울기가 가파르다.	화폐수요의 이자율탄력도가 크고, 소득탄력도가 작다 ⇒ LM곡선의 기울기가 완만하다.	작다	크다

확인 TEST

경기부양을 위해 재정정책과 통화정책의 사용을 고려한다고 하자. 이와 관련한 서술로 가장 옳지 않은 것은?

[2019. 서울시 공개 경쟁 7급]

① 두 정책의 상대적 효과는 소비와 투자 등 민간지출의 이자율탄력성 크기와 관련이 있다.
② 두 정책이 이자율에 미치는 영향은 동일하다.
③ 이자율에 미치는 영향을 줄이고자 한다면 두 정책을 함께 사용할 수 있다.
④ 두 정책 간의 선택에는 재정적자의 누적이나 인플레이션 중 상대적으로 어느 것이 더 심각한 문제일지에 대한 고려가 필요하다.

해설 ▶ • LM곡선이 불변일 때 IS곡선을 오른쪽으로 이동시키는 확장적 재정정책을 사용하는 경우에는 이자율이 상승하고, IS곡선이 불변일 때 LM곡선을 오른쪽으로 이동시키는 확장적 금융정책을 사용하는 경우에는 이자율이 하락한다.
　① 두 정책의 상대적 효과는 IS곡선의 기울기와 깊게 연관된다. IS곡선의 기울기는 투자의 이자율 탄력성이 클수록 완만해지고, 작을수록 가팔라진다.
　③ 예컨대 경기부양을 위한 확장적 재정정책을 사용하는 경우에 나타나는 이자율 상승을 억제하고자 한다면, 이자율을 하락시키는 확장적 금융정책을 동시에 사용하면 된다.
　④ 확장적 재정정책에는 재정적자의 문제가 수반되고, 확장적 금융정책에는 인플레이션 문제가 수반되므로, 양자 중 어느 부분을 중시하느냐에 따라 정책 선택도 달라진다.

정답 ▶ ②

❸ 금융정책에 대한 논쟁

1) 고전학파와 금융정책

(1) **금융정책 무용론(총수요관리정책 무용론)**: 물가, 명목임금 및 이자율 등 제반가격이 완전히 신축적이고, 어떤 시장에서도 공급자와 수요자에게 화폐환상이 존재치 않는다(수직의 총공급곡선)는 가정 하에, 금융정책을 통한 총수요관리는 국민소득수준에 아무런 영향을 미치지 못한다.

(2) **화폐가 문제**: 고전적 화폐수량설에 의하여 화폐의 유통속도가 일정하다면(수직의 LM곡선), 그나마 총수요에 영향을 미칠 수 있는 것은 금융정책뿐이다.

2) 케인즈 학파와 금융정책

(1) **케인즈**: 금융정책 유용론(총수요관리정책 유용론): 물가, 이자율, 그리고 임금을 포함한 가격변수의 경직성과 노동공급에 화폐환상이 존재한다는 가정 하에 비자발적 실업(불완전고용균형)이 일어날 수 있고, 화폐의 유통속도가 가변적이므로(우상향하는 LM곡선) 금융정책을 통한 총수요관리는 명목변수의 균형치뿐 만 아니라, 국민소득과 고용량을 증가시키고 실질임금과 이자율을 낮춘다.

(2) **케인즈 학파**

① 자본주의가 고도화함에 따라 저축함수와 투자함수가 이자율에 대하여 비탄력적이 되고, 소득에 대한 한계저축성향에 대해 한계투자성향이 지나치게 작다면 금융정책이 총수요를 어느 정도 증대시킨다 해도 완전고용국민소득수준에는 이르게 하지 못한다. ⇒'장기침체론'

② 아주 낮은 이자율 수준에서 투기적 화폐수요가 무한대로 되는 유동성 함정이 존재하거나(수평의 LM곡선), 투자가 이자율 및 국민소득에 비하여 완전히 비탄력적이라면(수직의 IS곡선), 금융정책은 총수요의 크기에 아무런 영향을 미치지 못한다.

(3) **새케인즈 학파**: 화폐수요와 화폐공급은 이자율에 탄력적이고(비교적 중간적인 LM곡선), 투자 또한 이자율에 탄력적이면(중간적인 IS곡선), 금융정책은 총수요를 조절하여 경기에 대응하는 데 유용하다.

3) 통화주의와 금융정책

(1) **금융정책 유용론**: 화폐수요함수는 그 어떤 함수보다 안정적이라는 가정(수직에 가까운 LM곡선) 하에 통화량은 단기에 있어서 한 경제의 실물생산수준과 물가수준을, 장기에 있어서는 물가수준을 결정함으로써 명목국민소득의 가장 중요한 결정요인이다. 따라서 통화량의 적정한 통제는 단기적으로 고용과 물가의 상당한 정도의 안정을 보장할 것이다.

(2) 통화량의 증가를 수반하지 않는 재정정책은 총수요에 거의 영향을 미치지 못하며(재정정책의 구축효과), 통화량의 변화는 케인즈 학파가 가정하는 것보다 더 넓은 범위의 실물자산에 영향을 미친다고 하여 통화량이야말로 총수요의 어떤 변화에 있어서도 그 지배적인 요인이 된다.

(3) 금융정책의 효과는 시차가 길고 매우 가변적이며, 경제주체들의 장기적인 계획을 용이하게 하고, 경제에 대한 정부의 개입을 줄인다는 점에서 장기에 있어선 통화량의 연간증가율을 고정시키는 준칙을 정할 것을 권고한다.

4) 새고전파(합리적 기대가설)

경제주체들이 합리적으로 기대를 형성하는 경우 장기뿐 아니라 단기에 있어서도 금융정책의 경기대응적 효과는 나타나지 않는다. 즉, 변화하는 것은 명목변수의 균형치뿐이며 실질국민소득이나 고용엔 아무런 영향을 미치지 못한다.

심화 TEST

다음 대화를 읽고 〈작성방법〉에 따라 서술하시오. (단, 폐쇄경제라고 가정한다.) [2019, 교원임용]

갑: 최근 경기침체가 더욱 악화되며 실업자가 급증하고 있는 상황입니다. ㉠ 국채발행을 통해 정부지출을 증가시켜 경기침체를 극복해야 합니다.

을: 저는 국채발행을 통한 정부지출 증가는 경기를 활성화시키기에 한계가 있다고 생각합니다. 왜냐하면 저는 화폐수요의 이자율탄력성은 (㉡), 투자수요의 이자율탄력성은 (㉢)(이)라고 생각하기 때문입니다. 오히려 화폐시장을 통해 총수요를 증가시키는 정책을 추진해야 합니다.

─〈 작 성 방 법 〉─

• 화폐수요의 이자율탄력성과 투자수요의 이자율탄력성의 크기에 대해 갑이 어떻게 생각하고 있는지 제시하고, 이를 근거로 밑줄 친 ㉠처럼 갑이 주장한 이유를 서술할 것.
• 괄호 안의 ㉡과 ㉢에 들어갈 단어를 순서대로 제시할 것

분석하기

• 갑이 주장하는 재정정책의 유효성은 LM곡선이 완만할수록, IS곡선이 가파를수록 커진다. 따라서 갑은 화폐수요의 이자율탄력성은 매우 탄력적이고, 투자수요의 이자율탄력성은 매우 비탄력적이라고 생각하고 있다.
• 을이 주장하는 금융정책의 유효성은 LM곡선이 가파를수록, IS곡선이 완만할수록 커진다. 따라서 을은 화폐수요의 이자율탄력성은 매우 비탄력적이고, 투자수요의 이자율탄력성은 매우 탄력적이라고 생각하고 있다.
  ㉡: 비탄력적, ㉢: 탄력적

❹ 통화 공급의 외생성과 내생성에 따른 정책의 효과

1) 의의

(1) 통화 공급 구조, 즉 통화의 외생성(exogeneity) 혹은 내생성(endogeneity)에 관한 논의는 거시경제학에서 아주 오래 된 논쟁 중의 하나이다. 통화 공급 구조에 관한 논의는 통화가 중앙은행과 같은 기관에 의해 외생적으로(독자적으로) 공급되는 외생변수인가 아니면 민간은행의 신용규모에 따라 변동하는 내생변수인가 하는 것이다.

─ 외생변수와 내생변수 ─

모형 외부에서 자료로서 주어지는 변수를 외생변수(exogenous variables)라 하고, 모형으로부터 해(解)의 값이 구해지는 변수를 내생변수(endogenous variables)라고 한다.

(2) **통화 공급함수**: 통화량을 M, 본원통화를 H, 현금-예금 비율을 k, 지급준비율을 z라고 할 때, 통화 공급함수는 다음과 같이 나타낼 수 있다.

$$M = \frac{k+1}{k+z} \times H$$

앞의 통화 공급함수에서 본원통화인 H는 중앙은행이, 현금－예금 비율인 k는 비은행민간이, 지급준비율인 z는 중앙은행(법정지급준비율 결정)과 예금은행(초과지급준비율 결정)이 각각 결정하게 된다.

2) 견해의 대립

(1) 통화주의자

① 고전파적 전통을 이은 통화주의자들은 교환방정식인 '$M \times V = P \times Y$'에서 화폐유통속도인 'V'가 안정적이라는 전제 하에서 인과관계가 통화량인 M에서 명목국민소득인 ($P \times Y$) 방향으로 직접적으로 미친다고 본다.

② 통화 공급함수의 k와 z가 이자율에 비탄력적인 안정적 값이므로, 통화당국은 본원통화 H의 크기를 외생적으로(독자적으로) 조정함으로써 상당하고도 직접적으로 통화량의 변화를 통제할 수 있다고 본다. 이러한 통화량의 변화는 총수요에 직접적인 영향을 미치게 된다.

③ 결국 통화공급은 중앙은행 및 정책당국이 정하는 본원통화에 의해 일방적으로 결정되는 외생변수인 것이다.

④ **금융정책의 전달경로**

> • 통화량 변화 ⇒ 실질 잔고 변화 ⇒ 총수요 변화(실질잔고효과: *real balance effect*)
> • 통화량의 변화에 따른 이자율의 변화가 다시 통화량에 미치는 효과 배제

(2) 케인지언

① 명목소득의 증가는 은행 대출 등으로 조달되고, 은행 대출의 증가는 통화공급의 증가를 가져온다고 본다. 이것은 교환방정식에서의 인과관계가 명목국민소득인 ($P \times Y$)에서 통화량인 M 방향으로 이루어진다는 것이다.

② 통화승수의 구성요소인 k와 z는 다른 경제변수들이 일정할 때 한하여 일정한 것이며, 다른 경제 변수, 특히 이자율이 변하게 되면 k와 z도 더 이상 안정적일 수 없게 된다.

③ 결국 통화승수의 구성요소인 k와 z가 경제 내적 요인에 의해 영향을 받는 변수가 되어, 통화승수를 불안정하게 만들고 더 나아가 본원통화(H) 자체도 경제 내적 영향 하에 있는 내생변수라고 본다.

④ **금융정책의 전달경로**

> • 통화량 변화 ⇒ 이자율 변화 ⇒ 총수요 변화(다만 이러한 전달경로가 매우 불연속적이고 불확실)
> • 통화량의 변화가 총수요에 영향을 미치는 것 뿐만 아니라 총수요의 변화가 통화량을 변동시키는 '영향의 쌍방향성'을 주장

3) 정책효과와의 관련성

(1) 재정정책

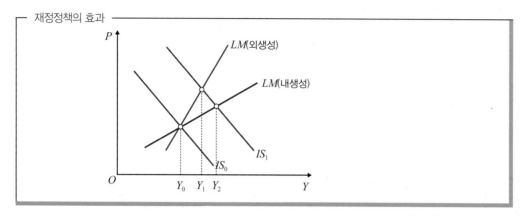

재정정책의 효과

① 통화 공급이 내생적일수록 LM곡선의 기울기는 보다 완만해진다.

② 정책당국이 동일한 크기의 확대재정정책을 실시하는 경우, 통화 공급이 외생성을 가지는 경우에 비해 내생성을 가질 때 국민소득은 더욱 크게 증가하게 된다.

정책	통화 공급이 외생적인 경우	통화 공급이 내생적인 경우
확대 재정 정책	국민소득 Y_0에서 Y_1으로 증가	국민소득 Y_0에서 Y_2으로 증가

(2) 금융정책

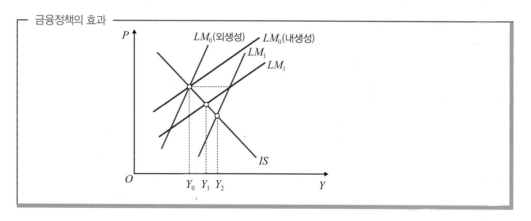

금융정책의 효과

① 통화 공급이 내생적일수록 LM곡선의 기울기는 보다 완만해진다.

② 금융당국이 동일한 크기의 확대금융정책을 실시하는 경우, 통화 공급이 내생성을 가지는 경우에 비해 외생성을 가질 때 국민소득은 더욱 크게 증가하게 된다.

정책	통화 공급이 내생적인 경우	통화 공급이 외생적인 경우
확대 금융 정책	국민소득 Y_0에서 Y_1으로 증가	국민소득 Y_0에서 Y_2으로 증가

⑶ **결론**

① 통화 공급이 외생성을 갖는 경우는 통화주의자들의 견해를 지지하게 되고, 상대적으로 금융
   정책의 유용성을 강조하게 된다.

② 통화 공급이 내생성을 갖는 경우는 케인지언들의 견해를 지지하게 되고, 상대적으로 재정정
   책의 유용성을 강조하게 된다.

화폐 수요-공급 모형에 의한 금융정책 효과

1. 통화론자

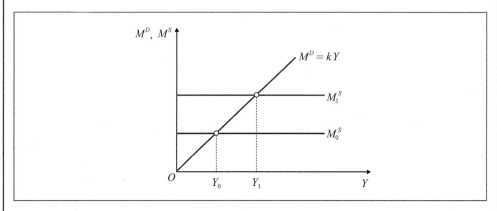

통화량이 M_0^S에서 M_1^S으로 증가하는 경우, 화폐수요함수 및 유통속도가 안정적이기 때문에 소득이 Y_0에서
Y_1으로 증가하는 것에 그대로 반영된다.

2. 케인스학파

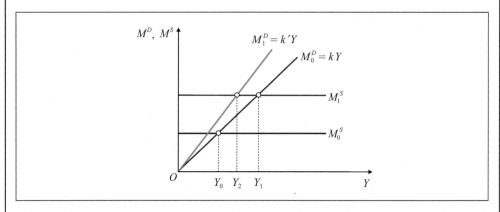

케인스학파에 의하면 k 또는 V는 이자율의 함수이다. 이때 통화량이 M_0^S에서 M_1^S으로 증가하는 경우 이자율
도 하락하는데, 이러한 이자율의 하락은 k의 증가와 V의 감소를 초래한다. 이에 따라 화폐수요함수는 M_0^D에
서 M_1^D으로 이동하게 된다. 결국 통화량의 증가에 따른 소득의 증가는 미미한 정도($Y_0 \rightarrow Y_2$)에 그친다.

┌─ 금융정책 효과의 비대칭성 ─
1. **의미**: 통화팽창에 따른 생산 증대 및 인플레이션 효과와 통화긴축에 따른 생산 감소 및 디플레이션 효과의 상대적 크기가 다르게 된다는 것이다.
2. **요인**
   1) 경제주체들의 기대나 전망이 경기변동에 따라 호황기의 긍정적인 성향보다 불황기의 부정적인 성향이 강하기 때문에 비대칭성이 나타난다는 것이다.
   2) 물가가 신축적이어서 총공급곡선이 매우 가파른 경우에 통화공급의 증감은 총수요곡선을 이동시키게 되며, 그 결과 생산과 물가에 미치는 효과는 통화공급을 줄여서 총수요곡선을 왼쪽으로 이동시킬 때가 상대적으로 크게 된다는 것이다.
   3) 호황기에는 소비나 투자에 따른 신용수요가 늘어나므로 호황기에 통화를 긴축할 경우 대출금리가 올라가고 신용제약이 발생함으로써 불황기의 신용제약이 일어나지 않는 경우보다 생산과 물가변동이 크게 나타난다는 것이다.

❺ *IS−LM* 모형의 의의와 한계

1) *IS−LM* 모형의 의의

(1) *IS−LM* 모형은 유효수요이론에 바탕을 둔 간단한 케인즈 모형을 보다 현실적으로 확장함으로써 '일반이론'에서 제시한 케인즈의 이론을 재해석하는 데 편리하고도 체계적인 방법을 제시하였다. J. R. Hicks는 상품시장과 화폐시장이 상호의존적으로 소득과 이자율을 결정하는 메커니즘을 제시하여 케인즈의 유효수요이론(*IS*곡선에 반영)과 유동성선호이론(*LM*곡선에 반영)을 결합시켰다.

(2) *IS−LM* 모형은 화폐시장을 도입하여 케인즈 경제학의 기본이 되는 승수이론과 유효수요이론을 보완·발전시켰다.

2) *IS−LM* 모형의 한계

(1) **수요 측면만 분석**
   ① *IS − LM* 모형에 있어서 상품시장의 수요와 공급, 화폐시장의 수요와 공급이 모두 고려되지만, 노동시장을 분석하지 않는 *IS − LM* 모형은 어디까지나 수요 측면에서 거시경제의 균형을 분석하는 데 주된 관심을 두고 있다.
   ② 따라서 *IS − LM* 모형을 생산요소의 변화, 임금변동, 에너지 자원의 불확실성 등 공급 측면의 경제요인을 반영할 수 있도록 보완하여야 한다.

(2) **경기변동에 대한 설명이 어려움**
   ① *IS − LM* 모형은 공급 측면을 경시하고 있기 때문에 물가의 변동이 반영되지 않고 있다. 왜냐하면, 물가는 총수요와 총공급의 상호관련 하에서 변동되기 때문이다.
   ② 이에 따라 인플레이션이나 스태그플레이션과 같은 동태적 현상의 설명에는 무력하다.

⑶ 비교 정태적 분석

① *IS - LM* 모형은 상품시장과 화폐시장의 동시균형 상태를 분석하고 있지만, 주의할 것은 그 균형의 성격을 '안정적인 균형(stationary equilibrium)'이 아니라 경제상황에 따라 끊임없이 '변동하는 균형(shifting equilibrium)'으로 해석해야 한다.

② 따라서, *IS - LM* 모형의 균형점은 주어진 경제적 요인이 변화할 때마다 이동하는 '일시적인 균형(temporary equilibrium)'에 해당한다고 보아야 할 것이다.

⑷ 단기분석

① *IS*곡선은 상품시장의 균형 상태를 flow변수(일정 기간 동안의 저축과 투자변수)를 기초로 하여 나타내고 있는 데 비하여, *LM*곡선은 화폐시장의 균형 상태를 stock변수(일정 시점에서의 통화량변수)를 이용하여 나타내고 있다.

② 따라서 *IS*곡선과 *LM*곡선이 서로 상이한 성격의 균형 상태를 나타낸다는 점에서 *IS - LM* 모형의 균형은 장기균형을 나타내기에는 한계가 있으며, 일시적인 단기균형만을 설명하는 것으로 보아야 할 것이다.

③ 그러므로 장기균형 상태를 나타낼 수 있도록 하기 위해서는 시간이 경과하면서 변동하게 될 stock변수를 *IS - LM* 모형에 반영시켜야 한다.

Theme 83 완전고용 가능성과 구축효과

❶ 완전고용 가능성

1) 고전학파

(1) "공급은 그 스스로 수요를 창조한다"는 세이의 법칙(Say's law)을 가정한다.

(2) 수요부족으로 실업이 발생할 염려가 전혀 없으며, 모든 가격은 신축적이므로 균형에 자동적·즉각적으로 도달한다. ⇒ 완전고용균형

2) Keynes 학파

(1) 완전고용국민소득수준에서 계획된 저축이 계획된 투자보다 많게 되는 경우에는 유효수요의 부족으로 비자발적 실업이 발생 ⇒ 불완전고용균형이 일반적이라고 주장한다.

(2) 고전학파가 이자율이 저축과 투자 모두에 영향을 미쳐 이들을 일치시킴으로써 완전고용소득수준을 유지할 수 있다고 보는 데 반하여 경제 내에 투자를 결정하는 주체(기업)와 저축을 결정하는 주체(가계)는 서로 다르므로 저축과 투자가 일치할 가능성은 적다고 주장한다.

3) Pigou 효과

(1) **의미**: 소비가 소득뿐 아니라 실질자산의 영향도 받는다는 것을 말한다.

$$소비함수: C=C(r,\ Y, A/P),\ \frac{dC}{d(A/P)} > 0$$

(2) 내용

① Pigou 효과는 유동성 함정이 존재하는 경우에도 완전고용이 달성될 수 있다는 것을 보이기 위해 제시되었다.

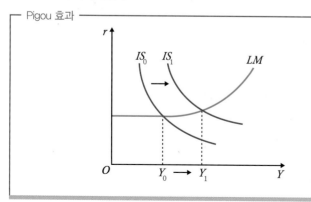

— Pigou 효과 —

유동성 함정이 존재하는 극심한 경기침체 상태에서는 물가의 하락으로 실질자산이 증가하게 된다. 이에 따라 소비 증가로 총수요가 증가하여 유동성 함정에서 벗어날 수 있다.

② 경기침체기에 경제가 유동성 함정에 빠져도 물가수준의 하락으로 실질자산(A/p)이 증가하여 *IS*곡선을 우측으로 이동시킴으로써 위 그림에서와 같이 유동성 함정에서 벗어나게 된다.

(3) 한계

① 소비의 부(富)에 대한 탄력성이 작게 나타나 현실적인 피구효과는 미약하다. 피구효과가 효과적으로 작동하기 위해서는 물가수준이 대폭 하락하는 것이 필요하다. 그런데 이러한 대폭적인 물가의 하락은 경제의 불확실성을 가중시키고, 이에 따라 소비를 포함한 모든 경제활동을 오히려 극도로 위축시킬 수 있다.

② 물가수준이 하락할 때 계속적인 물가하락을 예상하고 있다면 소비는 오히려 감소할 수 있다.

③ 물가하락에 따라 증가하는 정부의 채무부담을 조세징수로 해결할 것이라고 예상한다면(리카도 등가 정리와 관련), 피구효과에 의한 소비증가를 기대할 수 없게 된다.

④ 물가하락으로 기업의 실질채무 부담이 증가하여 기업의 파산이 늘어난다. 이에 따라 은행대출과 예금이 감소한다면 통화 공급이 감소하므로 *IS*곡선과 *LM*곡선 모두 왼쪽으로 이동하므로 불황이 더욱 심화될 수 있다.

⑤ 근본적으로 물가가 하방경직적이면 피구효과가 발생하기 힘들다.

확인 TEST

다음 ( ) 안의 내용을 옳게 연결한 것은?

[2010, 감평사]

소비함수에 자산효과가 도입되면 물가수준의 하락에 따라 실질자산이 (㉠)하고, 이는 소비의 (㉡)를 통해 (㉢)곡선을 (㉣)으로 이동시켜 국민소득 증가를 가져와 유동성 함정 문제를 해결할 수 있다. 이것을 (㉤)효과라고 한다.

	㉠	㉡	㉢	㉣	㉤
①	증가	증가	*IS*	우측	케인즈
②	증가	증가	*IS*	우측	피구
③	감소	감소	*IS*	좌측	마샬
④	증가	감소	*LM*	좌측	피구
⑤	감소	증가	*LM*	우측	마샬

해설 ▶ 물가수준이 하락하면 실질자산이 증가하고, 이에 따라 소비가 증가하여 *IS*곡선이 오른쪽으로 이동하여 국민소득이 증가하게 된다. 이를 통해 정부의 개입이 없이도 유동성 함정 문제를 해결할 수 있다. 이것을 피구효과라고 한다.

정답 ▶ ②

❷ 유동성 함정과 구축효과

1) 유동성 함정(liquidity trap)

(1) 의미

① 이자율이 극히 낮은 상태에서는 사람들이 더 이상 이자율이 하락하지 않을 것이라고 예상을 하게 되며, 화폐수요는 무한대가 되어 LM곡선은 수평인 경우를 말한다.

② 더 이상 화폐공급의 증가로 이자율을 하락시킬 수 없게 되는 상태이다.

(2) 의의

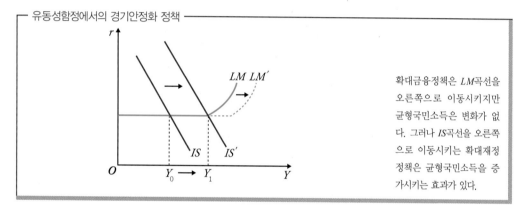

유동성함정에서의 경기안정화 정책

확대금융정책은 LM곡선을 오른쪽으로 이동시키지만 균형국민소득은 변화가 없다. 그러나 IS곡선을 오른쪽으로 이동시키는 확대재정정책은 균형국민소득을 증가시키는 효과가 있다.

① 유동성 함정은 통화정책이 LM을 LM'로 이동시키는 데 불과하므로 균형국민소득은 완전고용국민소득에 미치지 못한다.

② 정부지출을 증가시키는 재정정책은 IS를 IS'로 이동시켜, 완전고용국민소득수준에 효과적으로 도달할 수 있음을 보여준다.

③ Keynes 학파가 통화정책의 무력성을 주장하고 상대적으로 재정정책의 효과를 강조하는 주요 논거로 제시된다.

확인 TEST

유동성 함정에서 발생할 수 있는 일반적인 상황으로 옳지 않은 것은?

[2015, 국가직 7급]

① 재정지출 확대가 국민소득에 미치는 영향은 거의 없다.
② 통화량 공급을 늘려도 더 이상 이자율이 하락하지 않는다.
③ 재정지출 확대에 따른 구축효과가 발생하지 않는다.
④ 경제주체들은 채권가격 하락을 예상하여 채권에 대한 수요 대신 화폐에 대한 수요를 늘린다.

해설 ▶ 유동성 함정 하에서는 화폐수요의 이자율탄력성이 무한대가 되어 LM곡선이 수평이 된다. 이에 따라 확대재정정책에 따른 재정지출은 승수 배만큼의 국민소득을 증가시킬 수 있어 국민소득 증대에 가장 큰 효과가 나타난다.

정답 ▶ ①

유동성 함정 하에서의 경기안정화

◈ J국 경제는 심각한 경기침체가 10년 이상 지속되면서 디플레이션 현상이 나타나고 있다. 또한 통화정책의
중간목표라고 할 수 있는 기준금리는 0%대에 머물러 있다고 한다. *IS*−*LM* 모형을 이용하여 이러한 경제 상
태에서 벗어나기 위한 정책수단은?

1. 현재 J국 경제를 그래프로 나타내면 다음과 같다.

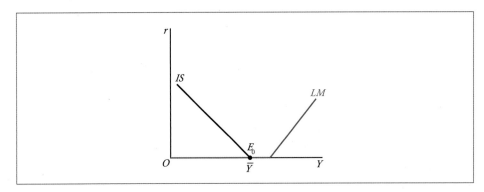

그림에 따르면 생산물 시장의 균형을 보여주는 *IS*곡선은 일반적인 모습이지만, 화폐시장의 균형을 보여주는
*LM*곡선은 일정한 국민소득 수준($\overline{Y}$)까지는 이자율이 0%인 가로축과 겹치는 유동성 함정 구간이 존재하다가
우상향하는 모습이다. 이에 따라 현재 J국 경제는 E_0점에서 균형을 이루고 있다. 이것은 경기부양을 위해 시
중에 공급되는 모든 유동성은 소비나 투자로 이어지지 않고, 저축이 되고 있다는 것을 보여준다.

2. 경기침체에서 벗어나기 위해 고려되는 정책수단

1) 일반적인 통화정책 : 경기가 침체에서 벗어나기 위해 일반적으로 취할 수 있는 통화정책으로는 통화량을 증가
시키거나 기준금리를 낮추는 것이다. 그런데 이미 기준금리가 0%인 상태에서는 이를 낮추어서 경기를 부양
하는 것은 더 이상 불가능하다. 따라서 가능한 일반적 통화정책은 통화량을 증가시키는 것이다. 이러한 통화
량 증가는 *LM*곡선을 오른쪽으로 이동시킨다. 이에 따른 효과를 그림으로 나타내면 다음과 같다.

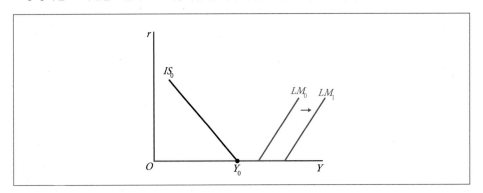

통화량 증가로 *LM*곡선은 오른쪽으로 이동한다($LM_0 \rightarrow LM_1$). 그러나 균형수준에서의 국민소득은 여전히 Y_0
에 머물고 있다. 이것은 경제가 유동성 함정 상태에 있는 경우에는 일반적인 통화정책의 경기안정화 기능은
상실된다는 것을 보여준다.

2) 신용 경로 : 통화정책에서의 신용경로(credit channel)란 중앙은행이 통화량의 변화로 인한 이자율의 변동과 관
계없이 은행의 대출능력에 영향을 주어 실물경제에 영향을 미치는 경로를 분석하는 이론이다. 예컨대 중앙
은행이 예금은행이 보유하고 있는 자산(국채 또는 신용위험증권)을 매입하면 본원통화 공급이 늘어나 은행
의 초과지불준비금이 증가하면서 대출이 확대될 수 있다. 이를 통해 신용정도가 상대적으로 열악하여 이전

에는 대출 받기가 어려웠던 가계나 기업에 대한 대출이 증가하여, 이를 통한 소비와 투자 증가를 기대할 수 있게 된다. 이를 통해 *IS*곡선을 오른쪽으로 이동시켜 유동성 함정하에서도 경기를 부양시킬 수 있는 것이다.

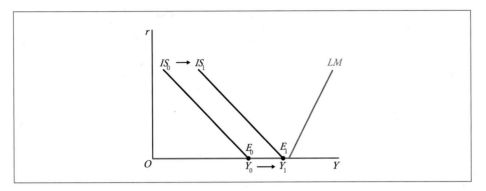

3) 재정정책 : 정책당국의 확장적 재정정책은 *IS*곡선을 직접 오른쪽으로 이동시켜 유동성 함정 하에서도 국민소득을 증가시킬 수 있다. 이것을 그림으로 나타내면 다음과 같다.

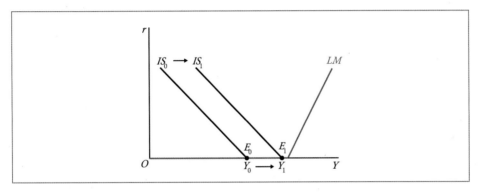

확장적 재정정책으로 *IS*곡선이 오른쪽으로 이동하여($IS_0 \rightarrow IS_1$), 구축효과가 발생하지 않으면서 국민소득이 Y_1으로 증가할 수 있게 된다.

4) 순수출 증가 정책 : 순수출이 증가하면 그 효과는 앞의 3)에서 살펴본 재정정책과 동일한 효과를 기대할 수 있다. 이러한 순수출이 증가하기 위해서는 자국통화 가치를 절하하는 의도적인 고환율 정책을 활용할 수 있다.

5) 기대인플레이션 상승
 ⑴ 경기안정화와 관계있는 소비나 투자와 관계있는 이자율은 명목이자율(i)이 아니라 기대실질이자율(r^e)이다. 피셔 방정식에 따르면 기대실질이자율은 다음과 같이 결정된다.

$$r^e = i - \pi^e, \text{ 여기서 } \pi^e \text{는 기대인플레이션율이다.}$$

 ⑵ 현재 J국의 기준금리가 0%이어서 소비나 투자를 위한 기회비용이 매우 낮아 보이지만, 이러한 기준금리는 기대실질이자율이 아니라 명목이자율이다. 오히려 지속적인 경기침체가 기대인플레이션율을 음(−)의 값으로 만들면 기대실질이자율은 매우 높은 수준을 유지하게 된다. 이에 따라 소비나 투자 등이 원활하게 이루어지지 못하여 장기침체에서 벗어나기가 어려워지게 된다.
 ⑶ 따라서 기대인플레이션율을 상승시키면 기대실질이자율을 낮추어 소비나 투자 등의 증가를 통해 *IS*곡선을 오른쪽으로 이동시킬 수 있고, 경기침체에서 벗어나는 것을 기대할 수 있게 된다.

확인 TEST

다음은 유동성 함정에 처한 경우 통화신용정책에 대한 설명이다. (A)~(C)에 들어갈 내용을 옳게 짝지은 것은?

[2019, 지방직 7급]

한 국가가 유동성 함정에 처한 경우, 중앙은행이 통화량을 지속적으로 증가시키는 정책은 기대인플레이션의 (A)을 가져와서 실질이자율의 (B)을 유도할 수 있다. 그러면 *IS*−*LM* 모형의 (C)곡선을 오른쪽으로 이동시켜 총수요를 증가시킬 수 있다.

	(A)	(B)	(C)
①	상승	하락	*IS*
②	상승	하락	*LM*
③	하락	상승	*IS*
④	하락	상승	*LM*

해설 ▶ • 유동성 함정 상황하에서 중앙은행의 확장적 통화정책의 전달 경로를 정리하면 다음과 같다.

통화량 증가 ⇒ 물가 상승 ⇒ 기대인플레이션율 상승(A) ⇒ 실질이자율(=명목이자율−기대인플레이션율) 하락(B) ⇒ 투자 증가 ⇒ *IS*곡선 오른쪽 이동(C)

정답 ▶ ①

2) 구축효과(crowding-out effect)

(1) 의미

① 정부지출의 증대가 화폐시장에서의 이자율 상승을 가져옴으로써 민간부문의 투자를 위축시키는 것을 의미한다.

② 통화주의자들의 재정정책에 대한 비판의 강력한 무기로서 작용한다.

(2) 경로

① 정부의 재정지출 증가로 국민소득이 증가하면, 거래적 동기에 의해 화폐수요가 증가하게 되는데 이때 사람들은 이를 채우기 위해 보유채권을 판매하게 되어 채권가격은 하락하고 이자율은 상승하여 이로 인해 민간의 투자수요가 감소하게 되는 것이다.

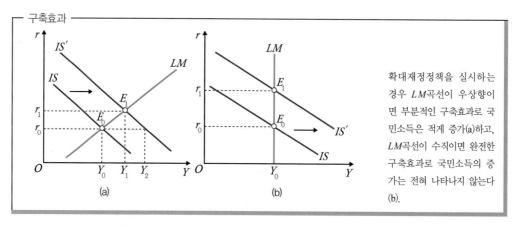

구축효과

확대재정정책을 실시하는 경우 *LM*곡선이 우상향이면 부분적인 구축효과로 국민소득은 적게 증가(a)하고, *LM*곡선이 수직이면 완전한 구축효과로 국민소득의 증가는 전혀 나타나지 않는다 (b).

② (a)에서 이자율이 상승하지 않고 r_0에 고정되어 있다면, 재정지출의 증대($IS \rightarrow IS'$)에 따른 효과로 균형국민소득은 Y_2가 되어야 하지만, 화폐시장에서는 초과수요 상태가 되어 이자율이 상승하게 된다. 이에 따라 이자율의 상승으로 야기된 민간투자의 감소로 Y_1까지만 증가하게 되어 구축효과가 부분적으로 일어나게 된다.

③ (b)에서 LM이 수직인 것은 투기적 화폐수요를 고려하지 않는 경우(고전학파)로서 구축효과가 완전히 나타나게 되어 확대재정정책은 이자율 상승만을 가져올 뿐이다.

학파	구축효과 발생여부 및 구축효과의 크기
고전학파	구축효과와 확대재정정책의 확대효과가 완전 상쇄
케인즈	경기가 극도로 침체하면 구축효과가 발생하지 않음
케인즈 학파	약간의 구축효과가 발생
통화주의 학파	구축효과가 크게 발생

구축효과의 직관적 이해

재정지출의 증가에 필요한 재원은 ⓐ 조세증액, ⓑ 국채발행, ⓒ 중앙은행으로부터의 차입 등에 의해 조달된다. 그런데 일반적인 재정지출은 조세와 통화량이 일정한 상태에서 이루어지는 것을 의미하고 이는 곧 재정지출을 증가시키기 위해서 국채를 발행한다는 것을 의미하게 된다. 구체적으로 국채의 발행은 국채공급의 증가를 가져와 국채의 유통시장에서 국채가격을 하락시키고 이에 따라 국채이자율을 상승시킨다. 이때 이자율의 상승은 당연히 국채시장으로부터 일반 채권시장으로 확산될 것이다. 그러므로 국채의 발행은 국채시장뿐 아니라 전체 채권시장에서 이자율을 상승시키게 되고 이에 따라 기업의 자금 조달비용이 높아지는 결과를 초래하여 투자수요가 감소하게 되는 것이다.

구축효과와 구입효과

1. **구축효과(crowding-out effect)**: 정부가 공채를 발행하여 통화량의 증가 없이 정부지출을 증대시킬 때, 공채발행이 화폐시장에서의 이자율의 상승을 가져오고 이것이 민간투자를 감소시켜 국민소득을 감소시키는 효과를 말한다. 이는 재정정책의 효과를 작게 함으로써 통화주의학파가 재정정책의 무력성을 주장하는데 주요 논거로 제시된다.
2. **구입효과(crowding-in effect)**: 정부지출이 증가하여 국민소득이 증가하면 가속도의 원리에 따라 민간투자가 증가하는 효과를 말한다. 이러한 구입효과는 국민소득의 증가함수인 유발투자가 존재할 때 나타나게 된다. 이는 재정정책의 효과를 크게 함으로써 통화주의학파의 비판에 맞서 케인즈학파가 재정정책의 유효성을 주장하는데 주요 논거로 제시된다.

사례 연구 　**보조금 지급에 따른 경제적 순손실의 측정**

◈ Hicks – Hansen 모델에서 거시 경제모형이 다음과 같이 주어져 있다.

$C = 200 + 0.8(Y - T)$	$I = 1,600 - 100r$	$G = 1,000$	$T = 1,000$
$Md = 500 + 0.5Y - 250r$	$Ms = 2,500$		

만약 정부지출이 2,000만큼 증가한다고 가정하자. 이때 국민소득, 균형이자율, 민간소비, 민간투자의 변화의 크기는?

분석하기

IS곡선과 LM곡선은 다음과 같이 도출된다.

IS곡선: $Y = C + I + G$이므로 정부지출 증가 전의 IS곡선은
　　　$Y = 200 + 0.8(Y - 1,000) + 1,600 - 100r + 1,000$에서
　　　$Y = 10,000 - 500r$ ⋯⋯⋯①

LM곡선: $Md = Ms$이므로 정부지출 증가 전의 LM곡선은
　　　$500 + 0.5Y - 250r = 2,500$에서
　　　$Y = 4,000 + 500r$ ⋯⋯⋯②

따라서 ①과 ②를 연립해서 풀면 $Y^* = 7,000$, $r^* = 6$이 된다.

이때 민간소비는 $C = 200 + 0.8(7,000 - 1,000) = 5,000$, 민간투자는 $I = 1,600 - 600 = 1,000$이 된다.

한편 정부지출이 2,000만큼 증가하면 IS곡선은 다음과 같이 도출된다.

IS곡선: $Y = 200 + 0.8(Y - 1,000) + 1,600 - 100r + 3,000$에서
　　　$Y = 20,000 - 500r$ ⋯⋯⋯③

그런데 LM곡선은 정부지출 변화와 관계없으므로 이전과 같은
　　　$Y = 4,000 + 500r$ ⋯⋯⋯④

따라서 ③과 ④를 연립해서 풀면 $Y^* = 12,000$, $r^* = 16$이 된다.

이때 민간소비는 $C = 200 + 0.8(12,000 - 1,000) = 9,000$, 민간투자는 $I = 1,600 - 1,600 = 0$이 된다.

이것을 표로 정리하면 다음과 같다.

	국민소득	균형이자율	민간소비	민간투자
정부지출 증가 전	7,000	6	5,000	1,000
정부지출 증가 후	12,000	16	9,000	0
변화의 크기	+5,000	+10	+4,000	-1,000

만약 정부지출 후에 이자율이 이전과 같이 $r = 6$으로 불변이라면, 정부지출이 2,000만큼 증가한 후의 국민소득은 17,000이 될 것이다. 그런데 이자율의 증가의 결과 민간투자가 감소하여 국민소득 증가가 5,000만큼 감소하는 구축효과가 발생한 것이다. 이를 그림으로 나타내면 다음과 같다.

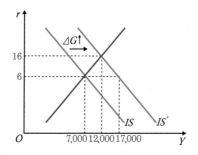

심화 TEST

다음 자료를 읽고 〈작성 방법〉에 따라 서술하시오. [2019. 교원임용]

화폐공급 증가가 어느 국민경제에 가져다주는 단기적인 영향을 다음 화폐시장과 상품시장 그래프를 이용하여 분석하고자 한다. 화폐공급이 MS_0에서 MS_1으로 증가할 경우 화폐시장의 균형이 변화하고, ㉠ 일정 조건을 만족하면 이에 따라 상품시장 균형이 변화한다. 화폐시장에서 이자율이 i_2이면 ㉡ 화폐수요가 이자율에 무한히 탄력적인데, 이 상황에서 화폐공급 증가는 국민소득을 변화시키는 데 어려움이 있으며 이를 (㉢)(이)라고 한다.

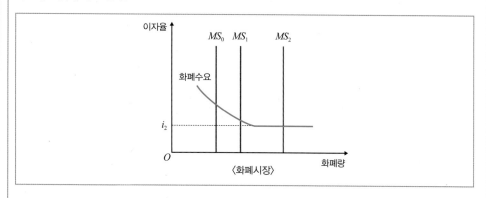

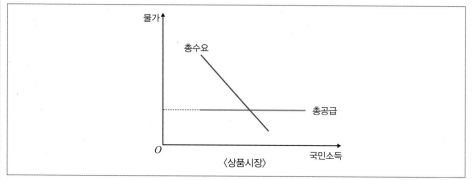

────────〈작성방법〉────────

• 밑줄 친 ㉠이 무엇인지 서술할 것.
• 밑줄 친 ㉡인 경우 정부지출 증가에 따른 국민소득 변화의 크기를 승수효과, 구축효과를 이용하여 서술하고, 괄호 안의 ㉢에 들어갈 용어를 제시할 것

분석하기

• ㉠:투자의 이자율 탄력성이 완전비탄력적이 아닐 것. ⇒ 화폐시장에서 결정되는 이자율이 상품시장의 투자에 대해 영향을 주게 되면, 그 정도가 탄력적이든 비탄력적이든 화폐시장의 균형 변화에 따라 상품시장의 균형도 변하게 된다.
• 구축효과는 이자율 상승에 따라 투자가 감소하게 되어 이것이 국민소득을 감소시키는 경우를 일컫는다. 그런데 ㉡인 경우에는 정부지출이 증가한다고 하더라도 이자율에 변화가 없게 되어 구축효과는 발생하지 않게 된다. 따라서 정부지출이 증가하게 되면 정부지출 증가분의 정부지출 승수 배만큼 국민소득이 증가하게 되는 승수효과만이 나타나게 된다.
• ㉢:유동성 함정

개념 플러스⁺ 예상인플레이션과 *IS–LM* 모형

1. 의의

1) 전제

(1) 일반적인 *IS–LM* 모형에서는 하나의 이자율로 통일하기 위해서 예상인플레이션(Π^e)을 무시하였다.

(2) 그러나 이 모형에서는 실질이자율(real interest rate)과 명목이자율(nominal interest rate)을 예상인플레이션(Π^e)에 의해 분리하여 *IS*곡선에서는 실질이자율, *LM*곡선에서는 명목이자율을 적용한다.

2) 피셔 방정식과 *IS–LM* 모형

(1) 기본모형

$$\bullet\ Y = C(Y{-}T){+}I(r){+}G \qquad \bullet\ \frac{M}{P} = L(i,\,Y) \qquad \bullet\ i = r + \pi^e$$

(2) 실질이자율에 의해 정의된 *IS–LM* 모형

$$\bullet\ Y = C(Y{-}T){+}I(r){+}G \qquad \bullet\ \frac{M}{P} = L(r + \pi^e,\,Y)$$

(3) 명목이자율에 의해 정의된 *IS–LM* 모형

$$\bullet\ Y = C(Y{-}T){+}I(i - \pi^e){+}G \qquad \bullet\ \frac{M}{P} = L(i,\,Y)$$

3) 예상인플레이션 증가의 효과

(1) 실질이자율에 의해 정의된 *IS–LM* 모형에서의 효과

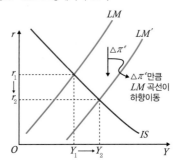

① 예상인플레이션의 증가로 명목이자율이 상승하고 이에 따라 화폐수요가 감소한다.

② 화폐수요의 감소는 *LM*곡선을 아래로 이동시키며, 그 결과 실질이자율이 하락하고 소득은 증가한다.

③ 이때 실질이자율이 하락하더라도 명목이자율은 이전보다 상승한다.

(2) 명목이자율에 의해 정의된 *IS–LM* 모형에서의 효과

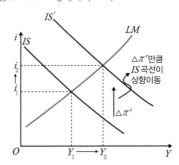

① 예상인플레이션의 증가로 실질이자율이 하락하고 이에 따라 투자가 증가한다.

② 투자의 증가는 IS곡선을 위로 이동시키며, 그 결과 명목이자율이 상승하고 소득은 증가한다.

③ 이때 명목이자율이 상승하더라도 실질이자율은 이전보다 낮아진다. 이처럼 실질이자율이 하락하는 현상을 Mundell-Tobin 효과라고 한다.

 확인 TEST

먼델-토빈 효과에 따르면, 기대 인플레이션이 상승할 경우 옳은 것은? [2013. 국가직 7급]

① 투자가 감소한다.

② 화폐수요가 감소한다.

③ 명목이자율이 하락한다.

④ 실질이자율이 상승한다.

해설 ▸ • 먼델-토빈 효과는 명목이자율과 인플레이션율의 1:1 대응관계를 강조하는 피셔효과($i=r+\pi^e$)와 달리 명목이자율이 인플레이션율보다 낮게 변동한다는 것을 내용으로 한다. 이것을 그림으로 설명하면 다음과 같다.

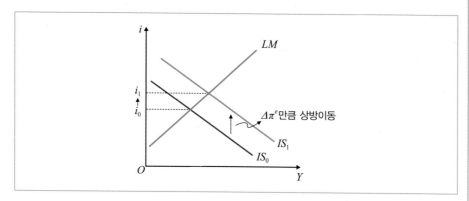

• 기대인플레이션이 상승($\Delta\pi^e \uparrow$)하면 $Fisher$효과($i=r+\pi^e$, $r=i-\pi^e$)에 의하여 실질이자율(r)이 하락하고 이에 따라 투자가 증가한다. 투자의 증가로 IS곡선이 상방으로 이동하여 그 결과 명목이자율(i)이 상승하게 된다. 이때 명목이자율이 상승해도 실질이자율은 하락한다. 그 이유는 명목이자율 상승(i) 폭이 기대인플레이션($\Delta\pi^e$)의 상승 폭보다 작기 때문이다. 이와 같은 현상을 Mundell-Tobin 효과라고 한다.

• 먼델-토빈 효과에 따르면 기대 인플레이션이 상승할 때, 명목이자율은 이보다 작게 증가하게 되며(③), 이것은 곧 실질이자율이 하락한다는 것을 의미한다(④). 이로 인해 투자가 증가하게 된다(①).

• 명목이자율의 상승은 화폐보유에 따른 기회비용을 크게 하여 화폐수요가 감소하게 된다(②).

 정답 ▸ ②

총수요(AD)-총공급(AS) 모형

AD-AS 모형의 의의

거시경제이론의 가장 핵심이 되는 내용은 국민소득과 물가의 상관관계라고 볼 수 있다. 그런데 *IS-LM* 모형은 국민소득과 이자율의 상관관계를 중심으로 하므로 구축효과의 발생여부는 알 수 있지만 국민소득 변화에 따른 물가변화는 관찰할 수 없다. 이러한 단점을 보완하기 위하여 *AD-AS*모형을 사용한다. *AD-AS*모형은 물가와 국민소득의 상관관계를 명시적으로 표시하므로 이 두 가지의 변화와 상관관계를 명확하게 관찰할 수 있는 장점이 있다.

IS-LM 모형	AD-AS 모형
• 국민소득과 이자율을 대상으로 함	• 국민소득과 물가를 대상으로 함
• 승수효과와 구축효과를 비교함	• 소득과 물가변화를 비교함

---

❶ 총수요곡선(Aggregate Demand Curve : AD)

1) 의미: 다른 요인들이 일정할 때 각각의 물가수준에 대응하는 생산물에 대한 총수요를 보여주는 곡선을 말한다.

$$AD = C + I + G + (X - M)$$

총수요의 결정

가격경직성으로 인해 물가가 미리 정해진 수준에 고정되어 있는 경우에는 총수요가 바로 생산량을 결정하므로 *IS*곡선과 *LM*곡선이 만나는 점에서 균형국민소득이 결정된다. 그러나 물가가 신축적인 경우에는 *IS*곡선과 *LM*곡선이 만나는 점은 단지 주어진 물가수준에서 총수요가 얼마인지를 가르쳐 줄 뿐이다.

---

2) 도해적 설명

총수요곡선의 도출

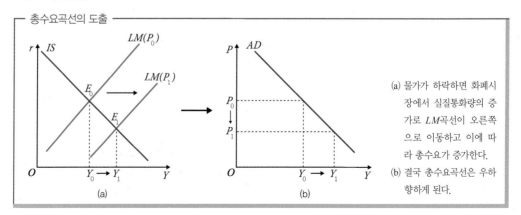

(a) 물가가 하락하면 화폐시장에서 실질통화량의 증가로 *LM*곡선이 오른쪽으로 이동하고 이에 따라 총수요가 증가한다.

(b) 결국 총수요곡선은 우하향하게 된다.

(1) (a)에서 최초에 E_0에서 생산물시장과 화폐시장이 동시에 균형을 이루고 있다.

(2) 물가수준이 P_0에서 P_1으로 하락하면 화폐시장에서 실질통화량이 증가하여 LM곡선만이 우측으로 이동하여 E_1에서 새로운 균형이 형성된다.

(3) 이때 국민소득(총수요)은 Y_0에서 Y_1으로 증가하는데 이러한 $(Y_0, P_0)(Y_1, P_1)$ 좌표를 물가-총수요 공간으로 옮기면 (b)에서와 같은 총수요곡선(AD)이 도출된다.

┌ 총수요곡선이 우하향하는 이유 ─

총수요곡선이 우하향하는 기울기를 가지는 이유는 개별 재화의 수요곡선이 우하향하는 기울기를 가지는 이유와 전혀 다르다. 개별 재화의 경우 가격의 상승은 곧 다른 재화에 대한 상대가격의 상승을 의미하며 따라서 대체효과를 통해 수요가 감소한다. 그러나 총수요곡선의 경우 물가상승은 반드시 상대가격의 변화를 의미하지는 않는다. 따라서 물가상승에 따라 총수요가 감소하는 것은 대체효과 때문이 아니다. 물가상승이 총수요를 감소시키는 이유는 실질통화량을 감소시켜 이자율을 상승시키고, 이에 따라 투자수요를 감소시키는 데 있다.

- 이자율 효과 : 물가수준 상승 ⇒ 실질통화량 감소 ⇒ 이자율 상승 ⇒ 민간투자 감소 ⇒ 총수요 감소
- 부(富)의 효과(자산효과) : 물가수준 상승 ⇒ 민간의 실질 부의 감소 ⇒ 민간소비 감소 ⇒ 총수요 감소
- 순수출 효과 : 물가수준 상승 ⇒ 교역조건 개선 ⇒ 수출 감소, 수입 증가 ⇒ 순수출 감소 ⇒ 총수요 감소
- 환율 효과 : 물가수준 상승 ⇒ 이자율 상승 ⇒ 자본유입 ⇒ 환율 하락 ⇒ 순수출 감소 ⇒ 총수요 감소

확인 TEST

물가수준과 국내총생산(GDP)의 관계를 보여주는 총수요곡선이 우하향하는 이유로 옳지 않은 것은?

[2012, 지방직 7급]

① 물가수준이 낮아지면 이자율이 하락하여 투자가 증가한다.
② 물가수준이 낮아지면 실질임금이 상승하여 노동공급이 증가한다.
③ 물가수준이 낮아지면 화폐의 실질가치가 상승하여 소비가 증가한다.
④ 물가수준이 낮아지면 자국 통화의 가치가 하락하여 순수출이 증가한다.

해설 ▶ 물가수준이 낮아져서 실질임금이 상승하여 노동공급이 증가하는 것은 총공급에 영향을 주는 요인이다.
　　① 물가수준이 낮아지면 실질이자율이 하락하여 투자가 증가한다.
　　③ 물가수준이 낮아지면 화폐의 실질가치가 상승하여 화폐의 구매력이 커진다. 이에 따라 소비가 증가한다.
　　④ 구매력 평가설(환율변동률=국내물가상승률-해외물가상승률)은 국내물가의 하락이 환율의 상승을 가져온다는 것을 보여준다. 이에 따라 수출가격경쟁력이 높아져서 순수출이 증가하게 된다.

정답 ▶ ②

3) Pigou 효과와 총수요(AD)곡선

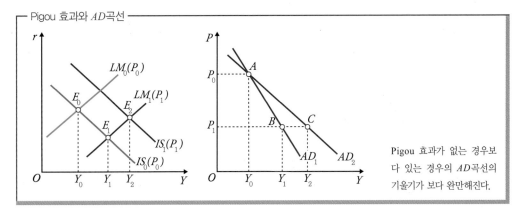

┌─ Pigou 효과와 AD곡선 ─

Pigou 효과가 없는 경우보다 있는 경우의 AD곡선의 기울기가 보다 완만해진다.

(1) Pigou 효과가 없는 경우

① 현재 물가수준이 P_0인 균형상태(E_0)에서 총수요(Y)는 Y_0이다. 이 점은 물가–총수요 공간의 A점에 대응된다.

② 물가가 P_0에서 P_1으로 하락하면 화폐시장에서 실질통화량$\left(\dfrac{M}{P}\right)$의 증가로 LM곡선이 LM_0에서 LM_1으로 이동하여, 새로운 균형상태인 E_1에서 총수요는 Y_1으로 증가하게 된다. 이 새로운 균형점은 물가–총수요 공간의 B점에 대응된다.

③ 이에 따라 물가–총수요 공간에서의 총수요(AD)곡선은 A점과 B점을 연결한 AD_1이 된다.

(2) Pigou 효과가 존재하는 경우

① 현재 물가수준이 P_0인 균형상태(E_0)에서 총수요(Y)는 Y_0이다. 이 점은 물가–총수요 공간의 A점에 대응된다.

② 물가가 P_0에서 P_1으로 하락하면 화폐시장에서 실질통화량$\left(\dfrac{M}{P}\right)$의 증가로 LM곡선이 LM_0에서 LM_1으로 이동하고, 또한 물가하락에 따른 실질자산$\left(\dfrac{A}{P}\right)$의 증가로 소비가 증가하여 IS곡선도에서 IS_0으로 IS_1으로 이동하여 새로운 균형상태인 E_2에서 총수요는 Y_2로 증가하게 된다. 이 새로운 균형점은 물가–총수요 공간의 C점에 대응된다.

③ 이에 따라 물가–총수요 공간에서의 총수요(AD)곡선은 A점과 C점을 연결한 AD_2가 된다. 이 결과는 $Pigou$ 효과가 존재하면 존재하지 않는 경우에 비해 총수요(AD) 곡선의 기울기가 보다 완만해진다는 것을 보여준다.

┌─ 총수요곡선의 기울기 ─
 투자의 이자율 탄력성이 클수록(IS곡선이 완만할수록), 화폐수요의 이자율탄력성이 작을수록(LM곡선이 가파를수록) AD곡선도 완만하다. 또한 피구효과가 존재할수록 AD곡선의 기울기는 작아진다.
└─

3) 총수요곡선의 이동

(1) 의미 : AD곡선을 도출할 때, 물가 이외에는 총수요에 영향을 미칠 만한 요인들은 모두 일정하다고 가정하지만 그 요인들이 변하게 되면 AD곡선 자체가 이동한다.

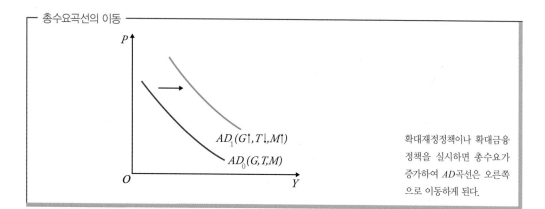

총수요곡선의 이동

$AD_1(G\uparrow, T\downarrow, M\uparrow)$

$AD_0(G, T, M)$

확대재정정책이나 확대금융
정책을 실시하면 총수요가
증가하여 AD곡선은 오른쪽
으로 이동하게 된다.

(2) 내용

① 정부지출의 증가($G\uparrow$) 또는 조세감면($T\downarrow$)등의 확대재정정책은 (고전학파의 특수한 경우를 제외
하고는) 총수요의 증가($Y^D\uparrow$)를 가져와서 총수요곡선이 우측으로 이동($AD_0 \to AD_1$)한다.

② 통화량의 증가($M\uparrow$)를 통한 확대금융정책은 이자율의 하락을 가져오고 이에 따라 투자 증가에
따른 총수요의 증가를 가져와서 총수요곡선이 우측으로 이동($AD_0 \to AD_1$)한다.

③ 일반적으로, AD곡선은 물가 외에 Y에 영향을 주는 일체의 (혹은 독립적) 요인들인 G, T, M 등
이 변할 때 이동 ⇒ 예를 들어 IS곡선($C\uparrow$, $I\uparrow$, $G\uparrow$, $T\downarrow$, $X\uparrow$, $M\downarrow$)이나 LM곡선($M^S\uparrow$, $M^D\downarrow$)을
우측으로 이동시키는 요인들은 AD곡선도 우측으로 이동한다.

④ 기대인플레이션율이 높아지면 총수요곡선은 오른쪽으로 이동한다.

⑤ 민간의 부(富)가 증가하면 오른쪽으로 이동한다.

수식에 의한 AD곡선의 유도

$IS-LM$ 식으로부터 총수요식을 도출하기 위해서는 두 식을 모두 만족시키는 소득 Y를 구해야 한다. LM식에
서 구한 이자율 r을 IS식에 대입하면 다음과 같다.

$$Y = \frac{a+c}{1-b} - \frac{d}{1-b}\left(\frac{k}{h}Y - \frac{1}{h}\frac{M}{P}\right) + \frac{1}{1-b}G - \frac{b}{1-b}T$$

위의 식을 Y에 대해 다시 정리하면,

$$Y = \frac{z(a+c)}{1-b} + \frac{d}{(1-b)[h+dk/(1-b)]}\frac{M}{P} + \frac{z}{1-b}G - \frac{zb}{1-b}T$$

이며, 여기서 $z = \dfrac{h}{[h+dk/(1-b)]}$는 0과 1 사이의 값이다.

위 식이 바로 $IS-LM$ 모형에 의해 도출된 총수요식이며, 물가와 소득이 역의 관계를 맺고 있음을 보여준다. 물
가가 오르면 실질통화공급이 감소하여 소득이 감소한다. 외생변수인 M, G, T가 변하면 총수요곡선 자체가 이동
하게 된다.

참고적으로 만약 화폐수요함수가 고전학파가 가정하는 것처럼 이자율의 영향을 받지 않는다면, $h=0$이며 화
폐시장 균형식은 수량방정식의 형태인 $\dfrac{M}{P} = kY$가 된다. 만약 $h=0$이면 $z=0$이므로, G와 T는 총수요에 영향을
미치지 않게 됨을 확인할 수 있다. 한편 위 식에 이를 대입하면 $Y = \dfrac{1}{k}\dfrac{M}{P}$로 단순화된다. 이는 바로 고전학파의
총수요곡선이며 수량방정식과 일치한다.

개념 플러스⁺ 고전학파의 총수요곡선

1. 앞에서는 총수요곡선을 $IS-LM$ 모형을 통해 도출하였으나, 고전학파적 시각에서 총수요곡선에 접근하는 데 $IS-LM$ 모형은 적절하지 않다. 대신 화폐수량설을 이용하면 총수요곡선이 간단히 도출된다. 수량방정식 $MV=PY$의 식에서 통화량 M과 유통속도 V가 고정되었을 때, 소득 Y와 물가 P가 역의 관계를 맺기 때문이다.

2. 수량방정식을 총수요곡선으로 간주할 수 있는 경제적 의미는 무엇인가? 수량방정식은 $Y=V\dfrac{M}{P}$로 고쳐 쓸 수 있으므로 총수요가 화폐의 실질잔고 수준 $\dfrac{M}{P}$에 의존하게 되는 것이다. 화폐의 실질잔고는 화폐의 구매력을 나타내므로, 가령 물가 P가 상승하여 화폐의 구매력이 감소하면 총수요가 감소하고, 물가가 하락하여 화폐의 구매력이 증가하면 총수요가 증가한다.

3. 다음은 수량방정식으로부터 도출된 총수요곡선이다.

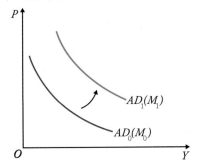

　총수요곡선은 통화량이 증가하거나 유통속도가 증가할 때 바깥으로 이동한다. 화폐의 실질잔고가 증가하거나, 화폐가 더 빨리 유통된다는 것은 총수요가 증가한 것을 의미한다. 반대 경우에는 총수요곡선이 안쪽으로 이동한다. 만약 중앙은행이 통화공급을 줄이거나 금융감독 당국이 신용카드의 사용한도를 대폭 축소하는 조치를 취하여 유통속도가 감소한다면 총수요는 위축된다.

확인 TEST

화폐수량설에서 도출한 총수요곡선에 관한 설명으로 옳은 것을 모두 고르면? [2009, 국회 8급]

　㉠ 총수요곡선은 물가와 총수요량의 관계를 나타내는 곡선이다.
　㉡ 정부지출이 증가하면 총수요곡선은 오른쪽으로 이동한다.
　㉢ 통화 공급이 증가하면 총수요량은 총수요곡선을 따라 증가한다.
　㉣ 통화 유통속도가 빨라지면 총수요곡선은 오른쪽으로 이동한다.

① ㉠　　　　② ㉠, ㉣　　　　③ ㉠, ㉡, ㉣　　　　④ ㉠, ㉢, ㉣　　　　⑤ ㉠, ㉡, ㉢, ㉣

해설 ▶ 화폐수량설의 대표적인 I. Fisher의 거래수량설에서의 교환방정식 $MV=PY$에서 $Y=MV\times\dfrac{1}{P}$을 통해 총수요곡선을 도출할 수 있다. 이에 따라 통화공급(M)이나 통화유통속도(V)가 증가하면 총수요곡선 자체가 오른쪽으로 이동하게 된다. 한편 화폐수량설에서의 총수요 곡선은 화폐공급과 관계있는 것으로 정부지출과 같은 재정정책과는 관련이 없다.

정답 ▶ ②

❷ 총공급곡선(Aggregate Supply Curve)

1) 총공급곡선의 의의

(1) 의미 : 다른 요인들이 일정할 때 각각의 물가수준에 대응하여 기업 전체가 생산하는 총생산물의 수준을 나타내는 곡선을 말한다.

(2) 도출 : 노동시장의 균형과 총생산함수에서 도출한다.

(3) 형태 : 임금의 신축성 여부, 생산 기간의 장·단기 여부에 의해 결정된다.

2) 학파별 총공급곡선

(1) 고전학파의 단기 총공급곡선

① 최초의 물가는 P_0, 균형실질임금은 $\dfrac{W_0}{P_0}$, 균형고용량은 $L_E = L_F$, 균형국민소득은 Y_F라 하자.

② 이때 물가가 상승($P_0 \rightarrow P_1 \uparrow$)하면 실질임금이 $\dfrac{W_0}{P_0}$에서 $\dfrac{W_0}{P_1}$로 하락하게 된다. 이에 따라 노동시장에서 노동에 대한 초과수요(ab)가 발생하고 이 불균형을 해소하기 위해 실질임금이 $\dfrac{W_0}{P_0}$(원래) 수준으로 되돌아갈 때까지 명목임금의 신축성으로 인해 즉각적으로 명목임금이 상승하게 된다.

③ 이에 따라 노동시장 균형이 $L_E = L_F$수준으로 다시 회복되고 Y_F를 생산할 수 있게 된다. 그런데 이러한 조정과정이 신속하게 이루어진다.

┌─ 고전학파의 단기 총공급곡선 ─────

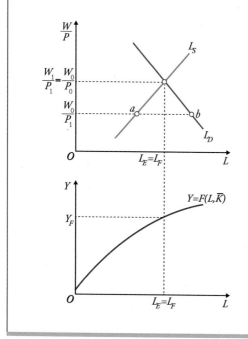

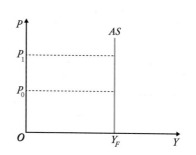

고전학파는 명목임금의 신축성을 전제한다. 이에 따라 물가의 변동에 따른 실질임금의 변화로 인해 발생하는 노동시장에의 불균형은 신축적인 명목임금의 조정에 따라 즉각적으로 해소된다. 결국 노동시장은 완전고용수준에서 항상 균형 상태를 유지할 수 있다. 따라서 물가가 변동해도 총산출량 수준은 완전고용수준에서 항상 일정하므로 완전고용 산출량 수준에서 수직인 단기 총공급곡선이 도출된다.

④ 고전학파의 총공급 수준은 물가수준이 변해도 계속해서 Y_F수준을 유지한다. 따라서 AS곡선은 Y_F수준에서 수직선의 형태를 띤다. 이는 경제의 총생산물이 노동과 자본의 양, 생산기술 등에 의해 결정되고 물가와는 관계가 없음을 의미한다.

단기란?

거시경제학에서 단기란 가격이 경직적인 기간을 의미하는 것으로, 실제로 어느 정도의 시간을 뜻하는가에 대해서는 정설이 없다. 경제학자들은 대략 수개월에서 1년 정도의 기간을 단기로 본다. 그러나 실업자들에게는 그 수개월에서 1년 정도의 기간도 매우 고통스러운 시간이며, 판매부진을 겪는 기업에겐 회사 문을 닫거나 부도를 맞기에 충분한 시간이다. 케인즈가 말한 대로 "장기에는 우리는 모두 죽고 없을 것이다." 장기는 물론 그 수개월에서 1년 정도 이상의 기간이다.

수직의 단기 총공급곡선의 한계

1. 총공급곡선이 수직이라면 실질국민소득은 통화량 변동에 관계없이 완전고용수준에서 결정된다. 그러나 실제로 통화량 증가율과 실질국민소득 증가율은 높은 정(+)의 상관관계를 가지고 있는데, 수직인 총공급곡선으로는 이와 같은 현상을 설명하기 어렵다.
2. 고전학파의 총공급곡선으로는 경기변동에 따라 실업률이 상당히 큰 폭으로 변동하는 현실을 설명하기 어렵다. 고전학파에 따르면 경제는 항상 완전고용 상태에 있으므로 실업률 변동은 자연실업률의 변화에 의해서만 가능하다. 그러나 자연실업률을 결정하는 요인들은 주로 제도적 요인이기 때문에 단기적으로는 크게 변동하지 않는다. 따라서 자연실업률이 경기변동에 따른 실업률의 변동을 설명할 수 있을 정도로 크게 변동한다고 보기는 어렵다.

(2) Keynes의 단기 총공급 곡선(I): 고정 물가-고정 (명목)임금의 모형

시대적 배경

고정물가는 1930년대 경제 대공황의 상황을 반영한다. 유효수요부족(공급과잉)으로 1929~32년에 물가가 크게 하락한 이후 1939년까지 오르지도 내리지도 않는 상태가 유지되었다. 고정화폐임금은 노동조합이 일정수준의 화폐임금을 요구함으로써 임금이 하방경직적이었던 것을 반영한다.

---

① 고정물가 모형은 노동시장과 총생산함수에 대한 분석이 없이 1930년대의 대공황이라는 특수한 상황 아래에서 직관적으로 총공급곡선이 도출된다.

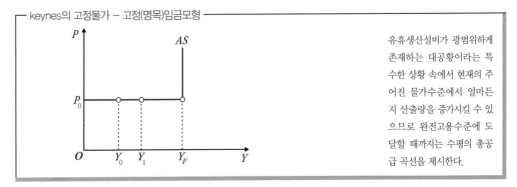

keynes의 고정물가 – 고정(명목)임금모형

유휴생산설비가 광범위하게 존재하는 대공황이라는 특수한 상황 속에서 현재의 주어진 물가수준에서 얼마든지 산출량을 증가시킬 수 있으므로 완전고용수준에 도달할 때까지는 수평의 총공급 곡선을 제시한다.

② 주어진 현재의 물가수준에서 얼마든지 총공급이 증가할 수 있어서 Y_F수준 결정에 공급 측면이 전혀 제약요인이 되지 않는다는 단기 총공급곡선이다.

③ P_0에서 AS는 Y_F에 이르기까지 수평인 것은 Keynes가 대공황이라는 특수한 상황 속에서 과소고용(실업)이 일반적이라고 보기 때문이다.

총공급곡선이 수평인 이유는?

첫째로 유휴생산설비가 충분히 남아 있어 가격 상승의 압력이 없이 산출량을 증가시킬 수 있다. 둘째로 가격이 상대적으로 하방 경직적이어서 노동시장과 생산물 시장에서 초과공급에도 불구하고 가격은 하락하지 않는다. 이것은 계속되는 불황 시에 나타나는 현상을 단순한 형태로 설명한 것이다. 즉, 경제가 실제로 경험하는 GDP갭의 압력 하에서도 가격은 실제로 하락하지 않음을 보여준다.

화폐임금의 하방경직성의 원인

1. 제1차 세계대전이전부터 강력한 노동조합이 출현하고 있다.
2. 일반적으로 노사 간에 이루어진 임금협약은 일정한 계약기간 동안 지속된다.
3. 노동자들은 화폐(명목)임금의 하락을 타 산업부문에 비하여 보수가 떨어지는 것으로 인식하여 수용하지 않으려 한다.

---

④ Y_F에 이르면 AS곡선은 고전학파와 같이 수직선이 된다.

단기 총공급곡선의 기울기

케인즈 학파와 고전학파가 총공급곡선의 기울기에 대해 상반된 주장을 펴고 있는 것은 단기의 경우에 한정되어 있다. 가격이 변할 수 있는 시간이 충분히 주어진 장기에 있어서는 케인즈 학파도 고전학파가 주장하는 바와 같이 총공급곡선이 완전고용수준에서 수직이 될 수 있음을 부인하지 않는다.

---

(3) **Keynes의 단기 총공급곡선(II) : 변동 물가-고정(명목)임금의 모형**

① 변동물가모형은 1940년대 초의 상황을 반영한 것이다. 1939년에는 경기가 회복될 뿐만 아니라 제2차 세계대전이 발발하면서 총수요가 증대되고 물가가 상승하기 시작하였다.

② 기업은 실질임금(W/P)을 기준으로 노동수요량을 결정하는 반면에, 노동자는 물가변화를 고려하지 않고 명목임금(W)을 기준으로 노동공급량을 결정한다.

③ 물가가 오르면 기업은 실질임금의 하락에 따라 노동수요량을 늘리지만 노동자는 노동공급량을 줄이지 않는다. 이에 따라 고용량이 증가하게 되어 총산출량이 증가하게 된다.

④ 이와 같이 물가가 오르면서 총공급이 증가하는 이유는 노동공급에 이른바 '화폐환상'이 생기기 때문이다.

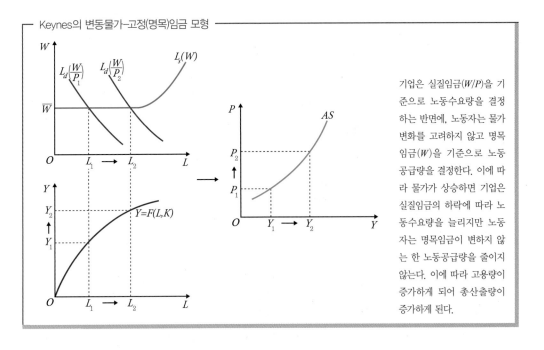

Keynes의 변동물가–고정(명목)임금 모형

기업은 실질임금(W/P)을 기준으로 노동수요량을 결정하는 반면에, 노동자는 물가변화를 고려하지 않고 명목임금(W)을 기준으로 노동공급량을 결정한다. 이에 따라 물가가 상승하면 기업은 실질임금의 하락에 따라 노동수요량을 늘리지만 노동자는 명목임금이 변하지 않는 한 노동공급량을 줄이지 않는다. 이에 따라 고용량이 증가하게 되어 총산출량이 증가하게 된다.

고전학파 모형과 케인즈 모형의 비교

구분	고전학파 모형	케인즈 모형
가정	• '세이의 법칙' ⇒ 이자율의 신축적 조정기능에 의해 $Y_S = Y_d$를 달성 • P, W, r은 완전신축적 • L_d와 L_s는 실질임금(W/P)의 함수 • 노동시장은 항상 완전고용 ⇒ 비자발적 실업은 없고 자발적 실업만 존재	• 단기에 국민소득의 크기를 결정하는 것은 총수요 • P는 일정, W는 하방경직적, r은 총수요 조절기능이 없음 • L_d는 실질임금(W/P)의 함수이고 는 명목임금(W)의 함수 • 노동시장은 불완전고용 ⇒ 비자발적 실업 존재
시사점	• r은 생산물시장에서 결정되는 실질변수 • 화폐수량설을 전제 • 재정정책은 구축효과에 의해 r과 국민소득의 구성내용만 변화시킴 • 통화정책은 명목변수만을 비례적으로 변화시킬 뿐 실질변수에는 영향을 주지 못함 ⇒ 화폐의 중립성을 전제 • 인위적인 안정화 정책은 불필요	• r은 화폐시장에서 결정되는 명목변수 • 화폐수량설을 배제 • 재정정책은 승수효과로 인해 국민소득을 크게 증가시킴 • 투자는 독립투자로 r의 변동이 생산물시장에 영향을 주지 않음 • 정부의 재량적인 재정정책 중요시

┌─ **물가와 총공급 곡선** ─────────────────────────

미시경제학에서 개별 상품의 공급곡선은 통상 우상향한다. 가격이 상승함에 따라 공급량이 증가한다는 것인데, 공급량이 증가한다는 것은 결국 놀고 있거나 다른 곳에서 쓰이고 있던 생산요소가 추가적으로 생산에 투입된다는 것이다. 그러나 거시경제학은 국민 경제 전체를 다룬다. 예를 들어 A 부문에서 쓰이고 있던 생산요소가 B 부문에 투입되어 B 부문의 생산이 증가한다면, 이는 곧 A 부문의 생산이 감소한다는 것을 의미한다. 즉, 국민 경제적 입장에서 한정된 자원으로 생산에 투입하는 한 경제 전체의 생산물 크기에는 변함이 없을 것이다. 따라서 경제 전반의 가격 수준이 상승한다고 해서 실질 GDP가 증가한다고 바로 추론할 수 없는 것이다. 따라서 물가상승이 기업의 생산을 촉진하기 위해서는 기업으로 하여금 물가상승이 이윤 증대에 유리한 기회를 제공한다고 믿게 할 수 있는 메커니즘이 있어야만 할 것이다.

┌───┐
│   한 단위 추가생산으로 얻는 한계이윤 = 가격 − 한계비용   │
└───┘

만약 대표적 가격이 상승하였을 때, 한계비용이 변함이 없다면 대표적 기업은 생산을 늘릴 것이다. 그러나 한계비용을 구성하는 요인들에는 임금, 임대료, 원자재 가격 등이 있는데, 만약 이러한 생산요소 가격의 변동률이 물가의 변동률과 정확히 같다면, 실질적인 기업의 이윤은 전과 마찬가지가 되어 생산량을 변동시킬 유인은 없을 것이다. 모든 기업이 이와 같다면 총공급은 전반적인 물가 수준과는 관계가 없으므로 총공급곡선은 수직이다.

└──

(4) **케인즈학파와 통화주의학파** : 일반적인 총공급곡선

① 노동공급이 실질임금(W/P)의 함수가 아니라 예상실질임금(W/P^e)의 함수이다. 현실적으로 임금 계약 시 계약기간 동안의 명목임금은 미리 결정되지만, 그동안의 물가수준은 정보의 시차와 불완전성 때문에 노동자가 정확히 알 수 없다.

② 예상물가수준(P^e)은 물가상승에 대해 노동자가 단기적으로 정확히 예측하지 못하다가 현재의 물가수준과 관계없이 과거의 물가정보에 의하여 장기적으로 적응해 간다는 이른바 '적응적 기대'를 근거로 총공급곡선을 단기총공급곡선(SAS)과 장기총공급곡선(LAS)으로 구분한다.

┌─ **물가상승에 대한 기업과 노동자의 반응** ─────────────

기업은 매기간의 물가상승을 정확하게 인식해서 생산비 계산에 반영한다. 따라서 물가가 오르면 실질임금이 낮아져서 생산비가 낮아지므로 더 많은 노동을 고용하려고 한다. 그 결과 노동수요곡선이 우측으로 이동한다. 반면에 노동자는 과거의 물가상승에 대해서는 완전한 정보를 가지고 있지만 현재의 물가상승에 대한 완전한 정보를 갖기까지는 상당한 시간이 소요된다. 그 결과 노동공급곡선이 단기적으로 불변하고 장기적으로는 임금인상을 요구함에 따라 좌측으로 이동하게 된다.

└──

③ 단기에 실제물가가 상승하면 실질임금의 하락으로 노동수요곡선은 우측으로 이동한다. 노동수요 증가로 노동고용량이 증가하고 총공급이 증가한다. 그러나 노동자의 예상물가는 변하지 않으므로 노동공급곡선은 이동하지 않는다(물가상승에 미적응 ⇒ 임금불변). 이에 따라 단기총공급곡선(SAS)은 우상향 형태로 도출된다.

④ 장기적으로는 노동자가 물가상승에 적응해감에 따라 물가상승과 동일한 정도의 임금인상을 요구하므로 노동수요가 감소하여 산출량이 이전 수준으로 되돌아간다(물가상승에 적응⇒임금인상). 이에 따라 장기총공급곡선(LAS)은 수직의 형태로 도출된다.

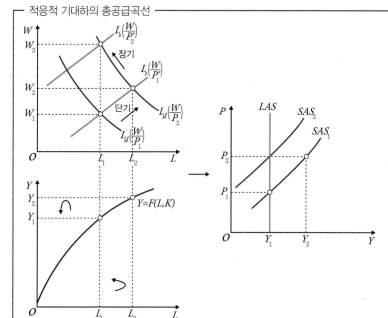

적응적 기대하의 총공급곡선

물가가 상승했을 때 단기적으로는 예상물가가 변하지 않으므로 노동공급곡선은 변하지 않게 되어 단기총공급곡선(SAS)은 우상향한다. 그런데 장기적으로는 물가상승에 적응함에 따라 임금인상요구로 노동공급이 감소하여 산출량이 이전 수준으로 되돌아가게 된다. 이에 따라 장기총공급곡선(LAS)은 수직의 형태가 된다.

확인 TEST

명목임금 W가 5로 고정된 다음의 케인지언 단기 폐쇄경제 모형에서 총공급곡선의 방정식으로 옳은 것은?

[2014, 지방직 7급]

- 소비함수 : $C = 10 + 0.7(Y-T)$
- 투자함수 : $I = 7 - 0.5r$
- 정부지출 : $G = 5$
- 생산함수 : $Y = 2\sqrt{L}$

(단, C는 소비, Y는 산출, T는 조세, I는 투자, r은 이자율, G는 정부지출, L은 노동, P는 물가, W는 명목임금을 나타내며, 노동자들은 주어진 명목임금 수준에서 기업이 원하는 만큼의 노동을 공급한다.)

① $Y = P$
② $Y = 22$에서 수직이다.
③ 조세 T를 알 수 없어 총공급곡선을 알 수 없다.
④ $P = \dfrac{5}{2}Y$

해설 ▶ 총공급(AS)곡선은 소비나 투자 그리고 정부지출과 같은 수요 측면과 무관하게 노동시장과 생산함수에 의해서 도출된다.

그런데 노동시장에서 균형식은 한계생산물가치(VMP_L)와 임금(W)이 일치하는 것이다.

이에 따라 다음 노동시장 균형식이 성립한다.

$$VMP_L(= MP_L \times P) = W(= 5)$$

한편 생산함수가 $Y = 2\sqrt{L} = 2 \times L^{\frac{1}{2}}$이므로, $MP_L = \dfrac{dY}{dL} = 2 \times \dfrac{1}{2} \times L^{-\frac{1}{2}} = \dfrac{1}{\sqrt{L}}$이다.

이에 따라 생산함수 $Y = 2\sqrt{L}$ 에서 $\sqrt{L} = \dfrac{Y}{2}$ 이므로 $MP_L = \dfrac{2}{Y}$ 가 성립한다.

이 결과를 노동시장 균형식에 대입하여 정리하면 다음과 같다.

$MP_L \times P = W \Rightarrow \dfrac{2}{Y} \times P = 5 \Rightarrow P = \dfrac{5}{2} \times Y$ 인 총공급곡선을 도출할 수 있다.

 정답 ④

(5) 새고전학파의 총공급곡선

① 새고전학파는 노동자가 과거, 현재, 미래의 물가에 대해서 자신에게 주어진 정보를 최대한 활용해서 현재와 미래의 물가상승률이 어느 정도인가를 파악할 수 있다는 이른바 '합리적 기대'를 전제한다.

② 노동자가 물가상승에 대해 합리적 기대를 하기 때문에 단기에도 임금인상을 요구하므로 노동고용량과 산출량은 단기에서도 증가하지 않는다.

③ 이에 따라 총공급곡선은 장기는 물론 단기에서도 수직의 형태로 도출된다.

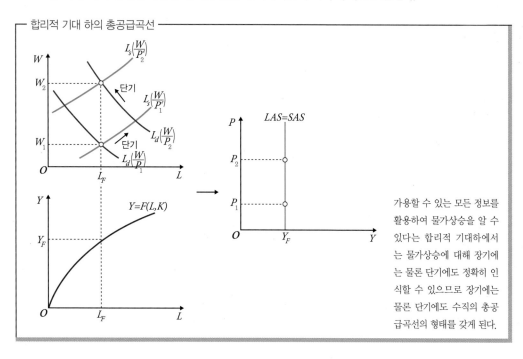

― 합리적 기대 하의 총공급곡선 ―

가용할 수 있는 모든 정보를 활용하여 물가상승을 알 수 있다는 합리적 기대하에서는 물가상승에 대해 장기에는 물론 단기에도 정확히 인식할 수 있으므로 장기에는 물론 단기에도 수직의 총공급곡선의 형태를 갖게 된다.

┌─ 화폐환상(money illusion) ───

1) 의의

(1) 화폐환상은 화폐 구매력이 불변이라고 생각하는데서 비롯된다. 즉 물가가 현실적으로 변화하고 있는 상황에서 자신이 소유하는 현금과 같은 명목자산의 가치가 변하지 않는다고 생각하는 것으로 화폐착각이라고도 한다.

(2) 인플레이션 초기 단계에서 노동자는 자신의 실질임금소득이 상승하지 않았음에도 불구하고 노동공급을 더욱 증가시킨다는 것이다.

2) 물가예상과 화폐환상

(1) 극단적 고전학파(The Ultra Classical)

  ① 노동자는 기업과 동일하게 실질임금의 변화로 고려할 만한 충분한 정보를 가지고 있다. 이에 따라 다음 식이 성립한다.

  ┌──
  │ • $\dfrac{dP^e}{dP} = 1$, 여기서 P는 실제물가, P^e는 예상물가이다.
  └──

  ② 노동 공급은 실질임금의 함수이고 화폐환상은 발생하지 않는다.

(2) 극단적 케인스 학파(The Ultra Keynesian)

  ① 노동자는 물가변동에 대한 아무런 정보를 갖지 못하므로 물가변동에 대한 예상은 불변이다. 이에 따라 다음 식이 성립한다.

  ┌──
  │ • $\dfrac{dP^e}{dP} = 0$, 여기서 P는 실제물가, P^e는 예상물가이다.
  └──

  ② 노동공급은 명목임금의 함수이고, 물가가 상승할 때 실질임금이 하락한다고 하더라도 명목임금이 상승하게 되면 노동공급을 증가시키는 완벽한 화폐환상이 나타나게 된다.

(3) 현실적인 경우

  ① 현실적으로 노동자는 어느 정도의 물가에 대한 정보를 갖고 있지만, 완전한 정보 역시 갖지 못한다. 이에 따라 다음 식이 성립한다.

  ┌──
  │ • $0 < \dfrac{dP^e}{dP} < 1$, 여기서 P는 실제물가, P^e는 예상물가이다.
  └──

  ② 물가가 상승할 때 노동 공급은 어느 정도 증가하게 된다. 이때 화폐환상은 나타나기는 하지만 극단적인 케인스학파의 경우보다는 작게 나타난다.

└───

학파별 총공급곡선의 비교

구분	고전학파	케인즈	케인즈학파와 통화주의학파
노동수요	실질임금의 감소함수	실질임금의 감소함수	실질임금의 감소함수
노동공급	실질임금의 증가함수	명목임금의 증가함수	예상실질임금의 증가함수
총공급곡선	수직선(화폐환상 없음)	수평선(완전한 화폐환상)	단기에는 우상향, 장기에는 수직선(부분적인 화폐환상)
특징	완전고용국민소득에 도달한 호황의 모형	불황의 경우에 적합한 모형	일반적인 경우에 적합한 모형

개념 플러스⁺ 단기총공급곡선에 관한 네 가지 모형

1. 단기총공급곡선의 기본 방정식

1) 기본 방정식

$$Y = Y_n + \alpha(P - P^e), \ \alpha > 0$$
$$\text{또는 } P = P^e + \beta(Y - Y_n), \ \beta > 0$$

여기서 Y는 균형산출량, Y_n은 자연산출량, P는 물가수준, P^e는 과거에 예상한 현재의 물가수준으로 기대물가수준을 의미한다.

2) 의미

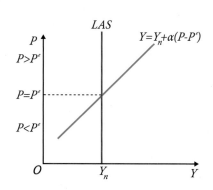

(1) 실제물가가 경제주체들의 예상물가와 다를 때 실제 산출량이 완전고용수준에 상응하는 산출량과 달라짐을 나타낸다.

(2) 실제물가가 예상물가보다 높을 경우 즉, $P > P^e$일 때 국민소득은 완전고용수준을 초과하며, 반대로 실제물가가 예상물가보다 낮은 경우 국민소득은 완전고용수준보다 낮아진다.

(3) 물가가 산출량에 미치는 영향은 상수 α의 크기에 달려 있는데, α의 값이 클수록 총공급곡선의 기울기는 작아지며 물가가 산출량에 미치는 영향은 커진다.

(4) 만약 $\alpha = \infty$일 때에 총공급 곡선은 $P = P^e$의 함수형태를 가지는데, 이는 수평인 케인즈 학파의 총공급곡선과 다름이 없으며, $\alpha = 0$일 때에는 총공급곡선의 식은 $Y = Y_n$으로서 고전학파의 총공급곡선과 같다.

(5) 학자들은 단기 총공급곡선이 앞의 기본방정식과 같은 형태를 가진다는 점에 대해서는 의견을 같이하지만 그 이유에 대해서는 의견을 달리해 다음의 네 가지 모형을 제시하고 있다.

루카스 공급곡선에 관한 설명으로 옳지 않은 것은?

[2009, 국회 8급]

① 기대물가 상승하면 생산량은 증가한다.
② 기대물가가 고정되어 있는 경우 총공급곡선은 우상향한다.
③ 유가가 상승할 경우 생산량은 완전고용생산량 이하로 떨어진다.
④ 기대물가가 실제물가보다 높을 때의 생산량은 완전고용생산량보다 적다.
⑤ 기대물가와 실제물가가 같을 때의 실업률과 생산량을 각각 자연실업률과 완전고용생산량이라고 한다.

해설 ✔ 루카스의 공급함수는 다음과 같다.

$$Y = Y_n + \alpha(P - P^e)$$

여기서 Y는 실제 생산량, Y_n은 완전고용생산량, α는 양의 상수, P는 실제물가, P^e는 기대물가이다.

이에 따르면 기대물가와 실제물가가 일치($P = P^e$)하게 되는 장기에는, $Y = Y_n$도 성립하게 된다. 이때의 실업률은 자연실업률, 산출량은 완전고용생산량(=자연산출량)이라고 한다(⑤). 이때 장기총공급곡선은 완전고용생산량 수준에서 수직의 모습을 보인다. 만약 단기에 기대물가가 실제물가보다 높다면($P < P^e$), 실제 생산량은 완전고용생산량보다 작게 되어($Y < Y_n$), 단기 총공급곡선은 우상향하게 된다(②, ④). 또한 유가가 상승하게 되면 기업의 생산능력이 감소하여 실제 생산량은 완전고용생산량 이하로 떨어지게 된다(③). 한편 실제물가(P)와 완전고용생산량(Y_n)이 일정할 때, 기대물가가 상승하면 실제 생산량(Y)이 감소하게 된다. 이것은 총공급곡선이 왼쪽으로 이동한다는 것을 의미한다.

정답 ✔ ①

---

2. 네 가지 모형

1) 경직적 임금모형(sticky-wage model)-임금계약모형(wage contract model)

(1) 물가수준이 상승할 경우 생산량의 변화과정

① 장기 임금계약으로 인해 명목임금이 경직적인 경우 물가수준이 상승하면 실질임금이 낮아져 노동가격이 하락하게 된다.

② 실질임금이 하락하면 기업은 더 많은 노동을 고용한다.

③ 노동이 추가로 고용되면 생산량이 증가한다.

④ 이에 따라 명목임금이 조절될 수 없는 기간 동안, 즉 단기의 총공급곡선은 우상향한다는 의미이다.

(2) 명목임금 결정과정

① 노동자와 기업은 양자 간 협정이 효력을 발생하게 될 장래의 물가수준을 모르는 상태에서 협상을 하여 명목임금을 결정한다고 가정한다. 즉 사전에 결정된다.

② 협상당사자인 노동자와 기업은 목표로 설정한 실질임금을 갖고 있는데, 이러한 목표실질임금은 현실적으로 효율성 임금 등으로 인해 균형실질임금보다 높다.

③ 노동자와 기업 양측은 목표실질임금 w와 물가수준에 대한 기대 P^e에 기초하여 명목임금 W를 설정한다.

$$W(\text{명목임금}) = w^T(\text{목표실질임금}) \times P^e(\text{기대물가수준})$$

④ 이후 명목임금이 결정된 후, 그리고 노동력을 고용하기 전에 기업들은 비로소 실제물가수준 P를 알게 된다. 이에 따라 실질임금은 다음과 같다.

$$W/P(\text{실질임금}) = W^T(\text{목표실질임금}) \times P^e/P(\text{기대물가수준/실제물가수준})$$

⑤ 따라서 실제물가수준이 기대물가수준과 다를 경우 실질임금은 목표실질임금으로부터 벗어난다. 즉, 실제물가수준이 기대치보다 높을 경우 실질임금은 목표치보다 작아지며 반면에 실제물가수준이 기대치보다 낮을 경우 실질임금은 목표치보다 커지게 된다.

(3) 고용 수준 결정과정

① 노동자와 기업의 협상에 따라 미리 고용수준이 결정되지 않고 그 대신 기업이 미리 결정된 임금수준으로 고용하기를 원하는 노동력을 노동자가 공급하게 된다. 즉 계약기간 동안 실제 고용수준은 사후적으로 기업의 노동수요가 결정한다.

② 이에 따라 기업의 고용결정은 곧 노동수요함수가 된다.

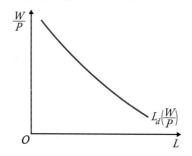

③ 상기 식에 의하면 실질임금이 낮아질수록 기업의 고용규모는 증가한다.

(4) 총산출량 결정과정

① 총산출량은 생산함수에 의해 결정된다.

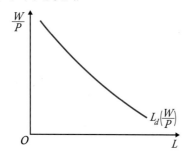

② 상기 식에 의하면 노동이 고용되면 될수록 총산출량은 증가하게 된다.

(5) 총공급곡선 도출

① 명목임금이 비신축적이므로 기대하지 않은 물가변화는 실질임금을 목표실질임금에서 벗어나게 하며 실질임금의 변화는 고용량과 생산량에 영향을 미친다.

② 이에 따라 총공급곡선은 다음과 같이 도출된다.

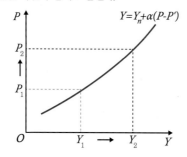

③ 상기 식에 따르면 물가수준이 기대물가수준에서 벗어나면 총산출량은 자연 산출량 수준에서 벗어나게 된다.

267

2) 경직적 가격 모형(sticky price model)

(1) 핵심가정

① 수요변화에 따라 기업들이 가격을 즉각적으로 조절할 수 없다.

② 시장 수요가 증가한 경우에도 가격의 빈번한 변화가 고객에게 미칠 효과를 고려하여 한동안 가격은 일정하게 유지된다.

③ 기업은 가격을 바꾸는 데 따른 비용(메뉴비용)이 발생할 것을 고려하여 가격을 쉽게 변동시키지 않는다. 예컨대 메뉴비용이 100이라면 가격을 인상하지 않았기 때문에 입게 될 잠재적 이윤의 감소분이 100을 초과하지 않는 한 이 기업은 가격을 올리지 않을 것이다.

④ 결국 기업들은 가격변동 요인이 절실하지 않은 한 가격을 쉽게 바꾸려 하지 않는 것이다.

(2) 물가수준의 상승과 가격 결정

① 물가수준의 상승은 개별 기업에 대한 비용의 상승을 의미하며 전반적인 물가수준이 상승할수록 기업은 자사상품에 대한 가격을 상승시키고자 한다.

② 가격을 먼저 고정시켜 놓은 기업들은 자사상품의 가격을 높게 결정하게 되며 이는 또한 다른 기업들로 하여금 가격을 높게 결정하도록 한다. 즉 기대물가(P^e)의 상승은 실제물가(P)의 상승으로 이어진다.

(3) 소득수준의 상승과 가격 결정

① 소득수준이 상승할수록 개별 기업이 생산한 상품에 대한 수요가 증대한다. 생산이 증가하면 한계비용이 증가하므로 수요가 증대될수록 기업이 받기를 원하는 가격도 상승한다.

② 신축적인 가격을 유지하는 기업들은 가격을 높게 설정하게 되며 이는 물가상승으로 이어진다.

(4) 총공급곡선 도출

① 물가수준에 대한 산출량 효과는 신축적인 가격을 유지하는 기업들의 비율에 따라 결정된다.

② 이에 따라 총공급곡선은 다음과 같이 도출된다.

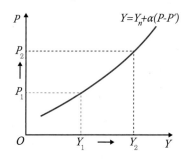

③ 상기 식에 따르면 물가수준이 기대물가수준을 벗어나게 되면 산출량도 자연산출량을 벗어나게 된다.

3) 노동자 오인 모형(worker-misperception model)-비대칭적 정보 모형(통화론자 모형)

(1) 핵심가정

① 임금이 자유롭고 신속하게 변동해서 노동의 수요와 공급을 일치시킨다.

② 기업에 비해 상대적으로 물가에 대한 정보가 부족한 노동자들이 일시적으로 실질임금과 명목임금을 혼동하기 때문에 물가수준에 기대하지 않은 변화가 일어날 경우 노동공급에 영향을 주게 된다. ⇒ 화폐환상(money illusion) 존재

(2) 노동공급과 노동수요

① 노동수요는 실질임금에 의존한다.

$$L = L^d \left(\frac{W}{P} \right)$$

② 노동공급은 노동자들이 기대실질임금에 의존한다.

$$L = L^S \left(\frac{W}{P^e} \right)$$

상기 식에서 노동자들은 명목임금 W는 알고 있으나 전반적인 물가수준 P는 알지 못한다. 이에 따라 노동자들은 노동공급규모를 결정할 때 명목임금(W)을 기대물가(P^e)로 나눈 기대실질임금(W/P^e)을 고려하게 된다.

③ 기대실질임금은 실제실질임금(W/P)과 변수 P/P^e의 곱으로 나눌 수 있다.

$$\frac{W}{P^e} = \frac{W}{P} \times \frac{P}{P^e}$$

상기 식에서 $\frac{P}{P^e}$는 물가수준에 대한 노동자들의 오인을 측정한다. 만일 $\frac{P}{P^e}$가 1보다 큰 경우의 물가수준은 노동자들이 기대한 것보다 높으며, $\frac{P}{P^e}$가 1보다 작은 경우의 물가수준은 기대보다 낮다.

④ 이에 따라 노동공급은 실질임금과 물가수준에 대한 노동자 오인에 의존하게 된다.

$$L = L^S(\frac{W}{P^e}) = L^S(\frac{W}{P} \times \frac{P}{P^e})$$

(3) 물가수준의 상승과 노동시장의 변화
① 노동공급 곡선의 위치 및 노동시장의 균형은 노동자 오인(P/P^e)에 달려있다.
② 만일 물가수준이 상승하였을 경우, 노동자들이 이를 기대하였다면 P^e는 P에 비례하여 상승하며 이 경우 노동자들의 예상은 정확하므로 노동의 공급도 수요도 변화하지 않는다. 이에 따라 명목임금이 물가와 동일한 규모로 증가하므로 실질임금과 고용수준은 불변한다.
③ 반대로 물가수준이 상승하였음에도 불구하고, 노동자들이 이를 인식하지 못한다면 P^e는 불변한다. 이에 따라 P/P^e가 증가하여 노동공급곡선을 오른쪽으로 이동시켜 실질임금을 낮추고 고용수준을 증대시킨다. 이때 기업들은 노동자들보다 더 좋은 정보를 갖고 있어 실질임금이 하락하였음을 인지하고 있다고 가정한다. 결국 기업들은 더 많은 노동을 고용하고 더 많은 산출량을 생산한다.

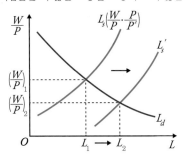

(4) 총공급곡선 도출
① 물가가 기대한 물가수준을 벗어난 경우 노동공급이 변화하며 이로 인해 기업의 생산량이 변화한다.
② 이에 따라 총공급곡선은 다음과 같이 도출된다.

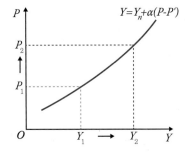

상기 식은 비신축적 임금모형과 같으나 임금의 비신축성이 아닌 노동자의 오인으로 인해 물가수준이 기대물가수준에서 벗어날 경우 산출량은 다시 한 번 자연산출량을 벗어나게 된다.

③ 프리드만(M. Friedman)은 노동자의 오인에 의해 통화량이 실질국민소득에 영향을 미칠 수 있다고 하였는데 이는 곧 노동자 오인에 의해 총공급곡선이 우상향하는 기울기를 가짐을 의미하는 것이다. 따라서 노동자 오인모형은 바로 통화론자의 총공급곡선 모형이라고 할 수 있다.

4) 불완전 정보 모형(imperfect information model)-루카스 모형

(1) 핵심가정

① 시장은 청산되고 단기 및 장기 공급곡선은 가격에 대한 일시적 오인 때문에 서로 상이하다고 가정한다.

② 노동자 오인 모형과 달리 기업이 노동자보다 더 나은 정보를 갖고 있다고 가정하지 않는다.

③ 이 모형의 가장 단순한 형태에서는 노동자와 기업을 전혀 구별하지 않는다.

(2) 물가수준과 산출량과의 관계

① 공급자가 각각 단일 상품을 생산하고 많은 상품을 소비한다고 가정한다.

② 상품의 수가 많기 때문에 공급자들은 언제나 모든 가격을 알 수 없다. 즉 공급자들은 생산하는 상품의 가격은 면밀히 검토하지만 소비하는 상품의 가격은 그렇지 못하다.

③ 이러한 불완전한 정보 때문에 그들은 전반적인 가격수준의 변화인 물가의 일반적인 상승과 상대가격의 변화를 혼동하게 된다.

④ 결국 이것이 산출량을 결정하는 데 영향을 미치어 물가수준과 생산량 사이의 단기적인 관계변화로 이어진다.

(3) 총공급곡선 도출

① 가격이 기대가격을 초과하면 공급자들은 산출량을 증대시킨다.

② 이에 따라 총공급곡선은 다음과 같이 도출된다.

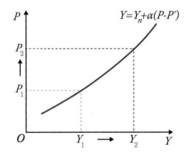

③ 상기 식에 따르면 물가수준이 기대물가수준을 벗어나게 되면 산출량도 자연산출량을 벗어나게 된다.

3. 네 가지 모형의 정리

구분		시장의 불완전성	
		노동시장	상품시장
시장청산?	예	노동자 오인 모형 : 노동자들은 명목임금의 변화와 실질임금의 변화를 혼동한다.	불완전한 정보 모형 : 공급자들은 물가수준의 변화와 상대가격의 변화를 혼동한다.
	아니오	비신축적 임금 모형 : 명목임금은 서서히 조절된다.	비신축적 가격 모형 : 재화와 서비스 가격은 서서히 조절된다.

확인 TEST

단기총공급곡선이 우상향할 때 총수요관리정책은 균형생산량에 영향을 미칠 수 있다. 다음 중 총공급곡선이 단기적으로 우상향하는 이유를 설명한 이론을 모두 고른 것은?

[2005, CPA]

㉠ 임금이 경직적이면 물가상승에 따라 실질임금이 하락하므로 기업이 노동고용을 늘려서 생산이 증가한다.

㉡ 개별 기업이 물가상승을 자기 상품의 상대가격이 상승한 것으로 착각하여 생산을 증가시킨다.

㉢ 노동자가 명목임금의 상승을 실질임금이 상승한 것으로 착각하여 노동공급을 증가시키므로 생산이 증가한다.

㉣ 상품가격이 경직적이면 물가상승 시 상대가격이 하락하여 수요가 증가하므로 기업의 생산이 증가한다.

① ㉡, ㉢
② ㉠, ㉢, ㉣
③ ㉡, ㉢, ㉣
④ ㉠, ㉡, ㉢
⑤ ㉠, ㉡, ㉢, ㉣

해설 주어진 모든 내용은 단기 총공급곡선이 우상향하는 이유를 설명한 이론들이다. 구체적으로 살펴보면 다음과 같다.

㉠ : 새케인스학파의 경직적 임금 모형
㉡ : 새고전학파의 불완전 정보 모형
㉢ : 통화주의의 노동자 오인 모형(비대칭적 정보 모형)
㉣ : 새케인스학파의 경직적 가격 설명

정답 ⑤

---

3) AS 곡선의 이동

(1) 노동조합에 의한 임금 인상, 인플레이션으로 인한 기대물가 수준의 상승으로 노동공급곡선이 왼쪽으로 이동하게 되면 AS곡선은 왼쪽으로 이동한다.

(2) 노동 생산성이 증가(감소)하는 경우에는 AS곡선은 오른쪽(왼쪽)으로 이동한다.

(3) 기술진보가 있게 되면 AS곡선은 오른쪽으로 이동한다.

(4) 자본스톡이 증가(감소)하면 AS곡선은 오른쪽(왼쪽)으로 이동한다.

(5) 기대 인플레이션율이 낮아(높아)지면 AS곡선은 오른쪽(왼쪽)으로 이동한다.

(6) 환경보호법이 완화(강화)되면 AS곡선은 오른쪽(왼쪽)으로 이동한다.

확인 TEST

단기 총공급곡선에 대한 설명으로 옳은 것은?   [2017, 추가채용 국가직 7급]
① 단기에 있어서 물가와 총생산물 공급량 간의 음(−)의 관계를 나타낸다.
② 소매상점들의 바코드 스캐너 도입에 따른 재고관리의 효율성 상승은 단기 총공급곡선을 오른쪽으로 이동
  시킨다.
③ 원유가격의 상승으로 인한 생산비용의 상승은 단기 총공급곡선을 오른쪽으로 이동시킨다.
④ 명목임금의 상승은 단기 총공급곡선을 이동시키지 못한다.

 ▶ • 소매상점들의 바코드 스캐너 도입에 따른 재고관리의 효율성 상승은 생산비의 감소를 의미하므
  로, 이에 다른 공급능력의 증가로 단기 총공급곡선은 오른쪽으로 이동하게 된다.
  • 단기에 있어서 물가와 총생산물 공급량 간의 양(+)의 관계를 나타낸다(①).
  • 원유가격의 상승과 명목임금의 상승은 모두 생산비의 상승을 의미하므로, 공급능력의 감소로 단
  기 총공급곡선을 왼쪽으로 이동시킨다(③, ④).

정답 ▶ ②

❹ 거시경제 장기균형 결정

1) 단기균형과 장기균형

(1) **단기 총공급곡선**:단기적으로는 임금을 포함한 많은 재화 및 서비스의 가격이 경직적이기 때문에
   수요와 공급의 변동을 신속하게 반영하지 못하는 것이 현실이어서 총공급곡선은 우상향하는 형
   태를 가지게 된다.

(2) **장기 총공급곡선**:장기적으로는 모든 가격이 신축적이어서 총공급곡선은 완전고용 국민소득수준
   에서 수직의 형태를 가지게 된다.

┌─ 단기 총공급곡선과 장기 총공급곡선 ─────────────────

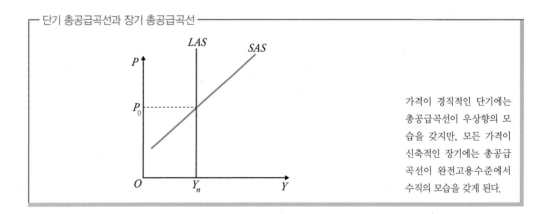

가격이 경직적인 단기에는
총공급곡선이 우상향의 모
습을 갖지만, 모든 가격이
신축적인 장기에는 총공급
곡선이 완전고용수준에서
수직의 모습을 갖게 된다.

┌─ 수직의 총공급 곡선 ─

  케인즈 학파와 고전학파가 총공급곡선의 기울기에 대해 상반된 주장을 펴고 있는 것은 단기의 경우에 한정되어 있다. 물가가 변할 수 있는 시간이 충분히 주어진 장기에 있어서는 케인즈 학파도 고전학파가 주장하는 바와 같이 총공급곡선이 완전고용수준에서 수직이 될 수 있음을 부인하지 않는다.

확인 TEST

장기 총공급곡선에 관한 설명으로 옳지 않은 것은?

[2008, 국회 8급]

① 장기적으로 한 나라 경제의 재화와 서비스 공급량은 그 경제가 가지고 있는 노동과 자본, 그리고 생산기술에 의해 좌우된다.
② 장기 총공급곡선은 고전학파의 이분성을 뒷받침 해준다.
③ 확장적 통화정책으로 통화량이 증가하더라도 장기 총공급곡선은 이동하지 않는다.
④ 장기 총공급량은 명목임금이 경직적이고 자유롭게 변동하지 않기 때문에 물가수준이 얼마가 되든 변하지 않는다.
⑤ 장기 총공급곡선은 수직이다.

해설 ▶ 장기에는 모든 가격변수가 신축적이다(④). 한편 장기 총공급곡선은 물가수준과 관계없는 수직의 모습을 보인다(⑤). 이에 따라 총수요곡선을 이동시키는 확장적 통화정책은 장기에는 물가만 상승시킬 뿐, 산출량을 증가시킬 수 없게 되어, 화폐의 중립성을 전제로 하는 고전적 이분법을 성립시킨다(②, ③).

정답 ▶ ④

확인 TEST

총수요곡선은 $Y=550+(2,500/P)$, 총공급곡선은 $Y=800+(P-P^e)$, 기대물가는 $P^e=10$일 때, 균형에서의 국민소득은? (단, Y는 국민소득, P는 물가수준을 나타낸다)

[2015, 국가직 7급]

① 500
② 600
③ 700
④ 800

해설 ▶ 기대물가가 $P^e=10$이므로 총공급곡선은 $Y=790+P$가 된다. 균형에서 총수요와 총공급이 일치하므로 총수요곡선과 총공급곡선을 연립해서 풀면

$550+2,500/P=790+P$

$\Rightarrow P+240-2,500/P=0$

$\Rightarrow$ 양변에 P를 곱하면 $\Rightarrow P^2+240P-2,500=0$을 구할 수 있다.

이제 이 식을 인수분해하면

$(P+250)(P-10)=0$이 되어 $P=-250$, 10을 구할 수 있다.

그런데 P는 음수가 될 수 없으므로 $P=10$이 균형물가수준이 되고, 이를 총공급곡선에 대입하면 $Y=800$이 도출된다.

정답 ▶ ④

I. 경제학 일반론

II. 미시경제학

III. 거시경제학

IV. 국제경제학

2) 임금 조정과 장기균형

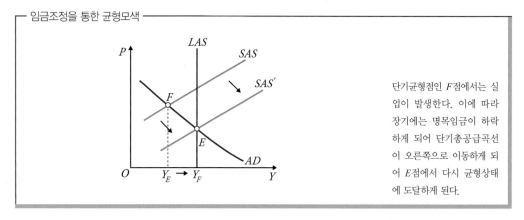

임금조정을 통한 균형모색

단기균형점인 F점에서는 실업이 발생한다. 이에 따라 장기에는 명목임금이 하락하게 되어 단기총공급곡선이 오른쪽으로 이동하게 되어 E점에서 다시 균형상태에 도달하게 된다.

(1) 단기에 있어서는 총수요곡선과 단기 총공급곡선이 만나는 F점에서 일시적으로 균형을 이루게 된다. F점에서는 화폐시장과 생산물시장은 균형 상태에 있지만 총생산량이 완전고용 국민소득수준보다 낮기 때문에 노동시장은 초과공급 상태에 있다. 그런데 단기에는 명목임금이 경직적이어서 경제는 당분간 F점에 머무르게 된다.

(2) 명목임금이 움직일 수 있는 충분한 시간이 경과한 장기에는 명목임금이 하락하기 시작하여 단기 총공급곡선이 우측으로 이동하게 된다. 단기 총공급곡선의 이동은 결국 장기균형점인 E점에서 세 곡선이 만나서 노동시장이 균형을 이룰 때까지 계속될 것이다.

확인 TEST

〈보기〉의 그래프는 어느 경제의 장단기 총공급곡선과 총수요곡선이다. 이 경제의 장기균형에 대한 설명으로 가장 옳은 것은?

[2018, 서울시 정기공채 7급]

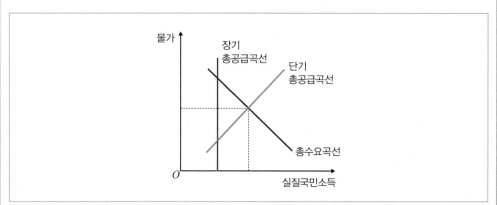

① 이 경제는 현재 장기균형상태에 있다.
② 장기 총공급곡선이 오른쪽으로 움직이며 장기균형을 달성하게 된다.
③ 임금이 상승함에 따라 단기 총공급곡선이 왼쪽으로 움직이며 장기균형을 달성하게 된다.
④ 확장적 재정정책을 사용하지 않는다면 이 경제는 경기침체에 머무르게 된다.

해설 ▶ • 주어진 선택지 내용을 각각 살펴보면 다음과 같다.
 • 현재 이 경제는 장기에 달성되는 완전고용국민소득 수준을 상회하는 경기호황 국면에 있다 (①).
 • 현재 수준에서 긴축적 재정정책을 사용하지 않는다면 이러한 경기호황 국면은 지속되고, 경기과열 문제가 대두될 수 있다(④).
 • 경기호황 국면이 지속되면 노동시장에서 임금이 상승하게 되고, 이로 인해 단기 총공급곡선이 왼쪽으로 이동하여 장단기 동시균형 수준에 도달하게 된다(②, ③).

정답 ▶ ③

심화 TEST

다음의 사례에서 재래식 통화정책의 한계가 무엇인지, 야당이 우려한 부작용이 무엇인지 설명하고, 이러한 우려를 일축한 정부의 확신은 어떤 이론적 근거를 가지고 있는지 설명하시오.
[2015, 교원임용]

한 경제의 명목이자율이 0인 수준에 도달해 있음에도 불구하고 그래프에서와 같이 경기침체 갭을 겪고 있다. 재래식 통화정책이 한계에 봉착한 상황에서, 정부는 이 갭을 제거하기 위해 대량의 회사채와 주택담보채권을 매입하는 등 비재래식(unconventional) 통화정책인 양적 완화(Quantitative Easing)를 시행하면서 동시에 확장적 재정정책도 함께 시행할 것을 고려하고 있다. 확장적 재정정책에 비판적인 야당이 그 정책의 전형적인 부작용에 대해 우려를 표명하자 정부는 이 경우에는 그런 부작용이 발생하지 않을 것이라고 확신한다고 주장했다.

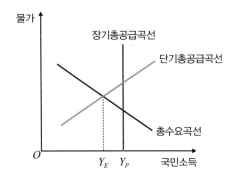

분석하기

 • 재래식 통화정책의 한계 : 재래식 통화정책은 통화량과 이자율의 상호관계를 통해 총수요에 영향을 주는 정책이다. 그런데 화폐시장의 명목이자율이 0인 수준에서는 통화량의 변화가 이자율을 변화시킬 수 없게 되어 이자율의 변화를 통한 총수요 변화를 기대하는 경기안정화 효과를 더 이상 기대할 수 없게 된다.
 • 야당이 우려한 부작용 : 확장적 재정정책은 이자율의 상승을 가져와 이로 인한 민간소비나 민간투자의 감소가 나타나는 구축효과를 초래할 수 있게 된다.
 • 정부 확신의 근거 : 확장적 재정정책으로 인해 나타나는 이자율의 상승은 양적 완화를 통한 이자율 하락으로 상쇄시킬 수 있게 된다.

❺ 공급충격(supply shock)과 장기 균형

1) 공급충격의 의미

(1) 유가인상, 수입원자재 가격상승, 임금상승, 파업, 가뭄 등과 같이 생산비를 증가시키는 경제적 충격은 모두 총공급곡선을 좌측으로 이동시키는데 이를 불리한 공급충격(negative supply shock)이라고 한다.

(2) 반대로 기술진보와 같이 생산비를 감소시키는 경제적 충격은 모두 총공급곡선을 우측으로 이동시키는데 이를 유리한 공급충격(positive supply shock)이라고 한다.

2) 불리한 공급충격과 비수용적 정책(nonaccommodative policy) - 중립정책

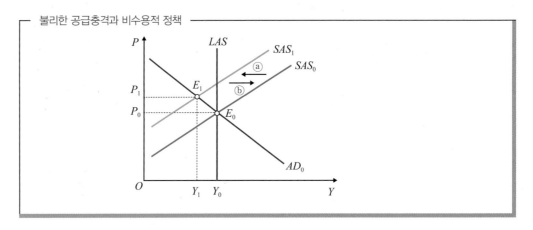

불리한 공급충격과 비수용적 정책

(1) 비수용적 정책은 경제조정이 빠른 속도로 이루어지는 상황에서 사용할 수 있는 정책인데, 통화증가율을 $k\%$로 일정하게 유지하면서 경제가 자율적으로 조정되기를 기다리는 정책이다. 중립정책(neutral policy)이라고도 한다.

(2) 단기 총공급곡선이 SAS_0에서 SAS_1으로 이동(ⓐ)하게 되어 나타나는 스태그플레이션 상황 하에서 실업률이 상승하게 되면 명목임금인상은 크게 낮아지거나 안정된다. 이때 통화량 증가율을 $k\%$로 일정하게 유지하면 명목임금의 안정으로 인해 실질임금 역시 안정되거나 하향 조정이 이루어지게 된다.

(3) 실질임금의 하향 조정으로 인해 노동에 대한 수요가 증가하게 되고, 이에 따라 단기 총공급곡선이 다시 SAS_0에서 SAS_1으로 이동(ⓑ)하게 되어 스태그플레이션 상황이 해결될 수 있게 된다.

(4) 비수용적 정책은 실업으로 인한 사회적 비용보다 인플레이션으로 인한 사회적 비용이 상대적으로 더 크고, 경제의 조정기능이 강할 때 유력한 정책수단이 될 수 있다.

3) 불리한 공급충격과 수용적 정책(accommodative policy) – 수동적 조정정책

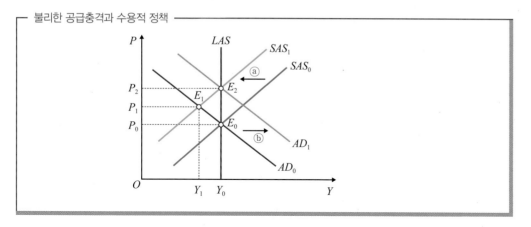

불리한 공급충격과 수용적 정책

⑴ 단기 총공급곡선이 SAS_0에서 SAS_1으로 이동(ⓐ)하게 되어 나타나는 스태그플레이션 상황하에 서 확대재정정책을 사용하게 되면, 총수요곡선을 AD_0에서 AD_1까지 이동(ⓑ)시킬 수 있다.

⑵ 정부의 총수요확대정책으로 경제는 E_2에 도달하게 되어 산출량을 스태그플레이션 발생 이전 수 준으로 회복시킴으로써 실업 문제를 해소할 수 있게 된다.

⑶ 수용적 정책은 실업으로 인한 사회적 비용이 인플레이션으로 인한 사회적 비용보다 상대적으로 더 크고, 경제의 조정기능이 약할 때 유력한 정책수단이 될 수 있다.

4) 불리한 공급충격과 진화 정책(extinguishing policy)

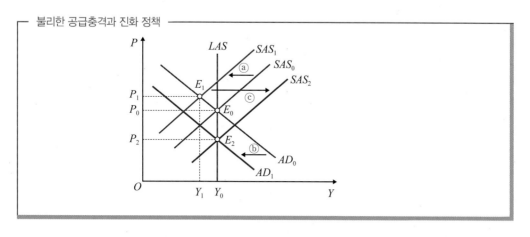

불리한 공급충격과 진화 정책

⑴ 단기 총공급곡선이 SAS_0에서 SAS_1으로 이동(ⓐ)하게 되어 나타나는 스태그플레이션 상황 하에서 정부가 긴축재정정책을 사용하게 되면, 총수요곡선을 AD_0에서 AD_1까지 이동(ⓑ)시킬 수 있다.

⑵ 동시에 기술 혁신, 생산성 향상, 노동의욕증대 및 산업구조 조정 등이 이루어지면 단기 총공급 곡선을 SAS_1에서 SAS_2까지 이동(ⓒ)시킬 수 있다.

⑶ 이 결과 최초의 산출량 수준을 회복하는 물론이고 최초의 물가수준보다 낮은 수준의 물가수준 을 유지할 수 있게 된다.

확인 TEST

경제가 장기 균형상태에 있다고 하자. 유가 충격으로 인해 석유가격이 크게 상승했다. 다음 설명 중 가장 옳지 않은 것은?

[2019, 서울시 7급]

① 단기 총공급곡선의 이동으로 인해 단기에는 스태그플레이션이 발생한다.
② 단기 균형상태에서 정부지출을 증가시키면 실질 GDP가 증가하지만 물가수준의 상승을 피할 수 없다.
③ 단기 균형상태에서 통화량을 감소시키면 물가수준이 하락하고 실질 GDP는 감소한다.
④ 생산요소 가격이 신축성을 가질 정도의 시간이 주어지면 장기 공급곡선이 이동하여 새로운 장기균형이 형성된다.

해설 ▶ • 장기 공급곡선(LAS)은 기술진보나 부존자원이 변화하는 경우에 이동하게 된다. 따라서 단기 생산요소 가격이 변화된다고 해서 장기 공급곡선(LAS)이 이동하지는 않는다. 새로운 장기 균형은 생산요소 가격이 신축성을 가질 정도의 시간이 지나 단기 총공급곡선(SAS)이 이동하여 도달하게 된다.
• 경제가 장기 균형상태에 있는 경우를 전제로 한 '$AD\text{-}AS$' 모형을 이용하여, 선택지에 나타난 상황을 그림으로 나타내면 다음과 같다.

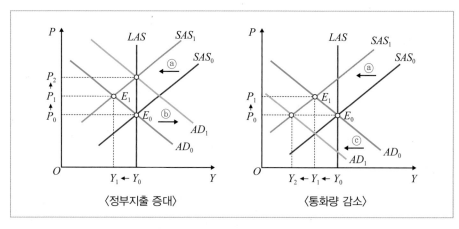

〈정부지출 증대〉 〈통화량 감소〉

① 유가 상승의 충격은 단기 총공급곡선을 왼쪽으로 이동시켜($SAS_0 \rightarrow SAS_1$: ⓐ), 이로 인한 균형수준(E_1)에서 물가는 상승($P_0 \rightarrow P_1$)하고 산출량이 감소($Y_0 \rightarrow Y_1$)하게 되는 스태그플레이션이 발생하게 된다.
② 정부지출의 증대는 총수요곡선을 오른쪽으로 이동시켜($AD_0 \rightarrow AD_1$: ⓑ), 실질 GDP를 원래 수준으로 다시 증가시킬 수 있지만($Y_1 \rightarrow Y_0$) 물가수준은 더욱 상승하게 된다($P_1 \rightarrow P_2$).
③ 통화량의 감소는 총수요곡선을 왼쪽으로 이동시켜($AD_0 \rightarrow AD_1$: ⓒ), 물가수준을 원래 수준으로 다시 하락시킬 수 있지만($P_1 \rightarrow P_0$) 실질 GDP는 더욱 감소하게 된다($Y_1 \rightarrow Y_2$).

정답 ▶ ④

❻ 수요 충격(demand shock)과 장기균형

1) 수요충격의 의미

(1) 재정·통화정책과 정책적 요인, 수출여건상의 변화와 같은 해외요인, 투자자와 소비자의 기대심리 등에 의한 경제적 충격에 의해 총수요곡선이 이동하는 경우를 수요충격이라고 한다. 이때 총수요 곡선을 오른쪽으로 이동시키는 경우를 유리한 수요충격(positive demand shock), 왼쪽으로 이동 시키는 경우를 불리한 수요충격(negative demand shock)이라 한다.

(2) 총수요곡선은 $IS-LM$ 모형에서 도출되었으므로 수요충격은 크게 IS 충격과 LM 충격으로 구분할 수 있다.

2) IS 충격의 효과

(1) IS 충격은 재정정책상의 변화는 물론이고 국민계정상 지출 측면을 구성하는 소비(C), 투자(I), 정부지출(G), 순수출(NX) 항목을 직접적으로 변경시키게 하는 모든 충격을 포괄한다. 아래에서는 불경기를 유발하는 IS 충격이 발생하여 IS곡선이 왼쪽으로 이동한 경우를 살펴본다.

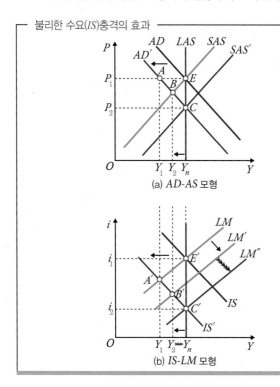

불리한 수요(IS)충격의 효과

(a) $AD-AS$ 모형

(b) $IS-LM$ 모형

불리한 수요(IS)충격이 발생하면 AD 곡선과 IS곡선이 왼쪽으로 이동한다. 이에 따라 단기균형은 B점에서 이루 어지고, 물가의 하락으로 인한 실질통 화량의 증가로 LM곡선이 오른쪽으로 이동하여 B'에서 단기 균형을 이룬다. 단기균형에서의 물가의 추가적인 하락 으로 SAS와 LM곡선 모두 오른쪽으 로 추가로 이동하여 결국 C점과 C'점 에서 장기균형이 이루어진다. 이에 따 라 명목이자율은 하락하게 된다.

(2) 불리한 수요충격이 발생하면 AD곡선과 IS곡선이 왼쪽으로 이동한다. 이에 따라 단기균형은 B점 으로 이동하는데, 물가 하락이라는 상쇄효과에 의해 생산은 Y_1이 아닌 Y_2까지만 감소한다. 한편 물가의 하락과 그에 따른 실질화폐잔고의 증가로 LM곡선이 LM'까지 이동하고 B'점에서 단기 균 형을 이루게 된다.

(3) 단기 균형에서 총수요가 Y_n보다 작기 때문에 물가가 추가적으로 더 하락하고, 이에 따라 예상물가
(P^e)도 하향 조정되므로 SAS곡선이 SAS' 곡선으로 아래쪽으로 이동하기 시작한다. 동시에 실질
화폐잔고의 증가로 LM곡선도 아래쪽으로 이동하여 총수요가 점차 증가하여, 생산은 Y_n에 도달
할 때까지 증가한다.

(4) 장기적으로 경제는 C점과 C'점의 새로운 균형에 도달하게 된다.

3) LM 충격의 효과

(1) LM곡선은 화폐시장의 균형조건을 나타내므로 LM 충격은 통화당국에 의해 통화 공급량이 변화
하는 경우나, 화폐 수요 상의 변화 등에 의해 나타난다. 아래에서는 금융시장의 불안으로 화폐수
요가 증가했을 때, LM 충격이 발생하여 LM곡선이 왼쪽으로 이동한 경우를 살펴본다.

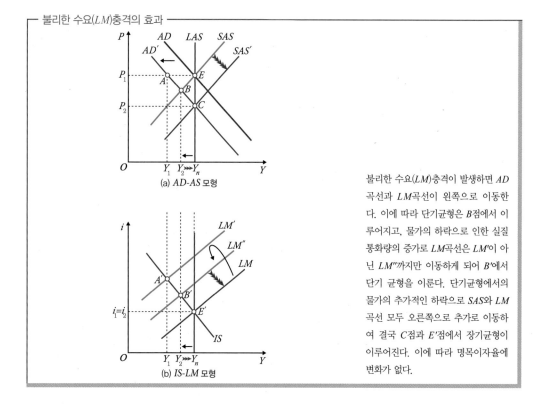

— 불리한 수요(LM)충격의 효과 —

(a) AD-AS 모형

(b) IS-LM 모형

불리한 수요(LM)충격이 발생하면 AD
곡선과 LM곡선이 왼쪽으로 이동한
다. 이에 따라 단기균형은 B점에서 이
루어지고, 물가의 하락으로 인한 실질
통화량의 증가로 LM곡선은 LM'이 아
닌 LM''까지만 이동하게 되어 B에서
단기 균형을 이룬다. 단기균형에서의
물가의 추가적인 하락으로 SAS와 LM
곡선 모두 오른쪽으로 추가로 이동하
여 결국 C점과 E'점에서 장기균형이
이루어진다. 이에 따라 명목이자율에
변화가 없다.

(2) 불리한 수요충격이 발생하면 AD곡선과 LM곡선이 왼쪽으로 이동한다. 이에 따라 단기균형은 B점
으로 이동하는데, 물가 하락이라는 상쇄효과에 의해 생산은 Y_1이 아닌 Y_2까지만 감소한다. 한편
물가의 하락과 그에 따른 실질화폐잔고의 증가로 LM곡선이 LM'까지 이동하고 B'점에서 단기균
형을 이루게 된다.

(3) 단기균형에서 총수요가 Y_n보다 작기 때문에 물가가 추가적으로 더 하락하고, 이에 따라 예상물가
(P^e)도 하향 조정되므로 SAS곡선이 SAS'곡선으로 아래쪽으로 이동하기 시작한다. 동시에 실질화
폐잔고의 증가로 LM곡선도 아래쪽으로 이동하여 총수요가 점차 증가하여, 생산은 Y_n에 도달할
때까지 증가한다.

(4) 장기적으로 경제는 C점과 E'점의 새로운 균형에 도달하게 된다.

4) IS 충격과 LM 충격의 비교

(1) **유사점**: 불리한 IS 충격과 LM 충격은 모두 생산을 감소시켜 불경기를 초래하지만, 모두 물가가 하락하는 과정을 거치면서 점차 경기가 회복되어가는 메커니즘이 존재한다.

(2) 불리한 IS 충격의 경우에는 생산 감소와 물가 하락과 함께 이자율도 하락하지만, 불리한 LM 충격의 경우에는 생산 감소와 물가 하락과 함께 이자율이 상승하게 된다.

사례 연구 | **불리한 충격과 장단기 균형**

◈ 어떤 거시경제가 〈보기〉와 같은 조건을 만족하고, 최초에 장기 균형상태에 있다고 할 때, 불리한 수요충격과 불리한 공급충격의 단기균형과 장기균형의 결과는?(단, Y는 생산량, P는 물가수준이다.)

───〈 보 기 〉───

- 장기 총공급 곡선은 $Y=1,000$에서 수직인 직선이다.
- 단기 총공급 곡선은 $P=3$에서 수평인 직선이다.
- 총수요 곡선은 수직이거나 수평이 아닌 우하향 곡선이다.

분석하기

- 주어진 〈보기〉의 조건과 선택지와 관련한 내용을 그림으로 나타내면 다음과 같다.

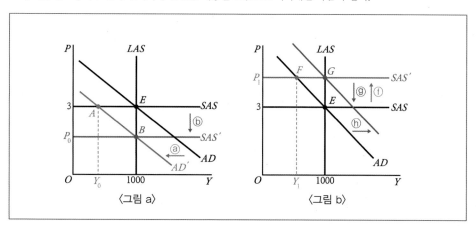

〈그림 a〉   〈그림 b〉

- 불리한 수요충격을 받을 경우에는 〈그림 a〉와 같이 AD곡선이 왼쪽으로 이동하여(ⓐ) 단기균형은 A점에서 이루어지며, 단기 산출량과 물가수준은 '$Y_0<1,000$, $P=3$'이 되고, 경기침체가 발생한다. 시간이 지남에 따라 장기에는 예상물가의 하락으로 SAS곡선이 아래쪽으로 이동하여(ⓑ) 장기 균형은 B점에서 이루며, 장기 산출량과 물가수준은 '$Y=1,000$, $P_0<3$'이 된다. 결국 불리한 수요충격으로 인한 장기 균형에서는 산출량은 불변이고, 물가수준은 하락하게 된다.
- 불리한 공급충격을 받을 경우에는 〈그림 b〉와 같이 SAS곡선이 상방으로 이동하여(ⓕ) 단기 균형은 F점에서 이루어지며, 단기 산출량과 물가수준은 '$Y_1<1,000$, $P_1>3$'이 되고, 경기침체가 발생한다. 시간이 지남에 따라 장기에는 예상물가의 하락으로 SAS곡선이 다시 아래쪽으로 이동하여(ⓖ) 장기 균형은 원래 수준인 E점을 회복하게 되어, 장기 산출량과 물가수준은 '$Y=1,000$, $P=3$'이 된다.

다음 자료의 (가)의 그림을 이용하여 단기 총공급 곡선의 기울기의 부호를 도출하고, 역시 (가)의 그림을 이용하여 명목임금 수준의 변동이 있을 때 그로 인해 단기 총공급 곡선이 이동하는 방향에 대해 설명하시오. 그리고 국민경제가 (나)에 제시된 조건을 가지고 있을 때, 수요 충격으로 국민경제의 균형이 E_1을 거쳐 E_L로 이동해 가는 조정 과정을 '총수요-총공급 그래프'와 'GDP 갭' 개념을 이용하여 분석하고, E_L의 상태와 E_0와 비교하여 평가하시오.

[2012. 교원임용]

(가) 그림은 대표적인 기업의 한계비용 곡선을 보여주고 있다. 단기에서 완전경쟁 시장안의 기업은 주어진 시장 가격 p와 한계비용이 같아지는 수준인 q^*만큼 제품을 생산해 이윤을 극대화 한다. 시장 가격이 변하게 되면 기업은 그에 맞추어 최적 생산량을 바꾼다. 또한 일정하게 주어져 있는 명목임금 수준이 바뀌게 되면 그에 따라 한계비용 곡선(MC)이 이동하게 되고 기업의 최적 생산량도 바뀌게 된다.

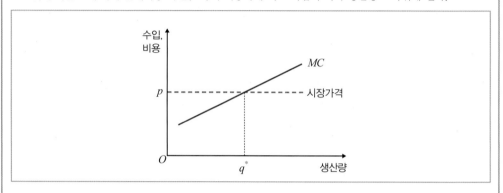

(나) 모든 생산물과 생산요소가 완전경쟁 시장에서 거래되는 어떤 폐쇄 국민경제가 있다. 이 경제에서 단기적으로 물가 P는 신축적이나 명목임금 수준 W는 경직적이다. 단기를 벗어나면 명목임금 수준의 조정이 가능하다. 즉, 단기란 명목임금 수준이 고정되어 있는 기간으로 정의된다. 현재 이 국민경제는 완전고용 국민소득 Y_F 수준에서 최초의 균형 E_0를 이루고 있다. 이제 미래 경제 상태에 대한 기업들의 전망이 악화되어 투자지출이 감소하는 수요 충격이 발생한다면, 이 충격으로 국민경제는 새로운 단기 균형 상태 E_0에 머무르지 못하고 시간이 지나면서 장기 균형점 E_L을 향해 움직여 나간다. 분석의 편의를 위하여, 이 때 국민경제 내에서 생산기술의 진보나 기업들의 자본 스톡의 변화는 없다고 가정한다.

※ 완전고용 국민소득은 한 나라 경제의 산출량이 장기적으로 수렴하는 수준으로 실업률이 완전고용 실업률에 있을 때의 산출량 수준이다. 실제 국민소득과 완전고용 국민소득 수준과의 차이를 'GDP 갭'이라 한다. 실제 국민소득이 완전고용 국민소득 수준보다 클 때 그 차이를 '인플레이션 갭', 작을 때 그 차이를 '경기 침체 갭'이라 한다.

분석하기

- 단기 총공급곡선의 기울기 : 시장가격이 상승하게 되면 대표적 기업의 이윤극대화 수준에서의 생산량은 증가하게 된다. 따라서 시장가격과 대표적 기업의 생산량 사이에는 정(+)의 관계가 성립하게 된다. 이것은 모든 상품가격을 가중평균하여 도출하는 물가수준과 단기 총공급곡선 사이에도 정(+)의 관계가 성립할 수 있음을 시사해준다. ⇒ 이 문제의 출제 의도는 잘 알겠다. 그러나 미시에서 개별기업의 공급곡선을 수평으로 합하여 시장 전체의 공급곡선을 도출하는 것과 거시에서 단기 총공급곡선의 도출과정은 엄연히 서로 다르다. 단기 총공급곡선에서의 세로축 변수는 미시에서처럼 단순히 하나의 상품의 가격이 아니라 모든 상품을 가중평균해서 구한 물가 수준이다. 본 문제는 이를 혼동하며 출제한 듯하다.

- 명목임금과 단기 총공급곡선의 이동：명목임금의 상승은 한계비용의 상승을 가져와 한계비용곡선 의 상방이동을 야기한다. 이에 따라 주어진 가격수준(출제자는 이를 물가수준으로 간주하고 있는 것으로 보임)에서 새로운 균형생산량은 감소하게 된다. 반대로 명목임금의 하락은 한계비용의 하 락을 가져와 한계비용곡선의 하방이동을 야기한다. 이에 따라 주어진 가격수준에서 새로운 균형 생산량은 증가하게 된다. 결국 명목임금의 상승은 단기 총공급곡선을 왼쪽으로 이동시키고, 명목 임금의 하락은 단기 총공급곡선을 오른쪽으로 이동시킨다.
- 수요충격과 국민 경제의 조정과정：불리한 수요충격을 전제로 다음 그림이 성립한다.

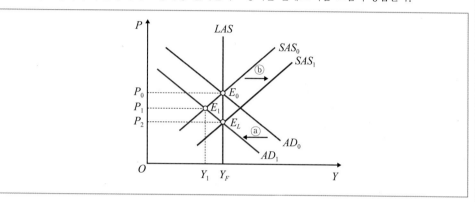

불리한 수요충격은 총수요곡선을 왼쪽으로 이동(ⓐ：$AD_0 \rightarrow AD_1$)시켜 명목임금이 고정되어 있는 단기에서의 국민 경제 균형은 E_0에서 E_1으로 이동하게 된다. 이에 따라 새로운 균형국민소득(Y_1) 은 완전고용국민소득(Y_F)보다 작게 되어 '$Y_1 Y_F$'만큼의 GDP갭(여기서는 경기침체 갭)이 발생하게 된다. 이러한 경기침체 갭으로 인하여 노동시장에서는 노동의 초과공급을 의미하는 비자발적 실 업이 발생하게 된다. 이후 단기에서 벗어나 명목임금 수준의 조정이 가능한 장기가 되면, 노동시 장에서는 노동의 초과공급을 해소하기 위해 명목임금이 하락한다. 이러한 명목임금 하락은 단기 총공급곡선을 오른쪽으로 이동(ⓑ：$SAS_0 \rightarrow SAS_1$)시켜 국민 경제 균형은 E_1에서 E_L로 이동하게 되 어 다시 완전고용국민소득 수준을 회복하게 된다. 최초의 국민 경제 균형이었던 E_0에서 불리한 수 요충격으로 인한 새로운 국민 경제 균형인 E_L을 비교하면, 결국 국민소득 수준은 완전고용국민소 득 수준과 동일($Y=Y_F$)하고 물가수준만 하락($P_0 \rightarrow P_2$)하게 된다.

❼ 기대 형성과 장기균형

1) 적응적 기대와 장기균형

(1) 통화주의자들은 재정정책은 구축효과로 인해 통화량의 증가를 수반하지 않는 한 무력하다고 생 각한다. 다만 통화정책이나 통화량의 변화를 수반하는 재정정책은 단기적으로는 효과를 가져올 수 있다. 그러나 이러한 경우에도 장기에는 효과가 사라진다.

(2) 통화량이 증가한 경우

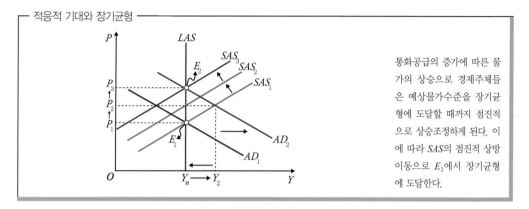

적응적 기대와 장기균형

통화공급의 증가에 따른 물가의 상승으로 경제주체들은 예상물가수준을 장기균형에 도달할 때까지 점진적으로 상승조정하게 된다. 이에 따라 SAS의 점진적 상방이동으로 E_2에서 장기균형에 도달한다.

① 통화공급의 증가는 총수요를 AD_1에서 AD_2로 증가시킨다. 이에 따라 단기적으로는 소득이 증가하고 물가는 P_1에서 P_2로 상승하게 된다.

② 물가의 상승에 따라 경제주체들은 예상물가 수준을 $P^e = P_2$로 상승 조정하며, 단기 총공급곡선은 SAS_1에서 SAS_2로 위로 이동하게 된다. 이에 따라 단기적으로 증가하였던 소득은 다시 감소하며, 실제의 물가는 더욱 상승한다.

③ 경제주체들은 다시 예상물가 수준을 상승 조정하며, 단기 총공급곡선은 다시 위로 이동하게 된다. 이러한 과정은 SAS가 LAS와 만나는 SAS_3로 상향 이동할 때까지 계속된다.

④ 결국 경제주체들은 물가 상승에 적응하게 되고 단기적으로 증가하였던 소득은 다시 장기균형소득인 Y_n으로 돌아간다.

2) 합리적 기대와 장기균형

(1) 합리적 기대론자들은 경제주체들이 자신에게 주어진 모든 정보를 효율적으로 이용하여 경제여건의 변화에 대응하므로 물가의 예상 등에 있어 체계적이고 지속적인 실수를 범하지 않는다고 가정한다. 물론 예측에 오류가 발생하기도 하지만, 경제주체들은 평균적으로 정확한 예상을 한다. 설령 이번 기의 예측에 오류를 범했다고 하더라도, 그 오류가 시정되지 않고 다음 기까지 지속되지 않는다고 한다.

(2) 예상된 통화공급의 증가가 이루어지는 경우

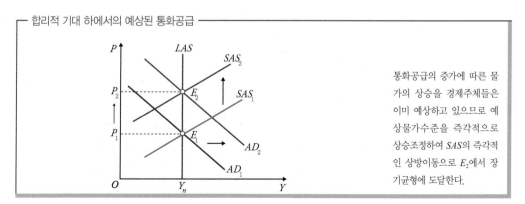

합리적 기대 하에서의 예상된 통화공급

통화공급의 증가에 따른 물가의 상승을 경제주체들은 이미 예상하고 있으므로 예상물가수준을 즉각적으로 상승조정하여 SAS의 즉각적인 상방이동으로 E_2에서 장기균형에 도달한다.

① 통화공급의 증가는 총수요를 AD_1에서 AD_2로 증가시킨다.

② 그런데 경제주체들은 통화공급의 증가로 물가가 P_1에서 P_2로 상승할 것이라는 것을 예상하고 있었기 때문에, 예상물가 수준(P^e)을 P_2로 즉각 조정하며, 단기 총공급곡선은 SAS_2로 즉각적으로 위로 이동한다.

③ 그 결과 단기적으로도 소득은 전혀 증가하지 않고 물가만 P_1에서 P_2로 상승한다. ⇒ 정책무력성의 정리 성립

확인 TEST

어느 국민경제의 단기 총공급곡선과 총수요곡선은 각각 $Y = \overline{Y} + \alpha(P - P^e)$와 $Y = 2M/P$이다. 경제주체들은 이용 가능한 모든 정보를 활용하여 합리적으로 기대를 형성한다. 이 국민경제에 대한 설명 중 옳지 않은 것은?(단, Y는 산출량, $\overline{Y}$는 자연산출량, P는 물가수준, P^e는 기대물가수준, M은 통화량이면 $\alpha > 0$가 성립함)

[2013. CPA]

① 단기 총공급곡선의 기울기는 $1/\alpha$이다.
② 예상된 물가수준의 상승은 산출량을 증가시키지 못한다.
③ 물가예상 착오(price misconception)가 커질수록 공급곡선의 기울기는 가팔라질 것이다.
④ 예상된 정부지출 증가는 물가수준을 높일 것이다.
⑤ 예상된 통화량 증가는 물가수준을 높일 것이다.

해설 ▶ 물가예상 착오가 커진다는 것은 케인스의 총공급곡선에 가까워진다는 의미이다. 따라서 그 기울기는 보다 완만해진다(③). 주어진 총공급곡선을 P로 정리하면 $P = P^e + \dfrac{1}{\alpha}(Y - \overline{Y})$이고 이때의 기울기는 $\dfrac{1}{\alpha}$이 된다(①). 물가를 정확하게 예상하게 되면 $P = P^e$가 되고, 이에 따라 $Y = \overline{Y}$가 되어 산출량은 자연산출량 수준에 머물게 된다(②). 예상된 정책은 물가수준만 높일 뿐 실제 산출량은 계속해서 자연산출량 수준에 머물게 된다(④, ⑤).

정답 ▶ ③

---

(3) 예상하지 못한 통화공급의 증가가 이루어지는 경우

─ 합리적 기대 하에서의 예상하지 못한 통화공급 ─

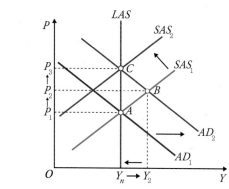

예상하지 못한 통화공급이 이루어지면 단기에서만큼은 효과가 발생한다($A \rightarrow B$). 그러나 결국 예측상의 오류가 시정되고 나면 예상물가수준을 즉각적으로 조정할 것이므로 결국 신속하게 C점에서 균형이 이루어진다.

① 통화공급의 증가는 총수요를 AD_1에서 AD_2로 증가시킨다. 이에 따라 경제는 단기적으로 경제는 A점에서 B점으로 이동할 수 있다.

② 그러나 예측상의 오류가 시정되고 나면, 경제주체들은 예상물가 수준을 즉각적으로 상향 조정하게 되고 경제는 신속하게 C점으로 이동하게 된다.

③ 결국 장기적으로는 소득의 증가 효과가 사라지게 된다. 이 경우 경제가 A점에서 B점을 거쳐 C점으로 최종적으로 옮겨가는 과정은 통화론자들과 유사하지만 그 정도는 매우 신속하면서도 급진적으로 이루어진다.

Q&A

K국의 경제가 다음과 같은 모형으로 주어져 있다.

소비: $C = 300 + 0.5(Y-T) - 300r$
투자: $I = 100 - 100r$
정부지출: $G = 100$
조세: $T = 100$
실질화폐수요: $(M/P) = 0.5Y - 200r$
화폐공급: $M = 6,300$
총공급함수: $Y = Yn + 0.5(P - P^e)$
자연산출량: $Yn = 700$
기대물가수준: P^e

현재 경제가 장기균형일때, 총수요 함수와 균형이자율 그리고 기대물가수준을 구하면?

Solution

주어진 조건에 따라 IS곡선과 LM곡선은 다음과 같이 도출된다.

IS곡선: $Y = C+I+G$이므로 IS곡선은 $Y = 300 + 0.5(Y-100) - 300r + 100 - 100r + 100$에서

$Y = 900 - 800r$ ·········①

LM곡선: $\dfrac{M_d}{P} = \dfrac{M_s}{P}$이므로 LM곡선은 $0.5Y - 200r = \dfrac{6,300}{P}$에서

$Y = \dfrac{12,600}{P} + 400r$ ·········②

따라서 ①과 ②에서 r을 소거하여 연립해서 풀면

총수요 곡선은 $Y = 300 + \dfrac{8,400}{P}$ ·········③

경제가 장기균형 상태이기 때문에 $P = P^e$이 성립한다.

따라서 $Y = Yn$ ·········④

이에 따라 $Y = 700$이 되므로 이를 ①식에 대입하면 $r = 0.25$를 구할 수 있다.

한편 ③과 ④를 연립하여 풀면 $P = 21$이 된다.

경제가 장기 균형 상태이므로 $P = P^e$에 따라

기대물가수준도 $P^e = 21$이 된다.

생산물시장과 화폐시장은 생산물에 대한 수요와 관련되며, 노동시장은 생산물의 공급과 관련되는 시장이다. 그러므로 생산물시장과 화폐시장의 동시적 균형에서 총수요곡선을, 노동시장의 균형과 총체적 생산 함수에서 총공급곡선을 도출할 수 있다.

인플레이션 이론

❶ 물가지수

1) 물가지수(price index)의 의의

(1) 물가와 물가지수

① 물가(price level) : 시장에서 거래되는 개별 상품의 가격을 경제생활에서 차지하는 중요도 등을 고려하여 가중 평균한 종합적인 가격수준을 말한다.

② 물가지수 : 물가의 움직임을 한눈에 알아볼 수 있도록 기준시점을 100으로 하여 작성되는 지수로 다음과 같이 측정된다.

$$물가지수 = \frac{비교시(t)의\ 물가수준}{기준시(0)의\ 물가수준} \times 100$$

이에 따라 기준시점의 물가지수는 100이 되고 비교시점의 물가지수가 110이라면 기준시점에 비해 물가수준이 10% 상승했음을 의미하고, 비교시점의 물가지수가 90이라면 물가가 기준시점보다 10% 하락한 것을 의미한다.

(2) 물가지수와 화폐의 구매력은 서로 역의 관계를 갖는다.

$$화폐구매력(화폐가치) = \frac{1}{물가지수} \times 100$$

> ┌─ 물가가 25% 상승하면 화폐의 구매력은 어느 방향으로 몇 % 변할까? ─┐
>
> 기준시점에는 물가지수가 100이므로 물가가 25% 상승하면 비교시점의 물가지수는 125가 된다. 이에 따라 화폐 구매력은 다음과 같이 계산된다.
>
> $$화폐의\ 구매력 = \frac{1}{물가지수} \times 100 = \frac{1}{125} \times 100 = 0.8$$
>
> 이것은 비교시점의 화폐 구매력이 기준시점의 80% 수준이라는 것을 의미한다. 따라서 비교시점의 화폐 구매력은 기준시점에 비해 20% 작아지게 된다.

2) 물가지수 산정방법

	기준년도(0)	비교년도(t)
가격(p)	p_0	p_t
거래량(q)	q_0	q_t

(1) Laspeyres 물가지수

① 기준년도 거래량(q_0)을 가중치로 해서 구하는 물가지수이다.

$$P_L = \frac{\sum P_t q_0}{\sum P_0 q_0} \times 100$$

② 생산자물가지수(PPI), 소비자물가지수(CPI)가 이에 속한다.

확인 TEST

작년에 쌀 4가마니와 옷 2벌을 소비한 영희는 올해는 쌀 3가마니와 옷 6벌을 소비하였다. 작년에 쌀 1가마니의 가격은 10만 원, 옷 1벌의 가격은 5만 원이었는데 올해는 쌀 가격이 15만 원, 옷 가격이 10만 원으로 각각 상승하였다. 우리나라의 소비자물가지수 산정방식을 적용할 때, 작년을 기준으로 한 올해의 물가지수는?

[2019, 지방직 7급]

① 120
② 160
③ 175
④ 210

해설 • 우리나라의 소비자물가지수는 기준연도 거래량을 가중치로 하는 Laspeyres 방식(P_L)으로 산정되며, 그 공식은 다음과 같다.

$$P_L = \frac{\sum (P_{비교년도} \times Q_{기준년도})}{\sum (P_{기준년도} \times Q_{기준년도})} \times 100$$

• 문제에서 기준연도는 작년이고, 비교연도는 올해이므로, 이를 전제로 앞의 공식을 이용하면 다음과 같이 올해의 물가지수가 도출된다.

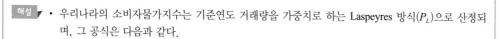

$$P_L = \frac{\sum (P_{올해} \times Q_{작년})}{\sum (P_{작년} \times Q_{작년})} \times 100 = \frac{15만\ 원 \times 4 + 10만\ 원 \times 2}{10만\ 원 \times 4 + 5만\ 원 \times 2} \times 100 = \frac{80만\ 원}{50만\ 원} \times 100 = 1.6 \times 100 = 160$$

단, 분모와 분자의 앞 부분은 쌀, 뒤 부분은 옷에 관한 자료이다.

• 앞의 결과는 작년에 비해 올해는 물가가 60%만큼 상승했다는 것을 알려 준다.

정답 ②

┌─ Laspeyres 물가지수의 한계 ─────────────────────────────────┐

Laspeyres 식에 따라 계산된 소비자 물가지수는 가계의 생계비 상승 정도를 과대평가할 우려가 있다. 왜냐하면 사람들은 어떤 품목의 가격이 다른 품목에 비해 상대적으로 상승할 경우 그 상품을 적게 소비하고 대신 상대적으로 가격이 하락한 대체재의 소비를 늘리기 때문이다. 이 경우 실제 생계비의 상승폭은 가격이 상승한 품목의 소비량이 변하지 않을 경우에 비해 작을 것이다. 그런데 Laspeyres 식을 사용하는 소비자 물가지수는 각 품목의 비중을 기준시점의 바스켓으로 고정시키기 때문에 이를 이용하여 계산된 물가상승률은 실제 생계비 증가율보다 높게 나타날 것이다.

└──┘

확인 TEST

표는 우리나라 소비자 물가지수에 관한 것이다. 이에 대한 분석 및 추론으로 옳은 것을 〈보기〉에서 모두 고르면?

[2012. 교원임용]

(기준 연도 2005년 물가지수 = 100)

품목	가중치	물가지수	
		2008년	2009년
식료품·비주료 음료	140.4	108.2	116.3
주류·담배	14.6	100.8	101.9
의복·신발	58.4	108.1	113.6
주거 및 수도·광열	170.4	109.7	110.9
·	·	·	·
합계	1000.0		
가중 평균 물가지수		109.7	112.8

— 통계청, 『물가연보』

〈 보 기 〉

ㄱ. 2009년의 소비자 물가는 2008년 대비 12.8% 상승했다.
ㄴ. 모든 품목의 기준연도 물가지수는 100으로 동일하다.
ㄷ. 각 연도의 소비자 물가지수를 산정할 때 그 연도의 품목별 가중치를 적용한다.
ㄹ. 물가 변화 시 소비자의 구매 적응 행동이 반영되지 않아 생계비 변화가 과대평가되는 경향이 있다.

① ㄱ, ㄴ   ② ㄱ, ㄷ   ③ ㄴ, ㄷ   ④ ㄴ, ㄹ   ⑤ ㄷ, ㄹ

해설 ▶ • 2009년의 물가지수인 112.8은 2008년이 아니라 기준연도인 2005년에 비해 12.8%만큼 상승했다는 것을 보여 준다(ㄱ).
• 기준연도의 물가지수는 항상 100이 된다(ㄴ).
• 소비자 물가지수는 라스파이레스 방식으로 측정한다. 이에 따라 그 연도(비교연도)가 아닌 고정된 기준연도의 품목별 가중치를 적용한다(ㄷ).
• 예컨대 물가가 상승할 때 소비자는 실제로는 그 상품의 소비량을 줄인다. 반면에 라스파이레스 방식으로 측정하는 소비자 물가지수는 여전히 기준연도의 소비량과 동일하다고 가정하므로 집계된 물가지수는 현실에 비해 과대평가되는 경향을 보이게 된다(ㄹ).

정답 ▶ ④

(2) 파쉐(Paasche) 물가지수

① 비교년도 거래량(q_t)을 가중치로 해서 구하는 물가지수이다.

$$P_P = \frac{\Sigma p_t q_t}{\Sigma p_0 q_t} \times 100$$

② GDP 디플레이터(GDP 환가지수)가 이에 해당한다.

$$GDP\text{디플레이터} = \frac{\text{명목}GDP}{\text{실질}GDP} \times 100 = \frac{\Sigma p_t q_t}{\Sigma p_0 q_t} \times 100$$

GDP 디플레이터와 소비자 물가지수가 다른 이유

1) GDP 디플레이터는 국내에서 생산된 모든 재화와 서비스의 가격이 포함되는 반면, 소비자 물가지수에는 소비자가 구입하는 일정 품목들의 가격만 포함된다. 물론 일정 품목에는 수입품도 포함된다.
2) GDP 디플레이터는 변화하는 가중치를 사용하지만 소비자 물가지수는 일정 품목을 기준으로 작성되므로 고정된 가중치를 사용한다.

확인 TEST

A국은 콩과 쌀을 국내에서 생산하고, 밀은 수입한다. GDP 디플레이터의 관점에서 A국의 물가수준 변화로 옳은 것은? (단, A국에는 콩, 쌀, 밀 세 가지 상품만 존재한다.) [2019. 국회 8급]

상품	기준연도		비교연도	
	수량	가격	수량	가격
콩	2	10	3	15
쌀	3	20	4	20
밀	4	30	5	20

① 비교연도의 물가가 13.6% 상승하였다.
② 비교연도의 물가가 12.5% 상승하였다.
③ 비교연도의 물가가 13.6% 하락하였다.
④ 비교연도의 물가가 12.5% 하락하였다.
⑤ 물가수준에 변동이 없다.

해설 • GDP 디플레이터를 집계할 때는 수입품의 가격 변화는 반영되지 않는다. 따라서 A국의 GDP 디플레이터를 집계할 때는 수입품인 밀의 가격 변화는 제외된다는 깃에 유의해야 한다.
• A국의 GDP 디플레이터에는 콩과 쌀의 가격 변화만이 반영되며, 다음과 같이 도출된다.

$$\bullet \ GDP\text{ 디플레이터} = \frac{\text{명목 }GDP}{\text{실질 }GDP} \times 100 = \frac{\sum (P_{\text{비교년도}} \times Q_{\text{비교년도}})}{\sum (P_{\text{기준년도}} \times Q_{\text{비교년도}})} \times 100 = \frac{15 \times 3 + 20 \times 4}{10 \times 3 + 20 \times 4} \times 100$$
$$= \frac{125}{110} \times 100 ≒ 113.6$$

• 이 결과는 A국의 물가수준이 비교연도에 비해 13.6%만큼 상승했음을 보여준다.

정답 ①

확인 TEST

쌀과 자동차만 생산하는 어떤 나라의 상품가격과 생산량이 다음 표와 같다. 2010년을 기준년도로 할 때 2011년과 2012년의 *GDP* 디플레이터는 각각 얼마인가?

[2015, 서울시 7급]

연도	쌀		자동차	
	가격	생산량	가격	생산량
2010년	20만 원/가마	100가마	1,000만 원/가마	2대
2011년	24만 원/가마	100가마	1,200만 원/가마	4대
2012년	30만 원/가마	200가마	1,500만 원/가마	4대

	2011년	2012년
①	83.33%	66.67%
②	120%	150%
③	150%	200%
④	180%	300%

해설 ▶ *GDP* 디플레이터는 각각의 비교년도(2011년, 2012년) 거래량을 가중치로 삼아 도출되는 파쉐 물가지수 방식으로 도출된다. 이를 각각 구하면 다음과 같다.

- GDP디플레이터$_{2011}=\dfrac{\sum P_{2011}\times Q_{2011}}{\sum P_{2010}\times Q_{2011}}=\dfrac{24\times100+1,200\times4}{20\times100+1,000\times4}\times100=\dfrac{7,200}{6,000}\times100=120$

- GDP디플레이터$_{2012}=\dfrac{\sum P_{2012}\times Q_{2012}}{\sum P_{2010}\times Q_{2012}}=\dfrac{30\times200+1,500\times4}{20\times200+1,000\times4}\times100=\dfrac{12,000}{8,000}\times100=150$

다만 선택지에서 %는 잘못이다. *GDP* 디플레이터는 100을 중심으로 변화된 크기를 의미하는 규모변수이므로 변화율을 의미하는 %로 계산하는 것은 오류이다. 예컨대 *GDP* 디플레이터가 120이면 기준시점에 비해 물가가 20%만큼 상승했다는 것을 의미하는 것이지, 120%만큼 상승했다는 것을 의미하는 것이 아니다.

정답 ▶ ②

물가지수의 유형

		생산자 물가지수(*PPI*)	소비자 물가지수(*CPI*)	*GDP* 디플레이터
대상	재화와 서비스	재화 포함 원자재·자본재 포함 [서비스 제외]	소비재 포함 「원자재·자본재 제외」 서비스 포함	최종생산물 모두 포함
	수입품	수입재화 제외 수입서비스 제외	수입재화 포함 수입서비스 포함	「수입품 제외」
	부동산	「주택 임대료·신규주택 가격 제외」	주택임대료 포함 「신규주택가격 제외」	주택임대료 포함 신규주택가격 포함
계산방법		Laspeyres 지수	Laspeyres 지수	Paasche 지수

박철순 선수와 이승엽 선수 중 누가 더 많은 연봉을 받았을까?

"현재 최고의 프로 스포츠로 인정받고 있는 프로야구 원년(1982년)최고의 스타는 22연승 불멸의 기록을 세우고 OB베어스(두산베어스의 전신)프로야구 원년 코리안 시리즈 우승의 일등 공신이었던 박철순 선수였다. 그때 박 선수는 계약금 2,400만 원, 연봉 1,200만 원을 받았다. 그 후 1995년 아시아 홈런 최고 기록 보유자인 국민타자 이승엽 선수는 계약금 1억 4,200만 원, 연봉 2,000만 원을 받았다. 누가 더 많은 연봉을 받은 것일까?"

1973년 S 기업의 대졸 초임은 3만 3,000원 정도였다고 한다. 그런데 2011년 같은 S 기업의 대졸 초임은 약 300만 원 수준이다. 이러한 임금을 단순 비교한다면 28년 사이에 거의 90배 이상 증가한 것이다. 그렇다면 생활수준도 그러한 것일까? 정답은 '아니다'이다. 왜 그럴까? 이제 그 이유를 살펴보자.

우리는 물가수준(price level)이 지속적으로 상승하는 현상을 인플레이션(inflation)이라고 한다. 그리고 이러한 인플레이션이 진행됨에 따라 화폐 구매력은 반대로 떨어지게 된다. 따라서 생활수준의 향상 정도는 같은 기간 동안의 인플레이션 상승률에 달려있다. 여기서 인플레이션율은 전년 대비 물가지수의 상승률을 의미하는데, 이때 가장 일반적으로 사용되는 물가지수는 소비자 물가지수(consumer price index)이다. 그런데 1973년에 비해 2011년의 소비자 물가지수는 상당히 높은 수준이므로 산술적으로 S기업의 임금은 90배 이상 증가했음에도 불구하고 구매력으로 환산한 생활수준은 그보다 낮을 것이 자명하다.

이제 박 선수와 이 선수의 연봉을 비교해 보자. 양 선수의 소득을 비교하기 위해서는 화폐로 표시되는 명목 연봉을 단순 비교해서는 안 된다. 두 기간 동안에 나타난 물가수준을 반영하여 실질 연봉을 비교해야 하는 것이다. 즉 1995년의 이 선수의 연봉을 1982년 수준으로 변화하여 비교하든지, 아니면 1982년의 박 선수의 연봉을 1995년 수준으로 바꿔서 비교해야 한다. 그 방법은 다음과 같이 두 가지가 있다.

- 박철순 선수의 연봉 vs 이승엽 선수의 연봉 $\times \left(\dfrac{1982년\ 물가지수}{1995년\ 물가지수} \right)$
- 이승엽 선수의 연봉 vs 박철순 선수의 연봉 $\times \left(\dfrac{1995년\ 물가지수}{1982년\ 물가지수} \right)$

그런데 1995년을 기준년도(물가지수=100)로 한 1982년의 물가지수는 52.5이다. 이를 기초로 앞의 두 가지 방법으로 실질 연봉을 비교해 보면 다음과 같다.

- 1,200만 원 vs 2,000만 원 $\times \left(\dfrac{52.5}{100} \right) =$ 2,000만 원 $\times$ 0.525 = 1,050만 원
- 2,000만 원 vs 1,200만 원 $\times \dfrac{100}{52.5} =$ 1,200만 원 $\times$ 1.91 = 2,285만 원

위 결과를 보면 박철순 선수가 이승엽 선수보다 연봉에 있어서는 실질적으로 더 높은 대우를 받았다는 것을 알 수 있다. 다만 이승엽 선수의 계약금을 1982년도로 환산해도 7,455만 원에 해당하므로 박철순 선수에 비해 훨씬 높은 대우를 받았다.

참고로 같은 1995년의 '무등산 폭격기' 선동렬 선수의 연봉은 1억 3,000만 원이었다. 같은 방법으로 박철순 선수와 선동렬 선수의 연봉을 비교해보라!

A라는 사람의 2001년 연봉은 6천만 원이었고, 2010년에는 8천만 원의 연봉을 받았다. 소비자물가지수는 2001년에는 177이었고, 2010에는 221.25였다고 하자. A의 2010년 연봉을 2001년 가치로 계산했을 때 다음 설명 중 옳은 것은?

[2010, 국회 8급]

① 연봉은 7천만 원이며, 2001년과 2010년 동안 A의 구매력은 증가했다.
② 연봉은 4천 5백만 원이며, 2001년과 2010년 동안 A의 구매력은 감소했다.
③ 연봉은 6천 4백만 원이며, 2001년과 2010년 동안 A의 구매력은 증가했다.
④ 연봉은 7천 5백만 원이며, 2001년과 2010년 동안 A의 구매력은 증가했다.
⑤ 연봉은 6천만 원이며, 2001년과 2010년 동안 A의 구매력에는 아무 변화가 없다.

해설 ▶ 비교년도(2010년)의 명목소득을 기준년도(2001년)의 실질소득으로 환산하는 방법은 다음과 같다.

$$\text{비교년도(2010년)연봉} \times \frac{\text{기준년도(2001년)물가지수}}{\text{비교년도(2010년)물가지수}}$$

이에 따라 2001년의 가치로 계산한 2010년의 연봉은 다음과 같이 계산된다.

$$\rightarrow \text{8천만 원} \times \frac{177}{221.25} = \text{6천 4백만 원이 된다.}$$

한편 기준년도(2001년)의 명목임금은 실질임금과 같다. 따라서 2001년의 실질연봉은 6천만 원이 된다. 이에 따라 2001년과 2010년 동안 A의 구매력은 약 6.7% 정도 증가한 것이다. 참고로 기준년도(2001년)의 명목소득을 비교년도(2010년)의 실질소득으로 환산하는 방법은 다음과 같다.

$$\text{기준년도(2001년)연봉} \times \frac{\text{비교년도(2010년)물가지수}}{\text{기준년도(2001년)물가지수}}$$

이에 따라 2010년의 가치로 계산한 2001년의 연봉은 다음과 같이 계산된다.

$$\rightarrow \text{6천만 원} \times \frac{221.25}{177} = \text{7천 5백만 원이 된다.}$$

정답 ▶ ③

❷ 지수와 생활수준의 평가

1) 의의

(1) **생활수준 평가**: 과거에 비해서 현재의 생활수준이 개선되었는지 여부를 알려면 거래량과 가격의 변화를 측정해서 도출된 결과를 평가해야 한다.

(2) **측정방법**

① **수량지수로 측정**: 가격이 불변함을 가정하고 거래량이 늘어날수록 생활수준이 개선된다고 판단한다.

② **명목소득증가율과 물가상승률로 측정**: 가격변화를 고려하여 명목소득이 물가보다 크게 오르면 생활수준이 개선된다고 판단한다.

2) 수량지수에 의한 평가

(1) **의미**: 소비량 변화는 수량지수로 측정하는데 여기에는 Laspeyres 수량지수와 Paasche 수량지수가 있다. 전자는 기준년도의 가격(P_0), 후자는 비교년도의 가격(P_t)을 기준으로 한다.

$$\text{Laspeyres 수량지수} = \frac{\sum P_0 Q_t}{\sum P_0 Q_0} \qquad \text{Paasche 수량지수} = \frac{\sum P_t Q_t}{\sum P_t Q_0}$$

(2) **생활수준의 평가**

① 상품이 X, Y, Z뿐이라고 가정하고 2019년과 2020년의 가격과 수량에 대한 자료가 다음과 같다고 하자.

구분	2019년(기준년도 : 0)		2020년(비교년도 : t)	
	가격(P)	수량(Q)	가격(P)	수량(Q)
X재	50	200	100	200
Y재	150	200	120	250
Z재	100	250	200	200

② Laspeyres 수량지수 $= \dfrac{\sum P_{2019} Q_{2020}}{\sum P_{2019} Q_{2019}}$

$$= \frac{50 \times 200 + 150 \times 250 + 100 \times 200}{50 \times 200 + 150 \times 200 + 100 \times 250} = \frac{67,500}{65,000} = 1.04 > 1$$

③ Paasche 수량지수 $= \dfrac{\sum P_{2020} Q_{2020}}{\sum P_{2020} Q_{2019}}$

$$= \frac{100 \times 200 + 120 \times 250 + 200 \times 200}{100 \times 200 + 120 \times 200 + 200 \times 250} = \frac{90,000}{94,000} = 0.96 < 1$$

④ Laspeyres 수량지수에 의하면 생활수준개선, Paasche 수량지수에 의하면 생활수준 악화로 측정된다. 이는 같은 경우라도 측정방법에 따라 서로 다른 평가가 나올 수 있음을 보여준다.

3) 가격지수에 의한 평가

(1) **의미** : 가격지수의 변화를 통한 생활수준의 개선 여부는 다음을 통해 알 수 있다.

> 명목소득 증가율(Y) > 물가상승률(P) ⇒ 생활수준개선
> 명목소득 증가율(Y) < 물가상승률(P) ⇒ 생활수준악화

소비자 물가지수는 기준시 거래량(Q_0)을 가중치로 해서 구하는 물가지수인 Laspeyres 물가지수에 의해 측정된다.

$$P_L = \frac{\sum P_t Q_0}{\sum P_0 Q_0} \times 100$$

(2) **생활수준의 평가**

① 상품이 X, Y, Z뿐이라고 가정하고 2019년과 2020년의 가격과 수량에 대한 자료가 다음과 같다고 하자.

구분	2019년(기준년도 : 0)		2020년(비교년도 : t)	
	가격(P)	수량(Q)	가격(P)	수량(Q)
X재	50	200	100	200
Y재	150	200	120	250
Z재	100	250	200	200

② 명목소득증가율(Y) $= \dfrac{\sum P_{2020} Q_{2020}}{\sum P_{2019} Q_{2019}}$

$$= \frac{100 \times 200 + 120 \times 250 + 200 \times 200}{50 \times 200 + 150 \times 200 + 100 \times 250} = \frac{90,000}{65,000} = 1.38$$

③ 물가상승률(P) $= \dfrac{\sum P_{2020} Q_{2019}}{\sum P_{2019} Q_{2019}}$

$$= \frac{100 \times 200 + 120 \times 200 + 200 \times 250}{50 \times 200 + 150 \times 200 + 100 \times 250} = \frac{106,000}{65,000} = 1.63$$

④ 측정결과를 비교해보면

명목소득증가율$\left(\dfrac{90,000}{65,000} = 1.38 \right)$ < 물가상승률$\left(\dfrac{106,000}{65,000} = 1.63 \right)$이 성립되므로 생활수준이 악화되었다고 평가할 수 있다.

수량지수는 평균 소비 물량을 나타내주는 지수이다. 자주 사용되는 수량지수로는 라스파이레스 수량지수와 파셰 수량지수가 있다. 다음 설명 중 가장 적절하지 못한 것은?

[2002, 입시]

① 파셰 수량지수는 비교년도의 가격을 가중치로 사용하여 평균소비물량을 계산한다.
② 라스파이레스 수량지수는 기준년도의 가격을 가중치로 사용하여 평균소비물량을 계산한다.
③ 라스파이레스 수량지수는 1보다 작고, 파셰 수량지수는 1보다 큰 경우 소비자의 선호는 일관성이 없다.
④ 파셰 수량지수와 라스파이레스 수량지수가 모두 1보다 큰 경우, 기준년도에 비해 비교년도의 후생수준이 증가했음을 의미한다.
⑤ 라스파이레스 수량지수가 1보다 크고, 파셰 수량지수가 1보다 작은 경우 기준년도에 비해 비교년도의 후생수준이 증가했음을 의미한다.

해설 라스파이레스 수량지수는 기준년도 가격(P_0)을 가중치로, 파셰 수량지수는 비교년도 가격(P_t)을 가중치로 사용하여 다음과 같은 방법으로 측정한다.

$$Q_L = \frac{\sum P_0 Q_t}{\sum P_0 Q_0}, \ Q_p = \frac{\sum P_t Q_t}{\sum P_t Q_0}$$

이렇게 측정된 수량지수가 1보다 크면 기준년도에 비해 생활수준이 개선되었다고 평가할 수 있다. 그런데 동일한 자료를 가지고서도 두 수량지수의 크기가 다른 값을 가질 수도 있다. 즉 라스파이레스 수량지수는 1보다 크게, 파셰 수량지수는 1보다 작게 측정될 수도 있다. 이러한 경우에는 기준년도에 비교한 생활수준에 대한 평가가 불가능해진다.

정답 ⑤

❸ 인플레이션

1) 인플레이션의 의의

(1) 의미

① 물가수준이 전반적으로 상승하는 현상을 말한다.

$$\pi_t = \frac{P_t - P_{t-1}}{P_{t-1}}$$

여기서 π_t : 인플레이션율, P_t : t기의 물가지수, P_{t-1} : $(t-1)$기의 물가지수

② AD곡선과 AS곡선의 교차점이 종전보다 높아지는 것을 말한다.

(2) 소비자 물가지수와 생활 물가지수(체감 물가 : 장바구니 물가)

① **소비자 물가지수** : 기업과 가계 사이에서 거래되는 489개의 재화와 서비스를 중요도에 따른 가중 평균을 통하여 산출하는 지수이다.

② 생활물가지수 : 일상생활에 필요 불가결한 154개의 재화와 서비스를 중심으로 산출하는 지수이다.

③ 양자의 괴리 이유 : 가격이 오른 상품과 하락한 상품이 있을 때, 소비자는 주로 가격이 오른 상품을 중심으로 물가 변동을 느끼는 경향이 있고, 소비의 고급화, 생활수준의 향상으로 인한 소비 지출 증가를 물가 상승과 혼동하는 경우도 있을 수 있다.

임금, 원유가 및 공공요금이 국내물가에 미치는 영향

임금, 원유가 및 공공요금 등의 인상은 상품의 원가상승을 통하여 국내물가에 영향을 미치게 되는데, 산업연관모형을 이용하여 파급효과의 크기를 측정해 볼 수 있다. 산업연관모형에 의해 측정된 결과는 기업의 생산성 향상을 통한 원가상승요인 흡수, 경쟁상황 및 정부의 가격 규제 등을 감안하지 않은 최대 변동압력이다.

※ 산업연관표에 의한 물가파급효과 계측결과

구분	소비자 물가	생산자 물가
임금 10% 상승	3.03% 상승	2.78% 상승
원유가 10% 상승	0.37% 상승	0.61% 상승
공공요금 10% 상승	1.94% 상승	1.82% 상승

다양한 인플레이션 유형

1. 수요이동 인플레이션(Schulz) : 가격이 하방경직적이라고 가정할 경우 총수요의 크기 자체는 변화가 없으나 수요의 구성항목이 바뀜으로써 수요가 한 부문에 집중되어 나타나는 현상을 말한다.
2. 초(hyper) 인플레이션 : 물가상승이 급격히 나타나 화폐가 그 기능을 상실할 정도인 경우를 말한다. 제1차 세계 대전 직후의 독일에서 나타난 것이 대표적인 예이다.
3. 진정 인플레이션(Keynes) : 완전고용상태에서 수요의 증가로 발생하는 물가상승 현상을 말한다.
4. 억압형(잠재적) 인플레이션 : 물가상승 요인이 있으나 정부의 통제로 실제 물가상승이 나타나지 않는 경우를 말한다.
5. 근원인플레이션(underlying inflation, core inflation) : 예상치 못한 일시적 외부충격(석유파동, 이상기후, 제도 변화 등)에 의한 물가 변동분을 제거하고 난 후의 물가상승률을 말한다. 우리나라의 경우에는 소비자 물가에서 곡물 이외의 농산물과 석유류의 가격 변동분을 제외하여 측정한다.

우리나라의 물가상승률

(단위:%, 2000년 기준)

연도	2000	2001	2002	2003	2004	2005
GDP 디플레이터 상승률	0.7	3.5	2.8	2.7	2.7	-0.2
생산자 물가 상승률	2.0	-0.5	-0.3	2.2	6.1	2.1
소비자 물가 상승률	2.3	4.1	2.7	3.6	3.6	2.7
근원 인플레이션율	1.9	3.6	3.0	3.1	2.9	2.3

☞ 소비자 물가지수와 GDP디플레이터가 다른 이유는 무엇인가?

GDP 디플레이터에는 국내에서 생산된 모든 재화와 서비스의 가격이 포함된 반면, 소비자 물가지수에는 소비자가 구입하는 일정 품목들의 가격만 포함되기 때문이다.

2) 인플레이션의 원인과 대책

유형	수요견인 인플레이션		비용인상 인플레이션	
이론	화폐수량설	Keynes 이론	임금인상설	이윤인상설
원인	I. Fisher의 교환방정식, 캠브리지학파의 현금잔고수량설, M. Friedman의 신화폐수량설에 의하면 통화량의 증가에 의해서 물가가 상승한다고 한다. $$\frac{\Delta M}{M}+\frac{\Delta V}{V}=\frac{\Delta P}{P}+\frac{\Delta Y}{Y}$$	Keynes의 유효수요론에 의해서 총수요$(C+I+G+X)$가 총공급$(C+S+T+M)$을 초과하면 인플레이션이 발생한다.	강력한 노동조합이 단체교섭으로 임금률을 인상하면 생산비의 상승으로 제품 가격이 상승하게 되어 인플레이션이 일어난다. 이 이론은 기업가 옹호론이다. 노동비용증가율 = 명목임금 상승률 − 노동생산성 증가율	독과점업체들이 이윤증대를 위하여 제품가격을 인상하기 때문에 인플레이션이 일어난다. 이 이론은 노동조합의 옹호론이다.
결과	인플레이션(물가상승, 소득증가) 		Stagflation(물가상승, 소득감소) 	
대책	통화량 감소의 긴축총수요 관리정책 ⇒k%준칙주의(통화주의) 합리적 기대론자들은 총수요관리정책의 무용론을, 그리고 공급측 경제학은 조세인하에 의한 생산성향상을 주장한다.	재정지출 감소의 긴축총수요관리정책	임금인상률은 생산성 상승률과 일치시키는 소득정책	독과점기업의 가격통제정책

사례 연구 **통화량과 인플레이션**

◈ "인플레이션은 언제, 어디서나 화폐적 현상이다."이라는 프리드먼(M. Friedman)의 견해를 통해 고전학파가 주장하는 화폐의 중립성을 설명하면?

분석하기

• 고전학파의 이분법에 의하면 산출량과 같은 실질변수는 화폐와 무관하게 실물시장에서 결정되고, 물가와 같은 명목변수는 화폐시장에서 결정된다. 이에 따라 실물시장은 '세의 법칙(Say' Law : 세이의 법칙)', 화폐시장은 '화폐수량설'이라는 서로 다른 원리에 의해 작동된다. 결국 화폐시장에서의 통화량 변화는 물가와 같은 명목변수에만 영향을 미칠 뿐, 산출량과 같은 실질변수에는 전혀 영향을 미치지 못한다는 화폐의 중립성이 성립하게 된다.

• 현재 장단기 동시균형이 달성되고 있다고 가정하자.

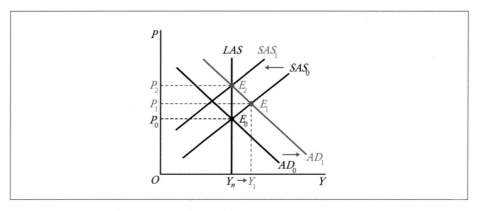

만약 통화량이 증가하면 이자율이 하락하고, 이에 따라 투자증가로 총수요가 증가하게 된다. 이러한 총수요 증가로 단기적으로 균형은 E_0에서 E_1으로 이동하여 산출량 증가($Y_n \rightarrow Y_1$)와 물가 상승($P_0 \rightarrow P_1$)을 가져온다. 그런데 Y_1이라는 산출량은 자연산출량(Y_n) 수준을 넘게 되어, 경제주체들의 예상물가(P^e)가 상승하여 단기총공급곡선(SAS)이 좌상방으로 이동하게 된다. 결국 장기에는 E_2에서 균형을 이루게 된다. 이것은 인플레이션의 원인이 통화량의 증가에 있음을 보여 준다. 결국 장기적으로 통화량의 증가는 산출량과 같은 실질변수에는 영향을 주지 못하고, 물가와 같은 명목변수에만 영향을 주고 있음을 확인할 수 있다($\Rightarrow$ 화폐의 중립성).

확인 TEST

다음의 인플레이션 요인들 중 그 성격이 다른 것은?

[2009, 국회 8급]

① 경기침체를 해소하기 위한 경기부양책으로 통화 공급량을 대폭 증가시켰다.
② 세계 경제의 성장으로 세계 원자재에 대한 수요가 크게 증가하고 있다.
③ 중국과 인도 등의 경제성장으로 우리나라의 수출이 크게 증가하였다.
④ 사회간접자본 확충을 위한 통신망 구축사업이 시행되었다.
⑤ 기업이 대규모 해외자본을 유치하여 투자를 확대하였다.

해설 세계 원자재에 대한 수요가 증가하게 되면 세계 원자재 가격의 상승으로 기업의 공급능력의 감소로 총공급이 감소한다. 이로 인해 비용 인상 인플레이션이 발생할 수 있다. 한편 통화 공급량 증가와 수출의 증가, 사회간접자본 확충 등의 투자 확대는 총수요를 증가시켜 수요 견인 인플레이션을 야기시킨다.

정답 ②

---

3) 인플레이션의 영향

(1) 상대가격구조의 변동 여부

① **동일한 비율로 상승**: 실물에 대한 화폐 및 금융자산의 가치가 하락한다.

② **상이한 비율로 상승**: 실물에 대한 화폐 및 금융자산의 가치가 하락하고, 실물사이의 상대가치가 변동한다.

(2) 인플레이션에 대한 예상 여부

예상된 인플레이션(anticipated inflation)	예상치 못한 인플레이션
① 인플레이션이 예상되면 채권자로부터 채무자에게로 부와 소득이 재분배되지 않는다. 왜냐하면 이 경우에 채권자와 채무자는 그 몫만큼을 명목 이자율에 반영하여 실질이자율을 일정하게 유지하기 때문이다. • 피셔효과 : 명목이자율＝실질이자율＋예상인플레이션율 ② 예상된 인플레이션이 진행되면 메뉴판을 바꾸는데 따르는 '메뉴비용'과 화폐를 적게 보유하면서 은행을 자주 드나드는 데 따라 발생하는 '구두창비용' 그리고 계산단위비용 등이 들지만 이 비용들은 그리 크지 않을 수 있다.	① 예상치 못한 인플레이션이 발생하면 금융자산(현금, 예금, 공채, 어음 등)의 실질가치가 하락하므로 금융자산을 가진 채권자는 손해를 보고, 개인이나 은행으로부터 돈을 빌린 채무자는 이득을 얻게 된다. ② 화폐자산 보유자는 불리하고, 실물자산 보유자는 유리하게 부가 재분배된다. ③ 수출가격경쟁력의 저하로 수출이 감소되고 수입이 증가하여 경상수지가 악화된다.

─ 예상된 인플레이션의 비용 ─

1. 인플레이션이 예상될 경우 사람들은 가능한 한 현금을 보유하지 않고 예금 비중을 늘리려고 할 것이다. 이 경우 현금을 지출할 필요가 있을 때마다 더 자주 은행을 찾아야 하며, 끊임없이 현금과 예금의 포트폴리오 구성을 조절해야 한다. 은행을 자주 방문하거나 포트폴리오 구성을 바꾸는 것도 일종의 비용인데 이를 흔히 신발이 닳아서 발생하는 비용(shoe leather costs : 구두창 비용)이라 한다.
2. 앞으로의 인플레이션을 경제활동에 반영하는 과정에서도 비용이 발생할 수 있다. 예를 들어 인플레이션을 세율이나 임금인상에 반영하기 위한 행정적－사무적 절차 등이 모두 사회적 비용에 해당한다.
3. 기업과 상인들은 물가상승에 맞추어 가격표를 자주 바꾸어야 한다. 이와 같이 가격변화에 대한 정보수집과 가격표를 교체할 때에도 비용(menu costs : 메뉴비용)이 발생한다.

─ 예상하지 못한 인플레이션의 비용 ─

1. 인플레이션은 채무의 실질가치를 떨어뜨리므로 채권자로부터 채무자로 부(富)의 이전이 일어난다. 이에 따라 돈을 빌릴수록 채무자 유리해지므로 경제가 과도한 채무의존형으로 바뀌고 기업들은 외형확대 위주의 경영행태를 보이게 될 위험이 있다.
2. 인플레이션이 만연하고 변동성이 클수록 미래에 대한 불확실성이 커지면서 경제활동이 위축된다. 이러한 불확실성은 경제주체들의 의사결정이나 경제활동이 단기적 관점(short-termism)에서 이루어지도록 한다.
3. 인플레이션은 상품 간의 상대가격을 왜곡시켜 자원배분의 효율성을 저해한다. 모든 경제주체들이 인플레이션을 완벽히 예측할 경우 상대가격은 변하지 않는다. 그러나 예상하지 못한 인플레이션이 발생하면 경제주체들이 서로 다른 인플레이션 기대를 가지게 되므로 상대가격의 왜곡 가능성이 높아지게 된다.

확인 TEST

은행에 100만 원을 예금하고 1년 후 105만 원을 받으며, 같은 기간 중 소비자 물가지수가 100에서 102로 상승할 경우 명목이자율과 실질이자율은?

[2015, 국가직 7급]

	명목이자율	실질이자율
①	2%	5%
②	3%	5%
③	5%	2%
④	5%	3%

해설 ▶ 은행에서 지급하는 이자율은 이자율을 화폐로 표시하는 명목이자율(i)이다. 그러므로 은행에 100만 원을 예금하고 1년 후 105만 원을 받았으므로 명목이자율은 5%이다. 소비자 물가지수가 100에서 102로 상승할 경우에는 기준년도에 비해 물가상승률(π^e)이 2%만큼 상승한 것이다. 따라서 실질이자율을 r이라고 한다면 $i=r+\pi$인 피셔효과에 따라 $r=i-\pi^e$에서 실질이자율은 3%가 된다.

정답 ▶ ④

확인 TEST

인플레이션은 사전에 예상된 부분과 예상하지 못한 부분으로 구분할 수 있다. 그리고 예상하지 못한 인플레이션은 여러 가지 경로로 사회에 부정적 영향을 미친다. 예상하지 못한 인플레이션으로 인한 부정적 영향에 대한 설명으로 가장 옳지 않은 것은?

[2019, 서울시 공개경쟁 7급]

① 투기가 성행하게 된다.
② 소득재분배 효과가 발생한다.
③ 피셔(Fisher) 가설이 성립하게 된다.
④ 장기계약이 만들어지기 어렵게 된다.

해설 ▶
• 예상하지 못한 인플레이션은 오히려 이를 역이용하기 위한 투기행위를 조장하고, 미래의 물가를 정확히 예측하지 못하는 이유로 장기계약에 나서는 것을 꺼리게 만든다.
• 예상하지 못한 인플레이션은 채권자에게 불리한 소득 재분배를 초래한다.
• 만약 인플레이션을 예상하면 채권자는 원하는 실질이자율을 확보하기 위하여 실질이자율에 예상 인플레이션율만큼 더한 명목이자율을 요구함으로써 인플레이션으로 인한 손실을 막을 수 있다. 이것이 곧 '피셔 가설'이다.

정답 ▶ ③

─ 강제저축(forced savings) ─

정부가 100억 원짜리 생산시설을 마련하려 할 때, 중앙은행으로부터 100억 원을 차입해서 자금을 마련할 수도 있다. 정부가 100억 원을 지출해서 물가가 예컨대 1% 상승했다고 하자. 그러면 소비자들은 1%만큼 구매력을 상실하게 된다. 이는 마치 100억 원짜리 투자 계획을 위한 자금을 소비자들로부터 1%씩 강제로 징수하여 마련한 것과 같다. 그래서 강제저축 또는 인플레이션에 의한 재원조달방식(inflationary financing)이라고 한다.

— 헤드라인 인플레이션과 핵심 인플레이션 ————

헤드라인 인플레이션이란 소비자 물가지수 자체의 변화율을 의미하며, 핵심 인플레이션은 소비자 물가지수 바스켓으로부터 가격변동이 심한 상품들을 제외한 물가지수의 변화율을 의미한다. 중앙은행은 에너지와 식료품을 제외한 핵심 인플레이션에만 관심을 기울이는 반면, 노동자들은 자신들에게 직접적인 영향을 주는 헤드라인 인플레이션에 관심을 기울이며 반응한다. 중앙은행이 헤드라인 인플레이션을 잡지 못한다면 완만한 기울기를 가진 필립스곡선 상황에서 막대한 비용을 지불해야 할 것이다.

— 인플레이션 조세(inflation tax) ————

물가와 명목소득이 동일한 비율로 상승하여 실질소득이 불변이라고 하더라도 누진세 제도 하에서는 명목소득에 조세를 부과하므로 국민들의 조세부담이 증가하게 된다. 이러한 조세를 인플레이션 조세라고 한다. 이러한 인플레이션 조세는 경기가 너무 과열되는 것을 막아주는 자동안정화 장치로서의 역할을 한다.

 인플레이션은 이자율에 어떤 영향을 줄까?

다음과 같은 대화를 살펴보자.

병철: 기웅아! 급해서 그런데 250만 원만 빌려 줄래? 그러면 1년 후에 275만 원으로 갚을 게!
기웅: 그러지 말고 지금 쌀 1가마에 25만 원이니까 쌀 10가마를 빌려줄 테니 1년 후에 쌀 11가마로 갚는 게 어때?

결국 두 사람은 기웅이의 제안대로 거래를 하기로 했다. 과연 1년 후에 누가 미소를 짓게 될까?

이자율에는 명목이자율(nominal interest rate)과 실질이자율(real interest rate)이 있다. 이 두 가지의 이자율을 구분해주는 역할을 하는 것이 인플레이션이다. 아침에 신문 사이에 끼여 들어오는 은행 광고지의 '전국 최고의 연 6% 이자율 보장'이라는 광고 문구의 6%가 바로 명목이자율이다. 이에 따라 1억 원을 예치하면 1년 후에는 1억 6백만 원의 원리금이 발생하며, 명목적으로 6%만큼의 화폐소득이 증가한다.

그러나 중요한 것은 증가한 화폐 양 자체가 아니라 그 화폐를 가지고 재화와 서비스를 구입할 수 있는 능력, 화폐의 구매력(purchasing power)이다. 만약 같은 기간 동안 인플레이션율이 8%라면 비록 명목이자율이 6%라고 하더라도 구매력은 오히려 2%만큼 감소하는 결과를 초래하게 되는 것이다. 이때의 감소한 2%의 이자율이 실질이자율이다. 결국 명목이자율은 주어진 기간 동안 화폐소득이 얼마만큼 증가하는가를 알려주는 반면에 실질이자율은 주어진 기간 동안 구매력이 얼마만큼 증가하는가를 보여주는 것이다.

그렇다면 명목이자율과 실질이자율은 구체적으로 어떤 관계를 맺고 있을까? 앞의 예를 통해 살펴보자.

병철이의 제안 속에는 명목이자율 개념이 나타나 있다. 그리고 그 이자율은 다음과 같이 계산된다.

$$명목이자율 = \frac{25만\ 원}{250만\ 원} = 0.1 = 10\%$$

기웅이의 제안 속에는 실질이자율 개념이 나타나 있다. 그리고 그 이자율은 다음과 같이 계산된다.

$$실질이자율 = \frac{1가마}{10가마} = 0.1 = 10\%$$

이 결과에 따르면 명목이자율과 실질이자율이 같게 도출된다. 그러나 이 결과는 쌀 가격이 변화가 없다는 전제하에서만 성립한다. 만약 1년 사이에 쌀 가격이 상승하면 그 의미는 달라지게 된다. 이제 1년 후에 쌀 1가마의 가격이 25만 원에서 27만 5천 원으로 10% 올랐다고 가정해보자. 물론 이 경우에도 기웅이의 제안대로 한다면 기웅이는 계속해서 10%의 이자를 얻을 수 있다. 그러나 병철이의 제안대로 한다면 실질이자는 더 이상 발생하지 않는다. 왜냐하면 1년 후에 돌려받은 275만 원을 가지고서는 쌀을 이전처럼 10가마밖에는 구입할 수 없기 때문이다. 이처럼 인플레이션이 진행되면 실질이자율은 명목이자율에서 인플레이션율을 뺀 나머지 값이 되는 것이다.

$$실질이자율 = 명목이자율 - 인플레이션율$$

이제 앞의 문제에 대한 답을 구해보자.

우선 1년 사이에 쌀 가격의 변화가 없었다면 두 사람 중 어떤 사람의 제안대로 거래를 한다고 하더라도 두 사람은 똑같은 입장일 것이다. 왜냐하면 명목이자율이나 실질이자율이나 똑같기 때문이다.

둘째, 1년 사이에 쌀 가격이 상승하면 병철이는 상대적으로 불리해질 것이다. 왜냐하면 병철이가 빌린 쌀을 갚기 위해 쌀 11가마를 사기 위해서는 275만 원보다 더 많은 금액이 필요해지기 때문이다. 만약 쌀 가격이 1가마에 26만 원으로 비싸졌다면 11가마의 쌀을 사기 위해서는 286만 원이 필요하게 된다. 반대로 당연히 기웅이는 병철이의 제안대로 거래하지 않은 것에 대해 안도할 것이다. 병철이의 제안대로 거래를 해서 275만 원을 받아도 25만 원보다 비싸진 쌀을 11가마보다 적게 살 뻔 했으니까!

셋째, 1년 사이에 쌀 가격이 하락하면 병철이는 상대적으로 유리해질 것이다. 왜냐하면 병철이가 빌린 쌀을 갚기 위해 쌀 11가마를 사기 위해 필요한 금액은 275만 원보다 적어도 되기 때문이다. 만약 쌀 가격이 1가마에 24만 원으로 싸졌다면 11가마의 쌀을 사기 위해서는 266만 원이면 족하기 때문이다. 반대로 당연히 기웅이는 병철이의 제안대로 거래하지 않은 것에 대해 후회를 할 것이다. 병철이의 제안대로 거래를 해서 275만 원을 받았다면 쌀을 11가마보다 더 많이 살 수 있었을테니까!

다비효과(Darby effect)

인플레이션이 예상될 경우 피셔효과에 의해 채권자가 예상 인플레이션율만큼 명목이자율을 더 높게 설정하더라도 조세제도(예:누진세제도)로 인한 소득 재분배 효과를 고려하면 여전히 채권자가 불리해지는 결과가 발생할 가능성이 크다.

① 예상인플레이션율	② 명목이자율	③ 납세 전 실질이자율 (②-①)	④ 세율	⑤ 납세 후 명목이자율(②-④*②)	⑥ 납세 후 실질이자율(⑤-①)
0	4	4	30	2.8	2.8
10	14	4	30	9.8	-0.2

따라서 채권자가 이러한 사실을 인식하면 채권자는 실질이자율에 예상 인플레이션율을 더한 것보다 더 높은 수준에서 명목이자율을 설정하게 된다. 이를 다비효과라고 한다.

$$명목이자율 = 실질이자율 + 예상 인플레이션율 + \alpha$$

Quiz

어떤 개인이 25%의 한계세율을 적용받고 있다. 현재 명목이자율(i)은 12%, 예상인플레이션율(π^e)은 8%라고 한다. 만약 피셔가설이 완벽하게 성립한다고 할 때, 예상인플레이션율(π^e)이 12%로 상승할 경우 납세 후 실질이자율(r)의 변화는?

⇒ 피셔가설($i = r + \pi^e$)이 완벽하게 성립한다면, 예상인플레이션이 12%로 4%p 상승할 때 명목이자율(i)도 4%p 상승하게 되어 16%가 된다. 이에 따라 나타난 변화를 표로 정리하면 다음과 같다.

명목이자율(i)	π^e	납세 전 r	한계세율(%)	납세 후 i	납세 후 r
12%	8%	4%	25%	12%-3%=9%	1%
16%	12%	4%	25%	16%-4%=12%	0%

결과적으로 납세 후 실질이자율(r)은 1% 포인트 하락하게 된다.

확인 TEST

철수는 서울은행에 저축을 하려고 한다. 저축예금의 이자율이 1년에 10%이고, 물가상승률은 1년에 5%이다. 이자소득에 대한 세율은 50%가 부과된다고 하자. 이때 피셔(Fisher) 가설에 따를 경우 이 저축예금의 '실질 세후(real after tax)' 이자율은?

[2015, 서울시 7급]

① 0%

② 2.5%

③ 5%

④ 15%

해설 실질 세후 이자율은 다음과 같이 도출된다.

- 실질 세후 이자율=명목 세후 이자율-물가상승률=명목이자율(1-이자소득세율)-물가상승률=5%-5%=0%

여기서 조세가 부과되는 대상은 명목 이자율임을 주의해야 한다.

정답 ①

인플레이션에 관한 몇 가지 오류

우리는 흔히 인플레이션에 관한 그릇된 견해가 담긴 대화를 나누기도 한다. 예컨대 "소비자들의 무절제한 소비가 인플레이션을 가속화시킨다." "채소 값이 한 달 사이에 2배가 올랐다. 물가가 오르지 않을 수 없어!" "정책 당국의 고금리 정책으로 인플레이션이 발생한다."는 등의 주장이다. 과연 이러한 주장은 모두 옳은가?

정책 당국자들은 소비자들의 과도한 소비를 인플레이션의 원인으로 지목하고, 소비를 억제하고 저축을 증가시켜야 한다고 주장한다. 그러나 이것은 소비자들이 현금을 안방 이불 속에 숨겨 놓는 형태로 저축할 때나 기대할 수 있는 효과이다. 과연 그렇게 행동할 어리석은 소비자가 있으며, 그것을 강요할 수 있는가? 어렵다! 저축은 결국 금융시장을 통해 기업의 투자와 연결되면서 역시 궁극적으로는 총수요를 증가시켜 인플레이션의 또 다른 원인으로 작용하게 된다. 따라서 정책 담당자들은 겸허하게 인플레이션의 책임을 소비자에게 물을 것이 아니라 총수요와 총공급의 불일치, 정책의 실패 등에서도 찾아야 하는 것이다.

생활 속의 단편적인 모습만을 보고 전체를 평가하는 것이 우리가 일상에서 흔히 범하는 오류이다. 채소 값의 상승, 즉 상대가격의 변화와 전반적인 물가수준의 변화는 다른 것이다. 그러나 우리는 이것을 같은 개념으로 혼동한다. 특정 상품의 가격 상승이 반드시 인플레이션을 유발하는 것은 아니다. 인플레이션이란 개별 상품이 아니라 모든 상품가격들의 가중평균치인 물가수준이 상승하는 현상이기 때문이다.

금리(이자율)가 상승하면 기업의 금융조달비용이 증가하여 생산비가 상승하고 이에 따라 총공급의 감소로 인플레이션이 발생한다는 주장이 있다. 그러나 이것은 오히려 앞뒤가 바뀐 주장일 수 있다. 즉 인플레이션이 고금리의 원인이 될 수 있는 것이다. 금리가 상승하면 소비와 투자가 감소하여 총수요를 감소시켜 총수요를 억제하고 이에 따라 물가를 하락시키는 힘으로 작용하게 되는 것이다.

❹ 디플레이션(deflation)

1) 의의

(1) **개념** : 물가수준이 지속적으로 하락하는 현상을 말한다.

(2) **원인** : 수요 측 원인으로는 지속적인 긴축정책, 세계적 불황의 지속, 자산가격의 급락과 같은 것이 있고, 공급 측 원인으로는 생산성 향상으로 인한 상품가격 하락과 같은 것이 있다.

2) 디플레이션의 안정화 효과

(1) **의미** : 디플레이션으로 하락한 물가수준이 경제 자체의 조정능력에 따라 디플레이션 발생 전 수준으로 되돌아 갈 수 있는 효과를 말한다.

(2) **내용**

① 케인스 효과(Keynes effect) : 물가수준 하락에 따른 실질통화량의 증가가 LM곡선을 오른쪽으로 이동시켜 이자율이 하락하고, 이에 따라 투자가 증가하는 효과이다. 투자 증가로 인한 총수요 증가가 물가를 상승시키는 힘으로 작용한다.

② 피구 효과(Pigou effect) : 피구는 소비가 소득의 증가함수 또는 이자율의 감소함수만이 아니라 실질자산의 증가함수라고 본다.

$$C = f(Y,\ r,\ \frac{A}{P})$$

여기서 C는 소비, Y는 소득, r은 이자율, A는 화폐-금융자산, P는 물가수준이다.

이에 따라 물가하락은 실질자산을 증가시키고, 이것은 IS곡선과 AD곡선을 오른쪽으로 이동시키는 총수요 증가를 가져 온다. 그 결과 물가수준이 다시 상승하게 되는 효과가 발생한다.

③ 순수출 효과(net export effect) : 물가수준의 하락은 실질환율($= \frac{e \times P_f}{P}$)을 상승시킨다. 이에 따라 순수출이 증가하고, 이것은 IS곡선과 AD곡선을 오른쪽으로 이동시키는 총수요 증가를 가져 온다. 그 결과 물가수준이 다시 상승하게 되는 효과가 발생한다.

3) 디플레이션의 불안정화 효과

(1) **의미** : 디플레이션으로 하락한 물가수준이 더욱 더 빠른 속도로 하락하는 효과를 말한다.

(2) **내용**

① 먼델-토빈 효과(Mundell-Tobin effect) : 단기에 명목이자율이 하방경직적인 상황에서는 피셔효과가 100% 발휘되지 못한다. 이에 따라 지속적인 물가 하락이 예상되는 기대디플레이션으로 인해 실질이자율이 상승하게 된다. 이것은 투자를 감소시켜, AD곡선이 왼쪽으로 이동하여 생산량은 감소하고 물가수준은 더욱 하락하게 된다.

② 부채-디플레이션 효과(debt deflation effect) : 예상치 못한 디플레이션이 채무자는 불리하게 채권자는 유리하게 부를 재분배하는 결과를 초래한다. 이에 따라 일반적으로 한계소비성향이 높은 채무자의 소비가 감소하여 총수요 감소를 가져 온다. 또한 채무자가 제공한 담보가치 하락으로 금융기관의 채권회수율이 낮아지고, 이에 따른 금융위기와 신용경색 등으로 자금조달이 어려운 기업의 투자 감소도 나타나게 된다. 결과적으로 총수요 감소에 따라 물가수준은 더욱 하락하게 된다.

③ 자산-디플레이션 효과(asset deflation effect) : 디플레이션으로 인한 자산가치의 감소는 가계의 소비와 기업의 투자를 위축시키게 된다. 전자는 생애주기가설에 의하여, 후자는 토빈의 q이론(Tobin's q theory)에 의하여 설명될 수 있다. 이러한 소비와 투자의 감소는 총수요를 감소시키고, 그 결과 물가수준은 더욱 하락하게 된다.

(3) **영향**

① 디플레이션이 장기간 지속되면 명목금리가 제로(zero) 수준까지 낮아지고 이후에는 더 이상 떨어질 수 없기 때문에 실질금리가 높아지면서 경제활동이 위축된다.

명목금리($i = r + \pi$)	5	4	3	2	1	0	0	0	0
실질금리(r)	2	2	2	2	2	2	3	4	5
인플레이션율(π)	3	2	1	0	-1	-2	-3	-4	-5

디플레이션으로 명목금리가 제로 수준에 접근할 경우 사람들은 구태여 현금을 은행에 저축할 필요성을 못 느끼기 때문에 시중에는 자금이 잘 돌지 않게 된다. 또한 디플레이션이 지속되는 상황에서는 향후 물건 값이 계속 떨어질 것으로 예상되어 가계는 소비지출을 뒤로 미루고 이러 인해 디플레이션이 더욱 심해지는 악순환에 빠지게 된다.

② 임금의 하방경직성(downward rigidity of nominal wage)으로 인해 디플레이션은 실질임금의 상승을 초래하며 이는 고용 및 생산을 위축시키는 요인으로 작용한다.

③ 디플레이션은 명목금액으로 표시된 채무의 실질가치를 높인다. 이로 인해 기업의 재무상태가 악화되어 기업 활동이 위축되면 심할 경우 채무불이행 위험의 증가로 신용경색이 발생하고 금융기관의 건전성이 악화된다.

④ 디플레이션으로 명목금리가 제로수준으로 하락하게 되면 중앙은행의 금리인하가 사실상 불가능해져 전통적이 통화정책으로는 총수요를 진작하는데 제약을 받게 된다.

확인 TEST

디플레이션(deflation)이 경제에 미치는 효과로 볼 수 없는 것은? [2016, 국가직 9급]

① 고정금리의 경우, 채무자의 실질 채무부담이 증가한다.
② 명목이자율이 일정할 때 실질이자율이 내려간다.
③ 명목연금액이 일정할 때 실질연금액은 증가한다.
④ 디플레이션이 가속화될 것이라는 예상은 화폐수요를 증가시킨다.

해설
- 디플레이션은 물가가 지속적으로 하락하는 현상을 의미한다. 따라서 그 효과는 인플레이션(Inflation)과 반대로 나타난다.
- 디플레이션이 지속되면 인플레이션의 경우와 반대로 화폐의 실질가치가 상승하게 된다.
- 이에 따라 고정금리(명목이자율)의 경우 채무자의 실질 채무부담이 증가하고(①), 일정하게 지급받는 명목연금액의 실질 가치가 증가하고(③), 실질가치가 상승할 것으로 예상되는 화폐에 대한 수요가 증가하게 된다(④).
- 반면에 '실질이자율＝명목이자율－인플레이션율'인 피셔 효과에 따르면, 디플레이션으로 인해 인플레이션율이 하락하여 실질이자율은 상승하게 된다(②).

정답 ②

Theme 86 실업이론

❶ 실업의 의의

1) 개념: 일할 의사와 능력을 가진 사람이 일자리를 갖지 않은 상태를 말한다.

2) 측정

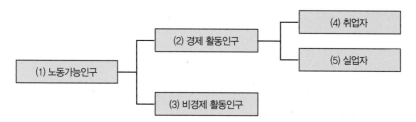

(1) **노동가능인구(생산가능연령인구)**: 우리나라의 경우에는 32,000개(2010년 기준)의 표본가구를 대상으로 의무교육기간이 끝나 취업이 가능한 15세 이상의 인구를 의미한다. 단 현역군인, 공익근무요원, 상근예비역, 의무경찰 또는 전투경찰, 교도소 수감자, 소년원 및 치료감호소 수감자, 경비교도대, 외국인 등은 제외된다.

(2) **경제활동인구**

   ① 노동가능인구 가운데 일할 의사와 능력을 가진 사람들이다.

   ② 노동가능인구 중에서 일할 의사가 없는 학생이나 가정주부, 일할 능력이 없는 노인인구나 심신장애자, 군인, 구직포기자(실망노동자) 등을 뺀 민간인 경제활동인구이다.

(3) **비경제활동인구**

   ① 노동가능인구 중에서 일할 의사와 능력을 가지지 못한 사람들이다.

   ② 노동가능인구에서 경제활동인구를 뺀 나머지 사람으로 측정한다.

(4) **취업자**

   ① 경제활동인구 중에서 매월 15일에 속한 1주일 동안에 수입을 목적으로 1시간 이상 일한 사람, 가구단위에서 경영하는 농장이나 사업체를 돕기 위해 주당 18시간 이상 일한 사람들이다.

   ② 직장이나 사업체를 가지고 있지만 질병·일기불순·휴가·노동쟁의 등 불가피한 사유로 조사기간 중 일하지 않은 사람들을 총칭한다.

(5) **실업자**: 경제활동인구에서 취업자를 뺀 인구이다.

$$\bullet \ 경제활동 \ 참가율 = \frac{경제활동인구}{노동가능인구} = \frac{경제활동인구}{경제활동인구 + 비경제활동인구}$$

$$\bullet \ 실업률 = \frac{실업자수}{경제활동인구} = \frac{실업자수}{취업자수 + 실업자수}$$

┌─ 실업 관련 용어정리 ───

15세 이상 인구 (노동가능인구, 생산가능인구)	매월 15일 현재 만 15세 이상인 자 – 단, 군인(직업군인, 상근예비역 표함), 사회복무요원, 의무경찰, 형이 확정된 교 도소 수감자 등 제외
경제활동	상품이나 서비스를 생산하기 위해 수입이 있는 일을 하는 것을 의미 ⇒ 단, 수입이 있더라도 다음의 활동은 경제활동에서 제외 ① 법률에 위배되는 비생산적인 활동(예:도박, 매춘 등) ② 법률에 의한 강제노역 및 봉사활동 ③ 경마, 경륜, 증권, 선물 등 투자활동
경제활동인구	만 15세 이상 인구 중 취업자와 실업자를 의미
취업자	① 조사대상 주간 중 수입을 목적으로 1시간 이상 일한 자 ② 자기에게 직접적으로는 이득이나 수입이 오지 않더라도 자기가구에서 경영하는 농장이나 사업체의 수입을 높이는 데 도운 가족종사자로서 주당 18시간이상 일 한 자(무급가족종사자) ③ 직장 또는 사업체를 가지고 있으나 조사대상 주간 중 일시적인 질병, 일기불순, 휴가 또는 연가, 노동쟁의 등의 이유로 일하지 못한 일시휴직자
실업자	조사대상주간에 수입 있는 일을 하지 않았고, 지난 4주간 일자리를 찾아 적극적으 로 구직활동을 하였던 사람으로서 일자리가 주어지면 즉시 취업이 가능한 사람
비경제활동인구	조사대상 주간 중 취업자도 실업자도 아닌 만 15세 이상인 사람으로서 집안에서 가 사와 육아를 전담하는 가정주부, 학교에 다니는 학생, 일을 할 수 없는 연로자와 심 신장애자, 자발적으로 자선사업이나 종교단체에 관여하는 사람 등이 이에 포함
일시휴직	직업 또는 사업체를 가지고 있으나 조사대상 주간에 일시적인 질병, 일기불순, 휴 가 또는 연가, 노동쟁의 등의 이유로 전혀 일하지 못한 경우를 의미하며, 일시휴직 사유가 해소되면 즉시 복귀 가능하여야 함
경제활동참가율	만 15세 이상 인구 중 경제활동인구(취업자+실업자)가 차지하는 비율
고용률	만 15세 이상 인구 중 취업자가 차지하는 비율
실업률	실업자가 경제활동인구(취업자+실업자)에서 차지하는 비율
구직단념자	비경제활동인구 중 취업의사와 일할 능력은 있으나 아래의 사유로 지난 4주간에 구 직활동을 하지 않은 자 중 지난 1년 내 구직경험이 있었던 자 ① 적당한 일거리가 없을 것 같아서(전공, 경력, 임금수준, 근로조건, 주변) ② 지난4주간 이전에 구직하여 보았지만 일거리를 찾을 수 없어서 ③ 자격이 부족하여(교육, 기술 경험 부족, 나이가 너무 어리거나 많다고 고용주가 생각할 것 같아서)
가구	거주와 생계를 같이 하는 사람의 모임을 가구라 하며, 한 사람이라도 별도로 거주 하고 독립적인 가계를 이루고 있는 경우에는 하나의 가구로 간주 ⇒ 학교, 공장, 병원 등의 기숙사와 특수사회시설과 같은 집단시설가구는 조사대상 에서 제외

┌─ 위장실업(Robinson, Nurkse, Lewis) ─────────────────────────────

인구과잉의 경제에서 명목상으로는 취업한 것처럼 보여 실업이 아니지만 사실상 생산에 전혀 기여하지 못함으로써 한계생산력(MP_L)이 0에 가까운 취업상태를 의미한다. 주로 후진국의 농촌이나 서비스 부문에 많이 존재한다.

┌─ 실망 노동자(discouraged workers) ─────────────────────────────

직장을 구하기 위해 노력하였으나 마땅한 일자리를 얻지 못해 구직활동을 포기한 노동자를 의미한다. 실망 노동자는 비경제 활동 인구에 속하므로 실업률 통계에 포함되지 않는다. 따라서 실업자가 실망 노동자로 전환되면(즉, 구직 활동을 포기하면) 이들은 비경제 활동 인구에 포함되므로 공식적인 실업률은 하락한다.

사례 연구 고용통계의 변화

◈ 한국의 고용통계가 다음 표와 같이 주어졌다고 가정하자.

	2020년	2021년
생산가능인구	1,000만 명	1,200만 명
경제활동인구	800만 명	1,000만 명
취업자	600만 명	750만 명

2020년과 2021년의 노동시장 지표를 비교한다고 할 때, 경제활동참가율과 실업률 그리고 고용률의 변화 크기는?

분석하기

• 주어진 표를 이용하여 필요한 자료를 다음과 같이 얻을 수 있다.

구분	2020년	2021년
생산가능인구(A)	1,000만 명	1,200만 명
경제활동인구(B)	800만 명	1,000만 명
비경제활동인구($C=A-B$)	200만 명	200만 명
경제활동참가율($\frac{B}{A}$)	80%	83.3%
취업자(D)	600만 명	750만 명
실업자($E=B-D$)	200만 명	250만 명
실업률($\frac{E}{B}$)	25%	25%
고용률($\frac{D}{A}$)	60%	62.5%

사례 연구 우리나라 고용 시장의 특징

◈ 일반적으로 실업률이 낮으면 고용률은 높게, 실업률이 높으면 고용률이 낮게 측정된다. 그런데 우리나라의 실업률과 고용률은 모두 다른 $OECD$ 국가들에 비해 상대적으로 낮게 측정된다. 그 이유는 무엇일까? 현실적인 실업 상황과 결부시켜 그 이유를 찾아보자.

분석하기

• 실업률과 고용률 및 경제활동참가율은 다음과 같이 측정된다.

• 실업률 $= \dfrac{실업자}{경제활동인구}$

• 고용률 $= \dfrac{취업자}{생산가능인구} = 경제활동참가율(1-실업률) = 경제활동참가율 \times 취업률$

• 경제활동참가율 $= \dfrac{경제활동인구}{생산가능인구}$

• 실업률이 낮다고 하더라도 경제활동참가율이 상대적으로 더 낮다면 고용률은 낮아질 수 있다. 우리나라는 다른 $OECD$ 국가들에 비해 경제활동참가율이 낮고, 이것이 우리나라에서 실업률과 고용률이 모두 낮게 나타나는 주요 요인이다.

- 경제활동참가율이 낮은 요인으로 다음과 같은 것을 제시할 수 있다.
  1) 노인과 여성의 낮은 경제활동 참가율：출산과 양육으로 인한 여성들의 지속적 경제활동의 어려움, 재취업이 어려운 고용구조로 인한 노인들의 경제활동의 어려움 등으로 경제활동참가율이 낮다.
  2) 청년인구의 늦은 경제활동 진입：학업과 군 복무 등으로 경제활동 시점이 늦어지고, 원하는 직장을 얻기 위한 취업기간의 장기화 등으로 경제활동참가율이 낮다.
  3) 실망노동자들의 증가：실업의 장기화로 인해 경제활동인구에 해당하는 실업자들이 비경제활동인구에 해당하는 실망노동자로 전환되어 경제활동참가율이 낮아진다.

주요국의 고용통계 작성방법

구분	ILO 권고안	대한민국	일본	미국	대만
조사대상 기간	1일 또는 1주간	15일이 속한 1주간	월말의 1주간	12일이 속한 1주간	15일이 속한 1주간
조사대상	일정 연령 이상의 인구	15세 이상 인구	15세 이상 인구	16세 이상 인구	15세 이상 인구
조사방법	-	면접조사	자계식 조사 (주민작성)	면접조사	면접조사
취업자 구분 기준	1시간 이상 근로자	1시간 이상 근로자	1시간 이상 근로자	1시간 이상 근로자	1시간 이상 근로자
무급 가족 종사자	1시간 이상 근로자	18시간 이상 근로자	1시간 이상 근로자	15시간 이상 근로자	15시간 이상 근로자
실업자의 구직활동 기간	1주간(각국 실정에 따라 조정)	4주간	1주간	4주간	1주간
표본규모	-	33,000가구	40,000가구	67,300가구	20,300가구

확인 TEST

현재 우리나라 15세 이상 인구는 4,000만 명, 비경제활동인구는 1,500만 명, 실업률이 4%라고 할 때, 이에 대한 설명으로 옳은 것은?

[2014. 국가직 7급]

① 현재 상태에서 실업자는 60만 명이다.
② 현재 상태에서 경제활동참가율은 61.5%이다.
③ 현재 상태에서 고용률은 최대 2.5% 포인트 증가할 수 있다.
④ 현재 상태에서 최대한 달성할 수 있는 고용률은 61.5%이다.

해설 ▶ '노동가능인구=경제활동인구+비경제활동인구'에서 경제활동인구는 2,500만 명이다. 이에 따라 경제활

동참가율은 62.5%이다(②). 또한 실업률이 4%이므로 실업자는 100만 명, 취업자는 2,400만 명이다(①).

한편 현재의 고용률은 $\frac{\text{취업자수}}{\text{생산가능인구}} = \frac{2,400만 명}{4,000만 명} = 60\%$인데, 만약 경제활동인구 모두가 취업을 하

게 되면 고용률은 최대 $\frac{\text{취업자수}}{\text{생산가능인구}} = \frac{2,500만 명}{4,000만 명} = 62.5\%$가 되므로, 현재보다 2.5% 포인트 증가할

수 있다(③, ④). 고용률의 최대값은 경제활동참가율과 일치한다.

정답 ▶ ③

심화 TEST

다음에 제시된 경제 목표와 조사 자료를 근거로 새로운 일자리 창출을 위한 경기 부양책을 수행하기 위해 정부가 발행해야 할 국공채 발행액의 규모는?(단, 추가적인 정부 지출의 재원은 오직 국공채 발행을 통해서 조달하는 것으로 한다.)

[2009. 교원임용]

〈자료 1〉 정부는 10만 명에게 새로운 일자리를 제공하고자 한다.
〈자료 2〉 국내총생산이 2% 증가하면 실업률은 1% 감소한다.
〈자료 3〉 경제활동인구는 1,000만 명이다.
〈자료 4〉 정부지출승수는 2이다.
〈자료 5〉 국내총생산의 규모는 100조 원이다.

분석하기

• 경제활동인구가 1,000만 명이므로 10만 명에게 새로운 일자리를 제공하기 위해서는 실업률을 1%만큼 감소시켜야 한다.

• 국내총생산 규모가 100조 원이므로 국내총생산이 2%만큼 증가하기 위해서는 2조 원만큼의 국내총생산 증가가 필요하다. 결국 실업률을 1%만큼 감소시키기 위해서는 국내총생산이 2조 원만큼 증가해야 하는 것이다.

• 정부지출 승수가 2이므로 2조 원만큼의 국내총생산을 증가시키기 위한 정부지출 규모는 1조 원이 된다.

• 국공채 발행액 규모:1조 원

실업률과 고용률의 경제적 의의는?

"2016년 1월 현재 우리나라는 이른바 '고용 위기 시대'라고 불릴 만큼 실업 문제 특히 '청년 실업' 문제가 심각한 수준이다. 이러한 실업 문제는 높은 등록금과 함께 젊은 세대에게 절망감을 가져다주는 주요 요인이다. 그럼에도 불구하고 통계청에서 발표하는 실업률의 크기를 보면 오히려 호전되는 기미를 보이고 있다. 그 이유는 무엇인가?"새 정부가 출범할 때 꼭 강조하는 경제정책 중 하나가 새로운 일자리 창출이다. 그런데 이러한 정책목표가 달성되었는지 확인하는 방법 중에 하나가 실업률이다. 이러한 실업률은 다음과 같이 측정된다.

$$실업률 = \frac{실업자수}{경제활동인구} = \frac{실업자수}{취업자수 + 실업자수}$$

그런데 이렇게 측정된 실업률이 하락했음에도 불구하고 실제 취업에 성공한 사람의 수는 오히려 줄어들 수 있다. 왜냐하면 실업자가 좁은 취업문에 염증을 느낀 나머지 구직 자체를 포기하게 되면 그는 실업자에서 구직포기자(실망노동자)가 되어 비경제활동인구로 분류되기 때문이다. 즉 일자리가 없음에도 불구하고 실업자가 아닌 것으로 나타나는 것이다. 이에 따라 실제로 취업자 수는 변화가 없음에도 불구하고 실업률은 하락하게 되어 마치 고용상황이 개선된 것 같은 착시현상이 나타나게 되는 것이다.

간단한 예를 들어보자. 만약 비경제활동인구가 80명, 취업자 수가 90명, 실업자의 수가 10명이면 이때의 실업률은 $\frac{10}{100} = 10\%$가 된다. 그런데 실업자 중 한 사람이 구직을 포기하게 되면 실업자의 수는 9명이 되며 이때의 실업률은 $\frac{9}{99} = 9.1\%$가 되는 것이다. 이와 같이 실업률 계산에 사용되는 분모가 경제활동인구이기 때문에 비경제활동인구가 늘어나면 실업률은 변화가 없거나 오히려 하락할 수도 있는 것이다.

이러한 비경제활동 인구의 증가는 구직활동이 별 의미가 없을 때 주로 나타난다. 이러한 비경제활동인구의 증가 요인 중에 대표적인 것이 좁은 대기업 취업문을 피해 공무원 시험을 준비하는 사람의 증가이다. 특히 불황으로 인해 발생하는 비경제활동인구의 증가는 경기가 호전되면 다시 감소하게 되지만, 제도적인 요인으로 인해 발생하는 비경제활동인구의 증가는 좀처럼 해소되기 어려운 측면이 있다. 이렇게 되면 경제활동참가율이 낮아져서 경제성장의 저해요인으로 작용할 수 있게 되는 것이다.

$$경제활동참가율 = \frac{경제활동인구}{노동가능인구}$$

이에 따라 실업률이 고용 상황을 포함한 경제 현실을 정확하게 알려주는 데에는 한계가 있는 것이다. 이러한 문제를 해결하기 위하여 등장한 것이 고용률이다. 고용률은 다음과 같이 측정된다.

$$고용률 = \frac{취업자수}{노동가능인구} = \frac{취업자수}{경제활동인구 + 비경제활동인구}$$

앞의 예에서 실업자가 구직포기자가 되어 경제활동인구에서 비경제활동인구가 되었다고 하더라도 노동가능인구 수는 변화가 없게 되어 고용률은 $\frac{90}{80 + 100} = 50\%$로 일정한 값을 갖게 된다. 여기서 노동가능인구는 15세 이상의 생산가능인구를 말한다.

❷ 실업의 형태와 대책

형태		정의	대책
자발적 실업	마찰적 실업	직업을 바꾸는 과정에서 일시적으로 실업상태에 있는 것이다.	고용기회에 관한 정보의 흐름을 원활하게 해야 한다.
	탐색적 실업	자신이 원하는 보다 나은 일자리를 탐색하면서 당분간 실업상태에 있는 것이다.	직장탐색과정을 촉진시키는 정책을 세워야 한다.
비자발적 실업	경기적 실업	경기 침체에 수반하여 발생하는 케인즈적 실업으로서 경기가 회복되면 해소될 수 있다.	단기에 총수요를 증가시키는 정책을 시행해야 한다.
	구조적 실업	기술혁신으로 종래의 기술이 경쟁력을 상실하거나 어떤 산업이 사양화됨에 따라 그 산업부문에서 일자리를 잃게 되는 경우이다. 마찰적 실업에 비해 장기화된다는 특징이 있고, 전반적인 경기 호황 아래에서도 발생할 수 있다.	산업구조의 개편과 새로운 인력훈련을 시행해야 한다.

고전학파의 자발적(voluntary) 실업

1. 탐색이론(job search theory)

1) 노동자들은 자신이 상정하는 최선의 직장을 얻을 때까지 이른바 '직장 쇼핑(job shopping)'을 한다. 이를 위해서는 상당한 시간이 필요하고 이로 인해 탐색행위로 인한 '마찰적 실업' 기간이 늘어나게 된다. 그러나 이러한 기간은 노동자들이 원하는 직장을 얻기 위해 기꺼이 감수할 수 있는 기간인 것이다. 결국 직장탐색으로 인해 발생하는 실업은 자발적 실업이고, 더 나아가 인적 자본(human capital)에 대한 투자과정이라고 볼 수 있다는 것이다.

2) 노동자들은 순차적인 탐색과정에서 '요구 임금(asking wage)'을 내부적으로 결정한다. 여기서 추가적인 탐색을 위해 지불해야 하는 한계비용과 탐색을 통해 얻게 되는 한계편익이 일치하는 수준에서 결정되는 것이 바로 요구 임금이다.

2. 기간 간 대체가설(intertemporal substitution hypothesis)

1) 가정: 임금은 경기순응적(procyclical)이며 노동공급은 실질임금에 비례한다는 가정에 기초한다.

2) 내용: 노동자들은 실질임금이 높으면 노동공급을 증가시키지만, 실질임금이 낮으면 노동공급을 감소시키려는 이른바 '기간 간 대체'를 한다. 이에 따라 실질임금이 경기순응적이라는 가정 아래에서, 만약 경기가 침체되면 실질임금이 하락하게 되고 이에 따라 노동자들은 노동공급을 '자발적으로' 감소시켜 실업이 증가하게 되는 것이다. 다만 노동자들의 노동공급의 임금탄력성은 매우 낮기 때문에 경기침체가 발생하는 '실업을 과연 자발적 실업으로 볼 수 있느냐'라는 비판이 따르게 된다.

3. 자연실업률(natural rate of unemployment)

1) 의미: 자연실업률은 고전학파 전통을 계승한 통화주의자인 프리드먼(M. Friedman)에 의해 처음 제시된 개념이다. 이러한 자연실업률은 다음과 같이 매우 다양하게 정의된다.

 (1) 노동시장이 완전고용을 달성할 때의 실업률이다.

 (2) 장기적으로 인플레이션을 가속시키지도 않고 감속시키지도 않는 실업률이다.

 (3) 경기변동 과정에서의 평균적 수준의 실업률이다.

 (4) 실제 *GDP*와 잠재 *GDP*가 일치하는 수준에서의 실업률이다.

 (5) 실제 인플레이션율과 기대 인플레이션율이 일치하는 수준에서의 실업률이다.

2) 발생원인: 경제가 완전고용을 달성한다고 하더라도 정보의 불완전성 등으로 인한 어느 정도의 마찰적 실업의 발생은 불가피하다. 이에 따라 완전고용임에도 불구하고 자연실업률은 0%보다 높은 수준을 보이게 된다. 실증적 추정에 따르면 미국의 자연실업률 수준은 5% 남짓이고, 한국의 자연실업률 수준은 3% 남짓으로 추정되고 있다.

채용박람회와 마찰적 실업

서울에서는 지난 달 한국종합전시장에서 중소기업 채용 박람회가 열렸다. 23만 명의 취업희망자가 몰려 500여 업체에서 500명이 즉석에서 취업하였다. 구인회사와 취업희망자를 한 곳에서 만나게 하여, 취업희망자는 한 자리에서 여러 회사에 대한 정보를 얻고, 구인회사는 한 자리에서 여러 사람을 면담할 수 있었다. 매력적인 유망 중소기업이지만 제대로 알려져 있지 않아 유능한 석·박사 학위 취득자를 채용할 수 없었던 첨단산업 중소기업들도 이번에 좋은 일꾼을 얻은 것은 큰 수확이다. 물론 회사에 대한 정보가 부족해서 취업을 하지 못했던 국내 우수 석·박사들이 원하는 첨단산업 중소기업을 찾아 취업한 것도 큰 수확이다. 앞으로 중소기업 채용박람회가 전국적으로 순회해서 개최된다면 마찰적 실업을 줄이는 데 크게 기여할 것이다.

구조적 실업의 특징

1. 자신이 가지고 있는 기능이 더 이상 필요가 없어졌으므로 취업하기 위해 새로운 기술을 습득하여야 한다. 이에 따라 구조적 실업자가 자신에게 적합한 새로운 일자리를 구하는 데에는 상당히 오랜 시간이 소요되어 상대적으로 실업이 장기화된다.
2. 경기가 좋더라도 사양산업은 존재하기 마련이고, 속도는 서로 다를지언정 산업구조의 개편이 항상 이루어지고 있기 때문에 완전고용 상태라 할지라도 구조적 실업은 어느 정도 존재할 수밖에 없다.

확인 TEST

실업에 대한 설명으로 옳은 것을 모두 고르면? [2016. 서울시 7급]

ㄱ. 마찰적 실업이란 직업을 바꾸는 과정에서 발생하는 일시적인 실업이다.
ㄴ. 구조적 실업은 기술의 변화 등으로 직장에서 요구하는 기술이 부족한 노동자들이 경험할 수 있다.
ㄷ. 경기적 실업은 경기가 침체되면서 이윤감소 혹은 매출감소 등으로 노동자를 고용할 수 없을 경우 발생한다.
ㄹ. 자연실업률은 마찰적, 구조적, 경기적 실업률의 합으로 정의된다.
ㅁ. 자연실업률은 완전고용상태에서의 실업률이라고도 한다.

① ㄱ, ㄴ, ㄷ
② ㄱ, ㄷ, ㅁ
③ ㄱ, ㄴ, ㄷ, ㅁ
④ ㄱ, ㄷ, ㄹ, ㅁ

해설 • 자연실업률은 비자발적 실업은 존재하지 않고 마찰적 실업과 같은 자발적 실업만 존재할 때 도달하게 되는 실업률이다.
• 구조적 실업과 경기적 실업은 비자발적 실업에 해당한다.

정답 ③

─ 우리나라 실업률 통계의 특징 ─

우리나라 실업률 통계의 특징 중의 하나는 구미선진국에 비하여 실업률이 상대적으로 낮게 나타나는 점이다. 1990년 이후 평균실업률을 비교해 보면 우리나라의 실업률이 구미선진국에 비해 낮은 수준을 보이고 있는데 이는 실업률 통계 작성기준에서는 큰 차이가 없으나 다음과 같이 취업구조나 고용관행이 다른 데 주로 기인하는 것으로 볼 수 있다.

첫째, 농림어업부문의 취업자 비중이 상대적으로 높다는 점이다. 우리나라의 경우 비농림어업부문에 비해 실업발생 가능성이 낮은 농림어업부문 취업자의 비중이 상대적으로 높아 전체 실업률을 낮추는 요인으로 작용하고 있다.

둘째, 자영업주 및 무급가족종사자가 상대적으로 많다는 점이다. 취업자 중 자영업주 및 무급가족종사자의 비중이 상대적으로 높아 고용의 질적인 면에서는 취약하나 실업률은 낮게 나타난다.

셋째, 실업보험제도 및 직업알선기관이 잘 발달되어 있지 않다는 점이다. 우리나라의 경우 실업보험 등 사회보장제도가 아직은 미비하고 직업알선기관도 제대로 발달되어 있지 않기 때문에 근로자는 임금, 근로조건 등이 열악하더라도 가급적 현재의 직장에 근무하려 하며 실업발생시에는 적극적으로 취업하거나 자영업을 영위하려는 경향이 강하여 실업률은 낮게 나타난다.

넷째, 여성의 경제활동참가율이 낮다는 점이다. 우리나라의 경우 고등교육을 받고도 가사노동에 전념하는 여성 비경제활동인구가 많은 편으로 이러한 여성들이 적극적으로 일자리를 찾아 나선다면 실업률이 더 높아질 것이다.

❸ 실업에 관한 제(諸)이론

1) 임금의 경직성과 실업

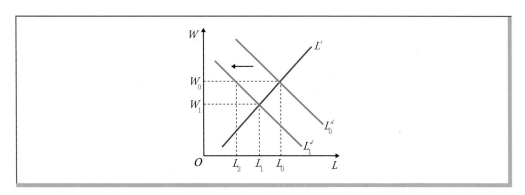

① 외생적인 이유로 노동에 대한 수요곡선이 왼쪽으로 이동한 경우, 이전의 임금수준 W_0에서 $L_0 \sim L_2$만큼 노동의 초과공급이 발생한다.

② 만약 임금이 신축적이라면 임금은 신속하게 W_1으로 하락하고, 고용수준은 L_1에서 새로운 균형이 달성된다. 이 과정에서 $L_0 L_1$만큼의 고용이 감소하겠지만, 이것은 자발적 실업에 해당한다. 이전보다 낮아진 임금 수준을 받아들일 수 없는 사람들은 자발적으로 실업 상태를 선택하며, 낮아진 임금 수준에도 일하기를 원하는 사람들만이 일자리를 얻어 일을 하게 된다.

③ 그러나 임금이 경직적이라면 실업자 수는 $L_0 L_2$로 증가하며, 이들은 현재의 임금 수준에서 일하려 하지만 일자리를 구할 수 없는 비자발적 실업 상태에 놓이게 된다.

2) 고전학파의 이론

(1) 고전학파는 노동시장에서의 명목임금이 완전 신축적이어서 자발적 실업만 존재하고 비자발적 실업이 없는 완전고용이 가능하다고 주장한다.

(2) 만약 비자발적 실업이 존재한다면 이는 노동조합이나 최저임금제도, 효율성 임금과 같은 제도적 요인 때문에 명목임금이 경직적이어서 나타나는 비정상적인 현상이다.

┌─ 노동조합의 영향력 ─

1. 일출효과(spillover effect):노동조합이 결성된 부문의 임금인상은 이 부문에서의 실업을 유발시켜 실업자를 비노동조합부문으로 전출시키므로 비노동조합부문의 임금을 오히려 인하시키게 하는 효과이다.
2. 위협효과(threat effect):노동조합이 결성된 부문에서 임금이 인상되면 그 여파로 비노동조합부문의 사용자들도 임금인상의 위협을 받으므로 임금을 인상시키지 않을 수 없게 하는 효과이다.

┌─ 유보임금과 효율적 임금 ─

유보임금이란 노동자가 그 수준에서 일하거나 일하지 않거나 무차별하게 느끼는 임금을 말한다. 일자리를 찾는 노동자는 유보임금보다 높은 임금을 제시하는 기업을 선택하고, 기업은 노동자와 일일이 협상하기보다는 정해진 임금 수준을 제시하고 근로자가 받아들이거나 포기하거나 하도록 한다. 그러나 많은 경우에 임금은 경영자와 노동조합 간의 단체교섭에 의해 결정된다. 이러한 단체교섭으로 결정된 임금은 노동자 개개인의 유보임금 수준보다 높을 수밖에 없다. 단체교섭에 의한 임금인상은 노동자의 요구에 의한 것이지만, 기업 스스로의 선택에 의해 유보임금보다 높은 임금을 지급할 수도 있다. 그것이 이른바 '효율적 임금'이다. 그런데 임금이 단체교섭이나 효율적 임금 기준에 따라 지급되면 노동시장에서 불균형이 발생하게 된다. 그러나 이 경우에도 임금은 쉽게 하락하지 않는다. 그 이유는 한편으로는 노동조합이 그것을 막고 있고, 다른 한편으로는 기업 스스로가 임금 하락이 자칫 효율성 하락으로 이어질 것을 염려하기 때문이다.

---

(3) 명목임금의 신축성을 저해하는 제도적 요인을 제거하는 것이 실업대책이다.

2) Keynes 이론

(1) 케인스는 노동공급에 있어서 명목임금의 하방경직성과 생산물에 대한 유효수요의 부족에 기인하는 노동에 대한 수요부족 때문에 비자발적 실업이 발생한다고 주장한다.

(2) 비자발적 실업을 해결하기 위해서는 정부의 확대재정정책을 통한 유효수요 증대가 필요하다고 주장한다.

❹ 명목임금과 실질임금의 경직성

1) 화폐환상(money illusion)과 상대임금가설

(1) 화폐환상과 명목임금의 경직성

① 케인스(J. M. Keynes)는 노동자들이 물가상승으로 인한 실질임금의 하락보다는 명목임금 자체의 하락에 대해서 강하게 저항하는 경향이 있다고 주장한다.

② 노동자들의 이러한 태도는 화폐환상의 존재로부터 기인하는데, 이것으로 인해 명목임금의 하방경직성이 나타나게 된다.

(2) 상대임금가설과 명목임금의 경직성

① 케인스는 노동자들이 직종 간 또는 기업 간의 임금 격차에 민감하여, 그러한 상대적 임금구조가 괴리에 대해 강하게 저항하는 경향이 있다고 주장한다.

② 자본주의 경제 내부에 직종 간 또는 기업 간 임금을 동일한 비율로 변동시킬 수 있는 메카니즘이 존재하지 않는 한 명목임금은 하방경직적일 수밖에 없다는 것이다.

2) 중첩적 임금계약(staggered wage contract)

(1) 의미

① 시장에서 기업과 노동자 사이에서 체결되는 모든 명목임금계약이 동시에 이루어지는 것이 아니다. 이에 따라 특정시점에서 이루어지는 임금계약 체결이 이루어지는 기업은 일부분에 불과하다.

② 임금계약 체결을 하고자 하는 기업은 노동자들이 요구하는 명목임금의 '절대적인 수준' 뿐만 아니라 아직 체결을 하지 않고 있는 다른 기업과의 '상대적인 수준'까지도 함께 고려해야 한다. 그 과정 속에서 해당기업은 명목임금을 필요한 수준까지 충분히 인상하지 못하고 일부 인상에 그치는 임금계약을 체결하게 된다. 즉 명목임금의 변동이 '경직적'으로 이루어지게 되는 것이다.

③ 이러한 임금계약을 테일러(J. Taylor)는 중첩적 임금계약 또는 기업 간 시간차 임금계약이라고 한다.

(2) 담겨진 내용

① 명목임금인상 요인이 발생했음에도 불구하고 이를 모두 반영하지 못하고, 부분적으로만 반영할 수밖에 없는 제약을 통해 명목임금의 경직성을 용이하게 설명할 수 있다.

② 긍정적인 총수요 충격으로 인해 물가상승 압력과 고용증가 압력이 발생하는 경우, '명목임금의 경직성'으로 인하여 실질임금의 변동이 지연된다. 그 결과 그 과정 속에서 비자발적 실업이 발생하게 된다.

3) 암묵적 장기계약이론(implicit long-term contract theory) : S. Fischer

(1) 고용계약 비용 발생

① **정보비용** : 거래에 필요한 정보를 획득하는 데 소요되는 비용

② **협상비용** : 계약을 위한 협상을 진행하는 데 소요되는 비용

③ **메뉴비용** : 단체교섭 결과나 새로운 임금체계 등을 외부에 알리기 위해 소요되는 비용)

④ 앞에서 제시한 비용 등이 존재하는 한, 임금을 매 기간 결정하는 것보다는 임금을 상당한 기간 동안 유지하는 장기계약을 체결하는 것이 고용계약 체결로 인해 발생하는 비용을 절감하는 유력한 방법이 된다.

⑵ 임금의 변동 폭 설정

① 장기계약 하에서의 임금은 상한과 하한의 일정한 폭을 형성하게 되어, 계약당사자들은 암묵적으로 그 범위 안에서 계속적인 신뢰관계를 유지할 수 있게 된다.

② 계약당사자들 간의 신뢰를 통하여 노동시장에서 미래의 불확실성으로 인해 발생할 수 있는 가격변동에 따른 위험 부담을 감소시킬 수 있게 된다.

⑶ 전문 노동시장

① 전문 노동시자에서는 기업이 잠재력 있는 노동자를 장기간에 걸쳐 자신에게 소속시켜 두려 하는 경우가 존재한다. 이때 기업과 노동자 모두 전문적인 작업과정에서 필요한 숙련도나 기술의 유지 및 발전을 위해 장기고용계약을 선호할 수 있다.

② 현재의 임금 수준이 숙련노동자가 다른 기업으로 옮기고 싶은 정도의 낮은 임금수준(임금 하한)과 기업이 새로운 미숙련노동자를 숙련된 전문가로 만들기 위해 필요한 비용이 가산된 수준의 임금(임금 상한) 사이에 있다면 고용계약은 여전히 유지될 수 있다. 이것이 실질임금의 경직성을 가져오게 한다.

⑷ 평가

① 임금 경직성이라는 것이 임금이 고정되어 있다는 것이 아니라, 계약으로 인해 시장에서의 변화에 대해 즉각적으로 반응하지 않고 천천히 반응한다는 것이라고 정의한다.

② 이에 따라 장기계약이론은 임금의 경직성을 단순한 가정이 아니라, 합리성의 기초 하에서 기업과 노동자의 이윤 및 효용극대화 원리에 의해 설명할 수 있게 해 준다.

암묵적 계약이론(implicit contract theory)

1) 가정
⑴ 노동자들은 기업보다 더 위험기피적이다.
⑵ 노동자들은 금융시장 접근이 제한되어 있다.

2) 내용
⑴ 불확실성 하에서 임금수준을 일정하게 유지함으로써 노동자들은 경기변동에 따르는 소득변동의 위험을 중화(中和)하면서 기대효용을 극대화한다.
⑵ 호경기 하의 균형임금과 실제임금과의 차액은 보험료의 역할을 하게 되어 기업이 보험회사의 역할을 하게 된다.

3) 평가 및 한계
⑴ 평가: 실업보험의 이론적 근거가 되면 장기적으로 안정적인 고용관계를 유지하는 기업들의 노동계약 형태를 잘 설명해 준다.
⑵ 한계: 경기변동 과정에서 임금의 경직성과 고용의 가변성은 잘 설명해 주지만, 일시적 해고가 자발적 실업으로 해석되므로 고전학파에서와 같이 균형현상으로 왜곡 해석된다.

---

4) 효율적 임금가설(efficient wage hypothesis)

(1) **의미** : 임금이 높을수록 노동자의 생산성이 높아진다고 하는 문제의식에서 출발한다. 노동자의 효율성에 대해 임금이 영향을 미치기 때문에 노동이 초과공급이 되더라도 기업들은 임금을 내리지 않는다는 것이다.

(2) **임금상승이 근로효율을 높이는 이유**

① **영양이론(nutrition theory)** : 보다 나은 보수를 받는 노동자는 영양분을 충분히 섭취할 수 있고 건강상태가 더 좋아진 노동자는 더 생산적이 될 수 있으므로 기업은 노동자의 건강이 유지되도록 균형임금 이상의 임금을 지불할 수 있다.

② **이직모형(job turnover model)** : 기업이 노동자에게 높은 보수를 지급할수록 기업에 계속 근무하고자 하는 동기가 커지므로 높은 임금은 이직률을 낮출 수 있다. 이에 따라 새로운 노동자를 고용하고 훈련시키는 시간을 축소시킬 수 있다.

③ **역선택모형(adverse selection model)** : 노동자의 평균자질은 기업이 지불하는 임금수준에 의존하므로 균형수준 이상의 임금을 지급함으로 해서 기업은 역선택의 가능성을 낮출 수 있어 생산성을 증대시킬 수 있다.

④ **근무태만모형(shirking model)** : 임금이 높을수록 해고를 당하면 종업원이 입는 손실도 커진다. 따라서 높은 임금이 지급되면 노동자들의 근무태만이라는 도덕적 해이를 방지하고 생산성을 증대시키도록 유도할 수 있다는 것이다.

사회적 규범모형(the sociological model)

기업이 근로자에게 후하게 대우해주면 노동자도 자기가 맡은 일을 열심히 하는 것이 기업에게 공정하게 대하는 것이라고 생각하게 된다. 따라서 노동자의 사기와 직장에 대한 애착을 높이기 위해 높은 임금을 지급하게 된다.

---

5) 내부자 – 외부자 이론(insider–outsider theory)

(1) **의의**

① **노동시장의 구성** : 노동시장은 이미 취업한 사람인 내부자(insider)와 실업상태에 있는 사람인 외부자(outsider)로 구성되어 있다.

② **임금결정** : 임금수준은 이미 고용된 상태에 있는 내부자가 외부자의 사정에 대한 고려가 없이 내부자 자신들만의 이익을 고려하여 사용자와 일방적으로 교섭하여 결정한다.

(2) **실질임금 경직성의 근거**

① 기업은 신규 노동자의 채용 및 훈련 비용, 기존 노동자에 대한 해고 비용 등의 존재로 인해 외부자 고용에 제약을 받게 된다. 즉 기업은 노동이동으로 인해 발생하는 비용(turn-over cost) 때문에 내부자를 외부자로 쉽게 대체하지 못한다는 것이다.

② 노동시장에서 임금하락 압력을 발생시키는 실업이 존재하는 경우(외부자가 존재하는 경우)

에도 임금 수준은 내부자와 기업 간의 교섭에 의해 하락하지 않는 임금의 경직성이 나타나게 된다.

(3) 효과

① 내부자는 자신이 보유하고 있는 해당기업이 요구하는 특화된 기술이나 독점적 협상력을 보유하고 있는 노동조합을 통해 높은 실질임금을 지급받을 수 있다. 해당기업은 내부자에게 높은 실질임금을 지급해줌으로써 기업이 요구하는 특화된 기술을 지속적으로 활용할 수 있다.

② 내부자와 기업의 일치된 이해관계로 인해 시장 균형임금보다 높은 수준에서 실질임금이 결정되고 이로 인한 노동시장에서의 초과공급으로 인해 비자발적 실업이 발생하게 되는 것이다.

6) 자기이력현상(Hysteresis)

(1) 의미

① 실업률이 과거의 실업률에 의해 영향을 받는 것을 말한다.

② 노동시장에 대한 부정적 충격이 발생하는 경우, 신축적으로 조정되지 못하는 경직적 실질임금으로 인해 실제실업률이 지속적으로 상승하여 결국 자연실업률 자체가 상승하는 현상으로, 어떤 경제적 충격이 사라진 후에도 장기적이고도 지속적인 영향을 미치는 현상을 의미한다.

(2) 발생이유

① 실업이 지속됨에 따라 실업자들이 실업상태에 적응하였기 때문이다. 실업자들은 여러 가지 실업에 따르는 혜택을 받아내는 방법을 알아내게 되고, 일하지 않는 생활에 적응함으로써 취업을 위한 노력이 약화될 수 있다.

② 기업들은 노동자들의 실업기간을 노동자의 능력에 대한 신호로 받아들일 수 있다. 즉 실업의 이유가 장기간의 경기침체가 아니라 단기 노동자에게 문제가 있기 때문에 장기실업상태에 처했을 것이라 간주하고 고용을 꺼리게 된 것이다.

③ 내부자−외부자 이론에 따르면 이미 고용되어 있는 노동자들은 임금협상에 있어서 높은 협상력을 이용하여 임금을 높이는데 주력할 것이고, 그 결과 기업들의 노동수요가 감소하여 실업이 증가하게 된다.

(3) 평가

① 시장에 실직자가 상당한 정도로 분포되어 있어도 쉽게 임금이 내려가지 않는다. 이에 따라 높은 실업률이 장기적이고도 지속적으로 유지된다.

② 자연실업률 수준에서 일정한 실업수준을 찾을 수 있다는 새고전학파의 견해를 정면으로 비판하고, 자연실업률 수준 자체가 변동할 수도 있다는 것을 시사하고 있다.

(4) 한계 : 현실적인 고용의 변화를 설명하지 못하며, 기업과 노조가 이러한 상황을 유지하려고 하는 것을 외부자들이 방관하지만은 않는다.

임금인상이 먼저일까? 생산성 향상이 먼저일까?

"1914년 헨리 포드는 당시의 경기가 한창 좋지 않았음에도 불구하고 자신의 자동차 회사에 근무하는 노동자들의 임금을 일당 5$로 대폭 인상하였으며, 하루 작업 시간을 10시간에서 8시간으로 단축시켰다. 그런데 그 당시 다른 경쟁회사의 평균 임금은 2~3$ 수준이었다. 따라서 일당 5$의 임금은 시장 균형임금수준보다 훨씬 높은 것이었다. 헨리 포드는 왜 그랬을까?"

생산성이 높아지면 임금을 올린다는 것이 아니라 오히려 임금이 높을수록 노동자의 생산성이 높아진다고 하는 문제의식에서 출발한 임금이 이른바 '효율성 임금(efficiency wage)' 가설이다. 이처럼 임금상승이 생산성을 향상시킬 수 있다는 논거는 다음과 같다.

첫째, 영양이론(nutrition theory)이다. 여기에는 보다 높은 보수를 받는 노동자는 영양분을 충분히 섭취할 수 있고 건강상태가 더 좋아진 노동자는 더 생산적이 될 수 있으므로 기업은 노동자의 건강이 유지되도록 균형임금 이상의 임금을 지불할 수 있다는 주장이 담겨있다. 둘째, 이직모형(job turnover model)이다. 기업이 노동자에게 높은 보수를 지급할수록 기업에 계속 근무하고자 하는 동기가 커지므로 높은 임금은 이직률을 낮출 수 있다. 이에 따라 새로운 노동자를 고용하고 훈련시키는 시간을 축소시킬 수 있는 순기능이 있다는 것이다. 셋째, 역선택모형(adverse selection model)이다. 노동자의 평균자질은 기업이 지불하는 임금수준에 의존하므로 균형수준 이상의 임금을 지급함으로 해서 기업은 역선택의 가능성을 낮출 수 있어 생산성을 증대시킬 수 있다는 것이다. 간단히 말해서 임금이 낮으면 그 수준 정도의 능력만 있는 노동자만 고용되므로 이를 피하기 위해서 높은 임금을 지불한다는 것이다. 마지막으로 근무태만모형(shirking model)이다. 임금이 높을수록 해고를 당하면 노동자가 입는 손실도 커진다. 따라서 높은 임금이 지급되면 노동자들의 근무태만이라는 도덕적 해이를 방지하고 생산성을 증대시키도록 유도할 수 있다는 것이다.

이러한 여러 가지 논거로 노동자의 효율성에 대해 임금이 영향을 미치기 때문에 노동이 초과공급이 되더라도 기업들은 임금을 내리지 않고 높은 임금을 유지한다는 것이 효율성 임금 가설이다.

헨리 포드 역시 당시 임금을 인상하면서 그 이유를 '자선이 아니라 작업의 효율을 높이기 위한 것'이라고 말하고 있다. 이러한 임금 인상으로 당시 많은 변화가 나타났다. 포드 자동차 회사 밖에는 일당 5$의 일자리를 얻기 위해서 많은 사람들이 긴 줄을 서서 기다리고 있었으며 공장 내부에서도 다음과 같은 변화가 나타났다.

- 계획적 결근이 75%나 감소하였으며 이에 따라 작업능력이 향상되었다.
- 근로자들의 태만이 줄어들고 근로의욕이 향상되었다.
- 그 당시 근로자들의 이직률이 매우 높았음에도 불구하고 노동자들의 퇴사가 크게 줄었다.

이러한 결과를 보면 헨리 포드는 효율적 임금 가설을 실제로 사용했다고 말할 수 있을 것이다. 물론 헨리 포드는 효율적 임금 가설의 존재를 알지는 못했다. 이 가설은 1980년대에 비로소 등장했기 때문이다. 헨리 포드의 통찰력에 경의를 표하게 되는 대목이다.

확인 TEST

비자발적 실업과 임금경직성 모형에 대한 설명으로 옳지 않은 것은?　　　　　　　　　　　[2013. 보험계리사]

① 현실적으로 비자발적 실업이 존재한다고 함은 임금이 하락하지 못하는 요인이 존재함을 뜻한다.

② 내부자－외부자 이론의 주장이 맞는다면, 경제활동인구 중 노동조합원의 비율이 증가할 때 실업률이 하락할 것이다.

③ 효율임금이론은 기업의 이윤극대화 결과 실질임금이 경직적으로 유지되고 비자발적 실업이 발생한다고 본다.

④ 최저임금제도는 특히 가장 숙련도가 낮은 단순노동자들에 있어서 비자발적 실업의 존재를 설명할 수 있는 요인이다.

해설 • 비자발적 실업은 임금이 (하방)경직적일 때 발생한다.
　　　• 효율성 임금과 최저임금은 시장 균형임금보다 높은 수준에서 결정되는데, 이때 결정된 임금이 하방경직이어서 노동시장에서는 노동의 비자발적 실업을 야기하게 된다.
　　　• 내부자－외부자 이론에서는 내부자와 기업의 일치된 이해관계로 인해 시장 균형임금보다 높은 수준에서 실질임금이 결정되고 이로 인한 노동시장에서의 초과공급으로 인해 비자발적 실업이 발생한다고 주장한다. 따라서 경제활동인구 중 노동조합원의 비율이 증가할수록 실질임금이 상승하게 되어 비자발적 실업은 더욱 증가하게 된다.

정답 ②

확인 TEST

효율임금이론에 대한 설명으로 옳은 것만을 모두 고른 것은?　　　　　　　　　　　[2013. 지방직 7급]

ㄱ. 효율임금은 노동시장의 균형임금보다 높다.
ㄴ. 노동의 초과공급에 의한 실업의 존재를 설명한다.
ㄷ. 근로자들의 근무태만을 방지할 수 있다.
ㄹ. 노동의 생산성이 임금수준을 결정한다고 가정한다.

① ㄱ, ㄴ, ㄷ
② ㄱ, ㄴ, ㄹ
③ ㄱ, ㄷ, ㄹ
④ ㄴ, ㄷ, ㄹ

해설 효율임금이론은 임금이 높을수록 노동의 생산성이 오히려 높아진다는 문제의식에서 출발한다.

정답 ①

Theme

87 스태그플레이션과 자연실업률 가설

❶ 필립스곡선과 물가 기대

1) 최초의 필립스곡선(Phillips Curve)

(1) 의미

① 1958년 영국의 경제학자 필립스(A. W. H. Phillips)는 1861~1957년 사이의 임금상승률과 실업률에 관한 시계열 자료를 가지고 양자 사이의 상충관계(trade-off)가 장기적으로 존재한다는 것을 발견하였다.

② 사무엘슨(P. Samuelson)과 솔로우(R. Solow) 등의 미국의 케인지언들이 이를 물가상승률(π)과 실업률(u) 간의 상충관계로 변화시킨 이래 필립스곡선은 물가안정과 고용안정 간의 상충관계(trade-off)를 나타내는 곡선을 의미하는 것으로 사용되었다.

$$\pi = -\alpha(U - U_N), \ \alpha > 0$$
π : 인플레이션율, U : 실제실업률, U_N : 자연실업률, α : 반응계수

(2) 도해적 설명

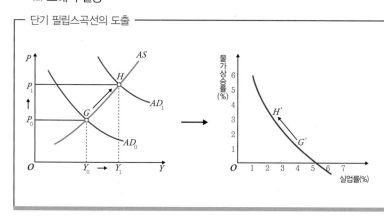

— 단기 필립스곡선의 도출 —

총수요가 증가하여 AD곡선이 오른쪽으로 이동하면 물가의 상승과 총산출량의 증가를 가져온다. 이때 총산출량이 증가한다는 것은 고용이 증가하여 실업률이 하락한다는 것과 동일한 의미이므로 물가상승률과 실업률의 역(-)의 관계인 단기필립스 곡선이 성립하게 된다.

① 실업률을 낮추기 위해 총수요증대정책을 쓰면경제의 균형점이 G점에서 H점으로 이동하게 되어 물가는 상승하고 실업률은 하락하게 된다.

② 이는 우하향하는 필립스곡선과 우상향하는 AS곡선과는 표리의 관계가 있음을 보여준다.

2) 우하향의 필립스곡선의 의의

(1) 50년대와 60년대의 케인지언들은 우하향의 필립스곡선을 장기적으로 안정적인 것으로 보고, 재량적인 총수요 관리정책을 통한 정부 개입을 합리화하는 근거로서 제시되었다.

(2) 어떤 경제에서든지 현실적으로 물가상승률과 실업률 간에는 안정적인 함수관계가 존재하고 이를 나타내는 것이 필립스곡선이다. ⇒ 정부는 총수요 관리정책을 통한 미조정(fine-tuning)으로 필립스곡선상의 한 점을 선택할 수 있다는 것이다.

경제학에서 사용되는 기대의 종류 : 사람들이 얼마나 빨리, 정확하게 물가의 변화를 기대하는가?

구분	주요 내용
완전 예견 (perfect foresight)	• 기대치와 실제치가 항상 일치하는 것으로 비현실적인 가정이다. • 고전학파가 주로 사용
고정적 기대(정태적 기대) (static expectation)	• 현재의 경제상태(예 : 물가)가 미래에도 그대로 유지 될 것으로 기대하는 것으로 완벽한 착각에 빠지는 것을 의미한다. • 케인즈가 주로 사용 → 화폐 환상 존재
적응적 기대 (adaptive expectation)	• 기대를 형성할 때 경제 주체들은 단기에는 과거의 정보를 이용하여 미래를 기대하게 된다. 이에 따라 단기에는 정확하게 예상하지 못하고 체계적 오류에 빠지게 된다. 그러나 장기에는 과거의 기대 가운데 잘못된 것이 있으면 그것을 반영하여 다음 기에 대한 정확한 기대를 형성한다. • 케인즈학파(주로 단기 설명)와 통화주의학파(단기, 장기 설명)가 주로 사용
합리적 기대 (rational expectation)	• 경제 주체들이 기대를 형성할 때 현재 이용 가능한 과거와 현재 및 미래의 모든 관련 정보를 활용하여 경제 변수를 예상한다. 이에 따라 예상된 정책에 의한 경제현상 변화는 단기에도 정확하게 기대하게 된다. 다만 예상치 못한 정책에 의한 경제상태는 단기적으로는 기대하지 못하고 오류에 빠지다가 장기에 정확하게 기대하게 된다. 다음에 그 정책을 다시 시행하면 단기에도 정확히 기대한다. 이에 따라 기대의 오류가 발생하기는 하지만 체계적 오류를 범하지는 않는다. • 새 고전파(Lucas)와 새 케인즈학파가 주로 사용

적응적 기대의 문제

합리적 기대에 의하면 경제주체들은 미래 경제변수들의 움직임을 포함하여 이용 가능한 모든 정보를 활용하여 효율적으로 인플레이션을 예상한다. 이처럼 합리적으로 기대가 형성되면 경제주체들은 내년에 정부가 통화량을 두 배로 늘린다고 공표하여 급속한 인플레이션이 예상되는데도 과거의 인플레이션율이 계속 0%이었다는 이유만으로 내년의 인플레이션율도 0%라고 예상하지는 않을 것이다.

체계적인 예측오차

주어진 정보를 충분히 이용하지 않음으로써 미래 인플레이션율을 실제 인플레이션율보다 계속 높게 예상하거나 혹은 계속 낮게 예상하는 것을 말한다. 따라서 주어진 정보를 충분히 활용하면 이러한 체계적인 예측오차는 발생하지 않는다. 즉, 합리적 기대상황에서도 예측오차는 발생하지만, 이러한 예측오차는 평균적으로 0이 된다.

심화 TEST

다음은 단기 필립스곡선에 대한 강의 장면의 일부이다. 괄호 안의 ㉠, ㉡ 에 들어갈 내용을 순서대로 쓰고, 밑줄 친 ㉢ 을 기대(예상) 인플레이션율의 변화와 단기 필립스곡선의 움직임으로 설명하시오. [2018. 교원임용]

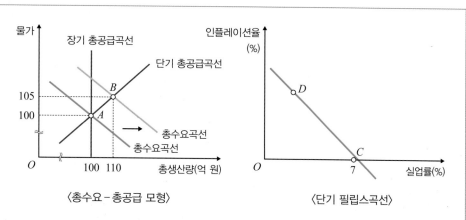

〈총수요 – 총공급 모형〉   〈단기 필립스곡선〉

교수: 〈총수요 – 총공급 모형〉에서의 A점은 t기의 장단기균형점, B점은 $t+1$기의 단기 균형점이며, A점과 B점은 각각 〈단기 필립스곡선〉의 C점과 D점에 대응합니다. 총생산 갭 1%p 상승할 때, 실업률이 0.5%p 하락한다고 하면, D점의 실업률은 얼마가 될까요? 그리고 t기 대비 $t+1$기의 물가상승률을 의미하는 D점의 인플레이션율은 얼마가 될까요?

학생: 총생산갭을 어떻게 계산하나요?

교수: 총생산갭은 총생산량에서 잠재생산량을 뺀 값을 잠재 생산량으로 나누어 주면 됩니다. 그리고 잠재 생산량은 일정하다고 가정하고 계산하세요.

학생: 그렇다면, D점의 실업률은 (㉠)%이고, D점의 인플레이션율은 (㉡)%입니다.

교수: 정확히 맞추었습니다.

학생: 단기 필립스곡선이란 결국 인플레이션율과 실업률사이의 음(−)의 관계를 나타내는 곡선이군요. 그렇다면, 만약 정부가 인플레이션율을 낮추는 정책을 펼치면, 반드시 실업률이 증가하는 고통을 수반하겠군요.

교수: 기대의 형성방식이 합리적이고, 정부의 정책을 경제 주체가 신뢰하는 상황에서 정부가 인플레이션율을 낮추겠다는 정책을 발표할 경우, ㉢ 실업률 증가라는 고통을 수반하지 않고 인플레이션율을 낮출 수 있습니다.

분석하기

- ㉠:2% ⇒ D점에 대응하는 B점에서는 기존의 A점에서의 총생산량인 100억 원의 10%에 해당하는 10억 원만큼의 총생산 갭 증가가 이루어졌다. 그런데 총생산 갭 1%p 상승할 때, 실업률이 0.5%p 하락한다고 했으므로 D점에서의 실업률은 A점에 대응하는 C점에 비해 5%만큼 하락한 2%가 된다.

- ㉡:5% ⇒ D점에 대응하는 B점에서의 물가수준은 기존의 A점에서의 물가수준인 100에 비해 5%만큼에 해당하는 5가 증가한 105이다.

- ㉢:단기 필립스 곡선이 불변이라면 인플레이션율의 하락은 반드시 실업률 증가를 수반하게 된다. 그러나 인플레이션율을 낮추겠다는 정부 정책에 대한 신뢰로 기대인플레이션율이 하락하게 되면 단기 필립스 곡선 자체가 하방으로 이동하게 된다. 이에 따라 인플레이션율이 하락해도 실업률은 이전 수준을 유지할 수 있게 된다.

❷ Friedman-Phelps 모형 : 자연실업률 가설

1) 등장 배경

(1) 1960년대 후반부터 스태그플레이션이 현저하게 나타나게 되어 케인지언들이 제시했던 총수요 관리정책이 장기에서는 무력하여 필립스곡선이 장기적으로는 불안정한 것으로 나타나게 되었다.

(2) Friedman, Phelps, Fellman 등의 통화주의자들은 우하향의 필립스곡선은 일시적인 관계만을 나타내는 것뿐이며, 실업을 줄이기 위한 Keynes적인 총수요관리 정책은 장기에서 물가만 상승시킬 뿐이라는 자연실업률 가설을 주장하게 되었다.

자연실업률(natural rate of unemployment)

1. **의미** : 자연실업률은 고전학파 전통을 계승한 통화주의자인 프리드먼(M. Friedman)에 의해 처음 제시된 개념이다. 이러한 자연실업률은 다음과 같이 매우 다양하게 정의된다.
   (1) 노동시장이 완전고용을 달성할 때의 실업률이다.
   (2) 장기적으로 인플레이션을 가속시키지도 않고 감속시키지도 않는 실업률이다.
   (3) 경기변동 과정에서의 평균적 수준의 실업률이다.
   (4) 실제 GDP와 잠재 GDP가 일치하는 수준에서의 실업률이다.
   (5) 실제 인플레이션율과 기대 인플레이션율이 일치하는 수준에서의 실업률이다.
2. **발생원인** : 경제가 완전고용을 달성한다고 하더라도 정보의 불완전성 등으로 인한 어느 정도의 마찰적 실업의 발생을 불가피하다. 이에 따라 완전고용임에도 불구하고 자연실업률은 0%보다 높은 수준을 보이게 된다. 실증적 추정에 따르면 미국의 자연실업률 수준은 5% 남짓이고, 한국의 자연실업률 수준은 3% 남짓으로 추정되고 있다.

자연실업률(natural rate of unemployment)의 도출

1. **의의** : 경제가 평균적으로 달성할 수 있는 실업률 수준으로 실직자의 수와 취업자의 수가 같은 경우의 실업률을 의미한다.
2. **측정**
   경제활동인구를 L, 취업자 수를 E, 실업자 수를 U라고 하면 $L=E+U$이고, 실업률 $(u)=U/L$이 성립한다.
   그리고 취업률(job finding rate)을 f, 이직률(job separation rate)을 s라고 하면 일정 기간 동안 직장을 잃게 된 사람의 수는 sE이고, 새롭게 취업한 사람의 수는 fU이다. 만약 이 두 수치가 같으면 $(sE=fU)$실업률은 변하지 않고 일정하게 유지된다.

   그런데 $L=E+U$에서 $E=L-U$이므로 위의 식은 $s(L-U)=fU$가 되고, 양변을 L로 나누면

   $s\left(1 - \dfrac{U}{L}\right) = f\dfrac{U}{L}$, 또는 $s(1-u)=fu$가 된다. 이를 정리하면 다음과 같은 자연실업률을 구할 수 있다.

   $$u = \frac{s}{s+f}$$

3. **자연실업률에 영향을 주는 요인** : 실업보험제도, 인구구성의 변화, 평균수명의 연장, 노동시장의 구조나 제도

노동시장이 안정상태(실업률이 상승하지도 하락하지도 않은 상태)에 있다. 취업인구의 1%가 매달 직업을 잃고 실업인구 24%가 매달 새로운 직업을 얻는다면, 안정상태의 실업률은? (단, 경제활동인구는 고정이며, 노동자는 취업하거나 또는 실업 상태에 있다)

[2011, 지방직 7급]

① 4%

② 4.5%

③ 5%

④ 5.5%

해설 ▶ 노동시장이 안정상태(실업률이 상승하지도 하락하지도 않은 상태)에서의 실업률이 자연실업률이다. 자연실업률은 다음 방법으로 측정된다.

$$자연실업률 = \frac{이직률}{구직률 + 이직률}$$

따라서 자연실업률 $= \dfrac{1\%}{24\% + 1\%} = 4\%$가 된다.

정답 ▶ ①

2) 내용

(1) 고정된 기대와 전통적인 단기 필립스곡선

① 현재의 실업률을 낮추기 위해 총수요를 증대시키면 고정된 기대에 의해 국민총생산이 증가하여 실업률은 감소하고 인플레이션이 일어나는 단기 필립스곡선의 성립한다.

② 필립스곡선이 우하향하는 과정

물가 상승 ⇒ 실질임금 하락 ⇒ 노동에 대한 수요 증가 ⇒ 고용량 증가 ⇒ 실업률 하락

(2) 적응적 기대와 장기 필립스곡선

① 통화주의자들은 총수요증대에 의한 실업률의 감소는 일시적일 뿐이며, 장기에서 사람들이 인플레이션을 인식하게 되면 적응적 기대에 의하여 그들의 행동을 예상되는 물가상승에 적응시켜가기 때문에 실업률은 다시 본래의 수준으로 증가하게 된다고 주장한다.

물가가 과거 수년간 연 5%씩 상승했다고 가정하자. 그러면 사람들은 금년에도 물가가 5% 상승할 것으로 기대할 것이다(기대물가 : $P^e = 5\%$). 그런데 금년부터는 물가가 8% 상승한다면 사람들은 이 상황에 금방 적응하지 못한다. 따라서 금년에는 실제물가($P = 8\%$) > 기대물가($P^e = 5\%$)가 성립하고 내년에는 사람들의 기대물가가 5%와 8%의 중간쯤 될 것이다. 이후로 물가가 수년간 8%씩 오르면 기대물가는 장기적으로 8%가 된다($P = P^e$).

② 결국 인플레이션율과 실업률의 상충관계는 단기에 성립할 뿐 장기적으로는 자연실업률을 낮추지 못한 채 물가상승만 가져온다.

(3) 기대부가 필립스곡선(expectation augmented Phillips curve)

$$\pi = \pi^e - \alpha(U - U_N) + e \,(\alpha > 0)$$

π: 인플레이션율, π^e: 예상인플레이션, $\pi - \pi^e$: 예상치 못한 인플레이션,
U: 실제실업률, U_N: 자연실업률, α: 반응계수, e: 공급충격

① π^e는 기대물가상승률이 높아짐에 따라 실제로 물가상승률이 높아짐을 보여준다. 이것이 필립스곡선 식에 들어 있는 이유는 물가상승에 대한 기대가 명목임금의 결정에 영향을 주기 때문이다.

② $-\alpha(U - U_N)$에 의해 총수요의 증가에 따른 경기호황으로 인해 실업률이 자연실업률보다 낮아지면 그 차이에 필립스곡선의 기울기를 곱한 값만큼 물가상승률이 높아진다. 이에 따라 수요 견인 인플레이션이 발생한다.

③ 공급충격을 의미하는 e은 양(+)의 값을 가질 때 가뭄이나 원유가격 상승과 같이 경제에 부정적인 영향을 주는 공급충격이 발생했음을 나타낸다. 이에 따라 비용인상 인플레이션이 발생한다.

④ 결국 예상물가상승률이 상승하거나 부(-)의 공급충격이 발생하면 필립스곡선은 상향 이동한다.

사례 연구   기대부가 필립스 곡선

◈ 적응적 기대를 전제하는 필립스 곡선이 다음 식으로 주어져 있다.

$$\pi_t = \pi_{t-1} - 0.5(u_t - 0.06)$$

물가상승률을 5%p만큼 하락시키는 경우 실제 실업률(u_t)은?

분석하기

• 만약에 물가상승률을 5%p만큼 하락시킨다면 '$\pi_t = \pi_{t-1} - 0.05$'가 성립하게 된다. 이 조건을 주어진 식에 대입하면 '$-0.05 = -0.05(u_t - 0.06)$'가 만족되어야 한다. 이 식을 풀면 '$u_t = 0.16$'이 되어 실제 실업률은 16%가 된다.

확인 TEST

갑국의 필립스곡선은 $\pi=\pi^e+4.0-0.8u$로 추정되었다. 이에 따른 설명으로 가장 옳지 않은 것은? (단, π는 실제 인플레이션율, π^e는 기대인플레이션율, u는 실제실업률이다.)

[2019, 서울시 7급]

① 단기 필립스곡선은 우하향하며 기대인플레이션율이 상승하면 위로 평행이동한다.

② 잠재 GDP에 해당하는 실업률은 5%이다.

③ 실제실업률이 자연실업률 수준보다 높으면 실제인플레이션율은 기대인플레이션율보다 높다.

④ 5%의 인플레이션율이 기대되는 상황에서 실제인플레이션율이 3%가 되기 위해서는 실제실업률은 7.5% 가 되어야 한다.

해설 ▸ • 갑국의 필립스곡선을 기대가 부가된 필립스곡선 형태로 변형하면 다음과 같이 정리할 수 있다.

> • 기대가 부가된 필립스곡선: $\pi=\pi^e-\alpha(u-u_n)$ 또는 $\pi-\pi^e=-\alpha(u-u_n)$
> (여기서 π는 실제인플레이션율, π^e는 기대인플레이션율, u는 실제실업률, u_n은 자연실업률, α 는 양(+)의 상수이다.)
> • 갑국의 필립스곡선: $\pi=\pi^e+4.0-0.8u$ $\Rightarrow$ $\pi=\pi^e-0.8(u-5)$ 또는 $\pi-\pi^e=-0.8(u-5)$

• 단기 필립스곡선은 가로축이 실제실업률(u), 세로축이 실제인플레이션율(π)인 공간에 나타내어 진다. 이에 따라 기울기가 '$\alpha=-0.8$'이 되어 우하향하는 모습을 보인다. 또한 기대인플레이션율 (π^e)이 상승하면, 이것은 곧 단기 필립스곡선의 절편 값이 커진다는 의미이므로 단기 필립스곡선 은 상방으로 평행이동하게 된다(①).

• 잠재 GDP에 해당하는 실업률이 자연실업률이다. 따라서 갑국의 자연실업률은 5%이다(②).

• 기대가 부가된 필립스곡선인 '$\pi-\pi^e=-\alpha(u-u_n)$'에서 실제실업률이 자연실업률 수준보다 높으면, 즉 $(u>u_n)$이면, 우변 값은 음(−)의 값이 된다. 따라서 좌변도 음(−)의 값이 되기 위해서는 '$\pi<\pi^e$'이 성립해야 하므로, 실제인플레이션율(π)은 기대인플레이션율(π^e)보다 낮아야 한다(③).

• 갑국의 필립스곡선인 '$\pi-\pi^e=-0.8(u-5)$'에서 기대인플레이션율(π^e)이 5%인 상황에서 실제인플 레이션율(π)이 3%가 되기 위한 실제실업률(u)은 다음과 같이 도출된다(④).

> $\pi-\pi^e=-0.8(u-5)$ $\Rightarrow$ $3\%-5\%=-0.8(u-5\%)$ $\Rightarrow$ $-2\%=-0.8(u-5\%)$ $\Rightarrow$ $2.5\%=u-5\%$ $\Rightarrow$ $u=7.5$

정답 ▸ ③

(4) 도해적 설명

— 자연실업률 가설 —

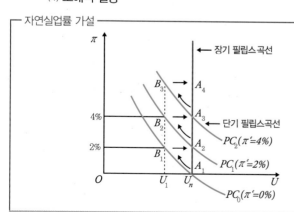

적응적 기대하에서 총수요의 증대는 단기적으로는 실업률을 낮추는 효과 ($A_1\Rightarrow B_1$, $A_2\Rightarrow B_2$, $A_3\Rightarrow B_3$)를 기대할 수 있지만 결국 장기적으로는 $A_1\Rightarrow B_1$ $\Rightarrow A_2\Rightarrow B_2\Rightarrow A_3\Rightarrow B_3$로 이동하게 되 어 자연실업률 수준으로 되돌아 온다.

① 원래의 균형점 A_1에서 물가상승률은 0%이고 실업률 U_n(예: 6%)인데, 정부가 실업률을 U_1(예: 4%)로 줄이기 위해 총수요를 증가시키면 단기에는 B_1점으로 이동한다.

② B_1점에서 물가상승률이 2%가 되면 사람들은 2%의 인플레이션을 기대하게 되고 노동자나 기업 모두 실질 소득의 하락을 방지하기 위하여 기대 인플레이션 2%를 가산하여 임금인상이나 이윤인상을 요구하게 되면 기업의 고용수준은 원래의 수준으로 감소하게 되어 실업률 수준은 A_2로 다시 회귀하게 된다.

③ 정부가 실업률을 계속 줄이기 위해 총수요를 부양하면, $A_1 \Rightarrow B_1 \Rightarrow A_2 \Rightarrow B_2 \Rightarrow A_3 \Rightarrow B_3$로 이동하게 되어 결국 Friedman-Phelps 등의 통화주의자들이 주장하는 장기 필립스곡선은 A_1, A_2, A_3, A_4를 잇는 수직선이 된다.

단기 필립스곡선과 장기 필립스곡선

단기 필립스곡선(전통적 필립스곡선)	장기 필립스곡선(기대부가 필립스곡선)
화폐환상이 존재한다. 고정적 기대를 전제한다.	화폐환상이 단기에는 존재하지만, 장기에는 사라진다. 적응적 기대를 전제한다.
안정적이다.	예상인플레이션율(π^e)에 따라 이동한다.
우상향하는 총공급곡선과 대응한다.	수직선의 총공급곡선과 대응한다.
어떤 실업률에든 놓일 수 있다.	장기적으로 자연실업률에 놓인다.

wage-price spiral

물가가 상승하면 물가상승에 대한 기대가 생기게 된다. 이러한 물가상승에 대한 기대는 명목임금을 상승시킨다. 한편 명목임금이 상승하면 제품생산비용이 상승하므로 기업은 제품의 가격을 상승시키고 이에 따라 물가 상승하게 된다. 물가가 다시 상승하면 앞에서 서술된 과정이 다시 반복해서 나타나게 된다. 이처럼 물가와 명목임금이 누가 먼저라고 할 것 없이 꼬리에 꼬리를 물고 상승하는 현상(wage-price spiral)은 인플레이션 과정에서 흔히 관찰되는 현상이다.

아래 그림에서 어떤 경제가 점 *B*에 있다고 하자. 다음 설명 중 옳은 것은?

[2013, CPA]

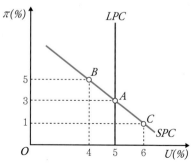

① 기대인플레이션율과 실제인플레이션율이 같다.
② 이 경제에서는 잠재 실질 *GDP*가 달성되고 있다.
③ 기대인플레이션율은 3%이다.
④ 자연실업률은 4%이다.
⑤ 기대인플레이션율의 하락은 *B*에서 *A*로의 이동을 가져온다.

해설▶ 단기 필립스곡선은 다음 식과 같이 나타낼 수 있다.

$$\pi = -\alpha(U - U_N) + \pi^e$$

단, π는 인플레이션율, α는 양(+)의 상수, *U*는 실제실업률, U_N은 자연실업률, π^e는 기대인플레이션율이다.

장기 필립스곡선은 자연실업률 수준에서 수직이므로 현재의 자연실업률(U_N)은 5%이다(④). 또한 점 *B*에서 실제실업률은 4%이므로 현재의 실질 *GDP*는 자연실업률 수준의 잠재 *GDP*보다 높은 수준에 도달해있다(②). 한편 단기 필립스곡선은 현재 주어진 인플레이션율은 변하지 않는다는 정태적 기대를 전제로 성립한다. 그런데 장기 필립스곡선은 실제실업률과 자연실업률이 일치하는 수준에서 수직이다. 이때 실제인플레이션율은 기대인플레이션율과 같아진다. 따라서 현재의 기대인플레인션율은 실세인플레이션율인 3%와 같다(①, ③). 그리고 기대인플레이션율의 하락은 단기 필립스곡선 자체를 좌하방으로 이동시킨다(⑤).

정답▶ ③

확인 TEST

인플레이션율과 실업률의 관계를 나타내는 필립스 곡선의 식은 $\pi - \pi^e = -\alpha(u - u^*)$이며, 어떤 경제의 상황을 그림으로 나타내면 다음과 같다. 이에 대한 해석으로 옳은 것만을 〈보기〉에서 모두 고르면?   [2011, 교원임용]

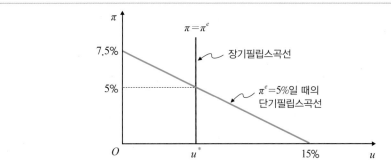

단, π는 인플레이션율, π^e는 기대 인플레이션율, u는 실업률 u^*는 자연실업률을 나타내며 모든 경제 변수들의 단위는 %이다. 그리고 α는 상수이다.)

─〈 보 기 〉─

ㄱ. π^e가 3%이고 실제 인플레이션율이 4%일 때 실업률은 3%이다.
ㄴ. π^e가 5%라면 인플레이션율이 1%만큼 하락할 때 희생률은 6이다.
ㄷ. 경제주체들이 합리적 기대를 한다면, 통화정책 당국은 실업률 상승 없이 인플레이션율을 낮출 수 있다.
ㄹ. 중앙은행의 정책목표가 실업률을 자연실업률로 맞춤으로써 안정적 인플레이션을 유지하는 것이라고 할 때, 경제주체들이 합리적 기대를 한다면 중앙은행이 자연실업률을 4%로 판단하고 통화정책을 시행할 경우 인플레이션이 무한히 증가하게 된다.

• 오쿤의 법칙 : 실업률 1% 상승은 *GDP* 2%의 하락
• 희생률 : 인플레이션율 1% 감소에 수반되는 *GDP*의 감소 %

① ㄱ, ㄷ   ② ㄱ, ㄹ   ③ ㄴ, ㄷ
④ ㄱ, ㄷ, ㄹ   ⑤ ㄴ, ㄷ, ㄹ

해설 • 주어진 그림을 이용하여 필립스 곡선을 도출하면 다음과 같다.

> • $\pi - \pi^e = -0.5(u - u^*)$
> • π는 실제 인플레이션율, π^e는 예상 인플레이션율, u는 (실제)실업률, u^*는 자연실업률이다.

이에 따라 장기 필립스곡선은 자연실업률 수준에서 수직의 모습을 보이며, 이때 자연실업률은 5%가 된다.
• π^e가 3%이고 실제 인플레이션율(π)이 4%이면, 주어진 단기 필립스곡선에서 '$1\% = -0.5(u - 5\%)$'가 성립한다. 이에 따라 (실제)실업률(u)은 3%가 된다(ㄱ).
• π^e가 5%를 전제로 주어진 그림에 따르면 인플레이션율이 1%만큼 하락할 때마다 실업률은 2%만큼 상승 한다(∵ 필립스곡선의 기울기는 0.5). 한편 실업률 1% 상승은 *GDP* 2%의 하락을 가져온다고 했으므로 인플레이션율이 1%만큼 하락하는 경우 실업률 2% 상승으로 *GDP*는 4%만큼 하락하게 된다. 결국 인플레이션율 1% 감소에 수반되는 *GDP*의 감소 %로 정의된 희생률은 4가 된다(ㄴ). 엄밀히 말하면 여기서 %로 출제된 것은 %p가 옳다.

- 경제주체들이 합리적 기대를 하고 인플레이션율을 낮추겠다는 통화정책 당국의 정책을 신뢰한다 것이 전제된다면, 경제주체들은 즉각적으로 기대 인플레이션율을 하향 조정한다. 이에 따라 통화 정책 당국은 실업률 상승 없이 인플레이션율을 낮출 수 있다(ㄷ).
- 현재 자연실업률이 5%임에도 불구하고 중앙은행이 자연실업률을 4%로 잘못 판단하고 (실제)실 업률을 중앙은행이 잘못 판단한 4%에 맞추려고 한다는 것은 현실의 자연실업률(5%)보다 낮은 수 준으로 실제 실업률(4%)을 유지하려고 하는 것과 동일한 결과를 초래한다. 일반적으로 경제주체 들이 합리적 기대를 하게 되면, (실제)실업률을 자연실업률보다 낮추려는 중앙은행의 통화정책은 (실제)실업률을 낮추지는 못하고 인플레이션율만 지속적으로 상승시키게 된다(ㄹ).

 ④

3) 적응적 기대가설의 한계

(1) 물가상승률을 예상함에 있어서 과거의 물가상승률에 관한 통계만 사용한다.

(2) 예상이 틀렸음에도 불구하고 동일한 방법으로 계속 물가상승률을 예상한다. 즉 틀릴 줄 알면서 도 동일한 실수를 반복한다.

사례 연구 **적응적 기대와 체계적 오류**

◈ 인플레이션이 다음과 같이 진행되고 있다.

연도	2016	2017	2018	2019	2020	2021
인플레이션율(π)	0%	0%	2%	4%	6%	8%

t연도에서 '$t+1$'연도의 인플레이션에 관한 예상이 다음과 같은 적응적 기대(adaptive expectation)에 의하여 이루 어진다고 가정하자.

$$\pi_{t+1}^e = 0.8 \times \pi_t + 0.2 \times \pi_{t-1}$$

1. 2018년에서부터 2022년까지의 예상 인플레인션율을 구하면?

- $\pi_{2018}^e = 0.8 \times \pi_{2017} + 0.2 \times \pi_{2016} = 0.8 \times 0\% + 0.2 \times 0\% = 0\% + 0\% = 0\%$
- $\pi_{2019}^e = 0.8 \times \pi_{2018} + 0.2 \times \pi_{2017} = 0.8 \times 2\% + 0.2 \times 0\% = 1.6\% + 0\% = 1.6\%$
- $\pi_{2020}^e = 0.8 \times \pi_{2019} + 0.2 \times \pi_{2018} = 0.8 \times 4\% + 0.2 \times 2\% = 3.2\% + 0.4\% = 3.6\%$
- $\pi_{2021}^e = 0.8 \times \pi_{2020} + 0.2 \times \pi_{2019} = 0.8 \times 6\% + 0.2 \times 4\% = 4.8\% + 0.8\% = 5.6\%$
- $\pi_{2022}^e = 0.8 \times \pi_{2021} + 0.2 \times \pi_{2020} = 0.8 \times 8\% + 0.2 \times 6\% = 6.4\% + 1.2\% = 7.6\%$

2. 2018년에서부터 2021년까지 예상 인플레이션율이 실제 인플레이션율 사이에 체계적 오류(systematic error)가 존재함을 보이면?

- 0%체계적 오류($=SE_t$)$=\pi_t^e - \pi_t$
- $SE_{2018} = \pi_{2018}^e - \pi_{2018} = 0\% - 2\% = -2\%$
- $SE_{2019} = \pi_{2019}^e - \pi_{2019} = 1.6\% - 4\% = -2.4\%$
- $SE_{2020} = \pi_{2020}^e - \pi_{2020} = 3.6\% - 6\% = -2.4\%$
- $SE_{2021} = \pi_{2021}^e - \pi_{2021} = 5.6\% - 8\% = -2.4\%$

이러한 모든 결과들을 종합하여 표로 정리하면 다음과 같다.

연도	2016	2017	2018	2019	2020	2021	2022
인플레이션율(π)	0%	0%	2%	4%	6%	8%	—
예상인플레이션율(π^e)	—	—	0%	1.6%	3.6%	5.6%	7.6%
체계적 오류(SE)	—	—	−2%	−2.4%	−2.4%	−2.4%	—

확인 TEST

어떤 경제를 다음과 같은 필립스(*Phillips*) 모형으로 표현할 수 있다고 할 때, 다음 설명 중 옳은 것은?

[2018, 국회 8급]

- $\pi_t = \pi_t^e - \alpha(u_t - \bar{u})$
- $\pi_t^e = 0.7\pi_{t-1} + 0.2\pi_{t-2} + 0.1\pi_{t-3}$

(단, π_t는 t기의 인플레이션율, π_t^e는 t기의 기대인플레이션율, α는 양의 상수, u_t는 기의 실업률, $\bar{u}$는 자연실업률이다.)

① 기대 형성에 있어서 체계적 오류 가능성은 없다.
② 경제주체들은 기대를 형성하면서 모든 이용 가능한 정보를 활용한다.
③ 가격이 신축적일수록 α값이 커진다.
④ α값이 클수록 희생률(sacrifice ratio)이 커진다.
⑤ t기의 실업률이 높아질수록 기의 기대 인플레이션율이 낮아진다.

해설
- 주어진 식에 따르면 t기의 기대 인플레이션율(π_t^e)은 t기 이전의 인플레이션율인 과거 정보가 가중 평균되어 예측되고 있다(②). 이것은 경제주체들이 적응적 기대를 하고 있다는 의미이고, 이에 따라 기대형성에 있어서 체계적인 예상오차가 발생한다(①).
- 가격이 신축적일수록 필립스곡선의 기울기는 가팔라진다. 이에 따라 필립스곡선의 기울기인 "값은 커지게 된다(③). 만약 이와 같이 커진 "값에 의해 필립스곡선의 기울기가 가팔라지면 인플레인션율이 하락할 때, 실업률의 상승이 작게 나타나게 되어 희생률(Sacrifice ratio)이 작아지게 된다(④).
- t기의 실업률이 높아질수록 낮아지는 것은 기의 기대 인플레이션율이 아니라 '기의 인플레이션율'이다(⑤).

정답 ③

필립스곡선에 대한 간단 정리

1. 필립스곡선을 보면 실업률이 높을 때는 기울기가 완만하지만 실업률이 낮을 때는 기울기가 급하다. 이것은 실업률이 낮을 때는 실업률이 높을 때보다 실업을 줄이기 위해 감수해야 할 물가상승률의 증가가 훨씬 크다는 것을 의미한다.
2. 케인지언들은 필립스곡선이란 총수요 변동에 의해 유발된 인플레이션과 실업 사이의 관계를 설명하기 위한 것인데, 1970년대의 인플레이션은 주로 석유파동 등에 의한 불리한 공급충격으로 발생한 비용인상형 인플레이션이므로 이 시기의 경험만 가지고 필립스곡선을 비판하는 것은 타당하지 않다고 보았다.
3. 프리드먼에 의하면 자연실업률은 잠재적 산출량과 일치하는 실업률로, 총수요 변동과 관계없는 구조적·마찰적 요인에 따라 결정되는 실업률 또는 공급측면에 교란요인이 없을 때 장기적으로 인플레이션 압력을 유발하지 않는 수준의 실업률을 의미한다. 따라서 경제가 장기적으로 구조적 실업이 없다 하더라도, 직업탐색의 과정에서 어느 정도의 마찰적 실업은 발생하기 마련이므로 자연실업률은 0%보다 클 수밖에 없다.

반인플레이션 정책

1. **급진주의(cold-turkey) 정책**: 생산과 고용이 정상적으로 이루어지고 있는 상황에서 높은 물가상승이 지속되고 있을 때, 물가상승을 단시일내에 급격히 냉각시키기 위하여 갑자기 총수요를 감소시키는 경제적 충격요법을 말한다.
2. **점진주의(gradualism) 정책**: 급진적인 반인플레이션 정책은 경기후퇴를 초래하여 고용과 생산을 감소시키는 등 여러 분야에서 후유증을 발생시킬지도 모르기 때문에, 어느 정도 인플레이션을 허용하면서 상당한 기간 동안 점진적으로 총수요를 줄임으로써 인플레이션에 서서히 대처해야 한다는 정책을 말한다.
3. **양자의 비교**: 실업률 증가의 폭이 작다고 해서 점진주의 전략이 급랭 전략에 비해 반드시 물가안정의 비용이 낮다고 할 수는 없다. 실업률이 얼마나 높아지는지도 중요하지만 높은 실업률이 얼마나 오래 지속되는지도 중요하기 때문이다.

확인 TEST

인플레이션 진정정책의 사회적 비용에 대한 설명 중 옳지 않은 것은?

[2011, 서울시 7급]

① 산출량의 감소 또는 실업의 증가가 사회적 비용이다.
② 합리적 기대를 하는 경제일수록 사회적 비용이 크다.
③ 필립스곡선이 수직적이면 사회적 비용은 적을 것이다.
④ 임금 및 가격 경직성이 높은 경제일수록 사회적 비용은 크다.

해설 ▶ 인플레이션 진정정책의 사회적 비용은 희생률로 측정할 수 있다. 희생률이란 인플레이션을 1% 감소시키기 위해 감수해야 할 실업률의 증가 또는 산출량의 감소로 측정될 수 있다. 이러한 희생률은 필립스곡선의 기울기가 가파를수록 작아진다. 한편 합리적 기대 하에 가격이 신축적인 경우 장·단기 필립스곡선은 수직이며 이 경우 정부정책에 대해 민간의 신뢰수준이 높다면 희생비용 없이, 즉 실업률의 상승 없이 인플레이션을 진정시킬 수 있다.

정답 ▶ ②

희생률과 반인플레이션 정책

K국의 거시경제 변수들 사이에 다음과 같은 관계가 있다.

- $\pi_t = \pi_t^e + b(Y_t - Y^*)$
- 여기서 π_t는 t기의 인플레이션율, π_t^e는 t기의 기대인플레이션율, Y_t는 기의 생산량, Y^*는 잠재 생산량이다. 단, 잠재생산량은 상수이며, b는 양수로 가정한다.

'$\pi_t^e = \pi_{t-1}$'과 같이 적응적 기대를 가정할 경우, 희생률을 구하면?

분석하기

- 주어진 식에 따른 희생률은 다음과 같이 인플레이션율을 1%p만큼 낮추기 위해 감수해야 할 생산량의 감소율로 정의할 수 있다.

$$희생률 = \frac{생산량\ 감소율}{인플레이션율\ 감소분} = \frac{(Y^* - Y_t)/Y^*}{\pi_t - \pi_{t-1}}$$

- 주어진 관계식에 적응적 기대를 반영하여 정리하면 다음과 같이 희생률을 도출할 수 있다.

$$\pi_t = \pi_{t-1} + b(Y_t - Y^*) \Rightarrow b(Y_t - Y^*) = \pi_t - \pi_{t-1} \Rightarrow \frac{(Y^* - Y_t)/Y^*}{\pi_t - \pi_{t-1}} = \frac{1}{b}$$

$$희생률 = \frac{(Y^* - Y_t)/Y^*}{\pi_t - \pi_{t-1}} \Rightarrow 희생률 = \frac{1}{b} \times \frac{1}{Y^*}$$

- 참고 : 합리적 기대 하에서, 인플레이션율을 현재의 6%에서 3%로 낮추려는 정책을 추진할 때, 이에 따른 조정과정을 표와 그림으로 정리하면 다음과 같다.

구분	π_t	π_t^e	Y_t	Y^*	생산량 감소분	누적 생산량 감소분
현재	6%	6%	Y^*	Y^*	0	0
1기	3%	3%	Y^*	Y^*	0	0
2기	3%	3%	Y^*	Y^*	0	0

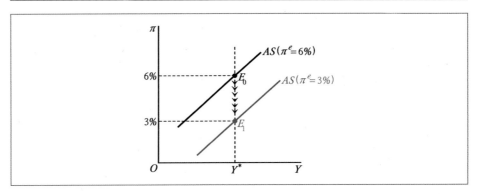

이를 통해 합리적 기대 하의 인플레이션 진정 정책은 산출량이 감소하는 것을 감수하지 않아도 됨을 확인할 수 있다. 즉 '희생률=0'이 되는, '희생 없는 반인플레이션(painless disinflation)'이 달성된다.

┌─ 오쿤의 법칙(Okun's law) ─

1. **의미**: 경제성장률과 실업률 간에는 일정한 관계가 존재함이 경험적으로 발견되는데 이를 오쿤(A.Okun)의 법칙이라고 한다. 경제에 실업이 존재한다는 것은 노동을 효율적으로 활용하지 못하고 있다는 것을 의미하므로 실제 GDP가 완전고용 GDP(자연산출량)에 미달한다는 것을 의미하는 것이며 이는 곧 산출량의 손실이 존재한다는 것을 의미하기도 한다.

2. **기본식**

$$\frac{Y_P - Y}{Y_P} = \alpha(U - U_N) \text{ 또는 } \frac{Y - Y_P}{Y_P} = -\alpha(U - U_N)$$

단, Y_P는 잠재 GDP, Y는 실제 GDP, U_N은 자연실업률, U는 실업률, α는 상수이다.

3. **기본식의 이해**

(1) 실업에 의한 GDP 손실 측정

어떤 국가의 $Y_P = 10$조 원, $U_N = 3\%$, $\alpha = 2.5$이고, 현재 실업률(U)이 7%라고 가정하자.

$$\frac{Y_P - Y}{Y_P} = \alpha(U - U_N) \Rightarrow \frac{10조 - Y}{10조} = 2.5(7\% - 3\%) \Rightarrow 10조 \text{ 원} - Y = 10조 \text{ 원} \times 10\% = 1조 \text{ 원} \Rightarrow Y = 9조 \text{ 원}$$

따라서 실업에 의한 GDP 손실(GDP 갭)은 'Y_P(잠재GDP) $-$ Y(실제 GDP) $= 1$조 원'이 된다.

(2) 재정정책을 실시할 때 정부지출 증가량(디플레이션 갭) 추정

현재 실업률이 7%, 정부지출승수 5이고 실업에 의한 GDP손실이 1조 원이라고 하자.

한편 디플레이션 갭 × 정부지출승수 = GDP 갭에서

디플레이션 갭 $= \dfrac{GDP \text{ 갭}}{\text{정부지출승수}} = \dfrac{1조 \text{ 원}}{5} = 2,000$억 원이므로 정부지출을 2,000억 원을 증가시키면 산출량이 1조 원 증가하여 실업률이 자연실업률인 3%로 하락하게 된다.

확인 TEST

오쿤의 법칙(*Okun's Law*)에 따라 실업률이 1%p 증가하면 실질 GDP는 약 2%p 감소한다고 가정하자. 만약, 중앙은행이 화폐공급 증가율을 낮추어 인플레이션율은 10%에서 8%로 하락하였으나, 실업률은 4%에서 8%로 증가하였을 경우 희생비율(sacrifice ratio)은? (단, 희생비율 $= \dfrac{\text{실질 } GDP \text{ 감소율}}{\text{인플레이션 하락율}}$ 이다.) [2015, 감정평가사]

① 약 2　　　　　　　② 약 4

③ 약 6　　　　　　　④ 약 8

해설 ▶
- 인플레이션율은 10%에서 8%로의 2%p 하락은 실업률을 4%에서 8%로 4%p만큼 상승시킨다. 그런데 이러한 실업률의 4%p만큼의 상승은 실질 GDP를 약 8%p만큼 감소시킨다.
- 앞의 내용을 기초로 하여 희생비율은 다음과 같이 측정된다.

$$\text{희생비율} = \frac{\text{실질 } GDP \text{ 감소율}}{\text{인플레이션 하락율}} = \frac{\text{약 } 8\%p}{2\%p} = \text{약 } 4$$

정답 ▶ ②

❸ 스태그플레이션

1) 의의 : 필립스곡선이 우상방으로 이동하여 물가와 실업률이 동시에 상승하는 현상이다.

2) 정책적 대안

⑴ Tinbergen 정리

① N개의 정책목표를 달성하기 위해서는 N개의 정책수단을 사용해야 한다는 것으로서 정책결합 (policy-mix)의 필요성을 시사한다.

② 완전고용과 물가안정의 두 가지 목표를 동시에 달성하고자 한다면 총수요 관리정책 하나만으로 불가능하고 인력정책과 소득정책이 동시에 필요하다.

⑵ 인력정책(manpower policy)

① 주로 구조적 실업을 해소하기 위해 직업훈련, 직업소개 등과 관련된 정책을 말한다.

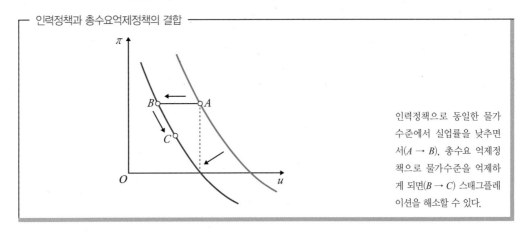

인력정책과 총수요억제정책의 결합

인력정책으로 동일한 물가 수준에서 실업률을 낮추면서($A \rightarrow B$), 총수요 억제정책으로 물가수준을 억제하게 되면($B \rightarrow C$) 스태그플레이션을 해소할 수 있다.

② 인력정책이 성공하면 물가상승률은 현재대로 유지하면서 실업률을 낮출 수 있게 되므로(그림 A에서 B로 이동) 필립스곡선이 좌하방으로 이동한다.

③ 동시에 총수요 억제 정책을 적절히 사용하면 B에서 C로 이동한다.

④ 이를 통해 물가상승률과 실업률을 동시에 낮출 수 있게 된다.

⑶ 소득정책(income policy)

① **의미** : 부가가치 분배측면에서의 소득상승을 억제함으로써 생산비 상승을 억제하여 비용인상형 인플레이션을 억제하고자 하는 정책이다. ⇒ 임금가이드라인(wage guideline), 임금-물가통제 (wage-price controls)

② **소득정책의 수단** : 생산성 상승률만큼만 명목임금인상을 유도함으로써 임금으로 인한 물가상승(임금인상형 인플레이션) 요인을 억제하고, 이윤 증가를 억제함으로써 이윤인상형 인플레이션을 억제한다.

┌─ 소득정책과 총수요확대정책의 결합 ─────────────────────

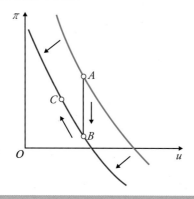

소득정책으로 동일한 실업률 수준에서 물가상승률을 낮추면서($A \rightarrow B$), 총수요 확대정책으로 실업률 수준을 낮추면($B \rightarrow C$) 스태그플레이션을 해소할 수 있다.

③ **소득정책의 효과** : 소득정책이 성공하면 실업률을 현재대로 유지하면서 물가 상승률을 낮출 수 있게 되므로(그림 A에서 B로 이동) 필립스곡선이 좌하방으로 이동하게 되고, 동시에 총수요 확대 정책을 적절히 사용하면 B에서 C로 이동하게 함으로써 물가 상승률과 실업률을 동시에 낮출 수 있다.

④ **소득정책의 한계** : 기본적으로 노조와 기업의 협력을 권유하는 정책으로 강제성이 없어 실현 가능성이 작고, 소득억제로 인해 총수요부족을 초래할 수도 있다. 또한 수요견인형 인플레이션에는 적합하지 않다.

┌─ 스태그플레이션 하에서의 수용적 정책 VS 비수용적 정책 ──────────────────

1. **수용적 정책**(accommodative policy) : 물가충격(①)을 경제내적으로 수용하기 위하여 통화공급을 증대시켜 총수요를 확대함으로써($AD_0 \Rightarrow AD_1$), 원래의 물가충격으로 인한 물가상승을 단기적으로 P_1에서 P_2로 상승시키고 소득을 원래 수준인 Y_0로 회복시키는 정책(②)이다. 이러한 수용적 정책은 물가충격에 경제정책을 사용하여 적극적으로 경제상황에 따라 대응하는 정책으로 정부의 재량정책이 그 대표적인 유형이다.

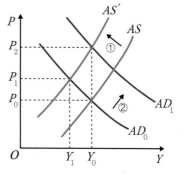

2. **비수용적 정책**(nonaccommodative policy) : 물가충격(①)에 대하여 통화공급을 종전대로 유지한 채, 물가충격으로 인한 물가상승(P_1)과 소득감소(Y_1)에서 초과공급을 발생시킴으로써 시장원리에 의하여 시간이 지나면서 다시 물가수준과 생산량을 각각 원래의 P_0와 Y_0수준으로 회복되도록 유도하는 정책(②)이다. 이러한 비수용정책은 물가충격에도 불구하고 통화량 등을 일정하게 유지하고 경제상황과는 관계없는 경제정책을 독립적으로 실시하는 정책으로 $k\%$ 준칙이 그 대표적인 유형이다.

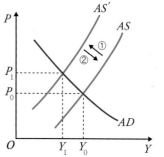

스태그플레이션(stagflation)과 진화정책(extinguishing policy)

부정적 공급충격으로 인해 상승한 물가수준을 부정적 공급충격 발생 이전 수준으로 되돌리기 위해 실시하는 총수요관리정책을 말한다. 다음 그림에서 볼 수 있는 것처럼 긴축적 재정정책이나 긴축적 금융정책을 사용하여 총수요(AD) 곡선을 왼쪽으로 이동시키는 것을 내용으로 한다.

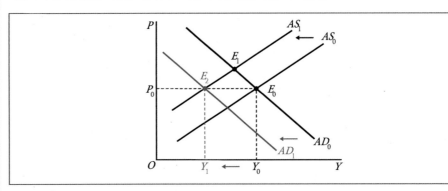

그런데 이러한 진화정책을 사용하게 되면 물가는 원하는 수준으로 되돌릴 수 있지만 산출량은 이전에 비해 더욱 감소하게 되어 경기침체가 심화된다. 이것은 공급충격으로 인해 발생한 변화를 수요측면 수단으로는 완전히 해결할 수 없음을 시사해 준다.

확인 TEST

케인스 학파의 일반적 경제정책관에 관한 설명으로 옳지 않은 것은?

[2007, 국가직 7급]

① 정부의 적극적 정책개입을 주장한다.
② 재정정책의 상대적 유효성을 주장한다.
③ 재량에 의한 경제정책 운용을 주장한다.
④ 외적 충격에 의한 비수용적(non-accommodative) 정책을 주장한다.

해설 ▶ 수용적 정책이란 경기가 침체국면이어서 생산활동이 위축되고 실업이 증가할 때, 이러한 문제를 해결하기 위하여 정책당국이 시장의 상황 속에 개입하여(현실을 받아들여) 재량적인 총수요 확대정책을 실시한다는 케인즈 학파의 대표적인 경제정책관이다. 이에 반해 비수용적 정책은 시장의 상황 속에 개입하지 않고 준칙에 의한 정책운용을 주장하는 통화주의의 대표적인 경제정책관이다.

정답 ▶ ④

┌───
│ 위대한 경제학자 : Milton Friedman

① 배경

M. Friedman은 20세기를 이끈 10인의 경제학자중 한 명으로 고전적 화폐수량설을 복원하여 현대적 통화주의를 주창하였다. Friedman은 1950년대 초반부터 일관되게 당시의 주류이론을 형성하던 Keynes 경제학에 대해 비판하면서 경제이론을 새롭게 제시하였다. Friedman의 경제학에 대한 기여는 실증주의적 분석을 경제이론의 핵심으로 보는 그 자신의 방법론 연구에서 시작된다. 실제로 그는 박사학위 논문 뿐 만 아니라 자신의 주요 저작이라 할 수 있는 "소비 및 화폐이론"에 이르기까지 실증주의적 방법에 충실한 연구 활동을 하였다고 평가받는다. Friedman은 화폐수량설에 관한 연구를 통해 화폐이론에 관한 자신의 새로운 영역을 구축하였다. 특히 화폐수요에 대한 정의를 통해 화폐수요는 건강, 교육, 일생 동안 기대되는 소득 등의 장기적 요인에 의해 결정되므로 안정적이라고 주장하였다. 그리고 화폐수요가 안정적이면 화폐의 유통속도 역시 안정적이라고 지적한다. Friedman의 이런 주장은 장기적 요인을 고려하지 않는 Keynes 경제학과는 대조를 이룬다. Friedman은 '미국의 금융사, 1867~1960' 연구를 통하여 본격적으로 통화주의자라는 이름을 얻게 된다. 그는 1930년대 공황이 연방준비은행의 서투른 통화정책 때문에 발생하였다고 진단함으로써 전통적인 Keynes 분석과는 정면으로 배치되는 견해를 다시 한번 제시하였다. Friedman은 수세기를 거슬러 올라가는 화폐수량설의 논쟁을 역사에서 꺼내어 부활시켰다.

② 통화주의

Friedman에 의해 꽃을 피운 '통화주의(monetarism)'는 경제활동의 중요한 결정요인을 화폐 공급에서 찾는다. 즉 시장에 개입하지 말고 화폐공급량을 통해 경기를 조절하자는 주장이다.

현대경제학에서 Friedman의 통화주의와 대비되는 것이 이른바 케인즈 학파다. 이들은 1929년 대공황의 원인을 다르게 보고 있다. 케인즈 학파는 대공황의 원인을 수요부족에서 찾는다. 따라서 유효수요확대를 대안으로 찾았다. 이를 위해 정부가 적극적으로 조세정책이나 공공지출과 같은 재정정책을 통해 유효수요와 고용을 증대하자는 방안을 제시했다. 루즈벨트 대통령의 '뉴딜 정책'의 바탕이 바로 케인즈 정책이다. 이에 비해 Friedman은 경제활동이 위축되기 시작했음에도 불구하고 중앙은행이 통화공급을 줄임으로써 대공황이 야기됐다고 진단했다. 따라서 정부의 재정을 늘리기보다는 통화량 조절이 최선의 방안이라고 주장한다. 지난 1970년대 인플레이션이 발생했을 때는 긴축 통화정책을 주장했다. 감세와 규제완화, 정부지출 축소를 앞세운 이른바 '레이거노믹스'가 통화주의의 영향을 받았다. 통화주의자들은 그러나 정부와 중앙은행이 함부로 시장에 개입해서는 안 된다고 주장한다. 따라서 통화정책을 준칙에 입각해 시행해야 한다고 강조하고 있다. 준칙을 한 마디로 표현한 것이 'K% rule'이다. 'K% rule'은 경제성장률, 물가상승률을 감안해 일정한 기준에 의해 통화 공급량을 결정해야 한다는 이론이다. 중앙은행이 임의로 통화 공급량을 조절해서는 안 되며 시장 참가자들이 통화 공급량을 예상할 수 있도록 일정한 규칙에 따라 통화량을 조절해야 한다는 것이다.

❹ 합리적 기대가설(rational expectations hypothesis) –새고전파(new classicals)

1) 의의

(1) 1970년대 중반 이후 발생한 스태그플레이션(stagflation)은 기존의 케인스 학파와 통화주의 학파가 제시했던 정책을 무력하게 만들었다. 이를 계기로 무스(J. Muth)에 의해 제기된 합리적 기대 개념을 도입한 합리적 기대학파가 등장하여 기존의 케인스 학파와 통화주의 학파 모두를 비판하게 되었다.

(2) 대표적 학자로는 루카스(R. Lucas), 사전트(T. Sargent), 왈라스(N. Wallace), 배로(R. Barro) 등이 이에 속한다. 이들의 주장은 고전학파와 일맥상통하는 내용들이 많아서 새고전파(New Classical)라고도 불린다.

(3) 합리적 기대가설의 기본가정

① 경제주체들은 이기심을 바탕으로 하여 최적화를 추구한다. 이러한 최적화를 달성하기 위하여 경제주체들은 주어진 정보를 모두 이용할 것이 예상된다. 이에 따라 경제주체들이 형성하는 기대는 합리적이다.

'평균오차=0'의 의미

물가상승에 대한 예상과정에서 체계적 오차가 발생하지 않는다는 말은 완전무결한 예측을 한다는 말은 아니다. 실제로는 예측에 사용되는 정보들이 불확실할 수도 있고 전혀 예측할 수 없는 외생적 충격이 발생할 수 있다. 따라서 체계적 오류가 없다는 것은 평균적인 기댓값이 정확함을 뜻한다. 만약 사냥꾼이 참새를 두 번 쏴서 처음엔 우측으로 10㎝, 다음에 좌측으로 10㎝ 빗나갔다면, 이것을 합리적 기대론자가 볼 때 "참새를 맞췄다"고 할 것이다.

---

② 가격조정이 신속하게 이루어진다.
③ 임금과 물가가 완전신축적이므로 발라(L. Walras : 왈라스)적인 '연속적 시장청산(continuous market clearing)'이 달성된다.
④ 노동의 공급은 합리적 기대에 입각한 예상실질임금의 증가함수이다.

2) 적응적 기대가설과 합리적 기대가설

(1) 적응적 기대가설(adaptive expectation hypothesis : AEH)

① 케이건(P. Cagan)에 의해 처음 도입된 AEH는 경제주체들이 과거의 경험을 기초하여 미래를 예상하여 새로운 경험을 할 때마다 과거의 경험에 기초한 예상을 서서히 수정 및 적응해 나간다는 가설이다.

② AEH에 의하면 미래의 기대인플레이션율은 현재의 실제인플레이션율과 관계없이 과거의 인플레이션율의 가중평균한 값이다. 그러나 현실적으로 미래의 인플레이션율을 예상할 때는 과거의 인플레이션율 뿐만 아니라 인플레이션에 영향을 미치는 현재의 정부정책, 임금상승

률, 경기상태, 이자율 등 매우 다양한 정보를 이용하는 것이 일반적이다.

  ③ *AEH* 하에서 경제주체들은 자신들의 기대형성이 빗나갔다는 것을 인식함에도 불구하고, 기존의 방식으로 계속해서 기대를 형성한다고 가정한다. 이에 따라 각 경제주체들은 체계적인 기대오류를 범하게 되는 문제점을 노출하게 된다. 이러한 문제를 해결하기 위해 등장한 것이 바로 '합리적 기대가설'이다.

(2) 합리적 기대가설(rational expectation hypothesis : *REH*)

  ① *REH* 하에서 경제주체들은 미래의 경제변수들을 예측할 때 과거의 정보는 물론이고, 그 변수와 관계를 맺고 있는 현재 및 미래의 정부정책과 정책변수 등 이용가능한 모든 정보를 효율적으로 활용하여 합리적으로 예측한다.

루카스 비평(Lucas critique)

합리적 기대를 거시경제분석에 도입한 새 고전학파는 정책시행에 따른 경제주체의 기대형성과 반응을 고려하지 않고 단지 기존의 통계자료에 근거하여 정책의 효과를 평가하는 전통적인 거시계량경제모형(macroeconometric model)에 문제가 있음을 지적한다. 특히 루카스는 새로운 정책이 시행되면 경제주체들의 기대와 반응이 바뀌고 이에 따라 경제변수들간의 관계, 즉 행태방정식에 있어서의 계수 값이 변할 것이기 때문에 이를 감안하지 않고 기존의 거시계량경제모형을 이용하여 정책효과를 분석할 경우 실제 정책효과를 제대로 파악할 수 없게 된다고 비판한다.

루카스 비평은 경제정책의 시행은 기계와 같은 수동적인 시스템을 최적으로 통제하는 것이 아니라 정책당국과 민간부문의 경제주체 사이에 벌어지는 전략적 게임으로 인식되어야 함을 확인시켜 준다. 이러한 전략적 게임이 얼마나 바람직한 거시 균형을 가져다 줄 것인가는 정부의 정책이 얼마나 신뢰성이 있는가의 문제와 직결된다.

합리적 기대의 내생성

합리적 기대가 다른 기대와 근본적으로 다른 점은 사람들이 일단 미래에 대한 예측을 했어도 그 후 경제상황이나 경제환경이 달라지면 여기에 따라서 원래의 미래예측을 즉각적으로 조정하여 의사결정에 반영한다는 점이다. 이것은 미래의 기대가 경제상황에 따라 변화된다는 성질로써 합리적 기대의 내생성이라고 한다.

> 미래의 물가예측 → 미래의 물가예측 조정 → 경제적 의사결정에 반영
>   ↑
>   경제상황의 변화

---

  ② 1970년대 중반부터 대두된 스태그플레이션에 직면한 경제주체들은 이전에 비해 매우 빠르게 인플레이션에 대한 예상을 조정해 나가게 되었고, 이에 따라 *REH*의 타당성이 인정받기 시작했다.

3) 합리적 기대가설의 주요 특징

(1) 수직인 필립스 곡선

  ① 통화주의 학파는 필립스 곡선이 비록 장기에는 수직일지라도 단기에서만큼은 우하향하는 모습을 보이기 때문에 총수요관리정책의 단기적 효과만큼은 인정한다.

② 합리적 기대가설에서는 필립스 곡선이 장기는 물론이고 단기에도 수직의 모습을 보이기 때
문에 총수요관리정책은 단기에서 조차도 효과가 없다고 주장한다.

⑵ 화폐의 중립성

① 총공급곡선이 수직인 한, 또는 설령 우상향하더라도 단기에도 단기총공급곡선(SAS)이 신속하
게 이동하는 경우라면 화폐의 중립성은 성립하며, 더 나아가 고전적 이분법도 성립하게 된다.

② 또한 단기총공급곡선의 신속한 이동이 보장되는 한 화폐환상(money illusion)은 나타나지 않
게 된다.

4) 합리적 기대가설의 한계

⑴ 정보수집비용을 고려하지 않는다. 정보수집비용이 과도하다면 모든 이용 가능한 정보를 수집하
여 합리적 기대를 한다는 것이 현실적으로 어려워진다.

⑵ 정보의 양적 측면만을 고려하고 정보이용능력이라는 질적 측면은 고려하지 않는다. 예컨대 민
간부문과 정부부문이 동일한 양의 정보를 갖고 있다고 하더라도 정보이용능력 측면에서 정부부
문이 보다 우월하다면 정부의 총수요관리정책의 효과는 여전히 유효하다.

⑶ 경제주체들은 현실적으로 합리적 기대보다는 주먹구구식(rule of thumb)으로 행동한다.

⑷ 미국이나 기타 선진국들이 경험했던 대규모의 장기실업상태를 설명할 수 없다.

⑸ 현실적으로 노동시장의 고용계약, 상품의 매매계약 때문에 임금과 일부 상품의 가격은 하방경
직성을 가질 뿐만 아니라 조정속도가 신속하지도 않다. 이에 따라 시장의 연속적 균형은 보장되
지 않는다.

사례 연구   중앙은행의 통화정책과 정책에 대한 신뢰

현재 물가가 급격히 상승하여 인플레이션율이 6%까지 도달하고 있다. 이에 대해 중앙은행이 급격한 인플레이
션율을 3% 수준에서 억제하기 위하여 긴축통화정책을 실시하기로 하였다. 그리고 다음날 이러한 중앙은행의
정책기조가 모든 언론에서 일제히 공표되었다.

1. 경제주체들이 중앙은행의 정책을 완전히 불신하는 경우의 효과

1) *AD-AS* 분석

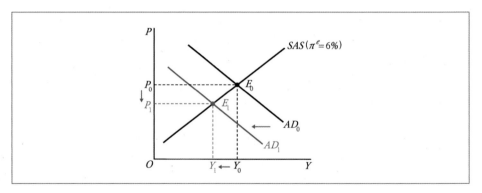

(1) 물가안정을 위한 중앙은행의 긴축통화정책으로 이자율이 상승하고, 이에 따라 소비와 투자가 감소하여 AD곡선은 왼쪽으로 이동$(AD_0 \rightarrow AD_1)$한다.

(2) 한편 경제주체들이 중앙은행의 정책을 전혀 신뢰하지 않음으로써 기대인플레이션에는 변화가 없고, 이에 따라 AS곡선은 현재 위치에서 전혀 움직이지 않는다. 결국 중앙은행의 긴축통화정책으로 경제는 E_0에는 E_1으로 이동하게 되어, 물가하락과 국민소득 감소를 가져오게 된다.

(3) 이것은 경제주체들이 중앙은행의 정책을 불신하는 경우에는 긴축통화정책으로 물가안정이라는 목표를 달성하기 위해서는 국민소득의 감소라는 것을 감수해야 한다는 것을 보여 준다.

2) 필립스 곡선 분석

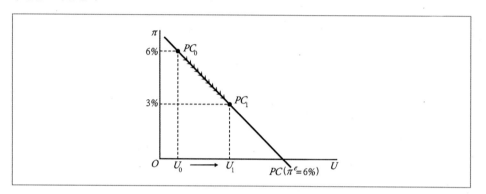

(1) 인플레이션율을 6%에서 3% 수준으로 낮추겠다는 중앙은행의 정책 발표를 경제주체들이 전혀 신뢰하지 않는다면 기대인플레이션율$(\pi^e = 6\%)$에는 변화가 없게 되고, 필립스 곡선은 현재 위치에서 전혀 움직이지 않는다.

(2) 이에 따라 경제는 필립스 곡선을 따라 PC_0에서 PC_1으로 이동하게 된다. 이를 통해 인플레이션율의 하락은 실업률의 상승을 수반하게 된다는 것을 알 수 있다.

2. 경제주체들이 중앙은행의 정책을 완전히 신뢰하는 경우의 효과

1) $AD\text{-}AS$ 분석

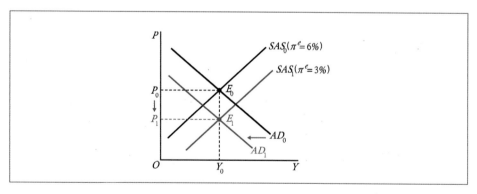

(1) 물가안정을 위한 중앙은행의 긴축통화정책으로 이자율이 상승하고, 이에 따라 소비와 투자가 감소하여 AD곡선은 왼쪽으로 이동$(AD_0 \rightarrow AD_1)$한다.

(2) 한편 경제주체들이 중앙은행의 정책을 완전히 신뢰함으로써 기대인플레이션이 즉각 하락하게 되고, 이에 따라 AS곡선은 현재 위치에서 오른쪽으로 이동$(AS_0 \rightarrow AS_1)$하게 된다. 결국 중앙은행의 긴축통화정책으로 경제는 E_0에는 E_1으로 이동하게 되어, 물가는 하락하고 국민소득은 불변이 된다.

(3) 이것은 경제주체들이 중앙은행의 정책을 신뢰하는 경우에는 국민소득 감소 없이도 긴축통화정책으로 물가안정이라는 목표를 달성할 수 있다는 것을 보여 준다.

2) 필립스 곡선 분석

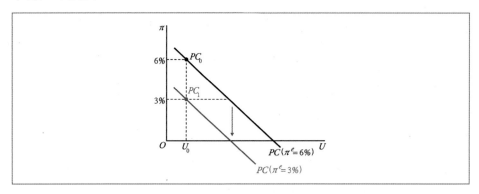

(1) 인플레이션율을 6%에서 3% 수준으로 낮추겠다는 중앙은행의 정책 발표를 경제주체들이 완전히 신뢰한다면 기대인플레이션율(π^e)은 즉시 조정(6% → 3%)되어 필립스 곡선 자체가 '$PC_0(\pi^e=6\%)$'에서 '$PC_1(\pi^e=3\%)$'로 아래쪽으로 이동하여, 경제는 PC_0에서 PC_1에서 균형을 이루게 된다. 이에 따라 인플레이션을 하락하고, 실업률은 불변이 된다.

(2) 이를 통해 경제주체들이 중앙은행의 정책을 완전히 신뢰하게 되면, 실업률 증가라는 희생이 없이도 인플레이션 억제라는 목표를 달성할 수 있다는 것을 알 수 있다. 즉 '희생률=0'이 된다.

> **루카스 비평(Lucas critique)**
>
> 합리적 기대를 거시경제분석에 도입한 새 고전학파는 정책시행에 따른 경제주체의 기대형성과 반응을 고려하지 않고 단지 기존의 통계자료에 근거하여 정책의 효과를 평가하는 전통적인 거시계량경제모형(macroeconometric model)에 문제가 있음을 지적한다. 특히 루카스는 새로운 정책이 시행되면 경제주체들의 기대와 반응이 바뀌고 이에 따라 경제변수들 간의 관계, 즉 행태방정식에 있어서의 계수 값이 변할 것이기 때문에 이를 감안하지 않고 기존의 거시계량경제모형을 이용하여 정책효과를 분석할 경우 실제 정책효과를 제대로 파악할 수 없게 된다고 비판한다.
>
> 루카스 비평은 경제정책의 시행은 기계와 같은 수동적인 시스템을 최적으로 통제하는 것이 아니라 정책당국과 민간부문의 경제주체 사이에 벌어지는 전략적 게임으로 인식되어야 함을 확인시켜 준다. 이러한 전략적 게임이 얼마나 바람직한 거시 균형을 가져다 줄 것인가는 정부의 정책이 얼마나 신뢰성이 있는가의 문제와 직결된다.

5) 경기안정화정책의 효과에 관한 견해: 원래의 균형점이 A라고 할 때

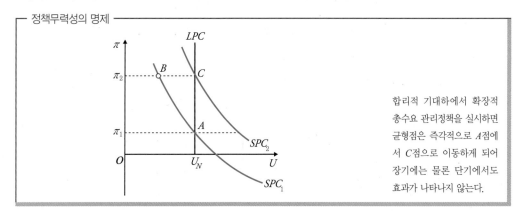

— 정책무력성의 명제 —

합리적 기대하에서 확장적 총수요 관리정책을 실시하면 균형점은 즉각적으로 A점에서 C점으로 이동하게 되어 장기에는 물론 단기에서도 효과가 나타나지 않는다.

(1) Keynes주의

① "장기적으로는 모르나 단기적으로는 유용하다."

② 필립스곡선은 이동하지 않음으로써 효과를 긍정($A{\rightarrow}B$)

(2) 통화주의

① "단기적으로는 모르나 장기적으로는 무용하다."

② 단기에서의 효과는 긍정 ($A{\rightarrow}B$)하지만, 장기에서는 부정($B{\rightarrow}C$)

(3) 합리적 기대론자

① "장기적으로는 물론 단기적으로도 무용하다."(⇒ 정책무력성의 명제).

② 장·단기 모두에서 효과를 부정($A{\rightarrow}C$)

각 학파별 필립스곡선

구분	필립스곡선의 모습
고전학파	부재 혹은 수직
케인스학파	우하향
통화주의	일시적으로 우하향하나 장기적으로는 자연실업률에서 수직
합리적기대학파	단기적으로나 장기적으로나 자연실업률에서 수직

합리적 기대가설과 정책무력성의 정리

옛날 옛적에 한 야심적인 재무장관이 있었다. 그는 이자율을 내림으로써 투자의 승수효과를 얻을 수 있다고 믿고, 금융부문을 통하여 자금공급을 확대하기로 결정했다. 즉 통화공급을 늘리면 이자율이 하락한다는 전통적이고 초보적인 교과서의 이론을 토대로 하여 자신만만하게 통화공급을 늘리겠다는 계획을 발표한 것이다.

그 나라에는 한 돈 많은 부자가 살고 있었는데 그도 역시 경제학을 공부한 적이 있어 다음과 같은 형태의 유명한 교환방정식을 알고 있었다.

$$MV = PY$$

그는 어느날 재무장관의 확대금융정책 소식을 듣고 다음과 같은 생각을 하였다. "만약 통화의 유통속도(V)와 생산수준(Y)이 일정하다면 통화량이 매년 10%씩 증가할 때 인플레이션도 매년 10%가 될 것이다($\varDelta M = \varDelta P$). 그러므로 이후로는 남에게 돈을 빌려 줄 때(자금공급)는 5%의 실질수익률을 유지하기 위해 15%의 명목이자율을 요구해야 하겠다."라고 생각하였다. 그로부터 그 부자는 돈을 빌려줄 때마다 15%의 명목이자율을 요구하였고 돈을 빌리는 사람(자금수요자)도 이를 거부하지 않았다. 왜냐하면 그들은 명목가치가 아니라 실질가치에 의해서 거래하였기 때문이다.

만약 재무장관이 계획한 대로 통화량을 10% 늘렸고, 그 결과로 10%의 인플레이션이 일어났다고 하면 재무장관이 확대금융정책으로 얻은 것은 아무 것도 없을 것이다. 왜냐하면 채권자와 채무자가 모두 재무장관이 계획한 확대금융정책의 효과를 정확히 예상하여 이에 따라 행동했기 때문이다. 즉 명목이자율을 예상물가상승률만큼 올림으로써 실질이자율은 연 5% 수준에서 변함이 없었고 이에 따라 투자도 증대되지 않았으며 소득과 고용은 원래의 상태에서 증가되지 않았다.

교과서적인 이론의 환상에서 깨어난 재무장관은 결국 장관직을 사임하고 새로운 일자리를 찾아나섰다고 한다.

−쇼(G. K. Shaw)

❺ 기대이론과 경기안정화 정책의 효과

1) 완전예견과 경기안정화 정책

(1) **완전예견(perfect foresight)** : 미래에 관한 완벽한 정보를 소유하고 있다고 가정한다.

(2) **완전예견 하의 정책 효과** : 재정정책은 완전한 구축효과에 의해서, 금융정책은 화폐의 중립성으로 인해 모두 완전히 무력하다.

2) 정태적(고정적) 기대와 경기안정화 정책

(1) **정태적 기대(static foresight)** : 미래는 언제나 현재와 동일하다고 예상한다. 즉 경제주체들이 경제상황의 변화를 상당 기간이 경과할 때까지 인식하지 못하거나, 설령 인식한다고 하더라도 즉시 이것을 기대에 반영하지 못한다는 것이다.

(2) **정태적 기대하의 정책 효과** : 재정정책은 직접적이고도 확실한 효과가 있는 반면에 금융정책은 간접적이고도 불확실하므로 재량적인 재정정책을 통한 미조정(fine-tuning)을 주장한다.

3) 적응적 기대와 경기안정화 정책

(1) **적응적 기대(adaptive foresight)** : 현재의 기대를 수정할 때 과거의 예상오차에 대한 정보를 이용한다. 이에 따라 금기의 예상치는 전기의 실제치와 예상치의 가중평균이다.

(2) **적응적 기대 하의 정책 효과** : 확대정책을 실시하면 총수요곡선이 이동하여 실제물가수준이 변하고 기대물가수준은 부분 수정되어 명목임금이 변하여 총공급곡선이 이동한다. 이에 따라 단기에는 실질효과가 있으나, 장기에는 실제물가와 기대물가가 일치하게 되어 실질효과는 사라지게 된다.

4) 합리적 기대와 경기안정화 정책

(1) **합리적 기대(rational expectation)** : 이용 가능한 모든 정보를 사용하여 도출한 최상의 예측치이다. 이러한 합리적 기대는 정확한 기대는 아니다. 이에 따라 예상오류는 존재하게 되지만, 그것의 평균이 0이 되어 반복적인 오류는 범하지 않는다.

(2) **합리적 기대 하의 정책 효과**

① **새고전파(New Classics)** : 합리적 기대와 함께 가격의 신축성을 전제한다. 이에 따라 예상된 정책을 실시하면 실제물가의 변화에 따라 즉각 기대물가가 조정되어 실질효과가 없다(정책 무력성의 정리). 다만 예상되지 못한 정책은 단기적 효과는 있으나 정부의 신뢰와 평판이 악화되고, 정책에 대한 신뢰성을 떨어뜨리게 된다.

② **새케인스학파(New Keynesian)** : 합리적 기대를 취하면서도 시장청산가정은 부정한다. 이에 따르면 정보부족이나 조정비용 때문에 물가가 경직적이어서 완전히 예상된 정책이라고 하더라도 단기적인 실질효과는 나타나게 된다.

확인 TEST

다음 그림은 필립스곡선을 나타낸다. 현재 균형점이 *A*인 경우, (가)와 (나)로 인한 새로운 단기 균형점은?

[2017, 국가직 7급]

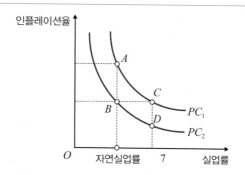

(가) 경제주체들의 기대형성이 적응적 기대를 따르고 예상하지 못한 화폐공급의 감소가 일어났다.

(나) 경제주체들의 기대형성이 합리적 기대를 따르고 화폐공급의 감소가 일어났다. (단, 경제주체들은 정부를 신뢰하며, 정부 정책을 미리 알 수 있다.)

	(가)	(나)
①	*B*	*C*
②	*B*	*D*
③	*C*	*B*
④	*C*	*D*

해설 ▶
- 경제주체들이 적응적 기대를 하게 되면 정책당국의 경기안정화 정책은 단기에서만큼은 효과가 나타나게 된다. 이에 따라 예상하지 못하게 화폐공급이 감소하게 되면 물가는 하락하고 실업률은 상승하게 된다. 이것은 경제가 '필립스곡선을 따라' *A*에서 *C*로 이동한다는 것을 의미한다.
- 경제주체들이 합리적 기대를 하게 되면 경기안정화 정책은 단기에서조차 효과가 나타나지 않으며, 물가만 변화시키는 것에 그친다. 이에 따라 정부 정책을 미리 알 수 있어 예상된 화폐공급의 감소는 물가만을 하락시킬 뿐 실업률은 변화가 없게 된다. 이것은 '필립스곡선 자체가 이동하게' 된다는 것을 의미하고, 이에 따라 경제는 *A*에서 *B*로 이동하게 된다는 것을 의미한다.

정답 ▶ ③

⑥ 경기안정화 정책을 둘러싼 논쟁

1) 비개입주의와 개입주의

(1) 비개입주의

① 의의 : 고전학파, 통화주의자, 새고전파에 속하는 경제학자들은 시장의 자동조절 기능을 신뢰하며 정책 당국의 개입은 필요 없다고 주장한다. 만약 개입을 하게 되면 실질적인 효과를 얻기 보다는 시장의 교란요인으로만 작용할 뿐이라고 한다.

② 비개입주의의 근거

ⓐ 경제에 대한 충격은 기본적으로 일시적이며, 시간이 지나면 자동적으로 균형을 회복하기 때문이다.

ⓑ 가격변수가 신축적이다. 이에 따라 경제는 장기적으로 균형 상태를 향해 가며, 결국 장기적인 관점에서 경제문제를 평가한다면 개입은 불필요해진다.

(2) 개입주의

① 의의 : 신고전학파 종합, 불균형거시론자, 새케인지학파에 속하는 경제학자들은 가격 기능이 경직적이어서 시장의 자동조절 기능을 신뢰할 수 없다고 주장한다. 따라서 자유재량적인 적극 개입이 필요하다고 한다.

② 개입주의의 근거

ⓐ 가격변수가 경직적이다.

ⓑ 조정과정에서 발생하는 효과는 장기적인 효과도 중요하지만 단기적인 효과도 중요하다. 따라서 단기적으로 가격이 경직적인 한 정책당국의 개입은 필요할 수밖에 없다.

2) 안정화정책의 시차 문제

(1) 내부시차와 외부시차

① 내부시차 : 경제에 충격이 왔을 때 정책담당자가 충격의 실체를 인지(인식시차)하고 그에 대응하는 정책을 내놓기까지의 시간(실행시차)을 뜻한다.

② 외부시차 : 정책이 실시된 시점부터 실제 경제에 효과가 미칠 때까지의 시간을 뜻한다.

(2) 금융정책과 재정정책의 장단점

① 금융정책 : 신속하게 결정되는 속성 때문에 내부시차는 짧지만 그 효과는 길고 가변적으로 나타나므로 외부시차는 긴 것으로 알려져 있다.

② 재정정책 : 입법과정 등으로 인해 내부시차는 길지만 총수요에 즉각 반영되는 측면이 있어 외부시차는 짧은 것으로 알려져 있다.

금융정책과 재정정책의 시차 비교

구분	금융정책	재정정책
인식시차	서로 비슷한 시간 소요	서로 비슷한 시간 소요
실행시차	금융정책당국이 단독적으로 실시 ⇒ 시간이 짧다.	국회의 동의 등이 필요 ⇒ 시간이 길다.
외부시차	통화량·이자율 변동이 간접적으로 실물부문에 영향 ⇒ 시간이 길다.	조세·정부지출이 직접적으로 총수요 변동 유발 ⇒ 시간이 짧다.

확인 TEST

다음은 ○○고등학교 경제연구 동아리의 지도 교사와 학생들 간의 대화이다. A, B에 들어갈 내용으로 옳은 것은?

[2010. 교원임용]

> 교사 : △△나라의 경제는 성장률의 전망이 낮고 경기가 후퇴하는 국면을 맞이하고 있습니다. 이 나라의 경제는 고용시장이 침체되고, 국내 투자 및 소비가 위축되고 있는 상황입니다. 만약 폐쇄경제라는 가정하에 정부가 총수요관리정책을 편다면 어느 정책이 보다 더 효과적일까요?
>
> 학생 갑 : 저는 통화량을 증가시키는 정책이 보다 더 효과적이라고 봅니다. 왜냐하면 ＿＿＿ A ＿＿＿ 입니다.
>
> 학생 을 : 저는 국채 발행을 통해 정부 지출을 증가시키는 정책이 보다 더 효과적이라고 봅니다. 왜냐하면 ＿＿＿ B ＿＿＿ 입니다.

① A – 화폐시장에 유동성 함정이 존재하고 재정정책의 내부시차가 짧기 때문
② A – 확대통화정책은 이자율의 변화를 통해 실물시장에 간접적으로 영향을 미치는 반면, 재정정책은 내부
　시차가 길기 때문
③ B – 화폐시장에 유동성 함정이 존재하고 통화정책의 외부시차가 짧기 때문
④ B – 확대재정정책은 실물시장에 직접적으로 영향을 미치는 반면, 통화정책은 외부시차가 길기 때문
⑤ B – 국채 발행으로 재원을 조달하여 정부 지출을 증가시키면 구축효과가 발생하기 때문

해설
- 학생 갑 : 확대통화정책 찬성 ⇒ 확대재정정책은 구축효과를 발생시키고 내부시차가 길다. 반면에 확대통화정책은 내부시차가 짧아 정책결정을 신속하게 할 수 있다.
- 학생 을 : 확대재정정책 찬성 ⇒ 확대통화정책은 이자율 변화를 통해 실물시장에 간접적으로 영향을 미쳐 외부시차가 길고 또한 화폐시장에 유동성 함정이 존재하면 확대통화정책은 완전히 무력해진다. 반면에 확대재정정책은 실물시장에 직접적으로 영향을 미쳐 외부시차가 짧다.

정답 ④

---

3) 경기안정화를 위한 재량과 준칙 논쟁

(1) 재량(discretion)

　① 의의 : 정부가 적극적으로 개입하는 활동주의자(activist)의 정책이며, 정교한 조정을 중요시하는 상황원칙(feedback rule)이라고도 한다.

　② 근거

　　ⓐ 가격변수의 조정이 경직적이다.

　　ⓑ "장기에는 우리 모두 죽는다"는 케인스의 경구와 같이 장기는 물론 단기적인 조정과정도 중요하다.

　　ⓒ 정부는 정책 개입이 실효를 거둘 수 있는 정보와 지식을 보유하고 있다.

(2) 준칙(rule)

　① 의의 : 정부가 수동적 방식으로 개입하는 비활동주의자 정책(non-activist, passivepolicy)이며, 고정된 준칙(fixed rule)이라고도 한다. 준칙은 정책에 대한 신뢰성(credibility)을 중요시한다.

② 근거

　　ⓐ 가격 조정은 신축적이며 경제는 안정적이다.

　　ⓑ 급격한 경제활동 변화의 가장 큰 요인은 정책의 실패이다. 이에 따라 경제에 대한 일시적 외적 충격에 대해 수용적 통화정책을 실시하면 인플레이션만 악화시킬 뿐이다.

　　ⓒ 정책시차가 길고 가변적이다.

　　ⓓ 정부가 개입을 결정하고 정책을 변화시키면 최적화를 목적으로 행동하는 경제주체들은 자신의 행동을 조정해 나간다. 따라서 사람들의 행동변화를 고려하지 않는 일방적인 재량정책은 원하는 효과를 얻을 수 없게 된다(⇒루카스 비판).

　　ⓔ 민간과의 게임과정에서 정부정책이 일관성을 상실해버리면 민간으로부터 불신을 받게되는 상황을 초래할 수 있게 된다(⇒최적정책의 동태적 비일관성)

─ 통화정책에 관한 테일러의 준칙(Taylor rule) ─

1. **의미**: 물가안정이라는 장기목표와 경기안정이라는 단기목표를 동시에 달성하기 위해 미국의 연방준비제도가 통화정책 수단인 연방기금금리(*federal funds rate*)를 어떻게 설정해야 하는가를 제안한 것이다.

2. **기본식**

$$i = r + \pi + \frac{1}{2}(\pi - \pi^*) + \frac{1}{2}(g - g_N)$$

i : 연방기금금리, r : 단기실질이자율, π : 실제 인플레이션율, π^* : 목표 인플레이션율, g : 실질경제성장률, g_N : 잠재성장률,

3. **해석**

　1) 위 식에 따르면 연방기금금리는 실제 인플레이션율과 목표 인플레이션율과의 차이, 실질성장률과 잠재성장률과의 차이, 균형단기이자율(단기실질이자율＋실제 인플레이션율)의 세 가지 요인을 감안하여 결정되어야 한다.

　2) 예컨대 실제 인플레이션율이 목표 인플레이션보다 높거나 실질성장률이 잠재성장률보다 높다면 연방기금금리는 균형단기이자율 수준보다 높게 설정되어야 하는데 이는 곧 긴축적인 통화정책을 의미한다.

재량 vs 준칙

　　정부가 인플레이션율을 줄임과 동시에 민간의 기대 인플레이션도 똑같이 줄일 수 있다면, 안정화정책에 의한 인플레이션 억제는 실업의 증가나 산출의 감소 없이도 가능해진다. 그러나 실업률 증가를 수반하지 않은 인플레이션 억제정책이 쉽게 달성될 수 있는 것은 아니다. 그것은 정부가 기대 인플레이션을 통제할 수 있는가의 문제, 즉 정부정책의 신뢰성과 밀접하게 관련된다. 이를 위해서는 정부가 인플레이션을 줄인다는 발표와 함께 낮은 인플레이션율에 상응하는 긴축정책기조를 실제로 유지한다는 사실을 보여주어야 한다. 그리고 정부정책의 신뢰성을 제고하기 위해서는 민간이 예상하지 못한 정책을 자주 사용하지 말아야 한다. 그러나 현실에서 재량적으로 정책을 운용하는 정부가 예상치 못한 정책을 사용하지 않기란 쉽지 않다.

　　준칙주의자들은 '인플레이션은 언제 어디서나 화폐적 현상'이라는 프리드먼의 주장을 받아들여 화폐공급량의 변동만이 인플레이션의 주된 요인이라고 생각한다. 따라서 화폐공급의 자의성만 배제하면 인플레이션 문제는 발생하지 않을 것이라고 생각한다.

확인 TEST

중앙은행은 다음과 같은 테일러 준칙(Taylor rule)에 따라서 명목이자율을 결정한다. 이에 대한 설명으로 옳은 것만을 〈보기〉에서 모두 고르면?   [2018, 지방직 7급]

$$i_t = \pi_t + \rho + \alpha(\pi_t - \pi^*) + \beta(u_n - u_t)$$

(단, i_t는 t기의 명목이자율, π_t는 t기의 인플레이션율, ρ는 자연율 수준의 실질이자율, π^*는 목표 인플레이션율, u_n은 자연실업률, u_t는 t기의 실업률이며, α와 β는 1보다 작은 양의 상수라고 가정하자)

〈 보 기 〉

ㄱ. t기의 인플레이션율이 1%p 증가하면, 중앙은행은 t기의 명목이자율을 $(1+\alpha)$%p 올려야 한다.

ㄴ. t기의 실업률이 1%p 증가하면, 중앙은행은 t기의 명목이자율을 1%p 낮춰야 한다.

ㄷ. t기의 인플레이션율이 목표인플레이션율과 같고 t기의 실업률이 자연실업률과 같으면, t기의 실질이자율은 ρ와 같다.

① ㄱ
② ㄴ
③ ㄱ, ㄷ
④ ㄴ, ㄷ

해설 ▸ • 주어진 테일러의 준칙은 다음과 같이 나타낼 수도 있다.

$$i_t = \pi_t + \alpha\pi_t - \alpha\pi^* + \rho + \beta(u_n - u_t) \implies i_t = \pi_t(1+\alpha) - \alpha\pi^* + \rho + \beta(u_n - u_t)$$

• t기의 인플레이션율(π_t)이 1%p 증가하면, 중앙은행은 t기의 명목이자율(i_t)을 $(1+\alpha)$%p만큼 올려야 한다(ㄱ).

• t기의 실업률(u_t)이 1%p 증가하면, 중앙은행은 t기의 명목이자율(i_t)을 β%p만큼 낮춰야 한다(ㄴ).

• t기의 인플레이션율(π_t)이 목표인플레이션율(π^*)과 같고 t기의 실업률(u_t)이 자연실업률(u_n)과 같으면, 테일러의 준칙은 다음과 같아진다.

$$i_t = \pi_t + \rho + \alpha(\pi_t - \pi^*) + \beta(u_n - u_t) \implies i_t = \pi_t + \rho \implies i_t - \pi_t = \rho$$

따라서 t기의 실질이자율($r_t = i_t - \pi_t$)은 'ρ'와 같아지게 된다(ㄷ).

정답 ▸ ③

(2) **동태적 불일치성(dynamic inconsistency)–시간 불일치성(time inconsistency)**

① **의의**: 경제상황에 따라서는 정부가 민간경제주체의 기대형성에 영향을 주기 위해서 사전에 정부의 정책의지를 천명하는 경우가 있다. 그런데 막상 발표된 정책이 시행될 것을 기대하고 민간 경제주체들이 새로운 의사결정을 내린 후에는 정책담당자들의 입장에서 볼 때 가장 적합한 정책이 이미 발표한 정책과 다를 수가 있는데 이를 정책의 동태적 불일치성이라고 부른다.

정부가 투자를 촉진하기 위해서 자본소득에 대해 과세를 하지 않을 것이라고 사전에 천명하는 경우, 경제주체들이 이러한 정책을 믿고 투자를 하여 자본형성이 이루어지면 이제는 과세를 하더라도 이미 형성된 자본스톡에는 영향을 미치지 않는 반면에 재정수입이 발생하므로 이미 발표한 약속을 어기려는 동기가 발생한다.

② 합리적 기대가설의 정책에 대한 시사점

　ㄱ. 정책당국의 유인: 예상치 못한 재량정책만이 효과를 거둘 수 있으므로 정책당국은 민간을 속일 유인을 갖고 있다.

　ㄴ. 민간의 대응: 정책당국이 인플레이션을 안정시키기 위한 정책을 선언하고 민간이 그 선언을 신뢰한다면 경제는 실제로 저인플레이션을 유지할 수 있을 것이다. 그러나 민간은 정책당국이 결국에는 민간과의 약속을 지키지 않을 것이라는 것을 잘 알고 있기 때문에 처음부터 정책당국의 선언을 믿지 않고 인플레이션에 대한 기대수준을 높게 된다.

　ㄷ. 정부의 대책: 정부는 발표된 정책에 신뢰감을 심어주기 위해서는 정책 자체를 재량에 의해 변경할 수 없도록 애초부터 준칙으로 확정시켜 놓으면 될 것이다. 즉, 이미 약속한 정책을 뒤바꿀 수 있는 재량보다는 그 정책을 변경할 수 없게 함으로써 신뢰감을 심어주는 것이 보다 바람직한 균형을 가져오게 할 수 있다.

물가안정과 기대인플레이션

기대인플레이션은 향후 물가상승률에 대한 경제주체의 주관적 전망을 나타내는 개념으로, 통화정책에 대한 신뢰도가 높을수록 기대인플레이션이 물가안정목표에 수렴하는 경향이 있기 때문에 기대인플레이션은 통화정책의 신뢰성을 나타내는 지표가 된다.

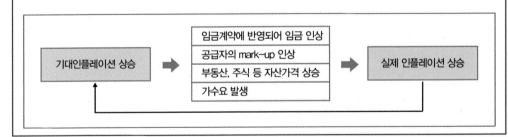

---

③ 동태적 불일치성과 인플레이션 편향

　ㄱ. 정책당국의 저인플레이션 선언처럼 본래의 의도는 좋지만 상대방에게 신뢰를 주지 못하고 결국에는 지켜질 수 없는 성격의 정책에 대해 동태적으로 일관성이 없는 정책이라고 말한다.

　ㄴ. 동태적으로 일관성이 없는 정책은 처음부터 그 효과를 거두지 못하게 된다.

　ㄷ. 인플레이션 편향(inflation bias): 민간이 정책당국을 신뢰하지 않고 인플레이션 예상치를 높게 가져가면 경제는 자연스럽게 고인플레이션 경제로 갈 가능성이 크다.

④ 인플레이션 편향을 막기 위한 정책들

　ㄱ. 보수적인 인사로 중앙은행 총재를 임명: 고실업과 불황을 감수하더라도 인플레이션 억제에 역점을 두는 정책을 실시하면 민간의 신뢰를 얻게 된다.

ㄴ. 중앙은행의 독립성 강화:인플레이션 유발로 경기를 부양시키려는 정치적 압력을 받지 않도록 함으로써 중앙은행에 대한 민간의 신뢰를 높인다.

ㄷ. 물가안정목표제의 도입:중앙은행의 목표를 인플레이션 안정에 국한시키도록 입법화함으로써 중앙은행의 인플레이션 안정에 대한 책무를 높인다.

확인 TEST

정부의 거시경제정책 중 재량적 정책과 준칙에 따른 정책에 대한 설명으로 옳은 것은?　[2017. 추가채용 국가직 7급]
① 준칙에 따른 정책은 소극적 경제정책의 범주에 속한다.
② 매기의 통화증가율을 k%로 일정하게 정하는 것은 통화공급량이 매기 증가한다는 점에서 재량적 정책에 해당한다.
③ 동태적 비일관성(dynamic inconsistency)은 재량적 정책 때문이 아니라 준칙에 따른 정책 때문에 발생한다.
④ 케인즈 경제학자들의 미세조정 정책은 준칙에 따른 정책보다는 재량적 정책의 성격을 띤다.

해설 • 재량정책은 정책목적을 달성하기 위해 필요한 최적의 정책수단을 정책당국의 판단에 따라 그때그때 상황에 맞게 사용하는 것을 말한다. 이에 따라 상황에 따라 최적 정책의 내용이 달라지는 이른바 '최적정책의 동태적 비일관성'이라는 문제가 나타나게 된다(③).
• 케인지언들의 '미세 조정(Fine tuning) 정책'은 대표적인 재량정책에 해당된다. 이러한 미세 조정 정책은 정책목표를 달성하기 위하여 필요한 정책수단을 조금씩 변화시키기만 하면 원하는 수준의 정책목표에 도달할 수 있다는 믿음을 전제한다(④).
• 매기의 통화증가율을 k%로 일정하게 정하자는 이른바 'k% 룰'은 재량정책이 아니라 준칙에 따른 정책의 대표적 예에 해당한다(②).
• '준칙' 역시 현재의 경제상황에 대한 대응수단이라는 의미에서 적극적 경제정책의 범주에 속하게 된다(①).

정답 ④

최적제어이론과 경제체계

구분	공학체계(우주선)	경제체계
목적	성공적인 우주왕복	물가안정, 완전고용, 경제성장, 국제수지 균형, 공평한 분배
제약	물리법칙	경제구조(거시계량모형으로 묘사)
제어수단	로켓과 평형장치 등	재정정책, 금융정책, 환율정책 등
제어자	과학자	정책당국
제어내용	목적을 달성하기 위해 제약 하에 제어수단을 적절히 조정, 운용	좌동
인과관계	과학자 ⇒ 우주선	정책당국 ↔ 민간부문(게임의 이론)

❼ 학파별 특징

1) 고전학파와 케인스 경제학

(1) 쟁점

① 가격변수가 즉각 신축적으로 조정되는가, 서서히 비신축적으로 조정되는가?

② 장기적인 시각에서 경제를 보는가, 단기적인 조정과정을 중요시하는가?

③ 경제주체들이 이용가능한 정보가 완벽하다고 보는가, 불완전하다고 보는가?

④ 경제정책의 효과를 인정하지 않는가, 인정하는가?

⑤ 원칙에 입각한 정책을 강조하는가, 적극적이고 자유재량적인 경제정책을 주장하는가?

> 고전학파의 세계가 따로 있고 케인스 학파의 세계가 따로 있는 것이 아니다. 동일한 경제를 시각의 차이에 따라서 이론과 정책적 처방에 차이가 발생하는 것뿐이다.

(2) 특징 비교

구분		고전학파	케인스
시대적 배경		물물교환경제, 호황기	화폐경제, 대공황
기본가정		완전경쟁시장, 가격의 신축성 완전한 정보, 가격 조정 구성의 오류 불인정, 화폐환상 없음	불완전경쟁시장, 가격의 경직성 불확실성, 수량조정 구성의 오류 인정, 화폐환상 있음
소득결정		공급측면	수요측면
노동시장		임금 신축적, 완전고용, 자발적 실업	임금하방경직적, 불완전고용 비자발적 실업
실업	원인	임금의 신축성 저해요인	총수요 부족
	대책	제도적인 요인 개선	총수요 확대
생산물 시장		세의 법칙, 완전고용하의 실질국민소득 결정, 투자는 이자율에 탄력적	유효수요의 원리, 불완전고용하의 실질국민소득 결정, 투자는 이자율에 비탄력적
화폐시장	배경	화폐수량설	유동성 선호설
	화폐기능	교환의 매개 수단	가치 저장 수단
	이자율	기다림의 대가, 실물적 현상 투자와 저축으로 결정	유동성 포기의 대가, 명목적 현상 화폐의 수요와 공급
총공급 곡선		수직	수평
재정정책		효과없음	매우 큼
금융정책		화폐의 중립성	효과없음
정부역할		비개입주의(자유방임주의), 작은정부	개입주의, 큰 정부
중심점		인플레이션	실업
인플레이션	원인	통화량 증가	총수요가 총공급 초과
	대책	적정 통화량	총수요 억제
필립스 곡선		수직선	우하향하며 안정적
무역		자유무역주의	보호무역주의
분석기간		장기	단기

2) 케인스 학파와 통화주의 학파 특징 비교

구분	케인스 학파	통화주의학파
노동시장	• 노동수요 : 실질임금의 감소함수 • 노동공급 : 예상실질임금의 증가함수	• 노동수요 : 실질임금의 감소함수 • 노동공급 : 예상실질임금의 증가함수
생산물시장	• 투자수요가 불안정적 • 투자의 이자율탄력도가 작다. ⇒ IS곡선은 가파른 기울기(우하향)	• 투자수요가 안정적 • 투자의 이자율탄력도가 크다. ⇒ IS곡선은 완만한 기울기(우하향)
화폐시장	• 화폐수요 불안정적 • 화폐수요의 이자율탄력도가 크다. ⇒ LM곡선은 완만한 기울기(우상향)	• 화폐수요 안정적 • 화폐수요의 이자율탄력도가 작다. ⇒ LM곡선은 가파른 기울기(우상향)
AD 곡선	• IS곡선과 유사	• IS곡선과 유사
AS 곡선	• 적응적 기대 ⇒ 우상향(단기), 수직선(장기)	• 적응적 기대 ⇒ 우상향(단기), 수직선(장기)
재정정책의 효과	• 안정화 정책으로 효과가 크다.	• 구축효과로 인해 안정화 정책으로 효과가 없다.
금융정책의 효과	• 안정화 정책으로 효과가 작다. • 금융정책지표 : 이자율	• 단기적으로는 효과적이지만 장기적으로는 물가만 상승시키므로 효과 없다. ⇒ $k\%$ 준칙정책 주장 • 금융정책지표 : 통화량
금융정책의 전달경로	• 통화량 증가 ⇒ 이자율 하락 ⇒ 투자 증가 ⇒ 유효수요 증가 ⇒ 국민소득 증가	• 통화량 증가 ⇒ 소비지출 증가 ⇒ 명목국민소득 증가
필립스곡선	• 우하향	• 단기 : 우하향, 장기 : 수직선(자연실업률 가설)

확인 TEST

케인스학파와 통화주의학파에 관한 설명 중 옳은 것은? [2012, CPA]

① 케인스학파는 통화주의학파에 비해 투자의 이자율탄력성이 크다고 본다.

② 케인스학파는 적응적 기대를 수용하고, 통화주의학파는 합리적 기대를 수용한다.

③ 케인스학파는 구축효과를 강조하고, 통화주의학파는 재량적인 경제안정화정책을 강조한다.

④ 케인스학파는 단기 총공급곡선이 우상향한다고 보고, 통화주의학파는 장기 총공급곡선이 우하향한다고 본다.

⑤ 케인스학파는 단기 필립스곡선이 우하향한다고 보고, 통화주의학파는 장기 필립스곡선이 수직이라고 본다.

해설 • 케인스학파는 우하향의 안정적인 단기 필립스곡선을 전제하고, 통화주의학파는 단기 필립스곡선은 우하향하지만, 장기 필립스곡선은 자연실업률 수준에서 수직이라고 본다.

① 케인스학파는 통화주의학파에 비해 투자의 이자율탄력성이 작다고 본다. 이에 따라 IS곡선의 기울기가 상대적으로 가파르다고 한다.

② 케인스학파와 통화주의학파는 모두 적응적 기대를 수용한다.

③ 케인스학파는 재량적인 경제안정화정책을 강조하고, 통화주의학파는 구축효과를 강조한다.

④ 케인스학파와 통화주의학파는 모두 단기 총공급곡선이 우상향한다고 보고, 통화주의학파는 장기 총공급곡선을 완전고용산출량 수준에서 수직이라고 본다.

정답 ⑤

3) 새고전파와 새케인스 학파

(1) 새고전학파

① 등장배경

ⓐ 1970년대 중반 이후 스태그플레이션이 발생하자 기존의 거시경제이론으로는 이를 해결할 수 없었다. 이에 통화주의의 자유주의 철학을 수용하면서 합리적 기대를 현실적으로 설명하려는 움직임이 나타났다.

ⓑ 루카스(R. Lucas)가 무스(J. Muth)의 합리적 기대를 받아들여 거시경제이론은 전재한 것이 시초가 되었고, 이들의 이론을 새고전학파 거시경제학(New Classical Macro-economics)이라 부른다.

② 대표적 학자 : 루카스(R. Lucas), 사전트(T. Sargent), 윌리스(N. Wallace), 배로(R. Barro), 프레스콧(E. Pescott) 등이 있다.

③ 기본 가정

ⓐ 즉각적인 시장청산 : 신축적인 가격체계를 가정하므로 시장이 연속적으로 균형을 이룬다고 본다.

ⓑ 합리적 기대 : 경제주체들의 최적화 추구 행동의 결과이다.

ⓒ 완전경쟁적 시장구조를 전제한다.

④ 주요 내용

ⓐ 루카스 총공급곡선 : 루카스는 불완전한 정보 하에서 미래의 물가를 합리적으로 예측하는 경제상황을 반영하기 위해 이른바 '분리된 섬 모델'을 상정하고, 노동시장이 청산되는 것을 기초하여 총공급곡선을 도출하였다.

ⓑ 재정정책 : 배로(R. Barro)에 의하면 경제주체들은 공채 발행이 결국 미래의 공채상환과 이자지급을 위한 조세부과로 나타날 것이라고 합리적으로 예측한다. 이에 따라 공채발행은 경제주체들의 행위에 변화를 가져오지 않으므로 공채발행을 통한 재정정책은 단기적 효과조차도 나타나지 않게 된다.

ⓒ 통화정책 : 통화정책의 변동을 충분히 예측할 수 있는 경우, 경제주체들이 이것을 미래의 물가예측에 반영하므로 예측된 물가수준이 평균적으로 실제물가 수준과 일치하게 되어 생산량과 고용량에 영향을 미치지 못하게 된다. 결국 통화량의 변동은 물가만을 변동시킬 뿐 실질변수에는 영향을 미치지 못한다. 이러한 내용을 사전트-윌리스(Sargent-Wallace)의 정책무력성 명제(policy in effectiveness proposition)라 한다.

ⓓ 비개입주의 : 예상된 안정화정책(체계적 안정화정책)은 무력하다. 또한 예상하지 못한 안정화정책(비체계적안정화 정책)은 이후의 정책에 대한 불신으로 인해 경제의 불안정성을 해칠 뿐이기 때문이다.

ⓔ 균형경기변동론 : 경제주체들의 최적화 행동을 전제로 신축적 가격으로 인해 시장은 균형을 이루면서 화폐적 요인 또는 실물적 요인에 의해 경기가 변동한다.

⑤ 비판

ⓐ 합리적 기대에 대한 비판정보를 획득하는데 발생하는 비용 때문에 합리적 기대를 위한 충분한 정보를 얻을 수 없으며, 설령 획득한 정보가 완전하더라도 이용능력이 개인 마다 서로 다른 것이 일반적이기 때문에 합리적 기대를 가정하기가 어려워진다. 또한 만약 현실적으로 정부가 민간부문보다 정보획득 및 이용능력이 크다면 정부가 민간부문을 조정하여 안정화정책의 효과가 나타날 수 있게 된다.

ⓑ 가격과 임금의 신축성에 대한 비판 : 현실적으로 일부의 가격과 임금은 하방경직적이거나 조정이 신속하게 이루어지지 못한다.

(2) 새케인스학파

① 등장배경

ⓐ 새고전학파가 가정하는 가격과 임금의 신축성을 비현실적이라고 비판하면서, 한편으로는 합리적 기대를 받아들이면서 경제현상에 대한 설명을 시도하기 위해 대두되었다.

ⓑ 케인스학파가 명목임금과 가격의 경직성을 단순히 가정으로 받아들인 것을 반성하면서, 현실적으로 이러한 경직성이 경제주체의 최적화 행동과 부합할 수 있다는 것을 보이고자 하였다.

② 대표적 학자 : 피셔(S. Fischer), 맨큐(N. G. Mankiw), 블란차드(O. J. Blanchard), 로머(D. Romer), 볼(L. Ball) 등이 있다.

③ 기본 가정

ⓐ 합리적 기대, 불완전 정보 상황, 미시적 최적화 이론 등 새고전학파의 가정을 수용한다.

ⓑ 명목임금과 가격은 경직적이다.

ⓒ 불완전한 시장 구조 : 특히 독점적 경쟁 시장을 많이 가정한다.

④ 주요 내용

ⓐ 가격경직성 이론

| 엇갈리는 가격설정 모형 (J. B. Taylor) | 내용 | • 현실경제에서 독과점기업들은 가격을 모두 똑같은 날에 조정하지 않는다.
• 시장에서 가격인상요인이 생겼을 때 지금 가격을 올리는 A기업의 상품가격은 나중에 상대적으로 적게 가격을 올리는 B기업의 상품가격보다 상대적으로 비싸진다. 이때 A기업은 자기 상품에 대한 수요가 줄어들 것을 우려한다. 이에 따라 모두 똑같은 날에 가격을 올리는 경우보다 가격을 적게 올린다.
• 결과적으로 생산물 시장에서 물가가 비신축적으로 상승하면서 생산이 증가하게 된다. |
| | 비판 | • 기업들이 기계적으로 일정 시점마다 가격을 결정한다는 것은 비현실적임 가정이며 경제상황에 따라 가격을 조정하는 것이 현실적이라는 비판이 있다. 전자를 시간의존형 가격설정, 후자를 상태의존형 가격설정이라고 한다.
• 만약 기업들의 담합이 이루어지면 비록 서로 다른 시기에 가격을 결정하더라도 동시에 가격을 설정하는 것과 동일한 결과를 얻을 수 있다는 비판이 있다. |

메뉴비용 이론 G. Mankiw	내용	• 현실경제에서 독과점기업들은 가격변경에 따르는 비용 때문에 시장수요의 변동이 생겨도 즉 각 가격을 변경시키지 않는다. 이러한 비용을 메뉴비용이라고 하는데 식당의 메뉴판 제작비, 광고홍보비, 다른 기업과의 가격 경쟁 위험등이 그 예이다. • 기업들이 메뉴비용을 고려하게 되면 이런 비용을 고려하지 않을 때보다 가격을 자주 바꾸기 어렵다.
	비판	• 메뉴비용 이론은 가격조정 비용만을 고려하고 수량조정 비용은 전혀 고려하지 않는다. • 가격조정 문제를 보다 동태적으로 볼 때 현재는 메뉴비용 때문에 가격을 조정하기가 어렵다고 하더라도 앞으로 이 가격을 유지하는데 손실이 발생할지도 모르므로 메뉴비용이 존재함에도 불구하고 가격을 신축적으로 조정할 가능성이 있다.

조정실패모형(coordination failure)

1. 의의

1) 전제 : 임금과 가격의 조정에 있어서 다른 기업이나 노동조합의 반응에 밀접하게 의존되어 있는 상황을 가정한다.

2) 내용 : 기업이나 노동조합이 서로가 상대방이 가격과 임금을 조정하지 않을 것이라고 예상하게될 때, 조정실패가 발생하게 되고, 그 결과로서 가격과 임금은 경직적이 된다.

2. 복수균형(multiple equilibrium)

1) 가정 : 두 기업이 가격을 설정하는 것을 게임 상황이라고 전제한다.

2) 내용

기업 A＼기업 B	가격 인하	가격 유지
가격 인하	(50, 50)	(10, 30)
가격 유지	(30, 10)	(20, 20)

(기업 A의 이윤, 기업 B의 이윤)

(1) 기업 A와 기업 B가 협조적으로 행동하여 가격을 인하하면 판매량이 증가하여 최적의 균형점인 (50, 50)에 도달할 수 있다.

(2) 기업 A와 기업 B 사이에 모두 가격을 인하한다는 조정이 실패한다면 서로가 상대방이 현재의 가격을 유지할 것이라고 예측하게 된다. 이에 따라 균형은 열등한 균형점인 (20, 20)에서 성립하게 된다.

(3) 앞의 두 균형점은 두 기업 사이에 조정이 원활하게 이루어지는가에 따라 모두 현실적으로 가능한 복수균형에 해당한다. 여기서 열등한 균형점은 조정실패의 결과이며, 결국 경제행위자들이 가격과 임금이 경직적이라고 예상하기 때문에 가격과 임금은 경직적일 수밖에 없다는 것이다.

ⓑ 임금경직성 이론 : 효율적 임금 가설, 내부자－외부자 모형, 암묵적 고용계약이론 등이 있다.

효율적 임금 가설 (G. Akerlof)	내용	• 노동의 생산성은 실질임금에 의존하며 기업들은 시장실질 임금보다 더 높은 실질임금(효율적 임금)을 지급하여 이윤극대화를 도모한다. 각 기업이 효율적 임금을 지급하는 이유는 유능한 인력의 확보, 노동자의 직무태만 방지, 그리고 노동자의 직장이동을 줄여 생산성을 향상시키기 위해서이다. • 단기에서 효율적 임금이 시장실질임금보다 높은 수준에서 불변이므로 노동시장에서는 노동의 초과공급과 비자발적 실업이 발생한다. 즉 비자발적 실업의 원인을 기업측에서 찾고 있다.
내부자, 외부자 모형 (J. Lindbeck)	내용	• 노동시장은 내부자(취업자)와 외부자(미취업자, 실업자)로 구성되어 있다. • 기업은 노동이동에 따르는 조정비용 때문에 내부자를 해고하고 외부자를 채용하기 어렵다. 따라서 내부자들은 노조를 통한 임금협상과정에서 외부자들을 고려하지 않고 자기들만 고용될 수 있도록 높은 실질 임금 수준을 요구하게 된다. • 실질임금수준은 외부자들까지 고려한 시장실질임금보다 높아지게 되고 이로 인해 비자발적 실업이 나타난다. 실질임금의 경직성과 비자발적 실업의 원인을 주로 노동자측면에서 찾고 있다.
암묵적 계약 이론 (M. Baily)	내용	• 노동자와 기업의 위험에 대한 태도가 비대칭적이라는 전제로부터 출발한다. • 노동자들은 위험기피적이기 때문에 기업으로부터 안정된 실질임금을 보장받기를 원한다. 반면에 기업은 위험중립적이기 때문에 위험기피적인 노동자들을 소득변동으로부터 보호하기 위해 일정한 실질임금을 지급하는 데에 암묵적으로 동의할 것이다. • 실질임금은 경직적이 된다.

ⓒ 이자율 경직성 이론 : 신용할당 모형

신용 할당 모형 (J. Stiglitz)	내용	• 금융시장에서 대부자(은행)와 차입자(대출신청자) 사이에 정보의 비대칭성이 발생하면 대부자는 역선택과 도덕적 해이에 직면할 수 있다. • 대부자금에 대한 초과수요가 존재하더라도 대부자는 이자율을 올려 자금의 수급을 조정하려 하기 보다는 일정한 이자율수준에서 우량 차입자들에게 제한된 신용을 할당하려고 한다. • 이자율은 상방 경직적이 된다.

ⓓ 경기변동이론 : 총수요의 변동이 생산, 고용 및 경제활동에 지속적인 영향을 미치게 됨으로써 발생한다. 가격경직성을 전제로, 이러한 경직적인 가격이 조금이라도 변하기만 하면 생산량과 고용은 크게 변하게 된다.

⑤ 비판

ⓐ 단기 분석 : 경제에 대한 단기적 분석에 지나치게 치우쳐 장기적으로 경제가 균형을 향해 수렴해 간다는 점을 간과한다.

ⓑ 구체적인 정책 내용 불분명 : 가격이 경직적이어도 경기안정화정책은 단기적으로는 여전히 유효하다고 주장하지만, 정책 속에 담겨있는 정부의 개입정도와 구체적인 정책수단을 제시하지 못하고 있다.

┌─ 새고전학파와 새케인스 학파 특징 비교 ─────────────────────

구분	새고전학파	새케인스학파
공통점	미시경제학적 토대 위에 합리적 기대를 이용	
가격변수	즉각적인 조정(신축적)	경직적
시장청산	시장청산(시장균형)이 이루어진다.	시장청산이 이루어지지 않는다.
안정화 정책 효과	정책무력성의 정리(정책효과 없음)	단기적으로 효과적

└────────────────────────────────────

확인 TEST

새고전학파와 새케인스학파의 정책효과에 대한 설명으로 가장 옳은 것은?　　　　　[2016, 서울시 7급]
① 새고전학파에 따르면 예상치 못한 정부지출의 증가는 장기적으로 국민소득을 증가시킨다.
② 새고전학파에 따르면 예상된 통화공급의 증가는 단기적으로만 국민소득을 증가시킨다.
③ 새케인스학파에 따르면 예상치 못한 통화공급의 증가는 장기적으로 국민소득을 증가시킨다.
④ 새케인스학파에 따르면 예상된 정부지출의 증가는 단기적으로 국민소득을 증가시킨다.

해설 • 새케인스학파에 따르면 설령 정부지출의 증가가 예상이 되었다고 하더라도 단기적으로는 여전히 임금과 물가와 같은 가격변수의 경직성이 성립하여 국민소득을 증가시킨다고 본다.
① 새고전학파에 따르면 예상치 못한 정부지출의 증가는 단기적으로만 국민소득을 증가시키고 장기적으로는 다시 이전 소득수준으로 되돌아간다.
② 새고전학파에 따르면 예상된 통화공급의 증가는 단기적으로도 국민소득을 증가시키지 못한다.
③ 새케인스학파에 따르면 예상치 못한 통화공급의 증가는 가격변수가 경직적인 단기와 달리 가격변수가 신축적인 장기에는 국민소득은 이전 수준으로 되돌아간다고 본다. 새케인스학파에게도 장기에는 가격변수는 신축적이다. 새케인스학파에게 장기란 가격변수가 비로소 신축적일 수 있는 기간을 의미한다. 다만 주로 단기적인 분석을 하고 있어 장기분석은 주요 연구대상이 아닐 뿐이다.

정답 ④

4) 공급 중시 경제학

(1) 등장 배경

① 1970년대에 들어서면서 세계 경제는 실업이 증가하고 동시에 물가가 상승하는 스태그플레이션(stagflation)과 생산성둔화 및 자원부족 등 새로운 양상을 띠게 되었음에도 기존의 경제학은 현실문제해결에 그 능력의 한계를 드러내는 듯이 보였다.

② 자본주의의 지속적인 성장을 위해서는 공급측면이 강화되어야 하며, 이를 위해 조세제도를 개편하고 지나친 정부개입을 억제할 것을 주장하였고 이러한 견해를 채택한 당시 미국의 레이건 행정부의 경제정책을 레이거노믹스(Reaganomics)라고 한다.

(2) 공급 경제학의 특징

① 수요보다 공급의 측면을 강조한다.

② 공급능력에 영향을 미치는 중요한 변수인 법인세와 소득세와 같은 조세에 대한 감세 효과는

케인스 이론에서처럼 문제되는 유효수요 확대를 통해 나타나는 것이 아니라, 기업과 개인의 생산의욕을 고취시킴으로써 발현된다고 주장한다.

③ 저축과 투자는 '납세 후 수익률'에 주로 의존한다고 가정한다.

④ 케인즈 경제학은 감세가 가처분소득에 미치는 효과를 출발점으로 유효수요의 변화와 관련된 재정정책을 강조하는 반면에 공급 경제학은 조세체계의 변화로 인한 미시적 가격효과를 출발점으로 생산성 향상과 관련된 재정정책을 중시하고 있다는 점에서 구별된다.

(3) 레퍼곡선(Laffer curve)

① 의미 : 래퍼(Arthur B. Laffer)는 세율의 변화가 경제주체들의 유인에 주는 영향을 통해 조세수입에 미치는 효과를 래퍼곡선으로 설명한다. 여기서 래퍼는 세율과 조세수입과의 관계를 납세후의 임금, 이자율, 이윤이 높을수록, 즉 세율이 낮을수록 근로의욕 및 투자의욕, 저축의욕이 제고된다는 사실 등을 전제하여 설명한다.

② 도해적 설명

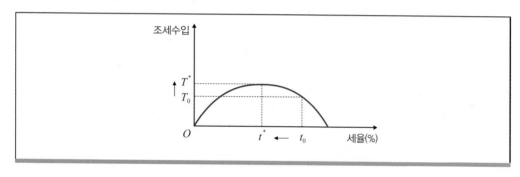

ⓐ 세율이 낮은 상태에서 세율을 증가시키면 조세수입도 증가하지만 t^*를 넘게 되면 경제주체들의 유인을 감소시켜 생산 활동을 위축시킬 뿐만 아니라 지하경제의 번성과 탈세로 인하여 조세수입은 오히려 감소하게 된다.

ⓑ 세율이 t^* 이상인 구간에서는 오히려 세율인하가 조세수입 증가에 도움이 된다.

(4) 공급 경제학의 문제점

① 래퍼 곡선에서 현행 세율이 금지영역에 있는가 하는 여부를 확인할 수 없다.

② 세율인하가 생산성을 자극하는 것은 상당한 시간을 요하므로 세율을 인하하는 정책이 재정적자를 증가시킬 우려가 제기된다.

③ 조세감면이 생산의욕·저축의욕·투자의욕보다는 소비수요를 자극하여 인플레이션을 악화시킬 가능성을 내포한다.

경기부양을 위한 조세감면

1. 긍정적 견해

1) 케인스 학파 : 조세감면은 경제주체들의 가처분소득을 증가시키고, 이를 통해 소비를 증가시킬 수 있다. 이러한 소비증가는 총수요를 증가시키고($AD_0 \rightarrow AD_1$), 그 결과 국민소득이 증가하게 된다($Y_0 \rightarrow Y_1$). 다음 그림은 이러한 조세감면의 효과를 보여 주고 있다.

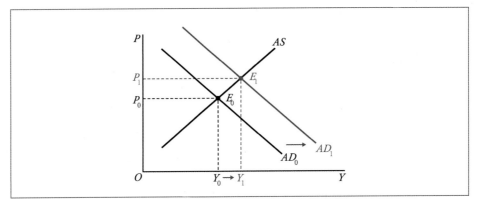

2) 공급 측 경제학 : 조세감면은 가처분 소득의 증가로 소비를 증가시킬 뿐만 아니라 노동자들의 근로의욕까지도 자극하게 된다. 이에 따라 소비증가에 따라 총수요가 증가하고($AD_0 \rightarrow AD_1$), 근로의욕제고에 따른 총공급 역시 증가하게 된다($AS_0 \rightarrow AS_1$). 그 결과 국민소득이 보다 크게 증가할 수 있게 된다($Y_0 \rightarrow Y_2$). 다음 그림은 이러한 조세감면의 효과를 보여 주고 있다.

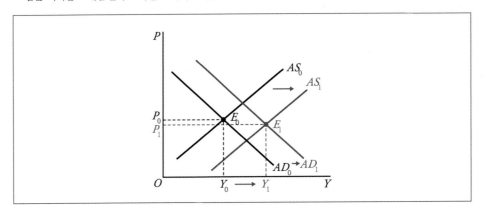

2. 부정적 견해

1) 불확실성 : 조세감면이 가처분소득을 증가시킨다고 하더라도 경제주체들의 미래에 대한 불확실한 예측으로 인해 소비심리가 위축될 수 있다. 이에 따라 총수요 증가를 기대할 수 없게 된다.

2) 리카도 등가정리 : 합리적 기대를 하는 경제주체들은 현재의 조세감면은 미래의 조세부담으로 이해한다. 이에 대응하기 위해 감세로 인해 증가한 소득을 소비하지 않고 저축함으로써 조세감면은 소비증가에 따른 총수요 증가를 기대할 수 없게 된다.

확인 TEST

거시경제정책과 관련된 학파들의 주장에 대한 다음 설명 중 옳은 것을 모두 고른 것은?

[2008, CPA]

⊙ 합리적 기대이론의 정책무력성 명제는 예상되지 못한 정책의 효과가 없다는 주장이다.
ⓛ 공급중시 경제학은 세율을 낮추어도 조세수입이 증가할 수 있다는 래퍼곡선과 관련이 있다.
ⓒ 새케인스 학파 경제학은 물가, 임금의 경직성에 합리적 기대이론을 수용한 것으로 정책의 효과가 최소한 단기적으로 존재한다고 주장한다.

① ⊙   ② ⊙, ⓛ   ③ ⊙, ⓒ
④ ⓛ, ⓒ   ⑤ ⓒ

해설 ▶ 합리적 기대이론의 정책무력성 명제는 경제주체들의 합리적 기대로 예상된 정책은 장기는 물론 단기에도 효과가 없다는 주장이다. 공급중시 경제학에서는 세율의 인하가 기업의 생산비 부담의 감소로 생산을 증가시켜 이로 인해 소득이 증가하고 세입도 증가할 수 있다고 주장한다. 이를 그림으로 나타낸 것이 래퍼곡선이다. 한편 새케인스 학파는 합리적 기대를 전제한다고 하더라도 물가와 임금의 경직성으로 인해 당국의 정책은 단기에서만큼은 효과가 나타난다고 주장한다.

정답 ▶ ④

---

5) 불균형 거시 이론

(1) 의의

① 현대의 주류 경제학이라고 할 수 있는 신고전파 종합의 일반균형분석에서는 완전하고도 신속한 가격조정과 균형가격 이외에서는 거래를 허용하지 않는 모색과정이라는 두 가지의 과정을 가정한다.

② 불균형 거시이론에서는 이러한 가격조정과 모색과정에 관한 가정을 비판함과 동시에 모든 시장이 연속적으로 균형을 이루지 못하는 상황을 일반적인 것으로 간주한다.

③ 불균형 거시이론에서는 케인스의 비자발적 실업을 경제 전반에 걸쳐 지속적으로 나타나는 불균형 상태로 파악하고, 불균형가격 하에서 거래가 발생할 때 시장 상호 간의 관계를 분석함으로써 비자발적 실업에 대한 이론적 근거를 제공한다.

(2) 이론적 기반

① 불완전 정보의 가정

ⓐ 현실 세계에서 정보는 불완전할 뿐만 아니라 정보의 수집에는 비용과 시간이 필요하다.

ⓑ 일반적으로 기업은 상품의 재고를 조절하여 시장의 변화에 대응하기 때문에 가격이 시장정보를 효과적으로 전달하고 있지 못하는 것이 보통이며, 임금과 같이 일정기간 동안 계약이 유지되는 재화의 가격변동은 경제주체들의 기대와 같이 즉각적이 이루어지지 못한다.

② 오거래(誤去來 : false trading)

ⓐ 시장이 교란되어 있는 경우 균형가격을 찾는 것은 쉬운 일이 아니며 상당한 시간을 필요로 한다.

ⓑ 경제주체들은 자신이 직면하고 있는 가격체계가 비록 균형가격체계가 아니라고 할지라도 이 가격 아래에서 거래를 함으로써 효용을 극대화한다.

(3) 내용

① 파급효과(Patinkin)

ⓐ 기업이 잠재적 상품의 공급량을 모두 실현시키지 못하면 이것이 기업에게 추가적인 제약이 되어 잠재적 노동수요를 포기하고, 이 제약 하에서 노동 수요를 결정한다. 이때의 노동수요를 유효노동수요라고 한다.

ⓑ 유효노동수요와 완전고용과의 차이를 비자발적 실업으로 간주한다.

② 재결정가설(Clower)

ⓐ 가계는 노동시장에서의 잠재적인 노동공급량을 실현시키지 못하면 이를 가계의 소비극대화를 추구하는 것을 제약하는 외생적 요인으로 인식한다.

ⓑ 이러한 상황 하에서 사전에 기대한 임금소득에서 벗어난 실현된 임금소득의 제약 하에서 상품의 수요를 결정한다. 이때의 상품에 대한 수요를 유효수요라고 한다.

(4) 평가

① 이론적 기여

ⓐ 비자발적 실업은 가격이 균형수준으로 즉각적으로 조정되지 않기 때문에 나타나는 것이며, 이것은 케인스 이론의 근본적인 특징이 되는 개인의 기대와 불완전한 정보로부터 유래된다고 하는 점을 보여 준다.

ⓑ 가격조정이 즉각적이지 못하기 때문에 불균형 상태의 실업이 일반적인 경우이고 발라(L. Walras : 왈라스)적인 완전고용균형은 매우 특수한 경우임을 보인다.

② 이론적 한계

ⓐ 비자발적 실업의 원인인 오거래는 의도하지 않았던 외생적 제약 때문에 불균형 가격하에서 거래를 하였기 때문이다. 그런데 불완전한 정보 하에서 보다 나은 직업탐색을 위하여 실업상태에 머물고자 하는 노동자들의 결정은 자발적인 것이며, 이에 따라 보다 적은 고용 기회 때문에 소득이 감소되었다는 사실은 클라우어(Clower)의 재결정가 설이 의도하는 것처럼 소비함수의 외생적 제약이 될 수 없다.

ⓑ 전지(全知)의 경매인이 없는 상황에서 모든 시장의 가격이 어떻게 결정될 것이가를 밝혀야 한다. 즉 불균형 상태에서의 개인 행동과 기업 행동은 가격에 영향을 미치는데 그 정확한 결정과정을 밝히는 것이 필요하다.

시대 상황	학문적 조류	
1776 – 1920년: 영국의 경기 대호황으로 인플레이션이 문제가 되던 시기	〈고전학파〉 ① 총저축↑ ⇒ 총투자↑ ⇒ 총생산↑ ⇒ 　총공급↑ ⇒ 총소득↑ ⇒ 총수요↑ ② 세이의 법칙을 수용 ③ 시장가격기구 기능 신뢰 ④ 정부의 시장개입 반대	
1930년대: 영국·미국의 경기 대공황으로 대량 실업이 발생한 시기 ⇒ 경제학의 제1위기		〈케인스〉 ① 총수요↑ ⇒ 재고↓ ⇒ 총생산↑ ⇒ 　총공급↑ ⇒ 실업↓와 총소득↑ ② 세이의 법칙 부인 ③ 가격변수의 경직성으로 시장실패 초래 ④ 정부의 시장개입 옹호
1940 – 1970년대: 미국이 경기고원 현상과 스태그플레이션에 직면했던 시기 ⇒ 경제학의 제2위기	〈통화주의학파〉 ① 시장경제는 원칙적으로 자율적인 　조정능력을 보유 ② 정부실패는 시장실패보다 더 큰 문제 　초래 ③ 인플레이션이 더 큰 해악이므로 단기 　에는 준칙적 금융정책을 실시 ④ 스태그플레이션은 정부의 재량정책과 　기대인플레이션 때문에 발생	〈케인스학파〉 ① 시장경제는 내재적으로 불안정 ② 시장실패는 정부실패보다 더 큰 문제 　초래 ③ 실업이 더 큰 해악이므로 단기에는 　재량적 재정정책을 실시 ④ 스태그플레이션은 1970년대 초의 석유 　파동과 같은 외생적 충격 때문에 발생
1980년대 – 현재: 미국 경제가 스태그플레이션을 겪은 후 장기호황과 일시침체를 경험하고 있는 시기	〈새고전학파〉 ① 불완전한 정보와 미래에 대한 불확실 　성하에서 합리적 기대와 시장 균형을 　가정 ② 총수요관리를 위한 재정·금융정책은 　장기에는 물론이고 단기에도 무력 ③ 내생적 성장을 위해서 장기성장 촉진 　정책은 바람직	〈새케인스학파〉 ① 불완전한 정보와 미래에 대한 불확실 　성하에서 합리적 기대와 시장 불균형 　을 가정 ② 현실의 불완전경쟁 시장과 가격변수의 　경직성을 고려하면 정부의 단기 총수 　요 관리정책은 국민소득 증대에 유효 ③ 정부의 시장개입은 경제상황을 파레 　토 우위로 전환 가능

제18장 경기변동과 경제성장론

Theme 88 경기변동론

❶ 경기변동의 의의

1) 경기변동(business cycle)의 의미: 국민소득을 비롯한 경제활동의 상승과 하락의 주기적 반복현상
⇒ 경기순환이라고도 한다.

경기변동에 대한 일반적 이해

일반적으로 경제학자들은 경기변동을 경제 전체의 충격에 대해 경제주체들이 반응하는 과정에서 나타나는 현상으로 이해한다.
1) 무엇이 최초의 경기변동을 발생시키는가? 즉 경기변동을 촉발시키는 주된 원인은 무엇인가에 관한 것이다.
2) 경기변동의 파급경로, 즉 무엇이 호황 또는 불황을 상당기간 동안 지속시키고, 또 호황에서 후퇴로, 불황에서 회복으로 반전시키느냐에 관한 것이다.

2) 경기변동의 특징

(1) 경기변동은 거시적·총체적 현상 ⇒ 경기변동은 특정 경제변수만 변동하는 것이 아니라 거의 모든 부문 및 변수가 GDP와 같은 방향으로 움직인다. 즉, 공행성(co-movement)을 갖는다.

(2) 경기변동은 주기적·순환적 현상 ⇒ 경기변동은 확장국면과 수축국면이 반복적으로 일어나지만 기간이 항상 일정하게 반복되는 것은 아니다. 즉, 한 순환기간이 1년 이상에서 10년 정도로 일정하지 않다.

(3) 경기변동은 지속적 현상 ⇒ 경기변동은 한 번 시작하면 상당 기간 계속되는 지속성을 갖는다.

(4) 경기변동은 비규칙적 현상 ⇒ 경기변동에 있어서 정점까지의 진폭과 저점까지의 진폭이 일정하지 않다.

(5) 경기변동은 비대칭적 현상 ⇒ 확장국면은 비교적 오래 지속되는 데 비하여 수축국면은 비교적 짧게 끝나는 양상을 보인다.

(6) 경기변동은 자본주의의 고유의 현상이다.

3) 경기변동을 바라보는 관점

(1) 고전학파

① "경기변동은 자연스러운 경제의 흐름"이다.

② 경기변동 중에는 inflation이나 실업이 나타날 수 있으나 자동안정화 장치와 기타 자율적인 시장조절기능을 통해 해결이 가능하다.

③ 정부의 인위적인 안정화 정책에 반대한다.

(2) 케인즈학파

① "경기변동은 시장실패의 증거"이다.

② 안정화정책은 민간 경제활동을 안정시키고 불완전한 시장 기구를 보완해 준다.

③ 정부의 적극적인 안정화 정책이 필요하다.

(3) 합리적기대학파 : '합리적 기대'와 '시장청산'을 가정 ⇒ 정부의 인위적인 안정화 정책은 경제의 불확실성을 증가시켜 경제안정을 해칠 수 있다고 주장한다.

(4) 새케인즈학파 : 일부 시장에 불균형이 지속되는 가능성이 있는 한 정부의 안정화 정책은 유효하다고 주장한다.

경기변동에 관련된 핵심 쟁점

1. 무엇이 최초의 경기변동을 발생시키는가? 즉 경기변동을 촉발시키는 주된 원인은 무엇인가에 관한 것이다.
2. 경기변동의 파급경로, 즉 무엇이 호황 또는 불황을 상당기간 동안 지속시키고, 또 호황에서 후퇴로, 불황에서 회복으로 반전시키느냐에 관한 것이다.
3. 경기변동을 촉발시키는 외부충격의 실체는 무엇인가?
    1) 민간기업의 투자지출 변화에 의한 총수요 측면의 충격을 강조하는 견해 ⇒ 민간기업의 장래에 대한 기대 변화 등으로 인해 투자지출이 변함으로써 경기변동이 촉발(케인즈)
    2) 통화량 변화와 같은 화폐적 충격을 강조하는 견해 ⇒통화당국의 자의적인 통화량 조정 때문에 경기변동이 촉발(프리드먼, 루카스) ⇒ 통화량 변동이 실질 *GDP* 변동에 선행하는 경향을 보임
    3) 기술이나 생산성 변화와 같은 공급측 요인을 경기변동이 가장 중요한 원인이라는 견해(슘페터, 실물적 경기변동이론)

4) 경기 변동의 국면(C. Mitchel의 이론)

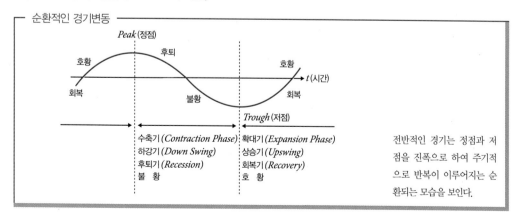

(1) 호황국면(prosperity)

① 호황국면에는 i) 투자, 생산, 국민소득이 증대하고 ii) 초기에는 생산재산업, 후기에는 소비재 산업이 중점적으로 성장하며 iii) 물가는 등귀하고 수출 감소, 수입증가로 국제수지는 역조현상이 일어난다.

② 호황국면이 급격히 나타나는 경우가 특수경기(boom), 호황국면이 상당한 기간 지속되는 현상이 고원경기(plateau)이다.

(2) 후퇴국면(recession)

① 후퇴국면에서는 i) 생산과 소득의 감소 ii) 실업자의 증가 iii) 기업의 도산과 물가폭락현상이 발생한다.

② 호황의 종국에 이자율이 폭등하여 증권가격이 폭락하는 데서 비롯한다.

(3) 불황국면(depression)

① 불황국면에서는 i) 기업도산 ii) 실업자 증가 iii) 금리하락 iv) 자본재의 최저수준생산현상 등이 발생한다.

② 불황의 정도가 아주 심한 현상이 공황(crisis)이 발생한다.

(4) 회복국면(recovery)

① 회복국면에는 i) 생산·고용증대 ii) 신용확장 iii) 금리·이윤·물가가 점차 상승하는 현상이 일어난다.

② 하락한 금리는 증권가격을 상승시켜 기업의 자금차입과 신주발행을 용이하게 함으로써 기업활동이 회복된다.

개념 플러스⁺ 경기예측지수

1. D.I.(diffusion index : 확산지수, 경기동향지수)

1) 경기와의 대응성이 강한 주요 시계열 통계자료 중 확장과정에 있는 계열의 비율을 말한다.

$$D.I. = \frac{\text{전기에 비해 확장중에 있는 지표수}}{\text{전경제지표수}} \times 100\,(\%)$$

2) $D.I. > 50\%$이면 확장국면, $D.I. < 50\%$이면 수축국면으로 평가한다.

2. B.W.I.(Business Warning Index : 경기예고지수)

1) 과거의 경기동향과 실적을 토대로 계산한 주요 경제지표의 움직임을 통해 현재 경기상태를 신호등 색깔로 표시하는 것을 말한다.

2) 빨간색(평균점수 2점 이상)은 경기과열, 파란색(평균점수 1점 이하)은 경기침체를 의미한다.

3. B.S.I.(Business Surveying Index : 기업실사지수)

1) 한국은행 기업 경기조사 조사항목

수준 판단	변화 방향 판단	
	전년 동월 대비	전월 대비

• 업황
• 제품 재고
• 생산 설비
• 설비 투자 규모
  – 당초 계획 대비
  – 전년 동월 대비
• 인력 사정
	• 매출 규모
	  – 내수 판매 규모
	  – 수출 규모
	• 생산 규모
	• 신규 수주 규모
	• 가동률
		• 제품 판매 가격
		• 원재료 구입 가격
		• 채산성
		• 자금 사정

2) 경기예상에 대한 여론조사 결과를 지수화한 것을 말한다.

$$B.S.I. = \frac{\text{상승 (호전) 업체수} - \text{하락 (악화) 업체수}}{\text{전체응답업체수}} \times 100 + 100$$

3) $B.S.I.$가 100 이상이면 확장, 100 이하이면 수축국면으로 평가한다.

확인 TEST

경기동향을 나타내는 기업경기실사지수(BSI : Business Survey Index)와 소비자 동향지수(CSI : Consumer Survey Index)에 대한 설명으로 옳지 않은 것은?
[2010. 지방직 7급]

① $B.S.I$는 비교적 쉽게 조사되고 작성될 수 있지만 조사 응답자의 주관적인 판단이 개입될 가능성이 있다.
② $B.S.I$는 기업 활동의 실적, 계획 경기동향 등에 대한 기업가들의 의견을 직접 조사하여 이를 지수화한 지표이다.
③ $B.S.I$는 다른 경기지표와는 달리 기업가의 주관적이고 심리적인 요소까지 조사가 가능하고, 정부 정책의 파급 효과를 분석하는 데 활용되기도 한다.
④ $C.S.I$는 50을 기준치로 하며, 50을 초과할 경우는 앞으로 생활형편이 좋아질 것이라고 응답한 가구가 나빠질 것으로 응답한 가구보다 많다는 것을 의미한다.

해설 • 소비자 동향지수는 장래의 소비지출 계획이나 경기 전망에 대한 소비자들의 설문조사 결과를 지수로 환산해 나타낸 지표이다. 소비자 동향지수는 다음과 같은 방법으로 측정한다.

$$C.S.I = \left(\frac{\text{매우 좋아짐} \times 1 + \text{약간 좋아짐} \times 0.5 - \text{매우 나빠짐} \times 1 - \text{약간 나빠짐} \times 0.5}{\text{전체 응답 가구수}} \right) \times 100 + 100$$

$C.S.I$는 100을 기준으로 그 수치가 100보다 크면 낙관적 전망, 100보다 작으면 비관적 전망이 우세하다는 것을 의미한다.
• $B.S.I$는 다음과 같은 방법으로 측정한다.

$$B.S.I = \left(\frac{\text{낙관적(긍정적)으로 답한 기업의 수} - \text{비관적(부정적)으로 답한 기업의 수}}{\text{전체 응답 기업의 수}} \right) \times 100 + 100$$

$B.S.I$ 역시 100을 기준으로 그 수치가 100보다 크면 낙관적 전망, 100보다 작으면 비관적 전망이 우세하다는 것을 의미한다.

정답 ④

경기변동과 거시경제변수

1. 방향에 따라
1) 경기 순응적(procyclical) 변수:경제변수가 경기변동의 중심지표인 실질 GDP와 같은 방향으로 변하는 변수 ⇒ 산업생산, 소비, 투자, 고용, 통화량, 주가, 명목 이자율, 수출 등
2) 경기 역행적(countercyclical) 변수:경제변수가 경기변동의 중심지표인 실질 GDP와 반대 방향으로 변하는 변수 ⇒ 물가

2. 시간적 순서에 따라
1) 경기 선행적(leading) 변수:실질 GDP보다 먼저 변하는 변수 ⇒ 통화량, 주가, 수출 등
2) 경기 동행적(concurrent) 변수:실질 GDP와 동시에 변하는 변수 ⇒ 산업생산, 소비, 투자, 고용, 수입 등
3) 경기 후행적(lagging) 변수:실질 GDP의 변화가 있고 나서 그 이후에 변하는 변수 ⇒ 명목 이자율 등

3. 경기 종합 지수(2017년 5월 현재)
1) 경기선행종합지수:재고순환지표, 소비자 기대지수, 기계류 내수 출하지수, 구인구직 비율, 건설수주액, 수출입 물가비율, 코스피(증권거래소를 의미) 지수, 장단기 금리 차
2) 경기동행종합지수:광공업생산지수, 소비판매액지수, 건설 기성액, 서비스업 생산지수, 수입액, 비농림어업 취업자 수, 내수 출하지수
3) 경기후행종합지수:취업자 수, 소비자물가지수 변화율, 생산자제품 재고지수, 소비재 수입액, CP 유통수익률

경기변동의 12가지 '바로미터'

미국의 월스트리트 저널지는 일반인들이 복잡하고 전문적인 통계나 자료에 의존하지 않고도 경기변동 여부를 쉽게 파악할 수 있는 '체감 경기지표 12가지'를 다음과 같이 소개했다.

① 일요일자 신문의 부피:경기가 호황으로 치달을 때는 기업들의 광고비 지출이 늘어난다. 그에 따라 주말판 신문의 두께가 두툼해 진다. 심지어 "신문광고의 40%는 경기에 따라 신축적으로 조절되는 기업들의 가변성 홍보예산에 의존하고 있다."라는 말이 있을 정도이다.
② 자동차 광고문구:자동차 회사들은 호경기때는 '쾌적한 승차감' 등 호사스런 쪽에 광고문구의 초점을 맞춘다. 그러나 소비자들의 주머니사정이 여의치 않다 싶으면 할인판매와 낮은 금리의 할부금융 등을 강조한다.
③ 연준리(FRB) 의장의 위상:경제가 절정의 호황을 구가하면 FRB의장은 만인의 우상이다. 그러나 경제가 나빠지면 그의 인기도 떨어진다.
④ 화물열차의 행렬:차량숫자는 경기와 비례한다. 건널목을 지나가는 화물 열차의 차량수가 예전보다 줄어들었다면, 경기가 그만큼 둔화됐다는 뜻이다.
⑤ 주택시장:경기가 한창일 때는 웬만한 주택이 매물로 나온 당일에 곧바로 팔려나간다. 그러나 경기가 나빠지면 여간해선 팔리지 않는다.
⑥ 달러화의 위력:호경기 때는 달러화의 가치가 올라가지만 경기둔화가 본격화되면 엔, 유로화, 스위스 프랑의 인기가 오르면서 달러화의 가치가 떨어진다.
⑦ 장단기금리 역전:경기 둔화기에는 장기자금에 대한 수요가 위축돼 장기금리가 단기금리를 밑도는 역전현상이 빚어진다.
⑧ 목수 등 잡역부에 대한 수요:경기가 나빠지면 집이 헐거나 부실해져도 수리를 않고 지내는 사람들이 많아진다. 따라서 목수를 부르기가 쉬워진다.
⑨ 범죄율:실업률 하락 등 왕성한 경기회복의 징후가 보이면 범죄발생률이 낮아지지만, 경기가 둔화되면 범죄율이 높아진다.
⑩ 신기술 제품 소비:소비가 늘면 호경기, 줄면 불경기다. 신기술제품에 대한 수요는 경기에 매우 민감하기 때문이다.
⑪ 출산율:호경기 때는 가계에 여유가 생긴 사람들이 더 많은 아이를 낳게 돼 출산율이 높아진다.
⑫ 주식투자:경기호황은 증시활황과 밀접하게 연관돼있다. 그러나 경기가 나빠지면 주식투자도 시들해진다.

❷ 경기변동의 종류(J. Schumpeter의 이론)

1) 키친 순환(Kitchin cycles)

(1) 3~4년의 주기를 갖고 재고의 축적에 따라서 발생한다.

(2) 소순환(minor cycles) 또는 재고순환(inventory cycles)

2) 쥬글라 순환(Juglar cycles)

(1) 8~10년의 주기를 갖고, 개별적 기술에 있어서의 혁신, 즉 기계류의 발명 또는 개량과 같은 설비투자에 영향을 받는다.

(2) 경제적 의미가 큰 주순환(major cycles)

3) 콘드라티에프 파동(Kondratieff wave)

(1) 50~60년의 세월이 걸리는 것으로 철도·전기의 발명과 같은 대발명에서 비롯된다.

(2) 『3개의 키친순환＝1개의 쥬글러 순환』이고, 『6개의 쥬글러 순환＝1개의 콘드라티에프 순환』을 이룬다.

4) 건축 순환(Building cycles)

(1) 대체로 20년을 주기로 하는 건축경기의 순환으로 인구의 변동과 그에 따른 주택수요의 변동에 기인한다.

(2) Simon Kuznets가 주창했다 하여 Kutznets cycles라고도 하며 A. H. Hansen도 경기변동의 원인으로 건축경기를 강조한다. 1) 2월 잠정설정 2) 제 1~8 순환 평균

❸ 경기변동이론

1) 전통적 경기변동이론

(1) **외생적 경기변동이론**

① **태양 흑점설(W. S. Jevons)** : 11년 반 주기의 태양흑점의 크기 변화가 농산물 수확의 변동을 낳고 이것이 경기변동을 낳는다.

② **심리설(A. Pigou)** : 경기전망에 대한 경제주체의 심리의 변화에 따라 경기변동이 발생 ⇒ 경기전망에 대해서 사람들의 낙관적인 심리가 지배적이면 호황이 오고, 비관적인 심리가 지배적이면 불황이 온다는 것이다.

(2) **내생적 경기변동이론**

① **부분적 과잉 생산설(J. B. Say)** : Say의 법칙이 성립하면 일반적 과잉생산은 없고 일부 기업의 잘못된 예측이 부분적 과잉생산을 낳을 수는 있다. 따라서 생산물이 판매되지 않아 발생하는 공황의 주된 요인은 그 상품과 교환될 다른 상품이 충분히 생산되지 않았기 때문이다.

② 일반적 과잉 생산설(T. R. Malthus) : 생산규모 확장을 위한 일반적인 축적욕구로서의 자본가의 저축이 소비부족을 가져와 발생한다. ⇒ Sweezy의 '과소소비설'과 Keynes의 '유효수요이론'의 기초가 된다.

③ 화폐적 과잉 생산설(R. G. Hawtrey) : 신용의 팽창이나 화폐수량의 증가에 따라 화폐적 과잉투자가 일어나서 경기변동을 야기시킨다.

④ 혁신설(J. A. Schumpeter) : 창조적 기업가에 의한 기술혁신으로 경기변동이 발생한다.

⑤ 공황이론(K. Marx) : 이윤율저하의 법칙, 과소소비, 생산부문 간의 불비례 등을 원인으로 발생한다.

⑥ 과잉투자설(A. Aftalion : 유발투자이론) : 소비재 수요의 증대가 자본재 수요의 증대보다 작을 때 공황이 발생한다.

⑦ 화폐적 과잉 투자설(K. Wicksell) : 시장(실제)이자율과 자연이자율 사이의 괴리 때문에 경기변동이 발생한다.

2) 현대적 경기변동이론 : 시차이론(Time lag theory)

(1) 승수이론과 가속도이론을 결합한 Samuelson 모형, Hicks 모형, Hoodwin 모형 등

(2) Samuelson 모형 : 승수 원리와 가속도 원리를 결합하여 경기변동의 원인과 유형을 설명한다.
⇒ 동태적 경기변동이론

외생적 지출의 증가 ⇒ 소득증가 ⇒ 소비증가 ⇒ 투자증가 ⇒ 소득증가
      ↑   ↑
     승수효과   가속도원리
   [한계소비성향이 중요] [가속도계수가 중요]

---

(3) Hicks의 모형 : 국민경제와 산출수준의 상한과 하한을 설정하여 승수효과와 가속도원리의 상호작용에 일정한 제약을 가했다는 점에서 제약된 순환(constrained cycle) 모형(당구대 이론)이다.
⇒ 순환제약이론

개념 플러스+ 당구대 이론에서의 상한과 하한

1. 상한과 하한의 설정

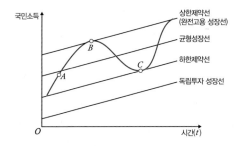

1) 상한제약선:국민소득이 그 이상 성장할 수 없는 성장의 상한선, 즉 완전고용 성장선으로서 노동성장률에 의해서 결정된다.

A ⇒ 독립투자↑ ⇒ 국민소득↑ ⇒ 유발투자↑ ⇒ 국민소득↑ ⇒ … ⇒ 완전고용 산출량 수준 도달
　　　　　　　↑　　　　　　↑
　　　　　　승수원리　　가속도 원리

2) 하한제약선:최저생존을 위한 소비 이하로 떨어질 수 없는 국민소득 성장의 하한선을 말하며, 노동성장률 과 같은 기울기를 갖는다. 여기서 하한이란 독립투자의 승수 배에 해당하는 소득수준을 의미한다.

B ⇒ 독립투자↓ ⇒ 국민소득↓ ⇒ 유발투자↓ ⇒ 국민소득↓ ⇒ … ⇒ 최저 생존 수준 도달
　　　　　　　↑　　　　　　↑
　　　　　　승수원리　　가속도 원리

2. 경제성장과 경기순환

1) A점과 같은 경기상승 국면에서 단순발산형의 가정 아래서 계속 성장한다.
2) 상한제약선과 만나는 B점에서 성장률이 노동성장률로 떨어진다.
3) 하한제약선과 만나는 C점에서 경제성장률의 하락추세가 정지되고, 이후 경제성장률이 높아지기 시작한다.

확인 TEST

J. R. Hicks가 승수효과와 가속도 원리를 결합하여 순환적 성장을 설명하면서 가능성이 높은 경우라고 한 것은?

① 단순진동형
② 단순발산형
③ 수렴진동형
④ 발산진동형

해설 ▶ 순환제약이론(당구대 이론)을 주장한 J. R. Hicks는 P. A. Samuelson의 경기변동형 중에서 단순발산 형을 수용하는 경기순환을 설명하였다.

정답 ▶ ②

── 균형경기변동이론: 새고전학파 ──

1. 경제행위자들이 최적행위(소비자:효용극대화, 생산자:이윤극대화)를 하고 가격이 신축적으로 움직이는 가운 데 경제의 균형이 변동한다. 즉 경제주체들의 최적선택의 결과로 나타나는 경기변동으로 이해한다. 따라서 경 기변동이 발생한다고 하더라도 사회적인 후생감소가 초래되지는 않는다고 한다.
2. 경기변동이란 경제의 균형자체가 외부적인 수요충격이나 공급충격에 의하여 이동하면서 발생하는 현상으로 이 해한다. 예를 들면 통화량 변동이 발생하면 총수요 곡선을 이동시킴으로써 당초의 경제균형이 또 다른 경제 균 형으로 옮겨가면서 그 균형점을 이으면 소득과 물가의 진동싸이클이 발생하게 되고, 기술진보가 일어나면 총공 급곡선이 이동하게 되고 그 결과 경제균형이 옮겨가면서 소득과 물가의 진동싸이클이 야기된다는 것이다.

3) 화폐적 균형경기변동이론(monetary equilibrium business cycle theory)

(1) 의의

① 루카스(R. Lucas)를 비롯한 새고전학파는 화폐적 충격이 경기변동의 주된 원인임을 주장하는 통화론자들의 영향을 받기는 했지만, 신축적인 가격과 임금에 의해 시장청산(market clearing)이 항상 이루어진다는 왈라스적 접근방법에 뮤스(J. Muth)가 제시한 합리적 기대와 정보의 불완전성을 도입하여 경기변동을 설명하고자 하였는데 이를 화폐적 균형경기변동론이라고 부른다.

② 경기변동을 완전고용 국민소득 수준 또는 자연실업률 수준으로부터의 이탈로 본다.

(2) 경기변동과정

① 예상치 못한 통화량의 증가는 불완전한 정보 하에서 노동공급자의 착각으로 총생산, 고용, 소비 및 투자의 증가와 함께 실질이자율의 하락을 가져온다. 즉, 통화량의 변화가 실질변수의 변화를 가져온다는 점에서 화폐가 비중립적이다.

② 특히 통화량의 증가가 단기적으로 실질이자율의 하락을 가져오는 것은 현실경제에서 관측되어 온 화폐금융정책의 유동성효과와 일치한다.

> 예상치 못한 통화량 증가 ⇒ 일반물가 상승 ⇒ 개별 경제주체의 물가인식 오류(자신의 생산물만 상승한 것으로 판단)발생 ⇒ 생산자들이 재화의 상대가격 상승으로 인식하여 생산량 증대 ⇒ 경기호황 발생 ⇒ 생산자가 물가변화를 정확히 인식 ⇒ 물가예상 조정 ⇒ 생산량 감소

(3) 한계 : 경기변동의 지속성을 제대로 설명하지 못하여 실물적 경기변동이론이 대두되었다.

확인 TEST

다음 중 루카스(Lucas)의 경기변동이론을 가장 잘 설명한 것은?

[2002, 입시]

① 명목임금의 경직성이 불황의 가장 큰 원인이다.
② 민간이 예상하지 못한 통화량 변화가 경기변동을 일으킨다.
③ 정부의 적극적인 경제안정정책이 경기변동을 최소화할 수 있다.
④ 오직 생산함수를 이동시키는 기술적 충격만이 경기변동을 일으킨다.
⑤ 합리적 기대 하에서 시장이 균형이면 경기변동이 항상 일어나지 않는다.

해설 ▶ 루카스의 경기변동론은 화폐적 경기변동론이다. 이에 따르면 예상하지 못한 통화량의 변화는 물가의 변화를 가져오는데, 경제주체들이 이를 인식하는 데 착오를 일으켜 자신이 생산하는 상품의 상대가격의 상승으로 오해한다. 이에 따라 생산을 증가시켜 경기변동을 유발한다. 이처럼 루카스의 화폐적 경기변동론은 기업의 불완전한 정보를 전제로 한다.

정답 ▶ ②

4) 실물적 경기변동이론(Real Business Cycle : RBC)

(1) 의의

① 경기변동을 완전고용국민소득 수준 또는 자연실업률 수준으로부터의 이탈로 보는 화폐적 균형 경기변동이론과 달리 실물적 경기변동은 경기변동을 완전고용상태의 연속으로 해석하는 특징 이 있다. 즉 가격의 신축성으로 인해 경제의 산출량과 고용량은 언제나 완전고용수준을 유지 한다는 것이다.

② 경기변동을 실제 실업률과 자연실업률 사이의 괴리가 아니라 생산성 변화, 기후변화, 새로운 발명 등의 실물적 경제충격으로 인해 자연실업률 자체가 변화하여 일어나는 경제현상으로 해 석한다.

③ 결국 실물적 경기변동론은 경제가 항상 균형상태에 있게 되고, 화폐량의 변동이나 물가의 변동 이 단기에 있어서도 고용과 산출에 영향을 미치지 않는다는 고전적 이분성이 성립한다고 본다. 즉, 가격이 단기에도 신축적이라는 것이다. 따라서 경기변동의 과정에서 나타나는 실질변수의 변동은 화폐적 충격이 아니라 실물적 충격의 결과라고 보고 있다. 이에 따르면 경제에 지속적 인 실물적 충격이 발생할 때, 이에 대해 경제 주체들이 이윤극대화와 효용극대화를 위한 최적 대응을 한 결과로서 경기변동이 야기된다는 것이다.

(2) 경기변동과정

① 기술혁신과 같은 유리한 공급충격 ⇒ 생산함수 상방이동 ⇒ 노동의 한계생산물 증가 ⇒ 노동 수요 우측이동 ⇒ 실질임금상승, 고용량 증가 ⇒ 총생산량 증가 ⇒ 총소비, 총저축 증가 ⇒ 총 투자 증가 ⇒경기호황

② 자연재해와 같은 불리한 공급충격 ⇒ 생산함수 하방이동 ⇒ 노동의 한계생산물 감소 ⇒ 노동 수요 좌측이동 ⇒ 실질임금 하락, 고용량 감소 ⇒ 총생산량 감소 ⇒경기침체

확인 TEST

실물경기변동이론(Real Business Cycle theory)에 대한 설명으로 가장 옳지 않은 것은? [2019, 서울시 7급]
① 임금은 신축적이나 상품가격은 경직적이라고 가정한다.
② 개별 경제주체들의 동태적 최적화 형태를 가정한다.
③ 경기변동은 시장청산의 결과이다.
④ 공급 측면에서의 생산성 충격이 경기변동의 주요한 원인이다.

해설 ▶ • 실물경기변동이론(Real Business Cycle theory)은 예상치 못한 공급 측면에서의 충격이 경기변동 을 야기한다는 새고전학파의 경기변동이론으로 임금과 상품가격 모두가 신축적이라는 가정 하에 서 주장되는 이론이다.
• 개별 경제주체들은 인식하고 있는 충격에 대해 최적의 대응을 하게 되고, 이에 따라 시장은 항상 불균형이 청산되는 균형을 유지할 수 있다고 본다.
• 경기안정화를 위한 정책당국의 개입은 불필요하다고 역설한다.

정답 ▶ ①

(3) 경기변동에서 관찰되는 몇 가지의 공통적인 사실(stylized facts)

① 오쿤의 법칙에서 제시하듯이 경기하강 국면에서는 고용의 감소보다 생산의 감소가 더 크게 일어난다는 사실이다. 이처럼 실업률의 변동이 총생산의 변동보다 작다는 사실은 경기변동이 생산성 충격(productivity shock)으로 인해 일어날 개연성을 시사한다.

② 경기변동에 있어서 소비의 변동성보다는 투자의 변동성이 훨씬 크다는 사실이다. 이것은 경기변동이 정보의 비대칭성이나 명목가격의 경직성으로 인한 시장경제의 비효율성을 반영하는 것이 아니라 시장경제의 최적 대응의 결과일 가능성을 시사해준다.

③ 실물적 경기변동론에 따르면 경기변동은 시장 메카니즘의 효율적인 작동의 결과이기 때문에 경기안정을 위한 정부의 개입은 바람직하다고 볼 수 없다.

균형경기변동론의 정리

1. **전제**: 소비자들이 주어진 예산 제약하에서 효용을 극대화하는 최적소비량을 결정하고, 기업들은 이윤을 극대화하는 최적투자량과 최적고용량을 결정한다는 소위 최적행위를 전제한다.

2. **화폐적 경기변동이론(루카스)-물가예상 착오와 경기변동**

   예상치 못한 통화량의 증가는 불완전한 정보 하에서 노동공급자의 착각으로 총생산, 고용, 소비 및 투자의 증가와 함께 실질이자율의 하락을 가져온다. 즉, 통화량의 변화가 실질변수의 변화를 가져온다는 점에서 화폐가 비중립적이다. 특히 통화량의 증가가 단기적으로 실질이자율의 하락을 가져오는 것은 현실경제에서 관측되어 온 화폐금융정책의 유동성효과와 일치한다.

3. **실물적 균형경기변동론**

   실물적 균형경기변동론은 경제가 항상 균형상태에 있게 되고, 화폐량의 변동이나 물가의 변동이 단기에 있어서도 고용과 산출에 영향을 미치지 않는다는 고전적 이분성이 성립한다고 본다. 즉, 가격이 단기에도 신축적이라는 것이다. 따라서, 경기변동의 과정에서 나타나는 실질변수의 변동은 화폐적 충격이 아니라 실물적 충격의 결과라고 보고 있다. 이에 따르면 경제에 지속적인 실물적 충격이 발생할 때, 이에 대해 경제 주체들이 이윤극대화와 효용극대화를 위한 최적대응을 한 결과로서 경기변동이 야기된다는 것이다.

정치적 경기순환이론(political business cycle theory)

선거에 있어 당선이라는 정치적 목적을 달성하기 위하여 경제에서의 인플레이션과 실업 사이에 존재하는 상충관계를 이용하려는 정치적 행동에 의하여 생산과 실업률 그리고 인플레이션율의 순환변동이 발생한다고 보는 견해를 말한다.

예를 들어 집권당은 선거 직전에는 경기부양정책을 실시하여 실업률을 최대로 낮추려고 하고, 선거 직후에는 강력한 긴축정책을 실시하여 인플레이션을 낮추고자 시도한다.

* 경기변동론 정리

구분		경기 변동 관점	경기안정화를 위한 정책적 대응	한계
케인스 학파		독립투자 등과 같은 총수요 충격으로 경기변동이 발생한다.	정부의 총수요에 대한 미조정 (fine tuning)을 통해 경기변동을 억제할 수 있다.	경기순행적인 실질임금 등을 포함한 경기변동에 따른 정형화된 사실들에 대한 설명이 어렵다.
새 고 전 학 파	화폐적 경기변동론	경제적 충격으로 인해 자연산출량으로부터 벗어나는 현상으로 예상치 못한 통화량 변화에 대한 불완전한 정보로 경제주체들의 물가예상에 대한 착오로 인해 발생한다 (루카스).	명목통화량을 일정비율 (k%)로 증가시키는 통화준칙(monetary policy rule)에 의해 경기를 안정화시킬 수 있다.	물가예상에 대한 착오가 계속 나타나는 지속적인 통화량 변화가 나타나지는 않는다. 이에 따라 경기변동의 지속성을 설명하기 어려워진다.
	실물적 경기변동론	실물적 충격에 대한 개별경제주체들의 최적화 과정 속에서 나타나는 시장균형의 연속적인 현상일 뿐이다.	가격 신축성을 전제로 하는 경제주체들의 최적화를 위한 선택의 결과이므로 정책당국의 개입은 오히려 후생을 떨어뜨릴 수 있다.	경기순행적인 화폐공급을 설명하기 어려우며, 가격이 신축적이지 않은 현실 경제를 설명하기 어렵다.
새 케인스 학파		가격과 임금의 경직성으로 경기변동이 나타난다.	자기실현적 예상을 한다는 경제주체들이 미래에 대한 낙관적인 기대를 갖는 정책이 필요하다.	경제주체들의 자기실현적 예상을 실제로 관찰하는 것은 현실적으로 쉽지 않다.

Theme
89 경제성장이론 - I

① 경제성장(economic growth)의 의의

1) 개념

(1) 시간의 흐름에 따라 경제 활동의 규모가 확대되는 것을 의미한다.

(2) 일반적으로 실질 GDP의 성장으로 측정하는데, 이를 생산가능곡선이 밖으로 이동하는 것으로 표시할 수도 있고 총수요곡선과 총공급곡선이 시간이 흘러감에 따라 오른쪽으로 이동하여 그 교차점이 오른쪽으로 이동하는 것으로 나타낼 수도 있다.

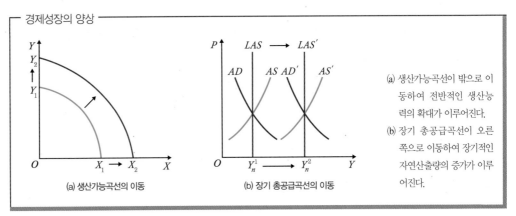

ⓐ 생산가능곡선이 밖으로 이동하여 전반적인 생산능력의 확대가 이루어진다.

ⓑ 장기 총공급곡선이 오른쪽으로 이동하여 장기적인 자연산출량의 증가가 이루어진다.

(a) 생산가능곡선의 이동 　　(b) 장기 총공급곡선의 이동

(3) **경제성장률**: 기준년도에 비하여 실질국민소득(Y)이 얼마나 빠르게 변하는가로 측정한다.

┌─ 경제성장률 ─────────────────────

$$경제성장률 = \frac{Y_t - Y_{t-1}}{Y_{t-1}}$$

┌─ 1인당 소득 성장률의 의의 ─────────────

　실질 GDP가 증가하더라도 인구가 똑같은 비율로 증가한다면 국민의 평균생활 수준은 상승하지 않을 것이다. 따라서 국민 개개인의 생활수준이 1년 사이에 평균적으로 얼마나 향상되었는가를 알아보기 위해서는 경제성장률 대신 인구의 증가까지를 고려한 다음과 같은 1인당 소득증가율을 이용해야 한다.

┌──────────────────────────────┐
│　　　1인당 소득증가율 = 경제성장률 − 인구증가율　　　│
└──────────────────────────────┘

경제성장률이 높더라도 인구증가율이 그것을 앞지른다면 1인당 GDP가 감소하여 국민들의 생활수준이 낮아지게 된다.

확인 TEST

A국은 X재와 Y재만을 생산하는 국가이다. 두 재화의 생산량과 가격이 다음 표와 같을 때, A국의 기준연도 대비 비교연도의 실질 GDP 성장률은?

[2016. 국가직 9급]

(단위:억 원)

	기준연도		비교연도	
	생산량(개)	가격(원)	생산량(개)	가격(원)
X재	100	10	100	11
Y재	200	20	210	20

① 10%　　　② 7%　　　③ 4%　　　④ 1%

 해설

- 실질 GDP는 '$\sum P_{기준연도} \times Q_{비교년도}$'라는 공식으로 도출된다. 그런데 기준연도는 비교연도와 기준연도가 동일한 시점이므로 명목 GDP와 실질 GDP의 크기가 동일하다.
- 기준연도의 실질 GDP는 다음과 같이 도출된다.

$$\sum P_{기준연도} \times Q_{비교연도} = \sum P_{기준연도} \times Q_{기준연도} = 10 \times 100 + 20 \times 200 = 1,000 + 4,000 = 5,000$$

- 비교연도의 실질 GDP는 다음과 같이 도출된다.

$$\sum P_{기준연도} \times Q_{비교연도} = 10 \times 100 + 20 \times 210 = 1,000 + 4,200 = 5,200$$

- 기준연도 대비 비교연도의 실질 GDP 성장률은 다음과 같이 도출된다.

$$\frac{비교연도\ 실질\ GDP - 기준연도\ 실질\ GDP}{기준연도\ 실질\ GDP} = \frac{5,200 - 5,000}{5,000} = \frac{200}{5,000} = 0.04 = 4\%$$

정답 ③

2) 요인

(1) 단기적으로는 노동이나 자본설비와 같은 생산요소의 증가가 중요하다.

(2) 장기적인 성장을 분석할 때는 기술 진보가 더욱 중요한 기능을 하게 된다.

3) 경제성장의 특징(S. Kuznets) : 과거 2세기간의 선진국의 경험

(1) 1인당 실질국민소득과 인구 증가율이 높다.

(2) 요소생산성, 특히 노동생산성(=노동의 평균생산물 또는 한계생산물)의 증가율이 높다. 기술진보가 1인당 실질 GDP 증가의 대부분을 설명한다.

(3) 경제구조의 전환율이 높다. 농업으로부터 비농업부문으로, 소규모 개인기업으로부터 대규모 회사기업으로, 농촌으로부터 도시로 경제의 구조적 변동이 크게 일어난다.

(4) 사회, 정치, 이념상의 전환이 높다.

(5) 시장과 원료의 확보를 위해 선진국의 대외 진출성향이 높다.

(6) 경제성장의 성과는 세계인구의 1/3에만 한정된다.

4) 경제성장의 정형화된 사실들(stylized facts of growth) : N. Kaldor

(1) 자본-산출 비율$\left(\dfrac{K}{Y}\right)$이 장기에 걸쳐 대체로 일정하여 $\dfrac{\Delta K}{K} = \dfrac{\Delta Y}{Y}$가 성립한다. 여기서 자본-산출 비율(자본계수 : capital coefficient)은 실질 GDP 1단위를 생산하는 데 평균적으로 필요한 자본량을 말한다.

(2) 자본의 증가율$\left(\dfrac{\Delta K}{K}\right)$이 대체로 일정하므로 경제성장률 $\left(\dfrac{\Delta Y}{Y}\right)$ 또한 대체로 일정하다.

(3) 인구 증가율에 비해 자본스톡의 증가율이 더욱 크게 나타나 노동자 1인당 자본량$\left(\dfrac{K}{L}\right)$이 지속적으로 증가하여 자본의 심화(deepening of capital)가 나타나게 되어 $\left(\dfrac{\Delta Y}{Y}\right) = \dfrac{\Delta K}{K} > \dfrac{\Delta L}{L}$이 성립한다.

(4) 노동생산성이 지속적으로 향상되었고, 실질임금도 상승 ⇒ 노동자들의 생활수준은 크게 개선되어 왔다.

(5) 계속 증가되어 온 총소득 중에서 노동이 차지하는 소득비율, 즉 노동의 분배율은 장기적으로 거의 일정하여 노동과 자본의 상대적 분배율(relative shares)은 대체로 일정하다.

(6) 실질이자율은 대체로 일정하고, 이윤율도 시장이자율보다 높은 수준에서 대체로 일정하게 나타나 Marx가 주장한 이윤율 저하현상은 나타나지 않았다.

(7) 국민소득에 대한 저축의 비율은 장기적으로 보아 대체로 일정하여 국민소득의 성장률도 저하하는 것 같지 않다.

❷ 경제 성장 전략

1) 균형 성장론과 불균형 성장론

(1) 균형 성장론(R. Nurkse)

① 수요 측면에서의 상호수요(reciprocal demand) 또는 보완적 수요(complementary demand)를 강조한다.

② 후진국개발의 가장 큰 애로는 「좁은 시장」이고, 또한 후진국은 수출시장 개척이 어려우므로 국내시장 개발에 주력해야 한다.

③ 상호수요 보완효과를 고려하여 모든 산업에 골고루 투자하여 성장을 도모한다.

(2) 불균형 성장론(A. O. Hirschman)

① 공급 측면에서의 상호공급 보완효과 강조한다.

② 후진국은 자본·기술이 취약하여 모든 산업의 동시적 성장이 어려우므로 「연관효과」가 큰 산업을 중심으로 집중 투자하여 그 선도 산업으로부터 전방·후방연관 효과를 얻어 역동적인 경제개발을 추진해야 한다.

┌─ 연관효과 ──

연관효과는 전방연관효과(forward linkage effect)와 후방연관효과(backward linkage effect)로 나누어 진다. 전방연관효과는 A산업에 대한 투자가 A산업 제품을 사가는 B산업의 성장과 투자를 유발하는 효과를 말한다. 후방연관효과는 A산업이 C산업의 생산물을 투입물로 수요함으로써 A산업에 대한 투자가 C산업의 성장과 투자를 유발하는 효과를 말한다.

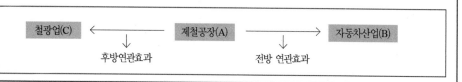

└──

(3) 양자의 비교

	균형 성장론	불균형 성장론
경제학자	R. Nurkse	A. O. Hirschman
후진국의 애로	빈곤의 악순환	자본과 기술의 취약
후진국 발전전략	• 상호수요를 통한 국내시장의 확대 • 잠재실업의 제거, 조세 증가, 인플레이션을 통한 자본축적	• 주요 선도산업에 대한 집중투자 • 후방연관효과가 큰 공업의 육성
현실적용	• 내수에 의존하는 국가 • 자원이 풍부한 국가 • 시장기능이 원활한 국가	• 수출시장개척이 용이한 국가 • 자원이 빈약한 국가 • 시장기능이 왜곡된 국가

2) 공업화 전략(국제무역과 경제 개발)

(1) 내향적 개발전략

① 의미 : 기존수입품을 국내에서 생산하여 수입을 억제하고 국내시장을 기반으로 성장하려는 전략 ⇒ 수입대체산업 육성전략이라고도 한다.

② 장점 : 수입 대체산업 육성 시 최종가공단계부터 시작하면 후방연관효과에 의해 경제개발을 이룩할 수 있고 후진국의 외환부족문제를 해결할 수 있다.

③ 단점

ⓐ 원재료, 자본재 수입 증가로 외환부족이 누적된다.

ⓑ 보호무역으로 인해 국내기업의 효율성이 떨어진다.

ⓒ 국내시장규모가 협소하여 규모의 경제가 나타나지 않을 수 있다.

(2) 외향적 개발전략

① 의미 : 해외 수출시장을 중심으로 경제개발을 시도하는 전략 ⇒ 수출주도형전략

② 장점

ⓐ 외국기업과의 경쟁을 통해 기술개발이 용이 ⇒학습효과를 얻을 수 있다.

ⓑ 시장협소의 문제를 해결하여 규모의 경제의 이점을 살릴 수 있다.

③ 단점 : 외국의 경기 변동에 민감해진다.

투 갭 이론(two gap theory)

1. 국내저축이 필요한 투자에 미치지 못하는 경우의 국내저축 부족액을 저축 갭이라고 하고, 외환수입이 필요한 외환지출에 미달하는 경우의 외환부족액을 외환 갭이라고 하는데 이를 투 갭이라고 한다.
2. 경제성장에 필요한 적정외자 도입량의 산출에 있어서 의미가 있는 갭은 국민경제가 완전고용수준인 경우에 발생하는 외환 갭과 국민경제가 불완전고용수준인 경우 발생하는 저축 갭이다.
3. CheneryStrout는 개발도상국이 경제성장의 한계로서 위의 저축제약과 외환계약 외에 기술제약을 들었다. 한편, 이들은 실증적 분석을 통해 외환 갭이 저축 갭보다 개발도상국의 경제성장을 제약하고 있다는 결론을 얻었다.

잠김효과(lock-in effect)

선·후진국 간 무역으로 후진국의 빈곤이 영속화될 수 있다. 선진국은 우수한 인적자본을 가지고 높은 품질의 재화들을 생산한다. 반면에 후진국은 빈약한 인적자본을 가지고 낮은 품질의 재화들을 생산한다. 이러한 초기조건에서 선·후진국 간 무역이 시작되면 후진국은 높은 품질의 재화를 국내에서 생산하려는 엄두를 내지 못하고 낮은 품질의 재화 생산에 계속 매달리기 쉽다. 이 경우에 후진국은 잠재력이 낮은 산업에 묶여 있어 선진국과의 소득격차가 점점 커지는 잠김효과가 일어날 수 있는 것이다.

확인 TEST

개발도상국의 경제발전 전략에서 수출주도(export-led)발전전략에 대한 설명으로 옳은 것을 모두 고른 것은?

[2011. 지방직 7급]

> ㉠ 해외시장의 개발에 역점을 둔다.
> ㉡ 내수시장의 발전에 주안점을 둔다.
> ㉢ 경제자립도를 한층 더 떨어뜨리는 부작용을 초래할 수 있다.
> ㉣ 단기적인 수출성과에 치중함으로써 장기적 성장 가능성을 경시할 가능성이 있다.

① ㉠
② ㉠, ㉡, ㉢, ㉣
③ ㉠, ㉢
④ ㉠, ㉢, ㉣

해설 ▶ ・ 수출주도형 발전전략은 자원이 부족하고 내수시장이 협소한 국가들이 내수시장보다는 해외의 수출시장을 역점으로 두는 전략을 의미한다.
・ 수출주도형 발전전략은 해외 경기에 많은 영향을 받게 되어 경제자립도가 위협을 받을 수도 있고, 단기적인 수출성과에 치중하여 장기적인 성장 동력을 상실할 수도 있게 된다.

정답 ▶ ④

❸ R. F. Harrod 모형

1) 의의

(1) **의미**: 케인즈의 단기적인 국민소득결정이론을 장기적인 경제성장이론으로 동태화하여 자본주의 경제가 장기적으로 어떠한 성장을 하게 되는가를 분석하고자 하였다. 케인즈의 전기작가이며 케인즈 학파 경제학의 주된 후원자였던 Harrod는 케인즈의 실질국민소득결정모형을 토대로 1939년에 성장이론을 제시하였다. 이것은 자본주의 시장경제가 완전고용을 유지하면서 장기적인 성장을 이루려면 어떤 조건이 성립해야 하는가에 대한 해답을 주고 있다.

(2) **경제성장의 불안정성**: 모든 생산요소가 완전고용되고 총수요와 총공급이 균형을 이루면서 지속적인 경제성장을 하기가 어렵다. ⇒ 면도날(razor-edge)이론, 이율배반(antinomy)이론

2) 기본모형

(1) **가정**

① 1재화 경제(one-good economy): 생산물이 소비재가 될 수도 있고, 투자재가 될 수도 있다.

② Leontief 생산함수: 자본과 노동의 2생산요소가 사용되는데, 요소 사이에 대체성이 전혀 없는 고정투입계수의 규모에 대한 보수 불변의 생산함수를 전제한다.

$$Y = \min\left[\frac{L}{\alpha}, \frac{K}{v}\right], \text{ 단, } \alpha : \text{고정된 노동계수}\left(\frac{L}{Y}\right), v : \text{고정된 자본계수}\left(\frac{K}{Y}\right)$$

개념 플러스⁺ Leontief 생산함수

1. Harrod-Domar 모형은 Leontief 생산함수를 가정한다.

$$Y = \min\left[\frac{L}{\alpha}, \frac{K}{v}\right] \text{ 단, } \alpha\text{와 } v\text{는 상수}$$

2. 위의 생산함수에서 α와 v를 각각 2와 3이라고 하면

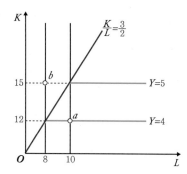

1) 노동을 10(L=10)만큼 투입하고, 자본을 12(K=12)만큼 투입하면

생산량은 $Y = \min\left[\dfrac{10}{2}, \dfrac{12}{3}\right] = 4$만큼 생산된다.$\left(\because \dfrac{10}{2} = 5 > \dfrac{12}{3} = 4\right)$

이때 자본을 줄이면 생산량이 4보다 감소하므로 자본은 완전가동되고 있으나, 노동은 8이 되어도 생산량은 변하지 않으므로 노동은 2만큼 과잉투입되어 있는 상태(위 그림 a점)이다.

2) 노동을 8(L=8)만큼 투입하고, 자본을 15(K=15)만큼 투입하면

생산량은 $Y = \min\left[\dfrac{8}{2}, \dfrac{15}{3}\right] = 4$만큼 생산된다.$\left(\because \dfrac{8}{2} = 4 < \dfrac{15}{3} = 5\right)$

이때 노동을 줄이면 생산량이 4보다 감소하므로 노동은 완전고용되어 있으나, 자본은 12가 되어도 생산량은 변하지 않으므로 자본은 3만큼 과잉투입되어 있는 상태(위 그림 b점)이다.

3) 따라서 노동과 자본이 동시에 완전고용(가동)되는 조건은 다음과 같게 된다.

$$Y = \frac{L}{\alpha} = \frac{K}{v}$$

③ 인구증가율($\Delta L/L = n$) 일정 : 외생적으로 일정하게 주어진다. 이때 인구증가율과 똑같은 경제성장률을 자연성장률이라고 정의한다.

④ 소득의 일정비율(s)만이 저축($S = sY$, $0 < s < 1$)되고, 저축성향$\left(s = \dfrac{S}{Y}\right)$은 일정하다.

⑤ I(투자) $= S$(저축)인 수준에서 균형국민소득 결정된다.

⑥ 자본의 감가상각은 없고, 기술진보도 없다.

(2) 제1기본방정식(fundamental equation)

① 생산물 시장에서는 사후적 투자(I)와 사후적 저축(S)이 항상 균등화된다는 케인즈의 국민소득 결정이론 $I = S$에서 양변을 소득(Y)으로 나누면 다음과 같은 식을 얻을 수 있다.

$$\frac{I}{Y} = \frac{S}{Y}$$

여기서 좌변은 투자율, 우변은 저축률이 된다.

② 감가상각이 없다고 가정하였으므로 투자(I)는 자본(K)의 증가분(ΔK)이 되므로 $I = \Delta K$로 대체될 수 있고, 이에 따라 다음 식을 얻을 수 있다.

$$\frac{\Delta K}{Y} = \frac{S}{Y}$$

③ 위 식 좌변의 분모, 분자에 각각 소득의 증가분(ΔY)을 곱하여 주면 다음 식을 얻을 수 있다.

$$\frac{\Delta Y}{Y} \cdot \frac{\Delta K}{\Delta Y} = \frac{S}{Y}$$

여기서 $\dfrac{\Delta Y}{Y}$는 소득증가율이므로 경제성장률이고, $\dfrac{\Delta K}{\Delta Y}$는 추가적인 소득 1단위를 얻기 위해 투입되어야 하는 추가적인 자본소요량인 한계자본-산출비율 또는 한계자본계수라고 한다.

④ 경제성장률을 G, 한계자본계수를 v, 저축률을 s라고 각각 표시하면 다음 식을 얻을 수 있다.

$$G \cdot v = s \quad \text{또는} \quad G = s/v$$

여기서 G는 사후적 투자(I)와 사후적 저축(S)이 일치하여 결정되는 실제성장률이다.

확인 TEST

Harrod의 성장모형에서 현재 균형성장이 이루어지고 있다고 하자. 자본–산출량 비율이 2이고 소비성향이 0.7, 인구증가율이 2%인 경우에 국민경제의 성장률과 1인당 경제성장률은 각각 얼마인가?

[2003. 7급]

① 15%, 13%
② 13%, 15%
③ 10%, 8%
④ 8%, 10%

해설 해로드 경제성장론에 따른 경제성장률과 1인당 경제성장률은 다음과 같이 측정된다.

- 경제성장률 $= \dfrac{\text{저축률}}{(\text{한계}) \text{자본} - \text{산출 비율}}$

- 1인당 경제성장률 = 경제성장률 - 인구증가율

한편 소비성향이 0.7이므로 저축성향(저축률)은 0.3=30%이다.
이에 따라 경제성장률은 15%이고, 1인당 경제성장률은 13%가 된다.

정답 ①

---

(2) 제2기본방정식

① 현실적으로 저축의 주체는 가계이지만, 투자의 주체는 기업 ⇒ 기업은 가계가 하는 저축의 크기에 맞추어서 이윤극대화가 달성될 수 있도록 투자, 자본량 및 자본계수 등을 조절한다.

② 기업가가 기업의 균형(이윤극대화)을 실현하기 위하여 '요구되는 자본계수(required capital coefficient)'를 v_r이라 하면, 기업가가 이윤극대화를 실현할 수 있다고 생각하는 적정성장률(warranted rate of growth : G_w)은 다음과 같이 표현된다.

$$G_w \cdot v_r = s \quad \text{또는} \quad G_w = \frac{s}{v_r}$$

생산물시장이 균형을 유지하면서 자본설비가 완전 가동되기 위해서는 국민소득이 s/v_r 매기에 성장해야 한다는 것이다.

③ G_w은 기업가적 균형(기업의 이윤극대화)을 실현하는 데 있어서 적정한 성장률이므로 인구증가, 기술진보와 같은 경제발전의 기초적 제 조건에 의해서 결정되는 성장률과는 관계없고, 오직 기업가의 행동에 의하여 결정되는 '기업가적 균형성장률'을 의미한다.

④ 이에 따라 '기업가적 균형성장률'이 실현된다면 비자발적 실업이 발생할 수도 있다.

(3) 제3기본방정식

① 인구의 증가 등 경제발전의 기초적 제 조건에 의해서 제한되는 최대의 성장률을 자연성장률 (natural rate of growth : G_n)이라 하면 다음과 같이 표현된다.

$$G_n \cdot v_r \lesseqgtr s$$

② G_n은 장기적으로 노동의 완전고용을 지속적으로 보장하면서 그 경제가 달성할 수 있는 최대의 경제성장률인 "자연성장률"이다. 즉 경제가 장기적으로 노동의 완전고용을 달성하면서 성장하기 위해서는 경제의 성장률이 인구증가율과 같아야 한다는 것이다.

② 제3 기본방정식이 등호 또는 부등호로 표시되는 이유는 자본계수가 일정일 때 현실의 저축률이 완전고용을 유지하는 극대성장에 부족할 수도 있고 초과할 수도 있으며 적당할 수도 있기 때문이다.

3) Harrod의 이율배반이론(antinomy theory)

(1) 완전고용과 균형이 동시에 달성하면서 경제가 성장하려면 $G = G_w = G_n$ 이어야 하나 그 각각을 좌우하는 s, v_r, n이 서로 독립적으로 결정되므로 모두 일치하는 경우는 오히려 어렵다.

(2) 단기적 변동(적정성장률의 불안정성)

① $G > G_w$(호황)인 경우 : $G \cdot v = s$ 및 $G_w \cdot v = s$ 에서가 $v < v_r$되어 현실의 자본계수는 기업가가 바라는 자본계수보다 작다. 즉 현실의 자본량이 기업가가 적당하다고 생각되는 자본량보다 작다. 이에 따라 기업가는 투자재에 대한 주문을 증대시키게 됨으로서 유효수요가 증가하여 호황이 심화될 것이다.

$$G > G_w(\text{호황}) \rightarrow v < v_r \rightarrow \text{투자확대} \rightarrow \text{유효수요증가} \rightarrow \text{호황심화}$$

② $G < G_w$(불황)인 경우 : $G \cdot v = s$ 및 $G_w \cdot v_r = s$ 에 $v < v_r$가 되어 현실의 자본계수는 기업가가 바라는 자본계수보다 크다. 즉 현실의 자본량이 기업가가 적당하다고 생각하는 자본량보다 크다. 이에 따라 기업가는 투자재에 대한 주문을 감소시키게 됨으로서 유효수요가 감소하여 불황이 심화될 것이다.

$$G < G_w(\text{불황}) \rightarrow v > v_r \rightarrow \text{투자축소} \rightarrow \text{유효수요감소} \rightarrow \text{불황심화}$$

③ 실제 성장률이 적정성장률로부터 벗어나면 균형을 회복하지 못할 뿐 아니라 더욱 멀어지게 된다(⇒ 면도날 모형).

(3) 장기적 성장 경향(불완전 고용균형)

① 적정성장률이 자연성장률과 반드시 일치하지는 않으며, 만약 일치하지 않으면 레온티에프 생산함수의 속성 때문에 경제성장은 양자 중에서 작은 쪽에 의해 제약을 받게 된다.

② $G_w > G_n$인 경우 : 경제성장률은 G_n에 그치고, 기업가적 균형을 가져올 현실의 저축률(s)은 경제가 장기적으로 완전고용을 유지하면서 성장하는 데 필요로 하는 (자본)저축률보다 크다. 이에

따라 과도한 저축으로 인하여 유효수요의 부족을 초래하여 불황과 비자발적 실업이 있게 된다. 따라서 이러한 경우에는 저축이 사회적 해악이 될 수 있다.

$$G_w > G_n \rightarrow 과잉자본설비 \rightarrow 유효수요부족 \rightarrow 불황 \cdot 실업(선진국)$$

③ $G_w < G_n$인 경우: 경제성장률은 G_w에 그치고 기업가적 균형을 가져올 현실의 저축률(s)은 경제가 장기적으로 완전고용을 유지하면서 성장하는 데 필요로 하는 (자본)저축률에 미치지 못한다. 이에 따라 자본의 부족으로 불황과 비자발적 실업이 있게 된다. 이 경우의 실업은 유효수요 부족에 의한 케인스적 비자발적 실업이 아니도, 저개발국형 자본설비부족에 의한 실업이다. 따라서 이러한 경우에는 저축이 사회적 미덕이 된다.

$$G_w < G_n \rightarrow 자본설비부족 \rightarrow 설비투자부족 \rightarrow 불황 \cdot 실업(후진국)$$

이율배반이론(antinomy theory)

경기변동	경제성장
단기적 이율배반	장기적 이율배반
$G > G_w$ 투자 > 저축 투자증가 ⇒ 더욱 호황	$G_n > G_w$ $n > \dfrac{s}{v}$ 자본설비 부족, 저축 부족
$G < G_w$ 투자 < 저축 투자감소 ⇒ 더욱 불황	$G_n < G_w$ $n < \dfrac{s}{v}$ 자본설비 유휴, 저축 과잉
$G = G_w = G_n \Rightarrow$ 황금시대	

4) 평가

(1) 자본–산출비율 V가 일정하다는 가정과 저축률이 일정하다는 가정은 이자율의 경직성에서 비롯되나, 요소가격의 고정은 장기적인 성장이론에 부적절하다.

(2) 이에 대한 대안으로 경제의 자동조정 작용이 경제의 균형적인 성장경로, 즉 황금경로를 유지한다는 신고전학파의 경제성장모형이 대두되었다.

경제가 일정한 추세를 보이면서 성장하는 것을 설명하기 위해서는 저축과 투자의 크기가 일치한다는 가정을 도입할 수밖에 없다. 이에 따라 한 경제의 생산수준은 한 경제에서 축적된 자본스톡 수준과 일정한 비례관계가 성립한다.

$$Y = vK(Y=산출량, K=산출량, v=상수)$$

이에 따라

$$\Delta Y = v\Delta K \Rightarrow \Delta Y = svY \ (\because \Delta K = sY) \Rightarrow \frac{\Delta Y}{Y} = sv$$

식이 성립한다.

또한 저축률$(s = \frac{S}{Y})$이 0.2로 일정하고, v가 0.4로 일정하다고 할 때, 저축과 투자가 일치하면 다음 표가 성립한다.

년도	K	v	Y	$\frac{\Delta Y}{Y} = sv$
2016	500	0.4	200	–
2017	540	0.4	216	$\frac{\Delta Y}{Y} (= \frac{16}{200}) = sv(=0.08)$
2018	583.2	0.4	233.28	$\frac{\Delta Y}{Y} (= \frac{17.28}{216}) = sv(=0.08)$

결국 저축률이 항상 0.2(=20%)로 유지되고, 주어진 자본량으로 항상 0.4(=40%)만큼 생산할 수 있는 경제는 8%(=0.08)의 성장을 지속적으로 달성할 수 있는 것이다.

그런데 만약 성장률이 일시적으로 4%로 하락한다면 다시 8%의 성장을 되찾을 수 있을까?

헤로드는 이에 대해 다음과 같은 비관적인 결론을 내놓는다.

위 표에서 2018년에 583.2의 자본량을 투입하고도 224.64만큼만 생산했다고 가정하자. 원래의 성장추세에 따르면 233.28만큼을 생산했어야 한다. 이에 대해 기업가는 동일한 자본량을 투입했음에도 불구하고 산출량이 정상적이지 못했으므로 자본의 효율성이 떨어졌다고 판단한다고 헤로드는 주장한다. 이는 곧 현재의 자본총량이 '과잉'이라고 판단한다는 것이다. 이에 대해 기업가는 적정량의 자본량을 유지하기 위해서 자본총량을 줄이는 결정을 하게 되고, 이 과정에서 자본에 대한 투자수요가 감소한다는 것이다. 결국 투자수요의 감소는 총수요의 감소를 초래하여 산출량은 더욱 감소하게 되어 경제는 이전의 성장률을 되찾지 못하고 계속 정상적인 8%의 성장률에서 멀어지게 된다는 것이다. ⇒ 칼날 이론(knife-edge theory)

도마(E. D. Domar의 투자의 이중성)

생산능력 증대 효과	소득 증대 효과
$I \rightarrow \Delta K \rightarrow Y^S$ 생산요소	$I \rightarrow Y^D$ 수 요
$\Delta Y^S = \dfrac{1}{v} \Delta K = \dfrac{1}{v} I$ v : 자본계수	$\Delta Y^D \rightarrow \dfrac{1}{s} \Delta I$ $\dfrac{1}{s}$: 투자승수

투자는 한편으로는 승수배만큼의 '유효'수요를 창출하고, 다른 한편으로는 자본스톡의 증가로 공급능력을 증가시킨다(투자의 이중성). 이러한 수요의 증가와 공급의 증가가 일치한다면 경제는 지속적인 균형성장을 이룩할 수 있다. 그러나 이것은 대단히 특수한 조건에서나 기대할 수 있는 결론인 것이다.

Kaldor의 성장이론

1. **개념**: 저축률이 소득분배율의 변동으로 변동할 수 있다고 가정함으로써 완전고용하의 경제성장이 가능하다는 이론이다.
2. **내용**
   (1) 칼도는 사회전체의 저축을 상대적 저임금소득자의 저축과 고임금소득자의 저축으로 분할해서 생각하는 고전적 저축함수를 사용한다.
   (2) 적정성장률과 자연성장률과의 관계

$G_w > G_n$	$G_w = G_n$	$G_w < G_n$
자본증가율이 노동증가율보다 크기 때문에 '임금 = 한계노동생산성'이 상승하여 노동분배율이 높아져, 총저축률은 낮아지므로 $G_w = G_n$ 이 된다.	황금시대(golden age)적 균형성장	자본증가율이 노동증가율보다 작기 때문에 '임금 = 한계노동생산성'이 하락하여 노동분배율이 낮아져 총저축률은 높아지므로 $G_w = G_n$ 이 된다.

Theme 90 경제성장이론 - Ⅱ

❶ Solow의 신고전학파 경제성장이론

1) 의의

(1) Harrod-Domar의 경제성장이론은 고정투입계수를 가정하여 생산요소 간 대체성이 없다고 하여, 결국 불안정적 특징을 갖게 된다.

(2) 20세기 중반에 이르러 서구 경제는 완전고용에 이르렀고 이러한 상황에서 임금과 물가의 상승이 두드러졌으며 이에 따라 생산비용이 늘어났다. 기업은 비용을 절감하기 위해서 노동을 자본으로 대체시키는 이른바 노동절약적(자본집약적) 기술개발을 촉진시켰으며 그 결과 노동과 자본 사이에 어느 정도의 대체가 가능하게 되었다. *Solow*의 경제성장이론은 생산요소 간 대체성을 전제함으로써 안정적인 균형성장이 가능하다는 것을 논증하였다.

경제성장에 대한 사고법

1. 무엇이 경제성장을 결정하는가?
   ① 노동자 1인당 자본량(K/L) 수준이 증가(⇒ 자본축적)함에 따라 산출량은 증가한다. 그러나 그 증가규모는 점점 감소한다. ⇒ 경제가 일정단계에 도달하면 더 이상의 저축과 투자를 할 수 없게 되어 노동자 1인당 산출은 결국 멈추게 된다.
   ② 기술진보로 생산함수가 상방으로 이동하면 주어진 1인당 자본량 수준에서도 1인당 산출량은 증가한다. ⇒ 자본축적으로 성장을 지속할 수 없다면 지속적 성장은 지속적 기술진보에 의해서만 가능하다.
2. 자본축적의 역할은 무엇인가?

$$I_t = sY_t$$

즉 투자는 산출량에 비례한다. 산출량이 증가할수록 저축이 증가하고 이에 따라 투자 역시 증가하게 된다.

자본량 ⇒ 산출(소득) ⇒ 저축(투자) ⇒ 자본량의 변화 ⇒ 자본량 ⇒ …………

---

2) 가정

(1) 1생산물(1재) 경제, 즉 1부문 모형을 가정한다.

(2) 재화의 공급 및 생산함수

① 솔로우 모형에서 재화의 공급은 생산량이 자본량과 노동인구에 의존한다는 2생산요소(노동과 자본) 간 유연한 대체성이 인정되는 1차 동차의 생산함수(규모에 대한 보수 불변)에 기초한다.

$$Y = F(L, K)$$

따라서 다음과 같은 관계가 성립한다.

$$tY = F(tL,\ tK)$$

② 생산함수가 규모에 대한 수확불변인 경우 경제의 모든 수량들은 노동인구의 규모에 대한 상대적인 분석이 가능하다. 이를 알아보기 위해 $t = \dfrac{1}{L}$이라 하면 다음과 같은 결과를 얻을 수 있다.

$$\frac{Y}{L} = F\left(1,\ \frac{K}{L}\right)$$
단, Y : 산출량, K : 자본량, L : 노동량, $\dfrac{K}{L}$: 1인당 자본량

위 식에 따르면 노동자 1인당 생산량 $\dfrac{Y}{L}$은 노동자 1인당 자본량 $\dfrac{K}{L}$의 함수이다(숫자 "1"은 상수이며 무시할 수 있다).

③ 1인당의 규모로 나타내기 위해 소문자를 사용하면 1인당 생산량은 $y = \dfrac{Y}{L}$, 1인당 자본량은 $k = \dfrac{K}{L}$이 된다.

$$Y = f(k)$$
단, $f(k) = F(k,\ 1)$, y : 1인당 산출량, $\dfrac{K}{L} = k$: 1인당 자본량

이를 그래프로 나타내면 1인당 자본량이 증가함에 따라 생산함수가 점점 완만하게 증가하는 모습을 갖게 된다.

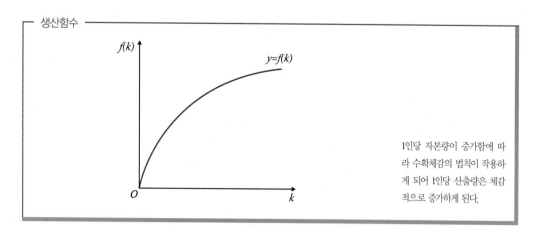

생산함수

1인당 자본량이 증가함에 따라 수확체감의 법칙이 작용하게 되어 1인당 산출량은 체감적으로 증가하게 된다.

(3) 인구 증가율은 외생적으로 주어지는 상수이다. 이때의 인구 증가율과 노동의 증가율은 같다. 이에 따라 다음 식이 성립한다.

$$\frac{\Delta L}{L} = n$$

(4) 감가상각은 존재하지 않기 때문에 투자는 바로 자본의 증가를 가져온다. 이에 따라 다음 식이 성립한다.

$$I=\Delta K, \text{ 이때 } I : \text{투자}, \Delta K : \text{자본증가분}$$

(5) 저축은 소득의 증가함수이다.

(6) 생산물시장의 균형은 $I=S$에서 이루어진다.

$$S=\Delta K, sY = \Delta K \quad \text{단, } S \text{ 저축}, s : \text{저축률}$$

3) 내용 : 기본방정식의 도출

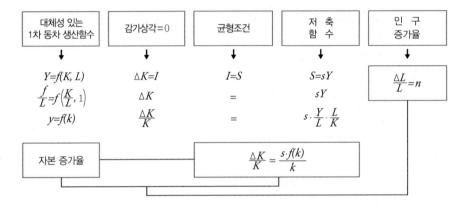

┌─ **1인당 실제 투자액(=저축액) 및 필요투자액과 균형조건** ─────────────────

1. **1인당 실제 투자액** : 1인당 생산함수는 $y=f(k)$이고, 한계저축성향을 s이므로 $s{\cdot}f(k)$는 1인당 실제저축액이다. 그런데 가정에서 저축(S)과 투자(I)는 항상 일치하므로 $s{\cdot}f(k)$는 1인당 실제투자액이 되고 $0<s<1$이므로 $y=f(k)$의 아래쪽에 위치한다.

2. **1인당 필요투자액** : 1인당 필요투자액이란 1인당 자본량을 일정하게 유지하기 위해 필요한 투자액으로 1인당 자본량에 ($k=\dfrac{K}{L}$) 인구증가율(n)을 곱하여 구한다. 즉 1인당 필요투자액= nk가 되는 것이다.

3. **균형조건**

$$\text{1인당 실제 투자액 } [sf(k)] = \text{1인당 필요투자액}(nk)$$

위 식에서 자본성장률과 노동성장률이 일치하려면 다음 식이 성립해야 한다.

$$\frac{s \cdot f(k)}{k} = n \text{ 또는 } s{\cdot}f(k)=n \cdot k$$

이를 그림으로 나타내면 다음과 같다.

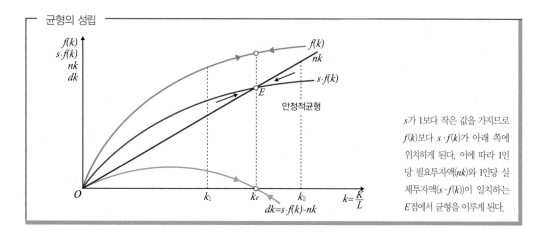

균형의 성립

s가 1보다 작은 값을 가지므로 $f(k)$보다 $s \cdot f(k)$가 아래 쪽에 위치하게 된다. 이에 따라 1인당 필요투자액(nk)과 1인당 실제투자액($s \cdot f(k)$)이 일치하는 E점에서 균형을 이루게 된다.

감가상각과 기술진보가 존재하는 경우의 균형식

1. 감가상각이 존재하는 경우

　감가상각이 존재하면 이는 1인당 자본량의 감소를 가져오므로 자본증가율을 낮추는 효과가 발생한다. 따라서 1인당 자본량을 일정하게 유지하게 해주기 위해서는 감가상각률(d)만큼 투자가 필요해진다. 이에 따라 균형식은 다음과 같게 된다.

$$sf(k) = (n+\delta)k$$

2. 기술진보가 존재하는 경우

　기술진보가 존재하면 1인당 노동생산성의 증가를 가져오는데, 이는 인구가 증가한 것과 동일한 효과를 가져온다. 따라서 1인당 자본량을 일정하게 유지하게 해주기 위해서는 기술진보율(g)만큼 투자가 필요해진다. 이에 따라 균형식은 다음과 같게 된다.

$$sf(k) = (n+g)k$$

3. 감가상각과 기술진보가 동시에 존재하는 경우

$$sf(k) = (n+\delta+g)k$$

4) 균형성장

(1) **균형성장**

① 위의 식이 성립하는 k_e 수준의 자본노동계수 아래서 경제성장률이 일정하게 유지된다. 이때의 일정한 경제성장률은 노동성장률 (n)이나 자본성장률 $\left(\dfrac{s \cdot f(k)}{k} \right)$과 똑같게 된다.

② 균형성장 하에서는 노동과 자본이 일정한 성장률로 성장하고, 경제(국민소득수준)도 또한 일정한 성장률로 성장하게 되는 것이다.

(2) 균형의 결정과정

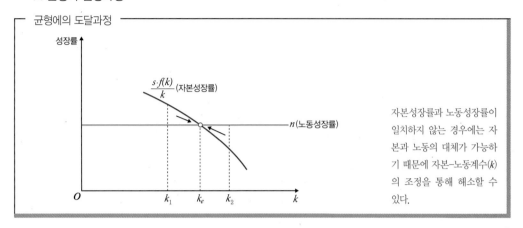

① 자본노동계수가 k_1에 놓인 경우: 자본성장률 $\left(\dfrac{s \cdot f(k_1)}{k_1}\right)$이 노동성장률 n보다 크다. 이에 따라 자본노동계수 k가 상승하여 k_1보다 커지게 된다.

② 자본노동계수가 k_2에 놓인 경우: 자본성장률 $\left(\dfrac{s \cdot f(k_2)}{k_2}\right)$이 노동성장률 n보다 작다. 이에 따라 자본노동계수 k가 하락하여 k_2보다 작아지게 된다.

③ 위와 같은 조정과정을 거쳐 결국 균형수준 k_e에 도달하게 되는 것이다. 즉 일시적으로 k_e를 벗어난다 하더라도 다시 k_e로 수렴하여 안정적 성장을 하게 되는 것이다.

확인 TEST

기술진보가 없으며 1인당 생산(y)과 1인당 자본량(k)이 $y = 2\sqrt{k}$의 함수 관계를 갖는 솔로우 모형이 있다. 자본의 감가상각률(δ)은 20%, 저축률(s)은 30%, 인구증가율(n)은 10%일 때, 이 경제의 균제상태(steady state)에 대한 설명으로 옳은 것은?   [2019. 국가직 7급]

① 균제상태의 1인당 생산은 4이다.
② 균제상태의 1인당 자본량은 2이다.
③ 균제상태의 1인당 생산 증가율은 양(+)으로 일정하다.
④ 균제상태의 1인당 자본량 증가율은 양(+)으로 일정하다.

해설
• 솔로우 모형의 균제방정식을 통하여 균제상태에서의 1인당 생산과 자본량은 다음과 같이 도출된다.

> • $sy = (\delta + n)k \ \Rightarrow \ 0.3 \times 2\sqrt{k} = (0.2 + 0.1)k \ \Rightarrow \ 2\sqrt{k} = k \ \Rightarrow \ 4k = k^2 \ \Rightarrow \ k = 4$
> • $y = 2\sqrt{k} = 2\sqrt{4} = 4$

이에 따라 균제상태의 1인당 생산은 4이고(①), 1인당 자본량 역시 4가 된다(②).
• 솔로우 모형에서 균제상태에서의 1인당 변수 변화율은 '0'의 값을 갖는다. 따라서 균제상태의 1인당 생산 증가율과 자본량 증가율은 모두 '0'이 된다(③, ④).

정답 ①

총생산함수가 '$Y=AK^aL^{a-1}$' 형태로 주어진 경우

- 균제상태에서의 1인당 자본량(k) : $k = \left(\dfrac{sA}{n+\delta}\right)^{\frac{1}{1-a}}$

- 균제상태에서의 1인당 소득(y) : $y = A^{\frac{1}{1-a}}\left(\dfrac{s}{n+\delta}\right)^{\frac{a}{1-a}}$

- 다른 조건들은 모두 하고 저축률만 다른 두 국가의 1인당 소득 비교 : $\dfrac{y_2}{y_1} = \left(\dfrac{s_2}{s_1}\right)^{\frac{a}{1-a}}$

---

(3) 안정상태의 수리적 예

① 생산함수가 다음과 같다고 하자.

$$Y = L^{0.5}K^{0.5}$$

1인당 생산함수 $f(k)$를 도출하기 위하여 위 생산함수의 양 변을 L로 나누어 정리하면 다음과 같다.

$$\frac{Y}{L} = \frac{L^{0.5}K^{0.5}}{L} \text{ 에서 } \frac{Y}{L} = \left(\frac{Y}{L}\right)^{0.5} \text{로 정리된다.}$$

$y = \dfrac{Y}{L}$, $k = \dfrac{K}{L}$ 이므로 위 식은 다음과 같이 정리된다.

$$y = k^{0.5}, \text{ 즉 } y = \sqrt{k} \text{ 로 정리된다.}$$

결국 위 생산함수에 따르면 1인당 생산량은 1인당 자본량의 제곱근이 된다.

② 투자와 감가상각이 자본량에 미치는 영향을 다음과 같이 나타낼 수 있다.

$$\Delta k = sf(k) - \delta k$$

위 식은 k가 시간이 지남에 따라 어떻게 변화하는지를 알려준다. 그런데 안정상태는 정의에 따라 $\Delta k = 0$인 k의 값이므로 다음과 같다.

$$0 = sf(k)^* - \delta k \text{ 또는 } \frac{k^*}{f(k)^*} = \frac{s}{\delta}$$

③ 위 식을 이용하면 안정상태의 자본량을 구할 수 있다.

예컨대 저축률 s가 30%이고, 감가상각률 δ가 10% 그리고 $y = \sqrt{k}$ 라고 하면 다음의 식이 성립한다.

$$\frac{k^*}{f(k)^*} = \frac{k^*}{\sqrt{k}} = \frac{0.3}{0.1} \text{ 에서 양변을 제곱하면 } k^* = 9 \text{가 성립된다.}$$

자료에 제시된 성장모형에 대한 설명으로 옳은 것을 〈보기〉에서 모두 고르면?   [2011. 교원임용]

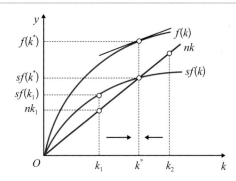

이 성장모형은 규모에 대한 보수가 불변인 1차 동차 총생산함수를 가정하기 때문에 1인당 생산량(y)은 자본−노동비율(k)만의 함수가 된다. 그리고 경제가 최초에 어디에서 출발하든 간에 결국에는 $sf(k)=nk$ 를 만족시키는 k^*로 수렴한다. 이렇게 노동 및 자본의 완전고용이 동시에 달성되는 상태를 균제상태 또 는 정상상태(steady state)라고 부른다.

[여기서 s는 저축성향, n은 인구증가율, k는 자본−노동비율(또는 1인당 자본량), y는 1인당 생산량(또는 1인당 국민소득)을 나타낸다.]

〈 보 기 〉

ㄱ. k의 추가적인 증가에 따른 추가적인 y의 증가분은 체증한다.
ㄴ. 다른 조건이 일정할 때, 인구증가율이 높아지면 1인당 국민소득은 감소한다.
ㄷ. 다른 조건이 일정할 때, 시간이 지남에 따라 국가 간의 소득 격차가 점차 확대된다.
ㄹ. 다른 조건이 일정할 때. 저축률이 증가하면 완전고용을 달성하는 1인당 자본량이 증가하고 1인당 국민소득도 증가한다.

① ㄱ, ㄴ
② ㄱ, ㄷ
③ ㄴ, ㄷ
④ ㄴ, ㄹ
⑤ ㄷ, ㄹ

해설 ▸ • 솔로(R. Solow) 모형에서는 노동과 자본이 대체가능한 1차 동차 생산함수를 가정한다. 이에 따라 k의 추가적인 증가에 따른 추가적인 y의 증가분은 체감하게 된다(ㄱ).
• 다른 조건이 일정할 때, 인구증가율이 높아지면 필요투자선(nk)가 상방으로 이동하여 새로운 균 제상태에서 1인당 국민소득은 감소한다(ㄴ).
• 솔로(R. Solow) 모형에서는 노동과 자본이 대체가능한 1차 동차 생산함수를 가정한다. 이에 따라 경제는 궁극적으로 정체되어 시간이 지남에 따라 국가 간 소득 격차가 점차 좁혀지는 수렴가설이 성립하게 된다(ㄷ).
• 다른 조건이 일정할 때. 저축률이 증가하면 실제투자선[$sf(k)$]이 상방으로 이동하여 새로운 균제 상태에서 1인당 자본량과 1인당 국민소득은 모두 증가한다(ㄹ).

정답 ▸ ④

사례 연구 **지속적인 성장을 위한 조건**

1. 장기에 있어서 노동자 1인당 산출량이 일정한 양(+)의 값을 유지하기 위해 필요한 것은 무엇인가?

　1) 당연히 노동자 1인당 자본량이 증가해야만 한다. 그리고 그 뿐만 아니라 자본의 수확체감으로 인해 노동자 1인당 자본량은 노동자 1인당 산출량보다 더 빠른 속도로 증가해야 한다. 이는 결국 매년 경제가 산출량 중에서 더 많은 부분을 저축해서 자본축적으로 쏟아 부어야 한다는 것을 의미한다. 시간이 지나 일정 시점에 다다르면 저축되어야 할 산출량의 비중이 1보다 더 커져야 하는 상황이 생겨나게 된다. 당연히 이것은 불가능한 일이다.

　2) 결국 이러한 이유 때문에 일정한 수준의 성장률을 영원히 지속한다는 것은 불가능해진다. 이에 따라 장기에 있어 노동자 1인당 자본량은 일정한 값을 가질 것이고, 노동자 1인당 산출량 역시 일정한 값을 가지게 된다.

2. 저축률이 증가하면 노동자 1인당 산출량의 성장률은 일정 기간 동안만 더 높아진다. 그러나 영원히 더 높아질 수는 없다. 그 이유는?

　1) 저축률의 증가가 노동자 1인당 산출량의 장기 성장률에 영향을 미치지 못하기 때문이다. 장기 성장률은 0과 같은 상태를 지속할 것이다.

　2) 저축률의 증가가 노동자 1인당 산출량의 장기적 수준의 증가로 이어질 수는 있다. 즉 저축률의 증가에 따라 노동자 1인당 산출량이 증가하면 경제는 양(+)의 성장률을 보이는 시기를 경험하게 될 것이다. 그러나 이러한 성장의 시기는 경제가 새로운 균제상태에 도달하게 되면 멈추게 된다. 즉 저축률이 증가하면 1인당 산출량이 에서 으로 증가하지만 일단 균제상태에 도달하면 1인당 산출량은 계속해서 이 유지되어, 1인당 산출량 증가율은 '0'이 된다.

(4) 자본과 산출량과의 상호작용

① 기술진보를 도입했기 때문에 시간이 흐름에 따라 A가 증가한다. 이에 따라 '유효노동량(AL)' 역시 시간이 흐름에 따라 증가하게 된다. 따라서 '유효노동량' 1인당 자본의 비율$\left(\dfrac{K}{AL}\right)$을 일정하게 유지하기 위해서는 '유효노동량($AL$)'의 증가에 비례하여 자본량($K$)이 증가해야 한다.

② d를 자본의 감가상각률, g를 기술진보율, n을 인구증가율이라고 가정하자. 이에 따라 '유효노동량(AL)'의 증가율은 $(g+d)$가 된다. 예컨대 인구가 연 1%만큼 증가하고, 기술진보율이 연 2%라면 '유효노동량(AL)'의 증가율은 연 3%가 되는 것이다. 결국 감가상각률(d)까지 도입할 때, '유효노동량' 1인당 자본을 일정 수준으로 유지하기 위한 필요 투자량은 $(d+n+g)\dfrac{K}{AL}$가 되는 것이다.

③ 장기적으로 '유효노동량' 1인당 자본은 일정한 수준에 도달하고 그에 따라 '유효노동량' 1인당 산출량도 일정한 수준에 도달한다. 즉, 경제의 균제상태는 '유효노동자' 1인당 자본량과 '유효노동량' 1인당 산출량이 일정한 상태로 각각 $\left(\dfrac{K}{AL}\right)^{*}$와 $\left(\dfrac{Y}{AL}\right)^{*}$인 경우이다. 결국 균제상태에서 '유효노동량' 1인당 산출량이 일정한 상태로 유지되기 위해서는 총산출량(Y)이 '유효노동량(AL)'과 동일한 비율로 증가해야 한다는 것이다. 이에 따라 '유효노동량'이 $(n+g)$만큼 증가하므로 균제상태에서의 총산출량 증가율 역시 $(n+g)$가 되는 것이다.

④ 총산출량이 $(n+g)$만큼 증가하고 인구가 n만큼 증가하면 노동자 1인당 산출량은 g만큼 증가하게 된다. 즉 경제가 균제상태에 있을 때 노동자 1인당 산출량은 기술진보율(g)로 성장하게 되는 것이다.

균제상태의 특징

구분	유효노동자 1인당 자본량	유효노동자 1인당 산출량	노동자 1인당 자본량	노동자 1인당 산출량	노동량	총 자본량	총 산출량
성장률	0	0	g	g	n	$g+n$	$g+n$

Harrod-Domar와 Solow 모형 비교

		Harrod-Domar	Slow(신고전학파)
기본가정	생산물 생산요소	1. 생산물[1재] 경제 「1부문 모형」 2. 생산요소	좌동 좌동
	생산함수	Leontief 생산함수 • 고정 투입계수: 요소간 대체성 없다. • 규모에 대한 보수 불변	1차동차함수인 C-D 생산함수 • 가변 투입계수: 요소 간 대체성 있다. 좌동
	노동	일정한 노동증가율(n)	좌동
	저축소비함수	일정한 저축성향(s)	좌동
	투자	사전적 투자=사후적 투자 → $I=S$	저축은 모두 투자됨 → $I=S$
	자본감가상각	감가상각 = 0	좌동
	기술	기술진보 없다	좌동
주요 식		일반적으로 $G_a \neq G_w, G_n$ $G_w = \dfrac{s}{v}$ $G_n = n$ $G_a = G_w = G_n$ 황금시대	$\dfrac{s \cdot f(k)}{k} = n$
		[비교] $\dfrac{s}{v}$와 $\dfrac{s \cdot f(k)}{k}$에서 분자에 똑같이 s가 있음을 기억. 또 k가 어떤 특정한 값으로 주어지면 $\dfrac{f(k)}{k}$가 일정해지고 $\dfrac{1}{v}$이 된다.	
균형의 안정성		불안정적	안정적

❷ Solow 모형의 확대

1) 인구 증가와 감가상각과 경제성장

(1) 인구 증가와 감가상각을 고려한 안정 상태

① 기본적인 솔로우 모형에 의하면 자본축적 자체만으로 지속적인 경제성장을 설명할 수 없다. 높은 저축률은 일시적으로 성장을 촉진시킬 수 있으나 경제는 궁극적으로 자본과 생산량이 일정한 안정 상태에 도달한다. 따라서 지속적인 경제성장을 설명하기 위해서는 경제성장의 다른 두 가지 요소, 즉 인구증가와 기술진보를 포함시킬 수 있도록 솔로우 모형을 확장시켜야 한다.

② 인구 및 노동인구가 일정률 n으로 증가한다고 하자. 이에 따라 1인당 자본량의 변화는 다음과 같다. (i=1인당 투자액)

$$\Delta k = i - (\delta + n)k$$

위의 식은 새로운 투자, 감가상각, 인구증가가 1인당 자본량에 미치는 영향을 나타내고 있다. 새로운 투자는 k를 증가시키는 반면에 감가상각 및 인구증가는 k를 감소시킨다.

③ $(\delta + n)k$는 1인당 자본량을 일정하게 유지하기 위하여 필요한 투자, 즉 균형을 이루는 투자라고 할 수 있다. 이러한 투자는 현재 있는 자본의 감가상각 δk와 새로운 노동력에 필요한 투자량, 즉 자본량 nk가 된다. 위 식에 따르면 감가상각이 1인당 자본량을 감소시키는 것과 같은 방법으로 인구증가도 이를 감소시킨다. 감가상각은 자본이 마모됨에 따라 k를 감소시키는 반면에 인구증가는 1인당 공급되는 자본량이 감소함에 따라 k를 감소시킨다.

여기서 일단 경제가 안정상태인 경우, 즉 $\Delta k = 0$인 경우 투자는 두 가지 기능을 하게 된다. 투자의 일부분 (δk^*)은 감가상각된 자본을 대체시키며, 나머지 (nk^*)는 새로운 노동자들에게 안정상태의 자본을 공급한다.

(2) 인구증가의 효과

① 인구증가를 고려한 안정상태에서 1인당 자본과 1인당 생산량은 불변이다. 노동자 수가 n의 비율로 증가함에 따라 총자본 및 총생산량도 n의 비율로 증대한다. 여기서 1인당 생산량은 안정상태에서 불변이므로 인구증가는 생활수준의 지속적 상승을 설명할 수 없으며 총생산량의 지속적 증대를 설명할 수 있을 뿐이다.

② 다음 그래프를 보자.

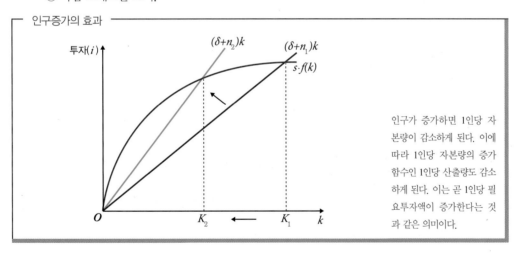

인구증가의 효과

인구가 증가하면 1인당 자본량이 감소하게 된다. 이에 따라 1인당 자본량의 증가함수인 1인당 산출량도 감소하게 된다. 이는 곧 1인당 필요투자액이 증가한다는 것과 같은 의미이다.

인구 증가율이 n_1에서 n_2로 상승한 경우 1인당 자본의 안정상태 수준은 k_1에서 k_2로 감소한다. $y = f(k)$이므로 k가 하락함에 따라 1인당 생산량도 하락한다. 따라서 솔로우 모형에 의하면 인구증가율이 높은 국가들은 1인당 GDP 수준이 낮아진다.

③ 황금률의 안정상태에서는 자본의 한계생산물에서 감가상각을 빼면 인구증가율이 된다.

$$MP_K - \delta = n$$

확인 TEST

다음 글의 밑줄 친 ㉠, ㉡에 들어갈 말로 적절한 것은?

[2008. 지방직 7급]

솔로우(Solow) 성장모형에서 인구증가율이 상승하는 경우 새로운 정상상태(steady state)에서 총산출량의 증가율은 _____㉠_____, 1인당 산출량의 증가율은 _____㉡_____.

	㉠	㉡
①	상승하며	상승한다
②	상승하며	변하지 않는다
③	하락하며	하락한다
④	하락하며	변하지 않는다

해설 ▶ 솔로우(Solow) 성장모형에서 인구증가율(n)이 상승하는 경우 새로운 정상상태(steady state)에서 총산출량의 증가율$\left(\dfrac{\Delta Y}{Y}\right)$은 상승하며, 1인당 산출량의 증가율은 불변이다.

정답 ▶ ②

2) 자본량의 증가와 안정상태

(1) 투자와 감가상각

① 자본량은 어느 시점에서 한 경제의 생산량을 결정하는 주요한 요소이다. 여기서의 자본량은 투자와 감가상각에 영향을 받는다. 투자는 새로운 공장과 장비에 대한 지출을 의미하며 자본량을 증대시키며, 감가상각은 기존 자본의 마모를 나타내며 이는 자본량을 감소시킨다. 이러한 자본량의 변화가 경제성장에 영향을 주게 되는 것이다.

② 1인당 투자 i는 sy와 같으므로 y대신 생산함수로 대체시키면 1인당 투자를 1인당 자본량의 함수로 다음과 같이 나타낼 수 있다.

$$i = sf(k)$$

위 식은 현존하는 자본량 k와 새로운 자본축적 I를 연계시키고 있으며, 아래 그림은 그러한 관계를 보여주고 있다.

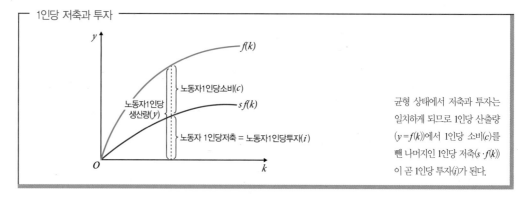

1인당 저축과 투자

균형 상태에서 저축과 투자는 일치하게 되므로 1인당 산출량 ($y = f(k)$)에서 1인당 소비(c)를 뺀 나머지인 1인당 저축($s \cdot f(k)$)이 곧 1인당 투자(i)가 된다.

③ 감가상각을 모형에 포함시키기 위해 자본량의 일정 부분 δ(감가상각률)가 매년 마멸된다고 가정한다. 예컨대 자본을 평균 20년 동안 사용할 수 있다면 감가상각률은 매년 5%(δ=0.05)가 된다. 매년 감가상각되는 자본량은 δk가 된다.

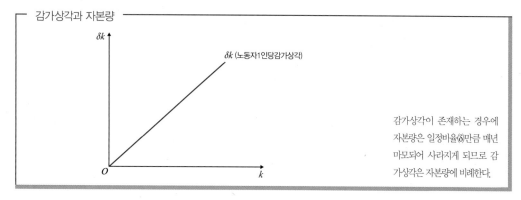

감가상각과 자본량

δk (노동자1인당감가상각)

감가상각이 존재하는 경우에 자본량은 일정비율(δ)만큼 매년 마모되어 사라지게 되므로 감가상각은 자본량에 비례한다.

(2) 자본의 안정상태

① 이제 투자와 감가상각이 자본량에 미치는 영향을 다음과 같이 나타낼 수 있다.

$$\text{자본량의 변화}(\Delta k) = \text{투자}(i) - \text{감가상각}(\delta k)$$

그런데 투자 i는 $sf(k)$와 동일하므로 자본량의 변화를 다음과 같이 쓸 수 있다.

$$\Delta k = sf(k) - \delta k$$

② 위 식에 따르면 자본량이 증가할수록 생산량 및 투자량이 증대하나 감가상각도 역시 증가한다. 아래 그래프는 이와 같은 내용을 보여준다.

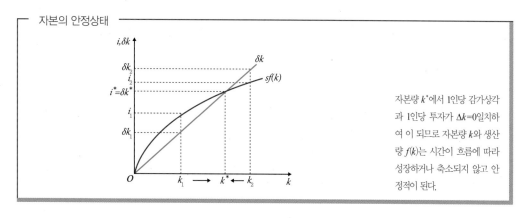

자본의 안정상태

자본량 k^*에서 1인당 감가상각과 1인당 투자가 $\Delta k = 0$일치하여 이 되므로 자본량 k와 생산량 $f(k)$는 시간이 흐름에 따라 성장하거나 축소되지 않고 안정적이 된다.

위 그래프에 따르면 투자량과 감가상각량이 같아지는 자본량 k^*가 있음을 보여준다. 경제가 이런 자본량을 갖고 있는 경우 자본량을 변화시키는 두 가지 요소인 투자와 감가상각이 균형을 이루므로 자본량은 시간이 지나도 변화하지 않는다.

③ 자본량 k^*에서 $\Delta k=0$이 되므로 자본량 k와 생산량 $f(k)$는 시간이 흐름에 따라 성장하거나 축소되지 않고 안정적이 된다. 이러한 k^*를 자본의 안정상태(steady-state) 수준이라 한다.

④ 경제가 k_1처럼 자본의 안정상태 수준보다 낮은 곳에서 출발할 경우, 투자는 감각상각을 초과하게 되어 시간이 지남에 따라 자본량은 생산량 $f(k)$를 따라 계속 증가하게 되어 안정상태인 k^*에 도달하게 되며, k_2처럼 자본의 안정상태 수준보다 높은 곳에서 출발할 경우에는 투자가 감가상각에 미치지 못하게 되어 자본이 대체되는 것보다 더 빨리 마모된다. 따라서 자본량은 감소하게 되어 다시 안정상태인 k^*에 도달하게 된다. 결국 경제는 처음의 자본량 수준과 관계없이 자본의 안정상태 수준으로 끝난다. 이런 의미에서 안정상태는 경제의 장기균형을 의미한다.

(3) 저축이 성장에 미치는 영향

① 저축률이 증가함에 따라 경제에 어떤 영향을 미치는지 생각해 보자.

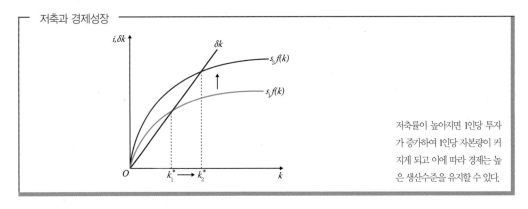

저축과 경제성장

저축률이 높아지면 1인당 투자가 증가하여 1인당 자본량이 커지게 되고 이에 따라 경제는 높은 생산수준을 유지할 수 있다.

경제가 저축률이 s_1, 자본량이 k_1인 안정상태에 있다고 가정하자. 저축률이 s_1에서 s_2로 상승하면 $sf(k)$곡선을 위쪽으로 이동시킨다. 처음의 저축률 s_1과 자본량 k_1에서 투자량은 정확히 감가상각량을 상쇄한다. 저축률이 상승하면 투자는 증가하나 자본 및 감가상각은 불변이다. 따라서 투자가 감가상각을 초과한다. 이전의 안정상태보다 자본량과 생산량이 높은 안정상태 k_2에 경제가 도달할 때까지 자본량은 점차 증가할 것이다.

② 솔로우 모형에 있어 저축률은 안정상태의 자본량을 결정하는 가장 중요한 요소이다. 저축률이 높으면 자본량이 커지며 경제는 높은 생산수준을 유지할 수 있다. 저축률이 낮으면 자본량이 작아지며 경제는 낮은 생산수준밖에 유지할 수 없다.

수준효과(level effect)와 성장효과(growth effect)

저축률의 변화가 1인당 산출량의 수준만 변화시키고 균제상태에서 1인당 산출량 증가율을 변화시키지 못하는 것을, 수준효과만 있고 성장효과가 없다고 표현한다.

확인 TEST

다음 중 솔로우(Solow) 성장 모형에 대한 설명으로 옳은 것은?　　　　　[2018, 국가직 7급]

① 자본 투입이 증가함에 따라 경제는 지속적으로 성장할 수 있다.
② 저축률이 상승하면 정상상태(steady state)의 1인당 자본은 증가한다.
③ 자본투입이 증가하면 자본의 한계생산이 일정하게 유지된다.
④ 인구증가율이 상승하면 정상상태의 1인당 자본이 증가한다.

해설 ▸ ・ 저축률이 상승할 때, 정상상태의 변화를 그림으로 나타내면 다음과 같다.

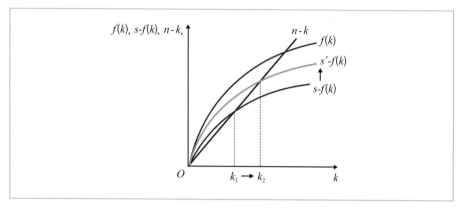

・ 저축률 상승에 따라 새로운 정상상태에서의 1인당 자본량이 k_1에서 k_2로 증가한다는 것을 확인할 수 있다.

・ 솔로우(Solow) 성장 모형에서는 '$Y = AL^\alpha K^\beta (\alpha + \beta = 1)$' 형태의 1차 동차 생산함수를 전제한다. 이에 따라 수확체감의 법칙이 성립한다. 즉, 자본의 한계생산이 체감하게 된다. 이것은 자본 투입이 증가할 때, 언젠가는 산출량 증가가 정체된다는 의미이다. 따라서 자본 투입만을 가지고서는 지속적인 성장을 기대할 수 없다(①, ③).

・ 인구증가율이 상승할 때, 정상상태의 변화를 그림으로 나타내면 다음과 같다.

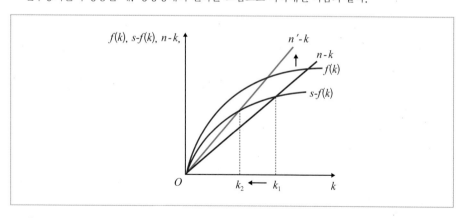

・ 인구증가율 상승에 따라 새로운 정상상태에서의 1인당 자본량이 k_1에서 k_2로 감소한다는 것을 확인할 수 있다(④).

정답 ▸ ②

3) 기술진보와 경제 성장

(1) 노동의 효율성

① 노동의 효율성(efficiency of labor)은 생산방법에 관한 지식의 발전에 의존한다. 즉 기술이 진보함에 따라 노동의 효율성이 증가한다. 이러한 노동의 효율성은 또한 건강, 교육, 노동인구의 기술이 향상되면 증가한다. 이를 생산함수에 연계하면 다음의 식을 얻을 수 있다.

$$Y = F(L \times E, \ K)$$

여기서 $L \times E$는 노동자의 수 L과 각 노동자의 효율성 E를 고려하여 측정한 효율적인 노동자의 수를 의미한다. 따라서 총생산량 Y는 자본 K와 효율적인 노동자의 수 $L \times E$에 의존하므로 노동의 효율성이 증가하면 실제로 노동력 L이 증가한 것과 동일한 효과가 있게 된다.

사례 연구 **기술진보의 역할**

다음과 같이 기술진보가 도입된 생산함수가 시사하는 것은?

$$Y = F(AL, \ K)$$
(여기서 Y는 총산출량, A는 기술수준, L은 노동량, K는 자본량)

분석하기
- 기술진보는 주어진 산출량을 생산하는데 필요한 노동자의 수를 감소시킨다. 예컨대 A가 두 배가 되면, 기존의 노동자 수(L)의 절반만 가지고도 동일한 규모의 산출량을 생산할 수 있게 되는 것이다.
- 한편 기술진보는 주어진 노동자 수(L)를 가지고 생산할 수 있는 산출을 증가시킨다. 따라서 AL은 경제 내에 존재하는 '유효노동량'으로 간주할 수 있게 된다. 기술수준(A)이 두 배가 된다는 것은 마치 경제가 기존 수준보다 두 배 많은 노동자를 가진다는 것과 동일한 의미인 것이다.

---

② 기술진보에 관한 가장 단순한 가정은 노동의 효율성 E는 일정률 g로 증가한다는 것이다. 예컨대 $g = 0.02$인 경우 노동의 각 단위는 매년 2% 더 효율적이 되며 이는 노동력이 2% 증가한 것처럼 생산량이 증가한다. 이런 종류의 기술진보를 노동 증대형이라 하며, 이때 g를 노동 증대형 기술진보율이라고 한다. 노동력 L은 n%, 노동 1단위당 효율성은 g%로 각각 증가하기 때문에 노동의 효율성 단위 $L \times E$는 $(n+g)$%로 증가한다.

(2) 기술진보를 고려한 안정 상태

① 단순한 노동자 1인당이 아니라 효율적인 노동자 1인당 관점에서 경제를 분석하고 효율적인 노동자의 수가 증가한다고 하자. 이렇게 되면 k는 $K/(L \times E)$가 되어 효율적인 노동자 1인당 자본이 되고, y는 $Y/(L \times E)$가 되어 효율적인 노동자 1인당 생산량을 의미하게 된다.

② 시간이 지남에 따라 k의 변화를 나타내는 식은 다음과 같아진다.

$$\Delta k = sf(k) - (\delta + n + g)k$$

위 식에 따르면 k를 일정하게 유지하기 위하여 감가상각된 자본을 대체하는 δk, 새로운 노동자에게 자본을 공급하는 nk, 기술진보에 의해 창출된 "효율적인 노동자"에게 자본을 공급하는 gk가 필요하다.

(3) 기술진보의 효과

① 기술진보를 고려한 솔로우 모형의 안정상태 성장률

변수	도출	안정상태 성장률
효율적인 노동자 1인당 자본	$k_e = K/(E \times L)$	0
효율적인 노동자 1인당 생산량	$y_e = Y/(E \times L) = f(k_e)$	0
노동자 1인당 생산량	$Y/L = y \times E$	g
총생산량	$Y = y \times (E \times L)$	$n+g$

위 표에 따르면 효율적인 노동자 1인당 자본 k는 안정상태에서 일정하고 $y = f(k)$이므로 효율적인 노동자 1인당 생산량도 일정하다. 실제 노동자 1인당 효율성이 g%로 증가하므로 노동자 1인당 생산량($Y/L = y \times E$)도 g%로 증대하며 총생산량 $[Y = y \times (E \times L)]$은 $(n + g)$%로 증가하게 된다.

② 높은 저축률은 안정상태에 도달할 때까지만 높은 성장률로 연계된다. 그러나 기술진보는 노동자 1인당 생산량을 지속적으로 증가시킬 수 있다. 이에 따라 경제가 일단 안정상태에 도달하면 1인당 생산량의 증가율은 단지 기술진보율에만 의존한다. 결과적으로 솔로우 모형에 의하면 오직 기술진보 만이 지속적인 생활수준의 향상을 설명할 수 있게 되는 것이다.

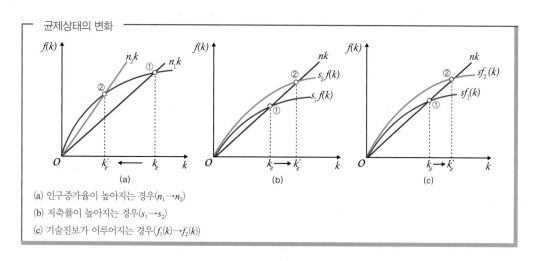

균제상태의 변화

(a) 인구증가율이 높아지는 경우($n_1 \rightarrow n_2$)
(b) 저축률이 높아지는 경우($s_1 \rightarrow s_2$)
(c) 기술진보가 이루어지는 경우($f_1(k) \rightarrow f_2(k)$)

I. 경제학 일반론

II. 미시경제학

III. 거시경제학

IV. 국제경제학

확인 TEST

어떤 국가의 인구가 매년 1%씩 증가하고 있고, 국민들의 연평균 저축률은 20%로 유지되고 있으며, 자본의 감가상각률은 10%로 일정할 경우, 솔로우(Solow) 모형에 따른 이 경제의 장기균형의 변화에 대한 설명으로 옳은 것은?
[2018, 국회 8급]

① 기술이 매년 진보하는 상황에서 이 국가의 1인당 자본량은 일정하게 유지된다.
② 이 국가의 기술이 매년 2%씩 진보한다면, 이 국가의 전체 자본량은 매년 2%씩 증가한다.
③ 인구증가율의 상승은 1인당 산출량의 증가율에 영향을 미치지 못한다.
④ 저축률이 높아지면 1인당 자본량의 증가율이 상승한다.
⑤ 감가상각률이 높아지면 1인당 자본량의 증가율이 상승한다.

해설
• 기술진보가 이루어지지 않는 한 균제상태에서의 1인당 산출량(1인당 소득) 변화율(증가율)은 '0'이 된다. 따라서 인구증가율이 상승한다고 하더라도 1인당 산출량 증가율에는 변화가 없게 된다.
① 1인당 산출량 변화율은 기술진보율과 일치한다. 따라서 기술이 매년 진보하는 상황에서 1인당 산출량은 증가하게 되고, 이를 위한 1인당 자본량 역시 증가하게 된다.
② 총산출량(총소득) 증가율은 다음과 같다.

> 총산출량 증가율 = 1인당 산출량 증가율 + 인구증가율 = 기술진보율 + 인구증가율

따라서 기술진보율이 2%, 인구증가율이 1%이므로 총산출량 증가율은 3%가 된다. 그런데 균제상태에서 총자본량 증가율은 총산출량 증가율과 일치하므로 총자본량 증가율 역시 3%가 된다.
④ 균제상태에서는 1인당 변수 변화율이 '0'이므로 저축률이 높아진다고 하더라도 1인당 자본량의 증가율은 '0'이 된다.
⑤ 균제상태에서는 1인당 변수 변화율이 '0'이므로 감가상각률이 높아진다고 하더라도 1인당 자본량의 증가율은 '0'이 된다.

정답 ③

---

❸ 자본의 황금률 수준

1) 문제제기

(1) Solow 모형에 따르면 저축률이 높을수록 더 높은 소득을 기대할 수 있으므로 저축률은 언제나 높을수록 좋을 것이라는 추론이 가능하다.

(2) 그러나 만약 저축률이 100%인 경우를 가정해보자. 이러한 경우에는 일단 최대의 자본량과 소득이 달성될 수 있다. 반면에 모든 소득이 저축됨에 따라 소비는 전혀 이루어지지 않는다. 이것은 과연 바람직한 것인가?

(3) 최적의 자본량은 무엇인지에 대한 고찰이 필요한 대목이다.

2) 자본의 황금률 수준(golden rule level of capital)

(1) 의의

① 정책결정자의 목표는 사회 구성원 개개인의 복지를 극대화하는 것이다. 그런데 개인들은 자본

량이나 생산량에는 관심이 없고 오직 소비할 수 있는 재화 및 서비스의 크기에만 관심을 갖는다. 이에 따라 정책결정자도 개인이 가장 높은 수준의 소비를 유지할 수 있는 균제상태를 선택하고자 한다.

② 개개인의 소비가 극대화되는 균제상태에서의 k값을 자본의 황금률 수준이라고 한다.

(2) 균제상태에서의 1인당 소비가 극대가 되는 자본량 수준

① 국민소득계정 항등식을 이용하면 1인당 소비는 다음과 같이 구할 수 있다.

$$c = y - i$$

균제상태에서의 1인당 생산량은 $f(k^*)$이며, k^*는 균제상태에서의 1인당 자본량이다. 또한 균제상태에 도달하면 실제투자(i)는 감가상각(δk^*)의 크기와 같다. 따라서 균제상태에서의 1인당 소비는 다음과 같이 나타낼 수 있다.

$$c^* = f(k^*) - \delta k^*$$

앞의 식은 자본량이 증가하면 생산량(소득)도 증가하지만, 동시에 마모되는 자본을 대체하기 위하여 더 많은 생산량이 필요하다는 것을 보여준다. 이것은 무조건 자본량이 많다고 해서 바람직하지 않다는 것을 보여준다. 다시 말해서 저축률이 높다고 반드시 바람직하지는 않다는 것을 보여주는 것이다.

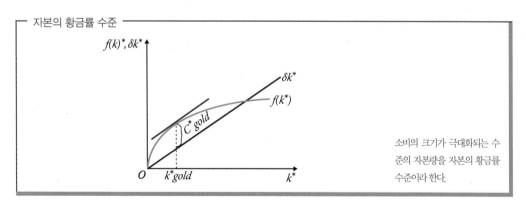

자본의 황금률 수준

소비의 크기가 극대화되는 수준의 자본량을 자본의 황금률 수준이라 한다.

앞의 그림은 생산함수의 기울기와 감가상각(δk^*)함수의 기울기가 같은 수준에서 소비의 크기가 가장 커진다는 것을 보여 준다. 이러한 수준을 달성시켜주는 자본량을 자본의 황금률 수준이라고 한다.

② 자본의 한계생산과 황금률 수준

생산함수의 기울기는 자본의 한계생산(MP_K)이며 감가상각(δk^*)함수의 기울기는 δ이다. 따라서 황금률 수준이 달성되는 조건을 다음과 같이 나타낼 수 있다.

$$MP_K = \delta$$

즉, 자본의 황금률 수준에서 자본의 한계생산과 감가상각률의 크기는 같아지게 되는 것이다.

③ 황금률 균제상태에서 최적 자본량 도출

생산함수가 $y=\sqrt{k}$ 가 주어져 있다.

자본의 황금률 수준은 $MP_K=\delta$ 조건을 충족할 때이다. 즉 $MP_K-\delta=0$이 될 때이다.

그런데 MP_K는 자본의 한계생산이므로 주어진 생산함수를 k로 미분하면 구할 수 있으며, 이는 다음과 같다.

$$MP_K = \frac{1}{2\sqrt{k}}$$

⑶ 인구증가까지 고려한 자본의 황금률 수준(인구증가율 = n)

① 균제상태에서 인구가 증가하고 있는 경우에 투자가 이루어지면, 일부는 감가상각(δk^*)된 자본을 대체시키고 나머지는 새롭게 증가한 노동자들에게 균제상태의 자본량(nk^*)을 공급하는데 사용된다. 이에 따라 균제상태에서의 투자의 크기는 $(\delta+n)k^*$가 된다.

② 결국 이전과 동일한 논리에 따라 인구증가를 고려한 소비 극대화 조건은 다음과 같이 나타낼 수 있다.

$$MP_K = \delta + n \text{ 또는 } MP_K - \delta = n$$

따라서 황금률의 균제상태에서는 자본의 한계생산(MP_K)에서 감가상각(δ)을 빼면 인구증가율(n)이 되는 것이다.

⑷ 기술진보까지 고려한 자본의 황금률 수준(기술진보율 = g)

① 기술진보가 이루어지면 노동의 효율성이 향상되어, 이는 마치 새로운 인구가 증가한 것과 동일한 효과가 나타난다. 즉 기술진보는 '새로운 효율적인 노동자'가 증가하는 효과를 창출하게 되는 것이다.

② 균제상태에서 기술진보가 이루어지면, 1인당 자본량을 균제상태 수준으로 유지시키기 위해서는 감가상각된 자본을 대체하는 δk^*, 인구증가로 균제상태 수준의 자본량이 필요한 신규 노동자에게 공급되는 nk^*, 기술진보로 창출된 '새로운 효율적인 노동자'에게 필요한 gk^* 만큼의 투자가 필요하다. 이에 따라 균제상태에서의 투자의 크기는 $(\delta+n+g)k^*$가 된다.

③ 결국 이전과 동일한 논리에 따라 인구증가를 고려한 소비 극대화 조건은 다음과 같이 나타낼 수 있다.

$$MP_K = \delta + n + g \text{ 또는 } MP_K - \delta = n + g$$

따라서 황금률의 균제상태에서는 자본의 순한계생산($MP_K-\delta$)은 총생산량의 성장률($n+g$)과 같아지게 되는 것이다.

확인 TEST

한 국가의 총생산함수는 $Y=AL^{\frac{2}{3}}K^{\frac{1}{3}}$이고, 1인당 자본량의 변동은 $\Delta k=(1-b)y-\delta k$라고 할 때, 생산물 시장의 균형조건이 $Y=C+I$이며, 소비함수는 $C=bY$, $O<b<1$인 솔로우 성장 모형에서 황금률 수준의 소비율 b는? (단, Y는 총생산량, L은 인구(노동량), K는 자본량, A는 기술수준, y는 1인당 생산량, k는 1인당 자본량, C는 소비, I는 투자, b는 소비율, δ는 감가상각률을 의미한다.   [2019, 지방직 7급]

① $\dfrac{1}{9}$ ② $\dfrac{1}{3}$ ③ $\dfrac{4}{9}$ ④ $\dfrac{2}{3}$

해설 ▸
- 총생산함수가 $Y=AL^{\alpha}K^{\beta}(\alpha+\beta=1)$형태로 주어지는 경우 α는 노동소득분배율을 의미하고 β는 자본소득분배율을 의미한다.
- 솔로우 성장모형에서 황금률 수준에 도달하게 되면 소비율(b)은 노동소득분배율과 동일하고, 저축률($1-b$)은 자본소득분배율과 동일해진다.
- 문제에서 주어진 생산함수의 α에 해당하는 $\dfrac{2}{3}$는 노동소득분배율이면서 소비율(b)이 되고, β에 해당하는 $\dfrac{1}{3}$은 자본소득분배율이면서 저축률($1-b$)이 된다.

정답 ▸ ④

 확인 TEST

다음 글을 따를 때 A국에서 균제상태의 효율적 노동 1단위당 자본을 변화시켜 황금률수준의 효율적 노동 1단위당 자본을 달성하기 위하여 필요한 조건으로 옳은 것은?   [2019, 국회 8급]

- A국의 총생산함수는 $Y=K^{\alpha}(E \times L)^{1-\alpha}$이다. (단, K는 총자본, L은 총노동, E는 노동 효율성, Y는 총생산, α는 자본의 비중을 의미한다.)
- $\alpha=0.5$, $s=0.5$, $\delta=0.1$, $n=0.05$, $g=0.03$(단, s는 저축률, δ는 감가상각률, n은 인구증가율, g는 노동효율성 증가율을 의미한다.)

① 균제상태에서 효율적 노동 1단위당 자본이 황금률수준의 효율적 노동 1단위당 자본보다 많아서 저축률을 증가시켜야 한다.
② 균제상태에서 효율적 노동 1단위당 자본이 황금률수준의 효율적 노동 1단위당 자본보다 적어서 저축률을 증가시켜야 한다.
③ 균제상태에서 효율적 노동 1단위당 자본이 황금률수준의 효율적 노동 1단위당 자본보다 많아서 저축률을 감소시켜야 한다.
④ 균제상태에서 효율적 노동 1단위당 자본이 황금률수준의 효율적 노동 1단위당 자본보다 적어서 저축률을 감소시켜야 한다.
⑤ 균제상태에서 효율적 노동 1단위당 자본을 황금률수준의 효율적 노동 1단위당 자본으로 변화시키기 위한 추가 조건은 없다.

해설 ▸
- 주어진 총생산함수는 1차 동차 생산함수이다. 이에 따라 $\alpha=0.5$이므로 자본소득분배율과 노동소득분배율은 모두 50%가 된다.
- 균제상태에서 황금률수준의 효율적 노동 1단위당 자본이 달성되면, 자본소득분배율은 저축률과 일치하게 되고 노동소득분배율은 소비율과 일치하게 된다. 그런데 주어진 조건에서 $s=0.5$이므로 저축률이 50%이다. 이것은 현재 상태에서 이미 황금률수준에 도달해있다는 것을 의미한다.

정답 ▸ ⑤

❹ Solow 모형의 현실 설명력

(1) 장기적으로 경제는 초기의 경제여건과 무관한 균제상태에 도달한다. ⇒ 수렴가설

(2) 균제상태에서 자본량은 소득과 같은 속도로 증가하고 1인당 자본량은 일정하다.

(3) 균제상태에서의 1인당 소득수준은 저축률과 인구증가율에 의존한다. 저축률이 높을수록 그리고 인구증가율이 낮을수록 1인당 소득은 높아진다.

(4) 기술진보가 있을 경우 균제상태에서 1인당 소득의 증가율은 기술 진보율과 동일하며 저축률이나 인구증가율과는 무관하다.

(5) 균제상태에서 자본의 한계생산물은 일정하다. 그러나 노동의 한계생산물은 Harrod 중립적 기술 진보율과 동일한 속도로 증가한다.

수렴가설

1. **의미** : 후진국이 선진국보다 훨씬 더 빨리 성장하여 선진국으로 수렴한다는 것이다.
2. **논거**
    1) 각국은 시간이 경가하면서 정상상태로 수렴하므로, 1인당 자본량이 적은 후진국의 자본생산성은 상대적으로 높기 때문에 선진국을 결국 따라잡게 된다는 것이다. ⇒ '따라잡기 효과'
    2) 자본량이 적은 후진국에서의 자본의 수익률이 선진국보다 높기 때문에 자본시장이 개방되면서 자본은 선진국으로부터 수익률이 높은 후진국으로 이동하려는 유인이 있게 된다는 것이다.
    3) 기술이나 지식의 차이가 선·후진국을 가능하는 데 중요한 요소가 된다면, 선진기술이나 지식이 후진국으로 전파되면서 선·후진국 간의 기술이나 지식의 차이가 점점 좁혀지게 됨으로써 후진국의 선진국 접근이 가능하게 된다.

성장회계

- 경제가 몇 % 성장하였는데, 각 요소가 그 중 몇 %만큼을 기여했는가를 분석하는 것을 말한다. 이렇게 경제성장에 기여한 요소별 분석을 통해 성장의 요인을 알 수 있다.

- 성장회계 기본식

  1차동차 생산함수인 $Y = A \cdot L^{\alpha} \cdot K^{\beta}(\alpha + \beta = 1)$을 전제로 다음 식이 성립한다.

$$\frac{\Delta Y}{Y} = \frac{\Delta A}{A} + \alpha \cdot \frac{\Delta L}{L} + \beta \cdot \frac{\Delta K}{K}$$

(단, $\frac{\Delta Y}{Y}$: 경제성장률, $\frac{\Delta A}{A}$: 총요소생산성 증가율, α : 노동분배율(=생산의 노동탄력성), $\frac{\Delta L}{L}$: 노동증가율, β : 자본 분배율(=생산의 자본탄력성), $\frac{\Delta K}{K}$: 자본증가율이다.)

  위 식에서 $\frac{\Delta A}{A}$ 가 생산성 기여도, $\alpha \cdot \frac{\Delta L}{L}$ 가 노동 기여도, $\beta \cdot \frac{\Delta K}{K}$ 가 자본 기여도이다.

- 생산성 기여도인 $\frac{\Delta A}{A}$ 를 '총'요소생산성 증가율이라 하여 '총'이라는 글자를 사용하는 이유는, 계수 A가 노동과 자본의 생산성 모두에 영향을 주기 때문이다.

사례 연구 **성장회계와 황금률**

◈ 다음과 같은 Cobb-Douglas 생산함수를 가진 경제가 완전경쟁 하에 있으며, 노동소득이 GDP(Y)의 50%를 차지한다고 가정한다.

$$Y = AL^\alpha K^{1-\alpha}$$

1. 2018년에 GDP 성장률은 6%, 노동(L)과 자본(K)의 투입증가율은 각각 5%라고 할 때, 2018년의 총요소생산성(A) 증가율은?

• 주어진 식에서 노동소득분배율은 'α'이므로, 'α=5'이다. 또한 자본소득분배율은 '1−α'이므로 '1−α=5'이 된다. 한편 주어진 조건 하에서 총요소생산성 증가율을 구하기 위해서는 성장회계식을 도출해야 한다. 그 방법은 주어진 생산함수에 로그를 취하고 시간변수로 미분하면 된다. 이를 통해 다음 식과 결과가 도출된다.

• $\dfrac{\Delta Y}{Y} = \dfrac{\Delta A}{A} + \alpha \times \dfrac{\Delta L}{L} + (1-\alpha) \times \dfrac{\Delta K}{K}$ ⇒ $6\% = \dfrac{\Delta A}{A} + 0.5 \times 5\% + 0.5 \times 5\%$

⇒ $6\% = \dfrac{\Delta A}{A} + 2.5\% + 2.5\%$ ⇒ $\dfrac{\Delta A}{A} = 1\%$

2. 인구증가율(n)과 감가상각률(d)이 각각 5%라고 할 때, Solow 성장모형에서 말하는 황금률(golden rule) 수준의 저축률(s)을 구하면?

• 주어진 생산함수를 'L'로 나누어 정리하면 1인당 생산함수로 바뀌게 된다.

$$Y = AL^\alpha K^{1-\alpha} \Rightarrow \frac{Y}{L} = AL^{\alpha-1} K^{1-\alpha} \Rightarrow \frac{Y}{L} = A\left(\frac{K}{L}\right)^{1-\alpha} \Rightarrow y = Ak^{1-\alpha}$$

• 균제 균형식은 다음과 같다.

$$sy = (n+d)k \Rightarrow y = \frac{(n+d)k}{s}$$

이 균형식을 1인당 생산함수에 대입하여 정리하면 다음과 같은 결과가 도출된다.

$$\frac{(n+d)k}{s} = Ak^{1-\alpha} \Rightarrow k^* = \left(\frac{n+d}{sA}\right)^{-\frac{1}{\alpha}}$$

• 한편 황금률이란 1인당 소비함수가 다음과 같이 주어져 있을 때, 이러한 1인당 소비가 극대화되는 수준에서의 자본수준을 의미하는데, 이 크기는 1인당 저축률과 일치한다. 앞의 결과들을 종합하여 정리하면 다음과 같다.

$$c = y - sy \Rightarrow c = Ak^{1-\alpha} - (n+d)k$$

이를 통해 1인당 소비가 극대화되는 자본수준은 다음과 같이 도출된다.

• $\dfrac{dc}{dk} = (1-\alpha)Ak^{-\alpha} - (n+d)k = 0$ ⇒ $k^{-\alpha} = \dfrac{n+d}{(1-\alpha)A}$ ⇒ $k^\alpha = \dfrac{(1-\alpha)A}{n+d}$ ⇒ $k_{gr}^* = \left[\dfrac{(1-\alpha)A}{n+d}\right]^{\frac{1}{\alpha}}$

⇒ $k_{gr}^* = \left[\dfrac{0.5A}{0.05+0.05}\right]^{\frac{1}{0.5}} = (5A)^2 = 0.5$

다음은 A국, B국, C국을 대상으로 지난 10년 기간의 성장회계(growth accounting)를 실시한 결과이다. 이에 대한 설명으로 옳은 것은?

[2018. 국가직 9급]

(단위 : %)

	경제 성장률	자본 배분율	노동 배분율	자본 증가율	노동 증가율
A국	9	40	60	10	5
B국	7	50	50	4	4
C국	8	50	50	10	4

① 경제성장에 대한 자본의 기여도가 가장 큰 국가는 A국이다.
② A국의 경우 노동이나 자본보다 총요소생산성 증가가 경제성장에 가장 큰 기여를 했다.
③ 총요소생산성 증가의 경제성장에 대한 기여도가 가장 큰 국가는 B국이다.
④ C국의 총요소생산성의 경제성장에 대한 기여도는 2%이다.

해설 ▶ • 총생산함수가 $Y = A \times N^\alpha \times K^\beta (\alpha + \beta = 1)$로 주어진 경우, 성장회계 기본식은 다음과 같다.

• $\dfrac{\Delta Y}{Y} = \dfrac{\Delta A}{A} + \alpha \times \dfrac{\Delta N}{N} + \beta \times \dfrac{\Delta K}{K}$

• 경제성장률 = 총요소생산성 증가율 + 노동소득분배율 × 노동증가율 + 자본소득분배율 × 자본증가율

• 이를 전제로 성장회계를 통한 각 국의 각 요소들의 경제성장에 대한 기여도를 표로 정리하면 다음과 같다.

	노동 기여도 $\left(\alpha \times \dfrac{\Delta N}{N}\right)$	자본 기여도 $\left(\beta \times \dfrac{\Delta K}{K}\right)$	총요소생산성 기여도 $\left(\dfrac{\Delta A}{A} = \dfrac{\Delta Y}{Y} - \alpha \times \dfrac{\Delta N}{N} - \beta \times \dfrac{\Delta K}{K}\right)$
A국	0.6 × 5 = 3(%)	0.4 × 10 = 4(%)	9% − 3% − 4% = 2%
B국	0.5 × 4 = 2(%)	0.5 × 4 = 2(%)	7% − 2% − 2% = 3%
C국	0.5 × 4 = 2(%)	0.5 × 10 = 5(%)	8% − 2% − 5% = 1%

① 경제성장에 대한 자본의 기여도가 가장 큰 국가는 C국이다.
② A국의 경우 자본 증가가 경제성장에 가장 큰 기여를 했다.
④ C국의 총요소생산성의 경제성장에 대한 기여도는 1%이다.

정답 ▶ ③

확인 TEST

甲국의 생산함수가 $Y = AK^{1/3}L^{2/3}$이고, 노동자 1인당 생산량 증가율이 5%, 노동인구 증가율은 1%, 기술수준 증가율이 3%일 때, 자본량의 증가율은? (단, Y, A, K, L은 시간의 함수이며, Y는 생산량, A는 기술수준, K는 자본량, L은 노동인구를 나타낸다.)

[2011, 지방직 7급]

① 4%
② 5%
③ 6%
④ 7%

해설 문제에서의 기술수준 증가율이 총요소생산성 증가율이다. 따라서 성장회계식은 다음과 같이 나타낼 수 있다.

$$\frac{\Delta Y}{Y} = \frac{\Delta A}{A} + \frac{1}{3} \times \frac{\Delta K}{K} + \frac{2}{3} \times \frac{\Delta L}{L}$$

문제에서는 경제성장률이 아니라 1인당 생산량 증가율로 묻고 있음을 유의한다.
1인당 생산량 증가율은 다음과 같이 측정할 수 있다.

$$1\text{인당 생산량 증가율}\left(\frac{\Delta y}{y}\right) = \text{경제성장률}\left(\frac{\Delta Y}{Y}\right) - \text{노동(인구)증가율}\left(\frac{\Delta L}{L}\right)$$

따라서 $\frac{\Delta Y}{Y} = \frac{\Delta y}{y} + \frac{\Delta L}{L}$이 성립하므로 이 식을 성장회계식의 좌변에 대입하여 다음 식을 도출한다.

$$\frac{\Delta y}{y} + \frac{\Delta L}{L} = \frac{\Delta A}{A} + \frac{1}{3} \times \frac{\Delta K}{K} + \frac{2}{3} \times \frac{\Delta L}{L}$$

문제에서 주어진 조건들을 앞의 식에 각각 대입하여 정리하면 다음과 같다.

$5\% + 1\% = 3\% + \frac{1}{3} \times \frac{\Delta K}{K} + \frac{2}{3} \times 1\% \Rightarrow \frac{1}{3} \times \frac{\Delta K}{K} = \frac{7}{3}\% \Rightarrow \frac{\Delta K}{K} = 7\%$가 된다.

정답 ④

❸ 최적성장이론

1) 의의

(1) **이전의 성장이론** : Harrod-Domar의 불안정적 성장이론과 신고전학파인 Solow의 안정적 성장이론은 모두 경제가 가지고 있는 경제법칙을 연구하는 실증적 연구가 중심이었다.

(2) **연구목적**

① Harrod-Domar와 Solow 모형에서는 저축이 총소득의 일정한 몫이라고 단순히 가정할 뿐으로 소비자들의 선호(효용함수)를 명시적으로 감안하지 않은 모형들이다.

② 최적성장이론에서는 후생경제학적 입장에서 어떤 가치기준에 따라 목적함수를 설정한다.

③ 목적함수를 실현하기 위하여 어떠한 성장경로를 택하는 것이 가장 좋은가를 분석하는 것이 최적성장론(optimal growth theory)이다.

2) **자본축적의 황금률**(the golden rule of capital accumulation ⇒ **신고전학파 정리**)

⑴ **학자**: 스완(T. W. Swan), 로빈슨(J. Robinson), 펠프스(E. S. Phelps)

⑵ **정책목표**

① 경제적 후생이란 입장에서 보면 1인당 소득의 증대보다는 장기적인 1인당 소비의 극대화가 바람직하다.

② 경제정책에서는 장기적인 1인당 소비의 극대화를 정책목표로 삼아야 할 것이다.

⑶ **방법**

① 황금시대 균형에서는 균형성장률＝인구증가율이 성립한다.

② 이윤율이 인구증가율(노동증가율＝균형성장률)과 같고, 이윤소득과 동액이 저축되고, 이것이 투자되어 자본을 증가시키며, 저축률이 이윤소득의 상대적 분배율과 같아져야만 장기적으로 1인당 소비의 극대화가 실현될 수 있다.

⑷ **결론**: 극대소비액과 총임금액은 일치한다.

3) **턴파이크 정리**(turnpike theorem : **노이만 경로−고속도로 정리**)

⑴ **학자**: 사무엘슨(P. A. Samuelson), 도프만(R. Dorfman), 솔로우(R. M. Solow)

⑵ **주요과제**: 어떤 초기조건에서 출발하여 경제가 지니고 있는 여러 가지 제약 하에서 계획 기간 말에 가서 생산량 또는 기타 목표를 최대화한다는 최적화 문제이다.

⑶ **턴파이크 정리의 의의**

① 턴파이크란 고속도로를 뜻한다. 장거리 여행의 경우 최단거리를 택하지 않고 우회하더라도 고속도로를 이용하는 것처럼, 장기적 경제성장계획의 경우에도 성장의 고속도로(von Neumann)을 이용하는 것이 최적성장경로가 된다.

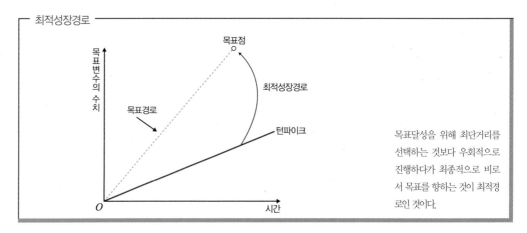

② 계획기간이 길면, 계획기간의 대부분을 노이만 경로, 즉 극대성장률 경로에 따라 우회적으로 진행하다가 계획 기간 말에 가서 노이만 경로를 이탈해서 비로소 정책목표의 방향으로 나아가는 것이 '최적성장경로'이며, 이러한 경로를 따르는 것이 최적의 방법이라고 주장하는 이론이다.

❹ 내생적 성장이론(endogenous growth theory)

1) 의의

(1) 등장배경

① 기존의 대표적인 성장이론인 솔로(R. Solow) 모형은 경제성장을 궁극적으로 결정하는 기술진보, 노동인구증가율, 저축률, 자본계수 등이 외생적으로 결정되고, 이들 변수들은 시간이 지나도 변하지 않는다고 가정한다. 이러한 관점이라면 지속적인 성장을 가져다주는 정책적 처방은 존재할 수 없게 된다.

② 솔로 모형에서는 노동과 자본의 대체가 가능한 1차 동차 생산함수를 가정한다. 이에 따라 경제가 균제상태(정상상태)에 도달하게 되면 1인당 소득이 더 이상 증가하지 못하고, 필연적으로 각국의 성장률이 장기적으로 같아진다는 수렴가설(convergence hypothesis)이 성립하게 된다. 그러나 현실적으로는 이러한 수렴가설이 성립한다는 명백한 증거를 제시할 수 없다.

사례 연구 **수렴가설의 현실 설명력**

◈ 경제는 수렴하는가?

 분석하기

• 1950년 이후 부유한 3개국(미국, 프랑스, 일본)에서의 성장을 살펴보면 세 가지 중요한 사실이 나타난다.
  1) 모든 3개국은 강력한 성장과 생활 표준의 대규모 증가를 경험했다. 1950년에서 2000년까지 성장은 1인당 실질산출을 미국은 3.1배, 프랑스는 4.1배, 일본은 10.2배만큼 증가시켰다.
  2) 성장은 1970년대 중반 이후 하락했다. 1인당 산출의 평균 성장률은 1950−1973년 사이에 연간 4.1%에서 1974~2000년 사이에는 연간 2.0% 하락했다.
  3) 3개국에 걸쳐 1인당 산출수준은 시간이 흐르면서 수렴했다. 다시 말해 뒤에 있던 국가들은 더 빨리 성장해서 미국과의 격차를 축소시켰다.
• 또한 더 광범위한 국가들과 보다 장기의 기간에 대한 증거를 살펴보면 다음과 같은 사실이 나타난다.
  1) 인류의 역사를 기준으로 보면 지속적인 산출 성장은 최근의 현상이다. 로마제국의 소멸부터 1500년까지 유럽에서 1인당 산출의 성장률은 본질적으로 없었다. 산업혁명 기간 동안에도 성장률은 현재의 기준에 비추어 볼 때 높지 않았다. 미국의 경우 1820년에서 1950년까지 1인당 산출의 성장률은 1.5%였다.
  2) 1인당 산출 수준의 수렴은 세계 전체적으로 관찰되는 현상은 아니다. 많은 아시아 국가들은 빠른 속도로 추격했지만 대부분의 아프리카 국가들의 경우는 1인당 산출이 매우 낮고 성장률도 낮았다.

---

③ 내생적 성장 모형(endogenous growth model) 또는 신 성장 모형(new growth model)은 앞에서 지적된 솔로 모형의 이론적 실증적 문제점을 해결하고, 현실에서 관찰되는 경제성장의 특징을 설명하기 위해 등장했다.

(2) 특징

① **경제성장 요인의 내생화** : 지속적인 경제성장이 가능하다는 것을 경제의 내생적 요인에 의해 설명한다. 이에 따라 1인당 소득이 지속적으로 증가할 수 있음을 보인다.

② **생산의 외부성과 수확체증** : 지식 또는 인적 자본이 생산함수에 명시적으로 도입됨에 따라 생산 측면에서 외부효과로 인해 수확체감은 더 이상 나타나지 않게 되고, 더 나아가 수확체증까지 나타날 수 있게 된다. 이에 따라 국가 간 자본축적 수준에 따라 경제성장률에 차이가 발생하여 수렴가설은 성립하지 않는다.

경제성장에 관한 솔로우(Solow)모형의 내용으로 옳지 않은 것은?

[2010. 국가직 7급]

① 지속적인 성장은 지속적 기술진보에 의해 가능하다.
② 노동과 자본의 상대가격이 조정되어 생산요소의 과잉상태는 해소된다.
③ 기술진보는 경험을 통한 학습효과 등 경제 내에서 내생적으로 결정된다.
④ 노동과 자본의 완전고용이 달성되는 성장의 상태를 균제상태(steady state)라고 한다.

해설 ▶ 솔로우 모형에서 기술진보는 외생적으로 주어지는 조건이다. 이에 따라 기술진보의 원인을 내생적으로 설명하지 못하는 한계를 보인다. 이를 극복하고 하는 노력으로 내생적 성장이론이 등장하게 된다. 물론 기술진보가 지속적으로 이루어진다면 지속적인 성장은 가능해진다.

정답 ▶ ③

---

2) 내생적 성장이론의 대두 : 지속적 경제성장 설명(⇒ 새 성장이론 : new growth theory)

(1) **학자** : 르벨르(S. Rebelo), 램지(E. Ramsey), 로머(P. Romer), 루카스(R. Lucas)

(2) **의의** : 경제행위자의 최적행위를 전제로 하는 미시경제적인 기초위에서 사회후생을 극대화시키는 경제성장률이 어떠한 내생적 요인에 의해 결정되는지를 규명하는 이론이다. 결국 내생적 성장이론은 "왜 어느 나라는 지속적으로 성장이 되는데, 그렇지 못한 나라는 경제가 후퇴하고 있는가?" 라는 질문에 대한 답인 것이다.

(3) **기본모형** : AK 모형

① 생산함수

$$Y = AK$$

위 식에서 Y는 생산량, K는 자본량, A는 자본 1단위당 산출량을 나타내는 상수이며 이 생산함수는 자본에 대해 수확체감하는 성질을 갖고 있지 않다. 따라서 이미 투입된 자본량과 관계없이 자본 1단위가 추가적으로 투입되면 생산량 A단위가 추가적으로 산출된다. 즉, 자본이 늘어나기만 하면 산출은 얼마든지 증가하는 것이다. 이와 같은 현상은 자본의 외부경제성이 존재할 때 나타날 수 있다. 이것이 솔로우 모형과의 주요한 차이점이다.

② 소득의 일정부분이 저축되고 투자된다고 가정하면 다음 식을 얻을 수 있다.

$$\Delta K = sY - \delta K(S = sY, sY = I)$$

위 식에 의하면 자본량의 변화(ΔY)는 투자(sY)에서 감가상각(δK)을 뺀 것과 같다. 여기에 생산함수 $Y=AK$를 대입하면 다음 식을 도출할 수 있다.

$$\Delta Y/Y = \Delta K/K = sA - \delta$$

위 식은 경제성장률 $\Delta Y/Y$가 어떻게 결정되는지를 보여준다. 이를 통해 $sA > \delta$ 이 성립하는 동안에는 외생적 기술진보에 대한 가정이 없더라도 해당 경제의 소득이 영원히 성장한다는 점을 알 수 있다.

문제제기

1인당 자본이 무한히 증가할 수 있는가? 자본에 대한 수확 체감의 가정을 포기할 수 있는가? 등의 문제가 제기될 수 있다. 이에 대한 대답은 생산함수 $Y=AK$에서 자본 K를 어떻게 해석하는가에 달려있다. 여기서 K를 공장이나 기계, 설비 등 물적 자본으로 간주하면 수확체감의 법칙을 가정하는 것이 당연하겠지만, 내생적 성장을 지지하는 사람들은 이 K를 폭넓게 해석한다.

가장 좋은 예는 K안에 물적 자본뿐만 아니라 지식이 포함된다고 보고 지식을 자본의 형태로 간주하는 것이다. 지식은 재화와 용역의 생산에 필요한 생산의 중요 요소일 것이다. 그런데 이러한 지식자본(knowledge capital)에 대해 수확체감의 법칙이 작용한다고 가정하는 것은 자연스럽지 않다. 따라서 지식을 자본의 한 형태로 본다면 지식자본을 포함하는 포괄적 의미의 자본에 대해 수확불변의 가정을 하는 것이 이상하지 않으며, 오히려 장기적인 성장을 설명하는 데 더 적합할 수 있다.

---

(4) 특징

① **성장요인의 내생화**: 경제의 장기성장을 자본축적의 차이, 교육수준의 차이, 연구개발투자, 정부정책의 차이, 무역 등 경제의 내생적 요인에 의해 설명한다.

② **생산의 외부성**: 신고전학파 성장이론에서는 생산면의 외부효과를 고려하지 않음으로써 수확체감의 법칙이 성립하여 수렴현상이 나타나는 반면에 내생적 성장이론에서는 지식 또는 인적자본이 생산요소에 포함됨으로써 생산 면에서 외부효과가 발생하여 수확체감의 법칙이 작용하지 않게 된다

③ 생산기술에 규모에 대한 보수증가 현상이 나타날 경우 1인당 자본수준이 높은 국가의 성장률은 높아지고 1인당 소득수준도 계속해서 증가하여 수렴현상이 발생하지 않음을 보였다.

(5) 솔로우 성장 모형과 내생적 성장 모형과의 비교

구분	솔로우 모형	내생적 성장이론
기본입장	고전학파의 자유방임정신을 계승한다.	경제성장과정에서 정부의 적극적인 역할을 강조한다.
생산함수	규모의 대한 보수 불변의 생산함수이다.	규모에 대한 보수 증가의 생산함수이다.
성장의 한계	수확체감으로 인해 1인당 소득은 궁극적으로 정체한다.	수확체감을 극복하면서 1인당 소득의 지속적인 증가가 가능하다.
경제성장의 요인	기술진보율과 인구증가율 등의 요인이 외생적으로 결정된다.	기술진보와 인적자본, 지식자본 등의 요인이 내생적으로 결정된다.
각국 간 소득격차	각국간 소득격차가 시간이 흐름에 따라 줄어든다는 수렴현상을 가정한다.	각국간 소득격차가 확대되고 있는 현실을 규명한다.

1. 국가 간 저축률의 차이가 국가 간 성장률의 차이를 설명한다는 것이다. 생산함수와 감가상각률이 국가에 따라 전혀 차이가 없다고 하더라도 저축률이 높은 나라는 낮은 나라보다 더 높은 성장률을 가지게 될 것임을 보여준다.
2. 국가 간 소득의 격차와 자본 수익률의 격차는 아무런 상관관계를 가지지 않는다는 것이다. 솔로우 생산함수에서는 한계생산물이 체감하기 때문에 소득이 높은 나라일수록 자본의 수익률은 떨어지게 된다. 그러나 AK 모형에서의 자본의 수익률은 언제나 A로 일정하다. 이는 국가 간 소득의 격차가 존재한다고 해서 국가 간 자본이동이 발생하는 것은 아님을 의미한다.

3) 내생적 성장이론의 진전

주요 논거

1. 무엇이 자본의 보수불변을 낳고 경제 전체로는 규모의 대한 보수증가를 가져오는가?
2. 기술진보를 내생적으로 결정하는 요인들은 무엇인가?

(1) 지식과 자본 축적 모형 : 로머(D. Romer)

① 로머는 외부효과가 자본축적으로 인한 지식의 파급효과(spillover effect)와 전문화에 대한 대가(return)로부터 발생한다는 점을 강조한다.

② 자본의 축적은 지식의 파급 및 전문화에 따른 외부효과를 발생시켜 기술진보와 이에 따른 수확체증으로 인해 생산능력이 더욱 확대되고, 이것이 다시 추가적인 자본축적과 지식축적을 가능하게 해 줌으로써 경제성장은 더욱 가속화된다는 것이다.

(2) 연구개발($R \& D$)투자 모형 : 로머(D. Romer)

- $Y=F(K, AL)=K^{\alpha}(AL)^{\alpha-1}, 0<\alpha<1$
- K는 물적자본, $L=L_Y$(최종재 생산인력)$+L_A$(지식을 생산하는 R&D인력), A는 지식

① 개인이나 기업에 의한 연구개발 투자를 통해 얻어지는 지식은 비경합성이라는 특성을 갖는다. 이로 인해 이러한 지식이 다른 부분에서도 사용되어 외부효과를 발생시키고, 이를 통해 생산 증대를 가능하게 해 준다.

② 여기서 지식은 R&D노동에 의해 생산되기도 하지만, 기존의 지식스톡이 얼마나 많은가에도 영향을 받는다. 즉, R&D인력투입과 기존의 지식스톡이 많을수록 지식의 축적이 빠르게 일어난다("내가 다른 사람보다 더 멀리 보게 된 것은 거인의 어깨 위에 서 있었기 때문이다." - 뉴턴).

③ 결국 R&D인력의 증가율이 높을수록, 지식이 효율적으로 생산될수록, 그리고 기존 지식의 지식 창출효과가 높을수록 균제상태에서의 성장률이 높아진다.

(3) 인적 자본 축적 모형 : 루카스(R. Lucas)

> - $Y=F(K,\ H,\ AL)=K^{\alpha}H^{\beta}(AL)^{1-\alpha-\beta},\ \alpha,\ \beta>0,\ \alpha+\beta<1$
> - K는 물적자본, H는 인적자본, L은 단순노동

① 루카스는 인적자본의 축적에 따른 외부효과를 강조한다. 여기서 인적자본은 생산인력이 가지고 있는 교육수준, 능력, 기술, 지식 등으로 구성된다. 즉 인적자본이 단순노동과 다른 점은 인적자본은 비용을 수반하는 투자를 통해 축적된다는 것이다. 이러한 인적자본은 지식과는 달리 경합적이다.

② 교육에 대한 투자가 증가하여 인적자본의 축적이 이루어지면 지식자본에서 나타나는 것과 같은 외부효과에 따라 수확체증으로 인해 생산능력이 더욱 확대되고, 이것이 다시 교육에 대한 투자를 증가시키게 되는 선순환이 발생하게 된다.

③ 결국 높은 교육에 대한 투자에 따라 인적 자본 축적이 많이 이루어진 국가일수록 경제성장도 빠르게 이루어진다는 것이다.

(4) 학습효과 모형 : 칼도-멀리스(Kaldor-Mirrless), 로머(D. Romer)

① 생산자들이 생산과정을 통해 새로운 지식을 얻게 되고, 이것이 보다 효율적으로 기계 및 장비들의 등장을 가능하게 해 준다. 즉 경험에 의한 생산성 증대효과를 강조한다.

② 생산성은 누적투자량에 의해 결정된다고 가정한다. 이에 따라 현재의 투자 증대는 물적 자본량을 증가시키는 직접적 효과 이외에도 누적투자량의 증가를 통해 생산성의 증대가 이루어지는 간접적 효과까지도 기대할 수 있게 된다.

4) 정책적 시사점

(1) 성장요인의 내생화

① 내생적 성장 이론에서는 경제성장의 요인이 내생적으로 결정되고, 외부효과와 수확체증 현상으로 지속적인 성장이 가능해진다.

② 따라서 경제성장 요인에 영향을 미칠 수 있는 경제정책은 장기적인 경제성장 경로에서 질적 변화를 가져와 경제성장을 더욱 가속화시킬 수 있다.

(2) 저축과 투자의 확대

① 자본축적을 유도할 수 있는 정책 중의 하나는 투자세액공제와 같은 조세정책이다.

② 경제성장을 위한 세율인하의 효과를 강조하는 내생적 성장 이론의 등장으로 조세정책의 중요성이 더욱 강조된다. 이에 따라 재정적자의 축소도 중요한 요소로서 부각되고 있다.

(3) 생산성 향상 : 연구개발 투자에 대한 세제상의 유인과 지적재산권의 강화, 인적자본의 축적을 위한 교육투자나 직업훈련이 지원 확대 등이 중요해진다.

(4) 경제개방

① 자유무역이나 경제통합과 같은 개방정책이 경제성장을 촉진시키는 작용을 한다.

② 경제개방을 통해 활발한 인적 또는 물적 교류가 이루어지면 지식과 기술, 인적 자본과 물적 자본, 연구개발 투자와 같은 경제성장 요인의 축적에 따른 외부효과의 이익을 누릴 가능성이 증대되기 때문이다.

5) 평가 및 한계

(1) 평가

① 경제개방에 따른 활발한 교류를 통해 인적자본이나 지식자본의 외부효과가 국가 간에 파급됨에 따라 빈국(貧國)이 부국(富國)을 따라잡을 수 있다는 주장(*catch-up hypothesis*)에 대한 설명을 가능하게 해 준다.

② 무역에 참여하는 빈국이 기술진보 잠재력이 낮은 산업의 상품에 특화하고, 이 상황에서 빠져 나오지 못함으로써 부국에 비해 계속 뒤떨어지는 효과(*lock-in effect*)에 대한 설명을 가능하게 해 준다.

(2) 한계

① 내생적 성장 요인들을 구체화시키지 못했다. 이것은 현실적인 정책 대안을 제시할 수 없게 하는 요인으로 작용한다.

② 교육 훈련과 연구개발이 경제성장의 차이를 가져온다고 하면서도, 교육 훈련과 연구개발의 차이는 왜 발생하는가에 대한 설명이 충분하지 못하다. 즉 경제성장의 내생적 요인이라고 제시했던 것들이 완벽하게 내생적이지는 못하다는 것이다.

③ 완전고용을 가정함에 따라 유효수요의 중요성을 간과하고 있다.

확인 TEST

내생적 성장이론에 대한 설명으로 옳지 않은 것만을 모두 고른 것은?   [2014, 국가직 7급]

─────────〈 보 기 〉─────────

ㄱ. 기술진보 없이는 성장할 수 없다.
ㄴ. 자본의 한계생산성 체감을 가정한다.
ㄷ. 경제개방, 정부의 경제발전 정책 등의 요인을 고려한다.
ㄹ. AK 모형의 K는 물적 자본과 인적 자본을 모두 포함한다.

① ㄱ, ㄴ   ② ㄱ, ㄹ   ③ ㄴ, ㄷ   ④ ㄷ, ㄹ

해설 ▶ 내생적 성장이론에 따르면 기술진보 이외에도 지식자본, 인적자본 등에 의해서도 경제가 성장할 수 있음을 설명한다(ㄱ). 기술진보 없이는 지속적인 성장을 할 수 없다고 설명하는 것은 솔로우 성장모형이다. 또한 내생적 성장이론에서 전제하는 AK 모형에서는 자본의 한계생산이 일정 또는 체증하기 때문에 지속적인 자본의 투입만 있으면 지속적 성장이 가능하다고 한다(ㄴ).
이러한 지속적 자본투입은 전통적인 물적자본 만으로는 설명할 수 없다. 이를 극복하기 위해 지식자본과 인적자본의 중요성이 대두된다.

정답 ▶ ①

확인 TEST

내생적 성장이론에 대한 다음 설명 중 가장 옳지 않은 것은? [2017. 서울시 7급]

① R&D 모형에서 기술진보는 지식의 축적을 의미하며, 지식은 비경합성과 비배제성을 갖는다고 본다.

② R&D 모형과 솔로우(Solow) 모형은 한계수확체감의 법칙과 경제성장의 원동력으로서의 기술진보를 인정한다는 점에서는 동일하다.

③ 솔로우(Solow) 모형과 달리 AK 모형에서의 저축률 변화는 균제상태에서 수준효과뿐만 아니라 성장효과도 갖게 된다.

④ AK 모형에서 인적자본은 경합성과 배제가능성을 모두 가지고 있다.

해설 ▶ • R&D 모형은 지식자본(knowledge capital)의 역할을 강조한 로머(P. Romer)의 이론이다. R&D 모형에서 전제하는 생산함수는 다음과 같다.

> • $Y=F(K, AL)=K^{\alpha}(AL)^{\alpha-1}$, $0<\alpha<1$
> • 여기서 K는 물적 자본, $L=L_Y$(최종재 생산인력)$+L_A$(지식을 생산하는 R&D 인력), A는 지식을 의미한다.

• 로머는 경제 내의 노동력을 두 종류로 구분하여 노동력의 일부가 지식을 생산하는 데 투입된다고 가정한다. 만약 이런 R&D 인력(L_A)이 존재하지 않으면 생산함수는 솔로우가 가정했던 자본(K)과 노동(L_Y: 최종재 생산인력)으로 이루어진 기존의 1차 동차 생산함수와 동일해져 수확체감의 법칙이 나타날 수 있게 된다(②).

• R&D 인력이 존재하는 한, 더 이상의 수확체감의 법칙은 나타나지 않고 지속적인 성장이 가능해진다. 결국 R&D 인력의 증가율이 높을수록, 지식이 효율적으로 생산될수록, 그리고 기존 지식의 새로운 지식 창출효과가 높을수록 균제상태에서의 성장률이 높아진다는 것이 R&D 모형이다.

• R&D 인력에 의해서 창출된 지식은 비경합성을 가지고 있으나, 이를 사용하기 위해서는 대가를 지불해야 하므로 배제성을 갖게 된다(①).

• AK 모형에서는 '$\dfrac{\Delta Y}{Y}=\dfrac{\Delta K}{K}=sA-d>0$($s$는 저축률, A는 자본생산성, d는 감가상각률)'이 성립하는 한 외생적 기술진보가 없다고 하더라도 지속적인 경제성장이 가능함을 보여준다(③).

• 비경합성을 특징으로 하는 지식 자본과 달리 인적 자본은 경합성을 갖는다. 한 사람이 특정한 생산과정에 투입되면, 그 사람은 더 이상 다른 생산과정에는 투입될 수 없기 때문이다(④).

정답 ▶ ①

425

4

국제경제학

international economics

절대우위론과 비교우위론

┌─ 중상주의(mercantilism) 국제무역론 ─────────────────────────────────

금과 은이 화폐로 통용되던 시기였던 16세기에서 18세기에 걸쳐 발달한 중상주의 이론은 국부와 국력의 원천을 자국의 금고에 쌓인 금과 은의 양이라고 생각하였다. 따라서 이러한 금과 은의 축적을 위한 경제 정책의 핵심 내용은 국내 산업의 보호와 해외시장의 개척이었다. 이를 위해 수출을 장려하고 수입을 억제하는 보호무역정책을 실시하였다. 여기서 세계 전체의 금과 은의 양은 한정되어 있으므로 중상주의의 입장에서 국제무역이란 결국 한정된 금과 은을 여러 국가 사이에 재분배하는 이른바 '제로-섬 게임(zero-sum game)'으로 인식하였다. 이들의 견해를 따르게 되면 국제무역은 국제무역에 참가하는 모든 나라에 이익을 줄 수 없고 부(富)의 창조적 원천이 되지 못한다.

└──

❶ 스미스(A. Smith)의 절대우위론(절대생산비설)

1) 의의

(1) **절대우위(absolute advantage)의 개념**: 한 나라가 어떤 산업에서 다른 나라보다 생산조건이 유리할 때 그 산업에 절대우위가 있다고 하고, 불리할 때 절대열위(absolute disadvantage)에 있다고 한다.

(2) **무역의 성립**: 각국은 절대우위가 있는 산업에 특화(완전한 특화)하여 생산한 후 서로 생산물을 교환함으로써 교역당사국 모두가 사회적 이익을 증대시킬 수 있다. ⇒ 국제무역은 'positive-sum game'

(3) **기본 가정**

① 2국 2재화 1생산요소(노동)의 모형을 가정하고, 이때 각국의 노동의 질은 동일하다. ⇒ 노동생산성이 동일하다.

② 각국의 생산요소는 일정량으로 정해져 있으며, 이 생산요소는 항상 완전고용 상태를 갖는 동질적(homogeneous)인 생산요소이다.

③ 각국의 생산방식은 서로 다르다. ⇒ 상이한 생산함수

④ 노동의 이동은 국내에서는 자유로우나 국가 간에는 불가능하다. 이에 따라 같은 생산요소라고 하더라도 국가 간 생산요소에 대한 보수의 차이는 나타날 수 있다.

⑤ 생산요소 투입에 따른 수확 불변(기회비용 일정 : 생산가능곡선이 직선) ⇒ 재화 1재화를 생산하는 데 필요한 노동의 투입량은 항상 일정하다.

2) 사례

국가 상품	영국	포르투갈
옷감(1단위)	100인 노동	110인 노동
포도주(1단위)	120인 노동	80인 노동

※ 각 수치는 재화를 생산하기 위해 필요한 노동을 의미한다.

⑴ 영국의 옷감에 대한 절대생산비와 포르투갈의 포도주에 대한 절대생산비가 각각 상대국에 비해 작으므로 영국은 옷감, 포르투갈은 포도주에 특화가 이루어진다.

⑵ **옷감과 포도주의 교환비율이 1 : 1이라고 가정**

① **영국의 경우**：무역이 없다면 영국은 포도주 1단위 생산에 120인 노동을 필요로 하나 무역을 함으로써 100인 노동으로 옷감 1단위를 생산하여 포도주 1단위와 교환할 수 있으므로, 여분의 20인 노동으로 옷감 20/100 단위 더 생산함으로써 추가로 생산하여 소비가 가능한 0.2단위의 옷감이 무역의 이익이 된다.

② **포르투갈의 경우**：같은 이유로 포르투갈은 포도주 생산에 특화함으로써 포도주 0.375단위 (30/80)를 더 생산·소비할 수 있으므로 0.375단위의 포도주가 무역의 이익이 된다.

⑶ **결론**：생산요소 절약 면에서 영국은 20인의 노동력이 절약되고, 포르투갈은 30인의 노동력이 절약되어 이를 통해 생산물의 추가 생산·소비가 가능하므로 두 나라 모두에게 이익이 돌아가게 된다. 이것은 어느 한 재화의 생산을 줄이지 않고도 다른 재화의 생산이 더 늘어날 수 있기 때문이다.

교역조건(terms of trade)

교역조건이란 본국의 수출재 1단위와 교환되는 수입재의 양을 말한다.

자국의 수출품을 X재, 수입품을 Y재라 하면 교역조건은 $\dfrac{Y}{X} = \dfrac{P_X}{P_Y}$이다.

교역조건은 무역의 이익을 측정하는 데 이용되며, 폐쇄경제 하에서의 국내 상대 가격과 개방 후의 교역 조건의 차이가 크면 클수록 무역으로 인한 이득은 크다.

확인 TEST

다음 그림에 따를 때 A국과 B국 사이에서 특화를 통한 무역이 가능하게 되는 컴퓨터 가격의 범위로 옳은 것은?

[2019. 국회 8급]

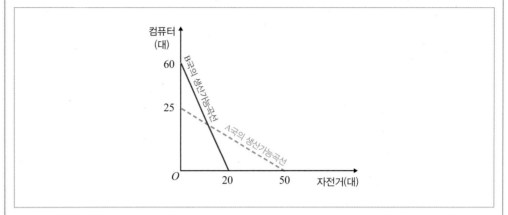

① $(P_{최저},\ P_{최고})$ = (자전거 $\dfrac{1}{2}$대, 자전거 2대)

② $(P_{최저},\ P_{최고})$ = (자전거 $\dfrac{1}{2}$대, 자전거 3대)

③ $(P_{최저},\ P_{최고})$ = (자전거 $\dfrac{1}{3}$대, 자전거 2대)

④ $(P_{최저},\ P_{최고})$ = (자전거 $\dfrac{1}{3}$대, 자전거 3대)

⑤ $(P_{최저},\ P_{최고})$ = (자전거 2대, 자전거 3대)

해설
- 양국 사이에 무역이 가능한 가격 범위는 교역조건(TOT)이 각 국의 상대가격 사이에 놓이는 경우이다.
- 그림을 전제로 하여 자전거 수량을 나타낸 컴퓨터의 상대가격을 구하면 다음과 같다.

> - A국의 상대가격: $\dfrac{자전거\ 수량}{컴퓨터\ 수량} = \dfrac{50}{25} = 2$(컴퓨터 1대당 자전거 수량)
> - B국의 상대가격: $\dfrac{자전거\ 수량}{컴퓨터\ 수량} = \dfrac{20}{60} = \dfrac{1}{3}$(컴퓨터 1대당 자전거 수량)

- 이에 따라 양국 사이에 무역이 가능한 컴퓨터의 가격 범위는 다음과 같다.

$$자전거\ \dfrac{1}{3}대 < TOT < 자전거\ 2대$$

정답 ③

국익을 위한 것은?

중상주의는 국가가 보유한 금·은과 같은 귀금속(화폐)을 국부로 간주했다. 따라서 국부를 증가시키기 위해서 다른 나라와의 무역을 통해 외국의 귀금속을 획득했다. 또한 일단 확보된 귀금속은 외부로 유출되는 것을 최대한 억제했다. 따라서 중상주의는 중금주의(bullionism)라고 불리기도 한다. 귀금속을 축적하기 위한 수단은 수출을 증대하고 수입은 최대한 억제하는 무역정책이다.

비싼 상품은 수출하고 수입은 원자재로 한정했다. 원자재를 제외한 수입품에는 높은 관세를 부과하고, 외국에서 값싸게 구입할 수 있는 상품이라도 국내에서 비싸게 생산했다. 결국 중상주의 정책은 수출시장을 확보하기 위한 국가 사이의 치열한 경쟁(cut-throat competition)으로 때에 따라서 전쟁까지도 불사했다.

중상주의는 세계 전체로 보았을 때 금·은과 같은 귀금속이 한정되어 있다고 여겼다. 따라서 무역에서 한 나라가 이익을 얻으면 상대국은 그만큼 손해를 보게 된다. 결국 중상주의 사고의 본질은 제로섬(zero sum) 개념인 것이다. 마치 현금상자에 보관중인 현금의 양이 일정한 경우에 한 사람이 돈을 더 가지면 다른 사람은 덜 가져야 하는 경우와 같다. 따라서 중상주의를 '현금상자 사고(cash box thinking)'라고 설명하는 사람도 있다.

중상주의에 대한 신랄한 비판은 18세기 말 애덤 스미스에 의해서 제기되었다. 스미스는 세계 전체의 부가 일정하고, 부의 원천이 유통(무역)을 통하여 이루어진다고 간주한 중상주의의 기본적 시각에 대해 통렬한 비판을 가했다. 스미스(그의 사후에는 리카도)는 국부는 국가나 왕실 금고 속에 보관된 금·은과 같은 귀금속이 아니라 국민들에게 가용한 상품과 용역이라고 주장했다. 당시로서는 가히 혁명적인 시각이다. 이는 유통 부문에서 국부의 원천을 찾은 중상주의를 배격하고 제조업 생산 부문이 부의 원천임을 밝힌 것으로 당시 상업사회에서 산업사회로의 이행이 바람직함을 설파한 이론적 근거를 마련했다. 스미스는 더 나아가서 국제무역이 치열한 경쟁을 필요로 하는 제로섬 게임이 아니라 오히려 무역 당사자 양측 모두에게 혜택이 가는 포지티브섬(positive sum)이라고 주장했다. 이러한 주장의 이론적 근거는 절대우위(absolute advantage)개념이었다.

❷ 리카도(D. Ricardo)의 비교우위론(비교생산비설)

1) 의의

(1) **비교우위(comparative advantage)의 개념** : 어떤 나라가 어떤 상품의 생산에 있어서 생산비가 상대적으로 싼 경우(⇒ 다른 나라보다 절대우위가 비교적 더 있거나 절대열위가 비교적 적게 있는 것)를 말한다.

(2) **무역의 성립** : 한 국가가 모두 절대우위에 있다 하더라도 각국이 비교우위에 있는 재화에 특화(완전 특화)하여 생산한 후 서로 생산물을 교환함으로써 교역당사국 모두가 사회적 이익을 증대시킬 수 있다.

(3) **기본 가정**

① 2국 2재화 1생산요소(노동)의 모형을 가정하고, 이때 각국의 노동의 질은 동일하다. ⇒ 동일한 노동생산성

② 각국의 생산요소는 일정량으로 정해져 있으며, 이 생산요소는 항상 완전고용 상태를 갖는 동질적(homogeneous)인 생산요소이다.

③ 각국의 생산방식은 서로 다름 ⇒ 생산함수가 상이하다.

④ 노동의 이동은 국내에서는 자유로우나 국가 간에는 불가능하다. 이에 따라 같은 생산요소라고 하더라도 국가 간 생산요소에 대한 보수의 차이는 나타날 수 있다.

⑤ 생산요소 투입에 따른 수확 불변(기회비용 일정:생산가능곡선이 직선) ⇒ 재화 1재화를 생산하는 데 필요한 노동의 투입량은 항상 일정

2) 사례

상품 ＼ 국가	미국	한국
자동차(X)	120인	80인
컴퓨터(Y)	100인	90인

※ 각 수치는 재화를 생산하기 위해 필요한 노동을 의미한다.

(1) 각 국은 각 재화의 기회비용(상대가격)이 작은 비교우위 상품에 특화한다.

기회비용 ＼ 국가	미국	한국
자동차(X) 1단위의 기회비용	$\frac{120}{100}$(=1.2)단위의 컴퓨터	$\frac{80}{90}$(=0.89)단위의 컴퓨터
컴퓨터(Y) 1단위의 기회비용	$\frac{100}{120}$(=0.83)단위의 자동차	$\frac{90}{80}$(=1.13)단위의 자동차

따라서 기회비용이 상대적으로 작은, 한국은 자동차, 미국은 컴퓨터에 비교우위를 갖게 되며 이러한 상품으로 (완전)특화가 이루어진다.

(2) **컴퓨터와 자동차의 교역조건이 1:1이라고 가정**

① **한국의 경우**:무역이 없다면 한국은 컴퓨터 1단위 생산에 90인 노동을 필요로 하나 무역을 함으로써 80인 노동으로 자동차 1단위를 생산하여 컴퓨터 1단위와 교환할 수 있으므로, 여분의 10인 노동으로 자동차를 10/80단위 더 생산함으로써 추가로 소비 가능한 0.125단위의 자동차가 무역의 이익이 된다.

② **미국의 경우**:같은 이유로 미국은 비교우위에 있는 컴퓨터를 특화하여 컴퓨터 0.2단위(20/100)를 더 생산·소비할 수 있으므로 0.2단위의 컴퓨터가 무역의 이익이 된다.

(3) **결론**:생산요소 절약 면에서 미국은 20인, 한국은 10인이 절약되어 이를 통해 생산물의 추가 생산·소비가 가능하므로 두 나라 모두에게 이익이 돌아가게 된다. 이것은 어느 한 재화의 생산을 줄이지 않고도 다른 재화의 생산이 더 늘어날 수 있었기 때문이다.

교역조건(Terms Of Trade:TOT)의 결정

위의 표에서 생산비가 가격을 결정한다면 컴퓨터(Y)로 표시한 자동차(X)의 상대가격$\left(\frac{Y}{X} = \frac{P_X}{P_Y}\right)$, 즉 자동차($X$)와 컴퓨터($Y$)의 미국 국내에서의 교환비율은 1.2이고, 한국에서의 자동차(X)와 컴퓨터(Y)의 국내에서의 교환비율은 0.89이므로 두 나라 사이에서의 무역이 발생할 수 있는 교역조건 범위는 $0.89 < TOT < 1.2$이 된다.

사례 연구　교역조건 범위

◈ A국, B국은 X재와 Y재만을 생산하고, 생산가능곡선은 각각 $X=2-0.2Y$, $X=2-0.05Y$이다. A국과 B국이 X재와 Y재의 거래에서 서로 합의할 수 있는 X재의 가격 범위는?

분석하기

- 주어진 문제는 양 국 모두에게 이익이 발생할 수 있는 교역조건 범위를 묻는 문제이다. 교역조건은 두 재화의 국제 상대가격으로 $\left(\dfrac{P_X}{P_Y}\right)_i$ 또는 $\left(\dfrac{Y}{X}\right)_i$로 나타낼 수 있다. 두 재화의 (절대)가격이 주어지면 전자의 방법으로, 두 재화의 수량이 주어지면 후자의 방법으로 나타낸다. 이것은 모두 X재 1단위당 교환되는 Y재의 수량으로 정의된 것이다.

- 사례에서는 생산가능곡선이 주어져 있으므로 각 국의 생산가능곡선의 (접선의) 기울기가 곧 Y재 수량으로 나타낸 X재의 상대가격이다. A국의 생산가능곡선을 Y로 정리하면 $Y=10-5X$이므로 상대가격은 $\left(\dfrac{Y}{X}\right)_A=5$, B국의 생산가능곡선을 Y로 정리하면 $Y=40-20X$이므로 $\left(\dfrac{Y}{X}\right)_B=20$이 된다. 이에 따라 양 국 모두에게 이익을 주게 되는 X재의 가격범위, 즉 교역조건의 범위는 $5<\left(\dfrac{Y}{X}\right)_i<20$이다.

---

3) 도해적 설명

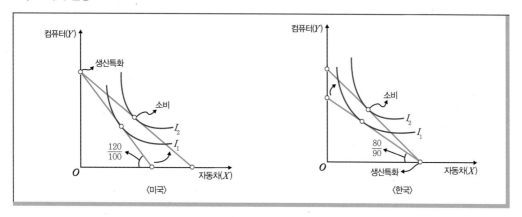

(1) **무역 이전 시(자급자족 시) 각국의 상대 가격 : 생산가능곡선의 기울기**

① 미국의 상대가격(자동차가격/컴퓨터가격)=120/100=1.2

② 한국이 상대가격(자동차가격/컴퓨터가격)=80/90=0.89

┌─ 주의 ─────────────────────────────────

위 사례에서 자동차의 기회비용(상대가격)은 (자동차가격/컴퓨터가격) 또는 (컴퓨터수량/자동차수량)으로 나타낼 수 있다. 또한 생산가능곡선의 기울기와 같다.

└──────────────────────────────────────

이때의 생산가능영역과 소비가능영역은 일치한다.

(2) 무역에 따라 이 두 국내 상대가격 사이(80/90 ~120/100)에서 두 나라 사이의 교역조건이 결정된다.

(3) 무역 이후에 각국은 비교우위가 있는 생산물 생산에 완전 특화(complete specialization)한다. 이에 따라 생산가능영역에 비해 소비가능영역이 확대되어 무역을 통해 이익을 얻을 수 있게 된다.

기회비용이 불변인 경우 : 완전특화

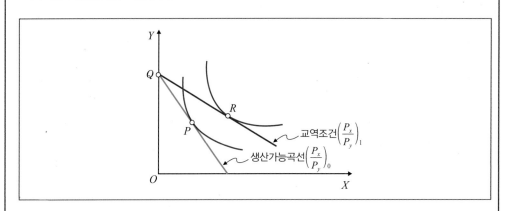

(1) 생산가능곡선
  ① 기회비용이 불변인 경우 생산가능곡선은 직선
  ② 완전경쟁시장을 가정하면 생산가능곡선의 기울기가 국내의 상대가격 $\left(\frac{P_X}{P_Y}\right)_0$
(2) 무역의 이익
  ① 먼저 무역을 하기 이전에 생산가능곡선과 사회후생함수가 P점에서 접했다면 P점에서 생산하고 소비할 것이다.
  ② 이제 교역조건이 $\left(\frac{P_X}{P_Y}\right)_1$로 주어지고, 이 가격선과 사회후생함수가 R점에서 접하면 이 나라는 Q점에서 생산하여 무역을 통해 R점에서 소비할 수 있게 되어 사회후생을 증가시키게 된다.
(3) 완전 특화 : 국내상대가격 $\left(\frac{P_X}{P_Y}\right)_0$ > 국제상대가격 $\left(\frac{P_X}{P_Y}\right)_1$ 이면 이 나라는 Y재 가격이 상대적으로 싼 것이므로, Y재 생산에 비교우위를 갖게 되고 그래프와 같이 Q점으로 완전 특화하여 Y재만 생산한다.

4) 한계
  (1) 노동가치설에 입각하여 생산요소가 노동 하나뿐이라고 가정함으로써 상품생산에 있어서 생산요소 간 대체관계가 감안되지 못했다.
  (2) 노동의 한계생산성이 일정다고 전제하여 기회비용이 일정한 생산가능곡선과 비현실적인 완전특화가 이루어진다고 가정했다.
  (3) 무역에 아무런 장애가 없음을 전제하고 있지만, 무역은 관세와 같은 많은 장벽을 뛰어넘어야 하는 것이 현실이다.

확인 TEST

A국에서는 X재 1단위 생산에 10의 비용이 필요하고 Y재 1단위 생산에 60의 비용이 필요하다. B국에서는 X재 1단위 생산에 15의 비용이 필요하고 Y재 1단위 생산에 100의 비용이 필요하다. 이 경우의 대한 서술로서 옳은 것은?

[2015, 서울시 7급]

① 두 국가 사이에서 A국은 X재 생산에 비교우위가 있고, B국은 Y재 생산에 비교우위가 있다.

② 두 국가 사이에서 A국은 Y재 생산에 비교우위가 있고, B국은 X재 생산에 비교우위가 있다.

③ 두 국가 사이에서 A국은 두 재화 모두의 생산에 비교우위가 있고, B국은 어느 재화의 생산에도 비교우위가 없다.

④ 두 국가 사이에서 A국은 어느 재화의 생산에도 비교우위가 없고, B국은 두 재화 모두의 생산에 비교우위가 있다.

해설 ▶ 주어진 조건에 따른 양국의 X재에 대한 기회비용(상대가격)을 구하면 다음과 같은 관계가 성립한다.

$$\left[\left(\frac{P_X}{P_Y}\right)_A = \left(\frac{10}{60}\right)_A = \left(\frac{1}{6}\right)_A\right] > \left[\left(\frac{P_X}{P_Y}\right)_B = \left(\frac{15}{100}\right)_B = \left(\frac{3}{20}\right)_B\right]$$

이에 따라 A국은 Y재에 대하여, B국은 X재에 대하여 비교우위를 갖게 된다.

정답 ▶ ②

확인 TEST

갑국은 두 재화 X, Y만을 생산할 수 있다. 갑국은 생산가능곡선이 직선이며, X재만 생산하면 40단위, Y재만 생산하면 20단위를 생산할 수 있다. 국제시장에서 X재와 Y재가 동일한 가격에 거래될 때, 갑국의 선택에 대한 설명으로 가장 옳은 것은? (단, 갑국은 두 재화 모두를 소비하는 것을 선호한다.)

[2019, 서울시 7급]

① X재만 생산하여 교역에 응한다.

② Y재만 생산하여 교역에 응한다.

③ X재, Y재를 모두 생산하여 교역에 응한다.

④ 교역에 응하지 않는다.

해설 ▶ • 무역을 통해 이익을 얻기 위해서는 자국의 상대가격이 국제 상대가격보다 낮은 재화를 수출해야 한다.

• 갑국의 Y재 수량으로 나타낸 X재의 상대가격$\left(\frac{Y}{X} = \frac{P_X}{P_Y}\right)$은 '$\frac{1}{2}\left(= \frac{Y}{X}\right)$'이다.

• 국제시장에서 X재와 Y재가 동일한 가격에 거래된다고 했으므로 Y재 수량으로 나타낸 X재의 국제 상대가격은 '$1\left(= \frac{P_X}{P_Y}\right)$'이다.

• 따라서 갑국은 X재를 수출하는 교역에 참여하면 이익을 얻을 수 있게 된다.

• 한편 갑국의 생산가능곡선이 직선이므로 '완전특화'가 이루어지게 되어, 갑국은 X재만을 생산하게 된다.

정답 ▶ ①

심화 TEST

다음 자료에서 자유무역 후 을국이 소비하는 A재와 B재는 각각 몇 단위인지 순서대로 쓰시오. [2020. 교원임용]

갑국과 을국에서 A재, B재 각 1단위를 생산하는 데 필요한 노동 투입 시간은 아래 표와 같다. 양국은 노동시간만을 투입하여 생산하며 가용 노동시간은 1,000시간으로 동일하다. 무역은 양국 사이에서만 자유롭게 이루어지면 거래비용은 없다. 자유 무역 후 A재와 B재는 1대 1로 교환되고 갑국이 소비하는 A재와 B재의 양은 동일하다.

〈갑국과 을국의 노동 투입 시간〉

국가 \ 재화	A재	B재
갑국	100시간	50시간
을국	20시간	40시간

분석하기

• 주어진 조건에 따른 양국의 생산가능곡선을 그림으로 나타내면 다음과 같다.

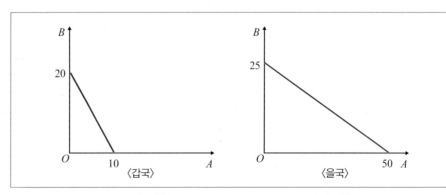

• 갑국의 A재 상대가격은 '2$\left(=\dfrac{20}{10}\right)$'이고, 을국의 A재 상대가격은 '$\dfrac{1}{2}\left(=\dfrac{25}{50}\right)$'이다. 비교우위는 상대가격이 작은 재화에 대해 성립하게 되므로 A재에 대해서는 을국이 비교우위를 갖게 되고, B재에 대해서는 갑국이 비교우위를 갖게 된다. 이에 따라 을국은 A재에 완전특화를 하여 50단위를 생산하고, 갑국은 B재에 완전특화를 하여 20단위를 생산하게 된다.

• 자유 무역 후 A재와 B재는 1대 1로 교환된다는 것은 교역조건$\left(=\dfrac{B재\ 수량}{A재\ 수량}\right)$이 '1'이라는 의미이고, 갑국이 소비하는 A재와 B재의 양은 동일하다는 것은 갑국은 생산한 B재 20단위 중 10단위를 을국이 생산한 A재 10단위와 교환하여 소비하게 된다는 의미이다. 이것은 곧 을국이 A재 50단위를 생산하여 10단위를 갑국의 B재 10단위와 교환하여 소비한다는 의미이기도 하다.

• 을국이 소비하는 A재와 B재: A재 40단위, B재 10단위

알고 보면 쉬운 경제학　무엇을 수출하고 무엇을 수입하는가?

"서울 서초동에는 변론 능력이 매우 뛰어난 정용진 변호사가 있다. 그런데 그는 변론뿐만 아니라 타이핑 실력도 뛰어나 웬만한 비서보다도 타이핑 실력이 뛰어나다고 한다. 그렇다면 과연 정용진 변호사가 일하는 변호사 사무실에는 타이핑을 전담하는 비서가 필요할까?"

리카도(D. Ricardo)는 비교우위원리(the principles of comparative advantage)를 통하여 한 국가가 두 재화 모두에서 생산조건이 유리한 절대우위(the absolute advantage)를 갖고, 다른 국가가 두 재화 모두에서 생산조건이 불리한 절대열위를 갖는 경우에도 각국이 비교우위를 갖는 재화에 전문화(완전특화)하여 일정한 교역조건으로 생산·교환하면 양국 모두에게 이익을 가져다줄 수 있다고 설명한다. 여기서 비교우위란 '생산조건이 둘 다 유리해도 더 유리한 것, 둘 다 불리해도 덜 불리한 것'을 의미한다. 이러한 비교우위를 설명해주는 개념이 바로 기회비용이다.

이제 구체적인 사례를 통하여 비교우위 개념을 살펴보자. 다음은 갑국과 을국의 밀과 쌀의 생산가능곡선이다. 단, 투하되는 생산요소는 노동뿐이고, 부존 노동량이 동일하다고 가정하자.

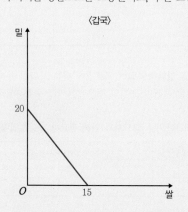

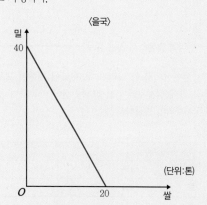

위 그림에 따르면 을국은 갑국에 비해 쌀과 밀 모두 더 많이 생산할 수 있으므로 두 재화 모두에서 절대우위를 가지고 있다. 이제 양국의 비교우위 상품을 정해보자. 위 그림을 기초로 각국의 쌀과 밀의 기회비용(상대가격)을 구하면 다음 표와 같이 나타낼 수 있다.

구분	쌀 1톤 생산의 기회비용(상대가격)	밀 1톤 생산의 기회비용(상대가격)
갑국	밀 $\frac{20}{15}\left(=\frac{4}{3}\right)$톤	쌀 $\frac{15}{20}\left(=\frac{3}{4}\right)$톤
을국	밀 $\frac{40}{20}(=2)$톤	쌀 $\frac{20}{40}\left(=\frac{1}{2}\right)$톤

어떤 경제적 선택을 할 때에는 기회비용이 작은 것이 경제적이다. 위 표에 따르면 쌀 1톤의 생산을 위한 희생(기회비용)이 작은 나라는 갑국이므로, 갑국은 쌀 생산에 비교우위가 있다. 한편 밀 1톤의 생산을 위한 희생(기회비용)이 작은 나라는 을국이므로, 을국은 밀 생산에 비교우위를 갖게 된다. 이에 따라 갑국은 쌀에 대해서, 을국은 밀에 대해서 완전특화를 통한 생산을 하게 된다. 여기서 완전특화란 비교우위 상품만을 생산한다는 의미이다.

그렇다면 이제는 교역조건(terms of trade)을 알아보자. 양국 모두에게 이익을 가져다주는 교역조건은 얼마인가? 예를 들어 갑국은 무역을 하기 전에 쌀 1톤을 생산하기 위해서는 밀을 $\frac{4}{3}$톤을 포기해야 한다. 이것은 갑국에서 쌀 1톤의 가치는 밀 $\frac{4}{3}$톤에 해당한다는 것이고, 그만큼의 밀과 교환될 수 있다는 의미이다. 따라서 무역을 통해서 국내에서의 거래보다 이익을 얻기 위해서는 최소한 쌀 1톤과 $\frac{4}{3}$톤보다 더 많은 밀과 교환되어야 한다. 또한 을국은 무역을 하기 전에 쌀 1톤을 생산하기 위해서는 밀을 2톤을 포기해야 한다. 이것은 을국에서 쌀 1톤의 가치는 밀 2톤에 해당한다는 것이고, 이는 곧 쌀 1톤을 얻기 위해서는 밀 2톤을 제공해야 한다는 것이다. 따라서 무역을 통해서 국내에서의 거래보다 이익을 얻기 위해서는 쌀 1톤을 얻기 위해서 2톤보다 적은 밀을 제공할 수 있어야 한다. 결국 양국 모두에게 무역을 통한 이익이 발생하기 위해서는 쌀 1톤이 밀 $\frac{4}{3}$톤보다 크고 2톤보다는 작게 교환되어야 하는 것이다 ($\frac{4}{3}$톤 $< \frac{밀}{쌀} < 2$톤).

이제 앞에서 제기한 문제는 쉬운 문제가 되었을 것이다. 정용진 변호사는 변론과 타이핑 모두를 비서보다 잘하지만 그래도 상대적으로 더 잘하는 것은 변론이므로 변론만 해야 하는 것이 합리적이다. 왜냐하면 정 변호사가 타이핑을 한다는 것은 자신의 월등한 변론업무를 포기함을 의미하기 때문이다. 즉 기회비용이 매우 크기 때문인 것이다. 당연히 비서는 변론과 타이핑 모두 변호사보다 잘하지 못하지만 그래도 상대적으로 덜 못하는(즉, 상대적으로 더 잘하는) 타이핑만 해야 하는 것이다.

무역이 발생하지 않는 경우

일반적으로 한 나라가 두 재화에 대해서 모두 절대우위를 갖고 있다하여도 비교우위에 따른 특화를 통해 양국 간에 국제무역이 발생하는 것이 가능하다. 그러나 다음과 같은 생산비 조건의 경우에는 비교우위론에 따른 국제무역이 발생하지 않는다.

(각 수치는 재화 1단위를 생산하기 위해 필요한 노동투입량)

	휴대폰(X재)	MP3(Y재)
A국	1	2
B국	2	4

위와 같은 경우에는 A국이 X재, Y재 모두에 있어 절대우위를 갖고 있지만, 두 재화의 상대가격(P_X/P_Y)이 모두 0.5가 되어 어떤 재화에 대해서도 비교우위를 정할 수 없다. 이에 따라 양국 간에는 서로에게 이익을 가져다주는 무역이 발생하지 않는 것이다.

국제무역에 관한 그릇된 견해와 비교우위론

1. 국제 경쟁에서 이길 수 있는 국가만이 국제무역으로부터 이득을 얻을 수 있다는 오해가 있다. 이것은 수출경쟁은 절대우위 제품만 가능하다는 논리적 함정에 빠진 사례인데 비교우위론은 이 주장의 오류를 명확하게 지적하고 있다.
2. 생산성이나 임금만으로 경쟁력을 판단하는 오류를 범하는 경우가 있다. 그러나 선진국에서는 생산성이 높아 임금이 높은 것이므로, 비록 고임금이어도 생산단가가 낮기 때문에 저임금의 후진국과 경쟁할 수 있게 된다. 또한 후진국은 생산성은 낮지만 임금도 저렴해서 역시 생산단가가 낮기 때문에 생산성이 높은 선진국과 경쟁할 수 있다는 것을 비교우위론은 보여 주고 있다.
3. 교역조건이 1:1이면 단위당 노동을 상대적으로 많이 투입한 후진국 수출품 1 단위와 그보다 적게 노동을 투입한 선진국 생산품 1 단위를 맞교환하면 상대적으로 손실을 본다는 오해가 있다. 그런데 비교우위론에 의하면 무역이득을 가능하는 기준은 수출품과 수입품의 노동투입량이 아니라, 수출품의 노동투입량과 수입품을 '국내'에서 생산하고자 할 때 투입하는 노동량을 비교해야 할 것임을 알려준다.

❸ 비교우위와 화폐가격

1) 의의

(1) 기존의 비교우위 이론은 상품을 마치 물물교환 하는 것처럼 논리를 전개하였다. 그런데 현실 경제는 분명히 화폐 교환경제이며, 일반적으로 경제주체들은 상품을 지불하고 재화를 구입한다.

(2) 국제무역은 달러 등의 외화로 표시된 화폐가격에 따라 이루어지는 것이지 다른 상품 수량으로 표시된 상대가격에 따라 이루어지는 것이 아니다.

2) 사례

> 단위 노동 투입량

상품 \ 국가	한국	미국
휴대폰(X)	1인	4인
컴퓨터(Y)	2인	6인

> 무역 이전 국내가격(한국의 임금이 1인당 10만 원, 미국의 임금이 1인당 40달러인 경우)

상품 \ 국가	한국	미국
휴대폰(X)	10만 원	160$
컴퓨터(Y)	20만 원	240$

(1) **교환이 가능한 환율의 변동 범위(양국의 임금이 불변인 경우)**

① 국제시장에서 무역이 이루어지기 위해서는 무역업자들이 양국 상품의 가격을 비교해 보기 위해 달러가격 또는 원화가격으로 전환해 보아야 한다.

② W/$ 환율=1,000인 경우: 한국의 휴대폰 가격은 단위당 100$가 되고, 컴퓨터 가격은 단위당 200$가 된다. 이 경우 두 상품 모두 한국이 미국보다 낮기 때문에 미국에서는 두 상품 모두를 수입만 하려 할 것이므로 외환시장에서 $공급이 증가하여 환율이 하락한다.

③ W/$ 환율=833 이하인 경우: W/$ 환율=833이면 한국의 휴대폰 가격은 단위당 120$가 되고, 컴퓨터 가격은 240$가 된다. 이에 따라 W/$ 환율=833 이하가 되면, 한국의 컴퓨터 가격이 미국보다 높게 되어 한국이 휴대폰을 수출하고 컴퓨터를 수입하는 양국 간의 교환이 시작된다.

④ W/$ 환율=625 이하인 경우: W/$ 환율=625이면 한국의 휴대폰 가격은 160$가 되고 컴퓨터 가격은 320$가 된다. 이에 따라 W/$ 환율=625 이하가 되면 한국의 휴대폰 가격도 미국보다 높게 되어 한국은 두 상품을 모두 수입하려고 할 것이기 때문에 외환시장에서 $ 수요가 증가하여 환율은 상승하게 된다.

⑤ 결과적으로 양국의 임금이 불변인 경우 장기적으로 양국 간에 교환이 이루어질 수 있는 환율의 변동 범위는 833W/\$~625W/\$이 된다. 이와 같은 결과는 비록 양국 간의 생산성 격차로 무역이 발생하지 않을 상황에서도 정책적으로 환율 조정을 통해 무역이 이루어질 수 있다는 것을 보여준다.

⑵ 교환이 가능한 임금수준의 변동범위(환율이 W/\$ 환율=1,000으로 일정한 경우)

① 한국의 임금이 120,000원보다 낮다면 한국의 휴대폰 가격은 120\$보다 낮고, 컴퓨터 가격은 240\$보다 낮게 되어 한국은 두 상품 모두를 수출하려고 하므로 양국 간에는 교환이 이루어지지 않는다.

② 한국의 임금이 160,000원보다 높다면 한국의 휴대폰 가격은 160\$보다 높고, 컴퓨터 가격은 320\$보다 높게 되어 한국은 두 상품 모두를 수입하려고 하므로 양국 간에는 교환이 이루어지지 않는다.

③ 결과적으로 환율이 일정한 경우 장기적으로 양국 간에 교환이 이루어질 수 있는 임금 수준의 변동 범위는 120,000원~160,000원이 된다. 이와 같은 결과는 비록 한 나라가 다른 나라에 비해 모든 상품 가격이 높아 교환이 이루어지지 않을 경우 임금이 하향 조정되면 교환이 이루어질 수 있다는 것을 보여준다.

3) 시사점

⑴ 한 산업이 외국과의 경쟁에서 우위를 갖느냐 여부는 외국과의 생산성 차이뿐만이 아니라 환율이나 상대적 임금 차이에 따라서도 결정된다는 매우 중요한 정책적 함의를 제공한다.

⑵ 일반적으로 임금 수준은 하방 경직적이고, 임금을 인하하려는 정책은 노동계의 저항을 가져오기 때문에 현실적으로는 환율(인상)조정으로 상품수지 적자 문제를 해소하려는 경향이 더 많다.

┌───

위대한 경제학자 : David Ricardo

① 배경

A. Smith의 국부론이 발표된 이후 40여년 동안 영국은 두 개의 대립하는 집단으로 나뉘어졌다. 첫 번째 집단은 공장을 운영하는 신흥 자본가들이었고, 두 번째 집단은 부유하고, 강력한 대지주 계급이었다. 신흥 자본가들은 항상 곡물의 가격이 너무 비싸다고 주장했기 때문에 서로 마찰이 있었다. 실제로 당시 영국은 인구 증가로 소맥의 가격이 기존의 4배로 치솟았다고 한다.

곡물가격이 치솟자 상인들은 외국에서 밀과 옥수수를 구입하여 영국으로 들여왔는데, 의회를 지배하고 있던 대지주 계급은 곡물법을 입법화하였다.

한편 신흥자본가들이 곡물가격에 민감하게 반응하는 것은 그들이 노동자에게 지불해야할 금액은 대체로 식료품 가격에 의해 결정되었기 때문이었다. 곡물가격이 어떻게 되든 노동자로서는 곡물가격에 상관없이 양식을 구입할 만큼 임금을 지급받게 되는 것이다. 어쨌든 이후 곡물법이 폐지되고 값싼 곡물이 영국으로 들어오기까지는 30년이 소요되었다.

이러한 역사적 상황 속에서 D. Ricardo는 신흥 자본가의 편을 들어 곡물법 폐지를 주장하게 되었다.

② 비교 우위론

Ricardo는 어느 한나라의 상품 전체가 다른 나라보다 효율적으로 생산되고 있더라도 상대적으로 비교우위가 있으면 무역이 발생할 수 있다고 보았다. 이는 A. Smith의 절대우위론과 비교될 수 있는데 무역상대국의 생산능력이나 기술과 관계없이 자유무역은 두 나라 모두에게 이로운 것이다. 절대 우위는 국가 간 비교개념이지만 비교우위(포기되어야 하는 기회비용이 더 적은 분야)는 한 국가 내 산업끼리 비교한 개념이기 때문에 절대우위 산업이 하나도 없는 국가라 할지라도 비교우위 산업은 있기 마련이다. 각국은 비교우위 산업에 특화해야 한다는 것이 Ricardo의 주장이다.

③ 차액 지대론

Ricardo는 지대를 원초적으로 파괴될 수 없는 지력의 사용에 대해 지주에게 지불되는 토지 생산물의 일정 부분으로 정의했다. 그는 지대가 발생하는 이유를 경작되는 토지의 비옥도에서 찾았다. 즉, 비옥한 토지(우등지)와 그렇지 못한 토지(열등지)에서의 생산성 차이에 의해 결정된다는 것이다.

인구가 증가함에 따라서 곡물에 대한 수요가 늘어나게 되고, 그러면 더 많은 경작지가 필요하게 된다. 이에 따라 점점 더 비옥하지 않은 토지에서 농사를 지을 수밖에 없게 되고, 토지가 비옥하지 않기 때문에 더 많은 노동력을 필요로 한다. 즉, 한 단위 곡물 생산에 투하된 노동력이 증가하게 됨에 따라 곡물가격이 상승하고 열등지와 우등지간의 생산물 차이가 지대로 된다는 것이다. 즉, 곡물 가격이 결정되면 그 차액이 지대로 된다는 것이다.

그의 생각에는 사회가 발전하고 인구가 증가함에 따라 곡물에 대한 수요가 증가하고, 곡물 가격이 오름에 따라 척박한 토지를 다시 개간하면 새로운 우등지가 나타나는 현상이 반복됨에 따라 토지가 가진 지력에 대한 보상인 지대는 생산에 기여하지도 않는 지주가 이윤의 일부를 착취(불로소득)해가고 있다고 부정적으로 파악한 것이다.

└───

헥셔-올린의 정리와 현대무역이론

❶ 헥셔-올린의 정리(E. Heckscher-B. Ohlin theorem)

1) 의의

(1) 등장배경

① 리카도의 비교우위론에 의하면 각국은 상품생산에 투입된 노동력이 상대적으로 적은 상품에 비교우위를 가진다. 그런데 리카도는 각국의 노동투입량(생산비)에 차이가 있기 때문에 무역이 발생함을 설명하면서도 그 차이가 나는 이유는 설명하지 않았다. 또한 자본투입량의 차이가 생산비에 미치는 영향도 고려하지 않았다.

② 스웨덴의 경제학자 헥셔(E. Heckscher)와 올린(B. Ohlin)은 장기 생산함수를 토대로 새로운 무역이론을 제시하였다. 이들에 따르면 각국은 상대적으로 풍부한 생산요소를 집약적으로 투입해서 생산한 상품에 비교우위를 갖는다.

(2) 기본가정

① 2국 2재화 2생산요소 모형을 가정한다.

② 양국 간 생산요소의 이동은 불가능하다.

③ 양국의 생산기술은 같으며 생산함수는 동일한 1차 동차 생산함수이다. 즉 두 나라의 요소가격이 동일하다면 같은 비율로 생산요소를 투입하여 제품을 생산한다.

④ 규모에 대한 보수는 불변이다.

⑤ 양 국의 요소부존도에 차이가 존재한다. 이때 양 국의 요소 사이에는 질적인 차이가 존재하지 않는다.

⑥ 각 제품의 요소 집약도, 즉 요소투입비율은 서로 다르다. ⇒ 항상 한 제품은 상대적으로 노동을 더 많이 투입하는 노동집약적 상품이고 다른 상품은 상대적으로 자본을 더 많이 투입하는 자본집약적 상품이다.

┌─ 요소집약도의 역전 ─────────────────────────────
│ 요소 간의 대체가 용이하며 생산이 최적상태에 있을 때 이자율이 상승하면 자본집약적 상품생산이 노동집약적
│ 상품생산으로 전환될 수도 있다.
└──

⑦ 양국의 사회후생함수는 동일하여 양국의 소비자는 소비구조에 있어서 근본적인 차이를 보이지 않는다. ⇒ 두 나라의 소득이 비슷하고 상대가격이 비슷하다면, 비슷한 비율로 제품을 소비할 것임을 뜻한다.

⑧ 모든 시장은 완전경쟁시장이고 무역에 있어서 운송비는 발생하지 않는다.

2) 내용

(1) 부분특화

① 각국은 상대적으로 풍부한 생산요소를 집약적으로 투입해서 생산한 상품에 비교우위
② 노동이 상대적으로 풍부한 국가는 노동집약적인 재화를 특화(부분적인 특화) 생산해서 수출하고, 자본이 상대적으로 풍부한 국가는 자본집약적인 재화를 특화(부분적인 특화) 생산해서 수출

Q&A

X, Y 두 재화를 생산하는 데 필요한 생산요소 투입량과 A, B 두 국가의 생산요소 부존량이 다음 표와 같을 때 각 재화의 요소집약도, 각 국의 요소부존도, 각국의 비교우위 상품을 구하면?

	필요 투입량		요소 부존량	
	X재	Y재	A국	B국
노동(L)	1인	2인	200인	100인
자본(K)	2단위	3단위	400단위	300단위

Solution

- 요소 집약도 : $\left(\dfrac{K}{L}\right)_X = \left(\dfrac{2}{1}\right)_X = 2 > \left(\dfrac{K}{L}\right)_Y = \left(\dfrac{3}{2}\right)_Y = 1.5 \Rightarrow X$: 자본집약재, Y : 노동집약재

- 요소 부존도 : $\left(\dfrac{K}{L}\right)_A = \left(\dfrac{400}{200}\right)_A = 2 < \left(\dfrac{K}{L}\right)_B = \left(\dfrac{300}{100}\right)_B = 3 \Rightarrow A$: 노동풍부국, B : 자본풍부국

- 비교우위 : X재 비교우위(B국), Y재 비교우위(A국)

③ 도해적 설명

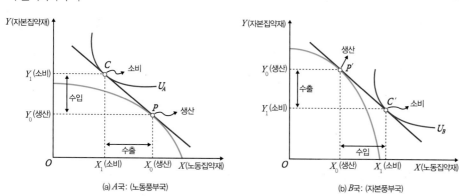

— 부분특화와 무역 —

(a) A국 : (노동풍부국)

(b) B국 : (자본풍부국)

(a) 노동풍부국인 A국은 P점에서 생산하여 X_0X_1만큼 수출하고, Y_0Y_1만큼을 수입하여 C점에서 소비함으로써 U_A만큼의 사회적 후생을 얻게 된다.

(b) 자본풍부국인 B국은 P′점에서 생산하여 X_0X_1만큼 수입하고, Y_0Y_1만큼을 수출하여 C′점에서 소비함으로써 U_B만큼의 사회적 후생을 얻게 된다.

확인 TEST

갑국과 을국으로 이루어진 세계경제가 있다. 생산요소는 노동과 자본이 있는데, 갑국은 노동 200단위와 자본 60단위, 을국은 노동 800단위와 자본 140단위를 보유하고 있다. 양국은 두 재화 X와 Y를 생산할 수 있는데, X는 노동집약적 재화이고 Y는 자본집약적 재화이다. 헥셔-올린 모형에 따를 때 예상되는 무역 패턴은?(단, 노동과 자본은 양국에서 모두 동질적이다.)

[2018. 국가직 7급]

① 갑국은 Y를 수출하고, 을국은 X를 수출한다.
② 갑국은 X를 수출하고, 을국은 Y를 수출한다.
③ 갑국과 을국은 X와 Y를 모두 생산하며, 그중 일부를 무역으로 교환한다.
④ 갑국과 을국은 X와 Y를 모두 생산하며, 각자 자급자족한다.

해설 ▸
- 헥셔-올린 모형에 따르면 '상대적으로 풍부한 부존자원'을 '집약적으로 투입하는 상품'을 수출하게 된다.
- 주어진 표를 전제로 각국에서의 자본-노동비율로 나타낸 요소부존도$\left(\dfrac{\text{자본 부존량}(K)}{\text{노동 부존량}(L)}\right)$를 구하면 다음과 같다.

	노동 부존량	자본 부존량	요소부존도$\left(\dfrac{\text{자본 부존량}(K)}{\text{노동 부존량}(L)}\right)$	분류
갑국	200	60	$\dfrac{60}{200}=\dfrac{3}{10}=0.3$	자본 풍부국
을국	800	140	$\dfrac{140}{800}=\dfrac{7}{40}≒0.175$	노동풍부국

- 갑국은 을국에 비해 자본이 상대적으로 풍부한(비록 자본 절대량이 을국에 비해 작지만) 자본 풍부국이 분류되고, 을국은 갑국에 비해 노동이 상대적으로 풍부한(노동 절대량이 갑국에 비해 많으면서도) 노동 풍부국으로 분류된다.
- 갑국은 자본 집약재인 Y재를 수출하고, 을국은 노동 집약재인 X재를 수출하는 무역이 이루어지게 된다.

정답 ▸ ①

(2) 요소가격 균등화 정리(factor-price equalization theorem)

① 생산요소가 국가 간에 이동하지 않아도 무역을 통하여 마치 자유롭게 이동하는 것처럼 각 요소의 상대가격은 물론 절대가격까지 국제적으로 균등화된다.

② 국가 간 요소부존도의 차이가 매우 커서 한 나라가 재화생산에 완전특화하거나, 국가 간 생산요소의 상대가격이 지나치게 차이가 나거나, 산업 간 요소대체성의 차이가 커서 요소집약도의 역전이 일어나는 경우에는 요소가격 균등화가 성립하지 않는다.

요소가격 균등화 정리의 불성립 요인

요소가격 균등화 정리는 생산요소의 상대가격(w/r)이 상승 또는 하락해도 두 산업의 요소집약도, 즉 X재는 노동집약적 제품, Y재는 자본집약적 상품이라는 처음의 출발 가정은 변함이 없다는 전제 하에서 성립한다. 그런데 생산요소의 상대가격이 일정수준에 이를 때까지는 그것이 지켜지다가 생산요소의 상대가격이 그 이상으로 상승하면 오히려 X재가 자본집약적, Y재가 노동집약적 상품으로 바뀌게 되는 요소집약도의 역전 상황이 발생하게 된다. 이러한 경우에는 요소가격 균등화 정리가 성립하지 않게 된다.

3) 무역(개방)의 이익

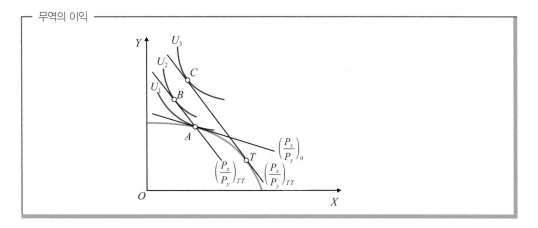

무역의 이익

(1) 무역 전·후의 생산과 소비

① 자급자족 경제에서는 A점에서 생산·소비가 이루어지고 이때의 효용수준은 U_1이다.

② 자유무역이 이루어지면 T점에서 생산이 이루어지게 되고 소비는 C점에서 이루어지며 이때의 효용수준은 U_3가 된다.

(2) 교환의 이익

① 교환의 이익이란 교역 당사국 간에 자급자족 아래에서의 생산유형의 변화 없이 상품의 상대가격의 차이에 따른 국가 간 자유로운 교환만을 허용함으로써 발생하는 이익을 말한다. 즉, 양국의 소비자들이 느끼는 상품의 상대적 가치(상대가격)들이 다르기 때문에 상품의 교환을 통해 서로 간에 이익을 가져올 수 있다.

② 자급자족 아래에서의 생산결정을 바꾸지 않고(즉, 생산점은 그대로 A점), 다만 국제상대가격 $\left(\frac{P_x}{P_y}\right)_{TT}$의 조건하에서 자유무역을 통한 교환을 통하여 소비배합을 바꾸어 더 높은 효용수준 (U_2)을 얻게 된다. 이것은 교역을 통해 상대가격이 변화하는 것으로부터 얻어지는 교환의 이익$(U_2 - U_1)$인 것이다.

(3) 특화의 이익

① 자유무역을 하게 되면 특화를 통하여 각 국은 더 이상 자급자족 아래에서의 생산유형과 같은 생산결정을 내리지 않는다. 각 국은 자국의 생산가능곡선 상에서 이동하면서 자국의 생산결정을 새롭게 하게 되는데, 그 결정은 자국의 비교우위가 있는 재화의 생산을 늘리고, 비교 열위가 있는 재화의 생산을 줄여가는 것이 될 것이다.

② 자유무역의 발생으로 생산점이 A점에서 T점으로 이동하게 된다. 그 결과 국제상대가격 $\left(\frac{P_x}{P_y}\right)_{TT}$가 가져오는 소비가능영역의 확대로 인하여 소비자들의 소비점은 자급자족일 때의 소비점 A점에서 자유무역하의 소비점 C로 이동하게 된다.

③ 새로운 소비점은 U_3의 효용수준을 갖게 되고 교환의 이익$(U_2 - U_1)$을 제외한 부분인 $(U_3 - U_2)$이 특화로부터 오는 이익이다.

I. 경제학 일반론

II. 미시경제학

III. 거시경제학

IV. 국제경제학

┌─ 리카도와 헥셔-올린의 비교 ─────────────────────────────┐

구분	리카도(고전학파)	헥셔-올린(신고전학파)
생산요소	1 생산요소 : 노동	2 생산요소 : 자본과 노동
기술수준	상이한 기술수준	동일한 기술수준
요소부존도	요소부존도 개념이 없음	상이한 요소부존도
비교우위 발생요인	노동생산성의 차이	요소부존도의 차이
수출상품의 기준	비교우위 상품	상대적으로 풍부한 생산요소를 집약적으로 투입하는 상품

└──────────────────────────────────────┘

4) 헥셔-올린의 정리와 스톨퍼-사무엘슨 정리(Stolper-Samuelson theorem)

(1) 의미

① 헥셔-올린의 정리에 따르면 요소가격의 절대가격도 균등화되는데, 이것은 비교우위에 따른 자유무역을 하게 되면 임금수준이 국제적으로 평준화된다는 것을 시사한다.

② 스톨퍼와 사무엘슨은 1941년 '보호무역과 실질임금'에서 미국 노동자의 실질임금수준이 저임금국가와의 자유무역으로 인하여 점진적으로 하락했다고 주장했다. 즉 미국은 자본집약재에 특화하고 노동집약재의 생산은 감소하게 되어 자본의 가격은 상승한 반면, 노동의 가격은 하락했다는 것이다. 이러한 주장은 필연적으로 노동자의 실질임금 하락을 방지하기 위한 관세의 필요성으로 연결되었다.

(2) (수입)관세 부과에 따른 상대가격 변화의 효과

① 자본집약재인 X재를 수출하고 있는 자본풍부국에서 노동집약재(Y)에 대해 수입관세를 부과하게 되면 국내에서 판매되는 수입품의 국내 상대가격$\left(\dfrac{P_Y}{P_X}\right)$이 상승하게 되어 수입품인 Y재의 생산이 증가하고, 반대로 수출재인 X재의 생산이 감소하게 된다.

② 노동집약재인 Y재의 생산을 증가시키는 과정에서 노동에 대한 수요가 증가하게 되고, 이에 따라 자본풍부국에서 상대적으로 희소한 노동의 실질임금이 상승하게 되는 것이다.

③ 결국 스톨퍼-사무엘슨 정리는 관세 부과 등으로 인해 수입 상품의 상대가격이 상승하게 되면, 수입 상품 생산에 집약적으로 투입된 상대적으로 희소한 부존자원의 수익(또는 소득)이 증가하는 것으로 요약할 수 있다.

┌──────────────────────────────────────┐
수입관세부과 ⇒ 수입품의 상대가격↑ ⇒ 수입품(그 나라에 상대적으로 부족한 생산요소를 집약적으로 사용하는 상품)에 집약적으로 사용되는 생산요소가격↑ ⇒ 그 나라에 상대적으로 풍부한 생산요소가격↓
└──────────────────────────────────────┘

(3) 전개 : 자본풍부국에서 노동집약재인 수입품에 대해 관세를 부과하면 노동의 실질임금이 상승

하게 되고, 이에 따라 일반적으로 자본풍부국인 선진공업국의 노동조합은 노동집약재인 수입품에 대한 수입 관세 부과에 대해 지지의 목소리를 높이게 된다.

확인 TEST

A국은 자본이 상대적으로 풍부하고 B국은 노동이 상대적으로 풍부하다. 양국 간의 상품이동이 완전히 자유로워지고 양 국가가 부분 특화하는 경우, 헥셔–올린(Hecksher-Ohlin) 모형과 스톨퍼–새뮤엘슨(Stolper-Samuelson) 정리에서의 결과와 부합하는 것을 모두 고른 것은?   [2012, 감정평가사]

> ㉠ 두 국가의 자본가격은 같아진다.
> ㉡ B국 자본가의 실질소득이 증가한다.
> ㉢ A국 노동자의 실질소득이 감소하는 반면, B국 노동자의 실질소득은 증가한다.

① ㉠
② ㉠, ㉡
③ ㉠, ㉢
④ ㉡, ㉢

해설
- 헥셔–올린 정리에 따르면 상대적으로 풍부한 생산요소를 집약적으로 투입해서 생산하는 상품에 비교우위를 갖게 된다. 따라서 A국은 자본 집약재, B국은 노동 집약재에 대해 비교우위를 갖고 각각 수출하게 된다.
- 양국 사이에 무역이 계속 이루어짐에 따라 양국의 생산요소 가격은 상대적으로나 절대적으로나 균등해진다(요소가격 균등화 정리). 그 결과 양국의 자본가격은 같아진다(㉠).
- 스톨퍼–사무엘슨 정리에 따르면 한 재화의 상대가격의 상승은 그 재화에 대해 집약적으로 사용되는 생산요소 가격을 재화 가격 상승에 비해 더 높게 상승시키고, 다른 생산요소 가격은 절대적으로 하락시킨다. 이에 따라 A국에서는 노동자의 실질소득이 감소하고 자본가의 실질소득은 증가하며, 반대로 B국에서는 노동자의 실질소득이 증가하고 자본가의 실질소득이 감소하게 된다(㉡, ㉢).

정답 ③

요소가격 변화의 확대효과(the magnification effects)

생산요소의 가격 변화가 재화의 가격 변화와 같은 방향으로, 그리고 재화의 가격변화보다 더 크게 변하는 현상을 말한다. 즉 재화의 가격이 변할 때 생산요소의 가격은 더욱 큰 폭으로 변하는 현상을 의미한다.

---

5) 레온티에프 역설(Leontief paradox)

(1) 내용

① 레온티에프는 투입산출표(input-output table)를 이용하여 미국의 수출재와 수입재 생산에 직접·간접으로 이용된 자본–노동비율을 측정

② 헥셔–올린의 정리와는 반대로 자본이 상대적으로 풍부한 미국이 자본집약적인 재화를 수입하고, 노동집약적인 재화를 수출하는 결과 ⇒ "레온티에프 역설"

(2) 헥셔-올린의 정리와 레온티에프 검증결과 간의 불일치를 설명하려는 시도

① **생산요소의 이질성(W. Leontief)**: 미국은 노동생산성이 다른 나라에 비해 훨씬 높으며 따라서 노동생산성의 차이를 감안하면 미국은 상대적으로 노동이 풍부한 나라이다.

② **미국의 천연자원부족(J. Vanek)**: 미국은 자원이 부족해서 자원집약적 재화를 수입하게 되는데 자원집약적인 재화는 자본집약적이어서 미국이 자본집약적인 재화를 수입하는 것처럼 보인다.

③ **인적 자본(P. Kenen)**: 수출재 산업과 수입경쟁재 산업에 투입된 자본액을 물적 자본뿐만 아니라 인적 자본(교육, 훈련 등)을 포함하여 구하면 수출산업에 투입된 자본액이 다소 커서 레온티에프역설을 부정한다.

> **인적 자본과 레온티에프 역설**
>
> 인적 자본 가설은 레온티에프가 노동이라는 생산요소를 단일요소로 통합하여 취급한 것을 비판한다. 즉 한 경제에서 모든 노동자들이 동질인 것이 아니라는 것이다. 경제학에서는 교육, 기술 등이 인간에 체화될 때 이를 인적 자본이라고 한다. 그런데 미국은 기술풍부국이기 때문에 인적 자본이 체화된 제품을 수출하는 셈이라는 것이다. 즉 레온티에프가 제시한 미국의 노동집약적 상품은 사실은 '인간' 자본집약적 제품이라는 것이다. 결국 인적 자본을 고려하면 레온티에프가 제시한 것은 역설이 아닌 것이다.

④ **소비의 편향성**: 한 나라의 선호가 자국에 풍부한 부존자원을 집약적으로 사용하는 재화에 지나치게 편향되어, 그 재화의 상대가격이 오히려 국제가격보다 높으면 수입하게 될 수도 있다는 것이다. 이러한 경우를 '수요의 반전(demand reversal)'이라고 한다.

⑤ **요소집약도의 반전(factor intensity reversal)**: 요소가격비가 일정 수준에 이르기까지 자본집약적이지만, 요소가격비가 그 이상으로 상승하면 같은 재화가 노동집약적 제품으로 바뀔 수 있다는 것이다.

❷ 현대 무역 이론

1) 산업 간 무역과 산업무역 : 신 무역이론(P. Krugman, K. Lancaster)

(1) 의미

① **산업 간 무역(inter-industry trade)**

ⓐ 상이한 산업인 A국의 X재 산업과 B국의 Y재 산업 사이에 생기는 무역을 말하는데 이는 일반적인 비교우위이론에서 잘 설명되어진다.

ⓑ 산업간 무역은 주로 선진국과 개도국 사이에서 일어난다.

② **산업 내 무역(intra-industry trade)**

ⓐ 각국의 생산자들은 자국 내의 '다수(majority)'의 기호에 맞춰 상품을 생산한다. 이에 따라 '소수(minority)'의 기호를 충족시키기 위해서는 수입을 하는 것이 보다 효율적이 되어 산업 내 무역이 발생하게 된다.

ⓑ 동일한 산업인 A국의 *X*재 산업과 B국의 *X*재 산업사이에서 생기는 무역을 말하며, 오히려 현실에서는 이러한 산업내 무역이 산업간 무역보다 훨씬 그 규모가 크다.

ⓒ 각 국의 기업들은 단위당 생산비용을 낮추어 규모의 경제를 실현하기 위하여 이질적인 상품에 대해서는 다른 국가로부터 수입하게 된다. 이에 따라 상품차별(product differentiation)과 규모의 경제(economy of scale)가 상호 밀접한 관계에 놓이게 된다.

구분	산업 간 무역	산업 내 무역
개념	서로 다른 산업 간에 생산되는 재화의 수출과 수입(수직적 특화)	동일한 산업내의 수출과 수입(수평적 특화)
발생원인	비교우위, 부존자원 차이	규모의 경제, 독점적 경쟁, 상품차별
발생국가	경제발전정도가 상이한 국가	경제발전정도가 비슷한 국가
예	우리가 중국에 휴대폰을 수출하고 마늘을 수입	우리가 미국에 소형차를 수출하고 대형차를 수입
특징	• 산업구조조정 비용으로 산업 간 소득 재분배가 발생하여 저항이 크게 대두 • 국가 간 분쟁소지 많음 • 상대가격이 변화하여 무역이익 발생	• 주로 제조업 분야에서 발생 • 국가 간 분쟁소지 작음 • 시장 확대로 재화가격이 하락하여 무역이익 발생

⑵ 크루그만(P. Krugman)의 설명

① 위와 같은 현실을 비교우위가 아닌 규모의 경제로 설명한다. 비교우위이론이 수확체감의 법칙과 완전경쟁시장을 가정하는 데 비해 신무역이론은 규모의 경제와 불완전경쟁시장을 가정하고 있다.

② 특정 산업부문에서 국가마다 독점 등에 의해 불완전경쟁이 존재하기 때문에 자유무역정책이 반드시 최선의 정책이 되지는 않는다. 특히, 하이테크 산업 부문은 대규모의 *R&D*와 투자가 필요하기 때문에 과점이 존재하기 때문이다. 따라서 이들 산업부문에 있어서는 정부의 보조금 지급과 같은 지원책이 있어야 만 외국 기업들과 경쟁할 수 있고, 이러한 산업에서 자유무역정책을 무역정책의 목표로 삼기는 어렵다는 것이 신무역이론의 핵심이다.

③ 신무역이론은 비교우위 개념에 의존하지 않기 때문에 어느 나라가 어느 품목에 특화할 지 사전에 예측할 수 없다.

헥셔-올린의 정리와 산업 내 무역 비교

1. 헥셔-올린 모형이 노동, 자본, 천연자원, 기술 등의 요소부존이 서로 다른 국가 사이에서의 무역이 나타나는 것을 설명하는 반면에, 산업 내 무역은 서로 비슷한 경제 규모와 요소부존을 갖고있는 국가 사이일수록 무역의 규모가 크게 나타나고 있는 현실을 설명한다.
2. 헥셔-올린 모형에서는 한 국가에서 상대적으로 부족한 부존자원에 대한 수익이 감소한다고 설명하는 데 반하여, 산업 내 무역에서는 규모의 경제에 근거하여 모든 부존자원에 대해서 수익 증가가 가능하다고 설명한다.

확인 TEST

A국과 B국의 독점적 경쟁시장에서 생산되는 자동차를 고려하자. 두 국가 간 자동차 무역에 대한 다음 설명 중 옳은 것은? [2016. CPA]

> ㉠ 무역은 자동차 가격의 하락과 다양성의 감소를 초래한다.
> ㉡ 산업 내 무역(intra-industry trade)의 형태로 나타난다.
> ㉢ A국과 B국의 비교우위에 차이가 없어도 두 국가 간 무역이 일어난다.
> ㉣ 각국의 생산자잉여를 증가시키지만, 소비자잉여를 감소시킨다.

① ㉠, ㉡   ② ㉠, ㉢
③ ㉡, ㉢   ④ ㉡, ㉣

해설 • 주어진 문제는 동일한 자동차 산업에서의 산업 내 무역에 관한 문제이다.
• 비교우위를 기초로 무역의 발생을 설명하는 이종 산업 간 무역과 달리 동종 산업 내 무역은 독점적 경쟁시장의 특징인 상품차별화와 규모의 경제 등에 의해 무역이 발생한다는 것을 설명하며, 이를 통해 소비자들의 다양한 기호를 충족할 수 있게 됨을 보인다(㉠).
• 산업 내 무역은 시장의 확대로 인한 규모의 경제의 장점을 살림으로써 생산량 증대를 통한 생산자잉여의 증가는 물론이고, 가격의 하락과 다양한 소비를 가능하게 해줌으로써 소비자잉여 또한 증가시킨다(㉣).

정답 ③

2) 기술 격차(갭) 모형(technological gab model) - M. V. Posner

(1) 무역 발생 이유

① 기술적으로 가장 발달한 국가의 기업은 새로운 상품 및 생산 공정의 도입으로 인해 발생하는 기술 갭에 의해, 다른 외국 기업들이 그러한 기술을 습득(모방)하기 전까지는 수출을 주도적으로 할 수 있다는 것이다.

② 대체적으로 선진공업국이 한 분야에서 기술우위를 확보하면 다른 관련분야에서도 기술우위를 가지므로 기술격차가 지속되어 무역이익을 지속적으로 향유할 수 있다.

(2) 한계 : 기술 갭의 규모와 그 발생 원인, 그리고 시간 경과에 따라 기술 갭이 소멸하게 되는 과정에 대한 답을 내놓지 못한다.

3) 제품 사이클 모델(product cycle model) - R. Vernon

(1) 무역 발생 이유

① 새로운 상품을 생산하기 위해서는 숙련된 노동력이 필요한데, 점차 상품이 성숙되어 대중화됨에 따라 상품은 점차로 표준화되어 대량생산기술과 미숙련 노동력에 의해서도 생산이 가능해진다.

② 이에 따라 상품이 비교우위는 새로운 기술이 처음 도입된 선진국으로부터 노동 비용이 낮은 후진국으로 이전하게 된다.

(2) 전개

① 초기(new product stage : 신상품 단계)

ⓐ 수요의 가격탄력성이 낮으며, 단기적 생산방법에 의해 기술노동력에 의존한다.

ⓑ 발명이 용이한 고소득국가에서 생산하며, 수요자들과 긴밀한 접촉이 필요하다.

ⓒ 기술풍부국이 수출을 독점하며, 기업의 R&D가 중요한 과제가 된다.

② 성숙 단계(maturing product stage)

ⓐ 시장에서 소비가 증대하여 수요의 가격탄력성이 증대하며 가격경쟁이 시작된다.

ⓑ 생산에 다수의 기업이 존재하며 대량생산방법이 채택된다. 이에 따라 기업의 경영능력이 중요해진다.

ⓒ 생산 공정의 확정과 대규모 투자가 필요하며, 이때 생산설비의 해외이전이 이루어진다. 이에 따라 기존의 수입국이 동일한 제품을 생산할 수 있게 된다.

③ 표준화 단계(standardized product stage)

ⓐ 생산비용이 비교우위 결정에 결정적 역할을 하게 된다.

ⓑ 안정적 기술에 의한 장기적 생산방법을 채택한다. 이에 따라 미숙련노동에 의해서도 대량 생산이 가능해진다.

ⓒ 기존의 생산지가 갖고 있던 우위성은 완전히 소멸되고 후진국인 노동풍부국이 생산·수출 하게 된다. 최초의 개발국은 오히려 수입하는 단계이다.

(3) 한계 : 무역형태는 여전히 상대적으로 풍부한 부존자원에 의해 결정된다고 봄으로써 헥셔−올 린 모형을 대체한 것이 아닌 확장 모델로서 받아들여지게 된다.

┌─ 헥셔−올린의 정리와 비교 ─────────────────────

헥셔−올린의 정리	제품 사이클 모델
생산함수의 동일성	요소집약도의 반전 가능성 존재
1차 동차 생산함수	규모에 따른 보수 증가 가능
동일한 사회후생함수	사회후생함수가 소득 수준에 따라 차이
수송비 부존재	수송비 존재
생산요소의 국제적 이동 불가	생산요소의 국제적 이동 가능
생산요소의 질적 차이 부존재	생산요소의 질적 차이 존재

4) 대표적 수요이론 − Linder

(1) 기본전제 : 생산패턴은 수요패턴을 따르고, 수요패턴은 소득수준에 따라 결정된다. 또한 국내시 장이 잘 발달된 제품이 비교우위를 갖게 되어 수출품이 된다.

(2) 대표수요의 의미 : 한 나라 시장에서 수출가능성이 있을 만큼 잠재적인 대규모 수요, 즉 어떤 한 상품이 수출상품이 되기 전에 이미 자국 내에서 존재하는 대규모 수요를 의미한다.

(3) 내용

① 국내시장이 존재하는 재화만이 수출될 수 있다. 국내에 수요가 없다면, 생산될 수도 없고, 이에 따라 당연히 수출될 수도 없고 수입될 수도 없게 된다. 이것은 어떤 상품을 수입하는 나라는 그 상품을 수출하는 나라의 국내수요와 유사한 수요구조를 가지고 있다는 의미이기도 하다.

② 한 나라의 선호체계, 즉 수요구조는 그 나라의 1인당 국민소득에 의해 결정되며, 그 나라의 국내 시장에서 존재하는 상품의 종류와 범위는 그 나라의 1인당 국민소득에 의해 결정된다.

③ 무역은 상품에 대한 수요구조가 유사한 나라 사이에서 이루어지게 되고, 1인당 국민소득의 차이가 작을수록 무역규모가 커지게 된다. 일반적으로 1인당 소득수준이 높은 나라일수록 자본-노동비율$\left(\frac{K}{L}\right)$이 높다. 따라서 대표적 수요이론에 따르면 자본-노동비율$\left(\frac{K}{L}\right)$의 차이가 작은 나라일 경우일수록 무역규모는 커지게 된다.

(4) 무역 패턴

① 국내수요가 큰 상품일수록 생산에서 규모의 경제 등으로 인하여 상대적으로 생산비가 낮아지게 된다. 따라서 대표수요가 있는 상품에 비교우위가 성립하게 되고, 그 상품을 수출하게 된다.

② 한 상품에 대해서 국내수요가 없으면 그 상품에 대한 수입도 당연히 없게 된다. 따라서 두 나라 사이에서 무역이 이루어진다면 두 나라 사이에는 유사한 수요구조가 존재한다는 것을 의미한다. 결국 1인당 소득수준이 비슷한 나라 사이에 무역이 이루어지게 된다.

(5) 평가

① 수요가 스스로 공급을 창출한다는 명제를 국제무역이론에 적용하였다.

② 국내시장을 국제시장으로 확장하여 어떤 상품이 수출되기 위해서는 먼저 그 상품에 대한 국내수요가 선행되어야 한다는 것을 설명한다.

③ 산업 내 무역현상을 설명하고 있다.

(6) 한계

① 교역국 간의 교역이 가능한 상품을 제시하였으나, 어느 나라가 수출을 하게 될지 수입을 하게 될지에 대한 방향을 제시하지는 못했다.

② 국내 시장에서 수요가 제대로 존재하지 않은 상품을 수출하는 사례를 설명하지 못한다. 예컨대 70년 대 한국에서는 컬러 TV에 대한 국내 시장이 전혀 존재하지 않았음에도 불구하고 컬러 TV를 수출한 사례가 있다.

5) 중력모형(gravity model)

(1) 의미 : 중력모형은 나라 간의 무역이 당사국들의 경제력과 거리에 크게 의존한다고 보는 모형이다. 경제력을 나타내는 변수로는 실질GDP, 인구, 1인당 소득 등이 사용된다.

(2) 내용 : 양국의 경제력이 커질수록, 그리고 양국 간 거리가 가까울수록 양국 간 무역이 증가한다는 것이다.

(3) **평가** : 중력모형은 이론적 깊이는 없지만 현실세계에서 쉽게 확인할 수 있는 사실을 포착하기 때문에 근래에 국제무역의 실증분석 모형으로 활용되고 있다.

확인 TEST

중력모형(Gravity Model)에 대한 설명으로 옳지 않은 것은?

[2010, 지방직 7급]

① 두 나라 간 무역량은 두 나라의 경제적 크기에 비례한다.
② 두 나라 간 무역량은 두 나라의 지리적 거리에 반비례한다.
③ 중력모형은 이론적으로 완전경쟁체제 모형에 기반을 두고 있다.
④ 뉴턴의 중력법칙과 유사한 방식으로 국제무역 패턴을 설명하는 이론이다.

해설 ▶ 중력모형은 두 나라 간의 무역이 당사국들의 경제력과 거리에 크게 의존한다고 보는 모형이다. 이에 따라 양국의 경제력이 커질수록, 양국 간의 거리가 가까울수록 두 나라 사이의 무역이 증가하게 된다는 것이다. 뉴턴(I. Newton)의 중력법칙은 중력의 크기가 두 물체의 '질량에 비례하고 거리에 반비례'한다는 것이다. 여기서 두 물체의 질량을 두 나라의 경제규모로, 두 물체 간의 거리를 두 나라 간의 거리로 대체하면 무역량 결정의 중력모형과 같아진다는 것이다.

정답 ▶ ③

교역조건

❶ 교역조건

1) 교역조건(Terms Of Trade)의 의의

(1) 의미

① 본국의 수출재 1단위와 교환되는 수입재의 수량

② 본국의 수출품을 X재, 수입품을 Y재라 하면 교역조건은 다음과 같다.

$$교역조건(TOT) = \frac{Y}{X} = \frac{P_X}{P_Y}$$

(2) 교역조건과 무역의 이익

① 교역조건은 무역의 이익을 측정하는 데 이용한다.

② 폐쇄경제 하에서의 국내 상대가격과 개방 후의 교역조건의 차이가 크면 클수록 무역으로 인한 이득은 커진다.

2) 교역조건의 변동

(1) 공산품의 기술진보에 의해 생산비(P_X)가 하락하면 그 상품의 개별 교역조건은 불리해진다. 그러나 국가의 무역을 통한 이익은 커질 수 있다.

(2) 관세의 부과에 의해 교역조건은 개선된다. 그러나 이 경우에 메츨러의 역설(Metzler paradox)이 발생하면 교역조건 개선에도 불구하고 수입재의 국내 상대가격은 하락하는 경우가 생길 수 있다.

메츨러의 역설(Metzler's paradox)

1. 의미:수입품에 대해 관세가 부과되었음에도 불구하고 국내시장에서 수입품의 상대가격이 오히려 하락하여 상대적으로 희소한 부존자원의 소득이 감소하고, 스톨퍼−사무엘슨 정리(Stolper-Samuelson theorem)가 더 이상 성립하지 않는 상황을 의미한다.

2. 대국의 관세부과 효과
  (1) 대국의 관세부과는 수입품의 국내 판매가격을 상승시킨다.
  (2) 대국의 관세부과는 수입품에 대한 수요를 감소시키고, 이것은 다시 세계시장에서 수입품에 대한 수요를 감소시켜 수입재의 국제가격을 하락시킨다.
  (3) 만약 대국의 관세부과로 인한 국제시장에서의 수입품 가격의 하락 폭이 관세부과로 인한 수입품의 국내 판매가격 상승 폭보다 크다면, 관세 부과 후의 수입품 국내가격이 오히려 감소하는 경우가 나타날 수 있게 된다.

---

(3) 덤핑, 환율인상 등이 이루어지면 국제수지 개선의 효과는 있으나 교역조건은 악화될 수 있다.

(4) 자국 내에서 수입대체산업이 육성되면 교역조건은 개선된다.

확인 TEST

교역조건(Terms of Trade)과 관련된 다음 설명 중 적절하지 못한 것은?

[2002, CPA]

① 교역조건이 악화되면 반드시 국제수지가 악화된다.
② 자국의 화폐가 평가절하되면 교역조건은 악화된다.
③ 교역조건이란 한 단위의 수출상품과 수입상품이 교환되는 비율을 말한다.
④ 이론적으로 교역조건은 상품의 수출입뿐 아니라 서비스 거래까지 포함한다.
⑤ 한 국가의 수출상품 1단위와 교환될 수 있는 수입품의 양이 증가하면 교역조건은 개선된 것이다.

해설　국제수지의 개선 및 악화 여부를 판단하기 위해서는 환율로 환산된 무역액의 규모에 대한 정보가 필요하다.
　② 자국의 화폐가 평가절하되면 수출품의 국제가격이 하락하여 교역조건은 악화된다.
　③, ⑤ 교역조건이란 한 단위의 수출상품과 수입상품이 교환되는 비율을 말하며 다음과 같이 나타낼 수 있다.

$$교역조건(TOT) = \frac{수출품\ 가격}{수입품\ 가격} = \frac{수입품\ 수량}{수출품\ 수량}$$

이에 따라 한 국가의 수출상품 1단위와 교환될 수 있는 수입품의 양이 증가하면 앞의 수치가 커지게 되어 교역조건은 개선된다.

정답　①

❷ 교역조건과 경제성장

1) 대국과 소국의 비교

(1) 대국과 소국의 의미

① **대국(big country)** : 대규모 수출 공급량과 수입 수요량 규모가 전체 국제시장 수요와 공급에서 차지하는 비중이 크기 때문에 국제시장가격, 즉 국제교역조건에 영향을 미칠 수 있는 나라를 의미한다.

② **소국(small country)** : 국제거래를 하여도 수출 공급량과 수입수요량 규모가 국제시장 전체 규모에 비해서는 미미하여 국제시장가격에 영향을 미칠 수 없는 나라를 의미한다. 이에 따라 소국은 국제거래를 함에 있어서 가격, 즉 국제교역조건이 주어진다.

(2) 각 국에서의 경제성장과 교역조건의 관계

① **대국의 경우** : 기술진보 혹은 저축증대와 자본형성이 수입대체산업에서 일어나는 경우, 이는 수입재화에 대한 수요 감소를 초래해서 교역조건은 개선 ⇒ 그러나 경제성장이 특정산업에의 국제 분업화에 의한 수출확대에서만 연유한다면, 이는 공급초과를 초래해서 교역조건을 악화시킨다.

② **소국의 경우** : 세계시장에서의 비중이 작은 소국의 경우에는 교역조건에 영향을 미치지 않으면서 경제성장이 가능하다.

2) 립진스키 정리(Rybczynski theorem) : 요소공급의 증가와 생산

(1) 교역조건(재화의 상대가격)이 불변이라는 가정 하에 한 생산요소의 부존량이 증가하는 경우에 성립한다.

(2) 이 경우에 그 요소를 집약적으로 사용하는 재화의 생산이 상대적으로뿐만 아니라 절대적으로도 늘고, 다른 요소를 집약적으로 이용하는 재화의 생산은 절대량에 있어서 감소한다. 다음 그림은 X재가 노동집약적 재화, Y재가 자본집약적 재화일 때 노동부존량이 증가하는 경우를 보여준다.

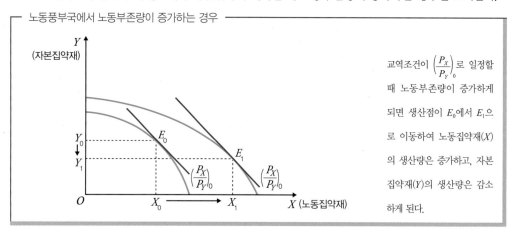

노동풍부국에서 노동부존량이 증가하는 경우

교역조건이 $\left(\dfrac{P_X}{P_Y}\right)_0$로 일정할 때 노동부존량이 증가하게 되면 생산점이 E_0에서 E_1으로 이동하여 노동집약재(X)의 생산량은 증가하고, 자본집약재(Y)의 생산량은 감소하게 된다.

확인 TEST

립진스키(Rybczynski) 정리에 대한 다음 설명 중 교역당사국의 입장에서 가장 옳은 것은?

[2014. 국회 8급]

① 교역조건이 일정할 때 풍부한 생산요소의 증가는 모든 재화의 생산 증가를 가져온다.
② 풍부한 생산요소가 증가되면 오퍼곡선은 아래 축(수입량) 방향으로 수축된다.
③ 일반적으로 희소한 생산요소가 증가되면 교역조건에 크게 영향을 주지 않는다.
④ 일반적으로 풍부한 생산요소가 증가되면 수입수요는 증가한다.
⑤ 생산요소의 변화는 오퍼곡선에 별 영향을 주지 않는다.

해설 ┃ 일반적으로 풍부한 생산요소가 증가한다는 것은 부존자원량이 증가한다는 것이고, 이것은 경제가 성장할 수 있다는 의미이다. 이에 따라 이전에 비해 수입수요는 증가하게 된다.
　① 교역조건이 일정할 때 풍부한 생산요소의 증가는 풍부한 생산요소를 집약적으로 투입해서 생산하는 재화의 생산은 가져오지만, 다른 생산요소를 집약적으로 투입해서 생산하는 재화의 생산은 오히려 감소시킨다.
　②, ⑤ 풍부한 생산요소가 증가되면 풍부한 생산요소를 집약적으로 투입해서 생산하는 재화의 생산이 증가하므로 동일한 양을 수입하기 위해 더 많은 양을 오퍼할 수 있다. 이에 따라 오퍼곡선은 수출량 방향으로 확대된다.
　③ 일반적으로 소국이 아닌 대국에서 희소한 생산요소가 증가하는 경우에는 생산비 조건에 영향을 줄 수 있으므로 교역조건에 영향을 줄 수 있다.
　④ 일반적으로 풍부한 생산요소가 증가되면 수입수요는 증가한다.

정답 ┃ ④

3) 궁핍화 성장 이론(immiserizing growth : J. Bhagwati)

(1) **의미**

① 경제성장은 생산가능영역을 확장시키고 재화의 이용가능성을 증가시키므로 사회후생수준을 높이는 것이 일반적이다.

② 그러나 경제성장에 따라 교역조건이 악화되고, 교역조건의 악화가 경제성장의 이익을 압도하여, 오히려 경제성장 이전보다 후생수준이 하락하는 궁핍화 성장이 발생할 수 있다.

(2) **전제조건**

① 수출품에 대한 외국의 수입수요가 매우 비탄력적이어야 한다. 이는 수출산업에서 생산이 증가할 때 수출가격이 폭락할 가능성이 높아 교역조건이 크게 악화될 수 있기 때문이다.

② 수출산업이 국가경제에서 차지하는 비중이 커야 한다. 그래야만 교역조건의 악화 효과가 생산량 증대효과를 압도할 수 있기 때문이다.

③ 생산량 증가 규모가 지나치게 크지 않아야 한다. 만약 생산량 증가가 크면 생산량 증대효과가 교역조건 악화효과를 압도할 수 있기 때문이다.

④ 국가의 경제규모가 커야 한다. 그래야만 수출 공급이 증가할 때 국제교역조건이 크게 악화될 수 있기 때문이다. 따라서 소국에서는 수출산업에서 생산량 증대가 일어나도 교역조건의 악화가 발생하지 않기 때문에 궁핍화 성장은 성립하지 않는다.

(3) **경제성장의 교역조건에 대한 역효과**

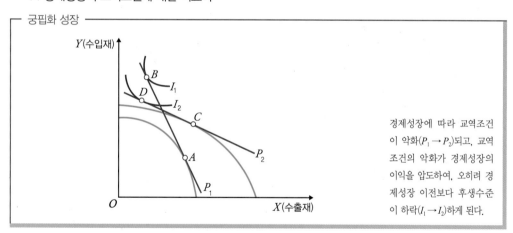

— 궁핍화 성장 —

경제성장에 따라 교역조건이 악화($P_1 \rightarrow P_2$)되고, 교역조건의 악화가 경제성장의 이익을 압도하여, 오히려 경제성장 이전보다 후생수준이 하락($I_1 \rightarrow I_2$)하게 된다.

① 그래프에서 처음의 교역조건은 P_1직선의 기울기로써 나타나며, 생산점과 소비점은 각각 A, B이다.

② 수출재인 X재를 더 많이 생산하게 하는 경제성장은 생산가능곡선을 그래프와 같이 확장시킨다. 만약 X재가 자본 집약적으로 생산하는 재화라면 자본의 증가나 X재 생산에 있어 기술 진보가 이러한 경제성장을 가져온다.

③ 국제시장에서 X재의 초과공급으로 인하여 X재의 상대가격이 P_2직선의 기울기로 나타나는 정도까지 하락했다고 하면 새로운 생산점과 소비점은 각각 C, D가 될 것이다.

④ 결국 사회 무차별곡선이 I_2가 I_1보다 아래 있으므로 실질소득이 감소한 것으로 볼 수 있다. 경제성장이 오히려 경제수준의 궁핍을 초래한 것이다.

궁핍화 성장(immiserizing growth)에 대한 설명으로 옳지 않은 것은?

[2010. 지방직 7급]

① 경제성장 이전과 이후의 교역조건이 동일해야만 궁핍화 성장이 발생할 수 있다.
② 세계가격에 영향을 미치지 못하는 소국의 경우는 기술혁신이 일어나도 궁핍화 성장이 발생하지 않는다.
③ 커피 수출국의 수출 증가가 오히려 커피의 국제가격을 하락시켜 실질소득이 감소하는 것이 궁핍화 성장의 예라 할 수 있다.
④ 경제성장이 수출재 부문에서 일어나고 수출재에 대한 세계시장의 수요의 가격탄력성이 낮을수록 궁핍화 성장 가능성이 커진다.

해설 ▶ 궁핍화 성장은 경제성장의 결과 수출재의 국제 상대가격이 하락하여 경제성장 이전에 비해 교역조건이 악화되는 데서 비롯된다(①). 이러한 궁핍화 성장은 국제 상대가격에 영향을 줄 수 있는 대국에서 나타나고, 소국에서는 나타나지 않는다(②). 과거 커피 수출 대국인 브라질에서 커피 생산의 급격한 증가로 커피의 국제 상대가격이 하락하여 이와 같은 궁핍화 성장이 나타났다(③). 한편 궁핍화 성장은 수출재의 상대가격이 하락한 경우 수출재에 대한 세계시장의 수요의 가격탄력성이 비탄력적이어서 총수출액이 감소할 때 나타나게 된다(④).

정답 ▶ ①

교역조건의 추세적 악화이론

1. **의미**: 넉시(R. Nurkse), 싱거(Singer), 프레비쉬(R. Prebisch) 등은 후진국의 대선진국 교역을 19C 이후 장기적으로 관찰하여 볼 때, 후진국의 교역조건이 추세적으로 악화되어 왔고, 또한 후진국들이 종래의 수출구조를 유지하는 한 앞으로도 계속 악화될 수밖에 없다는 교역조건의 추세적 악화이론을 주장한다.

2. **근거**
   (1) 후진국의 수출품은 주로 1차 상품이므로 엥겔법칙이 작용해 수요의 소득탄력성이 보다 작고, 원자재의 경우 인조원자재가 발명되어 수입대체로 인해 수요가 감소하기 때문이다.
   (2) 일반적으로 선진국의 공산품은 독과점 품목이므로 생산성 증대에도 불구하고 임금하락을 통한 상품가격하락 현상이 좀처럼 일어나지 않아 이에 따라 후진국의 교역조건이 악화된다.
   (3) 경기변동 국면에 따른 가격변동이 선·후진국 사이에 차이가 있어서 후진농업국에서는 경기변동 국면에 따라 농산물 가격이 같이 등락할 가능성이 높지만 선진공업국의 독과점체제와 강력한 노동조합의 존재 때문에 공산품의 가격은 하방 경직적일 가능성이 높다.

③ 오퍼곡선과 교역조건

1) 오퍼량과 오퍼곡선(상호수요곡선)

(1) 오퍼량(offers)

① 주어진 교역조건 하에서 한 나라가 제시하는 수출입 수량 ⇒ 수출공급량과 수입수요량

② 실제 수출량과 수입량을 의미하는 것이 아니라 각 교역조건 하에서 한 나라가 수출하고 수입하고자 하는 수량을 의미한다. ⇒ 교역할 의향이 있는 수량

(2) 오퍼곡선(offer curve): 각기 다른 교역조건 하에 수출입 오퍼량을 나타낸 점을 연결한 곡선이다.

개념 플러스⁺ 가격선의 표시방법

1. 일반적인 표시방법

미시경제이론에서는 가격선을 항상 가로축에 X재를, 세로축에 Y재를 나타낸 그래프로 우하향하는 직선으로 그렸다. 그리고 우하향하는 가격선의 기울기가 커지면, 즉 수직선의 형태에 가깝게 되면, 상대적으로 X재 가격이 상승하고 Y재 가격이 하락하는 것으로 이해하였다.

2. 우상향의 가격선

(1) 의미: 원점을 기점으로 그은 직선도 두 재화의 교환비율을 나타내기 때문에 가격선을 우상향하는 직선으로도 나타낼 수 있다.

(2) 도해적 설명

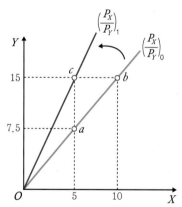

① P_X=1,500원이고 P_Y=1,000원일 경우 교환비율$\left(\frac{P_X}{P_Y}\right)$은 1.5가 된다. 그런데 그래프에서 a, b점 모두 X재와 Y재의 교환비율이 1.5이다. 그러므로 a, b를 잇는 점들을 잇는 점들을 가격선으로 활용할 수 있고, 이때 가격선의 기울기를 상대가격$\left(\frac{P_X}{P_Y}\right)_0$으로 이해할 수 있다.

② 그래프에서 가격선이 $\left(\frac{P_X}{P_Y}\right)_1$인 경우, 예컨대 c점에서 X재 5개와 Y재 15개가 교환된다. 이는 동일한 수량의 X재 5개와 그 3배에 해당하는 Y재 15개가 시장에서 교환되는 것을 뜻한다.

③ a점과 c점을 비교해 보면, a점에서 X재 가격이 1,500원, Y재 가격이 1,000원이었으므로, 만약 Y재 가격이 불변이라면 c점은 X재 가격이 3,000원으로 상승했음을 나타낸다. 그러므로 원점을 기점으로 가격선의 상방 회전이동은 X재 가격이 상대적으로 상승했음을 나타낸다.

④ 결국 X재 가격이 상대적으로 상승하는 것은 가격선의 상방 회전이동으로 나타낼 수 있다.

---

2) 국제교역조건곡선과 오퍼곡선의 유도

(1) 국제교역조건의 개념

① 교역조건 곡선 위에서는 X재가 수출품, Y재가 수입품일 때, 수출금액($P_X \cdot X$)과 수입금액 ($P_Y \cdot Y$)은 항상 일치해야 하므로 $P_X \cdot X = P_Y \cdot Y$이다. 이에 따라 교환되는 두 상품의 수량비율은 다음과 같다.

$$\frac{P_X}{P_Y} = \frac{\text{수입량}(Y)}{\text{수출량}(X)} = \text{상대가격}$$

② 아래 그림에서 국제교역조건이 TOT_0인 경우 그 기울기는 수출품 수량($ac = oj$)과 수입품 수량 ($ba = kj$)의 교환비율이므로 두 상품의 절대가격비율, 즉 상대가격이다.

$$\text{가격선의 기울기} = \frac{\text{수입량}(ba = kj)}{\text{수출량}(ac = oj)} = \frac{\text{수출가격}(P_X)}{\text{수입가격}(P_Y)} = \text{상대가격}$$

③ 국제교역조건이 TOT_0에서 TOT_1으로 상향 이동하는 것은 동일한 수량의 X재를 가지고 더 많은 수량의 Y재와 교환할 수 있게 되므로 X재의 상대가격이 상승하고, Y재의 상대가격이 하락하는 것을 나타낸다.

(2) 오퍼곡선의 유도

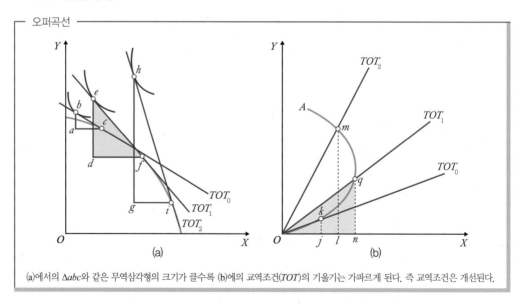

— 오퍼곡선 —

(a)에서의 Δabc와 같은 무역삼각형의 크기가 클수록 (b)에의 교역조건(TOT)의 기울기는 가파르게 된다. 즉 교역조건은 개선된다.

① (a)에서 교역조건이 TOT_0인 경우 X재 수출공급량은 ac이고 Y재 수입수요량은 ab이며, 교역조건이 TOT_1일 경우 수출공급량은 df이고 수입수요량은 de이며, 교역조건이 TOT_2인 경우 수출공급량은 gi이고 수입수요량은 gh이다.

② 예컨대 (b)에서 교역조건이 TOT_1인 경우 수출공급량은 On인데 이는 왼쪽 (a)의 무역삼각형에서 df와 동일하고, 수입수요량은 qn인데 이는 왼쪽 무역삼각형에서 de와 같다.

③ 이에 따라 k, q, m점 등은 각 교역조건 하에서 수출공급량과 수입수요량의 조합점을 나타내므

로, 즉 각 교역조건 하에서 한 나라가 수출공급하려는 수량과 수입수요하려는 수량을 나타내므로 이러한 점들은 연결한 곡선이 오퍼곡선(*OA*)이다.

3) 오퍼곡선의 이동

(1) 관세 부과와 오퍼곡선의 이동

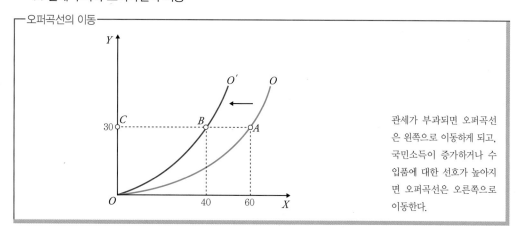

오퍼곡선의 이동

관세가 부과되면 오퍼곡선은 왼쪽으로 이동하게 되고, 국민소득이 증가하거나 수입품에 대한 선호가 높아지면 오퍼곡선은 오른쪽으로 이동한다.

① 관세가 없는 경우 오퍼곡선 *A*점에서 수입 오퍼량은 30개이고 수출 오퍼량은 60개이다. 이것은 상대국으로부터 *Y*재 30개를 수입하기 위해 수입업자가 지급하려는 *X*재는 최대 60개이며 그 이상은 오퍼하지 않겠다는 것이다.

② *Y*재 수입국(*X*재 수출국) 정부가 *Y*재 수입에 대해 50%의 관세를 부과하고 관세는 *X*재로 납부하라고 하면, 수입업자는 *Y*재 30개를 수입할 때 그 가치의 50%를 *X*재로 정부에 관세로 납부해야 하는데, *Y*재 30개와 *X*재 40개를 교환하면 수입품 가치의 50%에 해당하는 *X*는 20개이다.

③ *Y*재를 수입하기 위하여 수입업자들은 외국수출업자에게 수입품에 대한 대가로 *X*재 40개를 오퍼하고 수입품 가치의 50%인 *X*재 20개를 관세로 납부하면, 관세가 없었을 경우 수입을 위해 오퍼하려 했던 *X*재 오퍼량 60개와 같다. 이때의 관세율은 관세를 관세 부과시 *X*재 오퍼량으로 나눈 비율이다.

$$관세율 = \frac{AB}{BC}$$

④ 이에 따라 정부가 50% 관세를 부과하면, 오퍼곡선상의 *A*점은 그 점에서 그은 수평선 거리 *AC*의 1/3에 해당하는 *AB*만큼 *B*점으로 이동한다. 결국 관세 부과는 오퍼곡선을 왼쪽으로 이동하는 것으로 나타낸다.

(2) 자국의 국민소득의 증가 : 국민소득이 증가하여 수입품 *Y*재에 대한 선호가 증가하여 *Y*재를 수입할 때 지불할 용의가 있는 *X*재의 수량이 증가하여 오퍼곡선은 오른쪽으로 이동한다.

4) 국제교역조건의 결정

(1) 가정 : *A*국과 *B*국을 모두 대국으로 가정하고 *X*재는 *A*국의 수출품이고 *B*국의 수입품이며, *Y*재는 *A*국의 수입품이고 *B*국의 수출품이라고 가정

(2) 도해적 설명

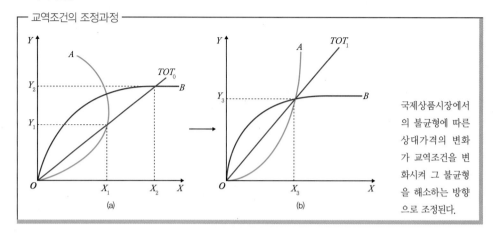

교역조건의 조정과정

국제상품시장에서의 불균형에 따른 상대가격의 변화가 교역조건을 변화시켜 그 불균형을 해소하는 방향으로 조정된다.

① (a)에서 국제교역조건이 TOT_0인 경우 국제시장에서 A국의 X재 수출공급량(OX_1)에 비해 B국의 X재 수입수요량(OX_2)이 커서 재에 대한 초과수요($X_2 - X_1$)가 발생한다.

② 국제시장에서 A국의 Y재 수입수요량(OY_1)에 비해 B국의 Y재 수출공급량(OY_2)이 커서 Y재에 대한 초과공급($Y_2 - Y_1$)이 발생한다.

③ 이러한 불균형은 X재 가격의 상승과 Y재 가격의 하락을 가져와 국제교역조건(P_X/P_Y)을 상승시킨다.

④ 국제교역조건$\left(\dfrac{P_X}{P_Y}\right)$의 상승으로 교역조건이 TOT_1가 되어 X재 상대가격은 상승하고 Y재 상대가격은 하락하여 국제시장에서 X재에 대한 초과수요량을 감소시키고 Y재에 대한 초과공급량을 감소시켜 국제시장은 (b)에서와 같이 균형에 이르게 된다.

사례 연구 오퍼곡선과 관세 부과의 경제적 효과

◈ B국과 교역을 하고 있는 A국의 관세 부과의 효과를 오퍼곡선을 이용하여 분석하면?

분석하기
• 다음 그림으로 설명할 수 있다.

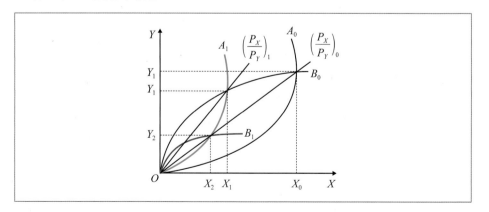

- A국이 관세를 부과하면 A국의 오퍼곡선은 OA_0에서 OA_1으로 이동한다. 이에 따라 A국의 교역조건은 $\left(\dfrac{P_X}{P_Y}\right)_0$ 가 $\left(\dfrac{P_X}{P_Y}\right)_1$이 되어 교역조건이 개선되는 효과가 나타난다. 그 결과 양 국간 교역량은 (X_0, Y_0)에서 (X_1, Y_1)으로 감소하게 된다.

- 만약 상대국인 B국이 A국의 관세부과에 대한 보복관세를 부과하면 B국의 오퍼곡선은 OB_0에서 OB_1으로 이동하게 된다. 이에 따라 교역조건은 양 국의 관세부과 이전의 수준과 동일해지면 교역량은 (X_3, Y_3)으로 크게 감소하게 된다.

확인 TEST

다음 그림은 오퍼곡선에 의하여 교역조건이 어떻게 결정되는가를 보여주고 있다. 현재 교역조건이 TOT_0로 주어진 경우 다음 중 X재 시장과 Y재 시장의 상태를 제대로 나타내고 있는 것을 고르면?

[2002, 보험계리사]

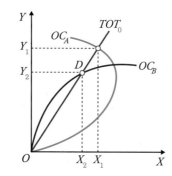

	X재 시장	Y재 시장
①	초과수요	초과수요
②	초과수요	초과공급
③	초과공급	초과수요
④	초과공급	초과공급
⑤	균형	균형

해설 ▶ 주어진 교역조건 TOT_0에서 X재는 A국에 의해서 X_1만큼 수출되고, B국에 의해서 X_2만큼 수입되기 때문에 (X_1-X_2)만큼의 초과공급이 발생하고 있다. 반면에 Y재는 B국에 의해서 Y_2만큼 수출되고, A국에 의해서 Y_1만큼 수입하기 때문에 (Y_1-Y_2)만큼의 초과수요가 발생하고 있다.

정답 ▶ ③

다음은 A국과 B국의 옥수수 교역에 대한 설명이다. 이에 대한 분석으로 옳은 것만을 〈보기〉에서 있는 대로 고른 것은?

[2012, 교원임용]

A국과 B국 두 나라로 구성된 국제 경제에서 각 나라의 옥수수에 대한 수요 곡선과 공급곡선이 아래와 같다. 옥수수의 국제 균형가격은 옥수수의 수출량과 수입량이 일치하는 수준에서 형성된다. 단, 옥수수의 가격 P는 양국에서 동일한 통화로 표현되고 있으며, 무역에 따르는 어떤 비용과 규제도 없다.

_A국_	_B국_
수요 곡선 $Q_{AD}=100-2P$	수요 곡선 $Q_{BD}=80-4P$
공급 곡선 $Q_{AS}=20+2P$	공급 곡선 $Q_{BS}=40+4P$

〈 보 기 〉

ㄱ. 균형 교역량은 30이다.
ㄴ. A국이 수출하고 B국이 수입하게 된다.
ㄷ. 교역 시에 A국은 소비자 잉여가, B국은 생산자 잉여가 증가한다.

① ㄱ
② ㄴ
③ ㄷ
④ ㄱ, ㄴ
⑤ ㄴ, ㄷ

해설 ▶ • A국과 B국의 수요곡선과 공급곡선을 각각 수평으로 합하면 국제 시장에서의 옥수수 수요곡선(Q_{WD})과 공급곡선(Q_{WS})을 도출할 수 있다.

• $Q_{WD}=Q_{AD}+Q_{BD}=180-6P$
• $Q_{WS}=Q_{AS}+Q_{BS}=60+6P$

• 앞에서 도출한 국제 시장에서의 옥수수 수요곡선(Q_{WD})과 공급곡선(Q_{WS})을 연립해서 풀면 옥수수 국제 가격(P_W)은 $P_W=10$이 된다. 이 결과를 A국과 B국의 수요곡선과 공급곡선에 대입하면 다음과 같은 결과를 얻을 수 있다.

• A국:$Q_{AD}=80$, $Q_{AS}=40$ ⇒ 초과수요량=40 ⇒ 수입(ㄴ)
• B국:$Q_{BD}=40$, $Q_{BS}=80$ ⇒ 초과공급량=40 ⇒ 수출(ㄴ)
• 균형 교역량:40(ㄱ)

• 양국 간 자유무역이 이루어지면 수입국인 A국에서는 소비자 잉여가 증가하게 되고, 수출국인 B국에서는 생산자 잉여가 증가하게 된다(ㄷ).

정답 ▶ ③

Theme
94 무역정책론

❶ 자유무역주의

1) 의미 : 비교우위에 따른 무역은 무역에 참여하는 국가에 이익이 되기 때문에 모든 무역 거래를 자유롭
게 방임해야 한다는 주장이다.

2) 자유무역의 장점과 단점(소국의 입장)

(1) 장점

① 국내 산업의 생산성 향상 및 기술 개발 촉진이 가능하다.

② 품질 좋은 상품의 확보가 용이하여 물가 안정에 기여한다.

③ 수입이 이루어지는 경우 소비자 잉여와 사회적 총잉여가 증가한다.

(2) 단점

① 경쟁력을 갖추지 못한 국내 생산자 잉여가 감소한다.

② 수입이 이루어지는 경우 장기적으로 국제수지가 악화된다.

사례 연구   **시장 개방을 통한 자유무역의 효과**

◈ 소국인 A국은 자동차 수입을 금하고 있다. 이 나라에서 자동차 한 대의 가격은 2억 원이고 판매량은 40만
대에 불과하다. 어느 날 새로 선출된 대통령이 자동차 시장을 전격 개방하기로 결정했다. 개방 이후 자동
차 가격은 국제시세인 1억 원으로 하락하였고, 국내 시장에서의 자동차 판매량도 60만 대로 증가하였다.
이것으로 인한 각 잉여의 변화 추이는? (단, 수요곡선과 공급곡선은 직선이며, 공급곡선은 원점을 지난다.)

분석하기
• 주어진 조건들을 그림으로 나타내면 다음과 같다.

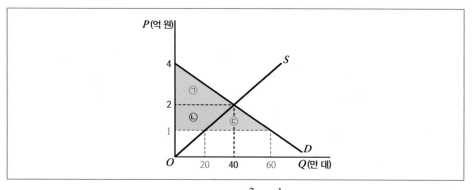

• 공급곡선이 원점을 통과하는 직선이므로 기울기는 '$\dfrac{2}{40} = \dfrac{1}{20}$'이 된다. 따라서 국제가격 1(억 원) 수준에서
국내 공급량은 20(만 대)가 된다. 또한 수요곡선의 기울기 역시 $\dfrac{1}{20}$이므로 수요곡선의 가격 절편의 값은 4
가 된다.

- 이러한 개방의 결과 ⓒ만큼 국내 생산자 잉여가 감소한다. 또한 국내 소비자 잉여는 기존의 ㉠ 에서 'ⓒ+ⓒ'만큼 더 증가하게 된다. 결과적으로 국내 사회적 잉여는 'ⓒ'만큼 증가하게 된다.
- 이를 표로 정리하면 다음과 같다.

국내 생산자 잉여 감소분	ⓒ	$(40+20) \times \dfrac{1}{2} \times 1 = 30$
국내 소비자 잉여 증가분	ⓒ+ⓒ	$(40+60) \times \dfrac{1}{2} \times 1 = 50$
국내 사회적 잉여 증가분	ⓒ	$40 \times 1 \times \dfrac{1}{2} = 20$
기존 소비자 잉여	㉠	$40 \times 2 \times \dfrac{1}{2} = 40$

확인 TEST

A국은 포도주 수입을 금지하는 나라이다. 포도주 수입이 없는 상태에서 포도주의 균형가격이 1병당 20달러이고, 균형생산량은 3만 병이다. 어느 날 A국은 포도주 시장을 전격적으로 개방하기로 하였다. 포도주 시장 개방 이후 A국의 포도주 가격은 국제가격인 16달러로 하락하였고, 국내 시장에서 균형거래량도 5만 병으로 증가하였으나, 국내 포도주 생산량은 1만 병으로 오히려 하락하였다. 다음 중 옳은 것만을 모두 고른 것은? (단, 수요곡선과 공급곡선은 직선이라고 가정한다)

[2015. 국가직 7급]

㉠ 국내 사회적 잉여 증가분은 국내 생산자 잉여 감소분과 같다.
ⓒ 국내 사회적 잉여 증가분은 국내 소비자 잉여 증가분의 절반이다.
ⓒ 국내 소비자 잉여 증가분은 국내 생산자 잉여 감소분과 같다.

① ㉠, ⓒ   ② ㉠, ⓒ
③ ⓒ, ⓒ   ④ ㉠, ⓒ, ⓒ

해설 ▶ 주어진 조건의 내용을 그림으로 나타내면 다음과 같다.

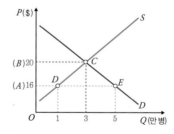

개방에 따른 사회적 잉여 증가분은 삼각형 CDE의 크기이고, 국내 생산자 잉여 감소분은 사다리꼴 ABCD이다. 이 크기를 구하면 8로 동일하다(㉠). 개방에 따른 국내 소비자 잉여 증가분은 사다리꼴 ABCE이고, 이 면적은 16이다(ⓒ). 국내 소비자 잉여 증가분은 16으로 국내 생산자 잉여 감소분인 8보다 2배가 된다(ⓒ).

정답 ▶ ①

심화 TEST

다음 그래프는 국내의 X재 시장 상황을 나타낸다. 자유무역이 실시된다면, 무역이 이루어지지 않은 경우에 비해 X재 국내 생산량이 얼마나 증가 또는 감소하는지 쓰시오.(단, 국내공급 및 국내 수요 곡선은 직선의 형태이며 X재는 국제 가격에서 얼마든지 수출하거나 수입할 수 있다.)

[2014. 교원임용]

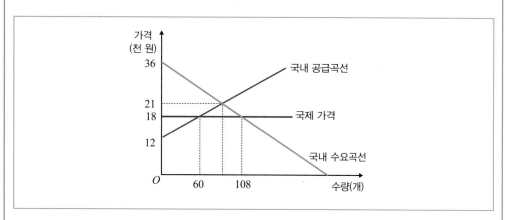

분석하기

- 그림에서 주어진 국내 수요곡선의 기울기는 '$\frac{18}{108}=\frac{1}{6}$', 공급곡선의 기울기는 '$\frac{6}{60}=\frac{1}{10}$'이다. 따라서 수요곡선은 '$P=36-\frac{1}{6}Q_D$', 공급곡선은 '$P=12+\frac{1}{10}Q_S$'가 된다. 두 식을 연립해서 풀면 무역이 이루어지지 않을 때의 국내 거래량(=생산량)은 '$Q=90$'이 된다.
- 자유무역을 실시하는 경우 18인 국제가격 수준에서 국내 생산량은 '$Q=60$'이 된다. 이에 따라 자유무역 이전에 비해 X재 국내 생산량은 '30'만큼 감소하게 된다.
- 한편, 무역으로 인한 생산자 잉여는 다음 그림의 색칠 한 부분만큼 감소하게 되며, 그 크기는 '$\frac{(90+60)}{2}\times 3=75\times 3=225$'가 된다. 이것은 자유무역으로 수입이 이루어지면 국내생산자는 불리해진다는 것을 보여준다.

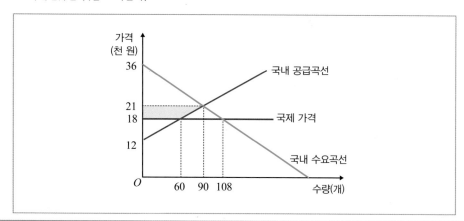

다음 그림은 시장개방 전후에 소규모 경제국인 A국의 X재 시장균형 상태를 보여준다. 개방 이전 국내 시장에서 X 재는 P_0가격에 Q_0만큼 거래되고 있으며, 세계시장 가격은 P_1이다. A국이 X재 시장을 개방할 때 X재 시장에서 A국 의 총잉여 변화의 크기는? (단, 시장개방으로 인해 A국의 국내수요곡선과 국내공급곡선은 변하지 않는다)

[2011, 지방직 7급]

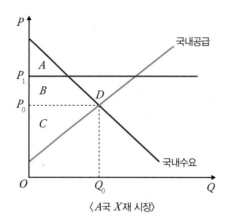

〈A국 X재 시장〉

① A

② $B+D$

③ D

④ 변화 없다

해설 개방 이전 국내 시장에서 X재는 P_0가격에 Q_0만큼 거래되고 있을 때, 세계시장 가격 수준인 P_1에서 개방 이 이루어지면, 소국인 A국에서는 P_1가격수준에서 초과공급이 발생하게 되어 그 크기만큼을 수출하게 된다. 이에 따라 국내가격이 P_0에서 P_1으로 상승하게 되어 소비자 잉여는 $A+B$에서 A로 감소하게 된다. 그러나 새로운 수출로 인한 생산자 잉여가 C에서 $B+C+D$로 증가하여 결국 D만큼의 새로운 사회적 잉 여의 증가가 나타난다.

정답 ③

❷ 보호무역주의(유치산업보호론)

1) 의미: 국내 (유치)산업이 국제경쟁력을 가질 때까지 국가가 그 산업을 보호, 육성하면서 대외무역을 통제해야 한다는 주장이다.

2) 보호무역 정책의 수단

(1) **(수입)관세(tarrif) 부과**: 무역을 가격으로 규제
  ① 의의: 수입품에 대해 조세를 부과하여 수입품의 가격을 상승시킴으로써 수입품의 경쟁력을 약화시킨다.

— 종량세 부과의 효과 —

상품의 종류에 따라 일정률의 관세가 부과되는 종가세와는 달리 종량세는 상품에 따라 일정액의 관세가 부과된다. 이에 따라 종량세의 경우에는 같은 품목에 저가품과 고가품이 동일한 관세를 부담하게 되어 있어 저가품이 실질적으로 더 높은 관세율을 부담하게 되어 상대적으로 불리하게 된다. 따라서 종량세는 (중국산 수입농산물과 같은) 저가품의 수입을 줄이는 효과를 가져온다.

  ② 장점: 국내 (유치)산업 보호육성, 국민경제의 자주성과 국가안보 확립, 정부 세입 증대, 국제수지 개선 도모 등
  ③ 단점: 수입품 가격 상승에 따른 물가 상승, 소비자 후생 감소 등

(2) **(수출)보조금 지급**: 무역을 가격으로 규제
  ① 의의: 정부가 수출품에 생산 지원금을 지급함으로써 그만큼의 수출가격을 하락시켜 수출품의 경쟁력을 강화시킨다.
  ② 장점: 수출품 가격 하락을 통해 국내 수출 산업을 보호·육성하고, 수출 증가를 통해 국제수지를 개선시킨다.
  ③ 단점: 수입국 소비자에게 혜택 제공, 정부 지출 증가를 초래한다.

(3) **수입 할당제**: 무역을 수량으로 규제
  ① 의의: 특정 상품의 수입량을 미리 일정 한도 내에서 제한하여 수입을 규제하고 그 범위 내에서 국내 생산업자를 보호할 수 있다.
  ② 장점: 국내의 수입 대체 산업을 보호할 수 있다.
  ③ 단점: 수입량 부족, 수입품 가격 상승으로 소비자 후생이 감소할 수 있다.

3) 관세 부과의 경제적 효과: 소국(small country)의 경우

(1) **재정 수입 효과**: 관세에 의하여 정부는 (□abed)만큼의 관세수입을 얻을 수 있다.

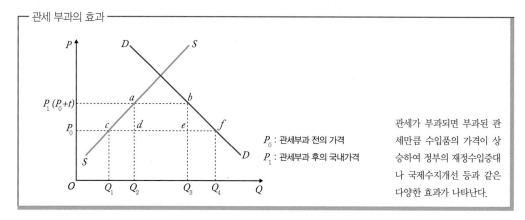

관세 부과의 효과

P_0 : 관세부과 전의 가격
P_1 : 관세부과 후의 국내가격

관세가 부과되면 부과된 관세만큼 수입품의 가격이 상승하여 정부의 재정수입증대나 국제수지개선 등과 같은 다양한 효과가 나타난다.

⑵ **소득효과** : 관세가 부과되어 수입이 억제되면 국내상품의 소비가 증가되어 소득과 고용이 증대되는 효과가 발생한다.

⑶ **국내소비 억제효과** : 관세가 부과되어 수입품의 가격이 상승하므로 그 상품에 대한 소비가($Q_3 Q_4$)만큼 감소된다.

⑷ **국내산업 보호효과(생산효과)** : 관세가 부과되면 수입량이 감소되어 국내산업은 보호를 받아 ($Q_1 Q_2$) 만큼의 생산을 증가시킬 수 있다.

⑸ **요소가격 변동효과** : 관세의 부과로 보호받는 산업은 생산이 증대되고, 보호받지 못하는 산업은 생산이 감소되어 산업간 생산요소의 변동 발생 ⇒ 보호받는 산업에 집약적으로 사용하는 요소가격은 상승하고 보호받지 않는 산업에 집약적으로 사용하는 요소가격은 하락하는 현상이 발생하게 되는 것이다.

⑹ **국제수지 개선효과** : 관세 부과로 수입이 억제되고 수출이 변동하지 않으면 국제수지는 개선되는데, 이때 수입탄력성이 크면 클수록 국제수지 개선효과도 크게 나타난다.

⑺ **국제무역 감소효과** : 수입재에 대한 국내생산을 늘리고 소비를 줄이므로 국제무역을 ($Q_1 Q_4 \rightarrow Q_2 Q_3$) 만큼 감소시킨다.

⑻ **후생 감소효과** : 관세의 부과는 생산과 소비 양면에 경제적 왜곡(distortion)을 가져와서 후생이 감소된다.

[소비자 잉여의 감소(□$P_1 bf P_0$) – 생산자 잉여의 증가(□$P_1 ac P_0$) – 정부수입의 증가(□$abed$) = 순후생의 감소(▷acd + ▷bef)]

사례 연구 | **소국의 관세부과 효과**

소국인 K국에서 농산물의 국내 수요곡선은 $Q_D = 100 - P$, 공급곡선은 $Q_S = P$이고, 농산물의 국제가격은 20이다. 만약 K국 정부가 국내 생산자를 보호하기 위해 단위당 10의 관세를 부과한다면, 각 잉여와 정부 재정수입의 추이는?

분석하기

• 주어진 조건을 그림으로 나타내면 다음과 같다.

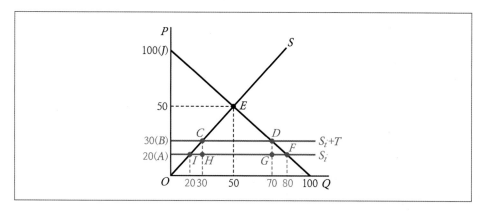

• 국제가격이 20인 경우 국제공급곡선은 S_i가 되어 이때 국내 생산자 잉여는 '삼각형 OAI'가 되고, 그 크기는 200이 된다.
• 그런데 수입농산물에 대하여 단위당 10만큼의 관세(T)를 부과하면, 국제공급곡선은 $S_i + T$가 된다. 이에 따라 국내 생산자 잉여는 '삼각형 OBC'가 되고, 그 크기는 450이 된다. 결국 정부의 수입품에 대한 관세 부과는 국내 생산자 잉여를 250만큼 증가시킨다.
• 한편 수입농산물에 대한 정부의 관세부과로 '삼각형 CHI+삼각형 DFG'만큼의 사회적 후생손실(Deadweight Loss)를 발생시킨다. 그 크기는 100이 된다.
• 앞의 결과들을 표로 정리하면 다음과 같다.

구분	소비자 잉여	생산자 잉여	정부 재정수입	사회적 총잉여
관세 부과 전	삼각형 AJF=3,200	삼각형 OAI=200	0	3,400
관세 부과 후	삼각형 BJD=2,450	삼각형 OBC=450	사각형 $CDGH$=400	3,300

수출세(export taxes)를 부과하는 이유

1. 국내 소비자 단체들이 수출 상품에 해당되는 재화의 국내가격이 오르는 것을 막으려는 정치적 압력을 행사하기 때문이다. 예를 들어, 미국 정부가 구 소련에 정치적 목적으로 곡물류를 수출하려 했을 때, 미국의 이러한 정책이 국내 곡물류의 가격을 인상시킬 것이라는 우려가 수출세와 그 외의 수출제한 조치들을 실시하도록 하는 압력으로 작용하였다.
2. 대국인 경우에 해당되는 것으로서 자국이 갖는 시장지배력(market power)을 이용하여, 세계시장에서의 공급을 감소시키고자 하는 경우이다. 세계시장에서 공급이 감소하면 해당 재화의 세계시장 가격이 오를 수 있다. 이러한 목적으로 수출세가 사용된 가장 대표적인 경우가 1970년대에 석유수출국기구(OPEC)의 석유 수출제한 조치이다.

4) 관세 부과의 효과 : 대국(large country)의 경우

(1) 대국의 의의

① 소국의 수입관세 부과는 국제가격에 영향을 미치지 못하지만, 대국이 수입관세를 부과하면 국제가격이 변하게 된다.

② 대국은 국제시장에서 시장점유율이 매우 크므로 대국의 수입관세 부과로 국제시장에서 수요가 감소하면 국제가격은 하락하게 된다.

(2) 대국의 관세 부과 효과

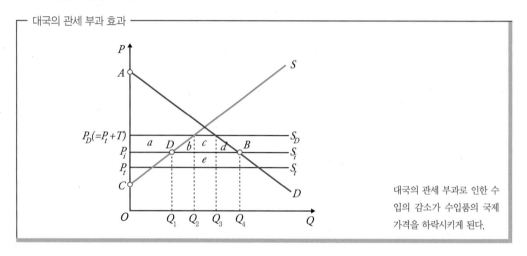

대국의 관세 부과 효과

대국의 관세 부과로 인한 수입의 감소가 수입품의 국제가격을 하락시키게 된다.

① 현재 국제가격 P_i수준에서 자유무역을 하게 되는 경우, 국내공급량은 OQ_1이고, 국내수요량은 OQ_4가 되어 수입량은 초과수요량인 Q_1Q_4가 된다. 이에 따라 소비자 잉여는 삼각형 ABP_i, 생산자 잉여는 삼각형 CDP_i가 된다.

② 대국의 수입관세 부과 결과 국제가격이 P_i에서 P_t로 하락한다고 가정하자. 이때 수입관세를 부과하면 수입품의 국내가격은 P_t에서 수입관세 T만큼 높아진 $P_D(=P_t+T)$가 된다. 그 결과 국내공급량은 Q_1에서 Q_2로 증가하게 되고, 국내 수요량은 Q_4에서 Q_3로 감소하게 된다.

③ 자유무역을 하는 경우와 비교하면 소비자 잉여는 $(a+b+c+d)$만큼 감소하게 되고, 생산자 잉여는 a만큼 증가하며, 정부의 재정수입은 $(c+e)$만큼 증가하게 된다. 결과적으로 수입관세 부과로 인한 후생 변화는 $[a+(c+e)]-[a+b+c+d]=e-(b+d)$가 되어 $e-(b+d)$만큼 사회적 후생손실이 발생한다. 그리고 여기서 e는 대국의 수입관세 부과로 인해 발생한 교역조건 개선으로 인한 이익을 의미한다.

④ 수입관세 부과에 따른 후생수준 증대 여부는 대국의 수입관세 부과로 인한 국제가격의 하락, 즉 수입재 가격의 하락의 정도에 달려 있다. 그런데 소국은 관세 부과를 통해 국제가격을 하락시킬 수 없으므로 관세부과를 통해 e만큼의 이익을 얻을 수가 없다. 따라서 소국이 단독으로 관세를 부과하면 반드시 후생수준이 감소하게 되는 것이다.

확인 TEST

대국(Large country)이 수입재에 대하여 종량세 형태의 관세를 부과할 때 대국에 미치는 영향에 대한 다음 설명 중 옳지 않은 것은?

[2011, CPA]

① 소비자 잉여는 감소한다.
② 관세 부과 후 소비자가 지불하는 가격은 관세 부과 이전 국제시장 가격에 관세를 더한 금액과 일치한다.
③ 생산자 잉여는 증가한다.
④ 대국의 사회후생은 증가할 수도 있고 감소할 수도 있다.
⑤ 소비자 잉여와 생산자 잉여의 합은 항상 감소한다.

해설 ▸ • 대국의 관세부과 효과를 그림을 통해 살펴보면 다음과 같다.

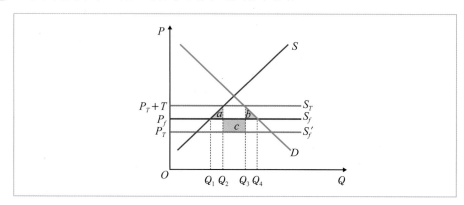

• 대국은 관세 부과를 통해 국제시장 가격(P_f)에 영향을 미칠 수 있다. 대국이 수입재에 관세(T)를 부과하면 수입이 감소하고, 이로 인해 국제시장에서 수요 감소로 인해 수입재의 국제시장 가격 자체가 'P_f'에서 P_T'로 하락하게 된다. 이에 따라 관세 부과 후 대국의 소비자가 지불하는 가격($P_T + T$)은 관세 부과 이전 국제시장 가격(P_f)에 관세(T)를 더한 금액보다 낮아지게 된다(②).

• 대국이 관세를 부과하게 되면 경제적 순손실(Deadweight loss)의 발생으로 사회후생이 반드시 감소하는 소국과는 달리, 대국에서는 관세 부과에 따른 경제적 순손실($a+b$)보다 재정 수입의 증가분(c)의 크기가 더 커지면 사회후생 자체도 증가할 수 있게 된다(④).

• 물론 관세 부과의 결과 소비자 잉여는 감소하고 생산자잉여는 증가하지만 두 가지 잉여의 합은 소국과 마찬가지로 대국에서도 감소한다.(①, ③, ⑤).

정답 ▸ ②

관세부과의 경제적 효과에 대한 일반균형분석(A국의 입장)

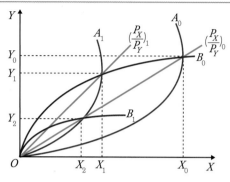

(1) A국이 관세를 부과하면 A국의 오퍼곡선은 OA_0에서 OA_1으로 이동한다.

(2) A국의 교역조건은 $\left(\dfrac{P_X}{P_Y}\right)_0$가 $\left(\dfrac{P_X}{P_Y}\right)_1$이 되어 교역조건이 개선되는 효과가 나타난다.

(3) 양국 간 교역량은 $(X_0,\ Y_0)$에서 $(X_1,\ Y_1)$으로 감소하게 된다.

(4) 만약 상대국인 B국이 A국의 관세 부과에 대한 보복관세를 부과하면 B국의 오퍼곡선은 OB_0에서 OB_1으로 이동하게 된다. 이에 따라 교역조건이 양국의 관세 부과 이전의 수준과 동일해지면 교역량은 $(X_2,\ Y_2)$로 크게 감소하게 된다.

관세의 종류

1. **재정관세** : 재정수입을 목적으로 하는 가장 전통적인 관세이다.
2. **보호관세** : 국내산업보호를 목적으로 하는 가장 일반적인 관세이다.
3. **긴급관세** : 수입이 급증하여 이와 경합하는 국내산업이 큰 피해를 입을 우려가 있을 때 국내산업보호를 목적으로 부과하는 관세이다.
4. **보복관세** : 상대국의 수입규제·보호무역을 보복하기 위한 관세이다.
5. **상계관세** : 수출국에서 수출을 장려하기 위해 실시한 재정 및 금융 지원의 크기만큼 해당 생산물에 대하여 이를 정상가격으로 회복시키기 위하여 수입국에서 부과하는 관세이다.
6. **반덤핑관세** : 수출국이 생산비 이하로 수출하여 수입국의 해당 산업이 피해를 보는 경우 수출가격과 생산비 사이의 격차만큼 부과하는 관세이다.
7. **탄력관세제도** : 3-4까지의 관세는 필요에 따라 관세장벽의 높이를 조절할 수 있다.
8. **'과학적' 관세**(the scientific tariff) : 국내외 기업들이 대등한 상태에서 경쟁할 수 있도록 국내생산비용과 해외 생산비용이 같게 되도록 부과되는 관세 ⇒ 국내외 상대가격을 일치시키고 자유무역의 토대를 파괴시킬 수 있다.

확인 TEST

상계관세에 대한 설명으로 옳은 것은?

[2010. 지방직 7급]

① 수입자유화 정책에 따라 무분별하게 수입되는 것을 방지하기 위해 부과하는 관세이다.

② 외국물품이 덤핑으로 수입될 때 이 효과를 상쇄시키기 위해 정상가격과 덤핑가격의 차액을 부과하는 관세이다.

③ 수입의 급증으로 수입국의 국내 산업이 중대한 위협을 받을 때 수입국이 해당 품목의 수입량을 규제하기 위하여 부과하는 관세이다.

④ 수출국에서 수출장려금이나 보조금을 받은 상품이 수입되어 국내 산업에 피해를 주는 경우 수입상품이 받은 혜택을 상쇄할 목적으로 부과하는 관세이다.

해설 ① 일반관세, ② 반덤핑관세, ③ 긴급관세, ④ 상계관세

정답 ④

최적관세(optimal tariff)

1. 대국에 의해 관세가 부과되면 무역량의 감소로 인한 후생 감소(자원 낭비＋소비의 왜곡)효과와 동시에 교역조건 개선으로 인한 후생 증가 효과가 동시에 발생하게 된다.

2. 후생 감소효과 보다 교역조건 개선에 따른 후생 증가 효과가 더 큰 경우, 관세 부과를 통하여 자국의 후생을 극대화할 수 있다. 이 경우의 관세를 최적 관세라고 한다.

3. 소국의 경우에는 관세부과로 인한 교역조건 개선을 기대할 수 없으므로 최적 관세는 존재하지 않는다. 소국의 경우 최적 관세는 '0'이고, 소국에게 후생극대화를 위한 최선의 선택은 자유무역이다.

확인 TEST

최적관세에 대한 설명으로 옳지 않은 것은?

[2010. 지방직 7급]

① 일국의 후생수준을 극대화하는 관세율이다.

② 무역이 중단되는 수준의 금지관세율보다 낮다.

③ 소국의 관세를 통해 교역조건을 개선할 수 없으므로 최적관세율이 0이다.

④ 일국이 최적관세율로 관세를 부과하는 경우 상대국도 그 관세를 통해 이익을 얻는다.

해설 최적 관세란 국제무역에서 자국의 후생을 극대화시키는 관세를 의미(①)하며 다음과 같이 나타낼 수 있다.

$$t = \frac{1}{E_m^* - 1}$$

(여기서 E_m^*은 외국의 수입수요의 가격탄력성이다.)

앞의 식에서 보는 바와 같이 최적 관세율은 외국의 수입수요의 가격탄력성의 크기에 의해 결정된다. 이러한 최적관세의 부과는 자국의 후생은 증가시키지만 교역상대국의 수출을 감소시키기 때문에 교역상대국의 후생은 감소하게 된다(④). 그런데 무역이 중단되면 무역을 통한 자국의 후생 증대는 의미가 없어지므로 이러한 최적관세는 무역이 중단되는 수준의 금지관세율보다는 낮은 수준에서 결정된다(②). 또한 소국은 관세 부과를 통한 교역조건을 변화시킬 수 없기 때문에 관세수단으로 자국의 후생을 증가시킬 수 없다. 따라서 소국의 최적관세율은 0이다(③).

정답 ④

5) 실효보호(관세)율(effective rate of protection)

(1) 의의

① 일반적으로 관세가 부과되면 수입재의 국내 판매가격이 상승하게 되어 국내 산업에 대한 보호효과를 가져온다. 그러나 국내 산업에 대한 보호효과는 최종생산물에 대한 관세만으로는 파악이 어렵고, 그 최종생산물을 생산하기 위해 필요한 중간재에 대한 관세까지도 고려해야 한다. 이를 위해 새로운 개념이 필요하다.

② 실효보호관세율이란 한 산업에 투입되는 생산요소에 대한 보호효과 정도를 보여주는 것으로, 관세 부과 후 그 산업에서의 생산물 한 단위당 부가가치의 증가율로 측정할 수 있다(Balassa).

(2) 사례

실효보호율(q)

$$실효보호율(q) = \frac{V'-V}{V} = \frac{T-at}{1-a}$$

(V: 과세 전 최종재의 부가가치, V': 과세 후 최종재의 부가가치, a: 수입중간재의 투입계수, T: 최종재에 대한 관세율, t: 중간재에 대한 관세율)

구분	자유 무역 가격	사례 1		사례 2		사례 3	
		관세율	가격	관세율	가격	관세율	가격
최종재(F)	100	10%	110	10%	110	10%	110
중간재(m)	60	-	60	10%	66	20%	72
부가가치($F-m$)	40		50		44		38
실효보호율	-	25%		10%		-5%	

① 최종재에 대한 관세율이 일정한 경우 중간재에 대한 관세율이 존재할수록, 또는 높을수록 실효보호율이 낮아진다.

② 실효보호율은 최종재에 대한 관세율이 높을수록, 중간재에 대한 관세율이 낮을수록 높아진다.

Q&A

천연고무를 수입하여 자동차 타이어를 만드는 산업에 있어서 천연고무 수입관세율은 10%, 자동차 타이어 수입관세율은 20%이다. 만약 천연고무의 자동차 타이어 투입계수가 0.5라고 한다면, 이때의 실효보호관세율은 얼마인가?

Solution

과세 전 최종재의 부가가치를 V, 과세 후 최종재의 부가가치를 V', 수입중간재의 투입계수=a, 최종재에 대한 관세율=T, 중간재에 대한 관세율=t라고 할 때, 실효보호관세율$(q) = \frac{V'-V}{V} = \frac{T-at}{1-a}$이다. 주어진 조건에 따라 실효보호관세율 $(q) = \frac{0.2-0.5 \cdot 0.1}{1-0.5} = \frac{0.15}{0.5} = 0.3$이 된다. 즉 실효보호관세율은 30%가 된다.

(3) 한계

① 실효보호 관세율은 일반균형분석이 아니라 부분균형분석이다. 관세가 부과되면 재화의 상대가격도 변하는 것이 일반적이다. 그런데 여기서는 관세가 부과됨에도 불구하고 생산량, 소비량, 요소집약도 등에는 변화가 없다고 전제한다.

② 실효보호 관세율은 투입계수가 일정하다고 가정한다. 그러나 관세가 부과되면 현실적으로 상대가격 변화에 따라 자원의 재분배가 이루어지며, 이로 인해 투입계수 역시 변화하게 된다.

③ 관세가 생산 및 소비에 미치는 영향을 분석하는 경우에는 실효보호관세율을 고려할 필요가 없다. 그 이유는 상대가격 변화에 직접적 영향을 주는 것은 명목관세율이기 때문이다.

 확인 TEST

자유무역 시 A국의 국내 생산자는 80달러의 수입 원모를 투입하여 생산한 옷을 국내시장에서 한 벌당 100달러에 판매하고 있다. 만약 A국이 수입 옷 한 벌당 10%의 명목관세를 부과하는 정책으로 전환한다면, A국의 국내시장 옷 가격은 100달러에서 110달러로 상승하여 A국 국내 생산자의 옷 한 벌당 부가가치는 20달러에서 30달러로 증가한다. 이때 A국 국내 생산자의 부가가치 변화율로 바라본 실효보호관세율(effective rate of protection)은?

[2016. 지방직 7급]

① 40%
② 50%
③ 60%
④ 70%

해설 • 실효보호관세율은 관세 부과로 인한 국내산업의 부가가치에 대한 보호정도를 의미한다. 결국 실효보호관세율은 관세부과로 인한 부가가치의 증가율을 말하며, 그 크기는 다음과 같이 측정된다.

$$실효보호관세율(q) = \frac{V' - V}{V} = \frac{30-20}{30} = \frac{10}{20} = 0.5 = 50\%$$

(단, 과세 전 최종재의 부가가치 = V, 과세 후 최종재의 부가가치)

 ②

개념 플러스+ 수입할당제의 효과

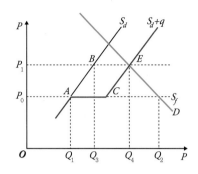

1. 초기에 국내의 수요곡선은 D이고 국내공급곡선은 S_d이며 자유무역 하에서의 세계의 공급곡선은 S_f이다. 따라서 OP_0의 국제가격이 형성되었다. 이 경우 국내생산은 OQ_1, 수입은 Q_1Q_2이다.
2. 만약 수입할당제가 실시되어 AC만큼 쿼터가 배정되면 국내공급을 포함한 새로운 공급곡선은 S_d+q로 이동하고 이때 E점에서 균형이 달성된다.
3. 이에 따라 국내 상품가격은 OP_1으로 상승하게 된다. 이때 국내생산은 OQ_1에서 OQ_3로 증가하고, 국내소비는 Q_2Q_4만큼 감소한다.
4. 사각형 $ABEC$에 해당하는 만큼 수입업자의 이익이 발생한다.
5. 한편, 수입할당제와 관세 부과의 효과를 비교하면 다음과 같다.

구분	관세 부과	수입할당제
수단	수입가격규제	수입물량규제
국내가격	상승	상승
수입량	감소	감소(할당량)
생산량	증가	증가
재정수입	증가	수입업자의 이익

관세와 수량할당의 비교

관세	수량할당
1. 수입제한은 가격기구를 이용한다.	1. 가격기구를 배제한다.
2. 상대적으로 해외의 효율적 생산지에서 공급이 이루어진다.	2. 비효율적인 국내 생산지에서 공급이 이루어진다.
3. 국내 수요 증가 시 추가적 손실은 없다.	3. 국내 수요 증가 시 국내 가격이 상승하고, 동태적으로 더욱 손해를 볼 가능성이 존재한다.
4. 해외 공급자를 차별하지 않는다.	4. 해외 공급자를 차별할 수 있다.

확인 TEST

어느 나라가 kg당 10달러에 땅콩을 수입하며, 세계 가격에는 영향을 미칠 수 없다고 가정한다. 이 나라의 땅콩에 대한 수요곡선과 공급곡선은 각각 $Q_D = 4,000 - 100P$ 및 $Q_S = 500 + 50P$로 표현된다. 수입을 500kg으로 제한하는 수입할당제를 시행할 때, 새로운 시장가격과 이때 발생하는 할당지대는? (단, Q_D는 수요량, Q_S는 공급량, P는 가격이다.)

[2016. 국가직 7급]

① 20달러, 4,000달러
② 15달러, 4,000달러
③ 20달러, 5,000달러
④ 15달러, 5,000달러

해설 • 주어진 국내 수요-공급곡선 하에서 10달러의 가격으로 개방이 이루어지면 국내수요량은 3,000, 국내 공급량은 1,000이 되어 초과수요량인 2,000만큼의 수입이 이루어진다.

• 500kg만큼의 수입할당을 실시하게 되면 국내공급곡선은 가로축으로 500만큼 이동한 '$Q_S - 500 = 500 + 50P$'가 된다. 이에 따라 기존의 국내수요곡선과 새롭게 도출된 국내공급곡선을 연립해서 풀면 국내균형가격은 20달러가 된다.

• 이 결과는 수입상이 10달러에 500kg을 수입하여 국내에서 20달러에 판매할 수 있음을 보여준다. 이에 따라 수입상은 5,000달러만큼의 할당지대를 얻을 수 있게 된다.

• 앞의 내용들을 그림으로 나타내면 다음과 같다.

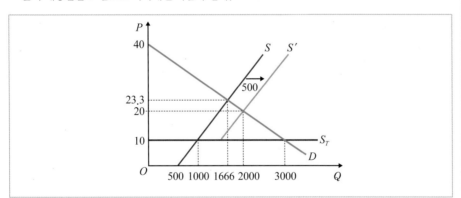

정답 ③

심화 TEST

다음 글을 읽고 〈작성방법〉에 따라 서술하시오.
[2019. 교원임용]

다음 그림은 국내의 X재 시장 상황을 나타낸다. 정부가 관세정책을 실시한 결과, X재의 국내공급량이 2,000개로 나타났다. 정부가 관세정책을 수입할당제(수입쿼터)로 변경하여 X재 수입량을 3,000개로 제한하려 한다.(단, 국내 공급곡선 및 국내 수요곡선은 직선의 형태이며, X재는 국제시장에서 국제가격으로 얼마든지 공급이 가능하다.)

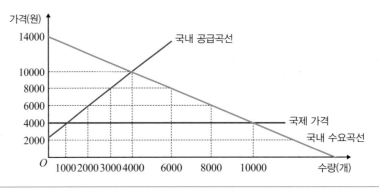

〈 작 성 방 법 〉

- 관세정책 하에서 X재 1개 당 정부가 부과한 관세가 얼마인지와 X재의 국내 수요량을 순서대로 제시할 것.
- 관세정책에서 수입할당제로 변경할 때, 이런 정책변화가 X재의 국내가격과 국내공급량에 미치는 영향을 구체적인 수치를 포함하여 서술할 것.

분석하기

- 관세:2,000원, 국내수요량:8,000개 ⇒ 정부가 관세정책을 실시한 결과, X재의 국내공급량이 2,000개가 되었다는 것은 수입 X재의 국내 판매가격이 6,000원이라는 것을 의미한다. 따라서 X재 1개 당 정부가 부과한 관세는 2,000원이 되며, 이때 국내 수요량은 8,000개가 된다.
- X재 국내가격:8,000원, 국내 공급량:3,000개 ⇒ 정부가 관세정책을 수입할당제(수입쿼터)로 변경하여 X재 수입량을 3,000개로 제한하게 되면 현재 수준의 국내 공급곡선을 오른쪽으로 3,000개만큼 이동시키는 효과를 가져 온다. 이에 따라 새로운 균형점에서 X재 국내가격은 8,000원이 되고, 국내 공급량은 3,000개가 된다.

6) 수출세

(1) 의의

① 수출세는 재화 한 단위의 수출에 대하여 일정액이나 일정세율로 부과되는 세금을 의미한다.

② 수출세는 주로 1차 상품이 수출의 대부분을 차지하는 개발도상국의 경우 재정수입 증대와 국제시장에서의 가격 조절을 위해 사용한다.

(2) 수출세 부과의 효과 - 부분균형 분석

① t%의 수출세를 부과하게 되면 다음과 같은 식이 성립한다.

$$(1+t)P_d = P_i$$

여기서 t는 수출세율, P_d는 수출재의 국내가격, P_i는 수출재의 국제가격이다.

② $t\%$의 수출세 부과에 따른 효과를 그림으로 분석하면 다음과 같다.

— 수출세 부과의 효과 —

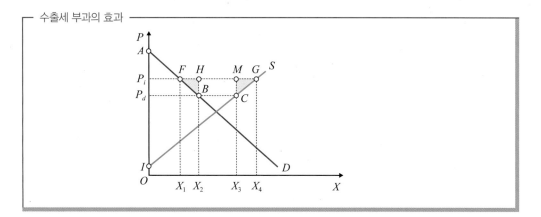

구분	수출세 부과 전	수출세 부과 후	변화
수출량	$X_4 - X_1$	$X_3 - X_2$	$-[(X_2 - X_1) + (X_4 - X_3)]$
소비자 잉여	삼각형 AFP_i	삼각형 ABP_d	$+$[사다리꼴 P_iFBP_d]
생산자 잉여	삼각형 P_iGI	삼각형 P_dCI	$-$[사다리꼴 P_iGCP_d]
재정수입	0	사각형 $HMCB$	$+$[사각형 $HMCB$]
사회적 순손실	0	$+$[삼각형 FHB+삼각형 MGC]	$+$[삼각형 FHB+삼각형 MGC]

7) 수출 보조금 지급 효과

(1) 가격과 잉여의 변화

① 국내 판매가격은 지급된 보조금만큼 상승하고, 이보다 낮은 국제가격으로 수출한다.

② 국내 소비자잉여는 감소하고 생산자잉여는 증가한다.

③ 보조금 지급에 따른 정부의 재정손실이 발생한다.

(2) 도해적 설명

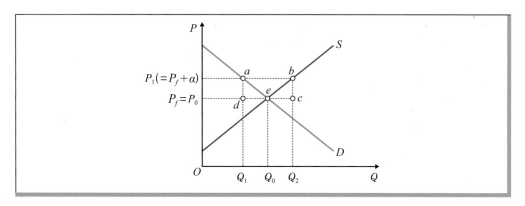

① 국내가격(P_0)과 국제가격(P_f)이 같다고 가정하자. 여기서 정부가 보조금을 α만큼 지급하게 되면, 국내가격은 국제가격에 보조금이 더 해진 '$P_f + \alpha$'가 된다. 이에 따라 국내소비는 Q_0에서 Q_1으로 감소하고, 해외에는 '$Q_1 \sim Q_2$'만큼을 P_f의 가격으로 수출하게 된다.

② 생산자의 총수입은 '국내 판매수입(사각형 $P_1 a Q_1 0$) + 해외판매수입(사각형 $Q_1 Q_2 cd$) + 수출보조금 수입(사각형 $abcd$)'이 된다. 이에 따라 생산자잉여는 보조금 지급전에 비해 '사각형 $P_1 beP_f$'만큼 증가하게 된다.

③ 소비자잉여는 보조금 지급 전에 비해 '사다리꼴 $P_1 aeP_f$'만큼 감소한다.

④ 보조금 지급에 필요한 재정손실이 '사각형 $P_1 bcP_f$'만큼 발생한다. 이 크기는 생산자잉여증가분인 '사각형 $P_1 beP_f$'에 비해 '삼각형 bce'만큼 크다. 이것이 보조금 지급에 따른 경제적 순손실(deadweight loss)이다.

확인 TEST

A국이 수출 물품에 단위당 일정액을 지급하는 보조금 정책이 교역조건에 미치는 효과에 대한 설명으로 옳은 것을 모두 고르면? (단, 다른 조건은 일정하다.)

[2013. 국가직 7급]

ⓐ A국이 대국이면, 교역조건은 악화된다.
ⓑ A국이 소국이면, 교역조건은 개선된다.
ⓒ A국이 소국이면, 국내시장에서 수출품의 가격은 상승한다.

① ㉠, ㉡   ② ㉠, ㉢
③ ㉠, ㉡, ㉢   ④ ㉡, ㉢

해설 ▶
- A국이 대국이면, 수출 보조금 지급에 따라 수출재 가격이 하락하여 교역조건이 악화되지만(㉠), 소국인 경우에는 교역조건에 영향을 미칠 수 없다(㉡).
- A국이 소국이면 수출재의 수출가격은 수출재의 국내가격에서 수출보조금을 뺀 가격이 되므로 수출재의 국내가격이 수출재의 수출가격보다 높아지게 된다(㉢).

정답 ▶ ②

수출보조금을 지급하는 경우 주의할 점

수출재인 X재에 대해 α만큼의 보조금을 지급하는 경우, 동시에 같은 크기만큼의 X재 수입에 대해서도 관세를 부과해야 한다. 왜냐하면 수입에 대해 관세를 부과하지 않으면 낮은 국제가격으로 X재를 수입한 뒤 보조금을 얻기 위한 재수출이 이루어질 수 있기 때문이다.

관세와 생산보조금 지급의 비교

관세	생산보조금
1. 가격기구를 통하여 간접적으로 국내 생산자 보호	1. 가격기구를 통하지 않고 국내 생산자 수익성에 직접적인 영향
2. 교역 상대국의 부담	2. 자국(납세자)의 부담
3. 국내가격 상승 효과	3. 국내가격 하락 효과
4. 생산 및 소비 모두에 영향	4. 생산에만 영향

┌─ 각 정책수단의 효과 비교 ─────────────────────────┐

구분	강	중	약
국내산업 보호효과	생산 보조금	관세, 수입 할당제	내국 소비세
국내소비 억제효과	내국 소비세	관세, 수입 할당제	생산 보조금
수입효과 (국제수지 개선효과)	수입 할당제	관세	생산 보조금, 내국 소비세
재정수입 증대효과	내국 소비세	관세	수입 할당제

심화 TEST

A국은 철강을 수출하는 작은 나라이다. 수출을 장려하는 것이 국익에 도움이 된다고 판단한 A국 정부는 해외로 수출되는 철강에 대해 톤(ton)당 일정액의 보조금을 지급하기로 하였다. 이러한 정책시행 이후 A국의 소비자 잉여와 총잉여에 각각 어떤 변화가 있을지 판단하시오.(단, A국의 수출량 증가는 철강의 국제가격에 아무런 영향을 미치지 못하며 수출 및 수입에 따른 제반비용은 없다고 가정한다.)

[2015. 교원임용]

분석하기

• A국 소비자 잉여 감소, 총잉여 증가
⇒ 소국인 A국이 국익에 도움이 되는 방향에서 수출 장려를 위한 수출보조금을 지급한다는 것은 현재의 국제가격 수준에서 철강을 수입할 수 없게 된다는 것을 전제한다.

---

❸ 수출 자율규제(VER : voluntary export regulation)

1) 의미

(1) *VER*은 특정 상품에 관한 수출국과 수입국과의 무역량을 일정기간 동안 일정한도까지만 거래할 것을 상호 합의하여 규정하고, 이를 초과하여 거래하는 수량에 대해서는 수입국이 자유재량으로 규제하는 제도를 말한다.

(2) 특정 수출상품의 수출량을 수입국의 암묵적인 요구에 의해서 자발적으로 일정한도에서 제한하는 것을 말한다. 만약 수출국이 이 방식을 수용하지 않으면 상대국으로부터 수입관세나 수입쿼터 등의 제한을 받을 처지에 놓여있는 경우가 대부분이기 때문에 수출국의 입장에서 '자발적'이라는 개념은 상당히 '절박한' 개념이다.

2) 경제적 효과

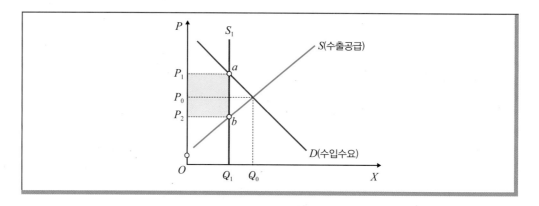

(1) 자유무역을 하는 경우 수출국은 OQ_0만큼을 $0P_0$의 가격으로 수출하는데 반하여, VER인 경우에는 수출공급곡선이 S_1이 되어, OQ_1만큼을 $0P_1$의 가격으로 수출하게 된다. 그 결과 사각형 P_1abP_2만큼의 rent를 얻게 된다.

(2) 결과적으로 VER인 경우에는 수입국에서는 수입량이 감소($Q_0 \rightarrow Q_1$)하고, 수입국 국내 시장에서 가격이 상승($P_0 \rightarrow P_1$)하게 되어 국내 생산자로 하여금 생산을 증가시킬 수 있게 해준다. 다만 이 경우 rent는 수입국이 아닌 수출국의 공급자에게 귀속이 된다.

3) 효과

(1) WTO 금지 규정을 회피하고 수출국의 자율적인 의사결정이라는 점에서 합리적이고 장기적인 효과를 유지할 수 있다.

(2) 수출국에게 rent를 얻게 해줌으로써 보복조치나 무역마찰 위험을 상호 간에 줄일 수 있게 해 준다.

(3) 수출국이 가능하면 고품질의 고가 상품을 수출하게 되어 수입국내에서 특히 저소득층에 어려움을 가져다 준다. 이러한 수출국 생산자들이 가져오는 제품의 등급 향상은 수입국에서 저소득층이 구입하는 저가의 상품들을 축출하는 결과를 가져오게 된다.

4) 다른 제도와의 비교

(1) 수입관세는 관세수입이 관세 부과국 정부의 몫이고, 수입할당제에 따른 실질적인 가격차 이익 취득혜택은 수입면허권을 부여받은 자의 몫이고, 수출자율규제에 따른 실질적인 가격인상혜택은 수출국의 생산자의 몫이 된다.

(2) 수입국의 사회후생의 손실은 수입관세와 수입할당제의 경우에는 서로 같고, 수출자율규제의 경우에는 이들 경우보다 더 크다.

┌─ 수량할당과 수출자율규제의 비교 ─────────────────────

수량할당	수출자율규제
1. 교역조건이 수입국에게 유리하다. 2. 국제시장에서 원칙적으로 모든 수출국에게 적용된다.	1. 교역조건이 수출국에 유리하고, 수출규제량이 작을 경우에는 자국의 실질소득이 오히려 증가할 수 있다. 2. 공급 자체를 직접적으로 규제하고, 가장 대표적인 수출국에게만 적용되는 차별적 제도이다.

5) 한계

(1) 실질적으로 수입국 정부나 산업의 강력한 요구 등에 의해 이루어지므로 사실상 자율적이 아니다.

(2) 비교적 단기간에 특정 상품의 수출을 증가시킨 특정국가에 대해 요구하는 차별적 성격을 갖는다.

(3) 반드시 세계의 실질소득을 감소시킨다.

 확인 TEST

수출자율규제(Voluntary Export Restraint)를 실시하는 경우 수입국 및 수출국 두 나라에 미치는 영향에 대한 설명으로 옳지 않은 것은?

[2010. 지방직 7급]

① 수입국은 별도의 규제나 제한 없이 수입물량을 줄일 수 있다.
② 수입국은 국내 생산업체로부터 보호무역주의 압력을 낮출 수 있다.
③ 수출자율규제가 관세나 수입수량제한 규제의 경우보다 수출국에게 더 유리하다.
④ 수출자율규제를 하면 관세나 수입수량제한을 규제받을 때에 비하여 수출국의 교역조건이 더 악화된다.

해설 • 수출자율규제(*VER*)란 특정 수출상품의 수출량을 수입국의 암묵적인 요구에 의해서 자발적으로 일정한 한도에서 제한하는 것을 의미한다.
• 수출국 정부는 *VER*에 해당하는 수출물량을 각 기업에게 할당하게 되고, 이러한 조치가 수출국 생산자들 간의 불필요한 경쟁을 막아 수출국 생산자들에게 쿼터 렌트(Quota rent)가 돌아가게 된다.
• 수출자율규제는 현재의 교역조건 하에서 자발적으로 '수출량'을 감소시키는 방식으로 이루어지는 것이므로 관세나 수입수량제한으로 규제를 받는 경우에 비해 교역조건이 악화될 수 없다.

정답 ④

❹ 신보호무역주의

1) 의의

(1) **개념**:1970년대 이래 증가하는 선진국 중심의 무역 제한조치

(2) **등장 배경**

① 1970년대 이후의 지속적인 세계 경제의 불황과 미국경제가 상대적 쇠퇴하고 리더십이 약화되었다.

② 일본과 아시아 신흥공업국(NICs:한국, 홍콩, 싱가포르, 대만)에 의한 급격한 수출증대로 선진국들이 구조조정을 하게 되었는데, 이 조정부담을 완화하기 위한 수단으로 보호주의를 채택하게 되었다.

2) 특징

(1) 후진국의 보호무역주의가 아니라 선진국의 보호무역주의

(2) 보호의 대상이 유치산업이 아니라 선진국의 사양산업

(3) 보호무역의 수단이 주로 비관세장벽(Non-Tariff Barried:NTB)에 의존

(4) 보호의 범위가 특정 산업이 아닌 전 산업에 걸쳐 광범위하게 확대

(5) 보호무역의 조치가 차별적·선별적으로 적용

구분	보호무역주의(유치산업보호론)	신보호무역주의
실시국가	주로 후진국의 선진국에 대한 보호무역	주로 선진국의 후진국에 대한 보호무역
보호대상	유치산업 보호	사양산업 보호
실시목적	경제발전	고용증대, 무역수지개선
실시수단	관세장벽	특수한 관세(상계관세, 반덤핑관세)들에 의한 관세장벽과 비관세장벽

Theme 95 경제통합

❶ 경제통합의 의의

지리적으로 인접한 몇 개의 국가가 동맹을 결성하여 비가맹국에 대해서는 관세 또는 기타의 무역제한을 가하고, 가맹국 상호 간에는 무역의 자유화를 꾀하며, 나아가서는 재정·금융·화폐 등 경제 전반에 걸친 상호협력을 도모하고자 하는 지역적 경제협력조직을 말한다.

❷ 경제통합의 유형(B. Balassa의 분류)

1) **자유무역협정(Free Trade Agreement : FTA)** : 가맹국 간에는 자유무역을 지향하고 비가맹국에 대하여는 독자관세를 부과하는 형태

2) **관세동맹(custom union)**

⑴ **의미** : 가맹국 사이에 관세를 완전히 철폐하고 비가맹국에 대하여는 공동 관세로 대처하는 형태

⑵ **효과**

　① **무역창출효과(trade creation effect)**

　　ⓐ 특정 상품의 생산비가 국가 간에 차이가 존재함에도 불구하고 무역이 발생하지 않는 경우, 그 상품을 생산하는 국가 사이에 관세동맹이 체결되면 무역이 발생하게 되는 효과를 의미한다.

　　ⓑ 역내 국가들 중에 가장 유리한 생산비 조건을 가지는 국가가 생산을 하여 다른 국가들과 자유로운 무역을 하게 된다. 따라서 생산은 생산비가 낮은 국가로 이동하게 되어 세계 전체로 볼 때 효율성은 향상되게 된다.

┌ 무역 창출 효과(한국에서 30% 관세 부과) ─────────────

나라	자동차 가격	30% 관세 부과시의 가격	미국과 관세동맹
한국	110원	110원	110원
미국	100원	100원+30원(관세)=130원	100원
일본	90원	90원+27원(관세)=117원	117원

		↓	↓
		수입 ×	미국으로부터 수입

　② **무역 전환 효과(trade diversion effect)** : 관세동맹이 체결되어 가맹국 상호 간에 관세가 철폐되고 비가맹국에게 관세가 부과되면, 가맹국 간의 수입가격은 비가맹국으로부터의 수입가격보다

낮아져 종래 비가맹국(효율적인 공급원)으로부터 수입하던 상품을 체결상대국(비효율적인 공급원)에서 수입하는 효과로 후생의 감소를 가져온다.

무역 전환 효과(한국에서 20% 관세 부과)

나라	자동차 가격	20% 관세 부과시의 가격	미국과 관세동맹
한국	110원	110원	110원
미국	100원	100원+20원(관세)=120원	100원
일본	90원	90원+18원(관세)=108원	108원
		⬇	⬇
		일본으로부터 수입	미국으로부터 수입

ⓒ 따라서 위의 두 가지 효과에 의해 관세동맹의 후생효과는 증가할 수도 있고, 감소할 수도 있다.

사례 연구 무역창출효과와 무역전환효과

다음 표는 A, B, C 3개국의 재화별(신발, 의류, 컴퓨터) 단위 생산비용이다.

	국가 A	국가 B	국가 C
신발	13	11	10
의류	15	18	20
컴퓨터	17	15	16

국가 A가 모든 재화에 대해 20%의 관세를 부과하는 경우에 나타나는 무역패턴과 국가 A와 국가 B가 모든 관세를 철폐하는 자유무역협정(FTA)을 체결할 때(단, 국가 C에 대해서는 20%의 관세를 유지한다), 무역창출효과(trade creation effect)가 발생하는 재화를 구하면?

분석하기

- 국가 A가 모든 재화에 대해 20%의 관세를 부과하는 경우 각 재화별 단위 생산비용은 다음과 같이 변화된다.

	국가 A	국가 B	국가 C
신발	13	11 → 13.2	10 → 12
의류	15	18 → 21.6	20 → 24
컴퓨터	17	15 → 18	16 → 19.2

따라서 국가 A는 자국 재화보다 가격이 낮은 신발만을 국가 C로부터 수입한다.
이러한 관세부과로 의류와 컴퓨터의 수입을 이루어지지 않아 국가 A의 의류 산업과 컴퓨터 산업은 보호를 받게 된다.
- 한편 국가 A와 국가 B가 모든 관세를 철폐하는 자유무역협정(FTA)을 체결할 때(단, 국가 C에 대해서는 20%의 관세를 유지한다)의 조건에 맞게 표를 정리하면 다음과 같다.

	국가 A	국가 B	국가 C
신발	13	11	10 → 12
의류	15	18	20 → 24
컴퓨터	17	15	16 → 19.2

이 결과 국가 A는 그동안 수입되지 않았던 컴퓨터를 자국보다 가격이 낮아진 국가 B로부터 새롭게 수입하는 무역창출효과가 발생하게 된다.

- 주의할 것은 국가 B로부터 신발도 수입이 되는데, 이것은 무역창출효과가 아니라 신발 수입국이 기존의 국가 C에서 국가 B로 수입국만이 바뀌는 '무역전환효과'에 해당한다.

확인 TEST

아래 그림과 같이 A국이 B국과 C국으로부터의 수입에 대해 동일한 세율의 관세를 부과하고 있었는데, B국과 관세동맹을 맺어 B국으로부터의 수입에 대해서만 관세를 철폐하였다. 이때 A국의 사회후생의 순변화를 옳게 나타내고 있는 것은? (단, P_B=B국의 가격, P_C=C국의 가격, t=관세율)

[2004, 행시]

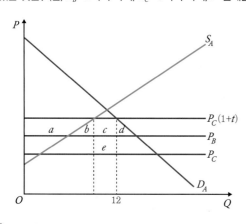

① $a+b+c+d$

② $a+b+c+d-e$

③ $b+c+d-e$

④ $b+d-e$

⑤ $c+e-b-d$

해설 수입에 대해 B국과 C국에 동일한 세율의 관세를 부과하고 있는 상황에서는 B국보다 효율적으로(낮은 비용으로) 생산하고 있는 C국으로부터 $P_C(1+t)$의 가격 수준으로 수입이 이루어지고 있다. 그런데 A국이 B국과 관세동맹을 맺어 B국으로부터의 수입에 대해서만 관세를 철폐하게 되면 C국으로부터의 수입 가격 $P_C(1+t)$보다 B국의 가격(P_B)이 더 낮게 되어 수입 상대국은 C국에서 B국으로 바뀌게 된다. 이러한 과정 속에서 나타난 변화를 정리해 보면 다음과 같다.

- $P_C(1+t)$의 가격 수준에서 C국으로부터 수입하던 것이 P_B의 가격 수준으로 B국으로부터의 수입이 이루어지면 수입이 증가하여 소비자 잉여는 이전에 비해 $a+b+c+d$만큼 증가하고, 생산자 잉여는 a만큼 감소하게 된다.
- C국으로부터 수입을 하는 경우 얻을 수 있었던 정부의 관세수입 $c+e$만큼이 사라지게 된다.
- 결국 무역 상대국이 C국으로부터 B국으로 전환된 결과 $(a+b+c+d)-a-(c+e)=b+d-e$만큼의 사회 후생의 변화가 나타나게 된다.

정답 ④

┌─ 관세동맹의 동태적 효과

H. G. Johnson과 M. Truman은 관세동맹의 정태적 효과보다는 동태적 효과를 강조하였다. 이들에 따르면 바람직한 동태적 효과로는 ① 시장의 확대에 따른 규모의 경제, ② 경쟁원리, ③ 외부경제의 발생, ④ 기술 향상의 가속화, ⑤ 불확실성의 감소 등이 있다.

3) **공동시장(common market)**: 관세의 완전철폐 및 공동관세 적용에서 한 걸음 더 나아가 생산요소의 자유로운 이동까지 허용하는 형태

4) **경제동맹(economic union)**: 가맹국 간의 관세의 철폐와 생산요소의 자유로운 이동은 물론 가맹국 간의 대내적인 재정금융정책에서도 상호협력이 이루어지는 형태

5) **완전경제통합**: 초국가적 기구를 설립하여 그 기구로 하여금 회원국의 통일된 금융·재정 및 기타 사회정책들을 결정하게 하는 하나의 단일화된 경제로 통합되는 것

특징 / 종류	가맹국 간의 관계	비가맹국과의 관계
자유무역지역	완전한 관세철폐	독자적인 관세 부과
관세동맹	완전한 관세철폐	공동관세 부과
공동시장	관세철폐 및 생산요소의 이동까지 허용	공동관세 부과
경제동맹	관세철폐+생산요소의 자유로운 이동+재정금융정책의 협조	
완전경제통합	경제의 모든 면에서 한 국가로 통일	

❸ 경제통합의 효과

1) 비가맹국의 경제자원이 무역이 전환되기 이전보다 덜 효율적으로 이용될 수 있기 때문에 비가맹국의 후생은 감소될 수 있다.

2) 무역을 창출시키는 경제통합은 오로지 무역창출만을 발생시켜 가맹국 및 비가맹국의 후생은 확실하게 증가하는 반면, 무역을 전환시키는 경제통합은 무역창출과 무역전환을 모두 발생시켜 가맹국의 후생은 증가할 수도 있고 감소할 수도 있다.

Theme
96

국제수지론

❶ 국제수지

1) **국제수지(balance of payment)의 의의**: 일정 기간 동안에 한 나라 거주자와 다른 나라 거주자 사이에 이루어진 모든 경제적 거래에서 수취외화로부터 지급외화를 뺀 것을 말한다.

2) **국제 수지의 구성**

구분		수입	지급
경상 수지	상품(재화)수지	재화의 수출	재화의 수입
	서비스수지	운수·여행·통신·보험·특허권 등 각종 서비스의 수출	운수·여행·통신·보험·특허권 등 각종 서비스의 수입
	소득수지	우리나라의 거주가가 국외에서 얻은 임금·이자·배당금의 수입	외국의 거주자가 국내에서 얻은 임금·이자·배당금의 지급
	경상이전수지	외국으로부터 받은 무상 증여	외국에 대한 무상 증여
자본-금융 계정	자본계정	외국의 거주자가 우리나라에 자본이전 과 특허권·상표권 등에 투자한 금액	우리나라의 거주자가 국외에 자본이전 과 특허권·상표권 등에 투자한 금액
	금융계정	외국의 거주자가 우리나라에 직접 투자·증권투자·기타 투자한 금액	우리나라의 거주자가 국외에 직접 투자·증권투자·기타 투자한 금액

확인 TEST

여러 가지 국제거래와 해당 거래가 국제수지에 미치는 영향의 조합으로 옳은 것은?

[2004, 행시]

① 국내기업이 중국에 있는 자회사로부터 배당금을 수령했다 → 자본수지 개선
② 외국에 자동차를 수출하고 대금을 달러화로 받았다 → 경상수지 악화
③ 국내기업이 해외 연수를 하며 여행경비를 지불했다 → 경상수지 악화
④ 해외 원조로 1,000만 달러를 지출했다 → 경상수지 개선

해설 ▶ 국내기업이 해외 연수를 하면 지불한 여행경비는 경상수지인 서비스 수지 적자 요인이다.
① 소득수지(경상수지) 개선
② 상품수지(경상수지) 개선
④ 경상이전수지(경상수지) 악화

정답 ▶ ③

┌── 국제수지와 국제대차의 차이 ──

국제 수지	국제 대차
• 일정 기간 동안 한 나라의 거주자와 외국의 거주자 사이에 이루어진 경제적 거래 • 한 나라의 대외 거래의 성과를 파악할 수 있게 한다. • 유량 개념	• 일정 시점에서 한 국가가 다른 국가에 대하여 가지고 있는 채권·채무의 잔고 • 특정 국가가 채권국인지 채무국인지를 나타내준다. • 저량 개념

3) 국제수지 항등식과 중앙은행의 대차대조표

⑴ 국제수지 항등식

① 국제수지표는 경상수지, 자본계정, 금융계정, 준비자산 증감, 오차 및 누락 등으로 구성된다. 만약 오차 및 누락이 없다고 가정한다면, 국제수지 항등식은 다음과 같다.

> 경상수지 + 자본계정 + 금융계정(준비자산 제외) − 준비자산 증가 + 준비자산 감소 ≡ 0

앞의 식에서 준비자산 증가인 경우에 앞의 부호가 (−)인 경우는 항등식을 만들기 위한 인위적인 방법이다. 예컨대 다른 모든 조건이 일정한 상태에서 경상수지가 흑자가 되면 준비자산은 증가하게 되는데, 모든 항목의 합이 '0'이 되기 위해서는 비록 준비자산은 증가했지만 부호를 (−)로 해야만 항등식이 성립할 수 있기 때문이다. 준비자산 감소인 경우에 앞의 부호가 (+)인 경우는 그 반대로 이해하면 된다.

② 앞의 항등식을 기초로 국제수지는 다음 식으로 정리할 수 있다.

> 국제수지 ≡ 경상수지 + 자본계정 + 금융계정(준비자산 제외) ≡ 준비자산 증가

이를 통해 국제수지가 흑자가 되면 준비자산은 증가하게 되고, 국제수지가 적자가 되면 준비자산은 감소하게 됨을 확인할 수 있다. 여기서 준비자산은 중앙은행의 외환보유고로 이해하면 된다.

(2) 중앙은행의 대차대조표

① 구성

자산	부채		자산	부채
국내자산 외화자산	국내부채 본원통화 통화안정증권 외화부채	또는	순국내자산 순외화자산	본원통화 통화안정증권

② 앞의 표에서 볼 수 있는 것처럼 다음 식이 성립한다.

$$순국내자산 + 순외화자산 = 본원통화$$

만약 중앙은행이 보유하고 있는 순국내자산을 'NDA' 순외화자산을 'NFA', 본원통화를 'H'라고 하고, 이들의 변화분으로 앞의 식을 변형하면 다음과 같이 나타낼 수 있다.

$$\Delta NDA + \Delta NFA = \Delta H$$

┌─ **외환보유액(foreign exchange holdings)** ─────────────

일국의 통화당국이 대외지급수단으로 보유하고 있는 외화자산으로서 일정시점에서 포착하는 저량(stock) 개념이다. 외환보유액은흔히 일국의 대외지불능력의 척도로 해석되는데 한 나라의 수출입이 안정적일수록, 대외차입의 규모가 적을수록, 국제금융시장에서의 공신력이 높을수록, 외환보유의 적정수준은 낮아도 된다.

$$기말\ 외환보유액 = 기초\ 외환보유액 + 기간\ 중\ 준비자산\ 증감 + 환율변동에\ 의한\ 자산증감$$

└──────────────────────────

❷ 경상수지 흑자의 장·단점

1) 장점

⑴ 수출을 통해 늘어나는 소득과 일자리가 수입을 통해 줄어드는 소득과 일자리보다 크게 되고 따라서 전체적으로는 그만큼 국민소득이 늘어나고 고용이 확대된다.

⑵ 수출을 통해 벌어들인 외화로써 외채를 상환할 수 있게 되어 외채규모를 줄일 수 있음으로써 국가신용도를 높일 수 있게 된다.

⑶ 흑자국은 무역 마찰을 피하기 위해서 해외에 직접투자를 늘려나갈 수 있다.

⑷ 국내공급이 부족하여 물가상승 압력이 있을 경우에는 수입을 부담없이 늘려갈 수 있으므로 국내물가를 보다 쉽게 안정시킬 수 있다.

⑸ 국내경기가 침체하여 경기부양책을 실시하고자 할 때에도 소득이 증가함에 따라 유발되는 수입 증가를 염려하지 않아도 되므로 확대정책을 실시하기가 용이해 진다.

2) 단점

(1) 흑자국은 실업이 감소하고 적자국은 실업이 증가하는 경향이 있다. 이에 따라 흑자국은 적자국으로 실업을 수출한다는 비난을 받을 수 있다.

(2) 국내 통화량의 증가로 인해 물가상승의 압력을 받게 된다.

(3) 교역 상대국과의 무역마찰이 발생하게 된다.

확인 TEST

다음은 A국의 2019년 3월 경상수지와 4월에 발생한 모든 경상거래를 나타낸 것이다. 전월 대비 4월의 경상수지에 대한 설명으로 옳은 것은?

[2019, 국가직 7급]

경상수지 (2019년 3월)	상품 수지	서비스 수지	본원소득 수지	이전소득 수지
100억 달러	60억 달러	20억 달러	50억 달러	−30억 달러

2019년 4월 경상거래

- 상품 수출 250억 달러, 상품 수입 50억 달러
- 해외 투자로부터 배당금 80억 달러 수취
- 지진이 발생한 개도국에 무상원조 90억 달러 지급
- 특허권 사용료 30억 달러 지급
- 국내 단기 체류 해외 노동자의 임금 20억 달러 지불
- 외국인 여객 수송료 10억 달러 수취

① 상품 수출액은 150억 달러 증가하였다.
② 경상수지 흑자 폭이 감소하였다.
③ 서비스수지는 흑자를 유지하였다.
④ 본원소득수지는 흑자 폭이 증가하였다.

해설 • 4월에 발생한 경상거래를 분류하면 다음과 같다.

2019년 4월 경상거래

- 상품 수출 250억 달러, 상품 수입 50억 달러 ⇒ 상품수지
- 특허권 사용료 30억 달러 지급 ⇒ 서비스수지
- 해외 투자로부터 배당금 80억 달러 수취 ⇒ 본원소득수지
- 국내 단기 체류 해외 노동자의 임금 20억 달러 지불 ⇒ 본원소득수지
- 지진이 발생한 개도국에 무상원조 90억 달러 지급 ⇒ 이전소득수지
- 외국인 여객 수송료 10억 달러 수취 ⇒ 서비스수지

• 이를 전제로 4월에 발생한 경상거래를 표로 정리하면 다음과 같다.

경상수지 (2019년 3월)	상품 수지	서비스 수지	본원소득 수지	이전소득 수지
150억 달러	200억 달러	−20억 달러	60억 달러	−90억 달러

① 3월 자료에서 상품수지는 60억 달러만큼 흑자라는 것을 알 수 있을 뿐, 상품수출액과 상품수입액의 구체적인 크기는 알 수 없다. 따라서 3월 대비 4월의 상품수출액의 증감 크기는 알 수 없다.

② 경상수지 흑자 폭이 3월 대비 100억 달러에서 150억 달러로 50억 달러만큼 증가하였다.

③ 서비스수지는 3월에는 흑자였으나 4월에는 적자로 전환되었다.

④ 본원소득수지는 흑자 폭이 3월 대비 50억 달러에서 60억 달러로 10억 달러만큼 증가하였다.

정답 ④

경상수지의 적자와 흑자의 의의는?

"경상수지 적자는 나쁜 것인가?"

일반적으로 경상수지 적자는 현재 경제상황의 비관적 요소나 장래에 대한 암울한 전망으로 인식된다. 경상수지 적자는 자국 기업들의 생산성이 낮으므로 외국기업에 비해서 경쟁력이 취약함을 나타내는 증거로 간주한다. 일부에서는 외국 정부의 인위적인 불공정 무역정책을 통하여 자국 시장을 잠식한 결과로 간주하기도 한다.

경제학자들은 경상수지 적자를 그 나라의 경제적 역량인 소득 이상으로 소비한 결과로 본다. 민간부문이 과도하게 해외 사치품을 수입하거나 정부부문이 조세수입을 초과해서 정부지출을 확대할 경우 경상수지는 악화된다. 경상수지 적자는 외국에서 차입한 외환이나 정부가 보유한 외환으로 보전해야 한다. 마치 개인의 지출이 수입을 초과하는 경우에 개인의 저축이나 차입에 의해서 해결하는 원리와 같다.

경상수지 적자가 지속적이고 우려할 수준에 이르면 해외로부터의 차입은 어려워지고, 기존의 채권자 가운데 일부는 투자금을 회수하기 시작한다. 이러한 상태에서는 기존 채무의 연장도 어려워지고 신규차입은 더욱더 불가능해진다. 해외차입이 어려워지면 결국은 정부가 보유한 비상금인 외환보유액을 사용해야 한다. 이때 정부가 보유한 외환보유액마저 고갈되면 기존에 차입한 외채에 대한 지급불능이나 국가부도의 사태에 이르게 된다. 국민경제는 도탄의 상황에 이르게 되는 것이다. '경상수지 적자가 나쁘다'는 일반적인 인식이 형성된 근거이다.

그러나 경상수지 적자에 대한 다른 시각도 존재한다. 경상수지 적자가 반드시 외환위기나 국가부채 지급정지를 초래하는 것은 아니라는 관점이다. 기업이나 정부가 생산의 효율성을 제고하기 위하여 물적 자본에 투자하는 경우에 경상수지는 악화되거나 적자로 반전할 수 있다. 정부가 도로 항만과 같은 사회간접자본에 투자하거나 자연자본에 대한 접근성을 높이는 저장소 건설에 투자하거나 기업이 신기술을 생산에 적용하기 위한 투자는 미래의 성장 동력이 된다. 이론적으로 보면 이러한 투자의 결과가 해외수출로 이어져 더 많은 상품과 서비스의 생산이 가능해진다. 결국 일시적인 경상수지 적자가 부족한 투자재원을 확충한 것이라면 확충된 투자의 결과로 얻어지는 수출의 확대로 경상수지 적자는 흑자로 반전될 수 있다.

결국 경상수지 적자는 적자를 초래한 내용이 중요하다. 미래의 성장이 가능한 투자의 결과로 발생한 경상수지 적자는 흑자로 반전이 가능하다. 그러나 성장 동력으로 작용할 수 없는 사치품의 수입이나 재정적자의 확대로 인한 경상수지 적자의 지속적인 누적은 경제위기로 귀착된다. 미국처럼 자국통화로 차입하는 경우에는 국가부도 사태는 면할 수 있지만 기축통화로의 달러화의 위치가 흔들릴 비싼 비용을 지불해야 할 가능성을 배제하기 어렵다.

"경상수지 흑자는 좋은 것인가?"

외환위기를 경험한 대부분의 신흥국가의 정책입안자에게는 경상수지 적자가 가장 경계해야 할 부분이다. 따라서 이들 국가의 정책입안자들은 경상수지의 흑자 시현에 정책적 우선순위를 두고 있다. 경상수지의 흑자로 축적한 외환보유액은 국가의 신용등급을 향상시키고 외국투기자금의 공격을 차단할 수 있는 유익한 버팀목이기도 하다. 그러나 경상수지 흑자와 해외자본의 유입은 인플레이션을 초래하거나 자국통화의 평가절상(환율의 하락)으로 귀결된다. 또한 축적된 해외자산은 자산 및 부동산 거품을 초래하기도 한다. 1982년 이후 일본의 거대한 경상수지 흑자는 일본경제에 거품을 생성했고, 나중에 아시아 전역 거품경제의 원인이 되었다.

❸ 지출변경정책과 지출전환정책

1) 의의

(1) 지출변경정책(expenditure changing policy)

① 국제수지가 적자인 경우 국민경제의 총지출 크기를 직접적으로 억제함으로써 수입을 감소시키고, 또한 수출상품에 대한 국내수요를 줄여 수출을 증대시킴으로써 국제수지 균형을 달성하려는 정책을 말한다.

② 재정·금융정책이 대표적인 정책수단이다. ⇒ 총수요 관리정책

(2) 지출전환정책(expenditure switching policy)

① 총지출(총수요) 규모의 변경 없이 국제시장에서 수출품의 상대가격을 인하하고 국내시장에서 수입품의 상대가격을 인상시킴으로써 국민경제의 수입을 위한 지출의 일부와 외국의 자국 및 제3국에 대한 지출의 일부를 국내생산물에 대한 지출로 전환시켜 국제수지 균형을 달성하고자 하는 정책이다. 즉, 총지출의 구성에 영향을 끼치는 것이다.

② 환율인상, 관세부과, 수입할당제, 수출보조금제도, 외환에 대한 통제 등의 정책수단이 있다. ⇒ 환율정책

확인 TEST

지출전환정책(expenditure switching policy)의 수단이 아닌 것은?

[2010, 지방직 7급]

① 관세
② 통화정책
③ 평가절하
④ 수출보조금

해설 ┃ 지출전환정책은 국제수지의 적자가 확대되는 경우에 국제시장에서 수출품의 상대가격을 인하하고 수입품의 상대가격을 인상시킴으로써 자국민의 수입을 위한 지출의 일부와 외국의 자국 및 제3국에 대한 지출의 일부를 국내생산물에 대한 지출로 전환시켜 국제수지 균형을 달성하고자 하는 정책이다. 즉 총지출의 구성에 영향을 끼치는 것을 내용으로 한다. 여기에는 환율인상, 관세부과, 수입할당제, 수출보조금제도 등의 정책수단이 사용된다.

반면에 지출변경(조정)정책은 국제수지의 적자가 확대되는 경우에 국민경제의 총지출 크기를 직접적으로 억제함으로써 수입을 감소시키고, 수출상품에 대한 국내 수요를 줄여 수출을 증대시킴으로써 국제수지 균형을 달성하고자 하는 정책이다. 재정정책과 금융(통화)정책이 대표적 정책수단이다.

정답 ┃ ②

❹ 개방경제하에서의 대내외 동시균형 달성

1) 개방경제 균형을 위한 정책수단

⑴ **대내외 균형의 의의** : 대내균형이란 정책당국의 판단에 따라 허용할 수 있는 고용수준과 물가수준이 유지되는 상태로 일반적으로는 완전고용상태를 의미한다. 이에 반하여 대외균형이란 국제수지균형을 의미한다.

⑵ **정책수단**

① **재정정책** : 정부지출의 조절을 통해 총수요의 변화를 도모하는 정책을 말한다.

② **금융정책** : 이자율 조절을 통하여 자본유출과 자본유입을 기대하는 정책을 말한다.

⑶ **정책목표와 정책수단** : 독립적인 정책목표를 달성하기 위해서는 적어도 정책목표와 동일한 수의 정책수단이 필요하다 ⇒ 틴버겐(J. Tinbergen)의 정리.

2) 고정환율제도 하에서 대내외 동시균형 달성을 위한 정책 배합

⑴ **유효시장 구분의 원칙**(principle of effective market classification) − R. Mundell

① **의미** : 대내균형과 대외균형을 동시에 달성하기 위한 가장 효과적인 정책수단의 배합(policy mix)에 관한 원칙을 말한다. 이때 각 정책수단은 상대적으로 가장 효과적인 영향을 미칠 수 있는 정책목표에 배정되어야 한다는 것을 내용으로 한다.

② **가정**

ⓐ 자본이동이 완전히 자유롭다.

ⓑ 대내균형은 물가안정 하에서 완전고용, 대외균형은 국제수지(＝경상수지＋자본수지) 균형을 의미한다.

ⓒ 정책수단으로는 재정정책과 금융정책이 사용된다.

ⓓ 금융정책은 통화량 조절이 아닌 이자율 조절을 내용으로 한다.

③ **정책 배합**

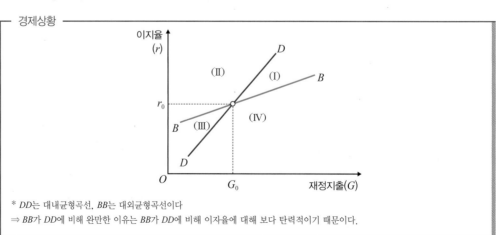

경제상황

* DD는 대내균형곡선, BB는 대외균형곡선이다
⇒ BB가 DD에 비해 완만한 이유는 BB가 DD에 비해 이자율에 대해 보다 탄력적이기 때문이다.

국면	상황	정책 배합
I	대내 : 실업 대외 : 국제수지 흑자	실업 ⇒ 확장적 재정정책 ⇒ 완전고용 ⇒ 대내균형 달성 국제수지 흑자 ⇒ 확장적 금융정책 ⇒ 국제수지 균형 ⇒ 대외균형 달성
II	대내 : 실업 대외 : 국제수지 적자	실업 ⇒ 확장적 재정정책 ⇒ 완전고용 ⇒ 대내균형 달성 국제수지 적자 ⇒ 긴축적 금융정책 ⇒ 국제수지 균형 ⇒ 대외균형 달성
III	대내 : 인플레이션 대외 : 국제수지 적자	인플레이션 ⇒ 긴축적 재정정책 ⇒ 물가안정 ⇒ 대내균형 달성 국제수지 적자 ⇒ 긴축적 금융정책 ⇒ 국제수지 균형 ⇒ 대외균형 달성
IV	대내 : 인플레이션 대외 : 국제수지 흑자	인플레이션 ⇒ 긴축적 재정정책 ⇒ 물가안정 ⇒ 대내균형 달성 국제수지 흑자 ⇒ 확장적 금융정책 ⇒ 국제수지 균형 ⇒ 대외균형 달성

— 정책 배합 전개 경로 : 경제가 ($III-\alpha$)에 있는 경우 —

실업 ⇒ 확장적 재정정책 ⇒ 재정지출 확대($a{\rightarrow}b$) ⇒ 대내균형 달성, 국제수지 적자
⇒ 긴축적 금융정책 ⇒ 이자율 상승 ⇒ 자본유입($b{\rightarrow}c$) ⇒ 국제수지 균형 ⇒ 실업 발생 ⇒ ……

앞에서 나타난 정책배합을 계속하게 되면 궁극적으로 E점에 도달($a{\rightarrow} b \rightarrow c \rightarrow \cdots\cdots \rightarrow E$)하여 대내균형과 대외균형을 동시에 달성하게 된다.

(2) 스완(Swan) 모형

① 의미 : 지출전환정책과 지출변동정책을 통해 대내외 동시 균형 달성을 목표로 한다.

② 가정

ⓐ 자본이동이 불가능하다고 가정한다.

ⓑ 대내균형은 물가안정 하에서 완전고용, 대외균형은 경상수지 균형만을 의미한다.

ⓒ 정책수단으로 지출전환정책은 환율정책, 지출변동정책은 재정정책을 사용한다.

③ 정책 배합

경제상황

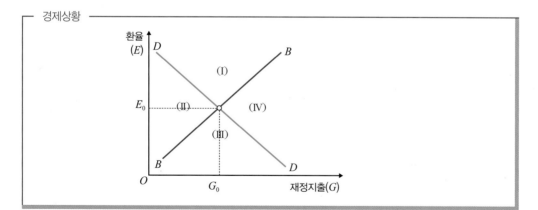

국면	상황	정책 배합
Ⅰ	대내:인플레이션 대외:경상수지 흑자	인플레이션 ⇒ 긴축적 재정정책 ⇒ 물가안정 ⇒ 대내균형 달성 경상수지 흑자 ⇒ 평가절상 ⇒ 경상수지 균형 ⇒ 대외균형 달성
Ⅱ	대내:실업 대외:경상수지 흑자	실업 ⇒ 확장적 재정정책 ⇒ 완전고용 ⇒ 대내균형 달성 경상수지 흑자 ⇒ 평가절상 ⇒ 경상수지 균형 ⇒ 대외균형 달성
Ⅲ	대내:실업 대외:경상수지 적자	실업 ⇒ 확장적 재정정책 ⇒ 완전고용 ⇒ 대내균형 달성 경상수지 적자 ⇒ 평가절하 ⇒ 경상수지 균형 ⇒ 대외균형 달성
Ⅳ	대내:인플레이션 대외:경상수지 적자	인플레이션 ⇒ 긴축적 재정정책 ⇒ 물가안정 ⇒ 대내균형 달성 경상수지 적자 ⇒ 평가절하 ⇒ 경상수지 균형 ⇒ 대외균형 달성

3) 변동환율제도 하에서 대내외 동시균형 달성을 위한 정책 배합

(1) 가정

① 자본이동이 완전히 자유롭다.

② 대내균형은 완전고용, 대외균형은 국제수지 전체가 아닌 경상수지만의 균형을 의미한다.

③ 정책수단으로는 재정정책과 금융정책이 사용된다.

④ 금융정책은 통화량 조절이 아닌 이자율 조절을 내용으로 한다.

(2) 정책 배합

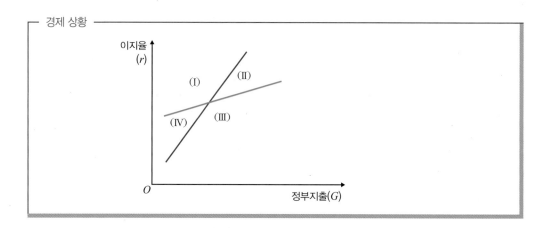

국면	상황	정책 배합
Ⅰ	대내:실업 대외:경상수지 흑자	실업 ⇒ 확장적 금융정책 ⇒ 완전고용 ⇒ 대내균형 달성 경상수지 흑자 ⇒ 확장적 재정정책 ⇒ 경상수지 균형 ⇒ 대외균형 달성
Ⅱ	대내:인플레이션 대외:경상수지 흑자	인플레이션 ⇒ 긴축적 금융정책 경상수지 흑자 ⇒ 긴축적 금융정책
Ⅲ	대내:인플레이션 대외:경상수지 적자	인플레이션 ⇒ 긴축적 금융정책 ⇒ 물가안정 ⇒ 대내균형 달성 경상수지 적자 ⇒ 긴축적 재정정책 ⇒ 경상수지 균형 ⇒ 대외균형 달성
Ⅳ	대내:실업 대외:경상수지 적자	실업 ⇒ 확장적 금융정책 ⇒ 완전고용 ⇒ 대내균형 달성 경상수지 흑자 ⇒ 확장적 금융정책 ⇒ 국제수지 균형 ⇒ 대외균형 달성

Q&A

다음 그림은 재정정책 및 금융정책의 정책 혼합에 의해 대내균형과 대외균형을 달성하는 것을 나타낸다. 점 A에서 현재의 경제상황은?

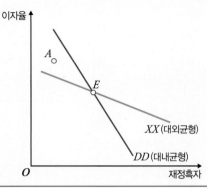

Solution

점 A는 대내균형수준에 비해 이자율이 낮은 경우이므로 총수요가 균형수준에 비해 큰 경우이고 이에 따라 인플레이션이 나타난다. 또한 점 A는 대외균형수준에 비해 이자율이 높은 경우이므로 자본수지가 개선되어 국제수지가 흑자 상태임을 의미한다.

심화 TEST

다음 그래프의 A점은 국내균형(완전고용)과 대외균형(국제수지균형) 측면에서 어떤 경제 상태에 있는지 서술하고, 재정정책과 통화정책을 활용하여 A점이 균형점 E에 도달하는 과정을 설명하시오.(단, 고정환율제도를 가정한다.)

[2016, 교원임용]

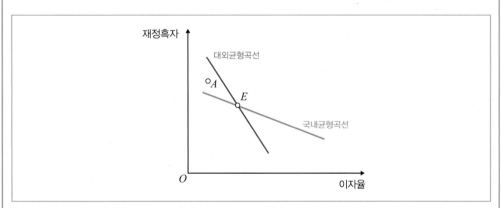

분석하기

• 국내 : 경기침체, 대외 : 국제수지 적자 ⇒ 현재 A점에서는 국내균형(완전고용)을 달성하기 위해 필요한 재정흑자 수준에 비해 높은 상태이다. 이것은 완전고용을 위해 필요한 재정적자(지출)가 부족하다는 것을 의미한다. 따라서 현재 국내 경제는 실업이 존재하는 경기침체 상태이다. 또한 A점은 대외균형(국제수지균형)을 달성하기 위해 필요한 이자율 수준에 비해서는 낮은 상태이다. 따라서 국제수지는 자본유출로 인해 적자 상태이다.

• 국내균형을 달성하기 위해 확장적 재정정책으로 재정지출을 늘리면 국내균형곡선을 향해 움직이게 되고, 대외균형을 달성하기 위해 긴축적 통화정책으로 이자율을 상승시키면 대외균형곡선을 향해 움직이게 된다. 이러한 과정이 반복되면서 경제는 A점에서 E점을 향해 움직이게 된다.

환율

❶ 환율의 의의

1) 외환의 의미

(1) 외국의 화폐(외화)와 외국에 대하여 외화를 청구할 수 있는 모든 유가증권

(2) 현금인 외화만이 아니라 외화표시 어음, 외화표시 지불지시서(전신환, 우편환 등) 등이 모두 포함
⇒ 거래 당사자와 은행의 3자 간의 채권채무 관계를 명확하게 한 외국환어음이 가장 많이 쓰이는 외환이다.

2) 명목환율(nominal exchange rate)

(1) 의미

① 자국화폐와 외국화폐의 교환 비율을 말한다. ⇒ 환시세

② 일반적으로 환율이라 함은 이러한 명목환율을 의미한다.

(2) 환율의 표시방법

① 자국화폐 표시시세(지불계정시세) ⇒ ex) 1$=1,000W

② 외국화폐 표시시세(수취계정시세) ⇒ ex) 1W=1/1,000$

(3) 앞의 표시방법(①)에서 환율(e) 변동의 의미

① (지불)환율인상 : 외환가격의 상승, 자국화폐의 대외가치의 하락, 평가절하 등을 의미

② (지불)환율인하 : 외환가격의 하락, 자국화폐의 대외가치의 상승, 평가절상 등을 의미

 서로 다른 화폐를 사용하는 나라 사이에는 어떻게 거래할까?

"지구상에는 200개국이 훨씬 넘는 국가들이 존재한다. 그리고 그 나라들은 자신의 고유한 화폐를 사용하고 있다. 그렇다면 서로 다른 화폐를 사용하는 나라 사이에 무역을 하면서 필요한 대금결제를 하고자 할 때 고려해야 하는 요소는 무엇인가?"

외환시장은 주요국의 화폐가 상품으로서 거래되는 시장을 말하며, 여기서 각 화폐 간의 교환비율이 결정된다. 이것이 곧 환율(Exchange rate : E)이다. 그런데 환율을 화폐 간의 교환비율로 이해하는 것보다는 화폐의 가격으로 이해하는 것이 더 이해하기 쉽다. 예를 들어 사이다 시장에서는 사이다 가격이 결정되고 사이다가 비싸면 사이다를 사려는 사람이 줄어들 것이다. 노동시장에서는 노동의 가격, 즉 임금이 결정되고 임금이 비싸면 노동을 고용하려는 사람이 줄어들 것이다. 마찬가지로 $가 거래되는 외환시장($ 시장)에서는 $가격이 결정되고 $가격이 비싸면 $를 가지고 해야 하는 일이 줄어드는 것이다.

이제 환율을 나타내는 방법을 알아보자. 환율은 기본적으로 두 종류의 화폐 간 상대가격이므로 이것을 나타내는 방법도 두 가지가 존재한다.

미국의 $와 영국의 £를 전제하면, 첫째,

$$E = \frac{\$2}{\pounds 1}$$

이렇게 표시된 환율(E)은 £1당 $2를 의미하므로 £의 가격을 나타내고 있다. 이렇게 표시된 환율을 '아메리칸 텀(American term)'이라고 부른다. 그 이유는 이렇게 표시된 환율은 £의 가격이므로 영국 사람들보다는 미국 사람들에게 의미 있는 환율이기 때문이다. 미국 사람들에게는 £의 값이 의미가 있지, 자국화폐인 $의 가격은 아무런 의미가 없는 것이다.

둘째,

$$E = \frac{\pounds 0.5}{\$1}$$

이렇게 표시된 환율(E)은 $1당 £0.5를 의미하므로 $의 가격을 나타내고 있다. 이렇게 표시된 환율을 '유러피안 텀(European term)'이라고 부른다. 그 이유는 이렇게 표시된 환율은 $의 가격이므로 미국 사람들 보다는 영국 사람들에게 의미 있는 환율이기 때문이다. 영국 사람들에게는 $의 값이 의미가 있지, 자국화폐인 £의 가격은 아무런 의미가 없는 것이다.

마찬가지로 우리도 두 가지 방법으로 환율을 나타낼 수 있다. 첫째, 외국화폐의 가격을 우리화폐의 크기로 환율을 나타내는 방법이다. 예컨대 1$=1,000₩으로 표시하는 것이다. 둘째, 우리화폐의 가격을 외국화폐의 크기로 환율을 나타내는 방법이다. 예컨대 1₩=1/1,000$로 표시하는 것이다. 그렇다면 이 두 가지 방법 중에서 '우리에게' 어떤 것이 의미 있는 표시방법일까? 일반적으로 '1₩이 몇 $일까?'가 궁금하기보다는 '1$가 몇 ₩일까?'가 더 궁금할 것이다. 우리나라 사람들에게는 $의 값이 의미가 있지, 우리 화폐인 ₩의 가격은 아무런 의미가 없는 것이다. 이것은 곧 일종의 '유러피안 텀(European term)'을 의미한다.

참고로 1978년 이후 전신을 통한 외환거래를 좀 더 원활히 하기 위하여 유럽식의 표시가 전 세계적으로 외환을 표시하는 일반적인 방법으로 통용되고 있다. 그러나 영국 파운드 스털링, 호주 달러, 뉴질랜드 달러, 아일랜드 펀트(punt) 등에 대한 은행 사이의 거래에서는 미국식 표시가 통용되고 있다. 이는 영국의 화폐 단위가 과거에는 10진법에 의하지 않고 1파운드는 20실링, 1실링은 12펜스로 구성되어 있으므로 나누기와 곱하기가 어려운 데 기인한다. 1971년에 영국의 화폐 단위가 10진법으로 바뀌었음에도 불구하고 환율의 표시는 과거의 전통이 그대로 유지되었다. 이러한 관행은 런던이 과거 국제금융의 중심지였다는 점과 무관하지는 않을 것이다.

❷ 실질환율(real exchange rate : q)

1) 의미

(1) 명목환율(e)을 국내외 물가로 할인한 개념으로 이는 곧 내국재 단위로 표시한 외국재의 가격을 의미하며 다음과 같이 정의된다.

$$실질환율(q) = \frac{eP_f}{P} = \frac{명목환율 \times 해외물가}{국내물가}$$

결국 실질환율은 외국재 한 단위를 구매하기 위해서 내국재를 얼마나 지급해야 하는지를 나타내는 것이다.

(2) 이에 따라 절대구매력 평가설에서 실질환율은 항상 1이며, 상대구매력 평가설에서 실질환율은 상수(constant) q가 된다.

확인 TEST

〈보기〉에서 계산된 실질환율은 얼마인가?

[2010, 국회 8급]

─〈 보 기 〉─

외국과 국내에서 컴퓨터가 재화와 서비스의 평균적인 가격을 대표한다. 컴퓨터의 국내가격은 192만 원이고 외국에서의 가격은 800달러이다. 명목환율은 1달러에 1,200원이다.
(실질환율은 평균적인 외국의 재화와 서비스로 표시한 평균적인 국내재화와 서비스의 상대적 가격임)

① 1
② $\frac{1}{2}$
③ 2
④ $\frac{1}{4}$
⑤ 4

해설 ▶ 일반적으로 실질환율이란 수입재 한 단위를 구매하기 위하여 수출재를 얼마나 지급해야 하는지를 나타내는 것으로 다음 식으로 나타낼 수 있다.

$$실질환율(q) = \frac{e \cdot P_f}{P} = \frac{명목환율 \times 해외물가}{국내물가}$$

따라서 실질환율$(q) = \frac{1,200 \times 800}{1,920,000} = \frac{960,000}{1,920,000} = \frac{1}{2}$

그런데 문제에서는 실질환율을 '평균적인 외국의 재화와 서비스로 표시한 평균적인 국내재화와 서비스의 상대적 가격'으로 정의하여 일반적인 실질환율의 역수로 정의하고 있다. 따라서 문제에서의 답은 '2'가 된다. 주의해야 할 대목이다.

정답 ▶ ③

2) 실질환율의 변동

(1) 명목환율을 포함하여 다른 모든 조건이 일정한 경우에 외국물가(P_f)의 상승

① 외국물가의 상승은 수입품의 원화가격(eP_f)이 상대적으로 비싸진다는 것을 의미하며, 이는 곧 실질환율의 상승을 의미한다.

② 이에 따라 자국의 수출상품의 경쟁력을 강화와 국내 수입수요의 감소를 가져온다.

(2) 명목환율이 변동하는 경우

① 외국물가의 상승과 동시에 명목환율이 크게 하락한다면 실질환율은 변동하지 않을 수도 있고 오히려 하락할 수도 있다.

② 수출경쟁력을 평가할 때 국내외 물가상승률만을 비교하는 것은 부정확할 여지도 있으므로 국내외 물가상승률과 명목환율의 변동률을 동시에 고려하는 실질환율을 기준으로 판단해야 한다는 것이 실질환율이다.

(3) 국내물가가 상승하는 경우: 실질환율은 작아져서 자국의 수출경쟁력이 상대적으로 약화된다.

(4) 무역장벽이 완화되는 경우: 관세율 인하 등의 무역장벽이 완화되면, 관세를 인하한 만큼 국내물가가 하락한다. 이에 따라 실질환율이 커지고 국제경쟁력이 강화된다.

(5) 외국이 긴축통화정책을 실시하는 경우: 해외물가를 하락시킴에 따라 실질환율이 작아지고 우리나라의 국제경쟁력을 약화시킨다.

확인 TEST

우리나라와 미국의 인플레이션율이 각각 5%와 4%로 예상되고 미국 달러화 대비 원화 가치가 6% 상승할 것으로 예상된다. 이때 한국 재화로 표시한 미국 재화의 가치인 실질환율의 변동은?

[2014, 지방직 7급]

① 7% 하락
② 5% 상승
③ 6% 하락
④ 6% 상승

해설 ▶ 미국 달러화 대비 원화 가치가 6% 상승한다는 것은 명목환율(원/달러)이 6%만큼 하락한다는 의미이다. 이제 주어진 조건을 실질환율 변화율 공식에 대입하면,

- 실질환율 변화율 = 명목환율 변화율 + 외국의 인플레이션율 − 자국의 인플레이션율= −6% + 4% − 5% = −7%가 된다.

문제에서 미국 달러화 대비 원화 가치 상승이 명목환율(원/달러) 하락을 의미한다는 것을 이해하는 것이 이 문제의 핵심 포인트이다.

정답 ▶ ①

③ 외환 arbitrage(삼각 arbitrage)

1) 의미 : 은행들이 다른 시장 간의 외환 가격 차이를 통해 이익을 남기려는 행위를 의미한다.

2) 내용

(1) 100$를 가지고 있을 때 세 개의 화폐 간 환율이 다음과 같이 일관성이 깨져있다고 가정하자.

> $1\$ = 4DM$
> $1\pounds = 8DM$
> $1\pounds = 3\$$

(2) 100$를 가지고 400$DM$를 사고, 이 400$DM$를 가지고 50$\pounds$을 사고, 다시 이 50$\pounds$를 가지고 150$를 사면 50%(50$)의 이익을 얻을 수 있다.

(3) 많은 사람들의 이러한 행동은 각 화폐에 대한 수요의 증가로 인해 $로 표시된 DM의 값과, DM로 표시된 $\pounds$의 값, 그리고 $\pounds$로 표시된 $의 값을 올리게 되어 결과적으로 arbitrage를 통한 이익은 사라지고 각 화폐 환율 간의 일관성은 다시 회복된다. 즉, 1$\pounds$의 가격은 2$와 3$의 사이에서 결정 된다.

(4) **삼각(triangular) arbitrage**

삼각 arbitrage를 통해 이익을 얻을 수 있는 방향을 찾는 가장 편리한 방법은 아래 그림과 같이 삼각 형을 그려 놓고 각각의 꼭지점에서 세 화폐를 적는 것이다. 어느 한 점에서 시작하여 시계 방향이나 또는 시계 반대 방향으로 돌아서 이익이 나지 않으면, 반대 방향으로 돌면 반드시 이익이 난다.

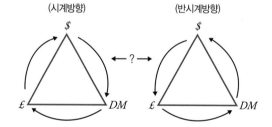

3) 교차환율(cross exchange rates)

(1) 위의 경우 삼각 arbitrage 때문에 각 화폐 간에는 다음과 같은 관계가 성립되는 것을 알 수 있다.

$$\frac{\$}{\pounds} = \frac{\$}{DM} \cdot \frac{DM}{\pounds}$$

(2) 외환의 가격은 외환시장에서 어떤 다른 화폐로 나타내어도 차이가 없어지고, 화폐 간에는 일관성 이 유지된다. 이러한 여러 화폐 간의 환율을 교차환율이라고 부른다.

확인 TEST

원화, 달러화, 엔화의 현재 환율과 향후 환율 다음과 같을 때, 옳지 않은 것은?

[2015. 국가직 7급]

현재 환율	향후 환율
1달러당 원화 환율 1,100원	1달러당 원화 환율 1,080원
1달러당 엔화 환율 110엔	100엔당 원화 환율 900원

① 한국에 입국하는 일본인 관광객 수가 감소할 것으로 예상된다.
② 일본 자동차의 대미 수출이 감소할 것으로 예상된다.
③ 미국에 입국하는 일본인 관광객 수가 감소할 것으로 예상된다.
④ 달러 및 엔화에 대한 원화 가치가 상승할 것으로 예상된다.

해설 교차환율을 이용하여 현재의 100엔당 원화 환율과 향후 1달러당 엔화 환율을 다음 같이 구할 수 있다.

- 현재의 1엔당 원화 환율($W/¥$) $= \dfrac{원}{달러} \times \dfrac{달러}{엔} = 1,100 \times \dfrac{1}{110} = 10$이므로 현재의 100엔당 원화 환율은 1,000원이 된다.

- 향후 1달러당 엔화 환율($¥/\$$) $= \dfrac{원}{달러} \times \dfrac{엔}{원} = 1,080 \times \dfrac{1}{9} = 120$이 된다.

이에 따라 주어진 표를 다시 정리하여 비교하면 다음과 같다.

현재 환율	향후 환율
1달러당 원화 환율 1,100원	1달러당 원화 환율 1,080원
100엔당 원화 환율 1,000원	100엔당 원화 환율 900원
1달러당 엔화 환율 110엔	1달러당 엔화 환율 120엔

따라서 100엔당 원화 환율이 하락하여 한국에 입국하는 일본인의 부담이 커져서 일본인 관광객 수는 감소할 것이다(①). 1달러당 엔화 환율이 상승하여 일본의 가격경쟁력이 강화되어 일본 자동차의 대미 수출은 증가하고, 달러가치의 상승으로 미국에 입국하는 일본인 관광객 수가 감소할 것이다(②, ③). 1달러 및 100엔당 원화 환율이 하락하게 되어 달러 및 엔화에 대한 원화 가치가 상승할 것이다(④).

정답 ②

---

❹ **실효환율(effective exchange rate)**

1) 등장 배경

(1) 고정환율제도가 무너지고 시장 환율에 기초한 변동환율제도 또는 외환당국의 일정수준의 개입이 허용되는 관리변동환율제도를 채택함에 따라 환율의 변동이 너무 빈번하게 이루어지고 그 변동 폭이 너무 커지는 문제점이 대두되었다.

(2) 일반적으로 한 나라 통화의 대외가치는 하나의 특정기축통화(우리나라의 경우에는 달러화)를 중심으로 평가된다. 그런데 이러한 기축통화가 다른 나라의 통화들과의 상대적 대외가치가 수시로 변함에 따라, 기축통화에 기초하고 있는 자국통화의 가치 역시 자동적으로 변화하게 되는 경우가 발생하게 되었다.

2) 실효환율의 의미

(1) 자국의 통화가치의 변동을 다른 나라 통화들을 가중평균하여 이를 총체적으로 표시한 것이다.

$$e_r = \sum A_i \times E_i$$

여기서 e_r은 실효환율지수, A_i는 i국과의 교역가중치, E_i는 i국 통화와의 환율 지수이다.

(2) 실효환율은 어느 특정 통화에만 연동되는 경우 발생하는 문제를 제거하기 위한 것이다. 즉, 이른바 통화 바스켓 제도에서 활용되는 개념인 것이다.

Theme 98 환율의 결정-I(구매력 평가설과 환수급설)

❶ 환수급설

1) 의미 : 환율이 외환의 수요와 공급에 따라 결정

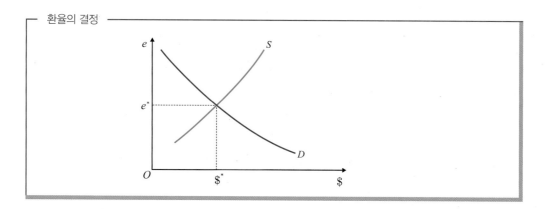

환율의 결정

2) 외환의 수요 · 공급과 환율

구분	증가요인	환율변동
외환의 수요	수입증가, 내국인의 해외여행 증가, 내국인의 해외투자 증가, 차관상환, 로열티 지급 등	상승
외환의 공급	수출증가, 외국인의 국내여행 증가, 외국인의 국내투자 증가, 차관도입, 로열티 수취 등	하락

3) 환율변동의 원인과 효과

	환율상승	환율하락
원인	외환의 수요>외환의 공급 ① 수출의 감소 ② 수입의 증가 ③ 이자율의 하락으로 인한 국내자본의 유출 ④ 인플레이션 ⑤ 외국환시세가 높아지는 경우	외환의 수요<외환의 공급 ① 수출의 증가 ② 수입의 감소 ③ 이자율의 상승으로 인한 외국 자본의 유입 ④ 국내물가 안정되는 경우 ⑤ 외국환시세가 낮아지는 경우
효과	① 수출을 늘리고 수입은 줄인다. ② 수출기업의 수익성이 커진다. ③ 외채부담이 커진다. ④ 원유, 식량 등 원자재 비용이 늘어 비용이 증가한다. ⑤ 교역조건이 악화된다.	① 수출을 줄이고 수입을 늘린다. ② 수출기업의 수익성이 저해된다. ③ 외채 부담이 줄어든다. ④ 원유, 식량 등 원자재 비용이 줄어들어 비용감소 효과가 있다. ⑤ 교역조건이 개선된다.

❷ J-Curve 효과

1) 의미

(1) J-Curve 효과란 환율의 변동이후 경상수지가 당초 예상과는 달리 반대방향으로 움직이다가 시간이 경과함에 따라 점차 기대대로 변동하는 현상을 말한다. 이는 단기에는 수요탄력도가 작고, 장기에는 수요탄력도가 크므로, Marshall-Lerner 조건이 단기에는 성립하지않기 쉽고, 장기에 비로소 성립하기 때문에 발생하는 효과이다.

> **Marshall-Lerner 조건**
>
> 외환 수요는 생산물의 수입수요에 기초하고, 외환공급(해외의 외환수요)은 생산물의 수출수요 (해외의 수입수요)에 기초하기 때문에, 외환시장 균형의 안정성 조건을 다음과 같이 국내 및 해외의 수입수요 탄력도로써 나타낼 수 있다.
>
> $$\eta(\text{자국의 수입수요 탄력도}) + \eta^*(\text{해외의 수입수요 탄력도}) > 1$$
>
> 이것은 외환시장의 안정성 조건이면서도, 평가절하 시(평가절상 시) 경상수지가 개선(악화)되기 위한 조건이기도 하다.

(2) 경상수지 변동의 패턴이 환율이 변화한 후 J자를 눕혀 놓은 것과 모양을 하기 때문에 $J-Curve$ 효과라 부르게 되었다.

2) 도해적 설명

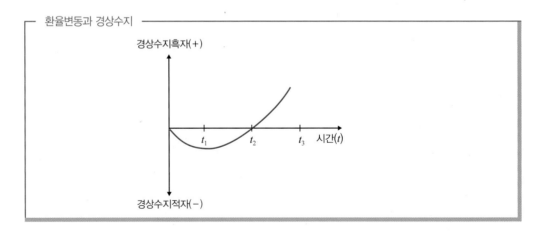

(1) 경상수지 변동 패턴이 J자 모양으로 나타나는 기본적인 메커니즘은 환율변동에 따른 수출입가격 변동과 수출입물량변동 간에 존재하는 시차로 설명할 수 있다.

(2) 그래프에서 평가절하 직후(단기 : $t_0 \rightarrow t_1$)에는 수출입가격 변동효과로 교역조건이 악화되어 무역수지 적자폭이 커지다가 시간이 경과(장기 : t_2 이후)함에 따라 수출입물량 변동효과(수출량 증가와 수입량 감소)가 수출입가격 변동효과보다 크게 나타나서 (소득)교역조건이 점차 개선되는 국제수지 조정과정을 밟게 된다.

3) J-Curve 효과의 발생 원인

(1) 수출입 계약

① 환율이 변화하는 경우에 수출입 가격의 변화는 즉각적으로 나타나게 되지만, 통상적인 경우에는 상당한 기간 동안 기존의 수출입 계약에 의존하기 때문에 그 기간 동안만큼은 환율의 변동을 수출입 계약에 바로 반영할 수 없게 된다.

② 일정기간 동안의 수출입 물량은 환율 상승 이전에 이미 결정되어 있으므로 한 동안은 수량변동이 미미하게 나타난다. 이에 따라 환율상승으로 인한 수출액은 오히려 감소하게 되고 수입액은 증가하게 되어, 환율상승 초기 단계에서는 경상수지가 오히려 악화될 수 있다.

(2) 인식 및 적응에 필요한 시간

① 기존의 수출입 계약이 종료가 된 후에도 환율상승에 따른 상대가격의 변화에 따라 생산과 소비 행태의 조정에는 시간이 소요된다.

② 수출이 증가한다고 하더라도 생산설비를 새로이 확충하는 데에 어느 정도의 시간이 필요하고, 소비자들이 기존의 수입재에 이미 익숙해져 있는 경우에 수입재를 대신할 수 있는 재화를 선택하는 데에도 어느 정도의 시간이 필요하다는 것이다.

③ 수출의 원자재에 대한 수입의존도가 높은 경우에 나타난다. 이 경우 평가절하는 수입 원자재의 수입가격을 상승시킴으로써 최종재의 수출가격 하락을 어렵게 하게 한다. 이에 따라 단기적으로 수출 상품의 수출경쟁력을 약화시키고, 수입량을 감소시킬 수 없게 되어 경상수지 개선 효과를 더디게 한다.

(3) 교두보 효과(beachhead effect)

① 국가 간의 다국적 투자가 활성화되어 있는 경우 환율의 변화는 다국적 기업의 입지 선정에 영향을 미칠 수 있다. 이로 인해 환율변동으로 생산비용이 낮은 국가로 이동하려고 해도 이미 각종 설비나 판매망 등의 구축을 위해 투입된 비용(교두보 설치비용)이 매우 큰 경우에는 쉽사리 생산지 이전을 결정할 수 없게 된다.

② 교두보 설치비용의 특성 때문에 환율의 변동이 경상수지에 미치는 효과가 지연되는 효과를 '교두보 효과'라고 한다. 이러한 효과는 정부가 경상수지의 개선을 위해 평가절하 조치를 취했는데도 수출이 곧 증가하지 않고 또 수입이 곧 감소하지 않는 이유를 설명해 준다는데 중요한 의의가 있다.

(4) 과소 환율 전가율(exchange rate pass-through)

① 환율 상승이 수입재 가격을 몇 %만큼 인상시키는가를 나타내는 지표를 환율의 수입재 가격에 대한 전가율이라고 한다.

② 대부분의 기업들이 일정한 이윤율을 유지하면서 판매를 하는데, 환율이 상승하는 경우에 수입업자들은 자신의 판매이윤을 다소 줄이면서 환율 상승분의 일부를 스스로 감수하려는 경향이 있다. 이에 따라 환율 전가율이 '1'에 미치지 못하는 경우가 대부분이다.

③ 결국 수입재의 가격이 환율변화 폭만큼 크게 상승하지 않게 되어 수입감소가 지연되는 것이다.

4) J-Curve 효과의 선순환과 악순환

(1) 선순환

① 경상수지가 흑자인 나라는 지나친 흑자로 인한 부작용(물가상승, 통상마찰 등)을 해소하기 위해 스스로 일정한 환율하락(평가절상)을 시도한다.

② 환율 하락을 시도했음에도 *J-Curve* 효과가 발생하게 되면 단기에 오히려 경상수지의 개선이 이루어지게 되고 그 흑자 폭은 오히려 확대된다. 이렇게 되면 다시 추가적인 환율하락을 시도하게 되고, 다시 경상수지 흑자가 확대되는 '선'순환을 겪게 된다.

③ 이러한 선순환은 환율의 조정매커니즘이 실패할 수 있음을 시사해준다.

(3) 악순환

① 경상수지가 적자인 나라는 자국의 수출경쟁력을 높이기 위해 환율상승(평가절하)을 시도한다.

② 환율 상승을 시도했음에도 J-Curve 효과가 발생하게 되면 단기에 오히려 경상수지의 악화가 이루어지게 되고 그 적자 폭은 오히려 확대된다. 이렇게 되면 다시 추가적인 환율상승을 시도하게 되고, 다시 경상수지 적자가 확대되는 '악'순환을 겪게 된다.

③ 이러한 악순환 역시 환율의 조정매커니즘이 실패할 수 있음을 시사해준다.

환율전가 효과(exchange rate pass-through) 가설

평가절하 시 평가절하율에 대한 수입품의 국내가격 인상효과를 환율전가 효과라고 한다. 만일 정부가 10%를 평가절하할 경우 수입품의 국내가격이 10% 상승하면 환율 전가율이 1이 되어 평가절하로 인한 원가상승 요인이 100% 수입재 가격 상승으로 전가되었음을 나타내고, 국내가격이 5% 상승하면 환율 전가율은 0.5가 되어, 50%만 가격에 전가됨을 의미한다. 여기서 환율 전가율이 1이 아니라는 것은 기업들이 평가절하가 일시적인 현상인지 장기적인 현상인지를 쉽게 판단할 수 없기 때문에 일단 관망하는 태도를 보이며 원가상승 요인을 가격상승으로 한 차례 조금씩 부분조정을 한다는 것을 뜻한다. 그 이유는 가격조정에 따른 비용발생으로 자주 등락하는 환율변동에 수입품 판매가격을 100% 연동시키는 것이 바람직하지 않기 때문이다. 이는 곧 평가절하가 경상수지에 미치는 영향이 시간을 두고 나타날 것임을 시사하며 j-curve 효과와 같은 현상이 발생할 수 있음을 뒷받침하는 하나의 근거를 제시한다.

다음 그림은 국내 통화의 실질 절하(Real depreciation)가 t_0에 발생한 이후의 무역수지 추이를 보여준다. 이에 대한 설명 중 옳지 않은 것은? (단, 초기 무역수지는 균형으로 0이다.) [2018. 국회 8급]

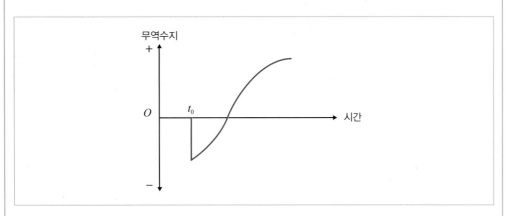

① 그림과 같은 무역수지의 조정과정을 J−곡선(J−curve)이라 한다.
② 실질 절하 초기에 수출과 수입이 모두 즉각 변화하지 않아 무역수지가 악화된다.
③ 실질 절하 후 시간이 흐름에 따라 수출과 수입이 모두 변화하므로 무역수지가 개선된다.
④ 수출수요탄력성과 수입수요탄력성의 합이 1보다 작다면 장기적으로 실질 절하는 무역수지를 개선한다.
⑤ 마샬−러너 조건(Marshall-Lerner condition)이 만족되면 장기적으로 실질 절하는 무역수지를 개선한다.

해설 ▶ • 그림과 같이 국내 통화의 실질 절하가 수출과 수입에 즉각적으로 반영되지 못하여 초기에는 오히려 무역수지를 악화시키고, 어느 정도 시간이 흐른 후부터 비로소 무역수지를 개선시키는 효과가 나타난다. 이러한 추이를 'J−곡선(J−curve)'이라고 한다.
• 국내 통화의 실질 절하(Real depreciation)가 무역수지를 개선시키기 위해서는 수출수요 탄력성과 수입수요 탄력성의 합이 1보다 커야 된다는 것이 마샬−러너 조건(Marshall-Lerner condition)이다.

정답 ▶ ④

❸ 구매력 평가설(Purchasing Power Parity : PPP)

1) 전제조건

(1) 가정

① 무역규제조치와 조세징수가 없다.

② 수송비, 거래 수수료 등 거래비용이 없다.

③ 시장정보 취득비용이 없다.

(2) 일물일가의 법칙(law of one price)

① 상품시장이 완전하다고 가정하는 세계에서는 동일한 품질의 상품은 어떤 나라의 시장에서든 동일한 가격을 가지게 되므로 국제적인 차익거래(arbitrage)를 통해서 이익을 실현할 수 있는 가능성은 없다는 것이다.

② 단, 서비스와 같은 비교역재는 거래비용이 너무 커서 국제무역이 이루어지지 않는 상품으로서 일물일가의 법칙이 성립하지 않게 된다.

(3) 환율과 물가

① 국제 교역이 가능한 상품에 대해, 한 나라에서의 가격(P)이 다른 나라에서의 그 상품에 대한 가격(P_f)과 같게 하는 환율(e)이 균형 환율이라고 보는 것이 구매력 평가설의 출발점이다.

② 동일한 상품이라면 외화로 구입하는 것이나 외화를 원화로 바꾸어 원화로 구입하는 것이나 지불하는 가격이 같아야 한다.

환율 결정 과정

예컨대 미국에서 10달러인 상품이 우리나라에서는 10,000원이라면 원/달러 환율은 1,000원이어야 한다. 만약 원/달러 환율이 900원이라고 해 보자. 이러한 경우에는 9,000원을 10달러로 바꾸어 미국에서 이 상품을 구입하고 우리나라에서 팔아 1,000원의 이익을 얻을 수 있다. 그러나 이러한 차익거래는 무한히 지속될 수 없다. 왜냐하면 거래가 이루어짐에 따라 달러에 대한 수요가 증가하여 원/달러 환율이 상승하게 되고, 결국 차익거래의 기회가 사라짐에 따라 원/달러 환율은 1,000원으로 조정될 것이다.

확인 TEST

금 1돈 가격이 한국에서는 100,000원, 미국에서는 100달러이며, 현재 원/달러 환율은 1,100원이라고 한다. 금이 양국 간에 자유롭게 교역되며 관세와 운송비는 없다고 한다. 이에 대한 설명으로 옳은 것은?

[2010. 지방직 7급]

① 원/달러 환율은 상승할 것으로 예상된다.
② 원/달러 환율의 교역 후 환율은 1달러당 1,200원이다.
③ 한국의 금 가격은 상승하고 미국의 금 가격은 하락한다.
④ 현재의 원화가치는 교역 후 환율 수준에 비하여 고평가된 상태이다.

해설 주어진 조건을 전제로 한국에서 100,000원을 주고 금 1돈을 구입하여 미국에 판매하게 되면 100달러를 받게 된다. 이것을 다시 현재의 원/달러 환율로 환전을 하면 110,000원을 받을 수 있다. 따라서 10,000원의 차익을 얻을 수 있는 것이다. 이에 따라 한국에서는 금에 대한 수요가 증가하여 금 가격이 상승하고, 미국에서는 금의 공급이 증가하여 금 가격이 하락하게 된다(③). 또한 이러한 과정에서 외환시장에서 달러의 공급이 증가하여 원/달러 환율은 1,000원까지 하락하게 된다(①, ②). 이에 따라 원화 가치는 교역 전에 비해 상승하게 되므로, 현재의 원화가치는 교역 후 환율 수준에 비하여 저평가된 상태이다(④).

정답 ③

---

2) 절대적 구매력 평가설과 상대적 구매력 평가설

(1) 절대적 구매력 평가설(absolute *PPP*)

① 절대적 구매력 평가설은 양국의 (공통된) 소비재의 가격비율이 바로 균형 환율이라고 보는 견해이다.

$$P = eP_f \ \text{또는} \ e = \frac{P}{P_f} \ \text{또는} \ \frac{eP_f}{P} = 1$$

(단, e는 자국통화로 표시한 외국통화의 가격, P는 자국의 가격수준, P_f는 외국의 가격수준)

여기서 $e = \dfrac{P}{P_f} = \dfrac{\frac{1}{P_f}}{\frac{1}{P}}$ 이다. 그런데 물가의 역수는 화폐의 가치이고, 그것은 통화 한 단위의 구매

력을 나타내므로 $e = \dfrac{외국통화가치}{자국통화가치} = \dfrac{외국통화구매력}{자국통화구매력}$ 이 성립한다.

② 즉, 실질환율이 1이거나 1에 수렴한다는 것을 의미한다.

(2) 상대적 구매력 평가설(relative PPP)

① 상대적 구매력 평가설은 현물환율의 변화가 양국의 물가상승률의 차이를 반영한다는 견해로, 실질환율이 꼭 1이어야 할 필요는 없으며, 물가와 환율이 각국 화폐의 국내구매력과 해외구매력의 비율을 유지하는 방식으로만 조정되면 된다고 주장한다.

$$\frac{eP_f}{P} = k \ (k는 \ 상수)$$

$$\frac{\Delta e}{e}(환율 \ 변화율) = \frac{\Delta P}{P}(국내 \ 물가상승률) - \frac{\Delta P_f}{P_f}(해외 \ 물가상승률)$$

② 어떤 주어진 기간 동안 한 나라의 물가상승률이 외국보다 높으면, 그 나라의 통화가치는 이를 반영하여 하락하게 된다.

사례 연구　**빅맥 가격과 구매력 평가 환율**

◈ 다음 표는 각국의 시장 환율과 빅맥 가격을 나타낸다.

국가(화폐단위)	시장 환율	빅맥 가격
미국(달러)	1	5
브라질(헤알)	2	12
한국(원)	1,000	4,000
중국(위안)	6	18
러시아(루불)	90	90

빅맥 가격으로 구한 구매력평가 환율을 사용할 경우, 시장 환율에 대하여 구매력평가 환율로 평가한 각국 화폐의 가치는? 단, 시장 환율의 단위는 '1달러 당 각국 화폐'로 표시되며, 빅맥 가격의 단위는 '각국 화폐'로 표시된다.

• 환율이 각 국의 화폐가치(=구매력)를 제대로 반영하고 있는가를 알아보기 위해 주로 사용되는 것이 이른바 '빅맥 환율(=구매력 평가 환율)'이다. 문제에서 주어진 각국의 빅맥 가격을 빅맥 환율(=각국의 빅맥 가격/미국의 빅맥 가격)로 나타내어 실제 환율과 비교하면 다음 표와 같이 나타낼 수 있다.

국가(화폐단위)	시장 환율	빅맥 가격	빅맥 구매력 평가 환율
브라질(헤알)	2 헤알/달러	12 헤알	2.4 헤알/달러
한국(원)	1,000 원/달러	4,000 원	800 원/달러
중국(위안)	6 위안/달러	18 위안	3.6 위안/달러
러시아(루불)	90 루불/달러	90 루불	18 루불/달러

- 구매력 평가설에 따르면 시장 환율은 빅맥환율과 같아져야 한다. 그런데 한국과 중국, 그리고 러시아에서의 시장 환율은 빅맥 환율에 비해 높다. 이것은 이 나라들의 화폐가 구매력 평가 환율에 비해 저평가되고 있다는 의미이다. 한편 브라질의 경우에는 시장 환율이 구매력평가 환율에 비해 낮다. 이것은 브라질의 화폐가 구매력 평가 환율에 비해 고평가되고 있다는 의미이다.

확인 TEST

A국의 명목이자율이 6%이고 B국의 명목이자율이 4%라고 하자. 양국의 실질이자율이 동일하고 구매력평가설이 적용된다고 할 때, 피셔 방정식을 이용한 다음 설명 중 가장 옳은 것은?   [2017. 서울시 7급]

① A국의 기대인플레이션이 B국의 기대인플레이션보다 $2\%p$ 더 높고, A국의 통화가치는 B국의 통화에 비해 2% 떨어질 것으로 기대된다.
② A국의 기대인플레이션이 B국의 기대인플레이션보다 $2\%p$ 더 높고, A국의 통화가치는 B국의 통화에 비해 2% 올라갈 것으로 기대된다.
③ A국의 기대인플레이션이 B국의 기대인플레이션보다 $2\%p$ 더 낮고, A국의 통화가치는 B국의 통화에 비해 2% 올라갈 것으로 기대된다.
④ A국의 기대인플레이션이 B국의 기대인플레이션보다 $2\%p$ 더 낮고, A국의 통화가치는 B국의 통화에 비해 2% 떨어질 것으로 기대된다.

해설 ▸ • 피셔 방정식의 내용은 다음과 같다.

$$i = r + \pi^e$$
(단, i는 명목이자율, r은 실질이자율, π^e는 기대인플레이션율)

- 양 국의 실질이자율이 동일하다고 했으므로 다음 식이 성립한다.

$$
\begin{aligned}
& \cdot\ i_A = r_0 + \pi_A^e \ \Rightarrow\ 6\% = r_0 + \pi_A^e \\
& \cdot\ i_B = r_0 + \pi_B^e \ \Rightarrow\ 4\% = r_0 + \pi_B^e \\
& \cdot\ i_A - i_B = \pi_A^e - \pi_B^e \ \Rightarrow\ 2\% = \pi_A^e - \pi_B^e
\end{aligned}
$$

이에 따라 A국의 기대인플레이션율(π^e)은 B국의 기대인플레이션율(π^e)에 비해 2%만큼 더 높게 된다.
- 구매력 평가설이 성립하면 다음 식도 성립한다.

$$i_A - i_B = \pi_A^e - \pi_B^e \ \Rightarrow\ \pi_A^e - \pi_B^e = \frac{\Delta e}{e} \ \Rightarrow\ i_A - i_B = \frac{\Delta e}{e} = 2\%$$
(단, 는 A국 명목이자율, 는 B국 명목이자율, 는 A국 통화로 표시한 B국 통화의 명목환율)

- 이에 따라 A국 통화로 표시한 B국 통화의 명목환율은 2%만큼 상승하게 된다. 반대로 A국의 통화가치는 2%만큼 떨어지게 된다.

정답 ▸ ①

3) 구매력 평가설의 문제점

(1) 물가지수 선택의 문제
① 특히 구매력 평가설에 의해서와 같이 환율이 결정되려면 양국 간 물가지수의 산정기준이 같아야 한다.
② 물가변동을 나타내는 지수에 포함된 상품들의 내용과 그 가중치들이 국가에 따라 서로 다르기 때문에 P와 P_f의 기준이 다르게 되는 문제가 대두된다.

(2) 무역장벽의 존재
① 구매력 평가는 국가 간의 무역이 자유롭게 이루어질 수 있는 세상을 가정하여, 동질의 상품에 대해서는 국제적으로 동일한 가격이 성립한다는 것을 가정하고 있다.
② 현실세계는 수입물량 제한이나 수입관세의 부과, 또는 여러 형태의 수입품 규제가 존재하여 국내 기업들이 외국의 기업들보다는 유리하게 되어 있다.

(3) 비교역재(nontraded goods)의 존재
① 환율은 교역재 간의 교환비율인 반면 구매력 평가설은 교역재와 주로 서비스 상품으로 구성된 비교역재를 모두 고려의 대상으로 한다.
② 그러나 현실적으로 비교역재가 존재하고 이는 국제적으로 거래되지 않으므로 그 가격은 국내 수요와 공급에 의해서만 결정된다.
③ 국내요인에 의한 비교역재의 가격 변화는, 국내 물가 수준에는 영향을 주지만 환율에는 별다른 영향을 주지 못하므로 구매력평가와 환율 간에 괴리가 발생하게 된다.

(4) 독과점적 가격결정
① 독점력을 소유한 기업은 동일한 생산물을 시장마다 다른 가격으로 판매하는 이른바 시장별 가격결정(pricing to market)을 할 수 있다.
② 이에 따라 경쟁적 시장에서 이탈하는 정도가 클수록 국가마다 다른 가격이 형성될 가능성이 커진다.

빅맥환율(Bic Mac exchange rate)

영국의 이코노미스트(The Economist)는 맥도날드에서 판매하는 햄버거의 일종인 빅맥이 전 세계적으로 소비된다는 점에서 동질성을 갖기 때문에 햄버거 가격이 모든 나라에서 동일한 것으로 가정하여 매년 균형환율을 산출하고 있는데 이를 빅맥환율이라 한다.

예컨대 미국에서 2달러인 빅맥이 한국에서 2,000원에 판매된다면 균형환율은 1\$=1,000원이어야 한다. 그런데 실제의 명목환율이 1\$=1,100원이면 원화가 $\left(\dfrac{1,100 - 1,000}{1,000} \times 100 = 10\% \right)$ 저평가되고 달러화가 고평가되었다고 할 수 있는 것이다.

심화 TEST

다음 자료는 A국과 B국 두 나라로 구성된 국제경제에서 교역이 이루어지고 있는 상황에 관한 것이다. 이에 대해 〈작성방법〉에 따라 서술하시오.

[2017, 교원임용]

A국과 B국 두 나라의 교역에는 어떤 규제도 없으며 비용도 발생하지 않는다. A국과 B국의화폐단위는 각각 '링기'와 '페수'이다. 동일한 햄버거에 대한 두 나라의 수요곡선과 공급곡선은 다음과 같다. 식에서 Q와 P는 각각 햄버거의 수량과 가격을 나타낸다.

A국	B국
수요곡선: $Q_{DA}=100-P_A$	수요곡선: $Q_{DB}=80-2P_B$
공급곡선: $Q_{SA}=40+P_A$	공급곡선: $Q_{SB}=20+2P_B$

─〈 작 성 방 법 〉─

- 두 나라에서 햄버거 1개의 구입비용이 같도록 환율이 결정되어야 한다면, A국의 화폐 1링기는 B국의 화폐 몇 페수와 교환되어야 하는지를 제시할 것.
- 현재 A국과 B국 두 나라의 외환시장에서 링기 1단위와 페수 1단위가 교환되는 비율로 환율이 형성되어 있다면, 두 나라 간에 햄버거의 국제교역이 균형을 이루는 가격을 제시하고, A국과 B국 중에 어느 나라가 햄버거를 몇 개 수출하게 되는지를 제시할 것.

분석하기

- 1링기=0.5페수 ⇒ 주어진 A국과 B국의 수요곡선과 공급곡선을 연립하여 풀면 A국과 B국의 국내 가격을 각각 다음과 같이 구할 수 있다.

  - A국: $P_A=30$(링기)
  - B국: $P_B=15$(페수)

  이에 따라 구매력 평가설에 의해 두 나라에서 햄버거 1개의 구입비용이 같도록 환율이 결정되기 위해서는 A국의 화폐 1링기는 B국의 화폐 0.5페수와 교환되어야 한다.

- 균형가격:20, B국이 20개 수출 ⇒ 현재 A국과 B국 두 나라의 외환시장에서 링기 1단위와 페수 1단위가 교환되는 비율로 환율이 형성되어 있다는 것은 두 나라의 화폐단위가 동일하다는 것과 같은 의미이다.

- A국과 B국의 수요곡선과 공급곡선을 각각 수평으로 합하면 국제 시장에서의 옥수수 수요곡선 (Q_{DW})과 공급곡선(Q_{SW})을 도출할 수 있다.

  - $Q_{DW}=Q_{DA}+Q_{DB}=180-3P$
  - $Q_{SW}=Q_{SA}+Q_{SB}=60+3P$

- 앞에서 도출한 국제 시장에서의 옥수수 수요곡선(Q_{DW})과 공급곡선(Q_{SW})을 연립해서 풀면 옥수수 국제 가격(P_W)은 $P_W=20$이 된다. 이 결과를 A국과 B국의 수요곡선과 공급곡선에 대입하면 다음과 같은 결과를 얻을 수 있다.

  - A국: $Q_{DA}=80$, $Q_{SA}=60$ ⇒ 초과수요량=20 ⇒ 수입
  - B국: $Q_{DB}=40$, $Q_{SB}=60$ ⇒ 초과공급량=20 ⇒ 수출
  - 균형 교역량: 20

햄버거 가격은 한국과 미국 중 어디에서 더 비쌀까?

"미국 뉴욕에서 판매되는 맥도날드 빅맥 햄버거의 가격이 3$라고 가정하자. 그런데 똑같은 빅맥이 한국의 서울에서는 4,500원에 판매되고 있다. 현재 W/$환율은 1,100원이다. 그렇다면 현재의 환율은 두 나라 사이의 상품 가격을 정확히 반영하고 있는 것인가?"

만약 국가 간 거래에서 운송비용이 없고 일체의 무역장벽이 존재하지 않으면 국가 간에도 이른바 '일물일가의 법칙'이 성립할 수 있다. 일물일가의 법칙(the law of one price)이란 동일한 재화는 화폐 단위에 관계없이 같은 가격에 팔린다는 것이다. 예를 들어 미국에서 5$에 판매되고 있는 상품이 한국에서는 5,000원에 판매되고 있고, W/$ 환율은 900원이라고 가정해보자. 그렇다면 4,500원을 5$로 바꾸어 미국에서 이 상품을 구입해서 한국에서 되팔아 500원의 매매차익을 얻을 수 있다. 반대로 W/$ 환율이 1,100원이라고 하면 한국에서 이 상품을 구입해서 미국에서 되팔면 5$를 받을 수 있는데, 이를 W화로 바

꾸면 5,500원이 되므로 500원의 매매차익을 얻을 수 있다. 이와 같은 매매차익을 얻기 위한 거래를 차익거래(arbitrage)라고 한다. 그러나 이러한 차익거래가 무한히 지속될 수는 없다. 전자의 경우에는 외환시장에서 $에 대한 수요가 증가하여 W/$ 환율이 상승하게 되고, 후자의 경우에는 외환시장에서 $의 공급이 증가하여 W/$ 환율이 하락하게 되어 결국 W/$ 환율은 1,000원으로 조정될 것이다. 이에 따라 두 나라 사이에는 일물일가의 법칙이 성립하게 되는 것이다. 이러한 일물일가의 법칙을 전제로 환율 결정 원리를 설명하는 이론을 구매력 평가설(purchasing power parity : PPP)이라고 한다.

자! 이제 이러한 구매력 평가설을 검증해보자. 이를 위해서는 지구 상의 모든 나라에서 동시에 소비되고 있는 표준화된 상품이 필요하다. 물론 그런 조건을 충족하는 상품은 존재하지 않는다. 그런데 맥도날드의 빅맥은 세계 주요국 70개국 이상에서 소비되고 있어 어느 정도 앞의 조건을 충족할 수 있다. 이에 착안한 런던에서 발행되는 시사 경제지인 '이코노미스트(The Economist)'는 1986년부터 외환시장에서 환율의 변화 방향을 예측하는 지표인 이른바 '빅맥 환율지표(Big Mac Currency)', 줄여서 '빅맥 지수'를 작성·발표하고 있다. 이러한 빅맥 지수는 각국의 화폐가 외환시장에서 과연 적정한 환율을 반영하고 있는가에 대한 가이드라인(guide line)으로 제시되고 있다.

처음에 제시된 문제를 해결하기 위해 다음과 같은 구체적인 예를 통해 구매력 평가설의 내용을 살펴보자. 미국에서 판매되는 빅맥 가격이 3$라고 가정하자. 이때 한국에서 판매되는 빅맥 가격이 4,500원이라면 W화 표시 빅맥 가격을 $표시 빅맥 가격으로 나누어 주면 1,500W/$라는 빅맥 환율을 구할 수 있다. 이것이 한국과 미국에서 빅맥 가격을 같게 해주는 환율이다. 그러나 외환시장에서의 현물환율은 1,100W/$이다. 따라서 W화는 빅맥 환율을 기준으로 약 36%(1,500/1,100=1.36) 과대평가되어 있다고 할 수 있다.

그런데 이러한 설명은 전술한 것처럼 운송비용이 없고, 무역장벽이 존재하지 않는다는 등의 가정을 전제한 것이다. 그러나 현실에는 운송비용을 지불해야 하고, 다양한 무역장벽 또한 존재하고 있다. 따라서 이러한 구매력 평가설을 그대로 받아들일 수 없다는 비판에 직면한다. 또한 교역재가 아닌 서비스와 같은 비교역재는 국가 간 가격의 차이가 발생한다고 하더라도 차익거래는 발생하지 않는다는 비판 역시 존재한다. 이에 대한 이코노미스트지의 대답은 해학적이다. "우리는 원래 재미로 시작한 것뿐인데……."

Theme 99 환율의 결정-Ⅱ(이자율 평가설)

❶ 이자율 평가설(Interest Rate Parity:IRP)의 의의

1) 전제

(1) 국제자본이동(international capital mobility)이 완전히 자유롭다고 가정한다.

┌ 국제자본이동성을 결정하는 요인(M. Obstfeld) ──────────

1. 국내외 간 자본의 유입과 유출에 대한 제도적 규제가 심할수록 자본의 국제이동성은 불완전해진다. 이와 같은 자본통제(capital controls)를 완화하여 자본의 자유로운 유출입을 허용하는 것을 자본자유화(capital market liberalization) 또는 자본시장개방이라고 한다.
2. 국가 간 자본이동에 필요한 거래비용이 높을수록 자본의 국제이동성이 불완전해진다.

(2) 국내외 금융투자가들이 예금을 포함한 채권과 같은 자산으로 포트폴리오를 구성하려 할 때 먼저 국내통화표시 자산에 대한 투자수익률과 해외통화표시 자산에 대한 투자수익률을 비교하여 선택하게 된다.

(3) 국내외 투자 수익률이 서로 다르면 금융투자자들에 의해 국내외의 수익률이 동일해질 때까지 이자율 아비트리지(금리차익거래 : interest arbitrage)가 발생한다.

(4) 국내외 금융 투자가들이 포트폴리오를 재구성하면 그것이 외환시장에서 각기 다른 통화에 대한 수요와 공급에 영향을 미치는 압력으로 작용하여 환율이 변하게 된다.

2) 의미

(1) 이자율 평가설이란 국가 간 자본 이동이 완전히 자유로운 경우에는 국내 투자 수익률과 해외 투자 수익률이 동일해야 한다는 이론을 말한다.

(2) 구매력 평가설과의 비교
  ① 구매력 평가설 : 경상수지의 관점에서 환율을 설명하는 이론
  ② 이자율 평가설 : 자본수지의 관점에서 환율을 설명하는 이론 ⇒ 일물일가의 법칙을 금융 시장에 적용

❷ '커버된' 이자율 평가(Covered Interest Rate Parity : CIRP)

1) 전제

(1) 국내투자자의 투자금액을 K, 국내이자율을 r, 해외이자율을 r^*, 현물환율을 S, 선물환율을 S_f라고 가정한다.

(2) 해외의 금융자산에 투자하는 경우에는 외국통화로 바꾸는 단계와 만기 후 원리금을 국내통화로 다시 바꾸는 단계가 필요하다.

(3) 이에 따라 국내투자수익(원)은 $K(1+r)$, 해외투자수익(\$)은 $\left(\dfrac{K}{S}\right)(1+r^*)$이 된다. 이때 원화로 표시한 해외투자수익률은 $\left(\dfrac{K}{S}\right)(1+r^*)S_f$이 된다.

2) 균형조정과정

(1) 만약 투자를 결정하는 시점에 $K(1+r) < \left(\dfrac{K}{S}\right)(1+r^*)S_f$라면 외국투자가 유리할 것으로 예상되는 반면에, $K(1+r) > \left(\dfrac{K}{S}\right)(1+r^*)S_f$라면 국내투자가 유리할 것으로 예상된다. 이에 따라 전자의 경우에는 자금의 흐름이 해외로 이동하여 환율은 상승하게 되고, 후자의 경우에는 자금의 흐름이 국내로 이동하여 환율은 하락하게 된다.

(2) 이에 따라 금융시장에서는 이자율 아비트리지가 발생하게 되고 다음과 같은 균형이 성립하게 될 것이다.

$$K(1+r) = \left(\frac{K}{S}\right)(1+r^*)S_f$$

(3) 선물환 계약(forward contract)을 통해 위험을 커버(회피)한다는 전제 하에 국내외 수익률의 등가(parity)관계를 나타내기 때문에 '커버된 이자율 평가'라고 한다.

(4) 국내투자 수익률과 해외투자 수익률의 차이를 '커버된 이차(利差 : Covered interest Differential : CD)'라고 하는데, CD가 0이 아닐 때는 아비트리지를 통해 이익을 얻을 수 있다.

$$CD = \left(\frac{1}{S}\right)(1+r^*)S_f - (1+r)$$

환율결정이론 중 무위험 금리평가 이론에 관한 설명으로 옳지 않은 것은?

[2009. 국회 8급]

① 선물환율이 고정되어 있는 경우 국내금리가 상승하면 자본이 유입되어 현물환율이 하락한다.
② 선물환율이 고정되어 있는 경우 국제금리가 상승하면 자본이 유출되어 현물환율이 상승한다.
③ 선물환율이 고정되어 있는 경우 현물환율이 상승하면 자본이 유출되어 국내금리가 상승한다.
④ 현물환율이 고정되어 있는 경우 선물환율이 상승하면 자본이 유출되어 국내금리가 상승한다.
⑤ 무위험 금리평가 이론이 성립하기 위해서는 자본이동이 완전히 자유로워야 한다.

해설 ▶ 선물환율이 고정되어 있는 경우 현물환율이 상승하면 국내외 투자수익률 간에는 다음과 같은 관계가 성립한다.

$$K(1+r) > \left(\frac{K}{S}\right)(1+r^*)S_f$$

이것은 국내 금융상품의 수익률이 높다는 것을 의미한다. 이러한 경우에는 국내금리가 하락할 때 이자율 평가식이 성립하게 된다.
만약에 선물환율이 고정되어 있는 경우 국내금리가 상승하는 경우에도 국내외 투자수익률 간에는 앞의 경우와 동일한 상황이 나타난다. 따라서 이러한 경우에는 현물환율이 하락해야 이자율 평가식이 성립한다.

정답 ▶ ③

3) 선물환 시장

(1) 선물 프리미엄(forward premium)

① 선물환 시장에서는 '커버된 CD'라는 용어 대신에 '선물 프리미엄(또는 할인)'이라는 용어를 사용하는 것이 보편적이다. 선물 프리미엄(또는 할인)을 F라고 하면 다음과 같이 나타낼 수 있다.

$$F = \frac{(S_f - S)}{S}$$

원화와 미 달러화 사이에 현물환율이 1,000원이고 (1년의) 선물환율이 1,050원인 경우

$$선물 프리미엄(F) = \frac{(1,050 - 1,000)}{1,000} = 5(\%)$$

즉, 미 달러화가 5%의 선물 프리미엄에 있다고 한다

② 선물 프리미엄이란 선물환율이 현물환율에 비해 높은 경우이고, 선물할인(forward discount)이란 선물환율이 현물환율에 비해 낮은 경우에 성립하는 개념이다. 일반적으로 고금리 통화는 저금리 통화에 대해 선물환 디스카운트 상태에 놓이게 된다.

확인 TEST

한국과 미국 간의 현물시장 환율이 1달러 당 1,000원이고, 180일 만기 선물시장 환율이 1달러당 1,200원일 때 한국과 미국의 금융시장에 관한 설명으로 옳은 것은?

[2008, 지방직 7급]

① 한국의 무위험 이자율이 미국의 무위험 이자율보다 높다.
② 미국의 무위험 이자율이 한국의 무위험 이자율보다 높다.
③ 한국의 물가수준이 미국의 물가수준보다 높다.
④ 양 국가의 무위험 이자율에는 차이가 없다.

해설 ▶ 무위험 이자율 평가설에 따르면 다음 식이 성립한다.

$$r - r^* = \frac{(S_f - S)}{S}$$

(단, r은 한국 이자율, r^*는 미국 이자율, S_f는 선물환율, S는 현물환율)

문제에서 주어진 것처럼 선물환율이 현물환율보다 높다는 것은 한국 이자율이 미국 이자율보다 높다는 것을 의미한다. 일반적으로 고금리 통화는 저금리 통화에 대해 선물환 디스카운트 상태에 놓이게 된다.

정답 ▶ ①

(2) 균형 조건

① 위의 CD식을 풀어쓰면

$$CD = \frac{S_f}{S} + r^* \frac{S_f}{S} - 1 - r$$

위 식에서 우변 항에 해외이자율(r^*)을 더해주고 빼면

$$CD = \frac{S_f}{S} + r^* \frac{S_f}{S} - r^* - 1 + r^* - r = F + r^* F + r^* - r$$

그런데 $r^* F$는 두 변수가 모두 소수점 이하의 작은 수치이므로 이 둘을 곱한 값은 거의 무시해도 좋은 작은 값이 될 것이므로

$$CD = F + r^* - r$$

따라서 CD는 선물프리미엄(F)과 국내외 이자율 차이($r - r^*$)와 같게 된다.

② 만약 해외투자수익률이 국내투자수익률을 상회하면, $CD > 0$이 되므로 아비트리지로 해외로 자본유출이 발생한다.

③ 결국 더 이상의 아비트리지가 발생하지 않을 균형조건은 $CD = 0$인 상태이며, 이것이 바로 '커버된 이자율 평가' 조건이다.

$$F = r - r^*$$

④ 선물 프리미엄이란 국내외 이차($r - r^*$)를 비교해서 국내이자율이 해외이자율보다 높은 경우이고, 선물할인은 국내이자율이 해외이자율보다 낮은 경우인 것이다.

확인 TEST

A국의 6개월 만기 정기예금 이자율이 2%이고, B국의 6개월 만기 정기예금 이자율이 5%라고 하자. 현재 A국과 B국 통화의 현물시장(spot exchange rate) 환율이 1,000이다. 무위험 이자율평가설(covered interest rate parity)에 따른다면 6개월 만기 선물시장(foward exchange rate)의 환율로서 가장 가까운 것은? (단, 환율은 B국 화폐 1단위와 교환되는 A국 화폐액으로 정의됨)

[2015, 국회 8급]

① 950   ② 970   ③ 1,020   ④ 1,030   ⑤ 1,050

 • 무위험(커버된) 이자율평가설에 따르면 선물환율의 변동률은 양국의 이자율 차이다.
  • 문제의 괄호 안에 주어진 조건에 따라 A국의 입장에서 문제를 접근하면 A국에서 B국 화폐의 환율은 −3%만큼 변동하게 된다.
  • 현물환율이 1,000이므로 이보다 3%인 30만큼 하락하게 되면, 6개월 만기 선물환율은 970이 된다.

정답 ▼ ②

❸ '커버되지 않은' 이자율 평가(Uncovered Interest Rate Parity : UIRP)

1) 전제

(1) 국내투자자의 투자금액을 K, 국내이자율을 r, 해외이자율을 r_f, 현물환율을 S, 예상환율을 S_e라고 가정한다.

(2) 해외의 금융자산에 투자하는 경우에는 외국통화로 바꾸는 단계와 만기 후 원리금을 국내통화로 다시 바꾸는 단계가 필요하다.

(3) 이에 따라 국내투자수익(원)은 $K(1+r)$, 해외투자수익($)은 $\left(\dfrac{K}{S}\right)(1+r^*)$이다. 이때 원화로 표시한 해외투자수익률은 $\left(\dfrac{K}{S}\right)(1+r^*)S_e$ 이 된다.

2) 균형조정과정

(1) 앞에서 논의한 '커버된 이자율 평가식'을

$$(1+r) = \left(\frac{1}{S}\right)(1+r^*)S_f$$

다음과 같이 정리해본다.

$$r = \frac{S_f(1+r^*)-S}{S}$$

(2) 위험을 커버하는 경우에는 선물환율에 의해 해외투자 수익률이 결정되지만, 위험을 커버하지 않는 경우에는 선물환율 대신에 예상환율에 따라 해외수익률이 결정된다. 그러므로 위 식에서 선물환율(S_f) 대신에 예상환율(S_e)을 대입하면 다음과 같은 '커버되지 않은 이자율 평가식'이 된다.

$$r = \frac{S_e(1+r^*)-S}{S}$$

여기서 위험을 커버하지 않고 해외에 투자한다는 것은 국내금융자산과 해외금융자산을 완전대체 재로 본다는 것과 같은 의미이다.

3) 비교정태분석

(1) 국내외 투자와 그 결정요인과의 관계를 함수화하면, 국내투자 수익함수(R)는 r이고, 해외투자 수익함수(R^*)는 $\frac{S_e(1+r^*)-S}{S}$ 이 되어 이를 그래프로 나타내면 국내외 투자수익곡선이 된다.

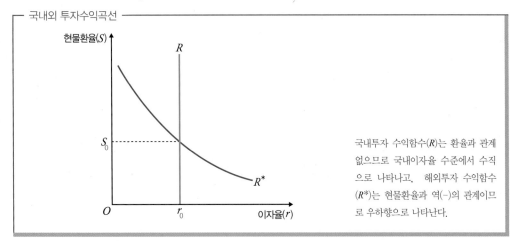

─ 국내외 투자수익곡선 ─

국내투자 수익함수(R)는 환율과 관계 없으므로 국내이자율 수준에서 수직 으로 나타나고, 해외투자 수익함수 (R^*)는 현물환율과 역(−)의 관계이므 로 우하향으로 나타난다.

(2) 현물환율의 변동

① **예상환율의 상승**:예상환율의 상승은 해외투자수익률을 상승시켜 해외투자 수익곡선이 오른 쪽으로 이동 ⇒ 현물환율 상승

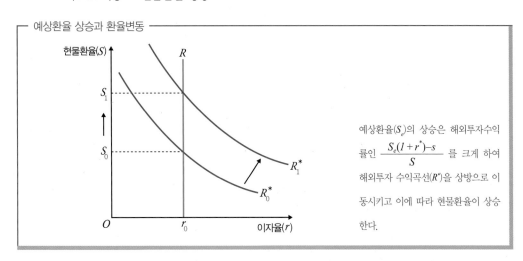

─ 예상환율 상승과 환율변동 ─

예상환율(S_e)의 상승은 해외투자수익 률인 $\frac{S_e(1+r^*)-s}{S}$ 를 크게 하여 해외투자 수익곡선(R^*)을 상방으로 이 동시키고 이에 따라 현물환율이 상승 한다.

즉, 예상환율의 상승은 해외투자 수익률을 상승시키기 때문에 외화자산에 대한 수요증대로 국내 자본의 해외유출이 발생하고, 이에 따라 외환수요가 증가하여 환율이 상승하게 되는 것이다.

② **국내이자율의 상승**:국내 이자율의 상승은 국내투자 수익률을 상승시켜 국내투자곡선이 오른 쪽으로 이동 ⇒ 현물환율 하락

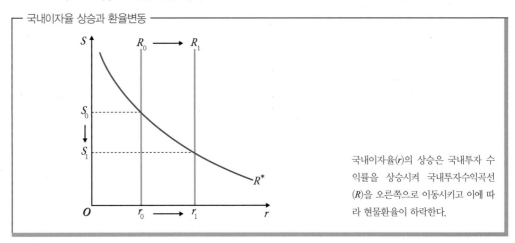

─ 국내이자율 상승과 환율변동 ─

국내이자율(r)의 상승은 국내투자 수익률을 상승시켜 국내투자수익곡선(R)을 오른쪽으로 이동시키고 이에 따라 현물환율이 하락한다.

즉, 국내이자율의 상승은 국내투자 수익률을 상승시키기 때문에 외국 금융투자자들로 하여금 국내 원화금융 자산에 대한 수요를 증대시켜, 그를 위한 해외자본의 유입에 따라 외환의 공급 증가로 환율이 하락하게 되는 것이다.

③ **해외 이자율의 상승**:해외 이자율의 상승은 해외투자 수익률을 증가시켜 해외투자 수익곡선이 오른쪽으로 이동 ⇒ 현물환율 상승

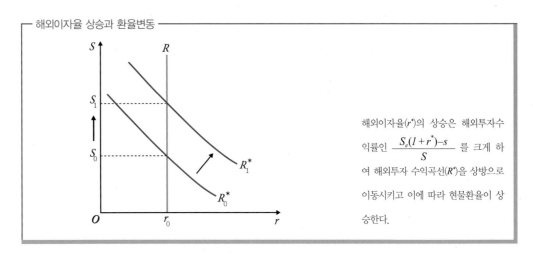

─ 해외이자율 상승과 환율변동 ─

해외이자율(r^*)의 상승은 해외투자수익률인 $\dfrac{S_e(1+r^*)-s}{S}$ 를 크게 하여 해외투자 수익곡선(R^*)을 상방으로 이동시키고 이에 따라 현물환율이 상승한다.

즉, 해외 이자율의 상승은 해외투자 수익률을 상승시키기 때문에 외화자산에 대한 수요증대로 국내 자본의 해외유출이 발생하고, 이에 따라 외환수요가 증가하여 환율이 상승하게 되는 것이다.

4) 균형조정 과정의 재검토

(1) 다음과 같은 접근법도 있다. 앞에서 논의한 '커버되지 않은 이자율 평가식'은 다음과 같다.

$$K(1+r) = \left(\frac{K}{S}\right)(1+r^*)S_e$$

위 식을 다음과 같이 정리해본다.

$$(1+r) = \left(\frac{S_e}{S}\right)(1+r^*) \text{에서 } (1+r) = \left(1 + \frac{S_e}{S} - 1\right)(1+r^*)$$

이제 위 식을 정리하여 전개하면 $(1+r) = \left(1 + \frac{S_e - S}{S}\right)(1+r^*)$ 에서

$1 + r = 1 + r^* + \frac{S_e - S}{S} + \frac{S_e - S}{S} \times r^*$ 를 구할 수 있다.

이때 $\frac{S_e - S}{S} \times r^*$ 우변의 는 두 변수가 모두 소수점 이하의 아주 작은 수이므로 이 둘을 곱한 값은 거의 무시해도 좋다.

(2) 이에 따라 다음과 같은 '커버되지 않은 이자율 평가식'이 성립한다.

$$r - r^* = \frac{S_e - S}{S}$$

위험을 커버하는 경우에는 선물환율에 의해 해외투자 수익률이 결정되지만, 위험을 커버하지 않는 경우에는 선물환율 대신에 예상환율에 따라 해외수익률이 결정된다.

확인 TEST

현재 한국과 미국의 연간 이자율이 각각 4%와 2%이고, 1년 후의 예상환율이 1,122원/달러이다. 양국 간에 이자율평형조건(interest parity condition)이 성립하기 위한 현재 환율은? [2015. 국가직 7급]

① 1,090원/달러　　② 1,100원/달러　　③ 1,110원/달러　　④ 1,120원/달러

해설 • 유위험(커버되지 않은) 이자율 평가설에 따르면 다음과 같은 이자율평가식이 성립한다.

$$r - r_f = \frac{E_e - E}{E}$$

(여기서, r:국내이자율, r_f:해외이자율, E_e:예상환율, E:현물환율)

• 주어진 조건을 앞의 식에 대입하여 정리하면 다음과 같이 현재 환율을 도출할 수 있다.

$$\bullet \ r - r_f = \frac{E_e - E}{E} \Rightarrow 4\% - 2\% = \frac{1,122 - E}{E} \Rightarrow 0.02E = 1,122 - E \Rightarrow 1.02E = 1,122$$

$$\Rightarrow E = 1,100(원/달러)$$

정답 ②

❸ 오버슈팅(overshooting) 현상

1) 의미 : 외환시장에서 발생한 급격한 충격으로 단기간에 환율이 급격히 변하는 현상을 의미한다. 이후 환율을 점진적으로 장기 균형환율로 수렴하게 된다. 이러한 현상은 매일 매일의 환율이 급등락하는 이유를 잘 설명해 주고 있다.

2) 전제

(1) 경제주체들은 합리적 기대를 형성하며, 위험중립자이다.

(2) 커버되지 않은 이자율 평가식을 가정한다.

(3) 물가는 단기적으로는 경직적이지만, 장기적으로는 신축적이다.

3) 전개과정

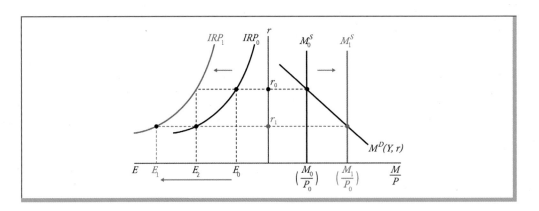

(1) 다른 모든 조건이 일정한 경우 국내통화량의 공급증대로 국내이자율이 하락하면, 국제이자율 평가조건이 성립하지 않게 되는데, 이 평가조건의 회복은 장기적으로 국내물가의 상승에 따른 환율상승으로 이루어진다.

(2) 일반적으로 국내물가 상승이 환율변동보다 조정속도가 늦기 때문에 외환시장에서의 불균형, 즉 통화량 증대로 인한 국내 수익률이 해외수익률보다 낮게 되면, 외환에 대한 수요증대로 환율이 단기적으로 먼저 상승한다.

(3) 후에 통화량 증가에 따라 장기적으로 국내물가가 상승하면 국내이자율 상승을 초래하고 그것은 환율을 하락시킨다.

(4) 결국 환율은 일시적으로 장기균형 수준이상으로 오버슈팅했다가 다시 장기 균형 수준으로 하락 조정되는 것이다.

환율제도

❶ 국제환율제도의 변천

1) 금본위제도

⑴ 자국통화에 대해 금평가(gold parity)를 설정한 국가 사이에서 고정환율이 성립한다. 전형적인 고정환율제도이다.

⑵ 물가정화유동장치(price specie flow mechanism)

① 국제수지 불균형이 정화(正貨 : 금과 같은 귀금속)의 이동을 가져오고, 이에 따른 통화량의 변동으로 물가가 변동하여 이것이 국제 가격경쟁력에 영향을 주게 된다. 이러한 과정을 통해 국제수지 불균형이 자동적으로 조정되는 장치이다. 고전학파의 화폐수량설이 암묵적으로 전제되어 있다.

② 조정과정

ⓐ 국제수지 흑자 ⇒ 정화 유입 ⇒ 통화량 증가⇒ 물가 상승 ⇒ 국제 가격경쟁력 약화 ⇒ 국제수지 악화 ⇒ 흑자 해소를 통한 균형 달성

ⓑ 국제수지 자자 ⇒ 정화 유출 ⇒ 통화량 감소 ⇒ 물가 하락 ⇒ 국제 가격경쟁력 강화 ⇒ 국제수지 개선 ⇒ 적자 해소를 통한 균형 달성

2) Bretton Woods 체제

⑴ 금 1온스 당 35달러라는 금평가를 설정(금태환 : 金兌換)하고 다른 회원국의 통화와 기준환율(고정환율)로 교환할 것을 약속했다. 만약 회원국이 구조적인 국제수지 불균형에 놓이게 되면 IMF의 승인 하에 10%까지 평가절하 또는 평가절상을 할 수 있는 이른바 '조정가능한' 고정환율제도를 전제로 했다.

⑵ 세계 각국이 충분한 달러 유동성을 확보를 위해서는 미국의 국제수지 적자가 필요하고, 달러가 기축통화가 되기 위해 필요한 신뢰도를 위해서는 미국의 국제수지 흑자가 필요한 태생적인 모순관계가 존재했다(⇒ 'Triffin의 역설').

⑶ Bretton Woods 체제의 붕괴

① 베트남 전쟁과 이를 수행하기 위한 미국의 정부지출 확대는 미국의 만성적인 국제수지 악화를 초래하였고, 이에 따라 미국 달러화에 대한 신뢰도가 악화되었다.

② 이러한 상황 속에서 일부 국가의 금태환 요구로 미국 달러화의 투매(投賣) 현상까지 나타나고 급기야 미국 정부의 금태환 정지선언이 나오게 됨으로써 달러를 기축통화로 했던 Bretton Woods 체제가 붕괴되기에 이르렀다.

3) Kingston 체제

(1) 각국은 자국의 상황에 맞는 적절한 환율제도를 독자적으로 채택할 수 있다.

(2) 금을 특별인출권(SDR)으로 완전 대체하는 SDR 본위제도를 채택하였다.

(3) 관리변동환율제도

① EC 국가들과 일부 개발도상국을 제외한 대부분의 회원국들은 관리변동환율제도를 채택하였다.

② 미국 달러화의 평가절하(Plaza 협정), 주요 통화들에 대한 목표환율범위(target zone)를 설정하고 이를 유지(Louvre 협정)하는 협조가 이루어졌다.

확인 TEST

국제통화제도에 대한 설명으로 옳지 않은 것은?

[2010. 국가직 7급]

① 킹스턴체제에서는 회원국들이 독자적인 환율제도를 선택할 수 있는 재량권을 부여하고 있다.

② 브레튼 우즈 체제는 달러화를 기축통화로 하는 변동환율제도 도입을 골자로 한다.

③ 1985년 플라자 협정의 결과로 달러화의 가치가 하락하였다.

④ 금본위제도는 전형적인 고정환율제도이다.

해설 금본위제도는 각국 통화 간의 교환비율을 금을 매개로 고정시킨 전형적인 고정환율제도이다(④). 브레튼 우즈 체제는 1944년 미국의 뉴햄프셔의 브레튼 우즈에서 달러화만을 금과 일정한 비율로 교환할 수 있는 기축통화로 하고, 국제수지의 구조적 불균형 상태가 존재하는 경우에서만 환율의 변동을 허용하고자 했던 '조정가능한' 고정환율제도를 채택했다(②). 또한 킹스턴 체제는 1976년 1월 자메이카 수도 킹스턴에서 IMF 잠정위원회의 합의에 의해 브레튼 우즈 체제의 문제점을 시정하기 위해 탄생한 국제통화체제를 말한다. 이에 따라 각 회원국들은 독자적인 환율제도를 선택할 수 있게 되었고, IMF의 주보유자산이 특별인출권(Special Drawing Rights)으로 변경되었다(①).
한편 1970년대 중반 이후 석유파동으로 인한 스태그플레이션으로 인해 미국의 경상수지 적자 폭은 확대되었으며, 이러한 문제를 해결하기 위한 미국의 고금리 정책으로 인한 미국으로의 자본유입이 중지되지 않은 상태에서 달러화 강세 기조가 계속되었다. 이러한 달러 강세를 시정하기 위하여 미국, 일본, 서독, 영국 및 프랑스의 5개국 재무장관 및 중앙은행 총재들은 1985년 9월 22일 뉴욕의 플라자 호텔에서 회의를 개최하여, 보유달러를 매각하면서 달러의 가치하락을 유도하고자하는 결정을 내렸다. 이것을 '플라자 협정'이라고 한다(③).

정답 ②

국제거래에서 달러의 위상변화는?

"현재 지구상에는 최근 독립한 남수단을 포함하여 비록 비독립 국가이지만 국제법상 인정되는 국가가 243개국이 존재한다. 이들 국가의 대부분은 자국의 고유한 통화를 사용하고 있다. 그런데 자국 내에서 화폐로서 사용된다고 해서 국제거래에서도 통용되는 것은 아니다. 그렇다면 국제거래에서는 어떤 통화가 사용될까?"

국내거래를 위해 사회적으로 받아들여진 통화를 필요로 하듯이 국제거래에서도 거래 당사국 사이에서 보편적으로 받아들여진 거래수단, 즉 기축통화(key currency, vehicle currency)가 필요하다. 그런데 국민경제와는 달리 국제경제에서는 그러한 통화를 발행하고 관리하는 중앙기관이 존재하지 않기 때문에 국제통화제도의 필요성이 대두된다.

일반적으로 국제통화제도가 갖추어야 할 기본적인 요소로 다음과 같은 세 가지가 제시된다. 첫째 적절한 유동성의 제공 여부, 둘째 통화제도 조정시기의 적절성 여부, 셋째 국제통화제도에 대한 국제사회의 신뢰성 확보이다.

18C에서 19C 전반까지는 이러한 문제를 해결하기 위해 금(金)이 핵심적인 역할을 수행하였다. 왜냐하면 금은 어느 국가에서나 결제수단으로 받아들여질 수 있기 때문이다. 무엇보다 금은 전쟁·혁명·인플레이션 등 정치적·경제적 혼란 속에서도 가치저장 수단의 기능을 완벽하게 수행할 수 있다. 또한 금은 희소성(scarcity), 내구성(dur-ability), 가분용이성(divisibility) 등을 갖추어 금을 사용하는 통화제도를 발달시킬 수 있었다. 이처럼 금을 국제거래에서 결제수단으로 사용한 국제통화제도를 금본위제도(金本位制度 : the gold standard)라고 한다.

그런데 제2차 세계대전이 진행되면서 전시경제의 활황으로 국제거래가 활발해지고, 이를 위한 결제수단으로서 금의 절대량이 부족하다는 것을 알게 되었다. 1944년 7월, 이러한 문제점을 인식한 세계 주요 44개국 대표들이 미국 동부의 브레튼 우즈(Bretton Woods)라는 작은 도시에 모여 종전이 임박한 제2차 세계대전 이후의 국제통화의 새로운 질서를 마련하기 위한 논의를 시작했다. 오랜 논의 끝에 1947년에 이르러 미국이 금 1온스가 35달러로 태환(兌換)되는 것을 보장하고, 그 대신 미국 달러화를 국제거래의 기축통화로 인정하는 금−외환(달러) 본위제도(the gold exchange standard)가 탄생하게 되었다. 이를 계기로 브레튼 우즈 체제의 핵심기구인 국제통화기금(International Monetary Fund)가 설립되기에 이르렀다. 이것은 제2차 세계대전 이후 생산능력이나 국부에 있어 초강대국으로 부상한 미국(진주만 폭격을 제외하면 제2차 세계대전 당시 국내 생산시설에 포탄 한 발 떨어지지 않고도 승전국이 된 유일한 국가)이 세계은행의 역할을 하게 되었다는 것을 의미한다.

❷ 고정환율제도와 변동환율제도

구분	고정환율제(fixed exchange rate system)	변동환율제(flexible exchange rate system)
의미	환율을 법적으로 일정 수준으로 고정시키는 제도	외환의 수급에 따라 환율이 자유롭게 결정되도록 하는 제도
장점	(1) 환위험이 없어서 국제무역을 확대시킨다. (2) 투기적인 단기자본이동을 제거할 수 있다. (그러나 M. Friedman은 반대) (3) 인플레이션을 방지할 수 있다. (4) 국내에 교란요인이 있는 경우에 국민경제 안정화에 도움이 된다. (ex. 대국) (5) 국가 간의 자본이동이 자유로우면 재정정책이 사용 가능한 정책수단인 경우에 유리하다.	(1) 국제수지가 자동적으로 조정되므로 국제유동성에 대한 수요가 적다. (2) 대내균형을 유지하는 데 전념할 수 있다. (3) 디플레이션이 일어날 가능성이 적다. (4) 교란요인이 해외에 있는 경우에 국민경제 안정화에 도움이 된다. (5) 국가 간의 자본이동이 자유로우면 금융정책이 사용 가능한 정책수단인 경우에 유리하다.
단점	(1) 국제 유동성이 과다하게 필요해서 유동성 딜레마(liquidity dilemma)에 빠진다. (2) 일방통행적인 환투기로 불안하게 된다(M. Friedman). (3) 해외에 교란요인이 있는 경우 국민경제 안정화 달성이 어렵다. (4) 디플레이션이 발생할 가능성이 많다. (5) 통화정책이 무력하다.	(1) 환위험에 따른 국제무역축소가 우려된다. (2) 환투기로 환율이 불안정하다. (3) 국내에 교란요인이 있는 경우에 국민경제 안정화 달성이 어렵다. (4) 인플레이션이 발생할 가능성이 많다. (5) 재정정책이 무력하다. (6) 수출입의 가격탄력성이 작은 경우, 혹은 「J 커브효과」가 발생하는 경우 환율변동만으로 대외균형이 달성되지 못한다.

Q&A

외환시장에서 달러에 대한 수요함수는 $Q=12,000-5E$, 달러의 공급함수는 $Q=2,000+5E$라고 한다. (단, E는 원/달러 환율을 나타낸다.) 중앙은행이 환율을 900원에 고정시킬 때 나타날 수 있는 현상과 이를 해결하기 위해 필요한 외환당국의 조치는 무엇인가?

Solution

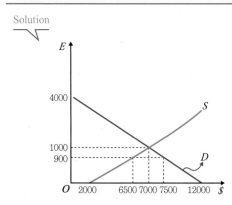

주어진 조건에서 균형환율은 1,000원이다. 이때 중앙은행이 환율을 900원으로 고정하면 외환시장에서 초과수요가 발생(1000)하며 이에 따라 환율을 900원으로 고정시키기 위해서는 중앙은행이 외환시장에 외환을 공급(1000)하고(중앙은행 외화자산 감소) 자국통화를 매입하여야 한다(통화량 감소).

고정환율제도와 이 제도에서 나타날 수 있는 현상에 대한 설명으로 옳은 것을 모두 고르면?

[2008, 감평사]

⊙ 국제수지*흑자가 발생할 경우 국내 통화공급이 감소한다.
⊙ 국제수지*적자가 발생할 경우 중앙은행이 외환을 매각해야 한다.
© 고정환율제도는 해외에서 발생한 충격을 완화시켜주는 역할을 한다.
② 국내 정책목표를 달성하기 위한 통화정책이 제약을 받는다.

*국제수지 = 경상수지+자본수지

① ⊙, ⊙, ②
② ⊙, ©
③ ⊙, ②
④ ⊙, ©
⑤ ⊙, ②

해설 ▶ 국제수지 흑자가 발생하면 외환시장에서는 외화의 초과공급으로 인해 환율의 하락 압력이 존재하게 되고, 외환당국이 이러한 압력을 해소하기 위해서 외화를 매입하게 된다. 이에 따라 국내 통화공급이 증가한다(⊙). 반대로 국제수지 적자가 발생하면 외환시장에서는 외화의 초과수요로 인해 환율의 상승 압력이 존재하게 되고, 외환당국은 이러한 압력을 해소하기 위해서 외화를 매각하게 된다(⊙). 이처럼 고정환율제도 하에서는 해외서 발생한 충격을 스스로 해소할 수 없게 되어(©), 그 충격을 해소하기 위해 통화당국이 외환시장에 개입하게 되고, 그 과정에서 통화량이 내생적으로 변화하게 되어 통화정책이 제약을 받게 된다(②).
여기서 통화량이 내생적으로 변화하게 된다는 의미는 고정환율제도 하에서 일정 수준의 환율을 유지하기 위한 중앙은행의 외환시장에 대한 개입이 중앙은행이 '의도하지 않은' 통화량의 변화를 발생시킨다는 것을 말한다.

정답 ▶ ⑤

❸ 최적통화지역(optimal currency area) 이론 – R. Mundell, R. McKinnon

1) 최적통화지역의 의의

(1) 개별국가들 화폐의 환율이 서로 고정되어 있는 것이 가장 바람직한 지역, 즉 고정환율제도 유지에 가장 적당한 크기의 지역을 말한다.

(2) 최적통화지역 이론의 입장에서 보면 고정환율제도의 주장은 전 세계를 하나의 최적통화지역으로 보는 것이며, 변동환율제도의 주장은 1국 경제를 하나의 최적통화지역으로 보는 것이다.

(3) 최적통화지역(=블록) 국가들은 블록외 국가들과는 공동환율을 적용하며 그 환율은 변동할 수 있다.

2) 최적통화지역 성립 요건

(1) 경제통합 정도가 클수록 상품이나 노동과 자본 등의 이동성 역시 커지므로 물가안정화 비용이 절감된다. 예컨대 한 국가에서 경기침체로 실업이 발생하게 되면, 호황인 다른 국가로 이동할 여지가 그만큼 커지기 때문에 실업문제를 보다 용이하게 해결할 수 있게 된다.

(2) 최적통화지역이 넓을수록 안정화 비용이 작아진다. 예컨대 한 국가의 경기가 침체될 때 그 나라 국내가격이 조금만 하락해도 수입수요가 증가하여 경기침체 국가의 수출이 크게 증가할 수 있다. 이를 통해 경기침체 국면을 쉽게 타개할 수 있게 된다.

(3) 경제구조가 유사할수록 경기침체 국가와 경기호황 국가가 동시에 발생 가능성이 낮아 최적통화지역 내 국가들이 서로 다른 안정화 정책을 독자적으로 시행할 필요가 적어진다. 또한 외부충격이 개별국가들에 미치는 영향의 정도가 비슷하여 고정환율을 유지하기 위한 정책협조도 그만큼 용이해진다.

3) 최적통화지역 형성에 따른 긍정적 측면과 부정적 측면

(1) **긍정적 측면**

① 경제적 효율성 이익(economic efficiency gain) : 최적통화지역 내에서는 환율과 관련된 불확실성을 제거함으로써 국제무역과 국제투자를 원활하게 촉진할 수 있다.

② 최적통화지역 내 각국의 기업들은 최적통화지역 전체를 하나의 단일시장으로 간주하고 생산함으로써 규모의 경제라는 이익을 얻을 수 있다.

③ 최적통화지역 내 국가들 사이에는 대외결제용 외환의 필요가 상대적으로 적어져서 환율을 안정적으로 유지하기 위한 외환당국의 개입비용 절감이 가능해진다.

(2) **부정적 측면** : 최적통화지역이 형성되면 자국만의 생산이나 고용에 관한 경제안정화 정책을 독자적으로 수행할 수 없게 되는 이른바 '경제안정화 손실(economic stability loss)'이 발생하게 된다.

이중환율제도론 - R. Dornbush

자본이동을 줄이기 위해서는 경상거래와 자본거래에 서로 다른 환율을 적용시키자는 주장이다. 예컨대 경상거래에는 상대적으로 더 신축적인 환율을 적용하고, 자본거래에는 상대적으로 덜 신축적인 환율을 적용하자는 것이 주요 내용이다.

❹ 통화정책과 환율 목표제

1) 환율 목표제의 의의

환율 목표제는 자국통화와 외국통화 간의 교환비율인 환율을 일정수준에서 유지시키는 통화정책 운영체제이다. 따라서 고정환율제도를 채택하고 있는 국가의 통화정책 운영체제는 예외 없이 환율목표제라고 할 수 있다.

2) 환율 목표제의 장점

(1) 경제의 기초여건이 건실한 나라, 특히 물가가 안정된 나라(anchor country)의 통화에 자국통화 가치를 고정시킴으로써 인플레이션을 낮출 수 있다. 특히 대외의존도가 높은 나라들은 수입물가 안정으로 큰 혜택을 볼 수 있다. 예컨대 미국으로부터 곡물을 수입하는 남미 국가의 수입 물가는 미국의 국내가격과 환율변동에 의존하는데, 미국의 물가상승률이 낮고 환율변동도 없기 때문에 수입 물가는 자연스럽게 안정될 수 있게 된다.

(2) 환리스크가 없어진다. 빠른 경제성장을 위해 대규모의 외국자본을 유치해야 하는 개발도상국이 입장에서는 환율을 고정시켜 기대수익의 변동성을 축소함으로써 외국인의 투자를 유인할 수 있다.

3) 환율 목표제의 단점

(1) 환율을 고정시킨다는 것은 자국의 사정에 맞는 통화정책을 수행할 수 없다는 것을 의미한다. 환율은 외환의 수급사정에 따라 변화하는데 이를 일정수준에서 묶어두려면 중앙은행이 직접 외환시장에 개입하거나 금리를 조절하여 외국통화와 자국통화 간의 상대수익률을 조절해야 하는데, 이로 인해 탄력적인 통화정책 수행을 어렵게 한다.

환율제도와 trilemma의 관계

	고정환율제	자본이동 자유화	통화정책의 자주성
금본위제도	○	○	×
브레턴우즈 체제	○	×	○
변동환율제	×	○	○
고정환율제	○	○	×

(2) 투기적 공격(speculative attack)에 취약하다. 환율을 일정수준에서 고정시키다 보면 시장원리에 부합하지 않는 경우가 있을 수 있다. 만약 중앙은행이 외환시장에 개입하여 자국통화 가치를 고평가 수준에서 유지하고자 하면 환투기 유인이 발생한다. 투기세력은 과대평가된 통화는 언젠가는 절하될 수밖에 없다는 기대 하에 해당통화를 대량으로 매각하게 되는데, 중앙은행이 이러한 투기공격을 더 이상 방어하지 못하면 통화가치는 일시에 큰 폭으로 떨어지고 투기세력은 엄청난 이익을 얻게 되는 것이다.

확인 TEST

불가능한 삼위일체(Impossible Trinity)에 대한 설명으로 옳은 것만을 모두 고르면? [2019. 국가직 7급]

⊙ 한 경제가 자유로운 자본이동, 물가안정 및 통화정책의 독립성을 동시에 모두 유지하는 것은 불가능하다는 이론이다.

⊙ 이 이론에 따르면 자본시장을 완전히 개방한 국가가 고정환율제도를 채택하는 경우 통화정책을 이용하여 경기조절이 가능하다.

ⓒ 이 이론에 따르면 고정환율제도를 운영하면서 동시에 통화정책의 독립성을 확보하기 위해서는 자본이동에 대한 제한이 필요하다.

① ⓒ

② ⓒ

③ ⊙, ⓒ

④ ⊙, ⓒ

해설 ▸ • '불가능한 삼위일체(Impossible Trinity)' 또는 '3원 불가능 원리(Principle of Impossible Trinity)'란 '통화정책의 독립성(자율성), 고정 환율 유지, 자본이동의 자유화'라는 3가지 목표 가운데 어느 두 개의 목표달성은 가능해도 3가지 목표를 동시에 달성할 수는 없다는 것을 말한다(⊙).

• 고정환율제도와 통화정책의 독립성은 자본이동을 허용하지 않는 경우에 유지될 수 있다. 만약 자본이동이 완전히 자유로운 국가가 고정환율제도를 채택하게 되면, 외환시장에서 고정환율을 유지하는 가운데 통화량이 내생적으로 변동하게 되어 경기안정화를 위한 통화정책은 무력해진다(ⓒ, ⓒ).

정답 ▸ ②

❺ 중앙은행의 외환시장 개입의 전략적 효과

1) 외환시장 개입 시 유의점

(1) 환율 변동의 원천을 분명하게 해야 한다. 예컨대 환율 변동이 기초경제변수의 변화에서 비롯된 변동인지, 단순한 외환에 대한 투기에서 비롯된 변동인지를 분명하게 인식하고 있어야 한다.

(2) 개입 시기의 적정성에 대한 고려가 필요하다. 개입은 가장 적게 하면서도 최고의 효과를 얻을 수 있는 시기의 선택이 중요하다.

(3) 개입 유형으로서 태화개입(nonsterilized intervention)인가 불태화개입(sterilized intervention)인가를 결정해야 한다.

2) 외환시장 개입의 유형과 효과

(1) **태화 개입**

① 태화 개입이란 국내통화량의 변화를 수반하는 외환시장 개입을 의미한다.

② 외환시장에서 원화에 대한 달러화 가치가 급등하고 있다고 가정하자. 이때 한국은행은 외환시장에 개입하여 달러화 매각을 통하여 외환시장에 개입하게 된다. 이 경우는 외환시장에 달러화의 공급이 증가함으로써 달러화 가치(＝환율)가 하락하게 되고, 달러화 매각으로 인한 원화 공급 감소가 수반되므로 태화개입의 예에 해당하게 된다.

③ 태화 개입은 환율하락과 원화 공급 감소로 인한 금리상승, 그리고 물가하락 압력을 발생시키게 된다.

⑵ 불태화 개입

① 불태화 개입이란 국내통화량의 변화를 수반하지 않는 외환시장 개입을 의미한다.

② 외환시장에서 원화에 대한 달러화 가치가 급등하고 있다고 가정하자. 이때 한국은행은 외환시장에 개입하여 달러화 매각과 원화 매입을 시도하면서, 동시에 공개시장조작 통하여 원화 매입액과 동일한 규모의 통화안정증권을 매입하여 원화 공급을 증가시킴으로써 통화량의 변동을 피하면서 외환시장에 개입하게 된다. 이 경우는 외환시장에 달러의 공급이 증가함으로써 달러화 가치가 하락하게 되었지만, 이와 함께 원화의 통화량의 변동을 수반하지 않았으므로 불태화 개입의 예에 해당하게 된다.

③ 불태화 개입으로 환율은 하락하지만 통화량의 불변으로 금리 또한 불변이 된다.

Theme 101 개방경제하의 국민소득 결정과 BP곡선

① 개방 경제하에서의 국민소득의 결정

1) 균형조건

(1) 생산물 시장이 균형을 이루기 위해서는 총수요와 총공급이 같아져야 하므로 개방경제에서의 생산물시장 균형조건은 다음과 같다.

$$Y = C + I + G + X + M$$

(2) 위에 주어진 국민소득 균형조건은 다음과 같이 쓸 수도 있다.

$$(Y - C - G) - I = X - M$$

위 식의 좌변의 괄호 안의 값은 국민소득에서 소비지출과 정부지출을 뺀 값으로 국민저축(NS)에 해당한다. 결국 생산물 시장의 균형조건은 순수출($NX = X - M$)이 국민저축과 국내투자의 차와 같아져야 한다는 조건으로 대체될 수 있다.

$$NS - I = NX$$

2) 균형국민소득 도출

(1) 소비[$C = C_0 + b(Y - T_0 + TR_0)$], 투자[$I = I_0$], 정부지출[$G = G_0$]을 고려하면 $NS - I$는 다음과 같은 선형식으로 표현될 수 있다.

$$NS - I = Y - C_0 - b(Y - T_0 + TR_0) - I_0 - G_0 = -A_0 + (1-b)Y$$
$$단, A_0 = C_0 - bT_0 + bTR_0 + I_0 + G_0$$

(2) 순수출은 자국과 외국의 국민소득과 환율에 의해서 결정되는데, 이에 따라 순수출을 다음과 같은 선형식으로 단순화할 수 있다.

$$NX = NX_0 - mY$$

단, 여기서 NX_0은 순수출 중 국민소득 이외의 요인에 영향을 받는 부분을 말하며,
m은 한계수입성향으로서 $0 < m < 1$이다.

(3) 앞의 두 식을 $NS - I = NX$에 대입하여 Y에 대하여 풀면 다음과 같은 균형국민소득을 구할 수 있다.

$$Y^* = \frac{1}{1 - b + m}(A_0 + NX_0)$$

위 식으로부터 개방경제에서의 투자승수는 $\dfrac{1}{1 - b + m}$임을 알 수 있다. 그런데 이것의 크기는 폐쇄경제에서의 투자승수인 $\dfrac{1}{1 - b}$보다 작은 값을 가진다. 그 이유는 폐쇄경제에서는 독립투자 증가에 따른 유발수요가 모두 내국재에 대한 수요로 나타나는 반면에 개방경제에서는 유발수요의 일부가 외국재에 대한 수입수요로 나타나므로 그만큼 내국재에 대한 수요가 감소하기 때문이다.

3) 투자 증가와 환율변동의 효과

(1) 투자 증가의 효과

┌─ 투자 증과와 국민소득 ─

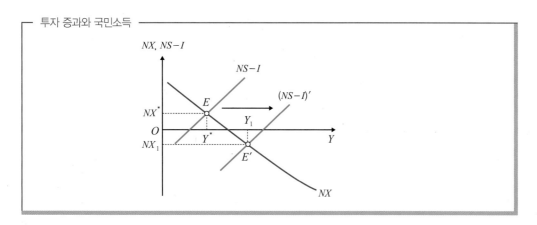

독립투자가 증가하면 $NX - I$선은 오른쪽으로 이동하여 새로운 균형은 E'점에서 이루어지며 폐쇄경제에서와 마찬가지로 균형국민소득이 증가함을 알 수 있다. 또한 순수출은 E점에 비해 감소하므로 투자의 증가는 순수출을 감소시킴을 알 수 있다.

(2) 환율 변동의 효과

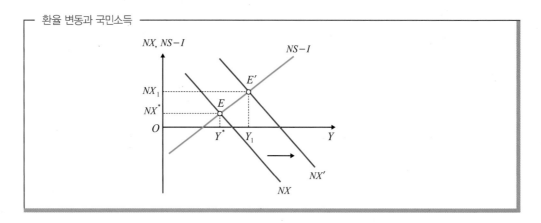

환율 변동과 국민소득

환율이 상승하면 마샬−러너 조건이 충족된다는 전제하에서 NX값을 증가시키고 이에 따라 NX선이 오른쪽으로 이동한다. 이때 수출수요와 수입수요의 탄력성의 합이 크면 클수록 NX선의 이동 폭은 커진다. 그 결과 새로운 국민경제의 균형점인 E'에서는 국민소득과 순수출이 모두 증가함을 알 수 있다.

❷ 적용 사례 − 미국의 경기부양책이 우리나라에 미치는 영향

1) 미국의 경기부양책 효과

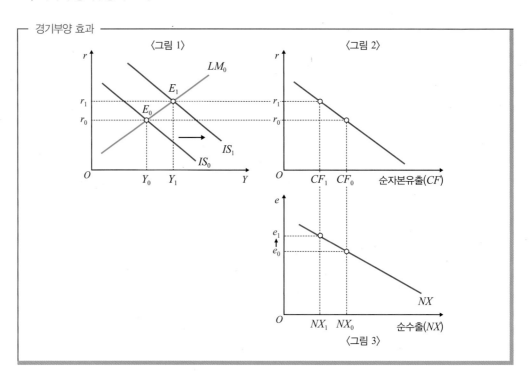

경기부양 효과

(1) 미국에서 경기를 부양하기 위하여 대규모 재정지출을 하게 되면 〈그림 1〉에서 보는 바와 같이 IS곡선이 오른쪽으로 이동($IS_0 \rightarrow IS_1$)하고, 이에 따라 미국의 국민소득은 증가($Y_0 \rightarrow Y_1$) 이자율은 상승($r_0 \rightarrow r_1$)하게 된다. 이때 상승한 미국의 국내이자율은 현실적으로 세계이자율의 상승을 의미하게 된다.

(2) 이러한 이자율의 상승은 〈그림 2〉에서 보는 바와 같이 미국으로의 자본유입을 가져와 순자본유출을 감소시킨다.

(3) 한편 〈그림 3〉에서 보는 바와 같이 미국의 외환시장에서는 자본유입으로 인한 달러가치의 상승($e_0 \rightarrow e_1$)으로 순수출이 감소하게 되어 경상수지가 악화된다. 이러한 미국의 경상수지 악화는 교역상대국은 경상수지가 개선된다는 의미이기도 하다.

2) 미국의 경기부양으로 인한 우리나라의 경제 변화 ⇒ IS – LM – BP 모형과 연결

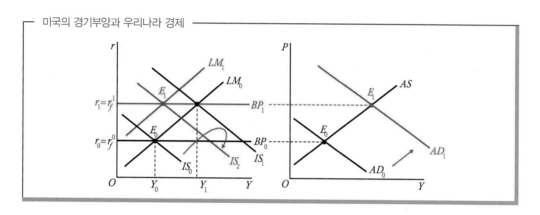

미국의 경기부양과 우리나라 경제

(1) 미국의 경기부양으로 인한 미국의 국내이자율은 결과적으로 세계이자율의 상승을 가져와 우리나라가 직면하게 되는 BP곡선을 상방으로 이동($BP_0 \rightarrow BP_1$)시키게 된다. 이에 따라 기존의 균형점(E_0)에서는 국제수지 적자로 인해 환율이 상승하게 된다. 이러한 환율 상승은 미국의 국민소득 증가와 함께 순수출을 증가시키는 요인으로 작용하게 되고, 이에 따라 IS곡선이 오른쪽으로 이동($IS_0 \rightarrow IS_1$)하게 된다.

(2) 한편 순수출 증가로 인한 총수요의 증가로 국민소득의 증가와 물가상승을 가져온다. 여기서 물가의 상승은 화폐시장에서 실질통화량을 감소시켜 LM곡선을 왼쪽으로 이동($LM_0 \rightarrow LM_1$)시킨다. 또한 실질환율을 하락시켜 순수출을 일부 감소시키는 요인으로 작용하여 IS곡선을 왼쪽으로 이동($IS_1 \rightarrow IS_2$)시킨다.

(3) 결국 미국의 경기부양으로 우리나라에서는 국민소득의 증가, 이자율 상승, 물가 상승, 고용증가 등의 효과로 나타나게 된다.

❸ 대외균형

1) 대외균형의 의의

(1) 국제거래에 있어 수취외화와 지불외화의 크기가 같아지는 경우

(2) 경상수지와 자본수지의 합이 0이 되면, 외환의 대한 수요와 공급이 같아져 국제수지 전체는 균형

2) BP곡선의 의의

(1) **의미**: 국제 수지(경상수지+자본수지)를 0으로 만드는 국민소득과 이자율의 조합을 연결한 곡선

(2) **국제수지의 구성**

$$BP = [X(e, Y_f) - M(e, Y)] + K(r, r_f)$$

(단, Y: 국내국민소득, Y_f: 해외국민소득, e: 환율, r: 국내이자율, r_f: 해외 이자율,
$X-M$: 경상수지, K: 자본수지)

① **경상수지**(CA): Marshall-Lerner 조건이 성립한다는 가정 하에 소득의 감소함수이고 환율의 증가함수

② **자본수지**(KA): 해외 이자율이 일정하고 환율에 대한 기대가 정태적이라는 가정 하에 국내 이자율의 증가함수

Q&A

어느 개방경제의 국제수지와 관련된 행태방정식이 다음과 같다.

- $X=200+0.5E$
- $M=300+0.2Y-0.5E$
- $K=100+30r-10r^*$
- 단, X는 수출, M은 수입, E는 현물환율, Y는 소득, K는 자본수지, r은 국내이자율, r^*는 해외이자율이다.

현물환율이 1,050, 해외이자율이 5라고 할 때, 국제수지균형을 나타내는 BP곡선을 구하면?

Solution

국제수지 균형은 경상수지($X-M$)+자본수지(K)=0일 때 달성된다. 따라서 다음과 같은 식이 성립한다.
$(200+0.5E-300-0.2Y+0.5E)+(100+30r-10r^*)=0$
$E-0.2Y+30r-10r^*=0$
$E=1,050$, $r^*=5$이므로 $1,000-0.2Y+30r=0$에서 $0.2Y=1,000+30r$이 성립한다.
결국 BP곡선은 $Y=5,000+150r$이 된다.

❹ BP곡선

1) BP곡선의 도출

(1) **전제**: 해외국민소득(Y_f), 환율(e), 해외이자율(r_f) 등이 일정하다고 가정

(2) **국제 간 자본의 완전 이동이 가능한 경우**

① 국내이자율(r)과 해외이자율(r_f)이 조금만 달라도 즉각적으로 금리차익을 노린 대량의 자본거래 발생 ⇒ 대량의 경상수지의 불균형도 아주 작은 국내이자율의 변화에도 해소가 가능

② 항상 $r=r_f$이 성립하여 BP곡선은 $r=r_f$수준에서 수평선

(3) **자본거래가 자유화되어 있긴 하지만 국제 간에 자본 이동이 불완전한 경우**

① 국제수지가 균형을 이루는 최초의 균형점에서 국민소득이 증가하면 수입이 증가하여 경상수지가 악화되어 국제수지가 적자로 전환

② 국제수지의 균형을 회복하기 위해서는 외국자본의 국내유입이 증가해야 한다. 이를 위해서는 국내이자율이 상승해야 한다.

③ 국민소득이 증가하면 국제수지를 균형시키는 이자율이 상승하기 때문에 곡선은 우상향

— BP곡선과 국제수지의 불균형 —

1. **BP곡선 위쪽**: 국제수지의 균형을 유지하는 데 필요한 이자율보다 높은 수준의 이자율이기 때문에 자본 유입이 이루어져 국제수지는 흑자가 된다.
2. **BP곡선 아래쪽**: 국제수지의 균형을 유지하는 데 필요한 이자율보다 낮은 수준의 이자율이기 때문에 자본 유출이 이루어져 국제수지는 적자가 된다.

---

(4) **국가 간 자본이동이 불가능한 경우**

① 국제수지는 경상수지로만 구성되고 경상수지는 이자율의 영향을 받지 않는다.

② BP곡선은 수직선이 되고 BP곡선의 우측은 국제수지 적자, 좌측은 국제수지 흑자를 의미

— 자본 이동성과 BP곡선 —

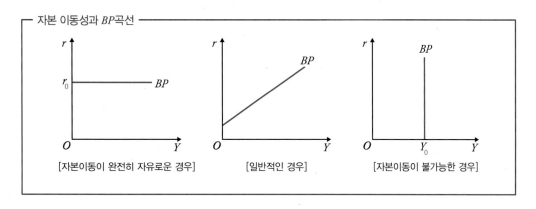

[자본이동이 완전히 자유로운 경우] [일반적인 경우] [자본이동이 불가능한 경우]

2) BP 곡선의 이동

(1) 환율상승의 경우

① 국제수지 균형 상태에서 환율이 상승하면 수출이 증가하고 수입이 감소하여 순수출이 증가하고 이에 따라 주어진 이자율에서 총수요 증가에 따른 국민소득의 증가가 이루어진다.

> 환율(e)상승 → 수출(X) 증가, 수입(M) 감소 → 총수요(AD) 증가 → 국민소득(Y) 증가

② BP곡선은 오른쪽으로 이동

(2) 환율하락의 경우

① 국제수지 균형 상태에서 환율이 하락하면 수출이 감소하고 수입이 증가하여 순수출이 감소하고 이에 따라 주어진 이자율에서 총수요 감소에 따른 국민소득의 감소가 이루어진다.

> 환율(e)하락 → 수출(X) 감소, 수입(M) 증가 → 총수요(AD) 감소 → 국민소득(Y) 감소

② BP곡선은 왼쪽으로 이동

환율의 변동과 IS, LM, BP 곡선의 이동			
환율	IS 곡선	LM 곡선	BP 곡선
상승	오른쪽 이동	불변	오른쪽 이동
하락	왼쪽 이동	불변	왼쪽 이동

확인 TEST

다음 중 BP(Balance of Payment)곡선 (가로축 : 소득, 세로축 : 이자율)의 우하향 이동에 영향을 주는 외생변수의 변화에 관한 설명 중 가장 옳지 않은 것은?
[2014, 국회 8급]

① 외국소득의 증가
② 외국상품가격의 상승
③ 국내통화의 평가절상 예상
④ 외국이자율의 상승
⑤ 국내기업수익률의 상승 예상

해설 ▶ 외국이자율이 상승하면 해외금융상품 수익률이 상승하여 자본유출이 발생하여 자본수지 적자로 인한 국제수지 적자가 나타난다. 국제수지가 다시 균형을 이루기 위해서는 국민소득의 감소로 수입을 감소시켜 경상수지가 흑자가 되어야 하므로 BP곡선은 소득이 감소하는 방향인 왼쪽(좌상방)으로 이동하게 된다.
  ① 외국소득의 증가 ⇒ 수출증가 ⇒ 경상수지 흑자 ⇒ 균형을 위해서 자본수지 적자를 위한 이자율 하락 필요 ⇒ BP 곡선 아래쪽으로 이동(우하향)
  ② 외국상품가격의 상승 ⇒ 수입감소 ⇒경상수지 흑자 ⇒ 균형을 위해서 자본수지 적자를 위한 이자율 하락 또는 경상수지 적자를 위한 소득증가 필요 ⇒ BP 곡선 아래쪽으로 이동(우하향)
  ③ 국내통화의 평가절상 예상 ⇒ 예상환율 하락 ⇒ 해외금융상품 수익률 하락 ⇒ 자본유입으로 인한 자본수지 흑자 ⇒ 균형을 위해서 자본수지 적자를 위한 이자율 하락 또는 경상수지 적자를 위한 소득증가 필요 ⇒ BP 곡선 아래쪽으로 이동(우하향)

⑤ 국내기업수익률의 상승 예상 ⇒ 국내주식 구입을 위한 자본유입 ⇒ 자본수지 흑자 ⇒ 균형을 위해서 자본수지 적자를 위한 이자율 하락 또는 경상수지 적자를 위한 소득증가 필요 ⇒ BP 곡선 아래쪽으로 이동(우하향)

정답 ┃ ④

❺ 개방경제하에서의 대내균형과 대외균형

개방경제하의 대내외 동시균형

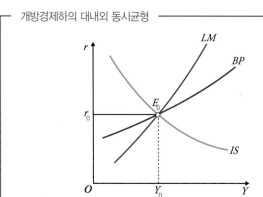

생산물시장의 균형을 의미하는 IS곡선과 화폐시장을 의미하는 LM곡선이 만나는 대내균형점을 대외균형을 의미하는 BP곡선이 지날 때 대내외 동시균형이 달성된다.

확인 TEST

현재 우리나라는 i) 물건이 잘 팔리지 않아 재고가 늘어나고, ii) 시중에는 돈이 많이 풀려 유동성이 넘치고, iii) 수출의 호조와 외국인 증권투자자금의 유입으로 국제수지가 흑자를 보이고 있다고 하자. 그렇다면 우리 경제는 아래의 IS−LM−BP모형에서 어느 국면에 위치하고 있는가?　　　　　　　　　　　　　　　　　　　　[2011 국회 8급]

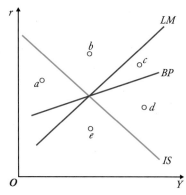

해설 ┃ 재고가 늘어난다는 것은 생산물 시장이 초과공급이라는 의미이므로 IS곡선 위쪽에 위치하고, 유동성이 넘친다는 것은 화폐시장이 초과공급이라는 의미이므로 LM곡선이 위쪽에 위치한다는 의미이다. 한편 국제수지가 흑자라는 것은 BP곡선 위쪽이라는 의미이다. 따라서 앞의 세 가지 모두를 충족하는 영역은 b영역이 되는 것이다.

정답 ┃ ②

IS-LM-BP 모형

❶ 자본이동이 불가능한 경우

1) 고정환율제도인 경우

⑴ 금융정책의 효과

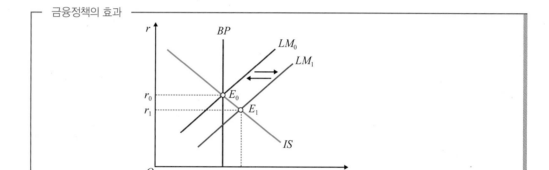

금융정책의 효과

① 외생적으로 화폐공급 증가 ⇒ LM곡선 오른쪽 이동(LM_1) ⇒ 일시적 대내 균형점(E_1)에서 국민소득 증가로 경상수지 악화 ⇒ 환율상승 압력 ⇒ 중앙은행 외환 매각 ⇒ 내생적으로 통화량 감소 ⇒ LM곡선 왼쪽 이동(LM_0) ⇒ 원래 균형점(E_0)으로 되돌아 감

② 통화공급의 내생성 때문에 확대통화정책이 국민소득 증대에 아무런 영향을 주지 못한다.

> ── 고정환율제도하에 통화량이 내생변수가 되는 이유 ──
>
> 고정환율제도 하에서는 명목환율이 미리 정해진 수준에 고정되어 있으므로 외생변수가 된다. 그리고 통화량이 내생변수가 된다. 그 이유는 고정환율을 유지하기 위해서는 중앙은행이 외환시장에 개입해야 하며 그 과정에서 통화량이 변하기 때문이다. 그리고 이와 같이 외환시장 개입의 결과 통화량의 변화를 허용하는 것을 비중화 외환시장개입(nonsterilized intervention)이라고 한다.

(2) 재정정책의 효과

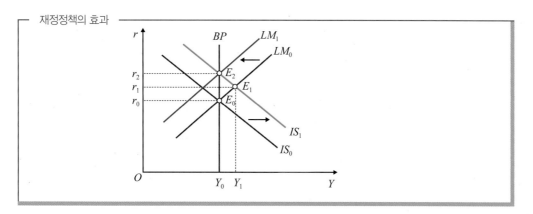

재정정책의 효과

① 정부의 재정지출 증가 ⇒ IS곡선 오른쪽 이동(IS_1) ⇒ 일시적 대내 균형점(E_1)에서 국민소득 증가로 경상수지 악화 ⇒ 환율상승 압력 ⇒ 중앙은행 외환 매각 ⇒ 내생적으로 통화량 감소 ⇒ LM곡선 왼쪽 이동(LM_1) ⇒ 새로운 균형점(E_2)에서 균형 달성
② 자본이동이 불가능하여 확대재정정책은 이자율만 상승시킬 뿐 국민소득 증대에 아무런 영향을 주지 못한다.

2) 변동환율제도인 경우

(1) 금융정책의 효과

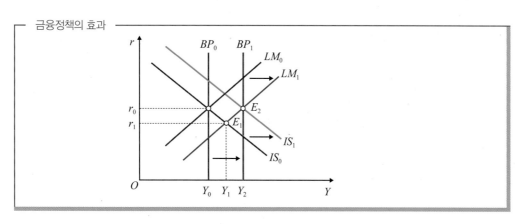

금융정책의 효과

① 외생적으로 화폐공급 증가 ⇒ LM곡선 오른쪽 이동(LM_1) ⇒ 일시적 대내 균형점(E_1)에서 국민소득 증가로 경상수지 악화 ⇒ 환율상승 ⇒ 순수출 증가 ⇒ IS곡선 오른쪽 이동(IS_1), BP곡선 오른쪽 이동(BP_1) ⇒ 새로운 균형점(E_2)에서 균형 달성
② 자본이동이 불가능하여 확대금융정책은 국민소득을 증가시킨다.

(2) 재정정책의 효과

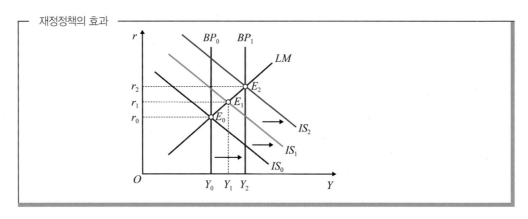

재정정책의 효과

① 정부의 재정지출 증가 ⇒ IS곡선 오른쪽 이동(IS₁) ⇒ 일시적 대내 균형점(E₁)에서 국민소득 증가로 경상수지 악화 ⇒ 환율상승 ⇒ 순수출 증가 ⇒ IS곡선 오른쪽 이동(IS₂), BP곡선 오른쪽 이동(BP₁) ⇒ 새로운 균형점(E₂)에서 균형 달성

② 자본이동이 불가능하여 확대재정정책은 국민소득을 크게 증가시킨다.

❷ 자본이동이 불완전한 경우

1) 고정환율제도인 경우

(1) 금융정책의 효과

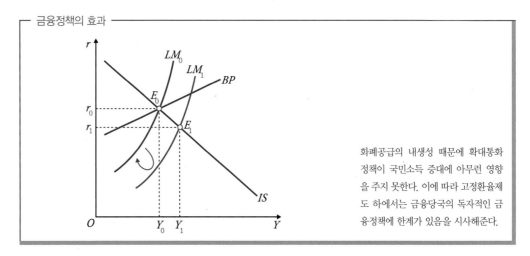

금융정책의 효과

화폐공급의 내생성 때문에 확대통화정책이 국민소득 증대에 아무런 영향을 주지 못한다. 이에 따라 고정환율제도 하에서는 금융당국의 독자적인 금융정책에 한계가 있음을 시사해준다.

① 외생적으로 화폐공급이 증가 ⇒ LM곡선 오른쪽으로 이동 ⇒ 일시적 대내 균형점(E₁)에서 국민소득 증가로 경상수지 악화, 이자율 하락으로 자본수지 악화 ⇒ 국제수지 악화(적자) ⇒ 내생적으로 통화량이 감소 ⇒ LM곡선이 왼쪽으로 이동 ⇒ 원래의 균형점으로 되돌아감.

② 화폐공급의 내생성 때문에 확대통화정책이 국민소득 증대에 아무런 영향을 주지 못한다.

(2) 재정정책의 효과

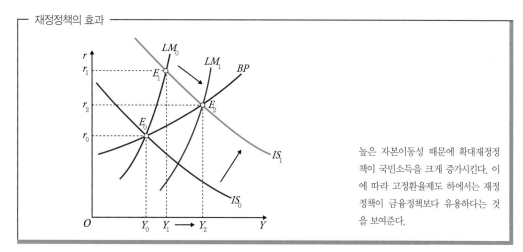

재정정책의 효과

높은 자본이동성 때문에 확대재정정책이 국민소득을 크게 증가시킨다. 이에 따라 고정환율제도 하에서는 재정정책이 금융정책보다 유용하다는 것을 보여준다.

① 정부의 재정지출 증가 ⇒ IS곡선 오른쪽으로 이동 ⇒ 일시적 대내 균형점(E_1)에서 국민소득 증가로 경상수지 악화, 이자율 상승으로 자본수지 개선 ⇒ 높은 자본이동성으로 자본수지 개선의 효과가 경상수지 악화의 효과를 압도하여 국제수지 개선(흑자) ⇒ 내생적으로 통화량 증가 ⇒ LM곡선이 오른쪽으로 이동 ⇒ 새로운 점(E_2)에서 균형달성

② 높은 자본이동성 때문에 확대재정정책이 국민소득을 크게 증가시킨다.

2) 변동환율제도인 경우

(1) 금융정책의 효과

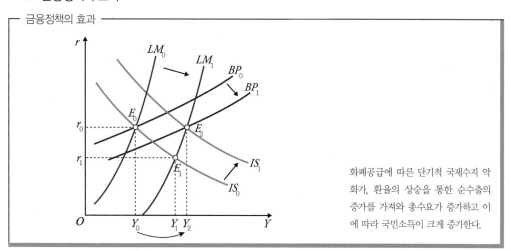

금융정책의 효과

화폐공급에 따른 단기적 국제수지 악화가, 환율의 상승을 통한 순수출의 증가를 가져와 총수요가 증가하고 이에 따라 국민소득이 크게 증가한다.

① 외생적으로 화폐공급이 증가 ⇒ LM곡선 오른쪽으로 이동 ⇒ 일시적 대내 균형점(E_1)에서 국민소득 증가로 경상수지 악화, 이자율 하락으로 자본수지 악화 ⇒ 국제수지 악화(적자) ⇒ 환율 상승 ⇒ 내생적으로 IS곡선 오른쪽으로 이동, BP곡선 오른쪽으로 이동 ⇒ 새로운 점(E_2)에서 균형달성

② 화폐공급에 따른 국제수지 악화에 따른 환율의 상승이 순수출의 증가를 가져와 총수요가 증
가하고 이에 따라 국민소득이 크게 증가한다.

(2) 재정정책의 효과

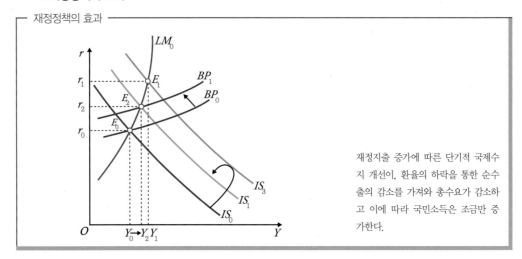

재정정책의 효과

재정지출 증가에 따른 단기적 국제수
지 개선이, 환율의 하락을 통한 순수
출의 감소를 가져와 총수요가 감소하
고 이에 따라 국민소득은 조금만 증
가한다.

① 정부의 재정지출 증가 ⇒ IS곡선 오른쪽으로 이동 ⇒ 일시적 대내 균형점(E_1)에서 국민소득 증
가로 경상수지 악화, 이자율 상승으로 자본수지 개선 ⇒ 높은 자본이동성으로 자본수지 개선
의 효과가 경상수지 악화의 효과를 압도하여 국제수지 개선(흑자) ⇒ 환율하락 ⇒ 내생적으로
IS곡선 왼쪽으로 이동, BP곡선 왼쪽으로 이동 ⇒ 새로운 점(E_2)에서 균형달성
② 정부의 재정지출 증가로 국제수지 개선에 따른 환율의 하락이 순수출의 감소를 가져와 총수요
가 감소하고 이에 따라 국민소득은 조금만 증가한다.

확인 TEST

자본이동이 불완전하고 변동환율제도를 채택한 소규모 개방경제의 $IS-LM-BP$ 모형에서 균형점이 (Y_0, i_0)으로 나타났다. 이때, 확장적 재정정책에 따른 새로운 균형점에 대한 설명으로 옳은 것은? (단, Y는 총소득, i_0는 이자율이다.)

[2017, 지방직 7급]

① 총소득은 Y_0보다 크고, 이자율은 i_0보다 높다.
② 총소득은 Y_0보다 크고, 이자율은 i_0보다 낮다.
③ 총소득은 Y_0보다 작고, 이자율은 i_0보다 높다.
④ 총소득은 Y_0보다 작고, 이자율은 i_0보다 낮다.

해설 • 자본이동이 불완전하고 변동환율제도를 채택하고 있는 소규모 개방경제에서 확장적 재정정책이 실시되는 경우의 변화 과정을 다음 그림으로 나타낼 수 있다.

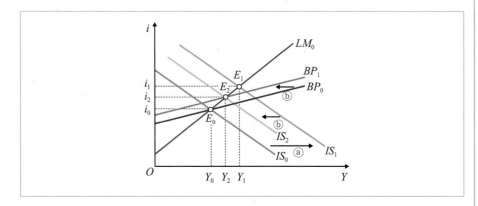

• 확장적 재정정책의 실시는 IS곡선을 오른쪽으로 이동시켜(ⓐ), 단기적 대내균형은 E_1점에서 이루어진다. 이러한 대내균형은 기존의 BP곡선 위쪽에 위치하게 되어, 국제수지는 흑자가 된다. 이에 따라 외환시장에서 환율의 하락을 가져온다.

• 환율의 하락으로 BP곡선은 왼쪽으로 이동하고(ⓑ), 환율하락으로 인한 순수출의 감소로 IS곡선 역시 왼쪽으로 이동하여(ⓑ), 최종 균형은 E_2점에서 달성된다. 이것과 최초의 수준인 E_0점과 비교해보면, 총소득은 Y_0보다 커지고, 이자율은 i_0보다 높아졌다는 것을 알 수 있다.

정답 ▼ ①

❸ 자본이동이 완전한 경우

1) 고정환율제도인 경우

(1) 금융정책의 효과

┌─ 금융정책의 효과 ──────────────────────────────

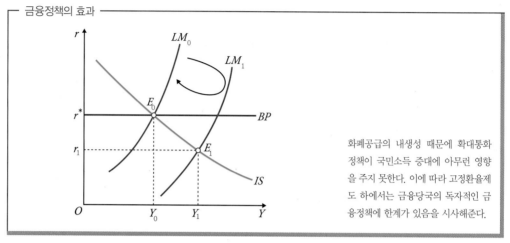

화폐공급의 내생성 때문에 확대통화정책이 국민소득 증대에 아무런 영향을 주지 못한다. 이에 따라 고정환율제도 하에서는 금융당국의 독자적인 금융정책에 한계가 있음을 시사해준다.

① 외생적으로 화폐공급이 증가 ⇒ LM곡선 오른쪽으로 이동 ⇒ 일시적 대내 균형점(E_1)에서 국민소득 증가로 경상수지 악화, 이자율 하락으로 자본수지 악화 ⇒ 국제수지 악화(적자) ⇒ 내생적으로 통화량이 감소 ⇒ LM곡선이 왼쪽으로 이동 ⇒ 원래의 균형점으로 되돌아 감.

② 화폐공급의 내생성 때문에 확대통화정책이 국민소득 증대에 아무런 영향을 주지 못하고 이자율 역시 변동하지 않는다.

┌─ 시사점 ──────────────────────────────
│
│ 자본의 국제이동성이 완전한 상황과 고정환율제도 하에서 국제금리 수준에 아무런 영향을 미치지 못하는 소규모 개방경제는 독자적인 통화정책을 수행할 수 없음을 가르쳐준다. 이는 자본시장이 완전히 개방되어 있는 국가에서는 환율관리목표와 통화관리목표를 동시에 추구할 수 없음을 의미하는 것으로 해석될 수도 있다. 즉, 국제자본이동성이 완전하다면 특정 환율 수준을 유지하는 환율정책을 수행하기 위해서는 통화관리를 포기할 수밖에 없으며, 총수요관리정책으로서 독자적인 통화정책을 추구하려 한다면 환율관리를 포기해야 한다는 것이다.
│
└──────────────────────────────────────

확인 TEST

다음은 고정환율제도 하에서의 확장적 통화정책에 대한 설명이다. 옳은 설명을 모두 고른 것은?

[2004, CPA]

⊙ 통화팽창 이후 고정환율제도를 유지하기 위해서 중앙은행은 보유 중인 외환을 매각하여 원화의 통화량을 감소시켜야 한다.
ⓒ 확장적 통화정책은 국민소득의 증가를 초래한다.
ⓒ 고정환율제도하에서 중앙은행은 거시경제의 안정성을 유지하기 위한 수단으로서의 통화정책의 유효성을 상실하게 된다.

① ⊙
② ⊙, ⓒ
③ ⊙, ⓒ
④ ⊙, ⓒ, ⓒ
⑤ ⓒ

해설 ▶ 고정환율제도 하에서 확장적 통화정책을 실시할 경우 단기적으로 국내이자율이 하락한다. 이자율이 하락하면 해외로 자본유출이 발생하고 이로 인해 외환시장에서는 환율상승 압력이 존재하게 된다. 고정환율제 하에서는 변동환율제도 하에서와 같이 환율변동을 통해 이러한 불균형을 해소할 수 없기 때문에, 통화당국이 환율상승 압력을 제거하기 위해 보유외화를 매각하게 된다. 그 과정에서 의도하지 않게 통화량이 내생적으로 감소하게 되어 최초의 확장적 통화정책은 무력해지게 된다.

정답 ▶ ③

(2) 재정정책의 효과

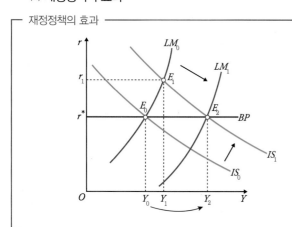
재정정책의 효과

높은 자본이동성 때문에 확대재정정책이 국민소득을 크게 증가시킨다. 이에 따라 고정환율제도하에서는 재정정책이 금융정책보다 유용하다는 것을 보여준다.

① 정부의 재정지출 증가 ⇒ IS곡선 오른쪽으로 이동 ⇒ 일시적 대내 균형점(E_1)에서 국민소득 증가로 경상수지 악화, 이자율 상승으로 자본수지 개선 ⇒ 높은 자본이동성으로 자본수지 개선의 효과가 경상수지 악화의 효과를 압도하여 국제수지 개선(흑자) ⇒ 내생적으로 통화량이 증가 ⇒ LM곡선이 오른쪽으로 이동 ⇒ 새로운 점(E_2)에서 균형 달성

② 높은 자본이동성 때문에 확대재정정책이 국민소득을 크게 증가시킨다.

확인 TEST

다음은 먼델–플레밍 모형을 이용하여 고정환율제도를 취하고 있는 국가의 정책효과에 대해서 설명한 것이다. ㉠과 ㉡을 바르게 연결한 것은?   [2017. 서울시 7급]

정부가 재정지출을 (㉠)하면 이자율이 상승하고 이로 인해 해외로부터 자본 유입이 발생한다. 외환시장에서 외화의 공급이 증가하여 외화 가치가 하락하고 환율의 하락 압력이 발생한다. 하지만 고정환율제도를 가지고 있기 때문에 환율이 변할 수는 없다. 결국 환율을 유지하기 위해 중앙은행은 외화를 (㉡)해야 한다.

	㉠	㉡		㉠	㉡
①	확대	매입	③	축소	매입
②	확대	매각	④	축소	매각

해설 ▶ • 고정환율제도 하에서의 재정정책의 전달경로를 정리하면 다음과 같다.

재정지출 확대(축소) ⇒ 이자율 상승(하락) ⇒ 자본유입(유출) ⇒ 외화공급(수요) 증가 ⇒ 환율하락(상승) 압력 발생 ⇒ 외화 매입(매각)

• 여기서 고정환율제 하에서 중앙은행은 외환시장의 안정을 위해 개입해야 한다는 것을 알 수 있다. 이에 따라 통화량이 의도하지 않게 내생적으로 변동하게 되어 통화량을 원하는 대로 통제할 수 없게 된다.

정답 ▶ ①

2) 변동환율제도인 경우

(1) 금융정책의 효과

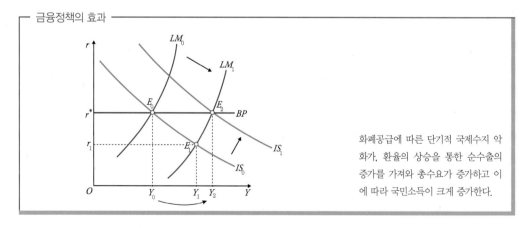

― 금융정책의 효과 ―

화폐공급에 따른 단기적 국제수지 악화, 환율의 상승을 통한 순수출의 증가를 가져와 총수요가 증가하고 이에 따라 국민소득이 크게 증가한다.

① 외생적으로 화폐공급이 증가 ⇒ LM곡선 오른쪽으로 이동 ⇒ 일시적 대내 균형점(E_1)에서 국민소득 증가로 경상수지 악화, 이자율 하락으로 자본수지 악화 ⇒ 국제수지 악화(적자) ⇒ 환율 상승 ⇒ 내생적으로 IS곡선 오른쪽으로 이동 ⇒ 새로운 점 (E_2)에서 균형달성

② 화폐공급에 따른 국제수지 악화에 따른 환율의 상승이 순수출의 증가를 가져와 총수요가 증가하고 이에 따라 국민소득이 크게 증가한다.

확인 TEST

A국은 변동환율제도를 채택하고 자본이동이 완전히 자유로운 소규모개방경제국이다. $IS-LM-BP$ 분석에서 A국 중앙은행이 화폐공급량을 증가시킬 때, 최종적인 경제효과로 옳지 않은 것은? (단, 국제이자율은 불변이고, IS곡선은 우하향하며, LM곡선은 우상향한다.)

[2012. 지방직 7급]

① 투자가 감소한다.　　　　② 소비가 증가한다.
③ 소득이 증가한다.　　　　④ 무역수지가 개선된다.

해설 ▶ 괄호 안의 주어진 조건에 따라 그림을 그리면 다음과 같다.

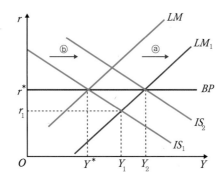

중앙은행이 화폐공급량을 증가시키면 LM곡선이 오른쪽으로 이동(그림 ⓐ)하여 대내균형점에서 이자율이 하락하고 소득이 증가하게 된다. 이에 따라 자본유출이 이루어지고 소득이 증가함에 따라 수입이 증가하여 외환시장에서 환율이 상승하게 된다. 그 결과 순수출의 증가와 이자율 하락에 따른 투자의 증가 및 소득 증가에 따른 소비 증가로 총수요가 증가하게 되어 IS곡선이 오른쪽으로 이동(그림 ⓑ)하게 되어 소득은 더 크게 증가하게 된다.

정답 ▶ ①

(2) 재정정책의 효과

재정정책의 효과

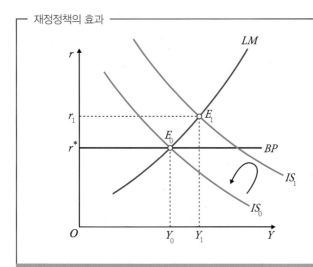

재정지출 증가에 따른 단기적 국제수지 개선이, 환율의 하락을 통한 순수출의 감소를 가져와 총수요가 감소하고 이에 따라 국민소득은 최초의 수준으로 되돌아간다.

① 정부의 재정지출 증가 ⇒ IS곡선 오른쪽으로 이동 ⇒ 일시적 대내 균형점(E_1)에서 국민소득 증가로 경상수지 악화, 이자율 상승으로 자본수지 개선 ⇒ 높은 자본이동성으로 자본수지 개선의 효과가 경상수지 악화의 효과를 압도하여 국제수지 개선(흑자) ⇒ 환율하락 ⇒ 내생적으로 IS곡선 왼쪽으로 이동 ⇒ 원래의 균형점(E_0)으로 되돌아감

② 정부의 재정지출 증가로 국제수지 개선에 따른 환율의 하락이 순수출의 감소를 가져와 총수요가 감소하고 이에 따라 국민소득은 종전 수준으로 되돌아간다.

확인 TEST

변동환율제도를 채택하고 있는 소국-개방경제에서 정부가 경기부양을 위해 재정지출을 확대할 경우, 최종적으로 나타날 수 있는 현상으로 보기 어려운 것은?

[2008, 국회 8급]

① 수출이 감소한다.
② 이자율이 상승한다.
③ 자본수지가 개선된다.
④ 국민소득은 변함이 없다.
⑤ 국내통화가 평가절상된다.

해설 • 주어진 조건들을 그림으로 나타내면 다음과 같다.

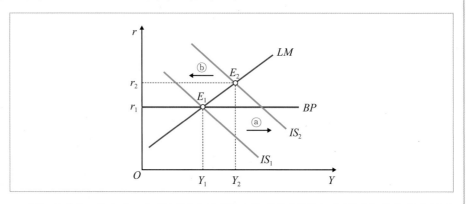

- 먼델-플레밍 모형에 따르면 자본이동이 완전한 소국 개방경제에서 경기부양을 위해 재정지출을 확대하면(ⓐ) 단기적으로는 이자율의 상승과 국민소득이 증가하게 된다.
- 이자율의 상승은 자본수지를 개선시키고(③), 국민소득의 증가는 수입을 증가시켜 경상수지를 악화시킨다. 그런데 자본수지 개선의 크기가 경상수지 악화의 크기를 압도하여 국제수지는 개선된다.
- 외환시장에서 외화공급이 증가하여 환율이 하락하게 되어 국내통화가 평가절상된다(⑤). 이러한 환율의 하락은 수출을 감소시키고(①) 수입을 증가시켜 순수출을 감소시킨다. 순수출의 감소로 총수요가 감소하여 경제는 원래의 수준으로 복귀한다(ⓑ).
- 재정지출 확대의 최종적 결과는 이자율과 국민소득은 불변이다(②, ④).

정답 ②

사례 연구 환율제도와 경기안정화 정책의 효과

◈ 다음 그림은 자본이동이 자유로운 소규모 개방경제를 나타낸다.

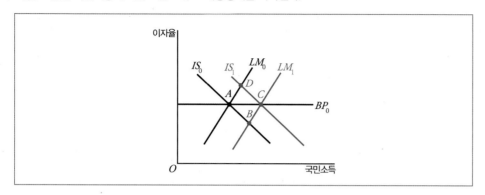

IS_0, LM_0, BP_0곡선이 만나는 점 A에서 균형이 이루어졌을 때, 환율제도에 따른 확장적 재정정책과 확장적 금융정책으로 인한 새로운 균형점은?

분석하기

- 변동환율제 하에서 확장정 재정정책 : 정부의 재정지출 증가 ⇒ IS 곡선 오른쪽으로 이동 ⇒ D 수준에서 일시적 대내 균형 성립 ⇒ 국제수지 흑자 ⇒ 환율하락 ⇒ 순수출 감소로 내생적으로 IS 곡선 왼쪽으로 이동 ⇒ 원래의 균형점인 A 수준으로 복귀(재정정책 무용)

- 변동환율제 하에서 확장적 통화정책 : 외생적으로 화폐공급이 증가 ⇒ LM 곡선 오른쪽으로 이동 ⇒ B 수준에서 일시적 대내 균형 성립 ⇒ 국제수지 적자 ⇒ 환율 상승 ⇒ 순수출 증가로 내생적으로 IS 곡선 오른쪽으로 이동 ⇒ C 수준에서 새로운 균형달성(통화정책 유용)

- 고정환율제 하에서 확장적 통화정책 : 외생적으로 화폐공급이 증가 ⇒ LM 곡선 오른쪽으로 이동 ⇒ B 수준에서 일시적 대내 균형 성립 ⇒ 국제수지 적자 ⇒ 외환시장에서 환율 상승 '압력' 발생 ⇒ 외환시장 안정을 위해 중앙은행 외화 매각 ⇒ 내생적으로 통화량이 감소 ⇒ LM 곡선이 왼쪽으로 이동 ⇒ 원래의 균형점인 A 수준으로 복귀(통화정책 무용)

- 고정환율제 하에서 확장적 재정정책 : 정부의 재정지출 증가 ⇒ IS 곡선 오른쪽으로 이동 ⇒ D 수준에서 일시적 대내 균형 성립 ⇒ 국제수지 흑자 ⇒ 외환시장에서 환율 하락 '압력' 발생 ⇒ 외환 시장 안정을 위해 중앙은행 외화 매입 ⇒ 내생적으로 통화량 증가 ⇒ LM 곡선 오른쪽으로 이동 ⇒ C 수준에서 새로운 균형달성(재정정책 유용)

| 사례 연구 | 긴축재정정책과 양적완화정책의 혼합 |

◈ 유로지역의 재정위기 이후 대부분의 *G*20 국가들은 재정건전성 강화를 위해 긴축재정정책을 채택하고 있다. 그 중 규모가 큰 몇몇 국가들은 긴축재정의 부작용을 시정하고자 양적완화정책을 동시에 펼치고 있다. 이로 인해 소규모 개방경제 국가에 미치는 영향을 환율제도를 고려하면서 *IS*−*LM*−*BP* 모형으로 비교−설명하면? 단, 자본이동은 자유롭고, '마샬−러너 조건'이 충족되고 있다고 가정한다.

 분석하기

• 변동환율제도인 경우

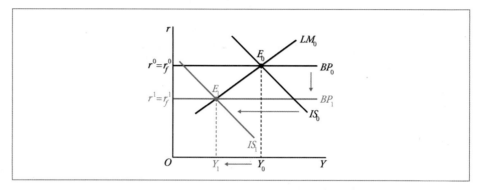

1) 긴축재정정책은 국민저축의 증가, 양적완화정책은 통화량의 증가를 수반하는 정책이다. 이로 인해 대국들의 이자율이 하락하게 되는데, 이는 곧 세계이자율의 하락($r_0 \rightarrow r_1$)을 의미한다. 이러한 대국들의 이자율 하락은 자본이동이 자유로운 소규모 개방경제 국가들의 *BP*곡선을 아래쪽으로 이동($BP_0 \rightarrow BP_1$)시킨다. 이에 따라 기존의 균형점인 E_0 수준에서는 국제수지가 흑자가 되어 환율이 하락하게 된다.

2) 마샬−러너 조건이 충족되고 있으므로 환율의 하락은 순수출을 감소시켜, *IS*곡선은 왼쪽으로 이동($IS_0 \rightarrow IS_1$)하게 된다. 그 결과 새로운 균형점인 E_1 수준에서는 이전에 비해 국민소득이 감소($Y_0 \rightarrow Y_1$)하게 된다. 일반적으로 일부 선진국들을 제외한 대부분의 국가들은 소규모 개방경제 국가들에 해당한다. 결국 이러한 소국들의 국민소득 감소는 곧 세계 대부분 국가들의 국민소득 감소를 의미한다. 이러한 과정을 통해 '글로벌' 절약의 역설(paradox of global thrifty)이 나타나게 되는 것이다.

• 고정환율제도인 경우

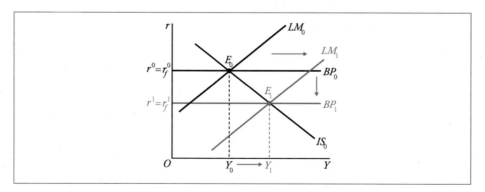

1) 긴축재정정책은 국민저축의 증가, 양적완화정책은 통화량의 증가를 수반하는 정책이다. 이로 인해 대국들의 이자율이 하락하게 되는데, 이는 곧 세계이자율의 하락($r_0 \rightarrow r_1$)을 의미한다. 이러한 대국들의 이자율 하락은 자본이동이 자유로운 소규모 개방경제 국가들의 *BP*곡선을 아래쪽으로 이동($BP_0 \rightarrow BP_1$)시킨다. 이에 따라 기존의 균형점인 E_0 수준에서는 국제수지가 흑자가 되어 외환시장에서는 '환율하락 압력'이 존재하게 된다.

2) 중앙은행은 외환시장에 존재하는 '환율하락 압력'을 해소하기 위하여 외환을 매입하게 된다. 이에 따라 외환 매입대금만큼 통화량이 증가하게 되어 LM곡선은 오른쪽으로 이동($LM_0 \rightarrow LM_1$)하게 된다. 그 결과 새로운 균형점인 E_1 수준에서는 이전에 비해 국민소득이 증가($Y_0 \rightarrow Y_1$)하게 된다.

심화 TEST

불황기에 국민 소득을 증대시키기 위한 확대 재정정책의 효과가, 개방 경제에서 더 큰지 폐쇄 경제에서 더 큰지 알아보고자 한다. 다음 자료를 읽고, 이자율 변동, 자본 이동, 환율변동, 총수요 변동을 고려하여 150자 이내로 설명하시오. (총공급 곡선은 이자율이나 환율에 의해서 영향을 거의 받지 않는다고 가정한다.

[2002, 교원임용]

> 상품과 자본의 이동이 자유로운 개방경제는 폐쇄 경제와는 다른 특징들을 보이고 있다. 자본이동이 자유로우면 국가 간 이자율의 차이에 따라 자본이 이동하는데, 이렇게 이동한 자본은 외환시장에서 수요나 공급을 변화시켜 환율을 변동시킨다. 환율의 변동은 다시 여러 경제변수에 영향을 준다. 따라서 경제정책의 효과를 분석할 때, 개방경제에서는 폐쇄경제에서와는 달리 환율 변동에 따른 효과까지 분석해야 한다. 즉 개방경제에서 재정정책과 통화정책의 효과를 분석할 때는 폐쇄 경제에서의 효과 외에 환율이 총수요와 총공급을 어떻게 변화시키는지 추가적으로 고려해야 한다.

분석하기

- 개방경제:확대 재정정책을 실시하게 되면 이자율이 상승하여 투자가 감소하게 된다. 또한 이자율의 상승은 자본유입으로 인한 환율하락을 가져와 순수출도 감소하게 된다.
- 폐쇄경제:확대 재정정책을 실시하게 되면 이자율이 상승하여 투자가 감소하게 된다. 다만 폐쇄경제하에서는 이자율 상승으로 인한 자본유입을 가져오지 않게 되어 순수출에 영향을 주지 않는다.
- 결국 불황기에 국민소득을 증가시키기 위한 확대·재정정책의 효과는 개방경제에 비해 폐쇄경제에서 더 크다는 것을 알 수 있다.

심화 TEST

변동환율제도를 채택하고 있으며 자본 이동이 자유로운 소규모 개방경제를 상정하자. 물가 하락은 가계의 소비 지출과 기업의 투자지출뿐 아니라 순수출에도 영향을 미친다. (A) 물가 하락이 화폐시장에서 이자율에 영향을 미치게 되는 과정을 쓰시오. (B) 화폐시장에서의 이런 변화가 순수출에 어떤 경로로 영향을 미치게 되는지를 자본 유출입, 환율, 수출입에 대한 영향의 순서에 따라 쓰시오.

[2006, 교원임용]

분석하기

- A:물가가 하락하면 화폐시장에서 실질통화량이 증가하여 이자율이 하락하게 된다.
- B:이자율의 하락으로 자본유출이 이루어지면 환율이 상승하게 되어 순수출이 증가한다.

IS-LM-IRP 모형

① 이자율 평가(IRP) 이론

1) 이자율 평가(IRP) 식 도출

- $(1+i) = \dfrac{E^e}{E}(1+i^*) \Rightarrow (1+i) = \left(1 + \dfrac{E^e - E}{E}\right)(1+i^*)$

  $\Rightarrow 1+i = 1+i^* + \dfrac{E^e - E}{E} + \dfrac{E^e - E}{E} \times i^* \Rightarrow i = i^* + \dfrac{E^e - E}{E}\left(\because \dfrac{E^e - E}{E} \times i^* \fallingdotseq 0\right)$

  $\Rightarrow i = i^* + \dfrac{E^e - E}{E} \Rightarrow E \times i = E \times i^* + E^e - E \Rightarrow E(1+i-i^*) = E^e \Rightarrow E = \dfrac{E^e}{1+i-i^*}$

- 여기서 E는 명목환율, i는 국내(명목)이자율, i^*는 해외(명목)이자율, E^e는 예상환율이다.

이러한 결론은 국내 (명목)이자율(i)과 명목환율(E) 사이에는 역($-$)의 관계가 성립하며, 국내외 이자율의 차이($i-i^*$)는 예상환율 변동률$\left(\dfrac{E^e - E}{E}\right)$과 같다는 것을 보여준다. 이것은 또한 당연히 국내외 이자율이 같다면, 명목환율과 예상환율 역시 같다는 것을 의미하기도 한다. 이를 그림으로 나타내면 다음과 같다.

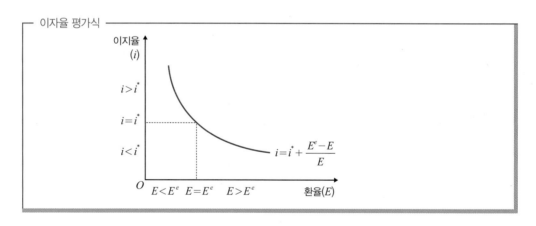

┌─ 이자율 평가식 ─

2) 국내이자율 변동에 따른 환율 조정과정(해외 이자율이 불변인 경우)

(1) 국내 (명목)이자율(i)과 명목환율(E) 사이에는 역($-$)의 관계가 성립한다.

- 국내(명목)이자율(i) 상승 $\Rightarrow$ 자본유입 $\Rightarrow$ 명목환율(E) 하락(자국화폐 평가절상)

(2) 명목환율(E)의 하락(자국화폐 평가절상)은 예상환율의 변동률$\left(\dfrac{E^e - E}{E}\right)$을 상승시킨다.

$$\bullet\ E \downarrow\ \Rightarrow\ \frac{E^e - E}{E} \uparrow$$

(3) 예상환율 변동률의 상승으로 다시 자본유출이 이루어져 명목환율은 다시 상승하게 된다. 이러한 명목환율의 상승은 국내외 이자율 차가 예상환율 변동률과 일치하는 수준에서 멈추게 된다.

$$\bullet\ i - i^* = \frac{E^e - E}{E}$$

(4) 예컨대 원/달러 환율이 1,200원이고 예상환율 역시 1,200원이라고 가정할 때, 국내이자율이 일시적으로 5%만큼 상승하면 원/달러 환율은 예상환율 변동률 역시 5%가 되게끔 하는 수준인 1,140원까지 하락하게 되는 것이다.

3) 해외이자율 변동에 따른 환율 조정과정(국내이자율과 예상환율 불변 가정)

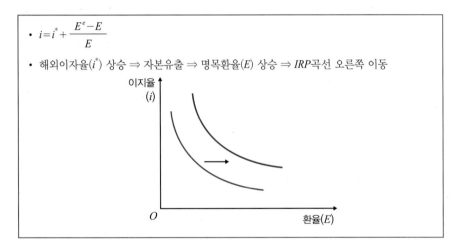

$$\bullet\ i = i^* + \frac{E^e - E}{E}$$

• 해외이자율(i^*) 상승 ⇒ 자본유출 ⇒ 명목환율(E) 상승 ⇒ IRP곡선 오른쪽 이동

4) 예상환율 변동에 따른 환율 조정과정(국내외 이자율 불변 가정)

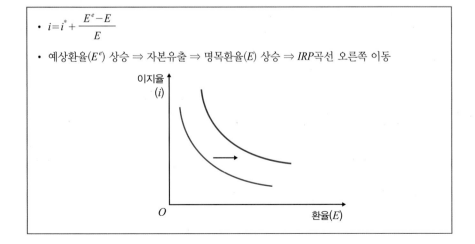

$$\bullet\ i = i^* + \frac{E^e - E}{E}$$

• 예상환율(E^e) 상승 ⇒ 자본유출 ⇒ 명목환율(E) 상승 ⇒ IRP곡선 오른쪽 이동

❷ 이자율 평가(IRP) 이론의 확대

1) 이자율 평가 이론의 한계

(1) 기존의 이자율 평가 이론은 국내외 채권이 완전대체재임을 전제한다. 즉, 양국의 채권을 표시하는 통화의 차이가 있을 뿐이지 다른 모든 조건은 동일하다는 것이다.

(2) 현실은 각국의 정치−사회적 불안정으로 인해 정도가 서로 다른 국가 위험도(country risk)가 존재하기 마련이다. 이를 반영하기 위해서는 전통적인 이자율 평가 식에 대한 수정이 필요해진다.

2) 국가 위험도가 반영된 이자율 평가 식

(1) 만약 국가 위험도가 높은 국가가 발행한 채권에 대한 투자자에게는 위험도에 상응하는 보상(RP : risk premium)이 따라야 한다. 따라서 국가 위험도가 높을수록 채권은 낮은 가격으로 발행되어야 하며, 이에 따라 채권수익률, 즉 이자율은 높아져야 되는 것이다. 이를 반영한 이자율 평가 식은 다음과 같이 나타낼 수 있다.

$$i = i^* + \frac{E^e - E}{E} + RP$$

(2) 이러한 결과는 설령 국가 간 자본이동이 완전히 자유롭다고 하더라도 현실적으로 국가 간 이자율의 차이가 존재하고, 이 차이가 여전히 유지되는 이유를 설명해준다(예 : 한국의 기준금리는 1.25%, 미국의 기준금리는 1.75%2%). 즉 투자자들은 국내외 이자율 또는 환율뿐만이 아니라 채권 발행국의 정치−사회적 위험에 따른 국가 위험도까지도 고려하고 있다는 것을 보여준다.

❸ IS−LM−IRP 모형의 기본 틀

- *IS* 방정식 : $Y = C(Y-T) + I(i-\pi^e) + G + NX\left(\frac{E \times P^*}{P}, Y, Y^*\right)$
- *LM* 방정식 : $\frac{M}{P} = L(Y, i)$
- *IRP* 방정식 : $i = i^* + \frac{E^e - E}{E}$
- Y는 국민소득, C는 소비, T는 조세, I는 투자, i는 국내(명목)이자율, π^e는 예상인플레이션율, G는 정부지출, NX는 순수출, E는 명목환율, P^*는 해외물가수준, P는 국내물가수준, $\frac{E \times P^*}{P}$는 실질환율, Y^*는 해외국민소득, M은 명목통화량, i^*는 해외(명목)이자율, E^e는 예상환율이다.

❹ 변동환율제도 하에서의 IS-LM-IRP 모형

1) 이자율 평가 식의 정리

(1) 이자율 평가 식에서 명목환율(E)은 $E = \dfrac{E^e}{1+i-i^*}$로 나타낼 수 있으므로 실질환율$\left(\dfrac{E \times P^*}{P}\right)$ 역시 $\dfrac{E^e \times P^*}{P(1+i-i^*)}$로 나타낼 수 있다.

> - $i = i^* + \dfrac{E^e - E}{E}$ $\Rightarrow$ $E \times i = E \times i^* + E^e - E$ $\Rightarrow$ $E(1+i-i^*) = E^e$ $\Rightarrow$ $E = \dfrac{E^e}{1+i-i^*}$
>
> - $\dfrac{E \times P^*}{P}$ $\Rightarrow$ $\dfrac{\dfrac{E^e}{1+i-i^*} \times P^*}{P}$ $\Rightarrow$ $\dfrac{E^e \times P^*}{P(1+i-i^*)}$

(2) 실질환율의 이러한 수정을 통하여 국내 이자율(i)의 변화가 실질환율에 영향을 미치고, 실질환율의 변화가 다시 순수출(NX)에 영향을 주는 경로를 살펴보는 것이 가능해진다.

> - 국내이자율(i) 하락 $\Rightarrow$ 투자(I) 증가 $\Rightarrow$ 총수요 증가(폐쇄경제)
>   　　　　(+) $\Rightarrow$ 실질환율 상승 $\Rightarrow$ 순수출 증가 $\Rightarrow$ 총수요 증가(개방 경제)

앞의 경로를 통해 국내 이자율의 변화가 소득에 미치는 효과는 폐쇄경제 하에서 보다도 개방경제 하에서 더 크게 나타난다는 것을 확인할 수 있다.

2) IS-LM-IRP 기본 모형

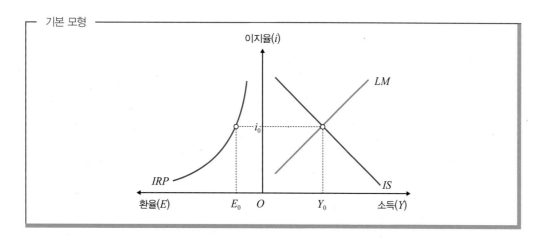

기본 모형

(1) 오른쪽 이자율(i)-소득(Y) 공간의 그림에서 우하향하는 IS곡선과 우상향하는 LM곡선이 교차하는 점에서 대내균형이 이루어지고, 이때의 균형이자율과 균형국민소득이 결정된다.

(2) 왼쪽 이자율(i)-환율(E) 공간의 그림은 앞에서 도출된 IRP 그림을 이자율 축을 중심으로 왼쪽을 대칭적으로 나타낸 그림이다. 이것은 대내균형 수준에서 이자율이 결정되고, 이러한 이자율

과 외생적으로 주어진 해외이자율과 예상환율과의 관계에서 균형 환율이 결정되는 것을 보여주고 있다.

3) 확장적 재정정책의 효과

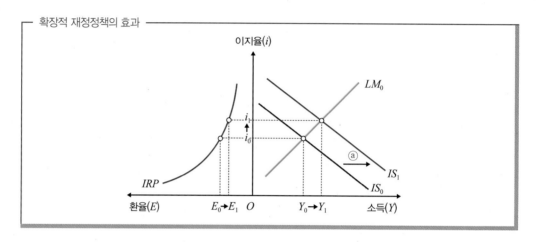

확장적 재정정책의 효과

⑴ 정부지출의 증가(또는 조세감면)에 따라 *IS*곡선이 오른쪽으로 이동(ⓐ)하여 이자율은 상승하고 국민소득은 증가하게 된다. 이러한 결과가 나타나는 경로를 정리하면 다음과 같다.

> • 정부지출 증가 ⇒ 총수요 증가 ⇒ 국민소득 증가
>   (+) ⇒ 이자율 상승 ⇒ 자본유입 증가 ⇒ 환율 하락 ⇒ 순수출 감소
>   ⇒ 총수요 감소 ⇒ 국민소득 감소

앞의 경로에 따르면 정부지출 증가에 따른 총수요의 증가의 크기는 이자율 상승으로 인한 총수요 감소로 일부 상쇄가 되는 수준에서 이루어진다. 이것은 폐쇄경제인 경우에 비해 개방경제인 경우일 때 정부지출 증가 효과가 더욱 작아진다는 것을 보여준다.

⑵ 정부지출 증가(또는 조세감면)가 총수요의 구성요소에 각각 어떻게 영향을 주는가를 살펴보면 다음과 같다.

> • 정부지출 증가 ⇒ 총수요 증가 ⇒ 국민소득 증가 ⇒ 소비 증가
>   ⇒ 이자율 상승 ⇒ 투자 감소
>   ⇒ 이자율 상승 ⇒ 자본유입 ⇒ 환율 하락 ⇒ 순수출 감소
> • $G\uparrow$ ⇒ $C\uparrow$, $I\downarrow$, $NX\downarrow$

4) 확장적 금융정책의 효과

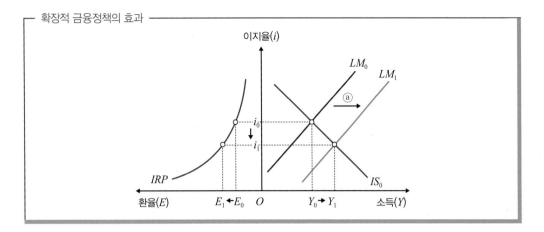

확장적 금융정책의 효과

⑴ 중앙은행에 의한 통화량 증가에 따라 LM곡선이 오른쪽으로 이동(ⓐ)하여 이자율은 하락하고 국민소득은 증가하게 된다. 이러한 결과가 나타나는 정리하면 다음과 같다.

> 통화량 증가 ⇒ 이자율 하락 ⇒ 투자 증가 ⇒ 총수요 증가 ⇒ 국민소득 증가(+)
> ⇒ 이자율 하락 ⇒ 자본유출 ⇒ 환율 상승 ⇒ 순수출 증가 ⇒ 총수요 증가 ⇒ 국민소득 증가

앞의 경로에 따르면 중앙은행에 의한 통화량 증가에 따른 총수요의 증가의 크기가 투자증가와 순수출 증가로 증폭됨을 알 수 있다. 이것은 폐쇄경제인 경우에 비해 개방경제인 경우일 때 중앙은행에 의한 통화량 증가 효과가 더욱 커진다는 것을 보여준다.

⑵ 중앙은행의 통화량 증가가 총수요의 구성요소에 각각 어떻게 영향을 주는가를 살펴보면 다음과 같다.

> • 통화량 증가 ⇒ 이자율 하락 ⇒ 투자 증가 ⇒ 국민소득 증가 ⇒ 소비 증가
>   ⇒ 이자율 하락 ⇒ 자본유출 ⇒ 환율 상승 ⇒ 순수출 증가
> • $M\uparrow \Rightarrow \bar{G}, C\uparrow, I\uparrow, NX\uparrow$

❺ 고정환율제도하에서의 IS-LM-IRP 모형

1) 이자율 평가 식의 정리 : 고정환율제도 하에서는 환율의 변동이 허용되지 않으므로 "이 성립하게 된다. 이에 따라 국내외 이자율도 일치($i=i^*$)하게 된다.

$$i=i^* + \frac{E^e - E}{E}$$
$$E^e - E = 0 \ \Rightarrow \ i = i^*$$

2) IS-LM-IRP 기본 모형

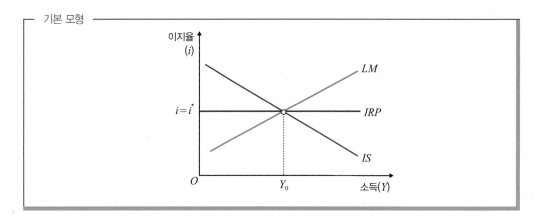

기본 모형

(1) 고정환율제도 하에서는 항상 '$i=i^*$'가 성립하므로 IRP 곡선은 수평의 모습을 보인다.

(2) IS곡선과 LM곡선이 만나는 수준에서 IRP곡선이 교차하게 되면 대내외 동시균형을 달성하게 된다.

3) 확장적 재정정책의 효과

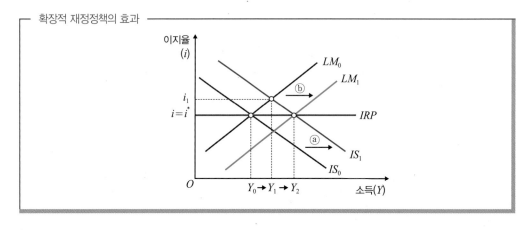

확장적 재정정책의 효과

(1) 정부지출의 증가(또는 조세감면)에 따라 IS곡선이 오른쪽으로 이동(ⓐ)하여 이자율은 상승($i_0 \rightarrow i_1$)하고 국민소득은 증가($Y_0 \rightarrow Y_1$)하게 된다.

(2) 이자율 상승으로 자본유입이 증가하게 되어 외환시장에서는 환율하락 '압력'이 존재하게 된다. 이러한 환율하락 '압력'을 해소하기 위하여 중앙은행은 외환매입을 하게 되는데, 이것은 통화량의 내생적 증가를 초래한다. 이에 따라 LM곡선이 오른쪽으로 이동(ⓑ)하게 되어 이자율은 원래 수준으로 복귀($i_1 \rightarrow i_0$)하게 되고, 국민소득은 더욱 증가($Y_1 \rightarrow Y_2$)하게 된다.

(3) 앞의 결과가 나타나는 정리하면 다음과 같다.

> • 정부지출 증가 ⇒ 총수요 증가 ⇒ 국민소득 증가
>   (+) ⇒ 이자율 상승 ⇒ 자본유입 ⇒ 환율 하락 압력 ⇒ 중앙은행에 의한 외환 매입
>   ⇒ 통화량 증가 ⇒ 이자율 하락 ⇒ 투자증가 ⇒ 국민소득 증가

앞의 경로에 따르면 정부지출 증가에 따른 총수요의 증가의 크기는 이자율 상승으로 인한 총수요 증가로 증폭된다는 것을 알 수 있다. 이것은 폐쇄경제인 경우에 비해 개방경제인 경우일 때 정부지출 증가 효과가 더욱 커진다는 것을 보여준다.

4) 확장적 금융정책의 효과

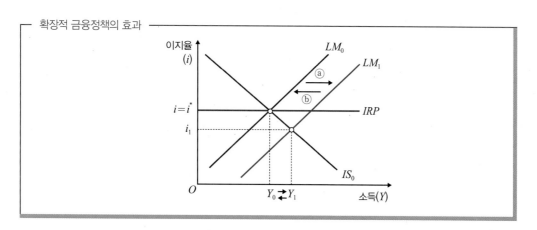

― 확장적 금융정책의 효과 ―

(1) 중앙은행에 의한 통화량 증가에 따라 LM곡선이 오른쪽으로 이동(ⓐ)하여 이자율은 하락($i_0 \rightarrow i_1$)하고 국민소득은 증가($Y_0 \rightarrow Y_1$)하게 된다.

(2) 이자율 하락으로 자본유출이 증가하게 되어 외환시장에서는 환율상승 '압력'이 존재하게 된다. 이러한 환율상승 '압력'을 해소하기 위하여 중앙은행은 외환매각을 하게 되는데, 이것은 통화량의 내생적 감소를 초래한다. 이에 따라 LM곡선이 다시 왼쪽으로 이동(ⓑ)하게 되어 이자율은 원래 수준으로 복귀($i_1 \rightarrow i_0$)하게 되고, 국민소득 역시 원래 수준으로 복귀($Y_1 \rightarrow Y_0$)하게 된다.

(3) 앞의 결과가 나타나는 구체적 경로는 다음과 같다.

> • 통화량 증가 ⇒ 이자율 하락 ⇒ 자본유출 ⇒ 환율 상승 압력 ⇒ 중앙은행에 의한 외환 매각
>   ⇒ 통화량 감소 ⇒ 본래 수준으로 복귀

(4) 결국 고정환율제 하에서는 중앙은행이 독자적인 통화정책을 수행할 수 없게 되므로 국민소득을 증가시키는 정책은 완전히 무력해짐을 알 수 있다.

저자 허 역

경기도 고양에서 태어나 상문고등학교를 졸업하고 고려대학교 법학과와 같은 대학원을 졸업했다.
이후 세종대학교에서 경제학 박사학위를 취득하였다.

- 법학사
- 법학석사(민사소송법 전공)
- 경제학 박사(화폐금융론 전공)

現 세종사이버대학교 초빙교수
　　공단기 7급 경제학 전임
　　임용단기 일반사회 전임
前 건국대학교 경제학과 강사

[주요저서]
- AK경제학 길라잡이, 박영사
- AK경제학 1거3득 1212, 박영사
- AK경제학 진도별 만점 Test, 아람출판사
- AK경제학 실전공식노트, 아람출판사
- 교원임용 경제학 길라잡이, 아람출판사
- 교원임용 일반사회 기본이론, 아람출판사
- 알고보면 쉬운 경제, 황금비율

[논문]
- 민사소송에 있어서의 법관의 석명에 관한 연구
- 화폐 수요의 결정요인과 특성에 관한 연구
　(자산 거래와 금융 발전의 역할을 중심으로)
- 부동산 거래와 화폐 수요에 관한 연구
- 금융발전과 화폐수요